2019

年鉴

Yearbook

浙江大学校长办公室编

Seeking Truth Pursuing Innovation

ZHEJIANG UNIVERSITY PRESS
浙江大学出版社

图书在版编目（CIP）数据

浙江大学年鉴. 2019 / 浙江大学校长办公室编. —
杭州：浙江大学出版社，2020.2
ISBN 978-7-308-20013-4

Ⅰ.①浙⋯ Ⅱ.①浙⋯ Ⅲ.①浙江大学－2019－年鉴
Ⅳ.①G649.285.51-54

中国版本图书馆 CIP 数据核字（2020）第 025853 号

浙江大学年鉴 2019
浙江大学校长办公室　编

责任编辑	葛　娟	
责任校对	杨利军　张培洁	
封面设计	刘依群	
出版发行	浙江大学出版社	
	（杭州市天目山路 148 号　邮政编码 310007）	
	（网址：http://www.zjupress.com）	
排　　版	浙江时代出版服务有限公司	
印　　刷	杭州高腾印务有限公司	
开　　本	710mm×1000mm　1/16	
印　　张	30.5	
插　　页	4	
字　　数	703 千	
版 印 次	2020 年 2 月第 1 版　2020 年 2 月第 1 次印刷	
书　　号	ISBN 978-7-308-20013-4	
定　　价	88.00 元	

▲ 6月28日，教育部、浙江省第一次部省会商会议在杭州举行。会上，双方签署了共同推进浙江大学"双一流"建设战略合作协议。

◀ 1月8日，传染病诊治国家重点实验室、感染性疾病诊治协同创新中心主任李兰娟院士（右二）领衔的"以防控人感染H7N9禽流感为代表的新发传染病防治体系重大创新和技术突破"项目获2017年度国家科学技术进步奖特等奖。

▶ 1月8日，能源工程学院教授高翔（左二）领衔的"燃煤机组超低排放关键技术研发及应用"项目获2017年度国家技术发明奖一等奖。

▲ 医学院胡海岚团队（左图）、郭国骥团队（中图）、化学工程与生物工程学院张林团队（右图）分别于2月15日、2月22日、5月4日在《自然》《细胞》《科学》三大杂志共发表4篇论文，揭示最新科研成果。

▲ 10月12日至15日，浙江大学推选的主赛道5个项目在第四届中国"互联网+"大学生创新创业大赛中全部获得金奖。

▲ 3月19日，由浙江大学社会科学研究院与哈佛大学地理分析中心(The Center for Geographic Analysis)共建的学术地图发布平台正式上线运行。

▲ 1月26日，浙江大学举行聘任仪式聘请中国工程院院士沈荣骏中将为航空航天学院名誉院长，并于10月9日授予其浙江大学竺可桢奖。

▲ 6月6日，浙江大学在紫金港校区求是大讲堂授聘麦家为首位"驻校作家"。

▲ 7月5日，2015年图灵奖得主Whitfield Diffie教授作为海外学术大师全职加盟浙江大学，出任网络空间安全研究中心荣誉主任。同时，也成为之江实验室双聘学者。

▲ 4月13日，2013年诺贝尔化学奖得主、美国国家科学院院士Michael Levitt受聘浙江大学，加盟定量生物中心，并为现场师生带来了题为"多尺度计算生物学的发展历史与展望"的学术讲座。

▶ 4月9日，浙江大学举行通识教育专家委员会聘任仪式，校长吴朝晖为通识教育专家委员会成员颁发聘书。

▲ 5月5日，菲尔兹奖得主、来自美国加州大学圣地亚哥分校的数学家Efim Zelmanov教授，在紫金港校区为师生们带来题为"数学：科学还是艺术"的主题演讲。

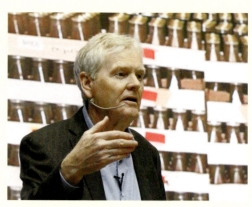

▲ 12月3日，2017年诺贝尔奖生理学或医学奖获得者、美国遗传学家迈克尔·杨（Michael M. Young）教授到访浙江大学，正式拉开2018年诺贝尔奖创新启迪项目（Nobel Prize Inspiration Initiative, NPII）序幕。

▲ 4月4日，来自牛津大学的17位罗德学者走进浙江大学紫金港校区，与浙大学生代表分享个人发展和公益经历，推动国际名校间的跨文化交流。

▲ 6月19日，葡萄牙驻华大使José Augusto Duarte（杜傲杰）先生率代表团来到浙江大学，参观访问中国—葡萄牙先进材料联合创新中心。

▲ 12月13日，浙江大学校长吴朝晖与巴黎–萨克雷大学校长 Gilles Bloch 在法国巴黎签署博士双学位联合培养协议。

▲ 6月11日，澳门大学校长宋永华一行访问浙江大学，并与浙大签署相关协议。

▲ 11月17日至19日，浙江大学西迁宜山办学80周年纪念活动在广西壮族自治区河池市宜州区举行。

▲ 11月15日，亚太金融科技新中心——聚焦长三角研讨会暨浙江大学国际联合商学院（筹）成立活动在浙江大学国际联合学院（海宁国际校区）举行。

▲ 1月20日，浙江立法研究院暨浙江大学立法研究院在浙大之江校区成立。

▲ 11月10日，浙江大学中华译学馆成立在紫金港校区举行。

◀ 5月19日，浙江大学动物科学学院建院100周年纪念活动在紫金港校区举行。

◀ 6月8日，教育部在浙江大学召开新闻发布会，解读其日前印发的《高等学校人工智能创新行动计划》。

▲ 11月22日至23日，由浙江大学、中国经济信息社和大洋洲一带一路促进机制共同主办、浙江大学区域协调发展研究中心等联合承办的国际展望大会（杭州·2018）在杭州举行。

▲ 10月8日，由浙江大学牵头，联合长江经济带11个省市的其他19家高校和科研院所共同发起的长江经济带生态文明创新研究联盟在浙江杭州成立。

◀ 4月3日上午，浙江大学与阿里云联合发起、面向教育信息化领域的"智云实验室"在浙江大学紫金港校区正式成立。

▶ 7月6日，浙大第二批组团式医疗援疆干部完成援疆任务返回杭州。

▲ 6月16日、10月31日，浙江大学先后授聘校友赛伯乐投资集团董事长朱敏（左图左1）和浙江恒逸集团有限公司董事长邱建林（右图左1）为校董。

▶ 5月25日，浙江大学教育基金会中科天翔基金成立。

◀ 6月22日，2018届基层就业毕业生欢送会在紫金港校区求是大讲堂举行，党委书记邹晓东为毕业生授旗。

◀ 11月1—3日，2018年"创青春"浙大双创杯全国大学生创业大赛决赛在浙江大学紫金港校区举行。

▶ 5月25日，浙江大学第四届学生人文社会科学研究优秀成果奖答辩暨颁奖典礼举行。

▲ 5月27日下午，中国科协主席与浙江大学生见面会在浙江大学求是大讲堂举行。

▲ 4月10日上午，全民国家安全教育日宣传活动在浙江大学紫金港校区文化广场举行。

▲ 10月12日，浙江大学首届本科学生专业节在紫金港校区开幕。

《浙江大学年鉴 2019》编委会

主　　编　叶桂方

副 主 编　陈　浩　傅方正　黄任群

　　　　　江雪梅　褚如辉　曹　磊

执行主编　张　黎

摄　　影　卢绍庆等

编 辑 说 明

　　《浙江大学年鉴2019》全面系统地反映浙江大学2018年事业发展及重大活动的基本情况，包括人才培养、科学研究、社会服务、党的建设等方面的内容，为教职工提供学校的基本文献、基本数据、科研成果和最新工作经验，是兄弟院校和社会各界了解浙江大学的窗口。《浙江大学年鉴》每年一本。

　　一、《浙江大学年鉴》客观地记述学校各领域、各方面的建设发展情况。

　　二、年鉴分特载、专题、浙江大学概况、党建与思想政治工作、人才培养、科学研究与社会服务、规划与重点建设、学科与师资队伍建设、对外交流与合作、院系基本情况、财务与资产管理、校园文化建设、办学支撑体系建设、后勤服务与管理、校友与浙江大学教育基金会、附属医院、机构与干部、表彰与奖励、人物、大事记等栏目。

　　年鉴的内容表述有专文、条目、图片、附录等几种形式，以条目为主。

　　全书主体内容按分类排列，分类目、分目和条目。

　　三、选题基本范围为2018年1月1日至12月31日间的重大事件、重要活动及各个领域的新进展、新成果、新信息，依实际情况，部分内容时间上可有前后延伸。

　　四、《浙江大学年鉴2019》所刊内容由各单位确定专人撰稿，并经本单位负责人审定。本年鉴以分目为单位撰稿，撰稿人及审稿人在文后署名，但也存在少数以条目署名的情况。

《浙江大学年鉴》编委会

CONTENTS
目　录

浙江大学概况 /33

党建与思想政治工作 /37

研究生教育/72

概况/72

全面实施博士生招生"申请—考核"制/73

改革博士生招生指标分配机制/73

推动和西湖大学联合培养博士研究生项目/73

获 2018 年教育部国家级教学成果奖/74

6 人入选第四届"工程硕士实习实践优秀成果获得者"/74

获浙江省高等教育"十三五"第一批教学改革研究项目/74

获浙江省工程硕士专业学位研究生培养模式改革专项/74

附录

继续教育/103

概况/103

人文社会科学研究/141

社会服务/162

规划与重点建设 /165

学科与师资队伍建设 /171

对外交流与合作/184

院系基本情况/195

财务与资产管理 /280

校园文化建设 /288

办学支撑体系建设/301

表彰与奖励/371

人物 /401

大事记 /451

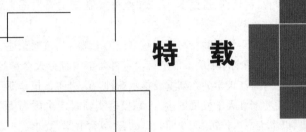

浙江大学 2018 年工作总结

（2019 年 3 月 19 日）

2018 年是改革开放 40 周年，也是四校合并组建新浙江大学 20 周年。一年来，在党中央、国务院和教育部、浙江省委省政府的正确领导下，浙江大学坚持以习近平新时代中国特色社会主义思想为指导，认真贯彻党的十九大精神和全国教育大会精神，全面落实学校第十四次党代会确定的各项任务，解放思想，改革创新，攻坚克难，奋发进取，推动各项事业取得了新进展，为加快建设中国特色世界一流大学奠定了坚实的基础。

一、牢固树立习近平新时代中国特色社会主义思想的根本指导地位，坚定贯彻中央决策部署，扎根中国大地办社会主义大学

1. 认真学习贯彻习近平新时代中国特色社会主义思想。全校上下树牢"四个意识"，坚定"四个自信"，坚决做到"两个维护"，将习近平新时代中国特色社会主义思想作为办学治校的根本遵循。召开党委常委会专题学习研究习近平新时代中国特色社会主义思想 23 次，举行党委理论学习中心组学习会（含扩大会议）专题研讨习近平新时代中国特色社会主义思想、党的十九大精神、《中华人民共和国宪法》、习近平总书记在庆祝改革开放 40 周年大会上的重要讲话等主题 10 余次。推动全体党员校领导、中层干部深入师生讲党课，组织专家成立习近平新时代中国特色社会主义思想宣讲团，开展宣讲 150 余场。积极开展全体中层干部集中培训、党支部书记集中轮训、学生党员分批教育，面向留学生用全英文宣讲习近平新时代中国特色社会主义思想和党的十九大精神，承办中宣部学习宣传贯彻习近平新时代中国特色社会主义思想系列专题研讨会,实现广大师生学习习近平新时代中国特色社会主义思想全覆盖。支持和加强全国重点马克思主义学院建设,增设"党的建设"二级学科,成立中国特色社会主义研究中心,扎实推进习近平新时代中国特色社会主义思想进学术、进学科、进课程、进培训、进读本,认真接受中宣部、教育部对马克思主义学院的评估并根据反馈意见开展整改落实。

2.深入学习践行习近平总书记关于教育的重要论述。组织开展全国教育大会精神专题学习,面向全体中层干部举行学习贯彻全国教育大会精神集中培训班。专题学习习近平总书记对浙江大学的系列重要指示精神,在《光明日报》《浙江日报》头版头条刊发了《习近平同志关心浙江大学发展纪事》。积极落实新时代全国高等学校本科教育工作会议精神,坚持"以本为本",推进"四个回归",结合"五育并举"要求进一步落实"德智体美劳全面发展、具有全球竞争力的高素质创新人才和领导者"的人才培养目标。

二、系统落实学校第十四次党代会精神,深入推进"双一流"建设,建设世界一流大学的成效不断显现

3.凝聚形成争创一流的合力。认真研究党代会报告任务,对120项重点工作进行了任务分解。高质量完成学校"双一流"建设实施方案编制工作,凝练形成了12个专项实施方案和60项重点计划举措。组织召开了医学院附属医院深化改革内涵发展动员会、第四次文科大会、科技工作会议、推进涉农学科发展大会、首届生命科学大会等专项会议,出台了《面向2035:浙江大学哲学社会科学繁荣计划》《浙江大学关于加快推进文科发展的若干意见》《浙江大学关于深化改革转变方式加快推进涉农学科发展的若干意见》等文件,为布局未来发展奠定了扎实的基础。

4.加快构建一流的学科布局。启动实施世界顶尖学科建设,开展高峰学科建设支持计划的中期检查,面向首批8个学科实施了优势特色学科发展计划(人文社科类),巩固骨干基础学科建设成果,新设2个交叉会聚型的一级学科,进一步形成了协同发展的学科体系。深入分析第四轮学科评估结果,启动下一轮学科评估的谋划和布局工作。研究构建"双一流"建设绩效评估体系,探索学科建设评估与动态管理机制。据ESI排名统计,截至2019年1月,学校进入前1‰的学科为8个,居全国高校第一;进入前100位和前50位的学科分别为7个和5个,进入前万分之一的学科为1个,均居全国高校第二。

5.谋划推动新一轮跨越发展。召开并校发展二十周年座谈会,推出系列专栏文章,深刻总结并校融合发展经验,形成了《求是创新勇立潮头——四校合并组建新浙江大学二十周年改革发展研究》报告。推动了部省共建浙江大学工作,省委常委会会议专题研究浙江大学建设发展,提出将一如既往地全力支持学校冲刺世界一流;浙江省和教育部签署了共同推进浙江大学"双一流"建设的战略合作协议。

三、全面聚焦立德树人,认真落实新时代人才培养目标,高水平人才培养体系加快形成

6.思想政治教育体系不断完善。启动实施新时代思想政治教育创新计划,开展"弘扬爱

国奋斗精神 建功立业新时代"主题活动。出台《浙江大学思想政治理论课建设方案》,坚持理论、研究和实践的"三结合",遴选部分院系开展专业课程"课程思政"试点建设。积极探索中外合作办学的有效路径,初步建立了中外学生趋同的思政工作和事务管理体系。加强辅导员队伍专业化职业化建设,修订专兼职辅导员队伍建设规定,实行新招聘党政管理人员入职后第一年担任专职辅导员的机制。学校获评全国国防教育特色学校,获批全国高校思想政治工作队伍培训研修中心,承办了全国高校辅导员工作创新论坛,1个学院入选教育部首批"三全育人"综合改革试点单位,1名辅导员被评为第十届全国高校辅导员年度人物。

7. 本科教育教学质量稳步提升。组织召开了本科教育工作会议,启动实施了一流本科教育行动计划,明确强化教学过程管理、开展本科教育质量评价等15个方面86项工作任务。顺利通过教育部本科教学工作审核评估,对照反馈意见研究制定了整改方案,系统抓好15个方面58项重点任务的落实。优化本科专业和课程体系,重构"6+1"特色通识课程体系,建成了一批高质量的通识核心课程、专业基础课程和专业核心课程。以竺可桢学院为载体进一步优化了拔尖创新人才培养体制机制。全面提高体育和美育工作水平,深入探索本科生体育课程改革。2018年,学校荣获高等教育国家级教学成果奖一等奖2项、二等奖9项,获奖总数居全国高校第一;108人入选2018—2022年教育部高等学校教学指导委员会委员,入选总数居全国高校第三。

8. 研究生教育改革深入推进。组织召开研究生教育工作会议,建立研究讨论研究生教育重大问题的联席会议制度。开展学位授权自主审核,完成学位授权点合格评估工作。学校正式获批教育部博士研究生教育综合改革试点高校,全面实施博士生招生"申请—考核"制,启动了博士生招生指标分配机制改革。构建科教融合培养体系,推进6个"多学科交叉人才培养卓越中心"建设,加强研究生联合培养实践基地建设。加快研究生教育转型,以工程师学院为载体深化专业学位研究生培养模式改革。实施博士研究生学术新星培养计划,支持优秀博士生赴剑桥大学等世界一流大学开展学习研究。

9. 招生与就业工作取得新进展。实施本科优质生源工程、研究生生源质量提升计划和国际学生教育提升计划。完善"学校整体规划、院系分区负责"的本科招生工作体系,招生质量不断提升。优化就业战略布局,出台《中共浙江大学委员会浙江大学关于促进毕业生服务国家战略工作的实施意见》,推动就业工作进一步向重点地区、重要行业转向。构建精准的就业支撑服务体系,促进招生、培养工作与就业工作有机结合。2018届毕业生初次就业率达97.64%,定向选调、名校深造、名企入职、创新创业、赴西部就业等人数稳步上升,其中赴世界百强院校深造人数占出国(境)深造总人数的57.05%。根据QS2018年度全球毕业生就业竞争力排名,学校位列全球第38位,居全国高校第三。

10. 创新创业教育品牌进一步形成。强化双创育人支撑,启动16家校院共建实验室项目,与多家校外单位共建学生创新创业实践基地,积极对接行业龙头企业以及金融和投资机构,助力师生创业项目健康快速成长。学校圆满完成2018年"创青春"全国大学生创业大赛的承办工作并捧得冠军杯。浙大学子频频在国际国内重大赛事上荣获最高奖项,共获特等奖11项、一等奖55项,居全国高校前列。连续六次获得国际基因工程机械大赛金牌、连续三次获得 RoboCup 机器人世界杯小型足球比赛冠军。在第四届"互联网＋"大学生创新创业大赛中获得 5 个金奖,居全国高校第一。

四、大力实施各类人才计划,完善人才发展环境,学校核心竞争力显著增强

11. 培养引进一流人才取得新成效。加快延揽海内外顶尖人才,大力推进"学术大师汇聚计划",扩大"百人计划"试行范围。支持高水平创新团队建设,在部分紧密型科研创新团队中试行团队聘岗。制定专职研究队伍建设机制改革工作方案,启动实施包含研究为主岗教师、专职研究员、博士后以及科研辅助人员等四个层面的研究队伍体系建设新机制。推进"博千计划",博士后规模和质量显著提升。2018 年学校共引进包括图灵奖得主在内的高层次人才 186 人,高层次人才新增数和总规模均居全国高校前列。新增文科资深教授 2 人,国家"万人计划"领军人才新增数居 C9 高校第一,入选年度全国博士后"国际交流计划"人数位居全国高校榜首,青年"千人计划"新增数、国家优秀青年基金获得者人数居 C9 高校第二,教育部"长江学者奖励计划"青年学者入选数居 C9 高校第三,2018 年汤森路透全球高被引学者和爱思唯尔中国高被引学者上榜人数均居全国高校第三。

12. 人才发展环境不断优化。深化师资队伍聘任和学术评价制度改革,开展预聘—长聘制试点,完善求是特聘学者及文科领军人才等高层次人才长周期聘任和评估制度。设立求是特聘科研岗、求是特聘技术创新岗等,率先在涉农学院全面推行特聘研究员 2.0 制度。优化岗位分类管理,完成了第九次岗位聘任工作,构建以贡献为导向的薪酬激励机制。加强师德考核,严肃处理师德失范行为,进一步做好教职工师德师风教育和培训,组织开展了第九届"三育人"先进集体、标兵评选活动。

五、主动服务国家区域战略需要,不断增强自主创新能力,高质量内涵式发展稳步推进

13. 科研创新品质不断提升。持续凝练科研方向,启动实施了"创新 2030 计划"及首个专项"双脑计划"。"超重力离心模拟与实验装置"重大科技基础设施可行性报告获得国家发展和改革委员会正式批准,新增脑与脑机融合前沿科学中心、人工智能协同创新中心、病毒性肝炎国家临床医学研究中心、儿童保健和儿童疾病国家临床医学研究中心、创新引智计划基地和网络空间国际治理研究基地等重大平台,新增 7 个浙江省重点实验室,高水平医学中心建设稳步推进。出台《中共浙江大学委员会浙江大学关于支持之江实验室建设的若干意见》,推动之江实验室平台装置建设,共建了人工智能研究院。深入贯彻军民融合发展战略,成立了军民融合协同创新产业基地、德清先进技术与产业研究院和浙江省涡轮机械与推进系统研究院、浙江省微波毫米波射频产业联盟,1 名教师入选 2018 年度十大军工风云人物。2018 年学校科研总经费达 45.6 亿元,居全国高校第二;新增牵头承担国家重点研发计划项目 26 项,国家基金委项目 926 项,居全国高校第二;立项国家自然科学基金重点项目 28 项,居全国高校第三;以第一单位或通讯作者单位在《细胞》《自然》《科学》(CNS)三大期刊及子刊发表论文 46 篇,SCI 收录论文数居全国高校第二;十年累计引文数、第一作者国际合著论文数、授权发明专利数均居全国高校第一;作为第一完成单位荣获国家科技进步奖一等奖 1

项,国家技术发明奖二等奖 2 项,国家科技进步奖二等奖 1 项;入选 2018 年度中国科学十大进展 1 项;获 2018 年度高等学校科学研究优秀成果奖(科学技术)19 个,居全国高校第一。

14. 哲学社会科学进一步繁荣发展。制定文科声誉与国际影响力提升工作计划,组织推进了中华学术文化精品的出版和推广。系统梳理传统文化资源,开展重大项目研究,成立了"中华优秀传统文化传承与创新重大专项","中国历代绘画大系"编纂工作最新成果在京首发,《龙泉司法档案选编》第三辑正式出版,敦煌与丝路文明研究成果不断涌现。进一步支持人文高等研究院发展,成立了立法研究院、中华译学馆、艺术与考古学院、艺术与考古博物馆等机构,成功举办第四届文化遗产世界大会。进一步完善智库评价体系,支持建设国家高端智库,报送的智库报告中有多篇获党和国家领导人批示,50 余份研究成果被中央部委或省委省政府采纳。2018 年,学校哲学社会科学实到科研经费 2.4 亿元;学校 SSCI 收录论文 739 篇,A&HCI 收录论文 48 篇,均居全国高校第三;国家社科基金项目立项数和立项率均创历史新高,共有 12 项国家社科基金重大项目立项。

15. 科研成果转化体系加快完善。与恒逸集团等知名企业开展产学研深度合作,新建校企联合研发机构 26 家,协议金额 2.78 亿元。全年共受理 280 项科技成果的转化申请,总金额 1.2 亿元。国家大学科技园获评"A 类国家级科技企业孵化器""年度创业服务机构""浙江省创新创业首选地",全年新入驻企业 131 家,其中 6 家获得国家高新技术企业认定。积极推进知识产权交易和科技成果作价入股工作,在浙江知识产权交易中心开展"专利技术＋技术服务"的组合交易方式,基本实现省内高校院所进场交易全覆盖,开展了跨区域科技成果转移转化工作,全年累计成交 211 项科技成果项目,达成交易金额 1.74 亿元。

六、优化办学战略格局,提升社会服务质量,办学层次和水平进一步提高

16. 高水平办学体系不断建立完善。进一步完善各校区发展规划,加快推进紫金港校区西区建设,部分楼宇已投入使用。积极探索舟山校区、海宁国际校区等异地校区运行模式,实行新一轮财务总承,全面推进宁波("五位一体")校区建设。支持城市学院、宁波理工学院转型升级为高水平的全日制公办普通本科高校,两所学校 2018 年在省内实行一段招生并取得了优异成绩。以特色继续教育为导向,发展"高端化、品牌化、全球化"的继续教育,推动继续教育从规模扩张转向内涵发展,全年继续教育办学总收入为 10.5 亿元。

17. 社会服务能力和水平进一步提升。认真服务乡村振兴、健康中国、长三角一体化等国家战略,按照"两边两路、一个核心"布局做好社会服务工作。实施服务浙江经济社会发展行动计划,主动融入浙江省大湾区和城西科创大走廊建设。深入推动与浙江各市县的合作,成立衢州研究院、计算机创新技术研究院等。深化与四川、云南、山西、吉林、重庆、广西、西安等省市的战略合作,成立了雄安发展中心和中原研究院,发起了长江经济带生态文明创新研究联盟。推进与湄潭、宜州、龙泉等西迁办学地的合作。丰富扶贫和帮扶工作新内涵,认真做好定点扶贫云南景东、精准扶贫贵州台江、全面帮扶金华武义和援藏援疆等工作,落实好对口支援贵州大学、塔里木大学、滇西应用技术大学等工作,1 个项目获评教育部直属高校精准扶贫精准脱贫十大典型项目。支持医学院附属医院"双下沉、两提升",深化高水平医

联体建设,医学院各附属医院全年共完成门急诊数约 1888 万人次,同比增长 7.55%;实施住院手术数约 30 万人次,同比增长 8.91%;业务总收入约 218 亿元,同比增长 19.92%。

七、实施全球开放发展战略,构建立体化的国际合作网络,全球影响力和海内外声誉不断提升

18. 高水平国际合作进一步拓展。继续深化与哈佛大学等世界顶尖高校的合作,与斯坦福大学、剑桥大学等世界名校举行系列高端学术研讨会,与芝加哥大学等世界一流大学新签和续签了 48 份校际合作协议及学生交流协议,共建了一批联合实验室或联合研究中心。成立浙江大学“一带一路”学院,参与“一带一路”标准化教育与研究大学联盟等建设工作,主办了“中巴经济走廊大学联盟”交流机制第二次会议等活动。2018 年,学校接待国外高校、科研机构、政府部门、使领馆和国际组织等代表团 82 批次共 603 人次,组织 10 多个校级团组出访;积极开展海外引智工作,聘请长期专家 209 人、短期专家 475 人,聘请名誉教授 2 人、客座教授 9 人。

19. 国际化办学水平持续提升。建设国际联合商学院(筹),与剑桥大学嘉治商学院合作启动了首期金融科技高级培训班。浙江大学爱丁堡大学联合学院、浙江大学伊利诺伊大学厄巴纳香槟校区联合学院的办学模式和办学质量得到了专家的高度认可,被认为“具有重要溢出效应”。加快推动高质量的学生海外交流项目,本科生海外交流共 4416 人次,交流率比上一年度增长了 21%,前往世界百强高校交流的本科生接近出国总数的 50%;研究生海外交流共 3310 人次,其中博士研究生海外交流率比上一年度增长了 17.41%。全年共录取来自 128 个国家的 3172 名国际学生,国别覆盖更加广泛,结构层次进一步优化。学校在国际主流排行榜上的位次大幅前移,在 2018 软科世界大学学术排名中位列全球第 67,在 QS2019 年世界大学排名中位列全球第 68,成为全球进步速度最快的大学之一。

八、全面深化综合改革,完善内部治理体系,争创一流的活力不断激发

20. 综合改革向纵深推进。成立了全面深化改革领导小组及其办公室,印发《浙江大学进一步全面深化改革实施方案》,按照“顶层设计、分步实施、清单管理”思路,启动年度全面深化改革项目 28 项,推动了一批标志性重点改革任务落地见效。推进“一院一策”改革,出台关于进一步做好院系自主权改革的相关文件,将更多权责利下放到基层办学单位,9 个学院综合改革方案获批实施。进一步发挥学术委员会的作用,完善了校院两级学术治理体系,充分释放基层学术组织的办学活力。

21. 管理服务效能持续提升。组织召开进一步深化“一流管理、服务师生”主题活动动员大会,实施机关干部年度考核改革并加强结果运用,着力建设学习型、研究型、效率型、服务型、竞争型机关。全面梳理“三张清单”,推进“最多跑一次”改革,公布“最多跑一次”事项 430 项。进一步完善行政服务办事大厅建设,共办理各类师生服务事项 17 万余件,总体满意率继续保持在 99.99%。

九、优化支撑保障条件,提高资源配置的科学化水平,一流的发展环境持续巩固

22. 支撑保障条件进一步夯实。加强对学校财务运行状况的总结和分析,推动校内预算体制改革,扩大院系财务自主权,学校全年财务总收入 125.98 亿元、总支出 113.08 亿元。进一步优化办学空间,深化公用房管理机制改革,加强场馆的集约利用和共享。全面实施"网上浙大""教育＋互联网"建设,构建一流的图书档案资源保障体系。深入推进智慧校园、平安校园、美丽校园建设,校园的安全稳定和日常管理服务有力支撑了一流发展。打造校园文化精品,启动校园"走廊文化"建设项目,推动院系历史文化馆和历史文化展陈建设。扎实开展保密宣传教育,大保密工作格局进一步形成。推进重点领域专项审计、经济责任审计、科研经费审计和工程审计等工作,共完成审计项目 1292 项。根据学校公务用车制度改革实施工作部署,推进了公车改革和专项处置工作。校医院公共卫生保障能力不断加强,医疗卫生服务水平持续提高。农业试验站更加注重在实践教学中培养学生创新能力和劳动能力,教学科研服务质量进一步提升。规范设备资产管理,推进大型仪器开放共享,学校全年新增仪器设备 32066 台套,总值约 9 亿元。优化采购体制机制,2018 年完成采购总金额为 10.5 亿元,共计节约经费近 7700 万元。

23. 后勤与产业改革进一步深化。大力推动互联网、大数据、人工智能与传统后勤服务的深度融合,加快推进一流后勤服务体系建设。围绕国家关于高校所属企业体制改革要求开展试点工作,不断优化业务结构,加快推进经营性资产提质增效。控股集团实现年收入 27.5 亿元,净利润 1.3 亿元;出版社全年总收入 2.3 亿元;建筑设计研究院全年新签订合同 1146 项,合同总金额约 21.62 亿元。

24. 凝心聚力的发展环境进一步巩固。教职工参与学校民主管理制度进一步落实,提案的质量和办理水平持续提高。不断加强对师生的关心关爱,深入实施暖心爱心工程,启动了西湖区块人才房(第三批)和余杭区块商品房申购销售工作。积极与杭州市合作推动附属学校建设工作,按照相关文件精神调整在职人员基本工资和离休人员离休费。出台关于进一步加强和改进离退休工作的意见,实施"乐龄"计划,进一步做好老同志服务工作。统筹发挥各附属医院和校医院的保障职能,为师生员工提供更具针对性的健康医疗卫生服务。进一步巩固学校与校友之间的发展共同体关系,完善校友工作体系,举办了校友创业大赛,着力打造与校友共融共享的创新创业平台。学校全年社会捐赠到款 4.55 亿元,教育基金会净资产为 27.78 亿元。

十、全面从严治党,加强党的领导和党的建设,驾驭改革发展稳定的能力进一步增强

25. 宣传思想工作不断开创新局面。开展全校意识形态工作责任制落实情况督查,旗帜鲜明抓好意识形态阵地管理,与所有院级党组织、职能部门签订了意识形态工作责任书,编写了《浙江大学意识形态工作情况专报》。实施视觉识别系统推广计划,优化校徽设计,不断提升学校整体品牌形象。围绕聚焦一流讲好浙大故事,推出重大主题系列报道,创新对外宣传工作机制。构建网络育人新格局,全面建设网络舆论平台,根据人民网 2017－2018 中国高校社会影响力报告,学校媒体影响力居第三、新媒体影响力居首位。

26. 领导班子和干部队伍建设进一步加强。坚持和完善党委领导下的校长负责制,严格执行民主集中制和"三重一大"制度。完善校领导班子成员职责分工,建立校院两级领导班子成员外出报告(请假)制度和学校重要事项请示报告制度,落实重要工作事项及时请示报告。校领导班子成员全部担任新生之友,带头领办教代会提案,积极联系院系、民主党派、师生党支部等。认真贯彻落实新时代组织工作路线,树立重实干重实绩的用人导向,不断加强中层领导干部队伍建设和年轻干部培养,修订中层领导干部选拔任用和试用期考核等办法,出台了《中共浙江大学委员会关于适应"双一流"建设需要大力建设高素质专业化干部队伍的意见》。完成全校内设机构负责人集中换届工作,推动近百名科职干部跨单位轮岗交流。认真办好浙江大学延安培训学院,深入实施"育人强师""先锋学子"全员培训计划。2018年举办"育人强师"培训班22期,培训学员2000余人次,"先锋学子"培训班270余期,涵盖了全部学生正式党员,选派60多名干部赴境外学习培训。

27. 基层党组织的组织力稳步提升。严肃党内政治生活,推进"两学一做"学习教育常态化制度化,把爱国奋斗精神学习教育纳入党支部"三会一课"和主题党日活动。组织实施基层党组织"对标争先"创建工作,"双带头人"教师党支部书记覆盖率为96.7%,一批中青年学术新锐成为党支部书记。统筹抓好院系党委建设的规划、指导和检查,定期召开党建工作会议、院级党组织书记例会,听取院系党委工作汇报,研究部署基层党建工作。设立浙江大学党建先锋奖,加大对基层优秀党务工作者的激励。完善院级党组织书记抓基层党建工作述职评议考核,优化指标体系,强化结果运用。加强医学院附属医院党的建设,全面实行党委领导下的院长负责制。2018年,共发展党员2200余名,学校党委入选"全国党建工作示范高校"培育创建单位、1个学院党委入选"全国党建工作标杆院系"培育创建单位、2个教师党支部入选"全国党建工作样板支部"培育创建单位等。

28. 统一战线工作扎实推进。构建党委统一领导、统战部门牵头协调、有关方面各负其责的大统战工作格局,明确各院级党组织统战工作责任。加强党外人士的发现、培养和选拔任用,引导支持民主党派和党外人士更加广泛地参与学校民主管理、民主监督。关心港澳台师生的学习工作和生活,做好侨留联工作,不断提高海外统战工作水平。认真接受中央宗教工作督查并切实抓好整改落实,扎实做好抵御和防范宗教向校园渗透工作,促进各民族师生交往交流交融。

29. 党对群团工作的领导进一步增强。召开第八届教代会、第二十二届工代会第一次会议。支持师生员工通过双代会、团代会、学代会等基本制度参与民主管理。指导工会、团委等群团组织围绕中心、服务大局,开展精细化的教职工服务工作,推进校院两级"教工之家"建设,推动团委完善"组织建设、思想引领、科创实践、校园文化和青春领航"五位一体工作格局,强化对学生会、研究生会、博士生会的指导和支持。工会被评为全国工会系统先进集体,成为全国教育系统唯一获此殊荣的高校工会。学校荣获全国暑期"三下乡"社会实践活动优秀单位,2个项目获中国青年志愿服务项目大赛金奖。

30. 全面从严治党"两个责任"进一步压实。贯彻落实中管高校党的建设工作推进会精神,对巡视整改方案涉及的中长期巡视整改任务进行了认真梳理,新增中长期巡视整改任务9项、修订11项,狠抓落实和巡视整改成果运用。召开全面从严治党工作会议和党风廉政建设专题分析会,就党风廉政建设存在的困难和问题深入分析研判。制定《中共浙江大学委员会关于进一步发挥二级单位纪委作用的意见》,健全和完善纪检监察体系建设和作用发挥机制。支持纪委从严运用监督执纪"四种形态",防范与遏制重大风险。将深化巡视整改与推进学校内部巡察工作紧密结合,成立内部巡察办公室,制定了2018年内部巡察工作方案并抓好组织实施,部署开展了三批共20家单位的内巡工作并深化整改落实。

浙江大学 2018 年工作要点

(2018 年 3 月 13 日)

2018 年浙江大学工作的总体要求:坚持以习近平新时代中国特色社会主义思想和党的十九大精神为指导,全面落实学校第十四次党代会精神,牢固树立一流意识、紧紧围绕一流目标、认真贯彻一流标准,聚精会神、把握机遇、改革创新、艰苦奋斗,为加快进入中国特色世界一流大学行列、迈向世界一流大学前列奠定更加坚实的工作基础。

一、学习宣传贯彻习近平新时代中国特色社会主义思想,全面落实学校第十四次党代会精神,扎根中国大地推进"双一流"建设

1. 牢固树立习近平新时代中国特色社会主义思想的根本指导地位。把学习宣传贯彻习近平新时代中国特色社会主义思想和党的十九大精神作为首要政治任务,按照中央的统一部署,组织开展"不忘初心、牢记使命"主题教育,进一步在学懂弄通做实上下功夫。深刻总结新浙江大学组建 20 年改革发展的经验,加深对习近平总书记关于浙江大学重要指示精神的理解与认识。加强对习近平新时代中国特色社会主义思想的专题研究,形成一批高水平的理论研究成果。用习近平新时代中国特色社会主义思想武装师生员工头脑,推进宪法学习宣传教育工作。

2. 抓好学校第十四次党代会和"双一流"建设任务落实。深入学习宣传贯彻学校第十四次党代会精神,做好任务分解,强化目标考核。认真落实"双一流"建设方案和实施方案确定的重要举措和重点任务,统筹推进综合改革、"十三五"发展规划和"双一流"建设,研究制定"双一流"建设项目及资金管理办法,开展"双一流"建设绩效评估工作。做好新一轮省部共建浙江大学工作,积极争取国家和浙江省的更大支持。

二、全面立德树人,落实新时代人才培养目标,打造一流教育教学品牌

3.加强思想政治教育。深入贯彻落实全国高校思想政治工作会议精神,启动实施新时代思想政治教育创新计划。深化思政课改革,完善思政课集体研讨、集体备课工作机制,建立健全体系化育人课程模式,打好思政课程质量提升的攻坚战。推进"筑梦新时代"等理想信念教育。系统研究留学生思想政治工作模式,加快推进留学生思想引领工作。实施党建引领工程,开展"先锋学子"学生党员全员培训,建设一批党建和思政现场教学基地,打造一批思想政治教育特色平台。探索将师德教育贯穿教师职业生涯全过程的工作机制,打造一批具有特色的院系师德师风建设品牌。办好求是导师学校,完善研究生"五好导学团队"建设机制。加强网络思政工作研究,实施网络思政工程,办好网络文化节,建设网络思政工作室。构建"三全育人"工作体系,完善思政工作队伍专业化职业化发展机制,加快建设专兼结合的高水平辅导员队伍。

4.完善人才培养体系。系统研究新时代浙江大学人才培养目标的内涵,落实"德才兼备、全面发展"的核心要求,促进知识传授、能力培养、素质提升、人格塑造有机结合。组织开展全球竞争力、领导力等核心能力培养大讨论,凝练国际合作、科教融合、交叉培养的优势和特色,大力推进跨学科人才培养。深化医学教育改革,完善医教协同机制。加大对体育和艺术学科建设的支持力度,全面提高体育和美育的工作水平。认真做好国家级教学成果奖组织申报工作。积极建设国家双创示范基地,完善基于创新的创业教育体系,承办好2018年"创青春"全国大学生创业大赛。

5.提升本科教育教学质量。启动实施一流本科生培养计划。加强课程建设,建成一批高质量的通识核心课程、专业基础课程和专业核心课程,完善课程评价体系。推动通识教育改革,启动通识教育白皮书研究项目。优化专业培养方案,推进"微辅修"等跨专业学习的支撑条件建设。加强校院协同,优化学生海外交流工作机制,加大学生海外交流渠道与管理服务能力建设。整合校内外资源,强化实践实习教学,推动四课堂实质性融通。深化拔尖创新人才培养体制机制改革,发挥竺可桢学院的示范带动作用。认真做好2018年教育部本科教学审核评估相关工作。

6.优化研究生培养机制。启动实施卓越研究生培养计划,推进科教融合,联动教育和科研领域的组织架构、资源体系和实践平台,全面提升研究生教育质量。科学构建与优化课程体系,加强整建制全英文课程建设,深入推进创新创业课程、科学道德和科研伦理等公共素质类课程建设。实施"致远"海外社会实践计划,开阔研究生的国际学术视野和提升研究生的实践创新能力。创新研究生培养模式,强化培养过程监控,构建教育教学质量评价体系。全面推进博士研究生教育综合改革试点工作,探索更为有效的博士生考核和分流机制。加强专业学位研究生培养体系建设。

7.做好招生就业工作。实施本科优质生源工程,优化本科招生项目,分省分层完善本科招生工作。实施研究生生源质量提升计划,完善研究生招考选拔机制,健全博士生申请一考核招生工作体系,优化不同类型研究生的招生比例,统筹学术学位硕士博士招生计划。有效开展就业指导与服务工作,启动分学科的毕业生就业战略布局规划,开拓重点领域以及重要行业的就业渠道,完善选调生工作机制。

8.强化文化育人功能。组织实施文化校园规划与建设,启动学校视觉识别系统推广计划。建成紫金港校区于子三广场。深化校园文化品牌建设,推动学科文化和院系文化繁荣发展。完善"永平奖教金""优质教学奖""浙大好医生""浙大好护士""三育人"标兵等评选机制,深入挖掘并宣传先进典型。探索留学生校友组织和行业领域的校友组织建设,完善全球校友网络,培育母校与校友的发展共同体文化。

三、全面聚焦一流,加快高质量的内涵式发展,提高学校核心竞争力

9.建设一流学科体系。加快推进顶尖学科建设,启动实施会聚型学科领域发展计划和优势特色学科发展计划,继续推进高峰学科建设支持计划和一流骨干基础学科建设支持计划。完成学科与人才队伍建设专项计划有关验收工作。深入分析第四轮学科评估结果,谋划和布局下一轮学科评估工作。做好浙江省一流学科中期建设绩效评估。开展好学位授权点自我评估工作,创新学科学位评定委员会模式,完善学位管理制度。

10.引育高层次人才。继续推进学术大师汇聚计划,将试行范围扩展到"双一流"建设学科,加快延揽海内外顶尖人才。深入实施高层次人才和高水平团队引育计划,完善高层次人才长周期聘任和评估制度,统筹整合各类资源,构建以贡献为导向的薪酬激励机制,为高层次人才发挥骨干作用积极创造条件。完善一流师资百人计划,提高青年人才队伍的建设水平。积极做好求是特聘科研岗项目教师的遴选工作。

11.提升科研创新能力。启动实施面向2030的科研战略计划,深入推进"16+X"科研联盟建设,增强大项目组织和跨领域融合创新能力。推进高水平科研基地建设,支持现有各类国家级科研基地发展。全力支持之江实验室发展,制定出台支持之江实验室建设的专项政策。加快建设"超重力离心模拟与实验装置"重大科技基础设施。大力推进高水平医学中心、临床医学创新中心和转化医学研究院建设,打造现代医学交叉研发平台。深化国际科技合作,着手在重点国别和领域布局国际科技合作预研项目,承担一批国际科研合作项目。加强重大成果引导与培育,修订自然科学校级科技奖励办法和标志性成果培育办法。聚焦国防科技改革新动向,助力军民融合深度发展。打造高水平学术著作和期刊管理平台,着力提升学术声誉和影响力。

12.繁荣哲学社会科学研究。发挥文科发展领导小组的作用,切实加强对哲学社会科学发展的战略谋划、宏观指导与统筹协调,研究出台《面向2030:浙江大学哲学社会科学繁荣计划》《关于加快推进文科发展的若干意见》。深化科研管理体制改革,修订人文社会科学研究奖励办法和人文社会科学研究机构管理办法。深入推进高水平马克思主义学院建设,实施中华优秀传统文化传承与创新、高端智库、智慧社会研究等专项,进一步支持人文高等研究院发展及与各人文社会学科的合作互动,加强马一浮书院、中华译学馆等机构建设。推进人文社会科学交叉创新团队、"文科+X"多学科交叉人才培养卓越中心项目建设。制定文科

对外交流合作发展规划,设立并实施文科声誉提升专项,组织推进中华学术文化精品的海外出版和推广。

13.促进科技成果转化。深化科技成果转化与产业体制机制改革,理顺学校科技成果转化体系。推进工业技术转化研究院与国家大学科技园融合,加快建设紫金众创小镇,引入校地、校企合作平台及师生优质创业项目。探索"一院一楼一园"发展机制,创新知识产权交易服务系统,完善校地、校企联合研究院(中心)共建管理模式。加大校友企业总部经济园建设力度,构建"泛浙大"科技成果转化协同平台体系。

四、全面开放合作,优化办学战略格局,全方位提升办学层次和水平

14.完善高水平办学体系。组建新一届的校园规划与基本建设委员会,组织论证紫金港、玉泉、西溪、华家池、之江等校区的规划调整与功能完善工作,高质量高效益建设紫金港校区西区。完善舟山校区运行模式,谋划建设"浙江大学舟山科创园",加快建设海洋研究院,做好舟山海洋研究中心的转型发展工作。完善海宁国际校区办学布局,积极筹建文理学院和商学院,拓展联合培养本科生、博士生项目,建设高水平国际联合实验室和国际技术转移平台。加快建设工程师学院,创新工程人才培养模式,构建高水平工程教育师资队伍。探索城市学院与工程师学院人才培养衔接、学科建设互通、基础设施共建、师资队伍协同、管理力量整合的一体化发展机制。加快宁波"五位一体"校区高水平建设步伐,推进宁波研究院、宁波国际合作学院、工程师学院宁波分院建设,加快软件学院内涵发展,推动宁波理工学院全面融入宁波"五位一体"校区。

15.推进社会服务工作。继续推进"两边两路、一个核心"社会服务战略,加强社会服务与地方合作的战略研究与整体规划,出台提升社会服务质量的文件。深入实施服务浙江经济社会发展行动计划,深化与省内中心城市和特色市县的战略合作,积极落实学校参与杭州城西科创大走廊建设各项工作任务。服务乡村振兴战略,加强农业推广示范基地的布局和建设。认真做好对口支援、精准扶贫、结对帮扶等工作,开展第十三批浙江省科技特派员服务工作。做好省外创新研究机构和技术转移中心工作。按照"高端化、品牌化、全球化"发展路径,发展高水平的培训项目和高质量的继续教育。服务省委省政府"双下沉、两提升"战略,加大力度支持医学院附属医院内涵发展,加快推进高水平医联体建设。

16.实施全球开放发展战略。继续落实教育对外开放规划,制定并发布英文版《浙江大学全球开放发展战略》,推进实施世界顶尖大学战略合作计划、海外一流学科伙伴提升计划、国际合作区域拓展计划、"一带一路"教育行动。拓展与欧美一流大学的合作平台,探索与"金砖国家"国际合作新模式,深化与亚太地区的办学合作。深化留学生教育管理体制机制改革,推进留学生教育"两高"计划,提升留学生教育质量。深入开展师资队伍国际化提升工程,加大外籍教师引进力度。合理布局海外工作机构,优化港澳台交流格局。积极落实声誉提升战略,加快拓展对外宣传渠道与内容,加强内外宣协同,及时宣传优秀学术成果,提升学校国际影响力。强化国际化管理队伍建设,建立院系和学科国际化水平评价制度。

五、全面深化改革,形成可持续发展的动力机制和资源保障,加快治理体系和治理能力现代化建设

17.强化改革顶层设计。建立全面深化改革的领导体系和推进机制,成立校院两级全面深化改革领导机构,按照"顶层设计、全面规划、分步实施、以点带面、清单管理"的总体思路推进战略谋划、统筹协调和督促落实,明确 2018 年整体改革目标要求、关键举措和预期成果。

18.深化若干重点改革。抓紧启动一批具有全局影响的改革。深化考核评价的"指挥棒"改革,以一流导向完善对教师和学生、领导班子和管理干部、院系和医学院附属医院的评价。实施院系管理体制改革,针对院系实际分类授权、试点推进,建立健全院系自我发展、自我管理、自我约束机制;统筹校院两级干部队伍建设,不断增强院系干部队伍能力和活力;完善院系学术治理架构,聚合学术资源,加强学术道德建设,发挥学术委员会(教授委员会)的作用。实施人事制度改革,做好新一轮岗位聘任,明确岗位职责和基本要求,发挥岗位聘任的激励和约束作用;加强校院联动,提高定编定岗的科学性;深化岗位分类管理改革,强化各类教师的责任意识,坚持动态管理;加快推进预聘—长聘教职制度改革,在试点基础上推进常规教师职称评聘与长聘教职评聘的并轨;稳步推进医学院附属医院岗位设置及聘任工作,加强临床教学与研究队伍建设;优化劳务派遣管理,进一步做好劳务派遣人员服务工作。科学配置机构及职能,深化机关改革。

19.提升资源拓展和配置效益。围绕开源节流加强战略谋划,抓紧落实新一轮省部共建浙江大学的支持政策和配套保障。推进发展联络工作,加大外部资源的争取力度,提高教育基金会的管理水平。围绕一流建设科学配置资源,加大对大项目、大成果、大贡献的激励力度。深化公用房管理机制改革,在保障广大教职员工基本工作用房需求基础上,进一步完善机制,提升使用效率。做好增收节支工作,加强对学校财务运行状况的总结和分析,严格预算控制,提高经费使用效益。加强国有资产管理,确保国有资产的保值增值。深化后勤产业体制机制改革,完善权责利一致的资产管理关系,健全产业与后勤党工委管理体系。

20.提高管理服务水平。深化"一流管理、服务师生"主题活动,提高管理服务精细化水平。推进依法治校体制机制建设,健全重大事项报告制度。落实暖心爱心工程,推进"1250安居工程"建设和配套服务。关心师生员工身心健康,发挥医学院附属医院和校医院的保障作用,为师生员工提供更具针对性的健康医疗服务。推进美丽校园建设,完善能源管控模式,提升后勤服务能力。加快实施"网上浙大五年建设计划",启动浙大云平台建设。提升数字图书馆、数字档案馆服务水平,深入实施"精品化、数字化、国际化"出版战略,推进建筑设计行业一流建设。做好教师中英文个人主页的改版升级工作。深化平安校园建设,完善校园安全稳定防范体系。严格落实保密工作责任制,积极推进专项任务。推进审计转型,完善审计整改方式,强化审计工作。做好实验室与设备管理,促进公共场馆和仪器设备共享。

六、全面从严治党,切实加强党的领导和党的建设,为学校改革发展提供坚强政治保证

21.将党的政治建设摆在首位。增强师生员工"四个意识",加强对全校上下贯彻落实中央、教育部、学校重大战略部署情况的政治监督。完善贯彻落实党委领导下的校长负责制配套制度,提高院级党政联席会议质量。严守意识形态主阵地,全面落实学校党委意识形态工作责任制实施细则及其责任清单,建立健全党委统一领导、党政齐抓共管、职能部门分工负责的意识形态工作机制。

22.加强宣传思想工作。推进"两学一做"学习教育常态化制度化,完善校院两级党委理论学习中心组学习制度,健全基层党支部和党员学习制度。加强理论宣讲团建设,探索宣讲团成员集中学习备课制度。加强理论研究与正面宣传,壮大主流思想舆论,完善舆情工作机制。丰富网络文化表达体系,加强网络宣传员队伍建设,提高运用传媒新手段的能力。

23.推进领导班子和干部队伍建设。狠抓各级领导班子能力建设,强化领导班子理论学习和调查研究,提高各级班子战略谋划能力。完善"育人强师"全员培训机制,办好浙江大学延安培训学院。树立正确的选人用人导向,落实好干部标准,做好中层干部选拔任用工作,强化中层后备干部实践锻炼。加强内设机构负责人选拔任用工作,优化科职干部队伍结构。抓好中层干部和党支部书记集中轮训,进行多形式、分层次、全覆盖的党员干部培训。积极做好挂职干部工作,建立优秀干部培养输送机制。

24.加强组织力建设。完善基层党建工作责任制,优化院级党组织书记抓基层党建工作述职评议考核。强化院系党务工作队伍,落实专职组织员配备。科学制订发展党员工作计划,以提高质量为核心,注重在高层次人才、优秀师生员工中发展党员。推动基层党的组织生活规范化制度化常态化,切实增强组织生活质量。在做好"两优一先"评选的基础上,设立"求是党建先锋"奖。发挥老同志的独特优势和作用,认真做好离退休党建工作,加强离退休工作和关心下一代工作。

25.强化党对统一战线和群团工作的领导。完善社会主义学院的工作制度及培训体系,加强与浙江省社会主义学院等合作共建。强化侨联、留联会的组织建设,加强对无党派人士工作的领导,打造"同心·知联"服务品牌。深入推进"111"党外代表人士培养计划,加强党外代表人士的选拔任用和举荐等工作。开好学校第八届教代会,第二十二届工代会第一次会议,提高"双代会"提案的办理质量。深化共青团改革,构建分层分类一体化的青年工作体系。完善"一心双环"团学组织格局,指导学生会、研究生会、博士生会和其他学生组织充分发挥自我教育、自我管理、自我服务、自我监督的功能。

26.抓好作风和纪律建设。落实中央八项规定实施细则,强化纪律和规矩。完善机关作风建设督导工作机制,注重发现和纠正形式主义、官僚主义问题。开展好"书记有约""校长有约"活动。加强师德师风建设,做好师德考核和政治把关。完善党风廉政建设和反腐败工作组织体制,严格执行院级党政班子向学校党委、纪委汇报履行主体责任情况制度。充分发挥二级纪委作用,完善二级单位纪委书记例会和医学院附属医院纪委书记联席会制度。完善内部巡察制度,组织开展校内专项巡察工作,加强追责问责、案件查办。充分运用监督执纪"四种形态",配齐建强纪检监察干部队伍,建立常态化的风险防控机制。创新廉洁教育方式方法,开展廉政文化建设和理论研究。

教育部　浙江省人民政府
关于推进浙江大学建设世界一流大学的
共建协议

为加快建设创新型国家和高等教育强国,增强国家核心竞争力,国家陆续出台了《统筹推进世界一流大学和一流学科建设总体方案》和《统筹推进世界一流大学和一流学科建设实施办法(暂行)》,决定在2016—2020年启动第一轮"双一流"建设。为共同推进浙江大学加快建设世界一流大学,教育部和浙江省人民政府经协商,决定在巩固以往共建成果基础上继续重点共建浙江大学。

一、教育部与浙江省继续共建浙江大学,旨在进一步加快学校创建中国特色世界一流大学的步伐,以一流学科建设为基础,争创国家实验室,提高学校人才培养、科学研究、社会服务、文化传承创新和国际合作交流水平,集聚一流的学术领军人才和创新团队,推进学校治理体系和治理能力现代化,在履行立德树人根本使命、支撑国家创新驱动发展战略、服务经济社会发展、弘扬中华优秀传统文化、培育践行社会主义核心价值观等方面发挥更大作用。

二、浙江省继续将浙江大学的改革发展纳入全省经济社会发展总体规划,并给予相应的经费和政策支持。教育部支持和鼓励浙江大学将世界一流大学建设与服务浙江经济社会发展紧密结合,继续拓展共建内容,推进体制机制改革,促进学科、人才、科研与产业互动,推动重大科学创新、关键技术突破转化为先进生产力,进一步发挥创新源、人才泵和思想库功能,增强学校创新资源对区域经济社会发展的驱动力。

三、在本轮共建期间,除对学校的经常性事业经费安排以外,教育部将会同有关部门加大对浙江大学创建世界一流大学的专项经费支持力度;浙江省人民政府给予浙江大学"双一流"配套建设经费25亿元,具体安排按照省委常委会有关决议实施。浙江大学进一步完善重点建设项目的规划方案和年度实施计划,严格遵守各项财务制度,完善经费使用管理办法,切实管好用好建设经费,并接受部省有关部门的监督检查,确保专项资金的使用绩效。

四、教育部、浙江省人民政府将继续共建浙江大学相关事宜纳入部省会商机制加以推进落实,建立定期研究共建方案、定期检查共建进度等工作机制。

五、在共建过程中的具体事宜,由教育部和浙江省人民政府组织相关部门与浙江大学研究确定。

教育部　　　　　　　　　　浙江省人民政府

2018 年 6 月 28 日　　　　　　2018 年 6 月 28 日

邹晓东在浙江大学并校发展二十周年座谈会上的讲话

（2018 年 9 月 12 日）

尊敬的各位老领导、老同志,
各位校友、各位老师、各位同学:

新学期伊始,在全国教育大会胜利召开之际,我们在求是大讲堂举行简朴而庄重的浙江大学并校发展二十周年座谈会,回顾总结办学经验,坚定信心、凝心聚力、展望未来,深入推进中国特色世界一流大学建设。各位老领导、老同志、师生校友代表齐聚一堂,充分体现了对学校的关心和热爱。

刚才,朝晖校长对学校 20 年来的发展情况作了全面系统的回顾,总结了改革探索的经验和启示,我很赞同;潘云鹤校长、张曦书记、金德水书记、杨卫校长、陈昭典校长等老领导,作为过去 20 年学校改革发展的领导者和亲历者,分别作了饱含深情的讲话,表达了对学校事业发展的关心和期待,我们一定要深刻领会和践行;几位老师和校友代表结合各自的实际作了很好的发言,我感到深受启发、倍受鼓舞。

与很多同事一样,我有幸参与了四校合并以来浙大走过的探索历程,见证了学校各项事业的跨越发展。过去20年,浙江大学响应国家改革开放号召,解放思想、踏准节奏、深化改革,凝练形成更高的办学目标,大力完善教育理念,充分发挥学科综合优势,在重大改革和成果培育上不断取得关键突破,探索了一条扎根中国大地建设世界一流大学的独特道路,被誉为"改革的先锋、发展的典范,全国高等教育改革和发展的一面旗帜"。回首这段不平凡的历程,我们可以更加清醒地看到,四校合并组建新浙江大学是重大的历史性创举,不仅开启了我国高等教育战略布局调整的序幕,也开启了浙江大学改革发展的新纪元,深刻影响了浙江大学的战略格局和前途命运,为广大师生校友实现人生价值提供了无比广阔的舞台!

　　总体而言,过去20年浙江大学发生的变化是极其深刻的,我感触特别明显就是整个学校站位更高、实力更强、品质更精、活力更足、布局更优,以实实在在的业绩和贡献赢得了认可、赢得了支持、赢得了尊重:一是践行忠诚担当,在扎根中国大地办大学上发挥了表率作用。坚决贯彻落实中央重大决策部署,忠实践行习近平新时代中国特色社会主义思想,认真贯彻习总书记对浙江大学的系列重要指示精神,主动承担中央党建试点任务,主动对接国家重大战略需要,切实加强党对学校的全面领导,落实全面从严治党要求,大力培育堪当民族复兴大任的时代新人,努力做到党有号召、国家有需要,浙大就有行动。二是聚焦一流目标,在服务国家战略、推动人类进步中的作用和地位进一步体现。四校合并之后的每一次党代会都将建设世界一流大学作为坚定不移的目标。在远大目标的指引下,学校始终以更高的标准要求自己,不断巩固顶天立地的办学特色,关键创新指标位居国内高校前列,荣获国家重大科技奖励实现历史性突破,重大原创成果和国际顶级期刊论文集中涌现,在主流大学排行榜中跻身世界百强,巩固了走在前列的办学地位。三是追求卓越品质,精心育人、精研学术的品牌和特色进一步形成。实施"六高强校"战略,坚持高质量的内涵式发展,精耕细作地立德树人,精益求精地勇攀高峰,充分发挥了学科综合优势、科教融合优势,拔尖创新人才培养改革走在前列,创新创业教育特色鲜明,学科评估取得佳绩,高层次人才引育成效明显,在若干领域形成了一批高精尖研究方向,稳步增强了核心竞争力。四是激发内生活力,创新能力和创业精神得到了空前彰显。将解放思想、深化改革贯穿始终,保持抢抓机遇、勇立潮头的精神风貌,坚持师生为本的办学理念,在教育教学、学术治理、科研体制、人事制度、资源配置、成果转化等方面率先实施了一系列重大改革创举,充分调动和发挥了广大师生的主动性、积极性、创造性,为学校加快崛起提供了不竭的动力源泉。五是优化战略布局,在与区域一体化发展中形成了独特的竞争优势。按照"立足浙江、面向全国、走向世界"的总要求,完善浙江大学办学体系,加强在全国的战略布局,推进深度实质性的国际交流合作,主动服务大湾区建设,全力融入杭州城西科创大走廊,在扎根浙江、深耕杭州上不断迈出坚实的步伐,为学校更长远的发展奠定了优越的基础。

　　综上,学校取得的成绩彪炳史册,形成的地位不可替代,产生的影响日益显著,展现的精神历久弥坚!这些成绩是四校合并20年来全体浙大人团结奋斗的结果,也是改革开放40年来我国高等教育发展成就的生动缩影,更是120年来一代代浙大人孜孜不倦探索积累成果的集中呈现。我们不会忘记求是先贤们创校之初的艰辛付出,不会忘记西迁师生抗战烽火中的流离颠沛,不会忘记院系调整后同根同源四校的齐头并进,不会忘记新浙江大学实现跨越发展的奋斗历程。一代代浙大人和历任领导班子都为浙江大学今天的成绩做出了贡献和牺牲。借此机会,我谨代表学校党委和行政,向党中央的关心与重视、向省委省政府的指导与支持、向广大校友和社会各界的鼎力相助表示衷心的感谢! 向承载光荣与梦想的全体浙大人致以崇高的敬意!

起于江南一隅、浙水之滨,历经西迁办学、院系调整,但却始终保持旺盛的生命力,日益展现"树我邦国、天下来同"的气质,这是浙江大学独特的禀赋。回眸 120 年的发展,我们可以清楚地看到,支撑浙江大学一路走来的文脉从未中断,浙大人"以天下为己任、以真理为依归"的执着初心始终如一,以求是创新为内核的精神文化始终如一,解放思想、改革开放、勇立潮头的远大胸襟始终如一,团结进取的优良传统和忠诚担当的政治本色始终如一,这是浙江大学最持久的凝聚力、生命力、竞争力,是推动学校取得今天办学地位的关键因素。一代代浙大人是传承和发扬浙大文脉的载体,学校取得的成果、做出的贡献是浙大文脉的生动体现! 同根同源的四校,有着共同的精神文化基因,虽然短暂分离,但在共同文脉的指引下实现了各自的快速发展,最终又以共同的目标愿景走到了一起,无论分离还是聚合,都是以自我革新的历史担当报效家国,这正是浙江大学弥足珍贵的精神财富,必将永远支撑浙大人迈向更加辉煌的未来,必将在高水平建设中国特色世界一流大学的新征程中焕发出无限生机与活力。

当前,世界正处于前所未有的大变局之中,思想文化的交锋日趋激烈,科技变革方兴未艾,一流人才和核心关键技术成为综合国力竞争的焦点,国家区域实现更高质量的发展对高水平大学提出了新期待新要求,浙江大学正处在重大历史机遇的"叠加期"。与此同时,我们也深刻认识到学校面临的激烈竞争和发展短板。站在继往开来的新起点,我们要继续秉承和弘扬浙大文脉,坚定清醒明方向,解放思想再出发,改革开放立潮头,奋力书写高水平建设中国特色世界一流大学的浙大篇章!

我们要加强党的领导、坚定政治方向,忠实践行习近平新时代中国特色社会主义思想。总书记的亲切关怀是浙江大学的宝贵财富和动力源泉。我们要牢固确立习近平新时代中国特色社会主义思想的根本指导地位,将学习新思想与贯彻落实总书记对浙江大学重要指示精神更加紧密地结合起来,原原本本地领会其思想精髓,按照"总目标""总要求"将一张蓝图绘到底。要将加强党的领导作为提高办学治校能力的根本保证,牢固树立"四个意识",落实好党委领导下的校长负责制,坚持社会主义办学方向,确保党的决策部署在浙江大学得到全面有效的贯彻落实。要将政治建设放在首位,加强理论武装,紧密围绕一流建设提高各级领导班子和干部队伍建设水平,狠抓组织力建设,加强作风和纪律建设,把握群团改革的正确方向,推动全面从严治党向基层延伸,以优良的党风正校风、严师风、促学风,营造清朗的政治生态和办学环境。

我们要发扬浙大传统、唱响浙大校歌,团结一切可以团结的力量续写新的浙大篇章。实现远大的目标,必须将蕴含在各方面的创造活力有效组织起来。要以共同的精神文化凝聚人,秉承求是创新校训,弘扬独具特色的浙大人共同价值观和大学精神,坚守"只问是非、不计利害"的追求,引导师生保持向上、团结、奉献的精神风貌。要加强新时代校园文化建设,树立先进典型,彰显人格魅力,讲好浙大故事。要不拘一格地汇聚天下英才,加强骨干培养和团队建设,选准人、用好人、留住人,形成近悦远来的良好局面。要牢固树立以人民为中心的思想、以师生为本的理念,大力营造关心关爱的发展环境,建设师生和校友共同的家园。要积极争取社会各界的大力支持,营造更加良好的发展环境,携手全社会力量共创一流事业。

我们要扎根中国大地、勇攀世界高峰,为高水平建设中国特色世界一流大学贡献浙大力量。"双一流"建设是当前的重中之重。要坚定不移地贯彻落实学校第十四次党代会提出的目标任务,牢固树立一流意识、紧紧围绕一流目标、认真贯彻一流标准,在更高层次开创事业发展新局面。要聚焦立德树人根本任务,建设"信念坚定、师德高尚、业务精良"的师资队伍,提高思想政治教育的针对性和有效性,打造高水平的人才培养体系,输送更多德才兼备、全面发展的优秀人才到祖国需要的广阔天地建功立业。要坚持中国特色与世界一流紧密结合,将对接世界学术前沿与服务国家战略需要有机结合起来,将世界先进的教育理念和办学经验与社会主义大学的制度优势有机结合起来。要突出高精尖导向加强组织凝练,打造顶尖学科,汇聚领军人才,建设重大团队,培育原创成果,寻求关键突破,进一步引导师生攀高峰、入主流、做贡献,实现追求品质和声誉的根本转变。

我们要全面深化改革、拓展开放空间,继续以敢为天下先的精气神勇立创新发展的时代潮头。改革开放始终是浙江大学最鲜明的特色。要以发挥人的积极性创造性为核心,深化人事制度改革,强化精准激励,营造鼓励竞争的发展环境,发挥骨干教师的关键作用。要加强治理体系和治理能力现代化建设,增强院系学科自主发展动能,推进科学管理、优质服务,形成尊重院系、服务师生的良好氛围。要围绕人才、学科、教育改革、创新实践精准配置资源,引导教职工增强和保持奋发拼搏的内在动力,使一切创造潜能竞相涌流。要高质量服务浙江大湾区建设,落实服务浙江重点任务,充分发挥全省高等教育"领头雁"作用。要坚持重大需求与一流建设相结合,积极推进与全国重点省份和区域的战略合作。要拓展高水平国际交流合作项目,提高国际校区办学质量和效益,加快实施全球开放发展战略,形成更高质量的开放发展格局。

历史的画卷,总是在砥砺前行中铺展;精彩的华章,总是在接续奋斗里书写。站在继往开来的新起点上,党和国家的战略意志、浙江大学的历史使命、师生员工的家国理想高度一致,浙江大学比历史上任何时期都更接近、更有信心和能力实现建成中国特色世界一流大学的目标。让我们紧密团结在以习近平同志为核心的党中央周围,不忘初心,牢记使命,忠诚担当,以永不懈怠的精神状态和一往无前的奋斗姿态,为加快进入中国特色世界一流大学行列、迈向世界一流大学前列而奋斗,为实现中华民族伟大复兴的中国梦做出更大的贡献!

吴朝晖在浙江大学并校发展二十周年座谈会上的讲话

——改革创新再出发　扎根中国大地迈向世界一流

（2018 年 9 月 12 日）

尊敬的各位领导、各位来宾、各位校友，

老师们、同学们、同志们：

　　大家上午好！今年是国家改革开放四十周年、深入学习贯彻习近平新时代中国特色社会主义思想和党的十九大精神第一年，也是四校融合发展二十周年、全面推进"双一流"建设的关键一年。今天，我们在这里举行浙江大学并校发展二十周年座谈会，就是要充分肯定并校发展的历史功绩，深刻总结学校改革创新的宝贵经验，在新时代新起点继续坚持一张蓝图绘到底，进一步把握历史机遇，思想观念再解放、改革创新再出发、开放发展再扩大，努力开创中国特色世界一流的综合型、研究型、创新型大学建设新局面！

　　回首光影流转，展望凯歌奋进。1998 年，我国的改革开放事业正迈向更加波澜壮阔的历程，面向 21 世纪加快高等教育战略布局成为事关国家前途命运的重大抉择。时代呼唤有代表性的大学肩负历史使命，为中国高等教育改革发展探索新路、开拓新局。在此背景下，血脉相连的浙江大学、杭州大学、浙江农业大学、浙江医科大学重新聚合在一起。1998 年 9 月 15 日，在党中央的直接领导下，原四校合并发展，开启了我国高等教育体制改革的历史序幕，奏响了建设中国特色世界一流大学的时代先声。

　　学校 20 年来的改革发展，得到了党中央的亲切关怀，得到了习近平总书记的关心指导。习近平总书记主政浙江期间亲自联系浙大，18 次莅临指导，对学校改革发展做出了一系列重要指示，明确提出了"建设世界一流大学"的总目标，阐述了"立足浙江、面向全国、走向世界"的总要求，指明了"育人为本、质量立校，师资为基、人才强校，发挥优势、特色兴校，服务社会、合作办校"的发展道路。到上海和中央工作后，习近平总书记依然高度重视学校的发展并给予了有力的指导。2015 年教师节前夕，他嘱托中共中央办公厅给浙大教师回信，进一步对浙江大学走在前列提出了殷切期望。

　　正是在党中央和习近平总书记所描绘的蓝图指引之下，学校确立了建设中国特色世界一流大学的宏伟目标和壮丽事业。在四校合并之初，学校就提出了要建设"具有世界先进水平的研究型、综合型和创新型的一流大学"。自此之后，创建中国特色世界一流的综合型、研究型和创新型大学的目标就深深扎根于全体浙大人的心中。学校第十二次、第十三次、第十四次党代会坚定不移地将建设中国特色世界一流大学作为奋斗目标和鲜明主题。20 年来，为了早日建成中国特色世界一流的综合型、研究型和创新型大学，一代又一代的师生校友接续奋斗,一届又一届的领导班子励精图治,战胜了一个又一个难以想象的困难和挑战,推动了一轮又一轮意义深远的改革和发展,最终跃居为全国最好的高校之一,成为公认的"改革先锋""发展典范"。

可以说,学校融合发展的历程是百年中国高等教育的生动缩影,更是扎根中国大地践行忠诚担当的生动写照。今天的浙江大学是国家"双一流"建设高校,进一步巩固了走在前列的办学地位,各项事业始终保持蓬勃发展的良好态势,一些可比性办学指标已与标杆名校接近,部分指标已进入世界一流大学门槛。

学校20年改革发展取得的成绩,是党中央、国务院、教育部、省委省政府坚强领导和悉心指导的结果,是全体师生、全球校友开拓进取和奋勇拼搏的结果,是全国人民、社会各界倾力支持和广泛参与的结果。成绩属于这段辉煌历史的所有参与者、见证者和奋斗者。

让我们以热烈的掌声,特别感谢以张浚生书记、潘云鹤校长、张曦书记、杨卫校长、金德水书记、林建华校长为代表的几届领导班子的辛勤付出与杰出贡献!此时此刻,我们都深切缅怀张浚生书记,特别感谢他为四校融合发展所做出的巨大贡献!

同样,学校的融合发展离不开原四校为我们奠定的良好办学基础,让我们以热烈的掌声,特别感谢原四校老领导、老同事的历史担当与无私奉献!

我们还要特别感谢全体师生、全球校友的艰苦奋斗与守望相助!要特别感谢全国人民、社会各界的大力支持与慷慨帮助!

浙江大学融合发展的成功实践,充分证明了党中央关于四校合并的战略决策是完全正确的,在建设中国特色世界一流大学的新起点上,浙江大学不仅要继续发展,而且要继续干在实处、走在前列、勇立潮头;充分证明了改革创新、开放发展是决定浙大命运的关键抉择,是办学治校的动力之源,是实现教育强国、创新强国的必由之路;充分证明了师生是学校改革发展事业的主体,要坚持一切为了师生、一切依靠师生,充分发挥广大师生的积极性、主动性、创造性,使师生成为推动学校改革发展的强大力量;充分证明了思想文化之伟力,这得益于求是书院以来弦歌不绝、薪火传燃的学脉,得益于始终与民族复兴同频共振的家国情怀,得益于海纳江河、兼容并包的文化传统,使短暂分离但同源并流的四校在共同精神文化的感召下重新携手、再创辉煌;充分证明了无论发展什么、发展到哪一步,都要坚持党对学校的全面领导,确保党把方向、谋大局、定政策,确保党始终总揽全局、协调各方。

因此,我们很有必要总结四校融合发展的成效与经验,下面,由我简单回顾一下学校20年的改革发展情况。

各位老师、各位同学、各位校友、各位同志,学校改革发展的20年,始终坚持解放思想、改革创新、开放发展,正是遵循办学传统、发挥办学优势的20年,正是沿着习近平总书记指引的办学方向的20年,正是坚定不移地建设中国特色世界一流的研究型、综合型和创新型大学的20年。具体来讲,学校至少在以下几个方面取得了明显成效。

一是实质性的融合发展使求是创新的精神文化得到空前彰显,为学校勇立时代潮头提供了不竭的动力源泉。四校合并之所以是成功的合并,最根本、最关键、最深层次的原因就是我们的精神文化一脉相承。四校合并本质上是短暂分离的四校在精神文化上的回归,共同的求是创新基因和深厚的百年历史底蕴是学校无比珍贵的财富。融合发展赋予学校精神文化以新的时代内涵，使其在更高层面上得到了新的发展。20年来，学校在"求是创新"校训基础上，形成了"勤学、修德、明辨、笃实"的浙大人共同价值观和"海纳江河、启真厚德、开物前民、树我邦国"的浙大精神等，为学校实现新的历史性跨越提供了无比强大的精神力量，如我们以纪念建校120周年系列活动为契机，以求是创新的精神文化将全球浙大人结成发展共同体，进一步扩大了学校的全球影响力。

二是实质性的融合发展凝聚起前所未有的责任担当，为建设中国特色世界一流大学贡献了浙大实践。四校合并是一次回归理想的改革创举，实现了国家战略意志、浙大历史使命、师生家国情怀的高度统一，在全校上下凝聚起建设中国特色世界一流大学的责任共识，形成了"六高强校"等战略路径。20年来，学校全球高被引学者数、ESI世界前1‰学科数、前50学科数已比肩美国伊利诺伊大学香槟分校等标杆院校，前100学科数、前50学科数均居全国高校第二；在QS、ARWU等国际主流大学排行榜中的位次大幅前移，迈进了世界前100位，国际声誉和影响力显著提升，如在THE的声誉排名中稳居全球前100。

三是实质性的融合发展带来了教育理念的深刻变革，为全面提升立德树人质量创造了有利条件。四校合并后，统一思想最具体的表现就是完善教育理念。20年来，学校形成了开展教育教学大讨论的优良传统，明确了新时代的人才培养目标，实现了从知识、能力、素质俱佳的KAQ1.0到知识、能力、素质、人格并重的KAQ2.0的跨越，构建了"一横多纵"的大类学生管理模式、开环整合的人才培养体系，推行了四学期制、连贯"通""专""跨"的通识教育、四课堂融通、科教融合等，着力打造了一流的本科生教育品牌和卓越的研究生教育品牌，本研比由5.24优化为0.86，本科生源质量大幅提高，学生海内外深造率、毕业生就业率等指标居全国高校前列，浙大学子频频在国际国内重大赛事上荣获最高奖。

四是实质性的融合发展体现了学科综合的独特优势，为培育顶天立地的创新成果奠定了坚实基础。四校合并后的浙江大学拥有最广阔的学科包容度，为实现实质性交叉融合提供了无限可能。20年来，学校确立了"一流牵引、主干强身、交叉驱动、生态优化"的学科发展思路，形成了高峰学科、一流骨干基础学科、优势特色学科和顶尖学科竞相发展的良好局面，已获准开展学位授权自主审核，学校在第四轮学科评估中的A类学科数、一级学科优秀率、A+学科数分别居全国高校第一、第二、第三；学校授权发明专利、SCI等收录论文数、科研经费等主要创新指标稳居全国高校前列，荣获了国家科技进步奖特等奖1项、国家科学技术奖一等奖6项、国家科学技术奖二等奖93项，其中，获得的国家科技进步奖特等奖实现了我国医药卫生行业和高等教育领域"零的突破"。20年来，学校全力打造开源创新的思想文化高地，实施"强所、精品、名师"的文科发展战略，进一步繁荣振兴哲学社会科学，建立了文化遗产研究院、人文高等研究院、马一浮书院等，培育了区域协调发展研究中心、中国西部发展研究院、中国农村发展研究院等高端智库，《中国历代绘画大系》《中华礼藏》敦煌学研究等传统文化研究成果在海内外产生了重大影响。

五是实质性的融合发展开启了改革开放的崭新征程，为学校走在时代前列创造了战略机遇。四校合并与融合发展本身就是重大的改革创举，呈现了从物理合并到生物融合的历

浙江大学年鉴

史性转变,实现了从规模扩张到内涵提升的"华丽转身"。20年来,学校一直走在高等教育改革发展的前列,不断深化内部治理体系改革,组建了竺可桢学院、本科生院、求是学院,深入实施了学生管理体制改革、研究生培养机制改革、学部制改革等,并于2014年启动实施了综合改革,建设了7个校区、7个学部、36个院系、1个工程师学院、2个中外合作办学学院、城市学院、宁波理工学院和7家附属医院。20年来,学校坚持在服务中求发展,形成了"两边两路、一个核心"的社会服务格局,并不断由国内开放走向全球开放,有效实施了一流学科伙伴提升计划等,推进了与哈佛大学、耶鲁大学、斯坦福大学、牛津大学、剑桥大学等世界名校的实质合作,参与了环太平洋大学联盟、世界大学网络等国际大学联盟组织的多项活动,目前已与40多个国家和港澳台地区近200所大学、学术机构建立了校际合作关系。

六是实质性的融合发展激发了创新创造的巨大潜能,为师生更好地实现人生价值搭建了广阔舞台。学校是师生校友成长发展的共同家园。20年来,学校将人事制度改革贯穿始终,不断完善考核激励机制,开展了岗位分类管理,实施了岗位聘任工作,相继推出了光彪讲座教授计划、学术大师汇聚计划、高水平创新团队建设计划、创新师资百人计划等,学校高层次人才规模迅速扩大,拥有"两院"院士41人,文科资深教授9人,"千人计划"入选者237人、"长江学者奖励计划"入选者101人、国家杰出青年科学基金获得者129人,并全职引进了图灵奖获得者。20年来,学校坚持依靠师生、服务师生、成就师生,实施了"450工程""1250安居工程",举行了"书记有约""校长有约"等活动,建立了"新生之友""事业之友"等制度,建设了行政服务办事大厅,开展了"一流管理、服务师生"主题活动,推进了"最多跑一次"改革,营造了"心齐、气顺、劲足、实干"的良好氛围。

七是实质性的融合发展切实加强了党的全面领导,为改革发展稳定提供了坚强的政治保证。四校合并与融合发展始终是在党的坚强领导下深入推进的,充分体现了党委在改革发展稳定中的举旗定向作用。20年来,学校不断加强党的领导,积极落实全面从严治党主体责任和监督责任,狠抓巡视整改,坚决贯彻中央八项规定精神,探索开展内部巡察工作,狠抓各级班子和干部队伍建设,充分发挥各级党组织作用,把握群团改革正确方向,先后被党中央确定为保持共产党员先进性教育活动、深入学习实践科学发展观活动、巡视工作的试点单位,探索形成了"先锋学子""育人强师"全员培训、"五好"党支部创建、基层党建"五子登科"等一系列有益经验,营造了风清气正的办学环境。学校党委获评全国创先争优先进基层党组织荣誉称号。

可以说,融合发展的20年,是一段从分散走向聚合的辉煌历程,也是一段解放思想和改革开放相互激荡、观念创新和实践探索相互促进的变革历程,更是一段与民族复兴同频共振的发展历程。面对新时代日新月异的变化,面对党和国家的更高要求,面对师生校友的期盼,20年融合发展给我们的基本启示就是要立足国家改革开放40周年的新起点,进一步解放思想、改革创新、开放发展,以一往无前的奋斗姿态继续干在实处、走在前列、勇立潮头,为高水平建成中国特色世界一流大学凝聚浙大智慧、提供浙大方案、贡献浙大力量。

我们要坚持一张蓝图绘到底,建设中国特色世界一流的综合型、研究型、创新型大学不动摇。过去20年,浙江大学始终保持一张蓝图绘到底的战略定力,实现了各项事业持续快速发展。面向未来,要确保学校始终沿着正确的方向发展,就要继续坚持一张蓝图,不断校准改革创新的方向,与中央对表、与世界一流对标、与需求对接、与未来对向、与人民对心,争取早日建成中国特色世界一流的综合型、研究型、创新型大学。

我们要聚焦更高质量的内涵发展,在学科、人才、科研的良性互动中实现战略目标。浙大 20 年改革发展书写的壮丽篇章,源于创新生态系统内在结构的生机活力。面向未来,学校要继续坚持这一发展经验,推进学科—人才—科研的深度互动融合,以构建学科高峰为牵引、以培育一流人才为引擎、以提升科研内涵为核心,构筑创新高地,增强创新能力,进一步落实"高精尖"发展导向,加快学校内涵发展的步伐。

我们要扎根中国大地勇攀世界高峰,在围绕重大需求加强方向凝练和资源组织上取得更大突破。过去 20 年学校的发展经验表明,中国特色与世界一流是辩证统一的,学校最重大的创新成果都是围绕重大需求、加强前瞻谋划取得的。面向未来,我们要落实"四个服务"要求,切实围绕全球学术前沿、国家重大战略需求等,推进一流学科的创新发展,深化教育改革、加强专业建设、凝练科研方向,形成更多标志性的重大成果,更好地满足人民群众日益增长的美好生活需要。

我们要将立德树人作为检验一切工作的根本标准,在建设高水平人才培养体系上走在时代前列。过去 20 年的发展让我们清晰地认识到培养人的重要意义,我们在教学相长中既培养了学生也培养了老师。一流人才的竞相涌现,是一所大学最持久的竞争力。面向未来,我们要用新时代人才培养目标统一思想,进一步完善 KAQ2.0 教育体系,不断推进一流教育教学,加快构建开环整合的人才培养体系,努力造就更多能够担当民族复兴大任的时代新人。

我们要以思想的大解放实现事业的大发展,坚决扛起新时代高等教育改革的担当。浙大最大的办学特色就是改革创新。面向未来,我们要围绕人的发展深化改革,进一步推进以岗位聘任为核心的人事制度改革,不断优化定编定岗、岗位分类管理,探索长聘教职改革,持之以恒地扩大院系办学自主权,继续深化资源配置机制改革,加大力度实施全球开放发展战略,深化与世界一流大学和一流学科的实质合作。

我们要发挥党的领导定盘星作用,在建设中国特色世界一流大学中永葆忠诚担当的政治本色。四校融合发展是推进党的教育事业的最好体现。面向未来,我们要立足中国特色社会主义事业全局谋划改革发展,坚持和完善党委领导下的校长负责制,不断健全依托学部和学术委员会的教授治学机制、依托教职工代表大会的民主管理机制、自我管理全面发展的学生服务保障机制、多校区开放式治理体系,加快实现治理体系和治理能力现代化。

各位老师、各位同学、各位校友、各位同志,征程万里风正劲,重任千钧再出发。面向未来,浙江大学责任重大、使命光荣。我们必须深入学习贯彻习近平新时代中国特色社会主义思想和党的十九大精神,接好历史的接力棒,不忘初心、牢记使命,深刻总结 20 年来不平凡的历程,深刻把握不同历史时期学校鲜明的发展特色和工作脉络,以"功成不必在我"的精神境界和"功成必定有我"的历史担当,扎根中国大地写好高等教育"奋进之笔",以更大的作为将建设中国特色世界一流大学的事业进行到底,在实现"两个一百年"奋斗目标、实现中华民族伟大复兴中国梦的新征程中续写浙江大学新的辉煌!

潘云鹤在浙江大学并校发展二十周年座谈会上的讲话

（根据录音整理，未经本人审阅）

（2018 年 9 月 12 日）

各位校领导、各位老师和同学：

大家好！很高兴参加浙江大学并校二十周年的纪念活动。回忆起 20 年前的四校合并，组建新浙大的风云往事又浮现在眼前。当年，在大批杰出校友的期盼和努力下，在党中央和李岚清副总理的亲自决策和协调下，原浙江大学、杭州大学、浙江农业大学、浙江医科大学克服了各种困难，最终实现了顺利合并。这件事情的办成，在当时既极为不易，又影响重大、意义深远。我有幸担任了新浙大的首任校长，和张浚生书记等各位校领导一起参与了并校前后的重大事件，特别是主持推动了新浙大在很短时期内完成了办学制度统一、学校规章修订、学科专业优化、人员结构重组、物理空间整合等工作，确立了创建中国特色世界一流和综合型、研究型、创新型大学的目标愿景，并争取教育部支持，大幅增加了博士生和硕士生名额指标，争取地方政府的支持，规划建设了新的紫金港主校区。继而，深化贯彻了 KAQ 教育思想；规划了"蒲公英计划"等学生创新创业项目；创建了软件学院、城市学院、宁波理工学院，服务区域发展，也实现了学校融合发展的飞跃，使得浙江大学在一个重要的历史节点上抓住了一系列改革提升的难得机遇。

当时不少人都有这样的疑问，就是中央为什么要下决心组建一所规模如此之大、学科门类如此齐全的大学呢？对此，我的理解有三点：

一是适应知识和科技发展的趋势。新旧世纪交替之际，人类社会跨入了科学技术迅速发展、知识经济初见端倪的新时代。研究型大学同时作为知识的传播者与创造者，具有雄厚的专家力量、突出的科技创新能力，被要求成为知识社会的人才泵、创新源和知识库，在国家的各个领域发挥着日益重要的作用。但随着科学技术的发展，知识的发展呈现了交叉综合，促使学科的结构从原有的树状结构走向了网状结构。这种综合的趋势不仅遍布于理工农医，也流向了经管人文。中国大学的变革、人才的培养、学术的发展，需要顺应这样的时代趋势。

二是符合中国高等教育发展的要求。在迎接 21 世纪的时候，中国高校当时从总体上分为三种类型：一是科研教育型，目标是创建 21 世纪高水平学校；二是教育为主型，专注于培养本科生的院校；三是高等职业教育型，以面向生产实际，培养实践能力为主的学校。当时，令国家领导人和人民常耿耿于怀的是：一个泱泱大国，居然没有世界一流大学。所以，浙江大学四校合并的使命，是不仅要成为一所综合型、研究型、创新型的大学，还要成为一所世界一流的大学，为中国建设世界一流的科技、教育、经济和文化强国做出贡献。也正是在这样的背景下,当时我国有相当一批高校实行了调整、合并、共建,形成了震惊世界的中国高等院校的改革大潮。

三是切合浙大等四校的实际。合并之前的浙江大学是有百年历史的全国重点大学,杭州大学、浙江农业大学、浙江医科大学和浙江大学是同根同源的省属重点大学,四校历史互通、文脉相连。经过长期的建设发展,这四所大学都取得了突出的成绩,形成了各自的办学特色和优势。而且四校学科互补,师生之间亲和力强,经过合理重组和改革优化,能够充分发挥学科的交叉综合优势,产生"1+1+1+1>4"的效应,在教育质量、科研水平和办学效益等方面更上一层楼。

其实四校合并的起源,既不是来自浙江大学的一厢情愿,也不是来自国家领导的一纸命令,而是来自四个学校的许多老领导、老教授渴望浙江大学办成世界一流大学的共同心愿,也是来自广大师生、广大校友的共同期待。其中著名专家的意见起了很大的作用,先后至少有三次强力的推动。第一次是从浙大调到复旦工作的谈家桢教授专门给李岚清同志写了封信,提出要培养大批杰出的医学和农业科学家必须办好综合性的大学,呼吁同根同源的四校合并。这封信给岚清同志很大的触动。第二次是农大的老校长朱祖祥院士和浙大的王启东教授,他俩在全国人大会议浙江代表团的大会发言上,当面向李岚清副总理提出浙大等四校合并的建议,当时岚清同志听了觉得很有道理。后来我知道以后,还专门为此拜访了教育部分管高校的周远清副部长。第三次是苏步青、谈家桢、贝时璋、王淦昌四位浙大的著名老校友,联名给江泽民总书记写信提议浙江大学四校合并,这件事促使中央领导终于下了很大决心,作了一个很大的决策。

事实证明,中央关于四校合并组建新浙大的决策是非常正确和具有远见的。江泽民总书记指出,"为了实现现代化,中国需要若干所具有国际先进水平的一流大学"。李岚清副总理在浙江大学四校合并成立大会上进一步指出,"我国要组建一些真正的综合性大学,实现优势互补,促进学科间的渗透、融合,发挥综合优势,培养高素质的创新人才,使我国高等教育的质量和水平迈上一个新的台阶"。浙江大学没有辜负中央的期待,经过学校几任领导班子的励精图治和不懈努力,如今的浙江大学学术水平跃升、学科高峰林立,国际声誉和社会影响力大幅提高,综合实力和办学水平进入全国高校顶尖行列,创建世界一流的综合型、研究型、创新型大学成效显著,可以说是完全实现了当初中央对四校合并组建新浙大的总体设想和预期目标。

合并20年后,今天的浙江大学又面临迈向更高目标的新征程。中国已经进入新时代,正在加速走进世界舞台的中央。高校实施的"双一流"建设,实际上吹响了冲刺世界一流水平的新号角。与此同时,全球数字化、网络化、智能化声势浩大,正在深刻影响着世界科技教育的格局。中国高校必将面临更大的挑战和更激烈的竞争。在此,我想对学校今后的改革发展提几点希望和建议。

第一,不忘初心,继续前进,坚定走向世界一流大学前列。应该说,现在的浙江大学正处于最好的时期。经过20年的发展,浙江大学在世界主要的大学排行榜(QS、THE、ARWU等)上已经进入世界百强。但是,我们不能安于现状、故步自封,而是要继续保持战略定力,朝着高水平的方向，努力地培养人才、建设学科、创造成果、做出贡献，加快步伐迈向世界一流大学前列。

第二，要明目扩胸，深入研究世界科技革命，很好地对接国家战略需求，有雄心地建设各种国际学术中心。当今世界将发生何种科技革命？我国的国计民生将迎接哪些重大挑战？浙大会在学科的哪些前沿与哪些多学科的交叉上汇聚成为世界创新的源头，进而成为国际的学术中心？大学学科带头人要不断地思考这些问题，学科才能并跑或领跑于世界，大学要有一大批这样的学科带头人，才能进入世界一流的前列。

第三，顶天立地，高强辐射，在服务社会和文化传承创新方面做出更大贡献。20年来，浙江大学实现跨越发展的重要经验之一，就是坚持顶天立地、高强辐射的理念，将服务社会与建设世界一流大学紧密结合起来，走出一条具有浙大个性风格的发展道路。浙江大学建设的是扎根中国的世界一流大学，要坚持深耕浙江、胸怀中华、影响世界，要重点支持好浙江的大湾区建设、长三角发展、数字经济、智能城市、创新创业、生态文明等大战略，从而也赢得更多的社会资源支持和更大的国内外影响力。

我相信，在习近平新时代中国特色社会主义思想的指引下，在中央和教育部、浙江省的正确领导下，在全球校友和社会各界的共同关心支持下，在浙江大学党委和行政的坚强领导下，全校师生员工一定会继续凝心聚力、求是创新，提升世界一流水平，创造中国大学新的辉煌。

张曦在浙江大学并校发展二十周年座谈会上的讲话

（根据录音整理，未经本人审阅）

（2018年9月12日）

各位校领导、同志们：

大家好！

今年是四校合并的20周年，也是改革开放的40周年。今天学校组织召开座谈会，见到了许多当年共同工作过的同志们，我感到十分高兴！借此机会我想讲几句。

第一，对大家长期来对我的帮助，表示由衷地感谢！

浙大是我的母校。55年前，我到杭州大学读书。在地方工作期间，我一直关注母校的发展。1999年，我调到省委办公厅工作后，多次陪同习近平同志和各级领导到浙大调研，多次参与研究浙大工作的会议，参与有关问题的协调和落实。2004年7月，我调到浙大工作，到 2011 年 2 月底退下来，前后六年多的日日夜夜，我是怀着感恩之心工作的。虽然困难很多，矛盾不少，但让我感到欣慰的是，我们学校领导班子里的潘云鹤、杨卫等同志以及全校师生校友与我同舟共济，砥砺前行。今天我平稳落地，靠的是各级领导的支持和大家的帮助。所以，借今天这个机会，我由衷地感谢每一个帮助浙江大学帮助我的同志！同时，我也深切地怀念离开我们的张浚生等同志，他们为新浙江大学做出的贡献将永远地留在我们的心中！

第二，对浙大近年来取得的辉煌成绩，我感到十分高兴！

我离任后，按照习总书记指引的办学方向，学校在德水、杨卫、建华、晓东、朝晖等同志带领下，一任接着一任干，学校各方面工作取得了巨大的成绩。近年来，一些可比办学指标正加快接近国际的标杆高校，在国际主流排行榜中的位次大幅前移，成为全球进步速度最快的大学之一。

不当家不知柴米贵，我深知这些成绩的取得，来之不易！我也欣慰地看到，在大家的努力下，也弥补了我当年工作中的许多不足。看到浙大欣欣向荣、蒸蒸日上的景象，我由衷地感到高兴和自豪。

第三，对学校今后的发展，我充满信心！

习总书记在浙江工作期间，对学校的发展提出了许多明确的要求。

近年来，学校认真贯彻落实习总书记对浙江大学系列重要指示精神和党的十八大、十九大精神。8 月下旬，晓东同志参加了全国宣传思想工作会议，9 月 10 日，朝晖参加了全国教育工作大会，现场聆听了总书记的最新指示。今年 9 月初，学校暑期工作会议要求全校上下进一步紧密结合实际、抓好贯彻落实，将习近平新时代中国特色社会主义思想进一步融入发展规划里、体现到立德树人上、落实到实际行动中，使之成为指导学校建设中国特色世界一流大学的根本遵循。

我坚信，只要沿着习总书记指引的道路，一张蓝图绘到底，一任接着一任干，我们必将取得辉煌的成绩，我对浙大未来的发展充满信心！

第四，以实际行动，出色地完成总书记交给浙江大学的"光荣历史任务"。

大家知道，由浙江大学主要负责编纂出版的《中国历代绘画大系》是习近平同志 2005 年亲自批准的国家重大文化工程，多年来他一直高度重视，多次做出重要批示。回顾"大系"项目的每一个关键点，每一段攻坚期，都离不开习近平同志。13 年来，这个项目凝聚了他的大量心血，也充分展示了他对大规模系统整理中华优秀传统文化工作的高度重视，生动体现了他"踏石留印、抓铁有痕"的率先垂范、一抓到底的工作作风。

目前，"大系"已经成功地出版了《宋画全集》《元画全集》，《先秦汉唐画全集》《明画全集》《清画全集》的编纂出版也正在紧张进行中，争取在 2021 年建党 100 周年前全部完成。

为不辜负总书记的殷切期望，我们团队的每一个同志每天努力工作，决心出色地完成总书记交给我们的光荣历史任务，为浙江大学建设"双一流"做出新的贡献。

展望未来，今天的浙大正处在建校第三个 50 年发展的关键期，在这个继往开来的历史节点上，我相信全校上下一定能抓住机遇，一定能为实现中华民族伟大复兴的"中国梦"做出更大的贡献！

金德水在浙江大学并校发展二十周年座谈会上的讲话

（根据录音整理，经本人审阅）

（2018 年 9 月 12 日）

尊敬的各位领导，老师们、同学们、同志们：

今年是浙江大学四校合并 20 周年的大喜日子，也是中国改革开放 40 周年的好日子，具有十分重要的意义，值得大家纪念和怀念。今年还是浙江大学 121 周年办学历程中，第三个甲子的第一年，我们要持续努力，保持发展的态势，将浙江大学建成一所世界一流的著名学府。

党和国家领导人十分关心浙江大学的发展。习近平总书记主政浙江时，曾 18 次到访浙大，其间多次为师生作形势报告。2002 年我在担任宁波市市长时，就曾陪同他考察浙江大学宁波理工学院。李岚清同志力推四校合并，他曾两度到浙大视察工作，我也专门向他作过汇报，他对浙大四校合并后取得的办学成绩给予了高度肯定和赞扬。

习近平总书记指出"世界上不会有第二个哈佛、牛津、斯坦福、麻省理工、剑桥，但会有第一个北大、清华、浙大、复旦、南大"，明确了浙大在全国的地位，也对我们提出了新的目标和要求。清华、北大在内的众多高校同行也对浙大发展给予高度评价和充分肯定。作为退出岗位的老浙大人，我们始终情系浙大，百年之后将魂系浙大。在我 60 岁届满离任省政府副省长岗位时，组织上对我委以重任，把我派到浙大继续工作，浙大就是我工作的最后一站。工作期间，我认真贯彻落实总书记提出的各项指示批示，贯彻中央决策部署和中组部、教育部、省委省政府的要求，结合浙大实际和广大师生的需要，一步一步扎扎实实做好各项工作。在大家的共同努力下，并校发展 20 年来浙大取得了巨大的办学成就。20 年的成就取得，离不开 121 年办学历史的积淀，也是跨越三甲子办学历程的重要实践。我们不能忘记西迁办学地对我们的恩情，1937 年我们西迁办学，他们在资源极度匮乏的时期收留了浙大，使求是文脉得以延续。1952 年，我们服从国家安排，对院系进行了调整，浙江大学部分系科转入兄弟高校和中国科学院，留在杭州的主体部分被分为多所单科性院校，后分别发展为原浙江大学、杭州大学、浙江农业大学和浙江医科大学。1998 年中央决定同根同源的四所学校实现合并，成为综合型、研究型、创新型大学，迈向建设世界一流大学的新征程。并校过程中，浙大的老师们克服困难，顾全大局，彰显了胸怀和气度。并校 20 年，无论是战略目标的确定、战略思维的谋定、战略布局的实施，还是战略目标的阶段性实现，成绩的取得来之不易。而 121 年办学历程孕育的浙大求是创新校训、浙大精神、浙大人共同价值观、浙大文化等，就是支撑我们不断发展的精髓所在。

浙江大学学科发展成绩斐然，包括院士、长江学者、青千等在内的高层次人才队伍正在不断壮大。在第四轮学科评估中，浙大取得了优异的成绩，A＋学科数达到 11 个，位居全国高校第三;A 类学科总数达到 39 个,位居全国高校第一。同时,我们的学科优秀率也位居全国第二。学校发展的关键指标在于学科水平及学生培养,我感到欣喜的是大家具有大局观,都在努力推动学科建设、人才培养和创新发展。

接下去,我们要进一步统一思想,学校党委要进一步加强领导,广大教职工要各司其职,为建设中国特色世界一流大学贡献自己的力量。我简单总结一下,就是要做好下面四件大事:

一、浙大要早日进入世界一流大学的前列。在这个甲子里,大家目标一致,都在努力争取进入世界一流大学、一流学科的行列。这个过程就像长跑,既要有耐力又要能冲刺,我们所有的工作都要围绕这个中心开展。当时四校合并的目标是建设一流大学,与党中央、国务院的重大决策部署相一致,是伟大的决策、伟大的使命。

二、刚刚召开的全国教育大会,我的理解是教育一切为了学生、为了一切学生、为了学生一切,培养高素质的建设者和接班人。我当时提出的"六高强校"战略,其中最主要的一点就是培养时代高才,我们要培养各方面的领袖和精英,这既是国家、人民、时代、中华民族伟大复兴中国梦的需要,也是自身发展的需要,是学校培养水平高低的试金石。

三、在优势学科上,我们要引进和汇聚一大批世界级大师,更要培养自己的高水平人才,我希望能够看到浙大产生自己的诺贝尔奖得主,这就需要我们为人才提供良好的条件和坚强的保障。只有培养自己的人才队伍,浙大才能取得更大的成绩。

四、要进一步加强党的领导。我们要坚持党委领导下的校长负责制,充分调动各方积极性,尊重科学,遵循规律,深入贯彻党的教育方针把学校办好,为国家培养合格的社会主义建设者和接班人。

当前,浙大迈向世界一流大学已进入倒计时阶段,我们全体浙大人要齐心协力、团结奋进,要认真贯彻落实以习近平总书记为核心的党中央决策部署及总书记对教育提出的各项要求。我们要把习近平总书记对浙大的关怀、厚爱和殷切希望转化为学校改革发展的强大动力。我们学校年轻的领导班子正在带领全校师生一起,心往一处想、智往一处谋、劲往一处使,为早日实现既定目标而努力奋斗。我相信,他们绝对不会辜负大家的期望和重托,我们作为老同志,也要竭尽所能对他们的工作给予全力的支持。

最后,我衷心祝愿浙大越办越好,明天更辉煌!

杨卫在浙江大学并校发展二十周年座谈会上的讲话

——守正大学发展的大逻辑

（根据录音整理，未经本人审阅）

（2018 年 9 月 12 日）

尊敬的潘校长、张书记、金书记、晓东书记、朝晖校长，尊敬的四校历任的老领导、浙江大学的各位领导，老师们、同学们：

在庆祝四校合并，成立新浙江大学二十周年的美好时刻，浙大人意气风发，浙江大学呈现一派欣欣向荣景象[几天前，也在求是大讲堂，朝晖校长在学校（暑期）工作会议上展示的六张数据图，清晰地勾勒出学校并校发展 20 年来取得的辉煌成果]。

我们应该从历史观、方法论和动力学的角度缅怀这 20 年的发展史，进而弘扬一所综合型、研究型、创新型大学得以走向千年发展的大逻辑。

一、历史观

大学，尤其是综合型大学（无论是加以地名标注还是品牌标注），由于其顶层性、全覆盖性和学脉延续性，也许是世界上延续最长的社会功能机构。它可以超越城市的兴衰周期（如潘校长经常举例的匹兹堡大学、CMU 卡内基梅隆大学），也可以超越创办之家族的兴衰周期（如布朗大学 Brown，耶鲁大学 Yale，哈佛大学 Harvard），可达数百年甚至千年之久[比如博洛尼亚大学、牛津大学、剑桥大学（其历史）都已逼近一千年]。综合型大学体现了 University 的完整含义，以不变应万变，可以规避不同学科发展的波动律，实现比专科大学更长远的寿命。

浙江大学的创校先哲们，深刻地理解了这一大学发展的大逻辑，在校歌中开宗明义，就提出了"大不自多，海纳江河"以及"有文有质、有农有工"的鲜明目标，为浙江大学的随后发展，立下了牢固基石。在 50 年代的院校调整，使得浙江大学一分为几，切断了大学跨学科联系的逻辑链条。随后 40 年，原浙江大学各分支的分科发展，确有可圈可点之处，但这种分立的状态在浙江大学的历史发展长河中属于一个群流并进、各有特色的乐章，体现了"对立与统一"、"否定之否定"等逻辑关系的一种实践。分离之苦催发向心之志。20 年前由张浚生、潘云鹤同志主持下的四校合并，体现了同根同源之四校一种理性的回归、一种大学结构的扩张与融合，使浙江大学的第二个百年充满生机。

二、方法论

四校融合发展体现了一个长达 20 年的学校与学科的融合过程。现在，我们介绍学校和部处的某位干部时,不用马上联想到他/她是老浙大的、杭大的、浙农的、还是浙医的。最近5年行之有效的外来人才引进加速了这一标签消融过程。合并后的学校,尽管具有实现以往所不能企及高度的潜力,但从四座环绕山峰到达主峰的道路却是崎岖的,充满着峭壁和沟谷。观看兄弟学校已经实现或胎死腹中的并校之举,均不乏过程决定成败,细节决定成败的范例。实事求是、改革创新的方法论往往起着决定的作用。四校的顺利合并必须要得到五方认可,即学生认可、老师认可、校友认可、干部认可、地方认可。学生认可的关键在于各部的学生的有机融合和气顺心齐,在于学生的荣誉性的增加;老师认可的关键在于不同学科的协调发展,在于人均各种软硬件资源的扩大;校友认可的关键在于学校品牌的上扬,在于不同文化的传承融合;干部的认可的关键在于学校的欣欣向荣,在于各种人事安排的合情合理;地方认可的关键在于航母式品牌的形成,在于学校对地方的尊重和支持。浙江大学并校发展的成功经验有五条:一是始终守正合校方向,几任校领导一以贯之,一张蓝图干到底;二是不搞零和博弈,要用增量牵动合校过程,不断用合校产生的新资源来撬动学校的发展;三是规划一个从物理混合到化学反应到生物融合的大进程,分步释放合校后的发展动能;四是尽快做成主校区的大模样,使老师和同学们不断增强对主校区的向往;五是不断调整学科政策,使各个学科轮流分享改革开放的果实。四校合并的方法论对头使大家不断看到希望,有效地抑制了怀疑合校之举的声音。

三、动力学

并校发展的过程就是一个在综合型的体系构架下,以研究型为学校升级动力,以创新型为政策突破动力,而进行的一个已经长达20年的高速攀升过程。即使在20年后的今天,并校发展的动能还没有完全被释放:我们大浙大的体系框架刚刚布局,还远未达到美国加州大学10个不同城校区的成熟规模;我们整合的高度还不够,交叉学科高起高打的优势还没有形成;我们对国家重大问题、对世界重大问题的研究,对人类发展的关键瓶颈的突破才刚刚起步,尚没有涵养出世界一流大学应有的王者之气;我们的教师队伍质量还需要提高,长聘系列新教师的入选水平还不具备引领国际新一代学者的能力,世界级学术领军人才还很少;我们的招生质量还落后于北清复交,还不能高超地把握招生数量与招生质量的关系,还不能完全映射出浙大毕业生的完全实力;我们的一流学科建设,底盘已经形成,高度尚需努力。建设世界一流大学是全校的不竭动力,建设一流学科是各学科之间的竞争动力,崭新的硬件平台、受尊重的薪酬待遇是老师们的敬业动力,赏心悦目的学习环境、受到同龄人青睐是学生们的向上动力;新经验享誉全国、新朋友遍布五洲是干部们的奋斗动力;学校排名蒸蒸日上、学位证书的分量越来越重是校友们的向心动力。我记得多年前有一次听潘校长做报告,讲到在浙大建校150周年之际、四校合并50周年之际、中华人民共和国建国100周年之际,我们应该成为世界上的顶尖大学(世界前20名)。让我们重新抖擞精神,不忘初心,向着这一新目标前进!

浙江大学概况

浙江大学简介

　　浙江大学是一所历史悠久的国家重点高校,是首批进入国家"211 工程"和"985 工程"建设的若干所重点大学之一,并于 2017 年入选国家"双一流"建设高校(工类)。建校一个多世纪以来,浙江大学以民族振兴、国家强盛为己任,不断创新发展,已成为一所基础坚实、实力雄厚、特色鲜明,居于国内一流水平,在国际上有较大影响力的综合型、研究型、创新型大学。浙江大学以"求是创新"为校训,现任校长是中国科学院院士吴朝晖教授。

　　浙江大学位于中国历史文化名城、世界著名的风景游览胜地——浙江省杭州市,现有玉泉、西溪、华家池、之江、紫金港等 5 个校区,占地面积 8551 亩,分布于杭州市区不同方位。另有分布在杭州以外的 2 个校区,分别是:舟山校区(一期)占地面积约 499 亩,海宁国际校区(一期)占地面积约 1000

亩。校园环境幽雅,花木繁茂,碧草如茵,景色宜人,是读书治学的理想园地。

　　浙江大学的前身是建于 1897 年的求是书院,为中国人自己最早创办的新式高等学府之一。1928 年,学校正式定名为国立浙江大学,是中国最早的国立大学之一。1936 年,著名科学家竺可桢出任国立浙江大学校长,广延名师,实行民主办学、教授治校,使国立浙江大学声誉鹊起,逐渐崛起成为一所文、理、工、农、医和师范学科齐全,享誉海内外的著名大学。其间由于抗日战争爆发,浙江大学举校西迁,流亡办学历时九年,足迹遍及浙、赣、湘、桂、闽、粤、黔七省,谱写了"文军长征"的辉煌篇章。在遵义、湄潭等地艰苦办学的七年间,浙江大学弦歌不绝,以杰出的成就赢得了"东方剑桥"的美誉。20 世纪 50 年代初期,在全国高等院校调整时,浙江大学曾被分为多所单科性学校,其中在杭的 4 所学校,即原浙江大学、杭州大学、浙江农业大学、浙江医科大学于 1998 年 9 月合并组建成新的浙江大学,重新成为学科门类齐全的综合性全国重点大学。

　　在浙江大学的百年历史上,群星璀璨,

俊彦云集。马一浮、丰子恺、许寿裳、梅光迪、郭斌和、夏鼐、钱穆、吴定良、张其昀、张荫麟、马叙伦、马寅初、夏承焘、姜亮夫、李浩培、沙孟海等学术大师和著名学者曾经在这里任教。新文化运动的先驱、中国共产党的创办人之一陈独秀，北京大学校长何燮侯和蒋梦麟，著名教育家邵裴子和郑晓沧，我国新闻界的先驱邵飘萍，新文化运动和电影事业的先驱夏衍，"敦煌保护神"、著名画家常书鸿等著名历史文化名人，也在浙江大学留下了他们求学的身影。此外，陈建功、苏步青、谷超豪、胡刚复、束星北、何增禄、王淦昌、卢鹤绂、吴健雄、李政道、程开甲、钱三强、卢嘉锡、贝时璋、谈家桢、罗宗洛、谭其骧、陈立、竺可桢、叶笃正、赵九章、蔡邦华、王季午、钱令希和梁守槃等一大批著名科学家都曾在浙江大学求学或任教过。据统计，曾在浙江大学求学或任教过的中国科学院院士和中国工程院院士共有 200 余名，其中曾经在浙江大学求学的有 90 余名，以及 5 位国家最高科技奖得主、4 位"两弹一星"功勋奖得主和 1 位诺贝尔奖得主。

今天的浙江大学，学科门类齐全，涵盖了哲学、经济学、法学、教育学、文学、历史学、艺术学、理学、工学、农学、医学和管理学等 12 个门类，综合实力居全国高校前列。学校建有 7 个学部，下设 36 个院系；以及 1 个工程师学院和 2 个中外合作办学学院。现有 136 个本科专业，62 个一级学科硕士学位授权点，59 个一级学科博士学位授权点，另有博士专业学位类别 4 种，硕士专业学位类别 27 种；有一级学科国家重点学科 14 个，二级学科国家重点学科 21 个和国家重点（培育）学科 10 个，国家基础科学研究和教学人才培养基地 8 个，国家工科基础课程教学基地 4 个，国家战略产业人才培养基

地 3 个，国家动画教学研究基地 1 个，国家级实验教学示范中心 14 个，国家大学生文化素质教育基地 1 个，全国大学生校外实践教育基地 23 个；有普通高等学校人文社会科学重点研究基地 3 个，国家重点实验室 10 个，国家工程（技术）研究中心 6 个，国家（地方联合）工程实验室 9 个，国家"2011 协同创新中心" 2 个；还是国家高端智库建设培育单位、国家文物局重点研究基地和国家体育总局研究基地。

学校师资力量雄厚，浙江大学现有教职工 8909 人（不包括附属医院职工），其中专任教师 3741 人，专任教师中有正高职人员 1758 人，副高职人员 1364 人。教师中有中国科学院院士 23 人，中国工程院院士 23 人（含外籍院士 1 人），文科资深教授 10 人，国家"千人计划"入选者（含青年项目）252 人，教育部"长江学者奖励计划"入选者（含青年学者）121 人，浙江省特级专家 55 人，国家杰出青年基金获得者 133 人，教育部高等学校教学名师奖获得者 10 人。

浙江大学坚持"以人为本、整合培养、求是创新、追求卓越"的教育理念，不断培养具有国际视野的未来领导者和大批杰出创新人才。学校现有全日制在校学生 52828 人，其中博士研究生 10928 人（含非全日制博士研究生 71 人），硕士研究生 19727 人（含非全日制硕士研究生 3181 人），本科生 25425 人。另有外国留学生 7074 人、远程教育 35781 人。

学校综合办学条件优良，基本设施齐全。校舍总建筑面积为 274.64 万余平方米，拥有计算中心、分析测试中心等先进的教学科研机构和科学馆、体育场、活动中心等各类公共服务设施。全校藏书量达 782.15 万余册，数字化图书资源的数量与

支撑技术处于国际领先水平。学校还拥有7家设备先进、水平一流的省级附属医院以及1家出版社。高速计算机骨干网络以及特设的公交线路将各校区和附属医院联为一体。

"国有成均，在浙之滨。"今天的浙江大学，将坚持以习近平新时代中国特色社会主义思想为指导，秉承求是创新精神，按照学校第十四次党代会确立的目标任务，牢固树立一流意识、紧紧围绕一流目标、认真贯彻一流标准，致力于传播与创造知识，弘扬与引领文化，服务与奉献社会，坚定不移地为加快进入中国特色世界一流大学行列、迈向世界一流大学前列而奋斗，为实现中华民族伟大复兴、促进人类文明进步做出卓越贡献。

【附录】

附录1　浙江大学2018年教职工基本情况　（单位：人）

职称级别	总计	专任教师	行政人员	教学科研支撑人员	科研机构人员	其他人员
总计	8909	3741	1491	838	1654	1185
正高级	1925	1758	25	32	70	40
副高级	2417	1364	308	201	302	242
中级及以下	4567	619	1158	605	1282	903

附录2　浙江大学2018年各类学生数　（单位：人）

学生类别	毕业生数	招生数	在校学生数	毕业班学生数
一、本科生	5608	6501	25425	6182
二、研究生（含留学生数）	6390	10593	30655	6618
其中：硕士研究生	1675	2824	10928	2245
博士研究生	4715	7769	19727	4373
三、留学生	2427	3172	7074*	
其中：攻读学位留学生	457（含结业）	1385	4409	
四、远程教育	11130	2997	35781	7217

注：＊2018年全年的留学生数。

机构简介

【学术机构】　校学术委员会秘书处/人文学部/社会科学学部/理学部/工学部/信息学部/农业生命环境学部/医药学部

【学院(系)】　人文学院/外国语言文化与国际交流学院/传媒与国际文化学院/经济学院/光华法学院/教育学院/管理学院/公共管理学院/马克思主义学院

数学科学学院/物理学系/化学系/地球科学学院/心理与行为科学系/机械工程学院/材料科学与工程学院/能源工程学院/电气工程学院/建筑工程学院/化学工程与生物工程学院/海洋学院/航空航天学院/高分子科学与工程学系/光电科学与工程学院/信息与电子工程学院/微电子学院/控制科学与工程学院/计算机科学与技术学院/生物医学工程与仪器科学学院/软件学院/生命科学学院/生物系统工程与食品科学学院/环境与资源学院/农业与生物技术学院/动物科学学院/医学院/药学院

【学校职能部门】 党委办公室、校长办公室(含地方合作办公室、保密办公室、信访办公室、法律事务办公室)/纪律检查委员会办公室/党委组织部/党委宣传部(含网络信息办公室)/党委统战部/党委教师工作部(与人事处合署)/党委学生工作部/党委研究生工作部/党委安全保卫部(与安全保卫处合署)/人民武装部(与党委学生工作部合署)/机关党委/离休党工委(与离退休工作处合署)发展规划处/政策研究室/人事处/人才工作办公室(与人事处合署)/国际合作与交流处、港澳台事务办公室/本科生院/研究生院/科学技术研究院/超重力离心模拟与实验装置项目建设(推进)指挥部办公室/社会科学研究院/继续教育管理处/医院管理办公室/计划财务处(含经营性资产管理办公室、国有资产管理办公室、采购管理办公室)/审计处/监察处(与纪律检查委员会办公室合署)/实验室与设备管理处(含采购中心)/总务处(含"1250安居工程"办公室)/基本建设处/安全保卫处/离退休工作处/新闻办公室(与党委宣传部合署)/工会/团委

【学校直属单位】 发展联络办公室(含发展委员会办公室、校友总会秘书处、教育基金会秘书处)/就业指导与服务中心/图书馆/信息技术中心/档案馆/艺术与考古博物馆/竺可桢学院/继续教育学院、成人教育学院、远程教育学院(合署)/全国干部教育培训浙江大学基地(办事机构与继续教育学院合署)/国际教育学院/公共体育与艺术部/中国科教战略研究院(办事机构与政策研究室合署)/工业技术转化研究院/先进技术研究院/新农村发展研究院(含农业技术推广中心)/校医院/出版社/建筑设计研究院/国家大学科技园管理委员会(与科技园发展有限公司、工业技术转化研究院合署)/农业科技园管理委员会、农业试验站(合署)/采购中心(归口实验室与设备管理处管理)/医学中心(筹)(归口医学院管理)/国际联合学院(海宁国际校区)/工程师学院/创新创业研究院

党建与思想政治工作

思想建设

【概况】 2018年,浙江大学深入学习贯彻习近平新时代中国特色社会主义思想和党的十九大精神,贯彻落实全国教育大会精神,不断增强"四个意识",坚定"四个自信",紧紧围绕立德树人根本要求,切实承担起宣传思想工作举旗帜、聚民心、育新人、兴文化、展形象的使命任务,努力为学校加快推进"双一流"建设、高水平建成中国特色世界一流大学提供强有力的思想保证、精神动力和文化支撑。

深化理论学习和思想武装,把学习宣传贯彻习近平新时代中国特色社会主义思想作为重中之重。中共浙江省委书记车俊以"从习近平新时代中国特色社会主义思想在浙江的生动实践看改革开放40周年"为主题为师生做形势报告。发布《浙江大学2018年党委理论学习中心组学习计划》《中共浙江大学委员会关于认真学习宣传贯彻

学校第十四次代表大会精神的通知》《中共浙江大学委员会关于学习贯彻习近平总书记在北京大学师生座谈会上重要讲话精神的通知》《中共浙江大学委员会关于认真学习贯彻全国教育大会精神的通知》《中共浙江大学委员会关于认真学习贯彻习近平总书记在庆祝改革开放四十周年大会上重要讲话精神》等文件。校党委理论学习中心组学习了10次,其中扩大会议3次,校党委书记邹晓东、校长吴朝晖、中国法学会副会长张文显、人民日报社原副总编谢国明等党政领导和专家分别做了报告。各院级党组织举行党委理论学习中心组学习会、专题学习会、报告会、座谈会等形式多样的学习活动。深入开展"弘扬爱国奋斗精神、建功立业新时代"主题活动,加强对师生的理想信念和爱国主义教育。严格落实党委意识形态工作责任制,开展院级党组织意识形态工作责任制落实情况督查,编写《浙江大学意识形态工作情况专报》,坚决反对和抵制各种错误观点。

紧扣中心任务,全面聚焦一流,不断提高新闻舆论传播力、引导力、影响力、公信

力,讲好新时代的浙江大学故事。中央地方平面主流媒体报道浙大新闻650余篇,中央新闻联播播出相关新闻3条,《光明日报》《浙江日报》头版头条刊发了《习近平同志关心浙江大学发展纪事》。系统梳理习近平总书记主政浙江期间18次来校考察指导工作的文字声像资料,形成重要指示精神资料汇编。推出"扎根中国大地 勇攀世界高峰——贯彻落实第十四次党代会精神""勇立潮头甘载跨越——浙江大学并校发展二十周年"系列重大专题报道,从不同方面报道学校的改革发展成就。在求是新闻网上打造重点栏目"科学头条",组织召开各类新闻发布会、媒体采访会、素材推介会50余场。《浙江大学报》以周报形式连续出版38期,获中国高校校报好新闻评选一等奖4项,浙江省高校校报好新闻评选一等奖10项。校广播电视台选送的师生作品获中国高校电视奖一等奖4部、二等奖2部。

建强官方新媒体矩阵,拓展新兴短视频等宣传平台。截至2018年12月31日,浙江大学官方微信订阅数45万,官方微博粉丝数62.8万,头条号订阅数22万,抖音号粉丝数77万,人民号订阅数1.7万,创作单篇阅读量超过10万的微信公众号、头条号文章32篇,获2018年最佳政务传播大学和智库奖、2018年度十大教育头条号、2018年高校新媒体推广优秀单位等荣誉。基本实现学校WWW门户网站数据的统一管理、主要网站的信息共享。

深化文化校园建设,凝练推广校园文化品牌。建成紫金港校区"子三园",开展紫金港校区西区楼宇、道路、桥梁、河流、湖泊名称征集工作。"西迁情传八十载 求是后辈谱新篇——浙江大学西迁历史文化传承系列活动"获教育部第四届"礼敬中华优秀传统文化"特色展示项目,话剧《求是魂》入选教育部"高校原创文化精品推广行动计划"作品,《大学生军训之歌》入选中宣部文艺局、教育部思政司指导中国教育电视台承办的"全国校园歌曲创作推广活动"推广作品,学生创新文化育人模式入选浙江省高校文化育人示范载体名单。

【进一步学习习近平新时代中国特色社会主义思想和党的十九大精神】 持续深入开展习近平新时代中国特色社会主义思想和党的十九大精神的学习宣讲,校党委书记邹晓东在"学习新思想千万师生同上一堂课"活动中做主题授课,新思想和党的十九大精神宣讲团面向师生开展宣讲近百场。承办中宣部学习宣传贯彻习近平新时代中国特色社会主义思想系列研讨会,以及学习出版社首期"学习大讲堂"以"命运的抉择——改革开放40周年回顾与思考"为主题的活动。大力开展新思想的研究阐释,校党委书记邹晓东在《人民日报》刊发署名文章《精心打造高水平人才培养体系》,校长吴朝晖在《人民日报》刊发署名文章《将服务国家作为义不容辞的责任》,校内专家学者在《人民日报》《光明日报》等央级重要媒体上发表学习贯彻新思想理论文章30余篇。在校内媒体平台开设"启真新论"专栏,专家学者发表理论文章100余篇。

【深入学习贯彻浙江大学第十四次党代会精神】 2018年,浙江大学通过党委理论学习中心组学习会、党代表宣讲、报告会、座谈会、支部会等形式,组织干部师生原原本本学习中国共产党浙江大学第十四次代表大会报告,广泛开展学习宣传贯彻活动,大力营造良好的舆论环境,切实把党代会精神转化为深化改革、推动发展的具体方案和举措,引导广大党员和师生员工不忘初心、牢记使命、忠诚担当、求是创新、勇攀高峰，积极投身建设中国特色世界一流大学的宏伟事业。中国共产党浙江大学第十四次代表大会于2017年12月28日至29日召开，该大会是在中国特色社会主义进入新时代、浙江大学走过120年光辉历程并启动"双一流"建设的关键时期召开的一次十分重要的会议，是政治生活中的一件大事。

【深入学习贯彻全国教育大会精神】 全国教育大会于2018年9月10日至11日在北京召开，大会深入分析研究了教育工作面临的新形势新任务，对当前和今后一个时期教育改革发展做出战略部署，为新时代教育事业勾画了蓝图、指明了方向。浙江大学积极部署全国教育大会精神的传达学习，面向全体中层干部举行学习贯彻全国教育大会精神集中培训班，组织党委理论学习中心组集中学习会、师生座谈、专题研讨、支部学习等多种形式的学习贯彻活动，进一步将全校师生的思想和行动统一到习近平总书记关于教育的重要论述上来，努力培养德智体美劳全面发展的社会主义建设者和接班人。

（江宁宁撰稿　应　飚审稿）

组织建设

【概况】 至2018年年底，全校共有院级党组织59个，其中党委52个、离休党工委1个、国际联合学院（海宁国际校区）党工委1个、工程师学院党工委1个、直属党总支4个；校党委派出机构7个；党总支（不含直属党总支）93个；党支部1569个，其中在职教职工党支部688个、离退休党支部174个、学生党支部707个。

全校共有中共党员35911人（其中2018年新增2239人）。其中，学生党员15356人，占学生总数的27.80%（其中研究生党员13096人，占研究生总数的44.13%；本科生党员2260人，占本科生总数的8.84%）；在职教职工党员15518人（其中专任教师党员2127人，占专任教师总数的57.32%）；离退休党员4128人；长期出国、挂靠等其他党员909人。

全校共有中层干部538人。其中，正职191人、副职347人，女干部136人，非中共党员干部61人。中层干部平均年龄为47.6岁，其中正职平均年龄为50.6岁、副职平均年龄为46岁；45岁以下中层干部共有153人。中层干部中有硕士、博士学位的477人（其中博士学位263人），有高级职称的428人（其中正高职称249人）。

持续推进基层党组织建设。抓好2017年度党组织书记抓基层党建述职评议和党员民主评议工作。制定《浙江大学组织员队伍建设与管理暂行办法》。全年发展党员2239名，下拨院级党组织经费共计729.64万元（下发补助款165.82万元），帮扶慰问老党员和生活困难党员1515人次。组织开展2018年度校院"两优一先"评选工作等，120名党员、50名党务工作者和50个基层党组织受到表彰，评选出优秀"五好"党支部100个，1个党支部和1名党员分别入选教育部"百个研究生样板党支部""百名研究生党员标兵"，9名基层党组织书记、51名党员分别入选新时代浙江省"千名好书记""万名好党员"，1名院级党委书记获评全省"最受师生喜爱的书记"，1门微党课获全省高校微型党课大赛一等奖。

培养忠诚敢于担当的高素质干部。围绕学校"双一流"建设需要，制定《中共浙江大学委员会关于适应"双一流"建设需要 大力建设高素质专业化干部队伍的意见》等制度性文件。进一步选优配强中层领导班子队伍，新提任中层领导干部 38 人，轮岗交流 81 人，组织全校各中层领导班子编制任期目标任务书 114 份。开通试行中层领导干部年度考核网上平台，将考核结果与薪酬待遇挂钩，岗位津贴、年终考核津贴根据考核结果拉开档次，杜绝平均主义。组织完成全校各单位内设机构负责人换届工作，89 名科职干部跨单位交流轮岗，28 名科职干部因年龄或不适应岗位要求退出现职或降职。对拟提任中层领导干部进行干部人事档案审核 42 人次，核查个人有关事项报告 71 人次，书面征求纪委意见 51 人次。做好中层领导干部个人有关事项 2018 年度集中报告工作。健全干部监督机制，全年累计提醒 8 人，函询 4 人，诫勉 1 人。加强中层领导干部在经济实体、社会团体等的兼职管理。推出中层领导干部离岗外出报告（请假）和因私出国（境）线上审批系统。开展优秀年轻干部专题调研，制定"一人一策"个性化培养方案，动态更新后备干部名单。做好援派挂职工作，全年新派出挂职干部 88 人次，在岗总数 96 人。完善专兼职辅导员队伍建设相关制度。首次启动从校内优秀毕业研究生中选聘党政管理人员工作，共录用了 2 批 31 人，探索建立新选聘党政管理人员第一年担任专职辅导员，第二年起继续担任兼职辅导员的工作机制。开展研究生学历辅导员选聘工作，共录用 10 人。

开展党员干部教育培训。举办学习贯彻习近平新时代中国特色社会主义思想和党的十九大精神集中培训班、全国教育大会精神集中培训班。联合中央党校、江西干部学院、浙江大学延安培训学院等开展教育培训，全年共举办"育人强师"培训班 22 期，培训学员 2031 人次。选派 67 名干部赴境外学习培训。下拨"先锋学子"培训经费 121.30 万元，院级党组织举办"先锋学子"全员培训 273 期（场），学生正式党员培训实现全覆盖。启动"浙江大学党校信息管理系统·智慧党建"平台建设工作。

【组织实施"对标争先"创建工作】 2018 年 12 月，中共浙江大学党委入选"全国党建工作示范高校"培育创建单位，电气工程学院党委入选"全国党建工作标杆院系"培育创建单位，传媒与国际文化学院影视艺术与新媒体学系教工党支部和农业与生物技术学院作物科学研究所教工党支部入选"全国党建工作样板支部"培育创建单位。2018 年 10 月，制定《浙江大学基层党支部"对标争先"建设计划》，指导开展 2018 年度基层党支部"对标争先"工作。基本实现教师党支部书记"双带头人"全覆盖，2018 年 9 月，计算机辅助设计与图形学国家重点实验室（CAD&CG）教师党支部书记工作室入选教育部首批全国高校"双带头人"工作室。

【优化调整部分机构设置】 根据学校"双一流"建设需要，2018 年 5 月推动调整优化了地方合作工作机构，2018 年 6 月成立了总务处，撤销了房地产管理处、后勤管理处，整合优化了职能设置与人员配置。推动调整优化了党委学生工作部等 19 个单位内设机构和职数编制。推动理顺了科学技术研究院、工业技术转化研究院关于成果与知识产权监督管理的职责，完成了科学技术研究院下设机构设置改革方案，在工业技术转化研究院、先进技术研究院等成立直属党总支，完善了产学研合作领域党组织设置。

（汤甜甜撰稿 包迪鸿审稿）

作风建设

【概况】 2018 年，浙江大学党委认真学习贯彻习近平新时代中国特色社会主义思想和党的十九大精神，牢固树立"四个意识"，坚决落实"两个维护"；学校纪委聚焦主责主业，强化监督执纪问责，持续深化"三转"，压实"两个责任"，用好"四种形态"，扎实推动全面从严治党向纵深发展。

组织开展专项政治监督工作，强化对院级党组织贯彻落实十九大精神情况、党的路线方针政策执行情况、落实党委决策部署情况等的监督检查，完成 100 家二级单位的自查自纠，组织校纪委委员分头抽选 22 家院级党组织和职能部门进行实地监督检查。成立内部巡察办公室，全年共开展 3 批次对研究生院、传媒与国际文化学院等 20 家单位（部门）的内部巡察。加强对《贯彻落实中央八项规定实施细则的办法》等制度落实情况的监督检查。牵头组织制定深化作风建设工作要点和工作清单，对 74 家校内单位的作风建设情况进行明察暗访。狠抓"两个责任"落实，组织二级纪委书记向校纪委进行述职汇报，以及新一届中层领导班子和领导干部签署党风廉政建设责任书和承诺书。制定《中共浙江大学委员会关于进一步发挥二级单位纪委作用的意见》，形成校院两级纪检工作联动配合的监督体系。通过组织开展民主生活会督导、专项检查等工作，着力推进治理体系和治理能力建设。强化选人用人、招生考试等重点领域和关口部门单位的主体责任意识，加强内部控制体系建设。校纪委加强与党委组织部、党委教师工作部等协同，形成办理有关问题线索的合力。组织开展"小金库"专项治理。把好干部选任和人才推荐等廉政意见回复关。创新廉洁教育，组织开展典型违纪违规问题通报教育、赴乔司监狱等实践基地警示教育等活动 20 余场，参与师生 3000 余人次。培育和凝练"一院一品"廉洁文化建设品牌 37 项，开展学生廉洁诚信教育活动 56 场，征集各类廉洁作品 500 余件。加强纪检队伍建设，推进校院两级纪委班子建设。组织开展 2 期"育人强师"纪检专题培训班赴中国纪检监察学院学习培训，组织开展二级单位纪委委员、专职纪检干部培训会等培训 10 余场，实现对二级单位纪委书记、纪委委员、纪检监察专职干部集中轮训的全覆盖，培训人数达 600 余人。进一步畅通信访举报渠道，完善二级单位问题线索处置报告程序。2018 年，共受理来信来访来电和网络信访举报件共 49 件，立案查处违纪违规案件 10 起，处理 36 人次。

（许慧珍撰稿 叶晓萍审稿）

紧扣新时代党和国家关于教师思想政治、师德师风建设的重要会议精神，突出理想信念，围绕立德树人，抓好教职工师德师风教育培训。重点做好新教工始业教育培训、新晋升高级职称教师"育人强师"培训、海外归国教师国情校史培训、优秀青年教师文化自信培训和党支部书记集中培训，并首次组织了新入职教师赴湄潭进行追寻西迁足迹专题培训。全年度组织培训 10 余个班次，共 1192 人次。继续做好享受国务院政府特殊津贴专家、全国教书育人楷模、浙江省高校优秀教师、宝钢优秀教师奖等荣誉奖项的推选，以及竺可桢奖、永平奖教金、唐立新优秀学者奖、兴全奖教金、石华玉青年教师奖教金等评选工作，修订完善《竺可桢奖评选办法》。在各类评奖过程中，加大先进典型宣传力度，首次举办2018年永平奖候选人师生见面会。强化师德正向激励，提高获国家级师德先进表彰教师的岗位聘任等级，大力营造尊师重教良好氛围。在教职工师德年度考核、人才项目申报、评奖评优推荐、职称职级晋升、外推专家等环节中，落实师德"一票否决"制，共实施1844人次的师德核查。本年度，接到反映师德师风问题共28起，正式受理23起，其中受通报批评、诚勉谈话和批评教育等处理12人次；教职工因违反学校规章制度和学术道德行为规范受政纪处分的共有4人，其中降低岗位等级或专业技术岗位等级处分1人，记过处分1人，警告处分2人。

（蔡　城撰稿　陈海荣审稿）

2018年，浙江大学机关作风建设主要推进八个方面工作：召开主题活动动员大会，深化"一流管理、服务师生"主题活动；开展机关作风建设大讨论、大调研活动；推进"最多跑一次"改革，继续推行"三张清单一张网"工作；加强机关作风建设督导工作；改进机关部门和教职工考核工作；开展机关干部公文系列写作教育培训；严控"三公经费"支出，做好公务接待自查自纠工作；持续推进"金点子"建言献策活动。改进机关部门考核，对考核评价等级为"A"的部门进行公示；开展了2018年度机关部门考核网上测评，收到意见和建议138条。改进机关教职工考核工作，按照"优秀""良好""合格""基本合格""不合格"五个等级实施考核具体工作，加强考核结果运用并建立反馈评价机制。

2018年，机关深化作风建设工作领导小组以问题为导向，不断查找和改进机关作风建设中存在的问题，落实具体问题到责任部门。坚持基层群众评判和监督为第一导向，以评促建，以督促改，改进作风，促进机关作风转变。

（苏传令撰稿　吕朝晖审稿）

【开展内部巡察工作】　按照党中央和教育部党组关于"建立巡视巡察上下联动的监督网"的精神，加大内巡工作力度，突出政治巡察，2018年分3批次对研究生院、继续教育管理处、实验室与设备管理处（含采购中心）、传媒与国际文化学院、教育学院、化学系、能源工程学院、化学工程与生物工程学院、海洋学院、光电科学与工程学院、信息与电子工程学院、生物医学工程与仪器科学学院、生命科学学院、医学院、继续教育学院、公共体育与艺术部、校医院、出版社、建筑设计研究院、后勤集团等20家单位（部门）的内部巡察工作。内巡办公室抽调干部111人次，共组建20个内巡组。各内巡组紧扣内巡工作任务，从严从实开展巡察工作，共听取专题汇报34次，开展谈话1057人次，受理群众来电来信来访38件次，抽查调阅资料5000余件，实地走访调研30余次，召开各类座谈会52次，列席有关会议23次，开展问卷调查1080份、各类测评500余人次，形成内部巡察报告和反馈报告共40篇。内部巡察组深入基层单位了解情况，发现党的建设中存在的薄弱环节和问题，通过推动巡察整改有力地促进了全面从严治党向纵深发展，向基层延伸，为学校推进"双一流"建设提供了坚强政治保障。

（许慧珍撰稿　叶晓萍审稿）

【聘任新一届特邀监察员】　7月6日，为进一步拓宽民主监督渠道，发挥群众监督作用，扎实推进学校特邀监察员队伍建设，浙江大学特邀监察员换届座谈会在紫金港校区举行。学校党委副书记、纪委书记叶民出席并讲话，学校新老两届特邀监察员代表参加座谈会。新一届特邀监察员由马列、白剑、曲绍兴、华中生、罗坤、金洪传、赵民建、赵羽习、翁晓斌、傅夏仙等 10 位教师组成，聘期 2 年。

（许慧珍撰稿　叶晓萍审稿）

【举办首期"浙大教师追寻西迁足迹"培训】

11 月 6 日—8 日，党委教师工作部组织了本次专题培训。24 名院系新入职教师赴湄潭、遵义开展了为期 3 天的现场体验式培训，走访了浙江大学西迁陈列馆等多个办学旧址，举行了西迁精神专题学习讨论会。此次培训充分发挥了遵义、湄潭独特的西迁办学历史资源优势，有效促进了新教师深入了解浙江大学西迁办学史，深刻领会"求是精神"的真谛和内涵。

（蔡　娥撰稿　陈海荣审稿）

统战工作

【概况】　2018 年，浙江大学共有民主党派成员 2405 人（见附录 1），无党派人士 153人。党外人士中，院士 8 人，"长江学者"33人；担任全国人大常委会委员 1 人，全国政协委员 6 人；任浙江省人大代表 3 人（其中副主任 1 人，常委 2 人）；任浙江省政协委员33 人（其中副主席 1 人，常委 12 人）。民主党派中，在职人员中具有高级职称的成员占比 80%，具有博士学位的成员占比 45%；担任党派中央委员 12 人（其中常委 3 人）；担任民主党派省委会委员 69 人（其中主委 3人、副主委 10 人、常委 15 人）。

浙江大学统战工作以习近平新时代中国特色社会主义思想为指导，秉承"不忘初心、维护核心、固守圆心、凝聚人心、服务中心"的"五心"宗旨，发挥党委统一战线工作领导小组作用，落实情况通报及征求意见制度、校院两级党员领导干部同党外代表人士谈心交友制度等各项统战工作制度，《浙江大学扎实做好党外知识分子工作》一文在教育部网站刊登推广。

加强党外代表人士队伍建设。持续推进"111"党外代表人士培养计划，形成 167名党外代表人士年青后备人选名单；实施无党派人士培养"青苗人才计划"，认定无党派人士 153 名；摸排归国留学人员整体情况，形成归国留学人员动态数据库。积极做好党外代表人士举荐工作，至 2018 年年底，全校共有校党外人士 2 人担任副校长，61 人进入中层领导班子，其中任中层正职 18 人。

健全完善社会主义学院阵地建设。首次拓展校外培训基地，与浙江省社会主义学院、红船干部学院等建立合作联系机制；先后举办民主党派骨干、院级党组织书记统战工作、民宗工作、归国留学人员等培训班 4期，受众群体 300 余人次。通过学校"育人强师"全员培训计划等选送党外人士参加培训学习 50 余人次。

打造统战工作特色品牌，发挥统一战线广大成员作用。成立浙江大学党外知识分子海盐"1＋X"工作站，打造同心知联服务品牌；探索"高校＋地方＋校友会"侨务协同发展新路径，打造校地侨联合作品牌，浙江大学校侨联被评为"全国侨联系统先进组织"；推进统一战线智库建设，组成统一战线智库专家委员会，打造建言献策智库品牌，6项研究成果获中央、省委省政府领导批示等；承办浙江省"海燕集结行动计划"，组织和协调港澳台及海外参访交流团，先后接待来自 11 个国家和地区的 300 余名师生，打造联谊交流文化品牌。

发挥学校民族宗教事务工作领导小组的协调作用，建立常态化"校园民族宗教"网络舆情处置机制，加强规范管理，筑牢教学管理、科研学术、讲座论坛、对外交流合作、校园管理、网络意识形态六大阵地，基本形成校内外紧密联动的宗教工作大格局。

【接受中央宗教工作督查】 自10月份开始，浙江大学成立迎接中央宗教工作督查领导小组，研究制定督查整改方案，开展宗教工作自查自纠、院级党组织宗教工作专题学习、全校师生宗教信仰摸排等工作，认真接受中央宗教工作督查并切实抓好整改落实，集中整改取得阶段性成效，学校党委统一领导，统战部门牵头抓总，学工、保卫、教务、科研、外事等部门各司其职，校内外紧密联动的宗教工作大格局基本形成。

【浙江大学党外知识分子工作被教育部网站刊载】 5月15日，教育部网站"战线联播"栏目刊登了《浙江大学扎实做好党外知识分子工作》一文。该文从"强化组织领导，统筹联动优格局""强化教育培养，凝聚人心强队伍""强化平台作用，同心服务树品牌"等三个方面介绍浙大党外知识分子统战工作，得到了教育部的认可和推广。

【完善浙江大学党外知识分子海盐工作站】

自2017年11月成立浙江大学党外知识分子海盐科技服务工作站以来，先后建立"同心·知联服务基地"4个，组建农业科技服务团、工业信息服务团、医疗健康服务团3个专家团队，通过"共建服务月"的新模式，惠及省内企业10余家，服务地方群众500余人，该工作被浙江新闻、《知联报》、《嘉兴日报》等多家新闻媒体报道。

表1　2018年浙江大学民主党派组织机构

党派名称	委员会/个	总支/个	支部/个	成员数/人
民　革	1		10	216
民　盟	1	5	20	579
民　建	1		4	69
民　进	1		15	482
农工党	1		9	333
致公党	1		4	130
九三学社	1		17	588
台　盟			1	8
合　计	7	5	80	2405

表 2　2018 年浙江大学各民主党派和统战团体负责人

名称	姓名	职称	职务	所在单位
民　革	段会龙	教授	主委	生物医学工程与仪器科学学院
民　盟	唐睿康	教授	主委	化学系
民　建	华中生	教授	主委	管理学院
民　进	喻景权	教授	主委	农业与生物技术学院
农工党	徐志康	教授	主委	高分子科学与工程学系
致公党	裘云庆	主任医师	主委	医学院附属第一医院
九三学社	谭建荣	中国工程院院士	主委	机械工程学院
台　盟	陈艳虹	副主任医师	主委	医学院附属第一医院
侨联、留联会	唐睿康	教授	主席、会长	化学系
知联会	杨华勇	中国工程院院士	会长	机械工程学院

（闵浩宇编撰　包迪鸿审稿）

安全稳定

【概况】　2018 年,安全保卫工作明确安全责任、深化专项整治、采取防范措施、夯实安全教育,有效维护校园正常秩序,确保"创青春"浙大双创杯全国大学生创业大赛等大型活动顺利举行,获得杭州市公安局经文保系统先进集体称号。

构建安全责任体系,与 106 家二级单位签订责任书,落实安全责任;加强队伍建设,开展学习、培训和演练 259 次;维护政治稳定,配合公安、安全部门开展专项工作 80 余次;强化接警求助,接到报警求助 6200 余次,发生案件 283 起,同比下降 25.5%,抓获嫌疑人 115 人;细化隐患排查,开展安全检查 652 次,整改隐患 1014 处,审批动用明火 66 份、计划外修缮工程 232 份;维护基础设施,改造华家池校区室外消防管网,贯通之江校区室内外消防管网,检修消防设施故障 1145 处,更换灭火器材 4460 具(条),张贴消防使用说明 4700 余张,更新交通设施 2421 件,重划标线 8344 平方米。

引入公安服务办事大厅,在紫金港校区设立公安综合服务大厅,为师生提供户籍、身份证和出国出境签证等服务;开展电动自行车充电桩建设;推进简化办事流程,实现 14 项办事事项"最多跑一次";持续深化提升门岗服务,开展"尊师重教文明校门"行动。

制定《校外团体参观校园管理办法(试行)》,团队预约进校,严格控制参观团体;在华家池校区全面试行外来车辆预约进校,受理预约车辆 54371 车次,进出校园车辆比去年同期减少 37.8%;制定《浙江大学校园内机动车违规处理管理细则》,加强违规车辆管理力度,对严重违规者电话提醒和告知所在单位;多措并举营造文明校园,严控小型飞行器飞行、劝阻不文明行为等。

营造校园安全文化,组织本科新生参加迎新APP安全教育考试,通过率为99.5%;宣传消防知识,开展安全教育,组织新生实操电子灭火设备,参加师生1万余人次,VR安全屋培训师生3千余名;开展主题教育活动,组织开展"安全生产月主题活动"和师生面对面交流、防盗防骗、安全知识竞赛、消防趣味运动会等活动,联合交警部门开展"文明出行同携手,美丽校园齐创建"系列交通宣传活动,会同公安部门举行110警营开放日、校园安全服务主题活动和国家安全宣传教育日活动。

推进监控系统建设,完成西溪、之江校区监控系统模改数升级改造,加快紫金港西区安防监控建设;推进信息系统建设,开发网格化管理信息系统;推进智慧消防建设,建设玉泉校区消控信号视频报警系统,实现报警双保险。

(吴红飞撰稿　陈　伟审稿)

教代会与工会

【概况】　2018年是浙江大学教职工代表大会的换届之年,浙江大学工会紧紧围绕学校"双一流"建设目标,依法履职,凝心聚力,改革创新,努力践行新时代的新使命。校工会认真做好教代会、工会专题工作,积极筹备召开第八届教代会、第二十二届工代会第一次会议,认真做好提案征集和办理工作,汇聚广大教职工智慧共建"双一流",积极搭建教代会闭会期间民主参与平台,推动学校民主管理,加强师德师风建设,做好先进典型的评选和表彰,引领广大教职工争创一流、

建功立业。浙江大学工会获全国工会系统先进集体荣誉称号,浙江大学台州研究院武建伟获"全国五一劳动奖章",农业与生物技术学院汪自强获全国职工职业道德建设先进个人,校工会楼成礼获全国优秀工会工作者荣誉称号,医学院附属邵逸夫医院姚玉峰获得第三届浙江省"最美教师"称号。

扎实做好群众工作,努力打造让群众满意的"教工之家"。全面启动"五心"服务工程,营造"心齐、气顺、劲足、实干"的良好氛围。切实维护合法权益让教职工放心,充分发挥劳动人事争议调解委员会职能,积极开展"尊法守法·携手筑梦"法律服务行动。不断拓宽公共服务系统让教职工省心,积极落实学校第十四次党代会提出的暖心爱心工程,成立基础教育工作室,关心教职工子女发展,为引进人才子女入学、入园提供帮助,精心组织教师节系列服务和优惠活动。做大做强互助帮扶体系让教职工宽心,共有9000多人参加2018年爱心基金捐款,2.04万人参加第五期大病医疗互助保障,为身患重病教职工提供双保障。实施全员关爱工程让教职工暖心,继续推动"妈咪暖心小屋"建设,在紫金港校区设立工会驿站,为跨校区上课、办事的老师提供办公和休息场所,继续做好工会会员生日蛋糕、中秋和年终慰问品采购发放工作,关心教职工的工作和生活,大力开展校园文化建设和文体活动,积极开展教职工疗休养和全民健身活动。强化安居乐业条件建设让教职工安心,协助做好西湖区人才房第三批和余杭区商品房申购工作,组织第二届家居文化节,给全校教职工提供质优价廉的家装服务。

【第八届教职工代表大会暨第二十二届工会会员代表大会第一次会议】　该会议于2018年3月23日至24日在紫金港校区剧

场召开,共有 540 余名"双代会"代表参会。会议听取和审议了学校工作报告,教代会、工会工作报告和学校财务工作报告,"双一流"建设实施方案,大会表决通过了《浙江大学第九次岗位聘任工作原则意见》《浙江大学西湖区块人才专项房申购和销售管理办法(第三批)》《浙江大学余杭区块商品房申购管理办法》和《浙江大学学术不端行为查处细则》。对维护和保障教职工切身利益,改善教职工工作生活和发展状况起到了积极的推动作用。大会投票选举产生新一届教代会执委会、工会委员会和经费审查委员会,并通过新一届"双代会"专门委员组成人员名单。大会选举叶民为工会主席,楼成礼为常务副主席,程荣霞、林俐、叶艇(兼)为副主席。

大会共收到教代会代表以提案形式提交的提案、意见、建议 159 件,经提案委认真审理,正式立案 102 件,作为意见、建议的 53 件,不予立案的 4 件,立案率 64%。继续设立"校领导领办提案"。提案委不断完善工作机制,加大培训力度,营造重视提案的工作氛围;完善交流和督促机制,积极推进提案落实成效。截至 11 月,八届一次教代会提案全部办理完成,提案重点推动了常态化师资队伍建设、"最多跑一次"改革、"暖心爱心"工程落实等,102 件提案里,代表对办理态度"满意"的 99 件,占 97.1%,对办理结果"满意"的 74 件,占 72.5%。

【获全国工会系统先进集体称号】 4 月 28 日,在北京人民大会堂举行的庆祝"五一"国际劳动节暨"当好主人翁,建功新时代"劳动和技能竞赛推进大会上,浙江大学工会获全国工会系统先进集体,是五年来全国教育系统唯一获此殊荣的工会。浙江大学工会紧紧围绕学校中心工作,汇聚智慧力量,服务发展大局,建"民主之家";坚持立德树人,弘扬师德师风,建"育人之家";促进教师发展,引领建功立业,建"奋进之家";构建服务体系,维护职工权益,建"和谐之家";提升活动品质,丰富精神生活,建"文化之家"。

【第九届"三育人"先进集体、标兵评选活动】 该评选活动,经过广泛发动、民主评选;基层推介、民主联评;全面宣传、民主投票三个阶段,吸引了 3 万余名师生参与,最终评选出 3 个"三育人"先进集体和 15 名"三育人"标兵。并择优推荐王立等 15 人为浙江省"三育人"先进个人,党委宣传部等 2 个单位为浙江省"三育人"先进集体。9 月 28 日,学校举行以"弘扬高尚师德 潜心立德树人"为主题的"三育人"先进颁奖晚会,大力弘扬尊师重教的良好风气,让浙大教师切实体会到为人师者的幸福感、成就感和荣誉感。

(楼华撰稿 林俐审稿)

学生思政

【概况】 2018 年,浙江大学继续强化学生党建工作龙头地位,全年培训本科生预备党员 1209 人、研究生预备党员 948 人、研究生党支部书记 514 人;举办研究生党支部书记著作研读示范班,培训学员 54 人;组织优秀学生党员近 600 人次,先后赴嘉兴南湖、延安、深圳、四明山、浙东新四军革命纪念馆等地开展现场教学;继续组织开展本科毕业生党员教育大会。成立学生"习近平新时代中国特色社会主义思想"研习会;搭建理想信念教育载体,建成了 12 个"在鲜红的党旗下"学生党建教育平台及 10 个思想政治教育特色示范基地。举办"筑梦新时代"本科生党员党务知识技能大赛和第六届研究生党支部书记素能大赛。不断加强研究生理论宣讲团建设，采取集体备课的方式，打造了21门精品党课，培育学生骨干讲师58人，在全校各个学院（系）、百余个党支部和团支部、各类培训班及2018年新生军训连队开展党课宣讲150余场，累计受众近2万人次；鼓励博士生宣讲员积极参加浙江省新时代博士生讲习团，赴兄弟高校等校外单位开展宣讲，获全国高校大学生讲思政课公开课展示活动二等奖、省级微党课大赛一等奖等各类奖项及荣誉称号。培育选树先进典型，推荐优秀研究生党支部和研究生党员参加全国高校"百个研究生样板党支部"和"百名研究生党员标兵"评选，农业与生物技术学院茶叶所研究生第一党支部和经济学院博士生王煌获选。《构建"红色基因库"，砥砺新时代青年》案例入选中组部主编教材，浙江大学获批全国党建工作示范高校。

进一步完善"形势与政策"课程的教学工作，颁发《关于加强和改进"形势与政策Ⅱ"课程建设的实施意见》，明确学分管理，推进小班体验，提升教师水平，2018—2019学年共开设教学班77个，组织10个专题的教学；朱婉儿、段治文获批浙江省高校思政理论课名师工作室。探索实施"思想道德修养与法律基础"实践教学环节，开展校内外现场教学、基层锻炼与志愿服务、优秀学生朋辈教育、专项学习与课题研究、课后思考与读书报告等多种教育教学形式。

推进素质教育三大计划，即政治素质引领计划、能力素质提升计划、身心素质培育计划，全面构建大学生素质教育体系。立项大学生素质训练项目（SQTP）581项，资助总经费98.6万元，5544名学生参与；投入"学生综合素质能力推进工程"建设经费

165万，立项35项；开办素能培训班57期，共计495场，覆盖学生2万余人；成立大学生美育中心；开办2期综合素质教育论坛，15个"素能工作室"集聚了102名素质教育工作者，全年累计申报课题26项，发表论文29篇。

探索网络育人，成立辅导员网络思想政治教育工作室，开设"辅导员专栏"；突出宣传优秀辅导员、优秀班主任、优秀党员、竺奖风采等系列榜样人物及"文宣讲校史""别创一格""圆柱公益""青藤心语"等主题内容，传播正能量。举办第十五届网络文化节；推荐微党课、班课、短视频、漫画、网文、摄影等不同类型的近30件学生网络作品参评全国第三届网络文化节。继续打造"浙大微学工""浙大研究生""求是潮"微信平台和求是潮手机站、BOX云盘等新媒体，优化校园服务。

全年开设本科学生心理健康通识课共计168学时，举办宣传教育活动共计207项，开展讲座75场（覆盖8500余人次）；完成2018级本科新生心理测试与筛查，运行初始访谈系统，成功干预重点危机个案。继续推进"健心"计划研究生思想政治工作质量提升工程，第六期"健心"计划共支持建设了5个研究生思政教育特色平台和21个研究生思政教育特色项目，其中5个项目被评为"优秀项目"。升级改版心理中心网站，实现"心理中心—学工（或研工）—院系管理员—辅导员—咨询师"五个层级之间的有机联动。提升心理咨询队伍水平，开展签约咨询师、实习咨询师、新任辅导员、本科生心理委员等各类人员的专业培训及校内案例督导；组织编写《辅导员心理助人能力提升培训教程》，进一步修订浙江省高校心理健康工作标准化建设文件。

扎实推进辅导员队伍专业化职业化发展，修订发布《浙江大学辅导员队伍建设规定》《浙江大学兼职辅导员队伍建设管理办法》，出台《浙江大学专职辅导员专项津贴发放办法》。全年共招录"2＋2"模式辅导员18人、校内研究生学历辅导员9人，实现一年级1∶30的兼职辅导员配备。围绕"双一流"建设、思想政治工作、组织育人与学生党建工作、网络思政教育、共青团工作、辅导员综合能力提升、大学生心理健康等专项，开展了辅导员的专题培训，其中辅导员论坛8场、"研究生辅导员Seminar"4场；并选派31人参加各级培训，选聘29名"学术导师"与52名新上岗辅导员进行结对。1人获全国高校辅导员年度人物，1人获2018年度全国高校思想政治工作优秀论文二等奖、1人获三等奖，1人获第二届浙江省辅导员工作案例大赛一等奖、1人获二等奖，1人获第四届浙江省高校微型党课大赛一等奖，1人获浙江省辅导员素质能力大赛三等奖。

选派915人担任本科生班主任，培训225名新生班主任；评选出93名优秀班主任并予以表彰，编写《优秀班主任访谈录》；组织优秀班主任和研究生德育导师分别赴井冈山和延安参加"育人强师"学习培训班；连续举办两届"筑梦新时代"本科生班主任主题班课展示大赛。1512名教工任2018级"新生之友"，评选出77名2017级优秀"新生之友"。评选出2017—2018学年优秀研究生德育导师97人。汪蕾团队、方道元团队等10个优秀团队获第八届研究生"五好"导学团队荣誉，10个团队获得提名奖。深化启真人才学院建设，2017期学员中3人直博深造，5人成为"2＋2"模式辅导员，1人参与中国青年志愿者扶贫接力计划赴西部支教；2018年新选录30位新学员。

完善校院两级本科学生评价及荣誉称号与奖学金评定制度，从2017级本科生开始，构建以思想政治素质、学业成绩、能力素养和体质健康为主要内容的多维评价体系，并充分发挥院系在学生评价、荣誉称号和奖学金评选中的主体作用。成立学业指导与学风建设服务社，构建学生学业支持体系，服务学生全面发展。开展优秀学长进课堂活动；组织开展竺奖沙龙、国奖有约等活动。评选出竺可桢奖学金、国家奖学金获得者及浙江省优秀毕业生，以及浙江大学优秀毕业生、优秀学生干部、各种单项奖、先进班级及文明寝室等。

发放本科生国家助学贷款1118万元、无息借款15.9万元、国家励志奖学金398.5万元、国家助学金971.1万元、外设助学金552.25万元、各类补助407.54万元、爱心基金20.84万元、勤工助学酬金1192.78万元，减免学费232.32万元，387名本科新生通过"绿色通道"入学；并通过实施家庭经济困难学生教育实践项目（NSEP）、励志成长计划（SEGP）资助困难学生；开拓发展性资助实践基地（DFPB），组织学生为军人家属提供家教服务；开展家庭经济困难生海外研修计划（NSOSP），资助经费125万，选派127位优秀经困生赴海外研修。同时，建立了以家庭经济困难生为主体的学生资助服务社和11个由受助学生组建的公益社团，为学生提供参与行政管理、宣传策划、团队合作等工作机会，开展志愿服务、支教、担任资助宣传大使等互助助人公益活动。

研究生通过"绿色通道"获国家助学贷款519.54万（整个学制）；发放研究生岗位助学金54766.71万元（其中学校发放部分29241.2万元、导师发放部分和助研津贴25525.51万元）、学业奖学金16712.9万元,优秀博士生岗位助学金 967 万元,2018 级研究生教育扶植基金共发放 584.13 万元,学业奖学金代偿总额 150.8 万(整个学制),浚生、庄氏等助学金 90.15 万元及特别困难补助 22.16 万元;申请永平自立贷学金的研究生 7 人。

全年共处理违纪本科生 31 人(其中留校察看 5 人、记过 16 人、警告 10 人)、违纪研究生 5 人(其中留校察看 3 人、记过 1 人、严重警告 1 人)。

(袁 瑢 王婷婷撰稿 金芳芳 张荣祥审稿)

【建立浙江大学美育中心】 该中心于 2018 年 3 月成立,由校党委学工部和公共体育与艺术部共同指导,下设教师工作室和学生工作室,组建了礼仪队、啦啦操队和语言艺术队 3 个专业团队。该中心基于满足学生成长成才的发展需求,将"灵动、尽美、明德、尚礼"确立为育人内涵,致力于打造契合学校人才培养目标的标志性形象。

(袁 瑢撰稿 金芳芳审稿)

【"习近平新时代中国特色社会主义思想"研习会】 于 2018 年 4 月成立,分校院两级设置,其中校级研习会 1 个、院级研习分会 40 个。该研习会以"学思、践悟、传播"为主要目标,在全校范围内形成学习、研习、践行、传习的良好氛围,强化学生骨干理论武装、实践体验。

(袁 瑢撰稿 金芳芳审稿)

【建设首批党建与思政现场教学基地】 浙江大学充分发挥浙江是中国革命红船的起航地、改革开放的先行地、习近平新时代中国特色社会主义思想重要萌发地这一独特优势,挖掘地方历史、文化、理论资源,建成中国共产党杭州历史馆、安吉余村"两山"理念诞生地等首批党建与思政现场教学基地 20 个,并配套组建基地宣教工作室和研

生宣讲员队伍。结合研究生党员思想和学习工作实际,融入体验式、互动式、启发式、情景式教学,点对点开发设计现场教学教材教案 20 部,让量大面广的青年学生在"学、思、践、悟、化"中接受中华优秀传统文化、革命文化和社会主义先进文化的熏陶和教育。

(王婷婷撰稿 张荣祥审稿)

【修订《浙江大学研究生德育导师工作规定》】 该文件(党委发〔2018〕54 号)于 2018 年 10 月 8 日发布。文件规定,进一步优化和规范组织管理,吸纳更多高层次骨干教师直接参与研究生德育工作;开展学院(系)工作细则修订工作,落实德育导师相应的待遇激励,从制度层面为全面落实导师立德树人职责提供支撑保障。

(王婷婷撰稿 张荣祥审稿)

团学工作

【概况】 2018 年,共青团浙江大学委员会着力完善"组织建设、思想引领、科创实践、校园文化和青春领航"五位一体工作格局。至 2018 年年底,共有基层团委 54 个,其中院系(学园)团委 41 个,青工系统团委 13 个;学生团支部 1621 个,学生团员 43346 人,青工团支部 223 个,团员 6703 名;共有团干部 313 名,其中专职 121 名,兼职 34 名,挂职 158 名。

坚持聚焦主责主业,共青团的自身建设实现深层次转变。深入落实《浙江大学共青团改革实施方案》,强化党建带团建,大力推进从严治团,严格落实"三会两制一课"制度。从严从实抓基层团组织建设,积极开展基层团组织建设月活动。组织好"推优入

党建与思想政治工作

党"工作,累计培训入党积极分子5379人、发展对象2544人。开展青工系统"一院一品"青年文化月活动,验收通过校级"青年文明号"13家、新培育校级"青年文明号"争创单位11家。选拔2名优秀青年任校团委兼职副书记,选拔192名优秀学生骨干任校院两级挂职团干部。深入实施"薪火"团干研修计划,组织开展"育人强师"共青团专题培训班、暑期团干部培训班等。开展团校培训班、青年马克思主义者(学生骨干)培养工程等,累计培训学员2000余人次。

坚持高扬思想政治主旋律,青年理想信念教育实现新发展。扎实开展"中国梦""四进四信""学思践悟新思想 青春建功双一流"等主题教育活动、团日活动1400余场。实施"青年大学习"行动,推出学习宣传新思想系列内容300余件(篇)。着力打造"网上共青团",优化团学工作全媒体矩阵,推进分层分类一体化思想引领工作体系建设。推出"青媒计划"训练营,提升网络新媒体队伍的媒体素养和工作技能。成立浙江大学共青团青年研究中心,支持鼓励团干部开展调研工作。编辑出版《勇做新时代的求是弄潮儿——浙江大学团学工作改革创新案例集》。

加强对学生会、研究生会、博士生会的指导。校学生会、研究生会均获"浙江省优秀学生组织"荣誉称号。6月24日,浙江大学第三十二届学生委员会第三次全体会议召开,选举产生第三十二届学生委员会第二任主席团成员,由杨华昕任主席,林丽婷(女)、吕文睿、陈欣玥(女)、温文、陈中慧(女)、高宇辰任副主席。11月6日,浙江大学第三十一次研究生代表大会召开,选举产生浙江大学第三十一届研究生会主席团成员,由施凯辉任主席,杨磊、吴佳一(女)、郭金松、常胜、姚鑫任副主席。11月8日,浙江大学第十七次博士生代表大会召开。选举产生浙江大学第十七次博士生会主席团成员,戎佳炳任主席,于露(女)、王郭婷(女)、杨瑶、童路(女)任副主席。

【浙江大学青年马克思主义者(学生骨干)培养学院成立十周年】 6月9日,纪念浙江大学青年马克思主义者(学生骨干)培养学院成立十周年暨十期学员结业、十一期学员开班仪式在浙江大学紫金港校区举行。浙江大学于2008年3月成立青马学院,以培养"政治坚定、德才兼备、素质全面、模范表率、堪当重任"的青年马克思主义者为目标。2010年起,各院系相继建立院级青马学院。2015年,浙大获批为首批"青马工程"全国研究培训基地。

【浙江大学共青团青年研究中心成立】 12月20日,该中心成立仪式暨第十二期"薪火"团干研修计划专题培训会在浙江大学紫金港校区举行。团中央青年发展部副部长石新明、校党委副书记郑强共同为浙大共青团青年研究中心揭牌。浙江大学共青团青年研究中心的成立是为了更好地贯彻落实习近平总书记的青年工作思想和对共青团工作的重要指示精神,进一步加强对青年工作和共青团工作的理论研判,调动团干部参与理论研究的热情,精准把握新时代青年学生成长成才的新规律、新特点、新趋势,为学校共青团的组织和工作创新提供理论支撑和决策参考。

(叶盛珺撰稿 薄拯审稿)

人才培养

本科生教育

【概况】 浙江大学共有本科生专业128个（不含中外合作办学机构设置的专业），涵盖哲学、经济学、法学、教育学、文学、历史学、理学、工学、农学、医学、管理学、艺术学等12大学科门类。其中，哲学类专业1个、经济学类专业4个，法学类专业4个，教育学类专业4个，文学类专业15个，历史学类专业2个，理学类专业17个，工学类专业43个，农学类专业9个，医学类专业7个，管理学类专业16个，艺术学类专业6个。

浙江大学现共有16个国家教学基地，包括8个国家基础科学研究和教学人才培养基地、4个国家工科基础课程教学基地、4个国家战略产业人才培养基地，共有14个国家级实验教学（含虚拟仿真）示范中心、23个全国大学生校外实践教育基地，开设16门国家级精品视频公开课、50门国家级精品资源共享课、13门国家精品在线开放课程。

2018年，浙江大学本科生实际招收6501人。截至2018年12月31日，2018届毕业生5608人，授予学位5603人，获辅修证书126人，获第二专业证书7人，获双学士学位158人，结业生换发毕业证书224人。

截至2018年12月31日，2018届参加就业本科毕业生为5774人（含结业生），其中就业人数为5560人（含国内升学2162人，海外升学1320人，签订协议书就业1863人，灵活就业168人，其他47人），另有214人待就业，初次就业率达到96.29％。

2018年，浙江大学以第一完成单位获国家级教学成果奖11项，其中一等奖2项，二等奖9项，获奖总数位列全国高校第一位；此外，浙江大学作为合作单位获国家级教学成果奖4项，其中一等奖2项，二等奖2项。浙江大学入选2018—2022年教育部高等学校教学指导委员会委员共计108人次，其中主任委员4人，副主任委员29人，秘书长4人，委员71人，入选总数位列全国高校第三位。

推进高质量课程建设，建立健全教材选

用机制。2018 年启动首批校级 MOOC 立项建设工作，共立项 41 个项目，截至 12 月底，立项课程"宋词经典""微积分""人工智能""人体结构功能与健康""设计思维与创新设计""精益创业""先秦诸子思想"上线"中国大学 MOOC"平台，7 门课程首期注册学生累计超过 96000 人次。出台《浙江大学本科教材选用管理办法》(浙大发本〔2018〕38 号)，明确规定所有本科课程选用教材流程，设立教材建设专项经费，支持 57 个校级本科教材建设立项项目。

以"学在浙大""爱课程"等平台为依托，2018 年度共支持 17 个院系开展第二批线上线下混合式教学模式改革试点课程 27 门。围绕"教"与"学"的环节，以调查问卷和座谈会形式开展调研工作，推进"学在浙大"教学平台功能的升级改造及管理优化，截至 2018 年年底，约 400 余门课程进驻"学在浙大"，开设课程 1200 余门次。

重视实践实训，构建多重能力导向的实践教学体系。2018 年浙江大学共获国际一等奖 16 项，全国特等奖 7 项、一等奖 28 项，其中获全国创新创业大赛类金奖 11 项，完成国家、省、校、学四级大学生科研训练项目结题验收 1360 项，新立项 1293 项，参与学生 3492 人，申报管理系统经多次完善升级，整个过程基本实现无纸化，切实提高工作效率。

在加拿大蒙特利尔举办的第 22 届 Robot World Cup 机器人世界杯锦标赛上，浙江大学参赛队第三次获得小型足球比赛国际冠军；在第四届中国"互联网＋"大学生创新创业大赛上，浙江大学晋级决赛的 5 个项目全部获得金奖，位居主赛道全国第一；在 2018 年"创青春"全国大学生创业大赛上，浙江大学晋级决赛的 6 个项目全部获得

金奖，并以团体总分第一的成绩捧得冠军杯；浙江大学团队在大学生节能减排社会实践与科技竞赛、大学生化工实验大赛分别获国家特等奖 1 项，在全国大学生化工设计竞赛中获唯一金奖；ZJU-China 团队第六次获国际基因工程机械大赛金牌；浙江大学参赛队获阿里云 IoT 极客创新挑战赛（GXIC）动物保护组冠军（全国第一名）。

推动"全员"国际交流，加快本科教育国际化。组织学生出国（境）交流学习活动，2018 年本科生参加海外交流 4416 人次，交流率 74.4％，前往 TOP50 大学的人数总占比 38.8％。5 位学生入选外交部外语人才遴选项目，9 人赴国际组织实习。

【进行本科教学审核评估工作】 浙江大学于 11 月 26 至 29 日，组织本科教学工作审核评估专家组对本校进行了为期四天的审核评估现场考察工作。专家组一致认为浙江大学学校领导班子重视本科教学，在人才培养方面取得显著成绩，既肯定了浙江大学本科教育教学的成效与特色，又客观指出了学校人才培养环节的问题与不足，是对浙江大学本科教学工作的一次深度把脉和有力助攻。

【发布《浙江大学一流本科教育行动计划》(2018—2020)】 该文件于 2018 年 11 月 21 日印发，文号为浙大发本〔2018〕173 号。该行动计划共包括专业结构优化、课程质量建设、教学质量评估等 14 项分计划，涵盖本科教育教学各领域各环节重点内容，是推进浙江大学一流本科教育建设工作的行动指南。

【全力提升本科招生质量】 浙江大学高度重视本科生招生工作，2018 年优化"学校整体规划、院系分区负责"的招生工作体系，充分发挥"院系领导负责，招生组长牵头，骨干

教师担纲,优秀学生参与"的招生队伍优势,加大招生宣传力度,积极推进综合评价模式招生,进一步完善了招生选拔模式。2018年浙江大学在各省市提档线分数的考生名次进一步提升,招收属地前100名学生数6人,排名前1‰学生数显著增加,港澳台学生、高校专项计划学生人数居全国高校前列。

【加强体育美育改革】 全面加强和改进学校体育美育,构建具有浙大特色的"三全"(即全员体育、全过程体育和全方位体育)体育教学课程新体系,充分发挥"第十节课"(16:45～17:30)为体育活动时间的效应,增加低年级体育课堂教学时数;构建课内艺术(博雅技艺课、文艺审美课、展演实训课)和课外艺术(艺术季、体验艺术、社团艺术、院系艺术等)为一体的教育教学课程新模式,致力于提升体育美育的强身、塑心功能。

【整体推进通识课程改革】 2018年1月9日,成立浙江大学通识教育专家委员会和推进工作组,分别负责通识教育顶层设计和协调工作推进;2018年5月18日成立通识课程建设小组,负责通识课程建设规划和建设质量。发布了《浙江大学关于推进通识教育的若干意见》(浙大发本〔2018〕82号),重构了"中华传统""世界文明""当代社会""科技创新""文艺审美""生命探索"及"博雅技艺"共"6+1"类通识选修课程,进一步完善了浙大特色的通识教育课程体系。启动新一轮通识选修课程确认和新建工作,遴选和建设266门通识选修课程,其中通识核心课程62门;推动通识必修课程教学改革,启动思政类课程综合改革专项工程,启动数理化等基础课程教学改革,充分发挥助教在数理化基础课程教学中的辅助作用。

【推进跨专业交叉复合培养】 2018年10月22日出台了《浙江大学本科辅修、双专业、双学位管理办法》(浙大发本〔2018〕157号),在原辅修、双专业、双学位培养模式的基础上,增设了微辅修培养模式,2018级共有97个专业设置了交叉修读培养方案,进一步为学生拓宽了跨专业、跨学科交叉修读途径,加大了跨学科复合型创新人才培养力度。

【获机器人足球世界杯小型组世界冠军】加拿大蒙特利尔当地时间6月21日下午,浙江大学足球机器人小型组ZJUNlict队在2018RoboCup机器人世界杯足球锦标赛决赛中以4:0战胜强劲对手美国卡内基梅隆大学队,获世界冠军,这是浙江大学队第三次获得机器人世界杯。机器人足球世界杯RoboCup是机器人领域最高水平的国际性赛事。

附录1 浙江大学2018年本科专业

学部	学院(系)	序号	专业代码	专业名称	授予学位
人文学部	人文学院	1	010101	哲学	哲学
		2	050101	汉语言文学	文学
		3	050105	古典文献学	文学
		4	050305	编辑出版学	文学
		5	060101	历史学	历史学
		6	060104	文物与博物馆学	历史学
		7	130401	美术学	艺术学
		8	130405T	书法学	艺术学
		9	130406T	中国画	艺术学
		10	130502	视觉传达设计	艺术学
		11	130503	环境设计	艺术学
	外国语言文化与国际交流学院	12	050201	英语	文学
		13	050202	俄语	文学
		14	050203	德语	文学
		15	050204	法语	文学
		16	050205	西班牙语	文学
		17	050207	日语	文学
		18	050261	翻译	文学
	传媒与国际文化学院	19	050103	汉语国际教育	文学
		20	050301	新闻学	文学
		21	050302	广播电视学	文学
		22	050303	广告学	文学
社会科学学部	经济学院	23	020101	经济学	经济学
		24	020201K	财政学	经济学
		25	020301K	金融学	经济学
		26	020401	国际经济与贸易	经济学

学部	学院（系）	序号	专业代码	专业名称	授予学位
社会科学学部	光华法学院	27	030101K	法学	法学
	教育学院	28	040101	教育学	教育学
		29	040201	体育教育	教育学
		30	040202K	运动训练	教育学
		31	040204K	武术与民族传统体育	教育学
		32	120212T	体育经济与管理	管理学
		33	120401	公共事业管理	管理学
	管理学院	34	120102	信息管理与信息系统	管理学
		35	120201K	工商管理	管理学
		36	120202	市场营销	管理学
		37	120203K	会计学	管理学
		38	120204	财务管理	管理学
		39	120206	人力资源管理	管理学
		40	120601	物流管理	管理学
		41	120901K	旅游管理	管理学
	公共管理学院	42	030201	政治学与行政学	法学
		43	030202	国际政治	法学
		44	030301	社会学	法学
		45	120301	农林经济管理	管理学
		46	120402	行政管理	管理学
		47	120403	劳动与社会保障	管理学
		48	120404	土地资源管理	管理学
		49	120503	信息资源管理	管理学
理学部	数学科学学院	50	070101	数学与应用数学	理学
		51	070102	信息与计算科学	理学
		52	071201	统计学	理学
	物理学系	53	070201	物理学	理学

学部	学院(系)	序号	专业代码	专业名称	授予学位
理学部	化学系	54	070301	化学	理学
	地球科学学院	55	070503	人文地理与城乡规划	理学
		56	070504	地理信息科学	理学
		57	070601	大气科学	理学
		58	070901	地质学	理学
		59	070903T	地球信息科学与技术	理学
	心理与行为科学系	60	071101	心理学	理学
		61	071102	应用心理学	理学
工学部	机械工程学院	62	080201	机械工程	工学
		63	080204	机械电子工程	工学
		64	120701	工业工程	工学
	材料科学与工程学院	65	080401	材料科学与工程	工学
	能源工程学院	66	080202	机械设计制造及其自动化	工学
		67	080206	过程装备与控制工程	工学
		68	080207	车辆工程	工学
		69	080502T	能源与环境系统工程	工学
		70	080503T	新能源科学与工程	工学
	电气工程学院	71	080601	电气工程及其自动化	工学
		72	080701	电子信息工程	工学
		73	080801	自动化	工学
	建筑工程学院	74	081001	土木工程	工学
		75	081101	水利水电工程	工学
		76	081802	交通工程	工学
		77	082801	建筑学	建筑学
		78	082802	城乡规划	工学

学部	学院(系)	序号	专业代码	专业名称	授予学位
工学部	化学工程与生物工程学院	79	081301	化学工程与工艺	工学
		80	081302	制药工程	工学
		81	081303T	资源循环科学与工程	工学
		82	083001	生物工程	工学
	海洋学院	83	070701	海洋科学	理学
		84	081902T	海洋工程与技术	工学
		85	081103	港口航道与海岸工程	工学
		86	081901	船舶与海洋工程	工学
	航空航天学院	87	080102	工程力学	工学
		88	082002	飞行器设计与工程	工学
	高分子科学与工程学系	89	080407	高分子材料与工程	工学
信息学部	光电科学与工程学院	90	080705	光电信息科学与工程	工学
	信息与电子工程学院	91	080702	电子科学与技术	工学
		92	080704	微电子科学与工程	工学
		93	080706	信息工程	工学
	控制科学与工程学院	73	080801	自动化	工学
	计算机科学与技术学院	94	080205	工业设计	工学
		95	080901	计算机科学与技术	工学
		96	080904K	信息安全	工学
		97	080906	数字媒体技术	工学
		98	130504	产品设计	艺术学
	软件学院	99	080902	软件工程	工学
	生物医学工程与仪器科学学院	100	080301	测控技术与仪器	工学
		101	082601	生物医学工程	工学

学部	学院(系)	序号	专业代码	专业名称	授予学位
农业生命环境学部	生命科学学院	102	071001	生物科学	理学
		103	071002	生物技术	理学
		104	071003	生物信息学	理学
		105	071004	生态学	理学
	生物系统工程与食品科学学院	106	082301	农业工程	工学
		107	082701	食品科学与工程	工学
	环境与资源学院	108	082502	环境工程	工学
		109	082503	环境科学	理学
		110	082506T	资源环境科学	理学
		111	090201	农业资源与环境	农学
	农业与生物技术学院	112	090101	农学	农学
		113	090102	园艺	农学
		114	090103	植物保护	农学
		115	090107T	茶学	农学
		116	090109T	应用生物科学	农学
		117	090502	园林	农学
	动物科学学院	118	090301	动物科学	农学
		119	090401	动物医学	农学
医药学部	医学院	120	100101K	基础医学	医学
		121	100102TK	生物医学	理学
		122	100201K	临床医学	医学
		123	100301K	口腔医学	医学
		124	100401K	预防医学	医学
	药学院	125	100701	药学	理学
		126	100702	药物制剂	理学
	国际教育学院	127	050102	汉语言	文学
	国际联合学院（海宁国际校区）	128	080909T	电子与计算机工程	工学

注：T：特设专业；K：国家控制布点专业。

基地类别	基地名称	所在学院/系
国家基础科学研究和教学人才培养基地	中国语言文学	人文学院
	历史学	人文学院
	数学	数学科学学院
	化学	化学系
	心理学	心理与行为科学系
	生物学	生命科学学院
	物理学	物理学系
	基础医学	医学院
国家工科基础课程教学基地	化学	化学系
	力学	航空航天学院建筑工程学院
	工程图学	机械工程学院
	物理	物理学系
国家战略产业人才培养基地	生命科学与技术	生命科学学院
	软件学院	软件学院
	大规模集成电路	电气工程学院信息与电子工程学院
	动画	计算机科学与技术学院人文学院传媒与国际文化学院

附录 3　浙江大学国家实验教学(含虚拟仿真)示范中心

序号	中心名称	所在学院/系
1	化学国家级实验教学示范中心	化学系
2	力学国家级实验教学示范中心	航空航天学院、建筑工程学院
3	生物国家级实验教学示范中心	生命科学学院
4	电工电子国家级实验教学示范中心	电气工程学院
5	机械工程国家级实验教学示范中心	机械工程学院

序号	中心名称	所在学院/系
6	工程训练国家级实验教学示范中心	机械工程学院、信息与电子工程学院
7	农业生物学国家级实验教学示范中心	农业与生物技术学院
8	能源与动力国家级实验教学示范中心	能源工程学院
9	机电类专业国家级实验教学示范中心	电气工程学院、机械工程学院
10	计算机技术与工程国家级实验教学示范中心	计算机科学与技术学院
11	环境与资源国家级实验教学示范中心	环境与资源学院
12	化工类国家级虚拟仿真实验中心	化学工程与生物工程学院、化学系
13	医学国家级虚拟仿真实验教学中心	医学院
14	土建类国家级虚拟仿真实验教学中心	建筑工程学院

附录4 浙江大学全国大学生校外实践教育基地

序号	基地名称	所在学院/系
1	浙江大学—浙广集团新闻传播学类文科实践教育基地	传媒与国际文化学院
2	杭州矽力杰半导体技术有限公司	电气工程学院
3	杭州中粮包装有限公司	电气工程学院
4	台达能源技术(上海)有限公司	电气工程学院
5	亚德诺半导体技术(上海)有限公司	电气工程学院
6	浙江省电力公司工程实践教育中心	电气工程学院
7	浙江大学—杭州大观山种猪育种有限公司农科教合作人才培养基地	动物科学学院
8	浙江网新恒天软件有限公司	计算机科学与技术学院
9	广厦建设集团有限责任公司工程实践教育中心	建筑工程学院
10	浙江大学建筑设计研究院	建筑工程学院
11	中控科技集团有限公司工程实践教育中心	控制科学与工程学院
12	东方锅炉(集团)股份有限公司	能源工程学院
13	上海锅炉厂有限公司实践教育中心	能源工程学院
14	潍柴动力股份有限公司	能源工程学院

续表

序号	基地名称	所在学院/系
15	浙江盾安机电科技有限公司	能源工程学院
16	浙江银轮机械股份有限公司	能源工程学院
17	浙江大学农科教合作人才培养基地	农业与生物技术学院
18	浙江大学—金华市农业科学院金华水稻农科教合作人才培养基地	农业与生物技术学院
19	浙江大学—华东地区天目山－千岛湖－朱家尖生物学野外实践教育基地	生命科学学院
20	浙江大学—中国科学院上海药物研究所药学实践教育基地	药学院
21	浙江大学临床技能综合培训中心	医学院
22	浙江大学附属口腔医院口腔医学技能培训中心	医学院
23	浙江大学—浙江省第二医院临床技能综合实践基地	医学院

附录5　浙江大学国家级精品视频公开课

序号	课程名称	主讲教师	所在学系/系
1	新材料与社会进步	叶志镇、赵新兵	材料科学与工程学院
2	数字化生存	韦　路	传媒与国际文化学院
3	绚丽多彩的高分子	郑　强	高分子科学与工程学系
4	当代中国社会建设	郁建兴	公共管理学院
5	生物工程导论(专业导论类)	吴坚平等	化学工程与生物工程学院
6	茶文化与茶健康	王岳飞、龚淑英等	农业与生物技术学院
7	转基因技术:安全、应用与管理	叶恭银	农业与生物技术学院
8	王阳明心学	董　平	人文学院
9	江南文人士大夫文化与西泠印社	陈振濂	人文学院
10	析词解句话古诗	王云路	人文学院
11	孔子与儒学传统	何善蒙	人文学院
12	哲学与治疗:希腊哲学的实践智慧	章雪富	人文学院

序号	课程名称	主讲教师	所在学系/系
13	食品安全与营养	李铎、冯凤琴	生物系统工程与食品科学学院
14	数学传奇	蔡天新	数学科学学院
15	肝移植的过去、现在和未来	郑树森	医学院
16	西方视角的中国传统艺术	孟絜予	艺术与考古研究中心

附录6　浙江大学国家级精品资源共享课

序号	课程名称	负责人	所在学系/系
1	电力电子技术	潘再平	电气工程学院
2	电子技术基础	陈隆道	电气工程学院
3	信号分析与处理	齐冬莲	电气工程学院
4	动物营养学	刘建新	动物科学学院
5	高分子物理	徐君庭	高分子科学与工程学系
6	微机原理与接口技术	王晓萍	光电科学与工程学院
7	应用光学	岑兆丰	光电科学与工程学院
8	行政法学	章剑生	光华法学院
9	宪法学	余　军	光华法学院
10	高分子化学	李伯耿	化学工程与生物工程学院
11	化工设计	吴　嘉	化学工程与生物工程学院
12	环境微生物学	郑　平	环境与资源学院
13	环境化学	朱利中	环境与资源学院
14	工程训练(金工)	傅建中	机械工程学院
15	工程图学	陆国栋	机械工程学院
16	机械制图及CAD基础	费少梅	机械工程学院
17	C程序设计基础及实验	何钦铭	计算机科学与技术学院
18	计算机游戏程序设计	耿卫东	计算机科学与技术学院
19	嵌入式系统	陈文智	计算机科学与技术学院
20	软件工程	陈　越	计算机科学与技术学院
21	操作系统	李善平	计算机科学与技术学院
22	用户体验与产品创新设计	罗仕鉴	计算机科学与技术学院

序号	课程名称	负责人	所在学系/系
23	教学理论与设计	盛群力	教育学院
24	微观经济学	史晋川	经济学院
25	思想道德修养与法律基础	马建青	马克思主义学院
26	热工实验	俞自涛	能源工程学院
27	工程热力学	孙志坚	能源工程学院
28	植物保护学	叶恭银	农业与生物技术学院
29	遗传学	石春海	农业与生物技术学院
30	环境生物学	陈学新	农业与生物技术学院
31	生物入侵与生物安全	叶恭银	农业与生物技术学院
32	当代科技哲学	盛晓明	人文学院
33	植物生理学	蒋德安	生命科学学院
34	生命科学导论	吴　敏	生命科学学院
35	植物学	傅承新	生命科学学院
36	3S技术与精细农业	何　勇	生物系统工程与食品科学学院
37	生物生产机器人	应义斌	生物系统工程与食品科学学院
38	数学建模	谈之奕	数学科学学院
39	大学英语	何莲珍	外国语言文化与国际交流学院
40	物理学与人类文明	盛正卯、叶高翔	物理学系
41	药物分析	曾　苏	药学院
42	外科学	郑树森	医学院
43	妇产科学	谢　幸	医学院
44	传染病学	李兰娟	医学院
45	生理科学实验	陆　源	医学院
46	公共经济学	戴文标	公共管理学院
47	电力电子技术	潘再平	电气工程学院
48	药物分析	姚彤炜	药学院
49	网络营销	卓　骏	管理学院
50	生理学	夏　强	医学院

附录 7　浙江大学国家精品在线开放课程

序号	课程名称	负责人	所在学系/系
1	博弈论基础	蒋文华	公共管理学院
2	中国近现代史纲要	段治文	马克思主义学院
3	课堂问答的智慧与艺术	刘　徽	教育学院
4	走向深度的合作学习	刘　徽	教育学院
5	唐诗经典	胡可先	人文学院
6	新媒体概论	韦　路	传媒与国际文化学院
7	概率论与数理统计	张帼奋	数学科学学院
8	程序设计入门——C 语言	翁　恺	计算机科学与技术学院
9	零基础学 Java 语言	翁　恺	计算机科学与技术学院
10	数据结构	陈　越、何钦铭	计算机科学与技术学院
11	管理概论	邢以群	管理学院
12	创新管理	郑　刚	管理学院
13	食品安全	郑晓冬、楼程富	生物系统工程与食品科学学院

附录 8　浙江大学 2018 年本科学生信息统计表

统计项目	内容	人数/人	比例/%	内容	人数/人	比例/%
性别	男	3710	57.07	女	2791	42.93
民族	汉族	5915	90.99	少数民族	586	9.01
政治面貌	党员	0	0.00	预备党员	5	0.08
	团员	6163	94.80	其他	333	5.12

附录 9　浙江大学 2018 年本科学生数按学科门类统计　　　　（单位：人）

学科门类	毕业生数	在校生数	2018 级	2017 级	2016 级	2015 级	2014 级及以上
哲　学	23	71	14	23	16	17	1
经济学	269	827	60	270	229	268	0
法　学	189	616	41	181	185	204	5
教育学	62	355	86	97	95	73	4

学科门类	毕业生数	在校生数	2018级	2017级	2016级	2015级	2014级及以上
文　学	519	1954	562	455	464	452	21
历史学	62	146	6	46	41	53	0
理　学	598	2909	771	728	715	648	47
工　学	2693	12217	3112	3064	2870	2963	208
农　学	300	1477	374	399	376	320	8
医　学	426	2797	657	639	583	540	378
管理学	406	1778	677	305	336	414	46
艺术学	61	278	68	66	68	72	4
总　计	5608	25425	6428	6273	5978	6024	722

注:不包含外国留学生。

附录10　浙江大学 2018 年本科学生数分学院(系)统计　　　　(单位:人)

学院(系)名称	毕业生数	在校生数	2018级	2017级	2016级	2015级	2014级及以上
人文学院	269	725	18	241	224	237	5
外国语言文化与国际交流学院	206	670	74	193	197	196	10
传媒与国际文化学院	169	445	0	153	148	133	11
经济学院	269	714	0	216	229	269	0
光华法学院	139	419	0	135	131	153	0
教育学院	116	465	63	109	110	139	44
管理学院	179	468	0	135	144	189	0
公共管理学院	202	559	0	153	213	181	12
数学科学学院	194	623	0	180	242	200	1
物理学系	92	320	0	94	92	112	22
化学系	80	248	0	73	96	79	0
地球科学学院	56	180	0	73	51	47	9
心理与行为科学系	64	206	0	72	70	57	7

学院(系)名称	毕业生数	在校生数	2018 级	2017 级	2016 级	2015 级	2014 级及以上
机械工程学院	188	592	0	159	193	238	2
材料科学与工程学院	126	310	0	93	123	92	2
能源工程学院	267	699	0	204	234	256	5
电气工程学院	321	1139	0	396	317	401	25
建筑工程学院	303	845	0	231	244	246	124
化学工程与生物工程学院	146	367	0	109	112	131	15
海洋学院	127	618	0	196	202	209	11
航空航天学院	57	178	0	69	61	42	6
高分子科学与工程学系	88	267	0	73	98	90	6
光电科学与工程学院	96	351	0	114	111	126	0
信息与电子工程学院	274	921	0	299	311	311	0
控制科学与工程学院	105	407	0	118	150	139	0
计算机科学与技术学院	356	1290	0	374	468	447	1
生物医学工程与仪器科学学院	127	393	0	107	120	166	0
生命科学学院	74	302	0	78	117	100	7
生物系统工程与食品科学学院	124	348	0	110	114	119	5
环境与资源学院	111	352	0	122	119	104	7
农业与生物技术学院	188	636	0	219	222	188	7
动物科学学院	69	303	0	114	102	87	0
医学院	349	1637	0	395	424	448	370
药学院	77	362	0	125	137	92	8
求是学院	0	5456	5456	0	0	0	0

续表

学院(系)名称	毕业生数	在校生数	2018 级	2017 级	2016 级	2015 级	2014 级及以上
竺可桢学院	0	1054	551	503	0	0	0
公共体育与艺术部	0	68	35	33	0	0	0
海宁国际校区	0	488	231	205	52	0	0
总　　计	5608	25425	6428	6273	5978	6024	722

注:不包含外国留学生。

附录 11　浙江大学 2018 年本科生参加国际大学生学科竞赛获奖情况（单位:项）

竞赛名称	国际一等奖	国际二等奖	国际三等奖
ACM 国际大学生程序设计竞赛	8	2	
国际水中机器人大赛	3	2	1
ASABE 农业机器人大赛	1	1	
RoboCup 机器人世界杯赛	1		
世界大学生超级计算机竞赛（ASC\ISC\SC）	1		
美国 ASCE 中太平洋赛区土木工程竞赛	1		
国际基因工程机器竞赛	1		
合计	16	5	1

附录 12　浙江大学本科生参加全国大学生学科竞赛获奖情况　　（单位:项）

竞赛名称	国家特等奖	国家一等奖	国家二等奖	国家三等奖
"创青春"全国大学创业计划竞赛	1	6		
全国大学生节能减排社会实践与科技作品竞赛	1	3	4	4
"外研社杯"全国大学生英语演讲竞赛	1		2	1
"外研社杯"全国大学生英语辩论赛	1		2	1
全国大学生化工设计竞赛	1		1	3

竞赛名称	国家特等奖	国家一等奖	国家二等奖	国家三等奖
全国大学生化工实验大赛	1			
全国大学生节能减排社会实践与科技作品竞赛	1			
"外研社杯"全国大学生英语演讲竞赛		7		
"外研社杯"全国大学生英语辩论赛		5		
全国大学生化工设计竞赛		1	3	1
全国大学生化工实验大赛		1	1	
全国大学生节能减排社会实践与科技作品竞赛		1		
"外研社杯"全国大学生英语演讲竞赛		1		1
"外研社杯"全国大学生英语辩论赛		1		
全国大学生化工设计竞赛		1		
全国大学生化工实验大赛		1		
全国大学生节能减排社会实践与科技作品竞赛			3	6
"外研社杯"全国大学生英语演讲竞赛			3	
"外研社杯"全国大学生英语辩论赛			1	
全国大学生化工设计竞赛			1	3
全国大学生化工实验大赛			1	
全国大学生节能减排社会实践与科技作品竞赛			1	
"外研社杯"全国大学生英语演讲竞赛			1	
"外研社杯"全国大学生英语辩论赛			1	
合　计	7	28	25	21

附录13　2017—2018学年本科生对外交流情况　　　　（单位：人）

序号	学院/系	派出人数	序号	学院/系	派出人数
1	材料科学与工程学院	95	19	教育学院	165
2	传媒与国际文化学院	128	20	经济学院	146
3	地球科学学院	41	21	控制科学与工程学院	111
4	电气工程学院	218	22	能源工程学院	196
5	动物科学学院	77	23	农业与生物技术学院	121
6	高分子科学与工程学系	36	24	人文学院	255
7	公共管理学院	156	25	生命科学学院	82
8	管理学院	126	26	生物系统工程与食品科学学院	83
9	光电科学与工程学院	77	27	生物医学工程与仪器科学学院	52
10	光华法学院	72	28	数学科学学院	95
11	海洋学院	101	29	外国语言文化与国际交流学院	187
12	航空航天学院	27	30	物理学系	69
13	化学工程与生物工程学院	84	31	心理与行为科学系	50
14	化学系	74	32	信息与电子工程学院	189
15	环境与资源学院	132	33	药学院	131
16	机械工程学院	218	34	医学院	279
17	计算机科学与技术学院	288	35	竺可桢学院	684*
18	建筑工程学院	130			

注：* 表示竺可桢学院的交流人次数包含主修专业确认到专业院系的人次数。

附录14　浙江大学2018届参加就业本科毕业生按单位性质流向统计

单位性质	类别	比例/%
各类企业 （总计：84.96%）	国有企业	11.20
	三资企业	10.37
	其他企业	63.39

单位性质	类别	比例/%
事业单位 （总计:9.04%）	科研设计单位	0.49
	医疗卫生单位	1.77
	中等、初等教育单位	1.47
	高等教育单位	2.95
	其他事业单位	2.36
政府、部队 （总计:6.00%）	部队	0.25
	党政机关	5.75

附录15 浙江大学2018届本科毕业生就业流向按地区统计

单位地区	本科人数/人	比例/%	单位地区	本科人数/人	比例/%
浙江	1317	64.72	山西	7	0.34
上海	194	9.53	辽宁	7	0.34
广东	140	6.88	吉林	6	0.29
北京	61	3.00	西藏	21	1.03
江苏	50	2.46	河北	9	0.44
山东	26	1.28	天津	5	0.25
四川	28	1.38	新疆	6	0.29
湖北	11	0.54	云南	5	0.25
福建	28	1.38	黑龙江	10	0.49
安徽	13	0.64	宁夏	3	0.15
湖南	19	0.93	内蒙古	2	0.10
陕西	7	0.34	香港	2	0.10
河南	6	0.29	海南	1	0.05
江西	8	0.39	台湾	3	0.15
重庆	11	0.54	甘肃	0	0.00
广西	12	0.59	青海	2	0.10
贵州	14	0.69	澳门	1	0.05
总计	2035	100			

（马静宇撰稿　张光新审稿）

研究生教育

【概况】 浙江大学是目前国内学科门类最齐全的综合性大学之一,可在哲学、经济学、法学、教育学、文学、历史学、理学、工学、农学、医学、管理学和艺术学等 12 个学科门类授予学术性学位。截至 2018 年 12 月 31 日,浙江大学拥有博士学位授权一级学科 59 个,硕士学位授权一级学科 62 个,博士专业学位类别 4 种,硕士专业学位类别 27 种。全校拥有 14 个一级学科国家重点学科、21 个二级学科国家重点学科和 10 个国家重点(培育)学科,7 个农业部重点学科,50 个浙江省一流学科。截至 2018 年 12 月 31 日,各学科申请并获得研究生招生资格的教师共 4278 人,其中获博士生招生资格的教师有 2749 人;申请并获得专业学位硕士生招生资格的教师共 2609 人,其中获专业学位博士生招生资格的教师有 730 人;副教授获得博士生招生资格有 568 人。

2018 年,浙江大学共计招收研究生 10593 人,其中全日制博士生 2752 人(含八年制医学本博连读生 58 人,港澳台博士生 1 人,留学生 215 人);非全日制博士生 72 人;全日制硕士生 6079 人(七年制口腔医学本硕连读生 45 人,港澳台硕士生 12 人,留学生 349 人);非全日制硕士生 1690 人。2018 年招收多学科交叉培养博士研究生 135 人。截至 2018 年 12 月 31 日,在校研究生总数 30655 人,其中博士研究生 10928 人(其中非全日制博士研究生 71 人)、硕士研究生 19727 人(其中非全日制硕士研究生 3181 人)。

2018 年,研究生退学 119 人、取消入学或放弃入学 399 人、硕转博 579 人、死亡 3 人、违纪处分 5 人、博转硕 89 人、保留学籍后重新入学 13 人、保留学籍 15 人、因公出境(3 个月及以上)661 人、入境复学 607 人、休学 153 人、休学后复学 98 人、特殊延期 19 人、转专业 34 人。2018 年共处理研究生各类学籍异动 10877 人次。博士生参加中期考核 2108 人,不合格(含分流或退学)32 人,未参加考核 131 人。

2018 年,毕业研究生 6390 人,其中博士毕业生 1675 人、硕士毕业生 4715 人;结业研究生 240 人,其中博士研究生结业 117 人,硕士研究生结业 123 人。其中,授予博士学位 1751 人(含以同等学力申请博士学位 83 人),授予硕士学位 6387 人(含以同等学力申请硕士学位 500 人,在职攻读硕士专业学位 1187 人)。

截至 2018 年 12 月 31 日,2018 届参加就业硕士毕业生为 4536 人,其中就业人数为 4498 人(含国内升学 457 人,海外升学 142 人,签订协议书就业 3324 人,灵活就业 29 人,其他应聘就业等 546 人),另有 38 人待就业,初次就业率达到 99.16%。2018 届参加就业博士毕业生为 1662 人,其中就业人数为 1632 人(含国内升学 198 人,海外升学 107 人,签订协议书就业 1157 人,灵活就业 26 人,其他应聘就业等 144 人),另有 30 人待就业,初次就业率达到 98.19%。

2018 年继续实施各类研究生国际合作研究与交流项目,全校共选送 3312 名研究生公派出国(境),比上一年度增长 35.7%。其中"国家建设高水平大学公派研究生项目"派出 234 人;"赴境外短期学术交流项目"派出 981 人,其中参加高水平国际学术会议 868 人,比上一年度增长 37.8%,新增短期访学项目资助博士研究生 113 人,资助总额 670 余万元;"博士研究生开展国际合作研究与交流项目"遴选 205 名博士研究生,资助总额 1200 余万元。此外,接待了海外多个地区、国家高校或机构的交流访问。推动签署了与多个国际知名高校的双学位协议,并与多所高校达成联合培养研究生合作意向。

2018 年启动"课程思政"建设,持续推进"知识(K)"、"能力(A)"、"素质(Q)"与"人格塑造"相结合的、四位一体的 KAQ2.0 课程体系。遴选 9 个学院(系)11 门专业课程开展"课程思政"试点建设;发布《关于立项建设第三批研究生全英文课程项目的通知》(浙大研院〔2018〕19 号),在 13 个学科启动整建制全英文课程建设;发布《关于立项建设浙江大学研究生素养与能力培养型课程(第二批)的通知》(浙大研院〔2018〕8 号),立项建设 40 门素养与能力培养型课程。在提升全体研究生的人文素养、科学素质的同时,有重点地强化培养学术学位硕士生的学术根基和创新意识、专业学位研究生的实践能力和创业能力、博士生的把握国际学术前沿能力和全球竞争力。

2018 年春夏学期启动实施研究生院各职能部门负责人和各学院(系)党政班子成员听课制度,以加强对研究生课程教学的考核与评估、督察与指导,构建研究生院和学院(系)两级、教学相关职能部门、督导、教师、学生多方参与的教学评估、反馈、跟踪机制。2018 年 12 月,浙江省教育厅发文公布 2018 年浙江省研究生联合培养基地认定名单,全省共 45 个基地被认定,我校被认定的基地为 9 个,以加强研究生联合培养基地建设,推进研究生培养模式改革,提升人才培养质量。

2018 年共资助"转型升级中的中国旅游发展战略博士生论坛""全国电气工程博士生论坛""环境污染协同治理博士生论坛" 3 个全国博士生学术论坛项目 75 万元,每论坛资助 25 万元。2018 年继续实施争创优秀博士学位论文资助工作,根据《浙江大学争创优秀博士学位论文资助办法》(浙大发研〔2010〕6 号),经学院推荐或自荐,研究生院组织专家对申请者进行答辩评审,共评出 39 名延期博士生,并对其进行资助。

【全面实施博士生招生"申请—考核"制】 2018 年 2 月,制定出台《浙江大学博士研究生招生"申请—考核制"工作办法》,从组织管理、招生简章、申请条件、工作程序、违规处理和监督机制等方面做出规定。该工作办法突出体现两个要求:一是要高度重视对申请者的思想政治素质和道德品质考核,以德为先,考核不合格者一票否决;二是充分发挥学院(系)、学科和导师的主体作用,推进导师团队招生负责制,成立博士研究生招生委员会,根据学科特点设计相应的考核内容和评价方式。该办法在 2019 年博士生招生中全面实施。

【改革博士生招生指标分配机制】 在校、院两级领导的大力支持和直接部署下,充分征求各学院(系)及相关职能部门意见,进一步优化了博士研究生招生体制机制,从指标类型结构、指标核算方法和组织管理保障等三个方面对 2019 年博士研究生招生指标分配方案进行改革,较好地实现聚焦一流发展、强化培养导向、推动科教融合、促进公平公正的预期目标。2018 年 9 月,相关改革方案经学校校务会议审议通过,正式应用于 2019 年博士研究生招生。

【推动和西湖大学联合培养博士研究生项目】 2018 年 1 月,教育部批准浙江大学与西湖大学(原浙江西湖高等研究院)开展跨学科联合培养博士生项目招生试点。浙大贯彻落实与杭州市战略合作精神,在导师聘任、招生计划、人才培养和教学资源等方面全力支持西湖大学发展,共招收 2018 级博士生 75 人。

【获 2018 年教育部国家级教学成果奖】 12月 21 日,教育部公布该奖项获奖名单。浙江大学研究生教育共有 3 项成果获二等奖,分别为高翔等 15 人完成的"面向国家重大需求,多方位全过程培养能源领域一流创新人才",杨华勇等 16 人完成的"团队铸重器,实践育英才——面向国家重大需求机电工程研究生培养的探索与实践",郑强等 12 人完成的"基于'全方位育人'的研究生导师育人机制构建与实践"。

【6 人入选第四届"工程硕士实习实践优秀成果获得者"】 2018 年 4 月,全国工程专业学位研究生教育指导委员会公布该入选者名单,来自全国 48 所高校的 105 名工程硕士获此殊荣,浙江大学共有薛光怀、陈舒杭、李安、石佳蒙、章剑波、高园 6 人入选,并列全国高校第二,C9 高校第一。

【获浙江省高等教育"十三五"第一批教学改革研究项目】 2018 年 11 月,浙江省教育厅发文公布浙江省高等教育"十三五"第一批教学改革研究项目,浙江大学研究生教育共有"强化研究生公选课'价值引领'功能的机制研究——以教学计划、教师讲解与教学评价'三轴联动'为框架""以增强国际竞争力为导向的研究生公共外语教学改革与实践"等 6 个项目被立项,每个项目资助经费 3 万元,研究周期为 2 年。同时,学校配套立项浙江大学"十三五"第一批教学改革研究项目 17 项,每个项目资助经费 1 万元,研究周期为 2 年。

【获浙江省工程硕士专业学位研究生培养模式改革专项】 2018 年,为支持工程硕士专业学位研究生围绕地方和企业发展提供科技服务,浙江省教育厅特设立"工程硕士专业学位研究生培养模式改革专项"支持,浙江大学共立项 19 个专项项目,每个项目资助科研经费 1 万元,研究周期为 1 年。

【附录】

附录 1　浙江大学 2018 年博士、硕士学位授权学科

学科门类	学科名称	授权级别
哲学	哲学	博士学位授权一级学科
经济学	理论经济学	博士学位授权一级学科
	应用经济学	博士学位授权一级学科
法学	法学	博士学位授权一级学科
	社会学	博士学位授权一级学科
	马克思主义理论	博士学位授权一级学科
教育学	教育学	博士学位授权一级学科
	心理学	博士学位授权一级学科
	体育学	博士学位授权一级学科

学科门类	学科名称	授权级别
文学	中国语言文学	博士学位授权一级学科
	外国语言文学	博士学位授权一级学科
	新闻传播学	博士学位授权一级学科
历史学	考古学	博士学位授权一级学科
	中国史	博士学位授权一级学科
	世界史	博士学位授权一级学科
理学	数学	博士学位授权一级学科
	物理学	博士学位授权一级学科
	化学	博士学位授权一级学科
	大气科学	硕士学位授权一级学科
	海洋科学	博士学位授权一级学科
	地质学	博士学位授权一级学科
	生物学	博士学位授权一级学科
	生态学	博士学位授权一级学科
工学	力学	博士学位授权一级学科
	机械工程	博士学位授权一级学科
	光学工程	博士学位授权一级学科
	材料科学与工程	博士学位授权一级学科
	动力工程及工程热物理	博士学位授权一级学科
	电气工程	博士学位授权一级学科
	电子科学与技术	博士学位授权一级学科
	信息与通信工程	博士学位授权一级学科
	控制科学与工程	博士学位授权一级学科
	计算机科学与技术	博士学位授权一级学科
	建筑学	博士学位授权一级学科
	土木工程	博士学位授权一级学科
	化学工程与技术	博士学位授权一级学科
	船舶与海洋工程	硕士学位授权一级学科

续表

学科门类	学科名称	授权级别
工学	航空宇航科学与技术	硕士学位授权一级学科
	农业工程	博士学位授权一级学科
	环境科学与工程	博士学位授权一级学科
	生物医学工程	博士学位授权一级学科
	食品科学与工程	博士学位授权一级学科
	软件工程	博士学位授权一级学科
	网络空间安全	博士学位授权一级学科
农学	作物学	博士学位授权一级学科
	园艺学	博士学位授权一级学科
	农业资源与环境	博士学位授权一级学科
	植物保护	博士学位授权一级学科
	畜牧学	博士学位授权一级学科
	兽医学	博士学位授权一级学科
医学	基础医学	博士学位授权一级学科
	临床医学	博士学位授权一级学科
	口腔医学	博士学位授权一级学科
	公共卫生与预防医学	博士学位授权一级学科
	药学	博士学位授权一级学科
	护理学	博士学位授权一级学科
管理学	管理科学与工程	博士学位授权一级学科
	工商管理	博士学位授权一级学科
	农林经济管理	博士学位授权一级学科
	公共管理	博士学位授权一级学科
艺术学	艺术学理论	博士学位授权一级学科
	设计学	博士学位授权一级学科

浙江大学年鉴

一级学科	二级学科名称	导师姓名
哲　学	马克思主义哲学 中国哲学 外国哲学 逻辑学 伦理学 美学 宗教学 科学技术哲学 休闲学	包利民　曾劲恺　陈　强　　陈亚军　陈越骅 丛杭青　董　平　范　昀　　高　洁　何欢欢 何　俊*　何善蒙　胡志毅　黄华新　金　立 孔令宏　李恒威　廖备水　林志猛　刘慧梅 潘立勇　潘一禾　庞学铨　彭国翔　盛晓明 唐孝威　王国平*　王建刚　王　杰　王　俊 王礼平　王志成　徐慈华　徐　岱　徐向东 杨大春　张节末　章雪富　Davide Fassio Kristjan Laasik
理论经济学	政治经济学 经济思想史 经济史 西方经济学 世界经济 人口、资源与环境经济学	曹正汉　陈　凌　陈叶烽　　陈勇民　董雪兵 杜立民　方红生　顾国达　黄先海　金祥荣 金雪军　陆　菁　罗德明　罗卫东　马述忠 潘士远　沈满洪*　史晋川　宋顺锋*　汪　炜 王汝渠　王维安　王义中　王志坚　熊秉元 张文章　张自斌　赵　伟　郑备军　朱希伟 朱燕建
应用经济学	区域经济学 财政学 金融学 产业经济学 国际贸易学 劳动经济学 统计学 互联网金融学	巴曙松*　曾　涛　陈菲琼　陈建军　陈勇民 戴志敏　董雪兵　杜立民　方红生　高淑琴 葛　嬴　顾国达　郭继强　黄先海　黄　英 黄祖辉　蒋岳祥　金祥荣　金雪军　李建琴 李金珊　陆　菁　罗德明　骆兴国　马述忠 钱　滔　钱雪亚　史晋川　宋华盛　汪　炜 王维安　王义中　王志凯　熊艳艳　许　奇 杨　华*　杨柳勇　姚先国　余林徽　张俊森* 张自斌　赵　伟　周　戈　周默涵　朱柏铭 朱希伟　朱燕建　邹小芃

一级学科	二级学科名称	导师姓名
法 学	法学理论 宪法学与行政法学 刑法学 民商法学 诉讼法学 经济法学 国际法学 中国法 海洋法学 司法文明	毕 莹　陈信勇　陈长文*　葛洪义　巩 固 何怀文　胡建淼*　胡敏洁　胡 铭　黄 韬 焦宝乾　金彭年　金伟峰　李永明　李有星 梁治平*　刘铁铮*　钱弘道　苏永钦*　王 超 王冠玺　王贵国　王敏远　王泽鉴*　翁晓斌 夏立安　叶良芳　余 军　张 谷　张文显 章剑生　赵 骏　郑春燕　周 翠　周江洪 朱庆育　朱新力　邹克渊
社会学	人口学	曹 洋　曹正汉　范晓光　冯 钢　高力克 耿 曙　菅志翔　郎友兴　郦 菁　梁永佳* 马 戎*　毛 丹　米 红　钱力成　孙艳菲 吴桐雨　尤怡文　余逊达　张国清　赵鼎新* 周沐君　朱天飚　Cole Carnesecca
马克思主义理论	马克思主义基本原理 马克思主义发展史 马克思主义中国化研究 国外马克思主义研究 思想政治教育 中国近现代史基本问题研究 党的建设	成 龙　程早霞　段治文　冯 刚*　韩庆祥* 黄 铭　刘同舫　马建青　潘恩荣　任少波 王永昌*　张 彦

一级学科	二级学科名称	导师姓名
教育学	教育学原理 课程与教学论 教育史 比较教育学 学前教育学 高等教育学 成人教育学 职业技术教育学 特殊教育学 教育技术学	耿凤基　顾建民　韩双淼　黄亚婷　阚阅 李艳　刘超　刘海峰*　刘正伟　欧阳璠 商丽浩　宋永华　眭依凡　孙元涛　田正平 王莉华　王树涛　魏贤超　吴雪萍　肖龙海 徐小洲　叶映华　赵康　周谷平 Lorraine Pe Symaco
心理学	基础心理学 发展与教育心理学 应用心理学	蔡永春　陈辉　陈善广*　陈树林　戴俊毅 高在峰　何贵兵　何洁　胡玉正　李峙 卢舍那　马剑虹　聂爱情　钱秀莹　沈模卫 唐孝威　王伟(医)　王重鸣　吴昌旭*　徐杰 张萌　张琼　张智君　钟建安　周吉帆 周宵　周欣悦
体育学	体育人文社会学 体育教育训练学	胡亮　黄聪　林小美　彭玉鑫　邱亚君 司琦　王健　王进　温煦　于可红 张辉　郑芳　周丽君
中国语言文学	文艺学 语言学及应用语言学 汉语言文字学 中国古典文献学 中国古代文学 中国现当代文学 中国少数民族语言文学 比较文学与世界文学	曹锦炎　陈洁　陈玉洁　池昌海　董平 方一新　冯国栋　关长龙　胡可先　黄华新 黄健　黄擎　贾海生　金进　李旭平 李咏吟　梁慧　林晓光　刘海涛　龙瑜宬 楼含松　罗天华　盘剑　彭利贞　沈松勤* 史文磊　束景南　苏宏斌　孙敏强　陶然 汪超红　汪维辉　王德华　王勇　王云路 吴笛　吴秀明　咸晓婷　肖瑞峰*　徐岱 徐亮　徐永明　许建平　许志强　姚晓雷 叶晔　于文　张广海　张节末　张涌泉 周明初　周启超　朱首献　邹广胜　祖慧
外国语言文学	英语语言文学 俄语语言文学 德语语言文学 外国语言学及应用语言学	程工　程乐　方凡　高奋　郭国良 郝田虎　何辉斌　何莲珍　胡洁　蒋景阳 乐明　李媛　梁君英　刘海涛　刘慧梅 马博森　聂珍钊　瞿云华　沈国琴　隋红升 孙艳萍　汪运起　王小潞　王永　吴义诚 许钧　赵佳　庄玮　Esther Pascual Kevin Tang　Matthew Reeve Reinhard Kohler*

一级学科	二级学科名称	导师姓名			
新闻传播学	新闻学	范志忠	高芳芳	洪　宇	胡晓云	黄广生
	传播学	黄　清	李东晓	李红涛	李　杰	李　岩
	文化产业学	刘于思	王　婧	韦　路	吴　飞	吴　赟
	电视电影与视听传播学	徐群晖	闫文捷	张　婵	章　宏	赵　瑜
		周睿鸣				
考古学	考古学及博物馆学	安　婷	曹锦炎	陈　虹	单霁翔*	傅　翼
		郭　怡	项隆元	严建强	张秉坚	张　晖
		张颖岚	郑　霞	庄孔韶		
中国史	中国古代史	陈红民	杜正贞	冯培红	高力克	龚缨晏*
		梁敬明	刘进宝	陆敏珍	戚印平	桑　兵
	中国近现代史	孙竞昊	孙英刚	汪林茂	吴艳红	吴铮强
		肖如平	杨雨蕾	尤淑君	张　凯	
世界史	世界史	陈　新	董小燕	乐启良	李　娜	刘国柱
		吕一民	沈　坚	汤晓燕	王海燕	吴　彦
		张　弛	张　杨			
数　学	基础数学	包　刚	蔡天新	陈　豪*	陈叔平	程晓良
		董　浙	方道元	冯　涛	郜传厚	胡　峻
	计算数学	胡贤良	黄正达	蒋岳祥	孔德兴	赖　俊
		李　冲	李　方	李胜宏	李　松	林　智
		蔺宏伟	刘东文	刘　刚*	刘康生	刘克峰*
	概率论与数理统计	卢涤明	鲁汪涛	罗　锋	骆　威	庞天晓
		齐　治	丘成栋*	丘成桐*	阮火军	邵启满*
		盛为民	苏中根	谈之奕	王成波	王　梦
	应用数学	王　伟	王伟(理)	王晓光	吴庆标	吴志祥
		武俊德	徐　浩	徐　翔	许洪伟	杨海涛
		叶和溪	尹永成	翟　健	张国川	张立新
	运筹学与控制论	张庆海	张荣茂	张　挺	张　奕	张振跃
		赵永强*	郑方阳	仲杏慧	朱建新	
物理学	理论物理	曹光旱	陈飞燕	陈　骦	陈启瑾	陈庆虎
		陈一新	仇志勇	渡边元太郎		方明虎
	粒子物理与原子核物理	冯　波	傅国勇	何丕模	金洪英	景　俊
		李海洋	李宏年	李敬源	李有泉	刘　洋
	原子与分子物理	刘　钊	鲁定辉	陆璇辉	路　欣	罗孟波
		罗民兴	吕丽花	马志为	宁凡龙	潘佰良
	等离子物理	阮智超	沙　健	盛正卯	谭明秋	唐孝威
		万　歆	王大伟	王浩华	王　凯	王立刚
	凝聚态物理	王　森	王晓光	王业伍	王兆英	王宗利
		吴惠桢	吴建澜	武慧春	肖维文	肖　湧
	声学	谢燕武	许晶波	许祝安	颜　波	叶高翔*
		尹　艺	应和平	游建强	袁辉球	袁　野
	光学	张　宏	张剑波	张俊香	章林溪	赵道木
		赵学安	郑　波	郑大昉	郑　毅	周如鸿
	无线电物理	周　毅	朱国怀	朱华星	朱诗尧	
		Lim Lih King		Michael Smidman		
		Stefan Kirchner				

一级学科	二级学科名称	导师姓名			
化　学	无机化学	曹楚南	曹发和	陈红征	陈万芝	陈卫祥
		丁寒锋	杜滨阳	范　杰	方　群	方文军
		冯建东	傅春玲	傅智盛	高　超	高长有
		郭永胜	洪　鑫	侯昭胤	胡吉明	黄飞鹤
	分析化学	黄建国	黄　晶	黄小军	黄志真	计　剑
		江黎明	金一政	孔学谦	李昌治	李寒莹
		李　昊	李浩然	李　扬	林贤福	林旭锋
		凌　君	刘建钊	刘志常*	陆　展	吕久安*
	有机化学	吕　萍	麻生明	马　成	孟祥举	潘远江
		彭笑刚	邱化玉*	邱利焱	任广禹*	商志才
		邵海波	沈家骢	沈之荃	施敏敏	史炳锋
		苏　彬	孙景志	孙维林	汤谷平	唐睿康
		万灵书	王　本	王从敏	王建辉*	王建明
	物理化学	王　立	王利群	王林军	王　敏	王　鹏
		王　齐	王　琦	王彦广	王　勇	邬建敏
		吴传德	吴　健	吴　军	吴　起	吴庆银
		伍广朋	西蒙杜特怀勒		肖丰收	徐君庭
	高分子化学与物理	徐利文*	徐旭荣	徐志康	许宜铭	许　震
		张其胜	张　涛	张兴宏	张玉红	张　昭
		郑　强	周仁贤	朱宝库	朱海明	朱利平
		朱龙观	朱蔚璞	朱　岩	邹建卫*	
海洋科学	物理海洋学	白晔斐	曾江宁*	陈大可*	陈建芳*	陈建裕*
		管卫兵*	韩喜球*	何贤强*	黄大吉	乐成峰
	海洋化学	李春峰	李培良	李　爽	厉子龙	林　璐
		刘建华	楼章华	马忠俊	毛志华*	潘德炉
	海洋生物学	宋金宝	苏纪兰	唐佑民	陶春辉*	佟蒙蒙
		王品美	王　岩	吴　斌	吴嘉平	吴　敏
		夏小明*	肖　溪	徐金钟	许学伟	杨劲松
	海洋地质	杨绩超	张朝晖	张继才	张治针	章春芳
		郑道琼	朱小华*	George Christakos*		
地质学	矿物学、岩石学、矿床学	鲍学伟	毕　磊	曹　龙	陈汉林	陈宁华
	地球化学	陈生昌	陈阳康	程晓敢	初凤友*	戴金星*
	古生物学与地层学（含古人类学）	邓起东*	丁巍伟*	杜震洪	高金耀*	龚俊峰
		韩喜球*	何　丁	贾晓静	金平斌	金翔龙*
	构造地质学	李家彪*	李卫军	李小凡	李正祥*	厉子龙
		励音骐	林秀斌	林　舟	刘丹彤	刘仁义
	第四纪地质学	龙江平*	楼章华	毛志华*	潘德炉*	饶　刚
	海洋资源与环境	阮爱国*	沈晓华	沈忠悦	孙永革	陶春辉*
	资源环境与区域规划	田　钢	汪　新	王　琛	吴　磊	夏江海
		夏群科	肖安成	肖　溪	徐义贤	杨树锋
	资源勘查与地球物理	杨文采	杨小平	叶　瑛	张德国	张　丰
	遥感与地理信息系统	章凤奇	章孝灿	朱　晨*	邹乐君	

续表

一级学科	二级学科名称	导师姓名				
生物学	植物学	白　戈	包爱民	包劲松	常　杰	陈宝惠
		陈才勇	陈　岗	陈家东	陈静海	陈　军
		陈　铭	陈　伟	陈　伟	陈祥军	陈晓冬
	动物学	陈　欣	陈　新	陈学群	陈　烨	陈　忠
		程　磊	丁　平	杜艺岭	段树民	樊龙江
		范衡宇	方　东	方马荣	方盛国	方卫国
	生理学	冯明光	冯新华	冯友军	冯宇雄	冯　钰
		傅承新	高海春	高利霞	高志华	戈万忠
		龚　薇	龚哲峰	古　莹	谷　岩	管坤良
		管敏鑫	管文军	郭　方	郭　行	郭江涛
	水生生物学	韩家淮*	韩佩东	何向伟	洪丽兰	洪　智
		胡海岚	胡薇薇	华跃进	黄荷凤	黄　俊
		黄力全	姬峻芳	贾俊岭	江　辉	蒋萍萍
	微生物学	金勇丰	靳　津	康利军	康毅滨*	柯越海
		赖蕙茵	赖欣怡	李　晨	李　飞	李明定
		李相尧	李晓明	李学坤	李　晔	李永泉
		李月舟	梁洪青	林爱福	林世贤	林旭瑗
	神经生物学	刘建祥	刘鹏渊	刘　婷	刘　伟	娄永根
		卢建平	鲁林荣	陆林宇	陆　燕	罗　琛
		罗　驰	罗建红	骆　严	吕镇梅	马　欢
		马　骏	毛传澡	毛旭明	莫肖蓉	牟　颖
	遗传学	牛田野	潘冬立	彭金荣	齐艳华	钱大宏
		钱鹏旭	邱　爽	邱英雄	任艾明	邵建忠
		沈承勇	沈　立	沈　啸	沈　逸	沈　颖
		寿惠霞	舒小丽	宋　海	宋海卫	孙秉贵
	发育生物学	孙　洁	孙启明	孙　毅	唐修文	田　兵
		佟　超	汪方炜	汪海燕	汪　浩	汪　冽
		王　本	王福俤	王建莉	王立铭	王　良
		王青青	王书崎	王　伟	王晓东	王晓健
	细胞生物学	王志萍	魏文毅	吴殿星	吴建祥	吴　敏
		夏宏光	项春生	肖　睦	谢安勇	邢　磊*
		徐海明	徐　晗	徐鹏飞	徐平龙	徐贞仲
		许均瑜	许师明	许正平	许志宏	严庆丰
	生物化学与分子生物学	杨建立	杨万喜	杨　巍	杨卫军	杨小杭
		叶庆富	叶　升	易　聪	易　文	应盛华
		余路阳	余雄杰	余　奕	虞燕琴	詹金彪
		张　进	张　龙	张舒群	张咸宁	张　兴
	生物物理学	张　岩	章晓波	赵　斌	赵　烨	赵永超
		赵宇华	赵云鹏	郑绍建	周继勇	周　杰
		周耐明	周　琦	周　青	周天华	周雪平
		周以侹	周煜东	朱永群	祝赛勇	邹　键
	生物信息学	邹　炜	Chew Ting Gang	Dante Neculai		
		James Whelan*	Mikael Bjorklund			
		Stijn van der Veen	Toru Takahata			

一级学科	二级学科名称	导师姓名
生态学	生态学	常杰 丁平 江昆 邱英雄 于明坚 陈勇国 方盛丰 金勇 王根轩 张舒群 陈铭 冯光 吕镇梅 杨建立 章晓波 陈欣 高海 毛传澡 杨卫军 周 程磊 葛滢华 齐艳盛 应
力学	一般力学与力学基础 固体力学 流体力学 工程力学	陈彬 邓茂林 黄志龙 库晓珂 孟华 陶伟明 王永 徐彦 张凌新 朱林利 陈伟芳 干湧 季葆华 李铁风 钱劲 王高峰 王吴禹 杨卫 张位 朱位秋 陈伟球 郭宇 贾铮 李学进 曲绍兴 王宏涛 王振华 夏祖光 赵沛 庄国志 崔涛 宦荣华 金晗辉 林建忠* 邵雪明 王惠兵 熊红圣 余钊耀 郑 邓见 黄永刚* 金肖玲 罗佳奇 罗舟 宋吉杰 王修利 张春利 周昊飞
机械工程	机械制造及其自动化 机械电子工程 机械设计及理论 车辆工程 工业工程 海洋工程	曹衍龙 陈远流 方强 高洋洋 贺永 黄金 豪彩波鑫 黎旭 梁 陆国栋 谭建荣 汪久根 王庆 邬义杰 徐敬华 杨克己 俞小莉 周华 Kok-Meng Lee* 曹彦鹏 陈章位 冯毅雄 龚国芳 贺纪 居冰 杨建峰 李德骏 刘勇庆 梅德 唐任仲 王宣 吴世军 杨灿军 杨世锡 张大海 周晓军 陈家旺 陈子辰 傅建中 顾临怡 胡亮 蒋君侠 柯映林 李基拓 刘涛 欧阳小平 陶国良 王宏伟 王义强* 谢波 谢勇 姚斌 张树有 朱世强 Thomas Pahtz 陈文华* 程年生 傅新 顾新建 焦磊 胡雄 李江雄 刘振宇 阮晓东 童水光 王林翔 魏建华 金勇 谢俊 尹 赵朋 邹鸿生* 陈鹰 董辉 甘春标 何伟 胡伟鹏 焦冷 建李 刘震涛 宋小文 童哲铭 王燕青 魏定 徐忠将 杨新 余西 赵俊 邹增
光学工程	光通信技术 信息传感及仪器	白剑 丁志华 郝翔 黄腾超 李鹏崇 刘智毅 邱荣 时凯巍 汪凯 吴兴坤 杨青 张冬仙 车双良 方伟军 何建 金强 李东 刘建 罗其武 沈舒 王立海 徐杨旸 张磊 陈杏藩 冯华君 何赛灵 匡翠方 李晓彤 刘华锋 马耀光 沈伟斯 徐之海 叶辉 张紫阳* 戴道锌 高士明 胡海峰 李海斌 林旭 刘光 马东科 沈亦龙 唐吴 余飞鸿 章海军 狄大 郭胡 李林 刘雪 钱永利 沈永 童吴 严惠 张彩 郑臻荣 卫欣 胡骏军 李承明 刘骏行 钱仍茂 沈柳妮 童杨 杨 余张 郑荣 Anna wang Roe Ribierre Jeancharles Rui Q. Yang*

续表

一级学科	二级学科名称	导师姓名
材料科学与工程	材料物理与化学 材料学 材料加工工程 高分子材料	姜　宏* 陈邦林* 陈红征 陈立新 陈湘明 陈长安* 陈宗平 程继鹏 程遄宁 崔元靖 邓人仁 丁新更 杜滨阳 杜　超 杜不一 樊先平* 方彦俊* 方征平 高　超 高明霞 高长有 谷月峰* 谷长栋 韩高荣 韩伟强* 何海平 洪明辉* 洪樟连 胡巧玲 黄富强 黄靖云 黄少铭* 计　剑 姜银珠 蒋建中 蒋利军 金传洪 金　桥 金一政 李　斌 李昌治 李东升* 李寒莹 李吉学 雷　斌 李　翔 凌国平 李　凌 刘宾虹 刘嘉斌 刘建钊 刘小峰 刘小强 　　毅* 刘永锋 刘　涌 楼雄文 陆赟豪 罗仲宽* 吕建国 马　列 马天宇 马向阳 毛传斌 毛星原 毛峥伟 孟　亮 潘洪革 潘新花 彭华新 彭　懋 彭新生 皮孝东 钱国栋 乔旭升 秦发祥 邱建荣 任科峰 任召辉 上官勇刚 申乾宏 沈家骢* 施敏敏 宋义虎 孙景志 唐本忠* 田　鹤 仝维鋆 涂江平 万灵书 王慧明 王江伟 王小祥 王晓东 王新华 王秀丽 王　勇 王幽香 王征科 王智宇 韦　华 魏晓明 翁文剑 王　琛 吴　刚 吴浩斌 吴进明 吴勇军 吴子良 伍广朋 夏新辉 肖学章 谢　健 徐　刚 徐君庭 徐志康 严　密 杨德仁 杨桂生* 杨杭生 杨　辉 杨士宽 杨　雨 叶志镇 余　倩 余学功 遇鑫遥 张　辉 张启龙 张溪文 张兴宏 张　泽 赵高凌 赵新宝 赵新兵 赵　毅 郑　强 支明佳 朱宝库 朱丽萍 朱利平 朱铁军 朱晓莉 左　敏 Ahuja Rajeev*　　　Bei Hongbin
动力工程及工程热物理	工程热物理 热能工程 动力机械及工程 流体机械及工程 制冷及低温工程 化工过程机械 能源环境工程 新能源科学与工程	薄　拯 岑可法 陈东军 陈光明 陈玲红 陈志平 成少安 程乐鸣 程光华 池　涌 樊建人 范利武 方梦祥 甘智华 高　翔 顾大钊* 韩晓红 洪伟荣 黄群星 蒋旭光 金　涛 金　滔 金志江 库晓珂 李冬青* 李　蔚 李文英* 李晓东 刘洪来 刘建忠 刘　科 刘震涛 陆胜勇 罗　坤 骆仲泱 马增益 倪明江 欧阳晓平* 邱利民 施建峰 史绍平* 苏义脑* 孙大明 童水光 王　飞 王海鸥 王　勤 王勤辉 王树荣 王　涛 王伟烈 王玉明 王智化 吴大转 吴　锋 吴学成 吴迎春 肖　刚 肖天存* 徐象国 许世森* 许忠斌 宣海军 严建华 杨卫娟 姚　强 叶笃毅 余春江 俞小莉 俞自涛 岳光溪* 张凌新 张小斌 张学军 张彦威 张玉卓* 赵　阳 赵永志 郑成航 郑传祥 郑津洋 郑水英 周　昊 周劲松 周俊虎 周志军 朱祖超* Yi Qiu

一级学科	二级学科名称	导师姓名				
电气工程	电机与电器	陈国柱	陈恒林	陈隆道	陈　敏	陈向荣
		邓　焰	丁　一	方攸同	福义涛	甘德强
	电力系统及其自动化	郭创新	郭吉丰*	韩祯祥	何奔腾	何湘宁
		胡斯登	黄　进	黄晓艳	江道灼	江全元
		金孟加	李超勇	李楚杉	李武华	厉小润
	高电压与绝缘技术	林振智	卢琴芬	吕征宇	马　皓	马伟明*
		年　珩	彭勇刚	齐冬莲	沈建新	盛　况
		石健将	史婷娜	宋永华	孙　丹	万　灿
	电力电子与电力传动	汪　涛	汪槱生	汪　震	韦　巍	文福拴
		吴立建	吴新科	夏长亮	项　基	辛焕海
	电工理论与新技术	徐德鸿	徐　政	许　力	颜钢锋	杨　欢
		杨家强	杨　强	杨仕友	杨　树	姚缨英
		于　森	张军明	张森林	赵荣祥	钟文兴
	电气信息技术	周　浩	诸自强*	祝长生	Philip T. Krein	
		Rajashekara, Kaushik*				
电子科学与技术	物理电子学	车录锋	陈红胜	陈文超	程志渊	池　灏
		储　涛	丁　勇	董树荣	杜　阳	高　飞
		高　翔	韩　雁	郝　然	何乐年	何赛灵
		胡　欢	皇甫江涛	黄科杰	江晓清	金潮渊
	电路与系统	金　浩	金　韬	金小军	金晓峰	金心宇
		金仲和	李尔平	李　凯	李兰娟	李宇波
		林宏焘	林时胜	刘　旸	马慧莲	蒙　涛
		潘　赟	冉立新	沙　威	沈海斌	沈会良
	微电子学与固体电子学	沈继忠	史治国	谭年熊	汪小知	王浩刚
		王华萍	魏兴昌	吴昌聚	吴锡东	夏永祥
		熊晓燕	徐明生	徐　杨	杨冬晓	杨建义
		叶德信	叶　志	尹文言	应迪清	余　辉
	电磁场与微波技术	余显斌	虞小鹏	郁发新	张　帆	张　明
		张培勇	张　睿	章献民	赵　博	赵梦恋
		赵松睿	赵　毅	郑光廷*	郑史烈	周柯江
		卓　成				
信息与通信工程	通信与信息系统	蔡云龙	陈惠芳	陈晓明	单杭冠	宫先仪*
		龚小谨	韩　军	胡　冰	乐成峰	李春光
	信号与信息处理	李建龙	刘　安	刘而云	刘　鹏	刘　英
		潘　翔	瞿逢重	王　匡	王　玮	王晓萍
	海洋信息科学与工程	吴嘉平	项志宇	徐　敬	徐　文	徐志伟
		于慧敏	余官定	虞　露	张朝阳	张宏纲
	飞行器测量信息工程	张　明	张仲非	赵航芳	赵民建	钟财军
		Mark David Butala				

续表

一级学科	二级学科名称	导师姓名				
控制科学与工程	控制理论与控制工程	陈积明	陈 剑	陈 曦	程 鹏	戴连奎
		冯冬芹	葛志强	贺诗波	侯迪波	胡 超*
		胡瑞芬	黄志尧	李超勇	李 光	李 平
	检测技术与自动化装置	厉小润	梁 军	刘妹琴	刘兴高	刘 勇
		刘之涛	卢建刚	马龙华*	毛维杰	牟 颖
		倪 东	潘 宇	彭勇刚	齐冬莲	荣 冈
	系统工程	邵之江	宋春跃	宋开臣	宋执环	苏宏业
		孙优贤	王保良	王 宁	王 酉	王 智
		韦 巍	吴均峰	吴 俊	吴争光	项 基
	模式识别与智能系统	谢 磊	熊 蓉	徐文渊	徐正国	徐祖华
		许 超	许 力	颜钢锋	颜文俊	杨春节
		杨 强	杨秦敏	于 森	张光新	张宏建
	导航、制导与控制	张森林	张 涛	张 宇	赵春晖	郑荣濠
		周建光	朱豫才			
计算机科学与技术	计算机系统结构	鲍虎军	卜佳俊	蔡 登	蔡 铭	陈 纯
		陈 刚	陈华钧	陈建军	陈 岭	陈 为
		陈文智	陈延伟*	陈 焰*	陈左宁	邓水光
		董 玮	冯结青	高曙明	高云君	耿卫东
		何钦铭	何晓飞	侯启明	黄 劲	纪守领
		江大伟	金小刚(CAD)		李 明	李善平
	计算机应用技术	李 玺	林 海	林兰芬	刘海风	刘新国
		刘玉生	鲁东明	陆哲明	罗仕鉴	潘 纲
		潘云鹤	潘之杰	钱 徽	钱沄涛	任 重
		沈荣骏*	寿黎但	宋广华	宋明黎	孙建伶
		孙凌云	孙守迁	汤斯亮	汤永川	唐 敏
		童若锋	王 锐	王新宇	王跃明	王跃宣
	数字化艺术与设计	王志宇	魏宝刚	巫英才	吴朝晖	吴春明
		吴 飞	吴鸿智	吴 健	伍 赛	项 阳*
		肖 俊	许端清	许威威	杨建刚	杨建华
		杨双华	尹建伟	应放天	应 晶	于金辉
		于长斌*	俞益洲	郁发新	张东亮	张国川
		张克俊	张三元	张 寅	张 岳*	章国锋
	空天信息技术	赵 洲	郑扣根	郑能干	郑小林	郑 耀
		郑友怡	周 昆	周晓巍	周亚金	朱建科
		庄越挺				
建筑学	建筑设计及其理论	陈淑琴	葛 坚	韩昊英	贺 勇	华 晨
		李王鸣	裘 知	沈 杰	王 晖	王 洁
		王 竹	吴 越	徐 雷	杨建军	

一级学科	二级学科名称	导师姓名				
土木工程	岩土工程	巴　特	白　勇	包　胜	边学成	蔡袁强*
	结构工程	曹志刚	曾　强	陈根达*	陈光明	陈　驹
		陈仁朋	陈水福	陈喜群	陈云敏	陈祖煜
	市政工程	程伟平	邓　华	董石麟	段元锋	高博青
		弓扶元	龚顺风	龚晓南	郭　宁	洪　义
	供热、供燃气、通风及空调工程	胡春宏	黄铭枫	黄志义	江衍铭	姜　涛
		蒋建群	金南国	金伟良	金贤玉	柯　瀚
		孔德琼	李庆华	李育超	凌道盛	刘国华
	防灾减灾工程及防护工程	刘海江	刘　炜	柳景青	楼文娟	罗　雪
		罗尧治	吕朝锋	吕　庆	马克俭*	钱晓倩
		冉启华	尚岳全	邵益生*	邵　煜	孙红月
	桥梁与隧道工程	孙志林	唐晓武	童根树	万五一	汪玉冰
		王殿海	王海龙	王　浩*	王奎华	王立忠
	道路与交通工程	王乃玉	王　勤	王亦兵	王振宇	韦娟芳
		魏新江*	夏唐代	项贻强	肖　岩	谢海建
		谢霁明	谢康和	谢新宇	谢　旭	徐日庆
	水资源与水环境工程	徐荣桥	徐世烺	徐长节	许　贤	许月萍
		闫东明	杨贞军	杨仲轩	姚　谏	姚忠达*
	水工结构与港口工程	叶苗苗	叶肖伟	袁行飞	詹良通	詹树林
		张大伟	张　鹤	张科锋*	张可佳	张　磊
		张　帅	张土乔	张学军	张　燕	张仪萍
	河流与滨海工程	张永强	赵唯坚	赵　阳	赵羽习	郑飞飞
		周　建	周燕国	朱　斌	朱志伟	
化学工程与技术	生物化工	柏　浩	包永忠	鲍宗必	曹　堃	柴之芳*
		陈丰秋	陈纪忠	陈建峰*	陈圣福	陈新志
		陈英奇	陈志荣	成有为	程党国	戴黎明*
		戴立言	单国荣	范　宏	冯连芳	傅　杰
	化工过程工程	高　翔	关怡新	何潮洪	何　奕	和庆钢
		侯立安*	侯　阳	胡国华*	黄　和	黄　磊
		蒋斌波	介素云	金志华	雷乐成	李伯耿
		李浩然	李　伟	李　希	李中坚	李洲鹏
		连佳长	梁成都	廖祖维	林东强	林建平
	化学产品工程	林贤福	林跃生	凌　敏	刘平伟	刘祥瑞
		刘　振	陆盈盈	罗英武	吕秀阳	毛加祥*
		梅乐和	孟　琴	欧阳平凯*		潘鹏举
		钱　超	任其龙	申屠宝卿	申有青	施　耀
		唐建斌	汪燮卿*	王靖岱	王　立	王　亮
	生态化工	王文俊	王正宝	温月芳	吴坚平	吴林波
		吴素芳	吴忠标	夏黎明	谢　涛	邢华斌
		徐志南	闫克平	严玉山*	阳永荣	杨立荣
		杨双华	杨亦文	姚善泾	姚　臻	叶丽丹
		于洪巍	俞豪杰	詹晓力	张安运	张才亮
		张　林	张庆华	张兴旺	张　懿	张治国
	制药工程	章鹏飞*	赵　骞	赵俊杰	赵迎宪*	周少东
		朱世平*	Nigel K. H. Slater*			
		Steven J. Severtson*				

一级学科	二级学科名称	导师姓名				
农业工程	农业机械化工程	岑海燕	成　芳	崔　笛	丁冠中	傅迎春
	农业水土工程	韩志英	何　勇	蒋焕煜	李建平	李晓丽
	农业生物环境与能源工程	李延斌	林宏建	林　涛	刘德钊	刘　飞
	农业电气化与自动化	泮进明	平建峰	裘正军	饶秀勤	盛奎川
	生物系统工程	王　俊	王一娴	韦真博	吴　坚	谢丽娟
		徐惠荣	叶章颖	应义斌	于　勇	张玺铭
		周振江	朱松明			
环境科学与工程	环境科学	陈宝梁	陈　红	陈雪明	成少安	甘剑英 *
		官宝红	何　若	胡宝兰	雷乐成	李　伟
		梁新强	林道辉	刘　璟	刘维屏	刘　越
		逯慧杰	骆仲泱	沈超峰	施积炎	施耀耀
		史惠祥	田光明	童裳伦	王海强	王　娟
	环境工程	王　玮	王志彬	吴伟祥	吴忠标	徐向阳
		徐新华	闫克平	严建华	杨方星	杨京平
		杨　坤	杨　武	尧一骏	俞绍才	翟国庆
		张志剑	赵和平	郑　平	朱利中	朱　亮
		庄树林				
生物医学工程	电子信息技术及仪器	白瑞良	陈　岗	陈　杭	陈卫东	陈祥献
		陈晓冬	陈　星	陈耀武	邓　宁	丁　萧
		段会龙	封洲燕	高利霞	高长有	何宏建
		黄　海	黄正行	赖欣怡	李劲松	李　晔
		刘华锋	刘济全	刘清君	吕旭东	李宁钢民
		牛田野	欧阳宏伟	潘　杰	宋开臣	孙　煜
		田景奎	王　平	王书崎	吴　丹	夏　灵
		夏顺仁	许科帝	许迎科	叶学松	余　锋
		余雄杰	张　琳	张明暐	张孝通	张　祎
		钟健晖 *	周　泓	Anna Wang Roe		
		Hisashi Tanigawa	Toru Takahata			
食品科学与工程	食品科学	陈健初	陈启和	陈士国	陈　卫	丁　甜
	粮食、油脂及植物蛋白工程	冯凤琴	冯　杰	郭鸣鸣	胡福良	胡亚芹
		刘东红	刘松柏	陆柏益	罗自生	茅林春
	农产品加工及贮藏工程	任大喜	汪以真	王敏奇	吴建平	叶克强
	水产品加工及贮藏工程	叶兴乾	余　挺	张　辉	张兴林	张　英
	食品安全与营养	章　宇				
软件工程	计算机软件与理论	卜佳俊	陈　纯	陈　刚	陈　岭	陈文智
		董　玮	高曙明	高云君	何钦铭	江大伟
		李善平	林兰芬	潘　纲	潘云鹤	寿黎但
		宋明黎	孙建伶	童若锋	王新宇	魏宝刚
		吴春明	尹建伟	应　晶	俞益洲	郑扣根
		郑小林	周　昆	庄越挺		

一级学科	二级学科名称	导师姓名				
网络空间安全	网络空间安全	陈　刚	陈积明	陈文智	陈　焰*	程　鹏
		冯冬芹	何钦铭	贺诗波	黄　劲	纪守领
		江大伟	林　海	刘兴高	刘之涛	倪　东
		潘　纲	任　奎	沈昌祥*	史治国	宋执环
		孙优贤	王　锐	王文海	邬江兴*	吴春明
		项　阳*	徐文渊	张　帆	赵春晖	赵民建
		周亚金	Whitfield Diffie			
作物学	作物栽培学与耕作学	包劲松	陈仲华	程方民	戴　飞	樊龙江
	作物遗传育种	甘银波	关雪莹	关亚静	蒋立希	金晓丽
		潘荣辉	钱　前*	舒庆尧	王一州	邬飞波
		吴殿星	武　亮	徐海明	徐建红	张国平
	种子科学与技术	张天真	周伟军	祝水金		
园艺学	果树学	白松龄	柴明良	陈昆松	陈利萍	陈　萍
		高中山	郭得平	何普明	黄　鹂	李传友*
	蔬菜学	李　鲜	卢　钢	陆建良	师　恺	孙崇德
		滕元文	屠幼英	汪俏梅	王校常	王岳飞
		吴　迪	夏晓剑	夏宜平	徐昌杰	杨景华
	茶学	殷学仁	余小林	喻景权	张　波	张明方
		周　杰	周艳虹	Donald Grierson		
		Harry Klee		Ian Ferguson*		
	观赏园艺学	Michael F. Thomashow		Mondher Bouzayen		
农业资源与环境	土壤学	曾令藻	陈丁江	邓劲松	邱洪杰	何　艳
		黄敬峰	金崇伟	李廷强	梁永超	林咸永
	植物营养学	刘杏梅	卢玲丽	卢升高	罗安程	吕志江
		马　斌	倪吾钟	史　舟	田生科	汪海珍
	农业遥感与信息技术	王宏全	王　珂	吴劳生	吴良欢	徐建明
		杨肖娥	张奇春	章明奎	郑绍建	
	水资源利用与保护	Philip C. Brookes				
植物保护	植物病理学	鲍艳原	蔡新忠	陈剑平*	陈学新	陈　云
		方　华	何祖华*	黄　佳	黄健华	蒋明星
		李　斌	李　飞	李红叶	李　冉	李正和
	农业昆虫与害虫防治	梁　岩	林福呈	刘树生	刘小红	娄永根
		马忠华	莫建初	沈志成	时　敏	宋凤鸣
		陶　增	王晓伟	王政逸	吴建祥	谢　艳
		徐海君	叶恭银	尹燕妮	虞云龙	张传溪
	农药学	章初龙	赵金浩	郑经武	周文武	周雪平
		祝增荣				

一级学科	二级学科名称	导师姓名				
畜牧学	动物遗传育种与繁殖	陈玉银	单体中	杜华华	冯 杰	胡彩虹
		胡福良	胡松华	李卫芬	刘广绪	刘红云
	动物营养与饲料科学	刘建新	鲁兴萌	彭金荣	邵庆均	邵勇奇
		时连根	汪海峰	汪以真	王华兵	王佳堃
	特种经济动物饲养	王敏奇	王新霞	王争光	吴小锋	吴跃明
		杨明英	占秀安	张才乔	张 坤	郑火青
		钟伯雄	邹晓庭			
兽医学	预防兽医学	杜爱芳	方维焕	何 放	黄耀伟	乐 敏
		李 艳	鲁兴萌	米玉玲	孙红祥	张才乔
		郑肖娟	周继勇	朱 书		
基础医学	人体解剖与组织胚胎学	蔡志坚	曹雪涛*	曾 浔	陈静海	陈 伟
	免疫学	陈 晓	程洪强	刁宏燕	董辰方	冯 晔
	病原生物学	冯友军	谷 岩	郭国骥	韩 曙	胡 虎
		黄 河	纪俊峰	金洪传	柯越海	来茂德
	病理学与病理生理学	梁 平	林旭瑗	刘 冲	柳 华	鲁林荣
	法医学	孟卓贤	闵军霞	欧阳宏伟	潘冬立	潘建平*
		钱鹏旭	邵吉民	沈 静	史 鹏	汪 洌
	放射医学	王 迪	王建莉	王 良	王青青	王晓健
		吴晶晶	夏大静	徐素宏	徐以兵	茵 梓
	航空、航天与航海医学	余 红	张丹丹	张红河	张 进	张晓明
		张 雪	章淑芳	赵经纬	周天华	邹晓晖
	干细胞和再生医学	Dante Neculai		David Arnot		
		Stijn van der Veen			Susan Welburn	
		Toru Takahata				
临床医学	内科学	白雪莉	蔡建庭	蔡秀军	蔡 真	曹红翠
		曹利平	曹 倩	曾 浔	陈 峰	陈 钢
	儿科学	陈 岗	陈 高	陈功祥	陈鸿霖*	陈 健
		陈江华	陈其昕	陈维善	陈祥军	陈 晓
		陈晓冬	陈新忠	陈益定	陈 瑜	陈志华
	老年医学	陈 智	程 浩	程 京*	程晓东	戴 宁
		戴一凡*	刁宏燕	丁克峰	丁美萍	董旻岳
		杜立中	范顺武	范伟民	方 红	方向明
	神经病学	方向前	冯利锋	冯宇雄	傅国胜	傅君芬
		高 峰	高 福*	龚方戚	龚渭华	古 莹
		郭晓纲	韩春茂	韩 飞	韩 伟	韩卫东
	精神病与精神卫生学	何 超	何荣新	胡红杰	胡 坚	胡少华
		胡新央	胡兴越	胡 汛	黄 河	黄荷凤
		黄 建	黄 曼	黄品同	江克文	江米足
	皮肤病与性病学	姜 虹	蒋晨阳	蒋天安	金百冶	金 帆
		金洪传	金 洁	金 敏	金晓东	晋秀明

一级学科	二级学科名称	导师姓名				
临床医学	影像医学与核医学	赖欣怡	李 达	李恭会	李 红	李江涛
		李 君	李兰娟	李龙承	李 雯	李晓明
		厉有名	梁 平	梁廷波	林 辉	林 俊
	临床检验诊断学	林胜璋	凌 琪	刘先宝	刘志红	楼 敏
		卢宠茂*	陆林宇	陆远强	罗本燕	罗 巍
	外科学	罗 侬	罗永章*	吕卫国	吕中法	马 量
		满孝勇	毛建华	毛建山	闵军霞	倪一鸣
		欧阳宏伟	潘宏铭	潘文胜	潘志军	钱大宏
	妇产科学	钱建华	钱文斌	邱福铭	裘云庆	曲 凡
		阮 冰	邵吉民	邵一鸣*	申屠形超	沈华浩
	眼科学	沈 晔	盛吉芳	史 鹏	舒 强	姒健敏
		宋朋红	宋章法	孙 仁*	孙晓南	孙 毅
	耳鼻咽喉科学	谈伟强	汤永民	陶惠民	陶志华	滕理送
		田 梅	佟红艳	万 钧*	王保红	王 本
		王观宇	王杭祥	王建安	王建伟	王 凯
	肿瘤学	王良静	王 林	王林波	王苹莉	王书崎
		王 爽	王伟(医)	王伟林	王 娴	王兴祥
		王义斌*	王英杰	王 跃	魏启春	魏文毅
	康复医学与理疗学	吴华香	吴 健	吴立东	吴南屏	吴瑞瑾
		吴育连	吴志英	项春生	项美香	肖永红
		谢安勇	谢俊然	谢立平	谢万灼	谢小洁
	运动医学	谢鑫友	谢 幸	徐承富	徐 峰	徐福洁
		徐建国*	徐 键	徐靖宏	徐荣臻	徐 骁
	麻醉学	徐 旸	徐以兵	许国强	许 毅	薛 定*
		严 敏	严 盛	严世贵	严伟琪	杨蓓蓓
		杨仕贵	杨廷忠	杨小锋	杨晓明	杨益大
	急诊医学	姚 克	姚玉峰	叶 娟	叶英辉	叶招明
		应可净	应颂敏	于晓方	余 红	余日胜
	移植医学	俞云松	虞朝辉	袁国勇	袁 瑛	詹仁雅
		张宝荣	张 丹	张根生	张 宏	张建民
		张 钧	张 力	张林琦	张 茂	张敏鸣
	全科医学	张松英	张苏展	张信美	张园园	赵凤东
		赵永超	赵正言	郑芬萍	郑良荣	郑 敏
		郑 敏	郑铭豪*	郑 树	郑树森	周建维
	微创医学	周建娅	周建英	周 民	周水洪	朱海红
		朱建华	朱侬敏	朱永坚	朱永良	祝胜美
	重症医学	邹朝春	邹晓晖	Anna Wang Roe		
		Babak Javid*				
口腔医学	口腔基础医学	陈 晖	傅柏平	何福明	李晓东	林 军
	口腔临床医学	王慧明	谢志坚	杨国利	朱慧勇	

续表

一级学科	二级学科名称	导师姓名				
公共卫生与预防医学	流行病与卫生统计学	陈光弟	陈 坤	丁克峰	董恒进	高向伟
	劳动卫生与环境卫生学	管敏鑫	焦晶晶	金明娟	金永堂	李兰娟
		李 鲁*	凌雪峰*	罗 驰	那仁满都拉	
	营养与食品卫生学	孙文均	王福俤	王建炳	夏大静	许正平
	卫生毒理学	许志宏	余运贤	周 春	周 舟	朱善宽
		朱益民				
药 学	药物化学	曾 苏	陈建忠	陈枢青	陈学群	陈志华
	药剂学	陈 忠	程翼宇	崔孙良	戴海斌	丁 健*
		丁 玲	董晓武	杜永忠	段树民	范骁辉
	生药学	甘礼社	高建青	龚行楚	龚哲峰	韩 旻
		何俏军	侯廷军	胡富强	胡薇薇	蒋惠娣
		蒋 晞	李 雯	李 新	连晓媛	凌代舜
		刘龙孝	楼 燕	卢应梅	陆晓燕	罗建红
	药物分析学	罗沛华	马忠俊	那仁满都拉		彭丽华
		平 渊	戚建华	钱玲慧	邱利焱	瞿海斌
	微生物与生化药学	申屠建中	沈华浩	沈 颖	孙秉贵	孙翠荣
		孙莲莉	汤慧芳	王秀君	王 毅	翁勤洁
		吴 斌	吴希美	吴永江	徐 晗	徐金钟
	药理学	许均瑜	许学伟*	杨 波	杨 帆	杨 巍
		杨晓春	应美丹	应颂敏	游 剑	余露山
		俞永平	袁 弘	张海涛	张翔南	周 民
	海洋药物学	周煜东	朱丹雁	朱 峰	朱 虹	邹宏斌
护理学	护理学	冯素文	韩春茂	金静芬	王 薇	徐鑫芬
		叶志弘	余晓燕			
管理科学与工程	技术与创新管理	陈德人	陈发动	陈明亮	陈 熹	杜 健
		郭 斌	华中生	黄 灿	黄鹂强	霍宝锋
		金 珺	金庆伟	孔祥维	刘南(管)	刘 渊
		马 弘	马庆国	毛义华	瞿文光	寿涌毅
		苏 星	童 昱	汪 蕾	王明征	王求真
	工程管理	卫 军*	温海珍	吴 东	吴晓波	徐 青
		徐仁军	杨 翼	袁 泉	张 宏	郑 刚
		周伟华	Mark J. Greeven			

一级学科	二级学科名称	导师姓名
工商管理	会计学 企业管理 旅游管理 技术经济及管理 创业管理	宝贡敏　贾圣林　蔡　宁　陈　俊　陈　凌 窦军生　郭　斌　韩洪灵　华中生　黄　灿 黄　英　霍宝锋　贾生华　林珊珊　刘起贵 刘　涛　刘　洋　吕佳颖　寿涌毅　斯晓夫 孙怡夏　王端旭　王婉飞　王小毅　王重鸣 魏　江　邬爱其　吴　东　吴茂英　吴晓波 肖炜麟　谢小云　熊　伟　徐维东　徐晓燕 颜士梅　应天煜　张　钢　张惜丽　周　帆 周宏庚　周玲强　周欣悦 Douglas Brain Fuller
农林经济管理	农业经济管理 林业经济管理	陈　帅　龚斌磊　郭红东　韩洪云　洪名勇* 黄祖辉　金少胜　金松青　陆文聪　茅　锐 钱文荣　阮建青　卫龙宝　杨万江　叶春辉 张晓波*　张忠根　周洁红 H. Holly Wang（王红）
公共管理	行政管理 社会医学与卫生事业管理 教育经济与管理 社会保障 土地资源管理 社会管理 公共信息资源管理 非传统安全管理 城市发展与管理 国际事务与全球治理	巴德年*　蔡　宁　曹　宇　陈国权　陈　劲* 陈丽君　陈　智　仇保兴　董恒进　范柏乃 方　恺　谷保静　顾　昕　郭苏建　郭夏娟 韩昊英　何文炯　胡税根　胡小君　黄敬峰 靳相木　李　江　李金珊　李　鲁*　李　艳 林　卡　刘国柱　刘卫东　刘　渊　米　红 苗　青　沈永东　石敏俊　史　舟　孙艳菲 谭　荣　谭永忠　汪　晖　王红妹　王诗宗 魏　江　吴　超　吴次芳　吴结兵　吴金群 吴宇哲　肖　武　徐　林　徐小洲　杨廷忠 姚　威　姚先国　叶艳妹　余潇枫　余逊达 俞晗之　郁建兴　岳文泽　张国清　张　炜 张蔚文　张跃华　赵鼎新*　赵正言　周　萍 周旭东　朱　凌　庄孔韶　邹晓东　邹永华 Therese Hesketh
艺术学理论		白谦慎　陈谷香　陈振濂　黄河清　黄厚明 金晓明　缪　哲　盘　剑　王　杰　吴小平 谢继胜　薛龙春　余　辉*　张　晴*
设计学		胡小军　罗仕鉴　潘恩荣　潘云鹤　孙凌云 孙守迁　汤永川　王　健　王小松　应放天 于金辉　张东亮　张克俊　张三元

注：按一级学科代码升序排列，导师姓名按拼音顺序排列，姓名后加"＊"者为兼职导师。

附录 3　浙江大学研究生教育获 2018 年国家级教学成果奖获奖成果情况

序号	成果名称	完成人姓名			完成单位	等级
1	面向国家重大需求,多方位全过程培养能源领域一流创新人才	高　翔 方惠英 陈玲红 王树荣 骆仲泱	薄　拯 吴学成 金　滔 赵传贤 倪明江	俞自涛 王咨元 成少安 严建华 岑可法	浙江大学	二等
2	团队铸重器,实践育英才——面向国家重大需求机电工程研究生培养的探索与实践	杨华勇 傅　新 阮晓东 刘伟庭 杨　赓 吉　晨	邹　俊 谢海波 周　华 胡　亮 张　斌	徐　兵 龚国芳 欧阳小平 祝　毅 张军辉	浙江大学	二等
3	基于"全方位育人"的研究生导师育人机制构建与实践	郑　强 徐国斌 徐敏娜 王家平	吕森华 单珏慧 张馨月 葛盈辉	叶恭银 马君雅 王立忠 张荣祥	浙江大学	二等

附录 4　浙江大学入选第四届"工程硕士实习实践优秀成果获得者"情况

序号	入选者姓名	工程领域	学院	实习实践项目名称	实习实践单位
1	薛光怀	机械工程	机械工程学院	面向个性化定制的快速模具制造及其 3D 打印装备研发	宁波海天精工股份有限公司
2	陈舒杭	光学工程	光电科学与工程学院	PET 图像重建方法优化	杭州滨松光电子科技有限公司
3	李　安	光学工程	光电科学与工程学院	头戴式显示器光学畸变的校正	杭州科汀光学技术有限公司
4	石佳蒙	电气工程	电气工程学院	高性能直线电机研制	香港先进科技有限公司(ASM)
5	章剑波	电子与通信工程	信息与电子工程学院	高速电路共模滤波器的设计	华为上海研究所
6	高　园	生物医学工程	生物医学工程与仪器科学学院	新型多功能药物载体的制备、调控及载药评价	柚都生物科技

附录5 浙江大学入选2018年浙江省研究生联合培养基地情况

序号	基地名称	牵头建设单位
1	浙江大学软件学院—网新恒天研究生联合培养实践基地	浙江大学
2	浙江大学—浙江中控—工业控制技术研究生教育创新示范基地	浙江大学
3	建筑与土木工程研究生教育创新示范基地	浙江大学
4	浙江大学—余杭区研究生联合培养基地	浙江大学
5	浙江大学—余姚机器人研究院研究生联合培养基地	浙江大学
6	浙江大学—浙江省环境保护科学设计研究院研究生联合培养基地	浙江大学
7	浙江大学—浙能集团研究生教育创新示范基地	浙江大学
8	浙江大学—舜宇集团研究生联合培养基地	浙江大学
9	浙江大学—国网浙江省电力有限公司电力科学研究院研究生工作站	浙江大学

附录6 浙江大学"十三五"第一批教学改革研究项目(研究生教学)

浙江省高等教育"十三五"第一批教学改革研究项目				
序号	项目名称	主持人	参与人	主持学校	项目编号
---	---	---	---	---	---
1	"5+3"口腔医学人才培养模式下3年临床住院医师规范化培训考核评价的信息化管理	王慧明	李志勇　石　珏　李盛来　张　睿	浙江大学	jg20180021
2	工科专业学位硕士产学研基地化培养模式探索与实践	钱　超	任其龙　王晓钟　张　林　周少东	浙江大学	jg20180022
3	强化研究生公选课"价值引领"功能的机制研究——以教学计划、教师讲解与教学评价"三轴联动"为框架	朱柏铭	张荣祥　王晓莹　俞洁芳　刘　多	浙江大学	jg20180023
4	面向数字经济时代的浙江大学全日制MBA项目产教融合模式创新研究	谢小云	周伟华　汪　蕾　窦军生　王小毅	浙江大学	jg20180024

序号	项目名称	主持人	参与人	主持学校	项目编号
5	《海洋地质野外实习》(摘箬山海洋地质实习基地建设)教学改革	厉子龙	李春峰　漆家福 于亚楠	浙江大学	jg20180025
6	以增强国际竞争力为导向的研究生公共外语教学改革与实践	方　凡	徐　沁　孙艳萍 沈旭华　郑　瑞	浙江大学	jg20180026

浙江大学"十三五"第一批教学改革研究项目

序号	项目名称	主持人	参与人	所在院系	经费(万元)
1	复合型法治人才培养模式探索的实验研究——以浙江大学法律硕士培养方案改革为例	郑春燕	胡　铭　巩　固 陆　青　李冬雪 孙晓红　王友健	光华法学院	1
2	基于住院医师规范化培训并轨口腔医学专业学位硕士研究生选拔培养机制探究	李怡宁	谢志坚　陈　卓 华晨晨　石　珏	医学院	1
3	医工信融合的转化医学教育改革	王　本	牛田野　王书崎 刘鹏渊　周　民	医学院	1
4	基于综合能力提升的临床学院研究生学分制管理探索	单鹏飞	康英秀　唐碧云 张灵姐　邓亚娟	医学院	1
5	临床医学研究生"1+X"导师制的实践探索——以风湿科专业硕士研究生培养为例	杨旭燕	许晓华　陈佳兮 应英华　许伟红	医学院	1
6	DxR系统在医学专业学位研究生临床思维培养中的应用研究	刘　犇	李诗琪　陈俊春 施燕霞　胡春燕	医学院	1
7	以岗位胜任力为导向的多元化医学专业研究生分层教学改革的探索与实践	康仙慧	祝胜美　陈超琴 包芳萍　甘树媛	医学院	1
8	住培研究生临床教育环境评估:DREEM量表的应用与改良	周振宇	蔡晓璐　邵　洲 虞　莉　徐金明	医学院	1

序号	项目名称	主持人	参与人	所在院系	经费(万元)
9	PBL教学模式在精神科专业型硕士研究生规培机制中的探索应用	胡少华	黄满丽　王　中 陈京凯　王丹丹	医学院	1
10	双一流"背景下基于互联网＋技术"的研究生临床实践教学研究	陈大进	兰　兰　周　晗	医学院	1
11	住培并轨制麻醉学专业硕士研究生临床教学质量保障体系的建立	祝胜美	康仙慧　潘渊明 温小红　徐珊珊	医学院	1
12	研究生生源对培养质量的影响	余运贤	徐凌霄　王兆品 莫敏佳　斯淑婷	医学院	1
13	以多元化方式提高整形外科硕士生临床能力的教学改革	徐靖宏	沈向前　王　洋 沈　辉　邱巧昀	医学院	1
14	机械工程专业研究生学位课—《创新设计方法与工程实践》课程教学改革	顾大强	宋小文　邱清盈	机械工程学院	1
15	水声通信	瞿逢重		海洋学院	1
16	针对留学生的全英文课程《海洋信息基础》	徐　敬	杨兴启	海洋学院	1
17	面向工程实践的电力电子课程建设	周　晶	邓　焰　王　琳 张朱浩伯　高祎韩	工程师学院	1

附录7　2018年浙江大学分学位类型研究生数　　　　　　　（单位：人）

专业名称	毕业生数	授予学位数	在校学生数				预计毕业生数
			总计	一年级	二年级	三年级及以上	
总计	6390	8138	30655	10381	9678	10596	6618
学术型学位博士生	1566	1571	10230	2477	2246	5507	2113
学术型学位硕士生	2474	2945	8636	3133	3081	2422	2050
专业学位博士生	109	180	698	283	142	273	132
专业学位硕士生	2241	3442	11091	4488	4209	2394	2323

附录8　2018年浙江大学分学科门类研究生数　　　（单位：人）

学科门类	研究生	毕业生数	授予学位数	在校学生数				预计毕业生数
				总计	一年级	二年级	三年级及以上	
总计	博士生	1566	1571	10203	2477	2246	5507	2113
	硕士生	2474	2945	8636	3133	3081	2422	2050
哲学	博士生	22	26	126	27	26	73	41
	硕士生	24	27	66	32	29	5	22
经济学	博士生	30	31	217	45	44	128	41
	硕士生	46	153	114	56	54	4	39
法学	博士生	50	46	264	70	60	134	76
	硕士生	114	157	219	96	102	21	82
教育学	博士生	34	33	201	35	38	128	61
	硕士生	77	99	204	88	81	35	57
文学	博士生	53	46	399	77	74	248	129
	硕士生	174	189	496	203	197	96	177
历史学	博士生	10	6	118	22	22	74	41
	硕士生	20	20	63	31	31	1	22
理学	博士生	307	318	1749	497	410	842	356
	硕士生	386	377	1582	576	538	468	320
工学	博士生	670	670	4502	1062	950	2490	859
	硕士生	1178	1180	4003	1354	1337	1312	893
农学	博士生	133	135	762	190	177	395	175
	硕士生	146	149	527	177	188	162	113
医学	博士生	183	188	1189	309	306	574	188
	硕士生	169	431	862	311	305	246	171
管理学	博士生	74	72	703	143	139	421	146
	硕士生	117	140	441	190	202	49	140
艺术学	博士生	0	0	0	0	0	0	0
	硕士生	23	23	59	19	17	23	14

浙江大学年鉴

人才培养

附录9　2018年浙江大学分专业学位类别研究生数　　　　（单位：人）

专业学位类别	研究生	毕业生数	授予学位数	在校学生数				预计毕业生数
				总计	一年级	二年级	三年级及以上	
总计	博士生	109	180	698	283	142	273	132
	硕士生	2241	3442	11091	4488	4209	2394	2326
教育	博士生	5	5	62	15	11	36	20
	硕士生	9	88	101	44	55	2	8
临床医学	博士生	100	166	448	143	117	188	94
	硕士生	186	199	888	317	324	247	165
口腔医学	博士生	0	5	2	2	0	0	0
	硕士生	12	12	136	60	41	35	24
工程	博士生	4	4	186	123	14	49	18
	硕士生	1036	1752	5062	2027	1948	1087	984
法律	硕士生	85	134	426	172	175	79	62
体育	硕士生	8	65	23	11	10	2	8
汉语国际教育	硕士生	31	31	87	29	47	11	36
艺术	硕士生	12	12	76	29	30	17	13
农业	硕士生	130	184	492	178	183	131	91
兽医	硕士生	13	16	50	20	19	11	8
风景园林	硕士生	13	53	80	35	32	13	9
公共卫生	硕士生	0	21	5	5	0	0	0
工商管理	硕士生	328	423	1446	540	505	402	526
公共管理	硕士生	74	147	701	291	247	163	71
建筑学	硕士生	27	28	150	78	37	35	24
金融学	硕士生	89	89	251	143	106	2	74
税务	硕士生	13	13	29	14	14	1	10
国际商务	硕士生	36	36	90	39	43	8	32
应用心理	硕士生	10	10	35	18	15	2	11

续表

专业学位类别	研究生	毕业生数	授予学位数	在校学生数				预计毕业生数
				总计	一年级	二年级	三年级及以上	
新闻与传播	硕士生	31	31	63	28	33	2	24
文物与博物馆	硕士生	16	16	52	28	23	1	16
会计	硕士生	25	25	88	26	34	28	20
翻译	硕士生	13	13	47	26	20	1	14
药学	硕士生	23	23	136	56	53	27	19
城市规划	硕士生	0	0	34	17	17	0	0
社会工作	硕士生	19	19	57	28	26	3	20
工程管理	硕士生	2	2	485	229	172	84	57

附录 10 2018 年浙江大学分学院研究生数　　　　　　　　　（单位：人）

学院（系）名称	在校生数	博士生数	硕士生数
人文学院	692	370	322
外国语言文化与国际交流学院	332	104	228
传媒与国际文化学院	303	102	201
经济学院	636	191	445
光华法学院	628	125	503
教育学院	347	166	181
管理学院	1881	301	1580
公共管理学院	1349	328	1021
马克思主义学院	137	75	62
数学科学学院	406	157	249
物理学系	353	197	156
化学系	543	291	252
地球科学学院	283	120	163

学院(系)名称	在校生数	博士生数	硕士生数
心理与行为科学系	206	73	133
机械工程学院	1163	433	730
材料科学与工程学院	679	308	371
能源工程学院	1031	467	564
电气工程学院	956	347	609
建筑工程学院	1173	417	756
化学工程与生物工程学院	769	276	493
海洋学院	692	201	491
航空航天学院	372	171	201
高分子科学与工程学系	313	157	156
光电科学与工程学院	615	241	374
信息与电子工程学院	933	259	674
控制科学与工程学院	647	206	441
计算机科学与技术学院	1460	445	1015
软件学院	730	0	730
生物医学工程与仪器科学学院	505	217	288
生命科学学院	638	371	267
生物系统工程与食品科学学院	462	203	259
环境与资源学院	737	253	484
农业与生物技术学院	1046	393	653
动物科学学院	478	166	312
医学院	3635	1660	1975
药学院	449	204	245
国际教育学院	1439	750	689
工程师学院	1564	110	1454
浙江大学—西湖大学联培项目	73	73	0
所有院系	30655	10928	19727

附录11 浙江大学2017届参加就业研究生毕业生按单位性质流向统计

单位性质	单位性质流向	硕士比例/%	博士比例/%
各类企业	国有企业	20.44	11.70
	三资企业	18.52	7.25
	其他企业	37.65	19.22
事业单位	科研设计单位	1.39	6.55
	医疗卫生单位	9.01	19.13
	中初等教育单位	0.93	0.09
	高等教育单位	1.81	28.38
	其他事业单位	5.41	4.97
政府、部队	部队	0.08	0.00
	党政机关	4.77	2.71

附录12 浙江大学2017届参加就业研究生毕业生就业流向按地区统计

单位地区	硕士		博士	
	人数/人	比例/%	人数/人	比例/%
浙江	2250	59.19	738	58.25
上海	509	13.39	115	9.08
广东	261	6.87	77	6.08
江苏	150	3.95	55	4.34
北京	171	4.50	38	3.00
山东	50	1.32	41	3.24
四川	54	1.42	19	1.50
安徽	40	1.05	23	1.82
湖北	43	1.13	21	1.66
湖南	34	0.89	10	0.79
福建	32	0.84	11	0.87
陕西	21	0.55	19	1.50
江西	22	0.58	19	1.50

单位 地区	硕 士		博 士	
	人数/人	比例/%	人数/人	比例/%
河南	23	0.61	15	1.18
山西	21	0.55	13	1.03
河北	17	0.45	11	0.87
重庆	17	0.45	8	0.63
贵州	15	0.39	5	0.39
新疆	4	0.11	3	0.24
广西	15	0.39	5	0.39
辽宁	7	0.18	7	0.55
天津	11	0.29	2	0.16
云南	13	0.34	/	/
吉林	5	0.13	2	0.16
西藏	2	0.05	/	/
海南	4	0.11	1	0.08
内蒙古	3	0.08	2	0.16
宁夏	2	0.05	/	/
甘肃	2	0.05	3	0.24
青海	3	0.08	1	0.08
黑龙江	/	/	2	0.16
中国香港地区	/	/	1	0.08
合计	3801	100	1267	100

继续教育

【概况】 2018 年,全校继续教育办学总收入为 10.52 亿元,比上年增加 0.11 亿元;教育培训收入 9.46 亿元,其中专业学院 5.58 亿元,继续教育学院 3.89 亿元,教育培训收入比上年增加 0.40 亿元。远程教育收入 1.06 亿元,处于平稳收尾阶段。上交学校管理费 2.37 亿元,其中教育培训 2.00 亿

浙江大学年鉴

元,比上年增加0.41亿元,增长26.11%;远程学历教育0.37亿元。

培训人数32.63万余人次,其中党政管理人员占71.80%,企业经管人员占13.70%,专业技术人员占11.78%,其他人员占2.72%;培训项目5577项,比上年减少3.88%;发放培训证书31.85万余份,其中高级研修班证书2092份,继续教育结业证书约31.64万余份。

2018年远程学历教育共录取新生2997人,比上年减少13464人,减少81.80%。在籍学生数35781人,比上年减少12906人,减少26.50%,其中专科起点本科28075人(含本科及以上层次修读本科4568人),高中起点专科7706人。毕、结业生11130人,其中本科8728人;授予学士学位2893人,学位授予率约为33.10%。授权招生学习中心数3个,重点建设学习中心9个。

根据学校"双一流"建设布局及继续教育"高端化、品牌化、全球化"发展目标,继续教育工作重点在于打造"一流特色继续教育品牌",2019年起将全面停止远程学历教育招生。

自学考试主考专业19个(含已停招尚在主考的8个),其中专科起点本科13个,专科6个。命题4门课程;阅卷2次共101门课程,18980课次;完成考试大纲编写3门;组织实践性环节(含毕业论文)培训324人次,实践环节考核89人次,毕业论文答辩272人。主考专业毕业生251人,其中本科231人,专科12人,授予学士学位38人。

【实施教育培训项目"调结构、提层次"调控】

2018年4月18日,继续教育管理处发布了《关于教育培训项目"调结构、提层次"的通知》,以"控制低层次培训项目,调整办学结构"为手段,以"优化办学资源配置,提升办学质量,加快构建培训规模适宜、项目结构合理、品牌效应明显、办学特色显著的一流综合型大学的高端培训体系"为目的,促进继续教育由规模扩张模式向内涵发展模式转型升级。调控开展近8个月来,班均收入比2017年提升14.40%,承接国家部委直接委托项目数,以"乡村振兴""环境保护""大农业""中国制造""互联网+"等为主题、符合国家重大战略的特色项目数均显著增加。

【全面实施继续教育从业人员规范化准入机制】 为建设一支专业化的继续教育从业人员队伍,自2018年1月起全面实施继续教育从业人员规范化准入机制。规定自2016年1月以来入职的人员必须经过规范化岗位培训且通过考核,未通过入职岗位培训或考核不合格者,不得上岗。2018年共开展了3期从业人员入职规范化岗位培训,占继续教育从业人员总数的70.70%。内容主要围绕"双一流"建设目标、继续教育发展趋势、校情校史、政策解读、管理实务、职业规划、经验分享和团队建设等,并配套建立了信息化试题库。

【主办第十九届海峡两岸继续教育论坛】
该论坛于2018年10月24—25日在天津召开,由南开大学承办。来自大陆、香港、澳门和台湾地区的25所会员高校和18所特邀高校约150人参加。论坛主题是"海峡两岸继续教育论坛——新时代 新使命 新生态"。

【附录】

附录1　2018年浙江大学教育培训情况

招生对象	班次/次	人次/人
党政管理人员	1010	234313
企业管理人员	836	44719
专业技术人员	587	38430
其他人员	144	8900
总计	2577	326362

附录2　2018年浙江大学远程教育学生情况　　　　　　（单位：人）

毕业生数				招生数		在校生数		
合计	本科	专科	授予学士学位数	招生数	注册数	合计	本科	专科
11130	8728	2402	2893	2997	2918	35781	28075	7706

附录3　2018年浙江大学远程教育招生层次和专业

招生层次	专业名称		
专升本	电气工程及其自动化	计算机科学与技术	信息管理与信息系统
	法学	人力资源管理	行政管理
	汉语言文学	市场营销	英语
	金融学	土木工程（建设管理）	药学
	会计学		

附录4　2018年浙江大学自学考试主考专业

层　次	专业名称	
专升本	金融	国际贸易
	经济学	法律
	心理健康教育	汉语言文学

续表

层　　次	专业名称	
专升本	新闻学	电力系统及其自动化
	计算机通信工程	建筑工程
	道路与桥梁工程	检验
	英语语言文学	
专科	档案管理	电力系统及其自动化
	房屋建筑工程	道路与桥梁工程
	农业推广	护理学

（郑英蓓撰稿　陈军审稿）

留学生教育

【概况】　2018 年浙江大学国际学生结构层次进一步优化，国别覆盖更加广泛。国际学生总规模达到 7074 人，比上年增加 3.4%，学生来自 151 个国家。攻读学位的国际学生达到 4409 人，居 C9 高校第一，其中硕士、博士研究生 1750 人，比上年增加 3.9%；本科生 2659 人，比上年增加 9.3%。共有 57 个"一带一路"沿线国家的 2920 名国际学生在校学习，占在校国际学生总数 41.4%。

实施"引进来、走出去"战略，广开招生渠道，提高生源质量。2018 年共录取来自 128 个国家的 3172 名国际学生，其中博士生 220 人，硕士生 350 人，本科生 815 人，各类长短期进修生 1787 人。承担了 10 多个国家级、省级和校级国际学生奖学金项目招生工作。主动走访国内外中学、留学服务机构 15 所，与 6 家海外留学服务机构更新和签订了招生推广合作协议。接待挪威、阿联酋、新加坡、泰国、韩国以及国内中学国际学生访问团组共计 12 个。组织参加教育部国际合作与交流司、国家留学基金委、孔子学院总部/国家汉办等主办的海外教育展近 10 次。

制定并全力推进"国际学生教育提升计划"实施方案及相关举措，深化国际学生教育管理体制改革，出台《浙江大学国际学生教育管理机制体制改革方案》，将学校留学生管理工作委员会更名为"国际学生管理工作委员会"，并合理调整了成员单位。成立浙江大学"一带一路"学院，推进"一带一路"人才培养和高端培训工作。

推进"汉语""中国概况"等国际学生语言文化类课程改革和建设，做好语言文化教学，讲好中国故事。在紫金众创小镇、浙江省天台县和杭州市方志馆等设立了校外文化体验、教学实习、社会实践和创新创业基地，组织学生积极走入社会、走进政府机构和企事业单位等。积极创新学生工作平台，建立中外学生文化交流中心，成立国际学生艺术团、国际茶文化俱乐部、创新创业俱乐部和体育运动俱乐部等。组织了国际学生新年晚会、"梦行浙江"、"留动中国"、"感知中国"、朗诵比赛、征文大赛、普通话大赛、演讲比赛、体育比赛、国家文化月、中国优秀传统文化讲座和中国传统节日交流会等校内外活动或比赛 50 余次。国际学生获得省级、国家级以上奖项 10 项。

　　高度重视孔子学院工作，积极参与海外孔子学院的共建工作。2018 年共计派出中方院长 2 人，对外汉语教师和志愿者 39 人，招收录入孔子学院奖学金学生 51 人，承办日本立命馆亚洲太平洋大学（APU）大学生夏令营、西澳州中学生春令营和西澳州中小学校长代表团等孔子学院团组 52 人，分别与西澳大学孔子学院、APU 孔子学院召开了理事会，出访杜伦大学共商筹建商务孔子学院，孔子学院各项工作迈上新台阶。8 月 4 日，在第十七届"汉语桥"世界大学生中文比赛总决赛上，来自西澳大学的司腾同学荣获亚军。

【中国教育国际交流协会"双一流"建设高校国际交流分会成立大会在浙江大学举办】
　　该大会于 12 月 6 日举办。会议审议了工作办法及 2019 年工作计划，选举产生了分会第一届理事会，推选浙江大学副校长何莲珍为分会理事长，推选国际教育学院院长沈杰任分会秘书长。分会秘书处设在浙江大学国际教育学院。来自北京大学、清华大学等全国 61 所"双一流"建设高校近百位代表参加会议，围绕新时代"双一流"建设高校的中外高校科研合作、学分互认、合作办学、来华留学等高等教育国际化议题深入交流。中国教育国际交流协会"双一流"建设国际化战略咨询委员会第一次工作会议同期在浙江大学召开。

【获国家留学基金委主办的留学生朗诵比赛一等奖】　6 月 1 日，由国家留学基金管理委员会主办、华南理工大学承办的以"收获·中国"为主题的第七届留学生朗诵比赛举行。浙大俄罗斯籍学生娜斯佳和约旦籍学生牧沙作为代表参加了本次比赛，娜斯佳原创诗歌作品《俄罗斯的心，中国的梦》赢得了评委的好评。浙大获得了一等奖的荣誉，并获中国高等教育学会外国留学生教育管理分会理事长刘京辉亲自颁奖。

【浙江大学留学生校友获西湖友谊奖】　10 月 30 日，2006 届博士毕业生校友、浙江大学农业与生物技术学院副教授、作物学"一带一路"国际学生班班主任英兰，获 2018 年浙江省政府"西湖友谊奖"。

　　英兰来自巴基斯坦，于 2002 年来到浙江大学求学，师承农学院张国平教授。2006 年获得博士学位后，在浙大从事博士后工作，2012 年 9 月正式留校任教，是浙江大学首位自己培养的全职外籍教师，2015 年晋升副教授。

【附录】

附录 1　浙江大学 2018 年外国留学生数　　　　（单位：人）

博士研究生	硕士研究生	本科生	高级进修生	普通进修生	汉语生	短期生	合计
845	905	2659	94	298	1550	723	7074

附录2　浙江大学2018年分学科门类外国留学生数　　　　　　　　　（单位：人）

序号	学科	长期生							长期生小计	短期生小计	合计
		语言生	普进	高进	专科	本科	硕研	博研			
1	文	1550	41	7		861	357	54	2870	513	3383
2	工		147	20		321	68	253	809	92	901
3	医		11	5		643	66	72	797	8	805
4	经济		48	6		528	82	16	680	1	681
5	管理		32	38		150	130	94	444	29	473
6	法		7	6		52	110	48	223	50	273
7	理		8	4		54	48	123	237	30	267
8	农		1	5		22	27	145	200		200
9	历史		1	3		10	6	12	32		32
10	教育		1			7	6	17	31		31
11	哲					8	3	7	18		18
12	艺术		1			3	2	4	10		10
共计		1550	298	94		2659	905	845	6351	723	7074

附录3　浙江大学2018年分院系外国留学生数　　　　　　　　　（单位：人）

院系	博士研究生	硕士研究生	本科生	高级进修生	普通进修生	语言生	短期生	合计
人文学院	62	64	120	3	5			254
外国语言文化与国际交流学院	7	7	260		31			305
传媒与国际文化学院	8	93	334		5			440
经济学院	13	83	424	3	15			538
光华法学院	32	26	14					72
教育学院	17	6	13		1			37
管理学院	53	79	239	36	64			471
公共管理学院	60	134	48	5	8			255
马克思主义学院		2	3					5

院系	博士研究生	硕士研究生	本科生	高级进修生	普通进修生	语言生	短期生	合计
数学科学学院	10	2	12	1	2			27
物理学系	12	1	5		2			20
化学系	8	2	3		3			16
地球科学学院	13	1	4					18
心理与行为科学系	11	9	17	1	1			39
机械工程学院	3	9	51	4				67
材料科学与工程学院	23	2	1	1	1			28
能源工程学院	19	4	10	3	2			38
电气工程学院	17	1	29	3				50
建筑工程学院	31	15	61	2	3			112
化工工程与生物工程学院	38	6	22		57			123
海洋学院	40	40	2					82
航空航天学院	5		2		4			11
高分子科学与工程学系	13		1	1				15
光电科学与工程学院	7	1						8
信息与电子工程学院	25	2	8		4			39
控制科学与工程学院	7	5	4	2	1			19
计算机科学与技术学院	18	7	66		18			109
生物医学工程与仪器科学学院	9	2	6		4			21
生命科学学院	17	5	11	1				34
生物系统工程与食品科学学院	34		8	3				45
环境与资源学院	35	2	9	2	2			50
农业与生物技术学院	102	25	11	3				141
动物科学学院	14	1	8	1				24

续表

院系	博士研究生	硕士研究生	本科生	高级进修生	普通进修生	语言生	短期生	合计
医学院	60	63	630	5	10			768
药学院	19	3	5		1			28
国际联合学院（海宁国际校区）	3	203	28	7				241
国际教育学院			193		1	1550	723	2467
国际设计研究院					53			53
社会学系				4				4
合计	845	905	2659	94	298	1550	723	7074

附录4　浙江大学2018年分经费来源外国留学生数　（单位：人）

中国政府资助	浙江省政府资助	中国学校奖学金	本国政府资助	校际交流	企业奖学金	自费	合计
1381	125	629	5	436	23	4475	7074

附录5　浙江大学2018年主要国家留学生数　（单位：人）

韩国	泰国	巴基斯坦	美国	马来西亚	日本	英国	意大利	俄罗斯	德国
1832	492	393	349	313	224	217	210	201	192

附录6　浙江大学2018年分大洲外国留学生数　（单位：人）

亚洲	非洲	欧洲	美洲	大洋洲	合计
4594	430	1331	591	128	7074

附录7　浙江大学2018年毕业、结业外国留学生数　（单位：人）

博士研究生	硕士研究生	本科生	高级进修生	普通进修生	汉语生	短期生	合计
61	188	269	40	230	916	723	2427

（朱　旸撰稿　唐晓武审稿）

科学研究与社会服务

科学技术研究

【概况】 2018 年,浙江大学全校科研工作者凝心聚力,坚持以习近平新时代中国特色社会主义思想为指导,以高水平建成中国特色世界一流大学为使命,围绕国家发展战略和学校"双一流"建设主体目标,开放协同、锐意进取,持续深化科研内涵式发展道路,实现科研事业稳步发展。

科研规模在高位稳步扩展,持续位居全国高校第二,科研经费达 45.60 亿元(比 2017 年增加 5.43 亿元)。其中,纵向科研经费 32.04 亿元(占 70.26%),横向科研费 13.56 亿元(占 29.74%)。

重大科研项目承载能力稳定提升,全年新增三重项目 106 项。新增牵头主持国家重点研发计划项目 26 项(其中千万级项目 19 项),总经费 4.10 亿;新增牵头主持国家重大专项课题 5 项(其中千万级课题 4 项),总经费 1.12 亿元;新增立项国家基金重点项目 28 项,重大科研仪器项目 4 项。

持续创新科研组织模式切实发挥浙江大学"科技创新 2030—重大项目"推进工作小组和专家的作用,通过加强与国家部委对接,组织重大项目研讨,推动激励政策落地,汇聚全校力量,抢占发展先机。促进基础研究内涵建设,开拓基础研究新布局,围绕国家重大战略需求,对接浙江大学学科会聚计划,重点在脑科学、量子计算、纳米科技、干细胞和人工智能等重点领域培育前瞻性、原创性、颠覆性基础研究,对接教育部《高等学校基础研究珠峰计划》,主动设计、发挥优势,获批"教育部脑与脑机融合前沿科学中心"。

科研人才类项目得以稳健发展,获批国家自然科学基金创新研究群体项目 1 项,国防科技创新团队 1 个,2 个国家自然科学基金创新研究群体项目获得延续支持;4 人获得国家杰出青年科学基金资助;17 人获得优秀青年科学基金项目资助;10 人入选科技部创新人才推进计划;2018 年科睿唯安(原汤森路透)全球高被引科学家上榜 19 人次,比上年增加 4 人次。截至 2018 年年底,浙江大学共获批国家杰出青年科学基金项目 128 项,国家优秀青年科学基金项目 124

项,国家自然科学基金创新研究群体 14 个,教育部创新团队 18 个,农业部科研杰出人才及其创新团队 11 个,科技部创新人才推进计划重点领域创新团队 10 个,国防科技创新团队 2 个。

2018 年度浙江大学作为第一完成单位获 2018 年国家科学技术奖共 4 项,其中国家科技进步一等奖 1 项,国家技术发明二等奖 2 项,国家科技进步二等奖 1 项;作为参与单位获得国家科学技术奖一等奖 1 项,二等奖 9 项,作为第一完成单位获 2018 年教育部高等学校科学研究优秀成果奖(科学技术)19 项(一等奖 8 项,二等奖 11 项),2017 年浙江省科学技术奖一等奖 13 项。另外,获何梁何利基金科学与技术奖 2 项。医学院胡海岚教授团队研究成果入选 2018 年度"中国科学十大进展"。

2018 年,全校被 SCI 收录第一单位论文 7450 篇,其中两类(article 和 review)论文 6903 篇,其中影响因子 10 以上论文 240 篇;作为第一和通讯作者单位在三大期刊及子刊发表 article、review 两类论文 46 篇,其中 *Science* 1 篇,*Nature* 2 篇,*Cell* 1 篇,*Nature* 子刊 32 篇,*Cell* 子刊 10 篇,*PNAS* 8 篇(数据信息截至 2019 年 2 月 28 日)。根据中信所 2018 年 11 月公布的数据,2017 年度,浙江大学被科学引文索引扩展版(SCI)收录论文篇数、中国卓越科技论文收录篇数位居全国高校第二,2008—2017 年十年论文被引次数和作为第一作者国际合著论文篇数均位居全国高校第一。

积极谋划新建国家重点实验室,完成各类科研基地平台换届、组织评估等工作,争取国家、省部级科研基地落户浙江大学。2018 年,新增病毒性肝炎、儿童保健和儿童疾病 2 个国家临床医学研究中心,1 个人工智能省部共建协同创新中心,1 个教育部军民融合协同创新中心,1 个教育部脑与脑机融合前沿科学中心,1 个创新引智计划基地,1 个教育部 B 类重点实验室以及中央网信办网络空间国际治理研究基地等 8 个国家、部委科研基地以及 7 个浙江省重点实验室、4 个浙江省工程实验室。截至 2018 年 12 月 31 日,浙江大学已建有国家级科研基地 25 个和省部级基地 150 个,其中国家重点实验室 10 个,国家工程(技术)研究中心 6 个,国家(地方联合)工程实验室(研究中心)9 个;自主设立校设研究院 18 个,研究中心 40 个,研究所 187 个,为科研发展提供了强大平台支撑。

超重力离心模拟与实验装置国家重大科技基础设施项目建设顺利推进,项目建议书于 2018 年 1 月 15 日获得国家发改委批复,项目可行性研究报告于 2018 年 11 月 27 日获得国家发改委批复。"十四五"培育项目取得阶段性进展,新一代工业互联网安全技术平台已纳入教育部拟支持的集成攻关平台建设项目。

发挥核心作用推动之江实验室建设迈出坚实的步伐。出台《中共浙江大学委员会浙江大学关于支持之江实验室建设的若干意见》等支持之江实验室建设的政策文件;以计算机辅助设计与图形学、工业控制技术、现代光学仪器、流体动力与机电系统等 4 个国家重点实验室为主体,推动之江实验室平台装置建设;依托人工智能省部共建协同创新中心与之江实验室共建人工智能研究院。

汇聚国防学术大师,建设国防创新师资队伍,已聘任 8 位国防军工领域知名院士、总师担任浙大求是讲座教授,来校指导并推动国防科学研究、人才培养和学科建设;开展以民促军基础培育，打造军民融合特色学科，组织起草《浙江大学关于加强国防特色学科建设的若干意见》；实施"12＋X"重大科技项目，提升军民融合科技创新能力，2018年国防科研新上项目397项，实际到款经费4.63亿元。

推进军民融合协同创新产业基地建设，助推形成军民融合产业链。布局创建浙江大学军民融合协同创新产业基地（一院多点），在德清成立了浙江大学德清先进技术与产业研究院和浙江省涡轮机械与推进研究院，在杭州紫金众创小镇成立了"浙江省微波毫米波射频产业联盟"。先进技术研究院舟山海洋分院建设成效显著，组建海洋仿生智能系统研究中心和海洋复杂机电装备研究中心、海洋探测及仪器研究中心、海洋环境感知研究中心等10个交叉团队，新建水下动力推进联合研究中心、海洋前沿技术联合研究中心、飞行器海上测量与控制联合研究中心等3个基地平台，发挥舟山校区试验设施效能，快速推进8项重大任务，汇聚优化全校涉海资源。

积极推动全球开放发展战略的实施，研究制定了国际科技合作战略，以全球视野布局国际科研合作，探索建立国际合作新格局，推进"一带一路"沿线国家科技合作，前瞻布局国际合作重大项目，组织谋划国际大科学计划（工程），不断完善各级国际科技合作平台布局。2018年，获批科技部政府间国际科技合作/港澳台科技创新合作重点专项5项，国家自然科学基金委国际（地区）合作研究与交流项目36项；新增岩土工程长期服役性能及调控学科创新引智基地，以及微创医学、先进材料微结构与性能调控和心血管疾病研究3家浙江省国际科技合作基地；建立浙大—莫航—海卡中俄航空技术

联合研发中心和浙江—韩国（浙大）磁性纳米医学造影剂国际联合实验室。

2018年，针对科研管理中的难点，陆续出台了《浙江大学科技项目过程管理办法（修订）》（浙大发科〔2018〕3号），《浙江大学科研项目严重失信行为记录规定（试行）》（浙大发科〔2018〕4号），《浙江大学农业转基因生物安全管理办法》（浙大发科〔2018〕7号），《浙江大学研究机构分类考评指导意见》（正在征求意见）等一系列规范性文件，规范科研行为和过程。

【龚晓南团队获2018年国家科技进步一等奖】 本项目属于土木建筑领域。由浙江大学龚晓南院士为首的研究团队经过近30年的理论和技术创新，创建了复合地基理论体系，研发了系列高性能复合地基技术，形成了完整工程应用体系，实现了地基的快速、经济和高效处理，使我国复合地基技术始终处于国际领先水平。复合地基已成为与浅基础、桩基础并列的土木工程第三种常用基础形式，并编入本科生和研究生教材，成为教学的重要内容，且广泛应用于建筑、铁路、公路、机场、堆场和港航等工程建设领域。其研究成果显著推动了行业科技进步，社会和经济效益巨大。

【郭国骥研究团队在《细胞》(Cell)上发表文章】 2月22日，医学院郭国骥教授团队的研究成果 Mapping the Mouse Cell Atlas by Microwell-Seq（利用微孔板测序技术绘制小鼠细胞图谱）发表在该杂志〔2018, 172(5)上：1091-1107〕。单细胞组学技术，使人类能够从单个细胞的视角更为精确地解析细胞的分化、再生、衰老以及病变。郭国骥团队自主研发了低成本、高效率、完全国产化的高通量单细胞测序平台 Microwell-Seq，并利用这一平台构建了全球首个哺乳动物

细胞图谱。团队建立了开放的小鼠细胞图谱网站,并提供了单细胞数据比对系统。这项工作将惠及细胞生物学、发育生物学、神经生物学、血液学和再生医学等多个领域。

【胡海岚研究团队的 2 项科研成果在《自然》(Nature)上发表】 2 月 15 日,医学院胡海岚教授团队的研究成果"Ketamine blocks bursting in the lateral habenula to rapidly relieve depression"(氯胺酮拮抗外侧缰核簇状放电快速抗抑郁)发表在该杂志上(2018,554(7692):317-322)。低剂量的氯胺酮能产生快速抗抑郁效果,起效时间在 1 小时以内,且可在 70% 以上的难治性抑郁症患者中发挥作用,然而其作用机制并不清楚。胡海岚研究组综合运用行为药理学,电生理学和光遗传学等多种神经科学研究手段,发现氯胺酮通过阻断外侧缰核中 NMDAR 和 T-VSCC依赖的簇状放电,进而释放对下游单胺类奖赏脑区的过度抑制,最终产生快速抗抑郁效果。研究阐明了氯胺酮快速抗抑郁的全新脑机制,发现了多个全新的药物靶点,为设计更为安全有效的抗抑郁药物提供理论基础。另一项研究成果"Astroglial Kir4.1 in the lateral habenula drives neuronal bursts in depression"(星形胶质细胞 Kir4.1 导致抑郁的簇状放电调控机制)发表于同期期刊上[2018,554(7692):323-327]。该研究发现外侧缰核星形胶质细胞中的 Kir4.1 以包绕神经元胞体的方式表达,并调控神经元的膜电位和放电模式,发现了大脑中神经元和星形胶质细胞全新的交互方式及其在调节抑郁症中的作用,为抗抑郁治疗提供了新的分子靶标。

【张林研究团队在《科学》(Science)上发表文章】 5 月 4 日,化学工程与生物工程学院张林教授课题组的研究成果"Polyamide membrane with nanoscale Turing structures for water purification"(具有纳米图灵结构的聚酰胺纳滤水净化膜)发表在该杂志上(2018,360:518-521)。该团队基于"反应—扩散理论"的启示,对传统界面聚合制备纳滤膜过程进行调控,在水相溶液中添加亲水性聚合物以抑制水相单体哌嗪的扩散,使之与油相单体的扩散系数差达到一个数量级以上,从而获得表面呈纳米囊泡或纳米管状的图灵结构纳滤膜,使膜的水通量提高了 3~4 倍。这一成果不仅将图灵"反应—扩散理论"从机理研究推进到了应用领域,而且所制备的纳滤膜在非常规水源的开发利用中极具应用潜力。

【成立浙江大学科学技术协会】 5 月 27 日,该科协成立,中科协主席万钢参加成立仪式并揭牌,秘书处办公室设在科研院。浙大科协自成立以来,一直秉承科协宗旨,致力于为全校科技工作者服务,各项工作顺利展开,如:成功申报立项浙江省科普教育基地;组织推荐省科协中国青年科技奖候选人、未来女科学家计划候选人、第十五届中国青年女科学家奖等科技人才类奖项;组织承办中国科协第二十届年会系列活动:中国科协主席浙大大学生见面会、中外顶级科技期刊主编峰会;科技日报主编刘亚东关于科技创新的讲座等 10 余场科技活动,并获"中国科协第 20 次年会组织先进单位奖"。

浙江大学年鉴

附录1　2018 年浙江大学科研机构（研究所）

所属院系	序号	研究所名称	负责人
数学科学学院	1	高等数学研究所	方道元
	2	信息数学研究所	张振跃
	3	科学与工程计算研究所	程晓良
	4	统计研究所	苏中根
	5	应用数学研究所	孔德兴
	6	运筹与控制科学研究所	刘康生
物理学系	7	光学研究所	朱诗尧
	8	凝聚态物理研究所	许祝安
	9	电子与无线电物理研究所	吴惠桢
	10	浙江近代物理中心	李政道
化学系	11	物理化学研究所	王从敏
	12	有机与药物化学研究所	史炳锋
	13	高新材料化学研究所	吴传德
	14	催化研究所	王　勇
	15	分析化学研究所	苏　彬
地球科学学院	16	地质与地球物理研究所	邹乐君
	17	地理信息科学研究所	刘仁义
	18	气象信息与预测研究所	曹　龙
	19	环境与生物地球化学研究所	孙永革
	20	空间信息技术研究所	章孝灿
	21	海底科学研究所	陈汉林
	22	城市与区域发展研究所	金平斌
心理与行为科学系	23	应用心理学研究所	马剑虹
	24	认知与发展心理学研究所	张智君
机械工程学院	25	机械电子控制工程研究所	王庆丰
	26	制造技术及装备自动化研究所	傅建中

所属院系	序号	研究所名称	负责人
机械工程学院	27	设计工程研究所	张树有
	28	航空制造工程研究所	董辉跃
	29	微纳技术与精密工程研究所	刘　涛
	30	机械设计研究所	童水光
	31	工业工程研究所	唐任仲
材料科学与工程学院	32	半导体材料研究所	杨德仁
	33	金属材料研究所	涂江平
	34	无机非金属材料研究所	钱国栋
	35	材料物理研究所	陈湘明
	36	功能复合材料与结构研究所	彭华新
	37	浙江大学高温合金研究所	李吉学
能源工程学院	38	热能工程研究所	岑可法
	39	动力机械与车辆工程研究所	刘震涛
	40	制冷与低温研究所	张学军
	41	热工与动力系统研究所	盛德仁
	42	化工机械研究所	洪伟荣
电气工程学院	43	电机及其控制研究所	黄　进
	44	电力系统及其自动化研究所	徐　政
	45	航天电气及微特电机研究所	沈建新
	46	电力经济与信息化研究所	文福拴
	47	电气自动化研究所	颜文俊
	48	系统科学与控制研究所	许　力
	49	电力电子技术研究所	徐德鸿
	50	电工电子新技术研究所	杨仕友
建筑工程学院	51	结构工程研究所	金伟良
	52	岩土工程研究所	陈云敏

浙江大学年鉴

所属院系	序号	研究所名称	负责人
建筑工程学院	53	水工结构与水环境研究所	刘国华
	54	交通工程研究所	徐荣桥
	55	土木工程管理研究所	张 宏
	56	市政工程研究所	张土乔
	57	防灾工程研究所	尚岳全
	58	建筑材料研究所	钱晓倩
	59	高性能建筑结构与材料研究所	徐世烺
	60	建筑设计及其理论研究所	徐 雷
	61	建筑技术研究所	葛 坚
	62	城市规划与设计研究所	华 晨
	63	城乡规划理论与技术研究所	韩昊英
	64	水文与水资源工程研究所	冉启华
	65	空间结构研究中心	董石麟
	66	滨海和城市岩土工程研究中心	龚晓南
	67	智能交通研究所	王殿海
化学工程与生物工程学院	68	聚合与聚合物工程研究所	罗英武
	69	化学工程研究所	戴立言
	70	联合化学反应工程研究所	陈志荣
	71	生物工程研究所	吴坚平
	72	制药工程研究所	张治国
	73	工业生态与环境研究所	张兴旺
海洋学院	74	港口海岸与近海工程研究所	贺治国
	75	海洋化学与环境研究所	张朝晖
	76	海洋传感与网络研究所	瞿逢重
	77	海洋结构物与船舶工程研究所	冷建兴
	78	海洋电子与智能系统研究所	徐志伟

所属院系	序号	研究所名称	负责人
海洋学院	79	海洋地质与资源研究所	厉子龙
	80	海洋工程与技术研究所	陈　鹰
	81	物理海洋与遥感研究所	宋金宝
	82	海洋生物与药物研究所	马忠俊
航空航天学院	83	流体工程研究所	余钊圣
	84	空天信息技术研究所	宋广华
	85	应用力学研究所	朱位秋
	86	飞行器设计与推进技术研究所	郑　耀
	87	无人机系统与控制研究所	陶伟明
	88	航天电子工程研究所	郁发新
	89	微小卫星研究中心	金仲和
高分子科学与工程学系	90	高分子科学研究所	高　超
	91	高分子复合材料研究所	陈红征
	92	生物医用大分子研究所	计　剑
光电科学与工程学院	93	光学成像工程研究所	冯华君
	94	光学工程研究所	白　剑
	95	微纳光子学研究所	邱建荣
	96	激光生物医学研究所	丁志华
	97	光电信息检测技术研究所	严惠民
	98	光电工程研究所	刘　旭
	99	光电子技术研究所	沈永行
	100	光及电磁波研究中心	何赛灵
	101	光学惯性技术工程中心	刘　承
信息与电子工程学院	102	信息与通信网络工程研究所	虞　露
	103	智能通信网络与安全研究所	赵民建
	104	信号空间和信息系统研究所	徐　文

所属院系	序号	研究所名称	负责人
信息与 电子工程学院	105	微纳电子研究所	程志渊
	106	超大规模集成电路设计研究所	张　明
	107	微电子集成系统研究所	储　涛
控制科学与 工程学院	108	工业控制研究所	陈积明
	109	智能感知与检测研究所	黄志尧
	110	智能系统与控制研究所	苏宏业
计算机科学与 技术学院	111	人工智能研究所	吴　飞
	112	系统结构与网络安全研究所	何钦铭
	113	计算机软件研究所	陈　刚
	114	现代工业设计研究所	孙守迁
生物医学工程 与仪器科学学院	115	生物医学工程研究所	夏　灵
	116	数字技术及仪器研究所	陈耀武
	117	医疗健康信息工程技术研究所	叶学松
生命科学学院	118	植物生物学研究所	郑绍建
	119	微生物研究所	冯明光
	120	生态研究所	邱英雄
	121	细胞与发育生物学研究所	杨卫军
	122	生物化学研究所	周耐明
	123	遗传与再生生物学研究所	严庆丰
生物系统工程与 食品科学学院	124	农业生物环境工程研究所	朱松明
	125	智能农业装备研究所	王剑平
	126	农业信息技术研究所	何　勇
	127	食品生物科学技术研究所	冯凤琴
	128	食品加工工程研究所	刘东红
环境与资源学院	129	环境健康研究所	刘维屏
	130	环境过程研究所	林道辉

所属院系	序号	研究所名称	负责人
环境与资源学院	131	农业化学研究所	林咸永
	132	农业遥感与信息技术应用研究所	黄敬峰
	133	土水资源与环境研究所	何 艳
	134	环境污染防治研究所	吴伟祥
	135	环境技术研究所	吴忠标
	136	环境生态研究所	郑 平
	137	环境影响评价研究室	史惠祥
农业与生物技术学院	138	生物技术研究所	马忠华
	139	原子核农业科学研究所	华跃进
	140	作物科学研究所	张国平
	141	蔬菜研究所	卢 钢
	142	果树科学研究所	孙崇德
	143	园林研究所	夏宜平
	144	昆虫科学研究所	陈学新
	145	农药与环境毒理研究所	虞云龙
	146	茶叶研究所	王岳飞
动物科学学院	147	饲料科学研究所	汪以真
	148	动物预防医学研究所	方维焕
	149	奶业科学研究所	刘建新
	150	蚕蜂研究所	胡福良
	151	动物养殖与环境工程研究所	邵庆均
	152	应用生物资源研究所	朱良均
	153	动物遗传繁育研究所	彭金荣
医学院	154	传染病研究所	李兰娟
	155	血液学研究所	黄 河
	156	肿瘤研究所	于晓方

所属院系	序号	研究所名称	负责人
医学院	157	儿科研究所	杜立中
	158	外科研究所	王伟林
	159	心血管病研究所	王建安
	160	脑医学研究所	张建民
	161	急救医学研究所	张 茂
	162	骨科研究所	叶招明
	163	妇产科计划生育研究所	吕卫国
	164	邵逸夫临床医学研究所	俞云松
	165	眼科研究所	姚 克
	166	呼吸疾病研究所	沈华浩
	167	免疫学研究所	曹雪涛
	168	病理学与法医学研究所	周 韧
	169	社会医学与全科医学	李 鲁
	170	环境医学研究所	孙文均
	171	营养与食品安全研究所	王福俤
	172	神经科学研究所	段树民
	173	微创外科研究所	蔡秀军
	174	核医学与分子影像研究所	张 宏
	175	胃肠病研究所	姒健敏
	176	细胞生物学研究所	张咸宁
	177	器官移植研究所	郑树森
	178	口腔医学研究所	王慧明
	179	肾脏病研究所	陈江华
	180	遗传学研究所	管敏鑫
药学院	181	药物生物技术研究所	李永泉
	182	药物发现与设计研究所	崔孙良
	183	药物制剂研究所	高建青
	184	药物信息学研究所	瞿海斌
	185	现代中药研究所	吴永江

续表

所属院系	序号	研究所名称	负责人
药学院	186	药理毒理研究所	何俏军
	187	药物代谢和药物分析研究所	曾　苏

附录2　2018年浙江大学科研机构(校设研究院)

序号	校设研究院名称	批准时间	负责人
1	浙江加州国际纳米技术研究院	2005年12月	杨　辉
2	浙江大学台州研究院	2006年3月	颜文俊
3	浙江大学求是高等研究院	2006年10月	徐立之
4	浙江大学国际创新研究院	2007年5月	朱　敏
5	浙江大学生命科学研究院	2009年10月	冯新华　管坤良
6	浙江大学水环境研究院	2009年12月	徐向阳
7	浙江大学可持续能源研究院	2010年1月	倪明江　骆仲泱
8	浙江大学集成电路与基础软件研究院	2010年4月	严晓浪
9	浙江大学国际设计研究院	2010年9月	刘　波
10	浙江大学转化医学研究院	2012年3月	孙　毅
11	浙江大学海洋研究院	2014年5月	张海生
12	浙江大学(杭州)创新医药研究院	2016年10月	杨　波
13	浙江大学中国新型城镇化研究院	2017年4月	吴　越
14	浙江大学机器人研究院	2017年6月	朱世强
15	浙江大学数学高等研究院(筹)	2017年12月	励建书
16	浙江大学宁波研究院	2018年6月	杨灿军
17	浙江大学健康医疗大数据国家研究院	2018年6月	许正平
18	浙江大学衢州研究院	2018年10月	任其龙

附录3　2018年浙江大学国家、省部级科研基地

序号	基地名称	批准日期	负责人	学院(系)
国家重点实验室				
1	硅材料国家重点实验室	1985年08月	杨德仁	材料学院

序号	基地名称	批准日期	负责人	学院(系)
2	计算机辅助设计与图形学国家重点实验室	1989 年 02 月	周　昆	计算机学院
3	流体动力与机电系统国家重点实验室	1989 年 06 月	杨华勇	机械学院
4	工业控制技术国家重点实验室	1989 年 06 月	苏宏业	控制学院
5	现代光学仪器国家重点实验室	1989 年 06 月	刘　旭	光电学院
6	能源清洁利用国家重点实验室	2005 年 03 月	骆仲泱	能源学院
7	传染病诊治国家重点实验室	2007 年 10 月	李兰娟	附属第一医院
8	化学工程联合国家重点实验室(联合)	1987 年 06 月	李伯耿	化工学院
9	植物生理学与生物化学国家重点实验室(参加)	2002 年 01 月	郑绍建	生科学院
10	水稻生物学国家重点实验室(参加)	2003 年 12 月	叶恭银	农学院
国家(地方联合)工程实验室(研究中心)				
1	生物饲料安全与污染防控国家工程实验室	2008 年 07 月	刘建新	动科学院
2	工业控制系统安全技术国家工程实验室	2013 年 11 月	冯冬芹	控制学院
3	垃圾焚烧技术与装备国家工程实验室	2016 年 10 月	严建华	能源学院
4	海洋工程装备国家地方联合工程实验室(浙江)	2012 年 10 月	朱世强	海洋学院
5	工业生物催化国家地方联合工程实验室(浙江)	2013 年 10 月	杨立荣	化工学院
6	园艺产品冷链物流工艺与装备国家地方联合工程实验室(浙江)	2015 年 03 月	孙崇德	农学院
7	药物制剂技术国家地方联合工程实验室(浙江)	2015 年 12 月	胡富强	药学院
8	智能食品加工技术与装备国家地方联合工程实验室(浙江)	2016 年 10 月	刘东红	生工食品学院
9	先进结构设计与建造技术国家地方联合工程研究中心(浙江)	2017 年 12 月	罗尧治	建工学院
教育部重点实验室				
1	生物医学工程教育部重点实验室	2000 年 08 月	王　平	生仪学院
2	生命系统稳态与保护教育部重点实验室	2000 年 08 月	冯新华	生科学院
3	动物分子营养学教育部重点实验室	2000 年 8 月	汪以真	动科学院

序号	基地名称	批准日期	负责人	学院（系）
4	污染环境修复与生态健康教育部重点实验室	2003 年 11 月	梁永超	环资学院
5	高分子合成与功能构造教育部重点实验室	2005 年 12 月	郑　强	高分子系
6	软弱土与环境土工教育部重点实验室	2007 年 02 月	陈云敏	建工学院
7	恶性肿瘤预警与干预教育部重点实验室	2007 年 12 月	胡　汛	附属第二医院
8	生殖遗传教育部重点实验室	2010 年 11 月	黄荷凤	附属妇产科医院
9	生物质化工教育部重点实验室	2011 年 12 月	任其龙	化工学院
10	视觉感知教育部—微软重点实验室	2005 年 02 月	庄越挺	计算机学院
11	＊＊＊教育部重点实验室（B 类）	2008 年 10 月	郑　耀	航空航天学院
12	＊＊＊教育部重点实验室（B 类）	2008 年 10 月	吴朝晖	计算机学院
13	＊＊＊教育部重点实验室（B 类）	2013 年 09 月	冯冬芹	控制学院
14	＊＊＊教育部重点实验室（B 类）	2018 年 01 月	柯映林	机械学院
农业部重点实验室				
1	农业部核农学重点实验室	2016 年 12 月	华跃进	农学院
2	农业部华东动物营养与饲料重点实验室	2016 年 12 月	汪以真	动科学院
3	农业部设施农业装备与信息化重点实验室	2016 年 12 月	朱松明	生工食品学院
4	农业部园艺作物生长发育重点实验室	2016 年 12 月	喻景权	农学院
5	农业部动物病毒学重点实验室	2016 年 12 月	周继勇	动科学院
6	农业部作物病虫分子生物学重点实验室	2016 年 12 月	陈学新	农学院
7	农业部农产品产后处理重点实验室（试运行）	2016 年 12 月	罗自生	生工食品学院
8	农业部农产品产地处理装备重点实验室（试运行）	2016 年 12 月	应义斌	生工食品学院
9	农业部光谱检测重点实验室（试运行）	2016 年 12 月	何　勇	生工食品学院
卫健委重点实验室				
1	卫健委传染病学重点实验室	1996 年 02 月	李兰娟	附属第一医院
2	卫健委多器官联合移植研究重点实验室	2000 年 12 月	郑树森	附属第一医院
3	卫健委医学神经生物学重点实验室	2007 年 04 月	罗建红	基础医学系
国家国防科技工业局实验室				
1	＊＊＊国防重点学科实验室	2007 年 10 月	胡慧珠	光电学院
浙江省重点实验室				
1	浙江省医学分子生物学重点实验室	1991 年 12 月	丁克峰	附属第二医院

序号	基地名称	批准日期	负责人	学院（系）
2	浙江省应用化学重点实验室	1992 年 03 月	肖丰收	化学系
3	浙江省饲料与动物营养重点实验室	1992 年 05 月	汪以真	动科学院
4	浙江省资源与环境信息系统重点研究实验室	1993 年 11 月	刘仁义	地科学院
5	浙江省农业遥感与信息技术重点实验室	1993 年 11 月	黄敬峰	环资学院
6	浙江省细胞与基因工程重点实验室	1995 年 09 月	邵健忠	生科学院
7	浙江省核农学重点实验室	1995 年 10 月	华跃进	农学院
8	浙江省信息处理与通信网络重点实验室	1997 年 10 月	张朝阳	信电学院
9	浙江省农业资源与环境重点实验室	1997 年 10 月	徐建明	环资学院
10	浙江省心脑血管检测技术与药效评价重点实验室	1997 年 10 月	陈　杭	生仪学院
11	浙江省电磁及复合暴露健康危害重点实验室	1997 年 10 月	许正平	公共卫生系
12	浙江省先进制造技术重点实验室	1999 年 07 月	柯映林	机械学院
13	浙江省器官移植重点实验室	2000 年 04 月	郑树森	附属第一医院
14	浙江省动物预防医学重点实验室	2004 年 08 月	杜爱芳	动科学院
15	浙江省女性生殖健康研究重点实验室	2005 年 12 月	谢　幸	附属妇产科医院
16	浙江省传染病重点实验室	2006 年 09 月	李兰娟	附属第一医院
17	浙江省医学分子影像重点实验室	2006 年 10 月	田　梅	附属第二医院
18	浙江省生物治疗重点实验室	2007 年 01 月	金洪传	附属邵逸夫医院
19	浙江省水体污染控制与环境安全技术重点实验室	2007 年 12 月	徐向阳	环资学院
20	浙江省新生儿疾病(诊治)重点实验室	2008 年 12 月	杜立中	附属儿童医院
21	浙江省血液肿瘤(诊治)重点实验室	2008 年 12 月	金　洁	附属第一医院
22	浙江省服务机器人重点实验室	2008 年 12 月	卜佳俊	计算机学院
23	浙江省微生物生化与代谢工程重点实验室	2009 年 12 月	李永泉	基础医学系
24	浙江省心血管诊治重点实验室	2009 年 12 月	王建安	附属第二医院
25	浙江省疾病蛋白质组学重点实验室	2009 年 12 月	邵吉民	基础医学系
26	浙江省有机污染过程与控制重点实验室	2009 年 12 月	朱利中	环资学院
27	浙江省医学神经生物学重点实验室	2010 年 09 月	吴志英	基础医学系

序号	基地名称	批准日期	负责人	学院(系)
28	浙江省空间结构重点实验室	2010 年 09 月	罗尧治	建工学院
29	浙江省腔镜技术研究重点实验室	2010 年 09 月	蔡秀军	附属邵逸夫医院
30	浙江省光电磁传感技术研究重点实验室	2010 年 09 月	何赛灵	光电学院
31	浙江省重要致盲眼病防治技术研究重点实验室	2011 年 11 月	姚　克	附属第二医院
32	浙江省肾脏疾病防治技术研究重点实验室	2011 年 11 月	陈江华	附属第一医院
33	浙江省网络多媒体技术研究重点实验室	2011 年 11 月	陈耀武	生仪学院
34	浙江省组织工程与再生医学技术重点实验室	2011 年 11 月	欧阳宏伟	基础医学系
35	浙江省作物种质资源重点实验室	2011 年 11 月	舒庆尧	农学院
36	浙江省电池新材料与应用技术研究重点实验室	2012 年 09 月	涂江平	材料学院
37	浙江省海洋可再生能源电气装备与系统技术研究重点实验室	2012 年 09 月	韦　巍	电气学院
38	浙江省农产品加工技术研究重点实验室	2012 年 09 月	叶兴乾	生工食品学院
39	浙江省抗肿瘤药物临床前研究重点实验室	2013 年 07 月	杨　波	药学院
40	浙江省饮用水安全与输配技术重点实验室	2013 年 07 月	张土乔	建工学院
41	浙江省三维打印工艺与装备重点实验室	2014 年 08 月	傅建中	机械学院
42	浙江省精神障碍诊疗和防治技术重点实验室	2014 年 08 月	许　毅	附属第一医院
43	浙江省园艺植物整合生物学研究与应用重点实验室	2015 年 03 月	陈昆松	农学院
44	浙江省大数据智能计算重点实验室	2015 年 03 月	陈　刚	计算机学院
45	浙江省制冷与低温技术重点实验室	2015 年 03 月	陈光明	能源学院
46	浙江省新型吸附分离材料与应用技术研究重点实验室	2015 年 11 月	徐志康	高分子系
47	浙江省软体机器人与智能器件研究重点实验室	2015 年 11 月	曲绍兴	航空航天学院
48	浙江省临床体外诊断技术研究重点实验室	2015 年 11 月	陈　瑜	附属第一医院
49	浙江省海洋岩土工程与材料重点实验室	2015 年 11 月	王立忠	海洋学院
50	浙江省化工高效制造技术重点实验室	2016 年 09 月	王靖岱	化工学院

序号	基地名称	批准日期	负责人	学院（系）
51	浙江省先进微纳电子器件智能系统及应用重点实验室	2016 年 09 月	李尔平	信电学院
52	浙江省肝胆胰肿瘤精准诊治研究重点实验室	2016 年 09 月	王伟林	附属第一医院
53	浙江省胰腺病研究重点实验室	2016 年 09 月	梁廷波	附属第二医院
54	浙江省口腔生物医学研究重点实验室	2016 年 09 月	王慧明	附属口腔医院
55	浙江省海洋观测—成像试验区重点实验室	2016 年 09 月	徐　文	海洋学院
56	浙江省呼吸疾病诊治及研究重点实验室	2017 年 09 月	沈华浩	基础医学系
57	浙江省生殖障碍诊治研究重点实验室	2017 年 09 月	张松英	附属邵逸夫医院
58	浙江省作物病虫生物学重点实验室	2018 年 10 月	陈学新	农学院
59	浙江省量子技术与器件重点实验室	2018 年 10 月	许祝安	物理学系
60	浙江省设计智能与数字创意研究重点实验室	2018 年 10 月	孙守迁	计算机学院
61	浙江省电机系统智能控制与变流技术重点实验室	2018 年 10 月	沈建新	电气学院
62	浙江省骨骼肌肉退变与再生修复转化研究重点实验室	2018 年 10 月	范顺武	附属邵逸夫医院
63	浙江省药物临床研究与评价技术重点实验室	2018 年 10 月	裘云庆	附属第一医院
64	浙江省肿瘤微环境与免疫治疗重点实验室	2018 年 10 月	黄　建	附属第二医院
65	浙江省新型信息材料技术研究重点实验室（参加）	2011 年 11 月	严　密	材料学院
66	浙江省微量有毒化学物健康风险评估技术研究重点实验室（参加）	2013 年 07 月	朱　岩	化学系
67	浙江省微生物技术与生物信息研究重点实验室（参加）	2016 年 09 月	俞云松	附属邵逸夫医院
国家工程（技术）研究中心				
1	工业自动化国家工程研究中心	1992 年 09 月	孙优贤	控制学院
2	电力电子应用技术国家工程研究中心	1996 年 10 月	赵荣祥	电气学院
3	国家光学仪器工程技术研究中心	1994 年 03 月	何赛灵	光电学院
4	国家电液控制工程技术研究中心	2000 年 06 月	谢海波	机械学院
5	国家列车智能化工程技术研究中心	2011 年 06 月	陈　刚	计算机学院
6	国家水煤浆工程技术研究中心（参加）	1992 年 04 月	周俊虎	能源学院

序号	基地名称	批准日期	负责人	学院（系）
国家级协同创新中心				
1	煤炭分级转化清洁发电协同创新中心	2014 年 10 月	倪明江	能源学院
2	感染性疾病诊治协同创新中心	2014 年 10 月	李兰娟	附属第一医院
科技部国际科技合作基地				
1	浙江国际纳米技术研发中心	2007 年 12 月	杨　辉	纳米研究院
2	先进能源国际联合研究中心	2013 年 01 月	骆仲泱	能源学院
3	中葡先进材料联合创新中心	2013 年 02 月	计　剑	高分子系
4	园艺作物品质调控与应用国际联合研究中心	2015 年 12 月	陈昆松	农学院
5	海洋土木工程国际联合研究中心	2016 年 11 月	王立忠	建工学院
6	流程生产质量优化与控制国际联合研究中心	2016 年 11 月	邵之江	控制学院/化工学院
7	光电技术国际联合研究中心	2016 年 11 月	刘　旭	光电学院
8	肝病和肝移植研究国际科技合作基地	2016 年 11 月	郑树森	附属第一医院
9	出生缺陷诊治国际科技合作基地	2018 年 02 月	舒　强	附属儿童医院
教育部省部共建协同创新中心				
1	人工智能省部共建协同创新中心	2018 年 12 月	庄越挺	计算机学院
2	军民融合协同创新中心	2018 年 12 月		
教育部国际合作联合实验室				
1	光子学与技术国际合作联合实验室	2015 年 12 月	戴道锌	光电学院
教育部工程研究中心				
1	膜与水处理技术教育部工程研究中心	2001 年 01 月	侯立安	高分子系
2	嵌入式系统教育部工程研究中心	2006 年 06 月	陈耀武	生仪学院
3	计算机辅助产品创新设计教育部工程研究中心	2006 年 06 月	应放天	计算机学院
4	表面与结构改性无机功能材料教育部工程研究中心	2007 年 07 月	韩高荣	材料学院
5	数字图书馆教育部工程研究中心	2009 年 01 月	庄越挺	计算机学院
6	高压过程装备与安全教育部工程研究中心	2009 年 12 月	郑津洋	能源学院
7	电子病历与智能专家系统教育部工程研究中心	2013 年 11 月	李兰娟	附属第一医院
高等学校学科创新引智基地				
1	农业生物与环境学科创新引智基地	2005 年 10 月	朱　军	农学院

浙江大学年鉴

序号	基地名称	批准日期	负责人	学院（系）
2	信息与控制学科创新引智基地	2006 年 10 月	苏宏业	控制学院
3	能源清洁利用科学与技术学科创新引智基地	2007 年 10 月	倪明江	能源学院
4	细胞—微环境互作创新引智基地	2012 年 10 月	来茂德	医学院
5	作物适应土壤逆境分子生理机制及分子设计育种创新引智基地	2013 年 10 月	彭金荣	生科学院
6	材料微结构与性能调控创新引智基地	2015 年 11 月	张　泽	材料学院
7	作物品质与安全学科创新引智基地	2016 年 11 月	陈昆松	农学院
8	岩土工程长期服役性能及调控学科创新引智基地	2018 年 01 月	陈云敏	建筑工程学院
各部委研究中心				
1	智能科学与技术网上合作研究中心（教育部）	1999 年 12 月	潘云鹤	计算机学院
2	国家濒危野生动植物种质基因保护中心（教育部、国家林业局）	2001 年 10 月	方盛国	生科学院
3	教育部含油气盆地构造研究中心	2006 年 08 月	杨树锋	地科学院
4	磁约束核聚变教育部研究中心（联合）	2008 年 02 月	盛正卯	物理系
5	国家环境保护燃煤大气污染控制工程技术中心（环保部）	2010 年 11 月	高　翔	能源学院
6	浙江国际纳米技术研发中心（教育部、国家外专局）	2007 年 12 月	杨　辉	纳米研究院
7	新型飞行器联合研究中心（教育部）	2009 年 11 月	郑　耀	航空航天学院
浙江省协同创新中心				
1	赛博（CYBER）协同创新中心	2013 年 11 月	孙优贤	控制学院
2	煤炭资源化利用发电技术协同创新中心	2014 年 10 月	倪明江	能源学院
3	感染性疾病诊治协同创新中心	2014 年 10 月	李兰娟	附属第一医院
4	作物品质与产品安全协同创新中心	2015 年 12 月	张国平	农学院
5	智慧东海协同创新中心	2015 年 12 月	陈　鹰	海洋学院
6	新型飞行器关键基础和重大应用协同创新中心	2015 年 12 月	郑　耀	航空航天学院
7	一带一路合作与发展协同创新中心	2015 年 12 月	罗卫东 周谷平	西部发展研究院

序号	基地名称	批准日期	负责人	学院(系)
浙江省国际科技合作基地				
1	肝病和肝移植研究浙江国际科技合作基地	2013 年	郑树森	附属第一医院
2	园艺产品品质调控技术研创与应用浙江国际科技合作基地	2015 年	陈昆松	农学院
3	海洋土木工程浙江国际科技合作基地	2015 年	王立忠	建工学院
4	食品药品安全浙江省国际科技合作基地	2016 年	何俏军	药学院
5	出生缺陷诊治浙江省国际科技合作基地	2016 年	舒 强	附属儿童医院
6	消化道肿瘤研究浙江国际科技合作基地	2016 年	王伟林	附属第一医院
7	微创医学国际科技合作基地	2018 年	蔡秀军	附属邵逸夫医院
8	先进材料微结构与性能调控国际科技合作基地	2018 年	韩高荣	材料学院
9	心血管疾病研究国际科技合作基地	2018 年	王建安	附属第二医院
浙江省工程技术研究中心				
1	浙江省现代服务业电子服务工程技术研究中心	2012 年 12 月	吴朝晖	计算机学院
2	浙江省认知医疗工程技术研究中心	2016 年 09 月	曹利平	附属邵逸夫医院
3	浙江省城市地下空间开发工程技术研究中心	2017 年 09 月	徐日庆	建工学院
浙江省工程实验室(研究中心)				
1	海洋装备试验浙江省工程实验室	2010 年 12 月	冷建兴	海洋学院
2	工业生物催化浙江省工程实验室	2011 年 09 月	杨立荣	化工学院
3	园艺产品冷链物流工艺与装备浙江省工程实验室	2011 年 12 月	李 鲜	农学院
4	海洋工程材料浙江省工程实验室	2012 年 06 月	杨 辉	纳米研究院
5	药物制剂浙江省工程实验室	2012 年 06 月	胡富强	药学院
6	食品加工技术与装备浙江省工程实验室	2013 年 11 月	叶兴乾	生工食品学院
7	微生物制药浙江省工程实验室	2013 年 11 月	李永泉	药学院
8	低碳烃制备技术工程实验室	2014 年 12 月	阳永荣	化工学院
9	移动终端安全技术工程实验室	2014 年 12 月	何钦铭	计算机学院
10	先进结构设计与建造工程研究中心	2014 年 12 月	罗尧治	建工学院
11	医学人工智能浙江省工程实验室	2017 年 10 月	王伟林	附属第一医院

序号	基地名称	批准日期	负责人	学院(系)
12	干细胞与细胞免疫治疗浙江省工程实验室	2017 年 10 月	黄　河	附属第一医院
13	水污染控制浙江省工程实验室	2017 年 10 月	徐向阳	环资学院
14	磁性材料浙江省工程实验室	2017 年 10 月	严　密	材料学院
15	微波毫米波射频集成电路浙江省工程实验室	2018 年 07 月	郁发新	航空航天学院
16	高可靠高安全软件工程浙江省工程实验室	2018 年 07 月	杨建华	先研院
17	心血管疾病浙江省工程实验室	2018 年 07 月	王建安	附属第二医院
18	微创技术与装备研发浙江省工程实验室	2018 年 07 月	蔡秀军	附属邵逸夫医院
浙江省科技创新服务平台				
1	浙江省汽车及零部件产业科技创新服务平台	2008 年 01 月	俞小莉	能源学院
2	浙江省工业自动化公共科技创新服务平台	2008 年 04 月	孙优贤	控制学院
3	浙江省饲料产业科技创新服务平台	2008 年 08 月	刘建新	动科学院

附录 4　2018 年浙江大学新增国家级科技计划项目情况　（单位:万元）

项目类型	类别	项目数/项	经费合计
国家科技重大专项	课题	5	12051
国家重点研发计划	项目	25	38778
国家自然科学基金	面上项目	485	28536
	青年科学基金	295	6720
	重点重大项目[*]	51	14881
	重大科研仪器（自由申请）	4	2905
	创新研究群体（含延续资助）	3	1785
	国家杰出青年基金	4	1400
	优秀青年基金	17	2210

注:[*] 含重点项目、重大项目课题、重大研究计划重点支持和集成项目、联合基金重点支持项目、重点国际(地区)合作研究项目;国家自然科学基金项目经费为直接经费数。

单位	批准项数	直接经费/万元	批准率/%
外国语言文化与国际交流学院	1	48	33.33
经济学院	3	117	25.00
教育学院	1	38	14.29
管理学院	15	1445	40.54
公共管理学院	10	424	25.00
数学科学学院	12	581	37.50
物理学系	17	1092	43.59
化学系	27	2208	39.13
地球科学学院	11	1131	26.83
心理与行为科学系	5	289	50.00
机械工程学院	28	2804	49.12
材料科学与工程学院	25	1757	32.05
能源工程学院	23	1797	27.06
电气工程学院	23	2395	33.82
建筑工程学院	29	2154	23.20
化学工程与生物工程学院	29	2629	32.22
海洋学院	24	1626	28.24
航空航天学院	18	1359	36.73
高分子科学与工程学系	29	1516	53.70
光电科学与工程学院	15	1642	24.19
信息与电子工程学院	11	751	15.71
控制科学与工程学院	9	976	19.15
计算机科学与技术学院	18	1902	35.29
生物医学工程与仪器科学学院	15	478	45.45
生命科学学院	19	939	35.19
生物系统工程与食品科学学院	12	576	19.35
环境与资源学院	36	2078	37.50
农业与生物技术学院	51	3379	36.43
动物科学学院	16	996	32.65

浙江大学年鉴

单位	批准项数	直接经费/万元	批准率/%
医学院	342	18903	18.43
药学院	25	1805	37.31
先进技术研究院	1	25	50.00
国际联合学院	4	137	36.36
校设机构—生命科学研究院	13	1372	37.14
校设机构—求是高等研究院	7	380	46.67
校设机构—关联物质中心	1	64	33.33
校设机构—心理科学研究中心	1	24	50.00
总计数	926	61837	25.37

附录6　2018年浙江大学各学院(系)新增国际合作项目情况

学院(系)	项目数/项	学院(系)	项目数/项
化学系	91	控制学院	3
机械学院	1	生仪学院	1
材料学院	2	生科学院	1
能源学院	6	生工食品学院	0
电气学院	14	环资学院	3
建工学院	3	农学院	5
化工学院	2	动科学院	13
计算机学院	11	医学院	16
高分子系	1	药学院	4
光电学院	2	公共管理学院	0
信电学院	6	生命科学研究院	0
海洋学院	0	航空航天学院	0
地球科学学院	1	浙江加州纳米研究院	2

注:数据来源为浙大科研管理系统登记的新增国际合作项目,不包括国家基金国际合作类项目(以批准时间为准)。

附录7　2018 年各学院(系)科研经费到款情况　　　　　(单位:万元)

学院(系)	到款经费	学院(系)	到款经费
数学学院	1396	高分子系	4690
物理系	4459	光电学院	15408
化学系	5468	信电学院	11953
地科学院	8167	控制学院	8902
心理系	579	计算机学院	27253
机械学院	32597	生仪学院	9077
材料学院	8012	生科学院	6319
能源学院	26144	生工食品学院	9125
电气学院	19195	环资学院	15019
建工学院	26146	农学院	20287
化工学院	11569	动科学院	7117
海洋学院	10980	医学院	63895
航空航天学院	9933	药学院	10953

注:数据来源为浙大科研服务系统各学院 2018 年到款数据(截止到 2019 年 3 月 19 日)。

附录8　2018 年浙江大学各学院(系)获国家、省部级科技奖励情况

学院(系)	国家技术发明二等	国家科技进步奖		高等学校科技奖		浙江省科技奖			总计
		特等	一等	二等	一等	二等	一等	二等	三等	
数学学院						1				1
化学系								1		1
地科学院				(1)				1		1(1)
机械学院				(1)			(1)			1(2)
材料学院					1		1(1)	1		3(1)
能源学院				1	1	1(1)	(1)	(1)		3(3)
电气学院	(1)			1	(1)		1(1)	1		3(3)
建工学院	1		1	(1)		1	2	(1)	(1)	5(3)
化工学院	1									2

学院(系)	国家技术发明二等	国家科技进步奖		高等学校科技奖		浙江省科技奖			总计
		特等	一等	二等	一等	二等	一等	二等	三等	

学院(系)	国家技术发明二等	特等	一等	二等	一等	二等	一等	二等	三等	总计
海洋学院										
航空航天学院										
高分子系										
光电学院										
信电学院			(1)		1(1)				(1)	1(3)
控制学院						(2)	1			1(2)
计算机学院					(1)	1	(1)			1(2)
生仪学院					1			(1)		1(1)
生科学院								(1)		(1)
生工食品学院			1		(1)	(1)	(1)			1(3)
环资学院						1	1			2
农学院		(2)	1	1(1)	1(1)		(1)			4(5)
动科学院		(1)		1	1		(1)			2(2)
医学院		(2)	2	3(1)	5(1)	6(2)	8(3)			24(9)
药学院		1		(1)			(1)			1(2)
公共管理学院							(1)			(1)
经济学院							1			1
生命科学研究院				(1)	1					1(1)
农业科技园管理委员会							(1)			(1)
总计	2(1)		1(1)	1(8)	8	11(7)	13(7)	14(9)	10(13)	60(46)

注:括号内奖励数为浙江大学作为非第一单位所获的奖励数。

附录9 2018年科技成果获奖项目(每个奖项单独计数)

2018年度国家技术发明奖(2项)

二等奖(2项)

1.天然活性同系物的分子辨识分离新技术及应用

化学工程与生物工程学院

任其龙 邢华斌 钱国平 鲍宗必 杨启炜 张治国

2. 重大工程结构安全服役的高韧性纤维混凝土制备与应用关键技术

建筑工程学院

徐世烺　李庆华　谭恺炎　余江滔　陈志远　王振宇

2018 年度国家科学技术进步奖（2 项）
一等奖（1 项）
1. 复合地基理论、关键技术及工程应用

建筑工程学院

龚晓南　郑　刚　谢永利　俞建霖　陈昌富　宋二祥　刘吉福　崔维孝　卢萌盟
邓亚光　刁　钰　张　玲　张宏光　徐日庆　吴慧明

二等奖（1 项）
1. 泮托拉唑钠及制剂关键技术研究与产业化

药学院

姚忠立　袁　弘　洪利娅　张　昀　郑国钢　黄雪惠　徐仲军　方国林　鄢　丰

2018 年度高等学校自然科学奖（6 项）
一等奖（2 项）
1. 多尺度多相过程中的相间作用机理研究

能源工程学院

罗　坤　樊建人

2. 果实采后木质化和软化及其调控的生物学机制

农业与生物技术学院

陈昆松　殷学仁　李　鲜　张　波　石艳娜　徐昌杰

二等奖（4 项）
1. 信息和能量的信道共享协同传输理论与方法

信息与电子工程学院

张朝阳　钟财军　陈晓明

2. 瘤胃发酵增效与甲烷减排的应用基础研究

动物科学学院

刘建新　王佳堃　茅慧玲　叶均安　吴跃明

3. 变化环境下极端水文事件模拟及不确定性理论和方法

建筑工程学院

许月萍　李　志　王国庆　冉启华　田　烨　泮苏莉　张徐杰

4. 机体铁代谢稳态与失衡调控的新机制

医学院——公共卫生系

王福俤　闵军霞　胡荣贵　安　鹏　赵　璐　王鑫慧　吴　谦　王　浩

2018 年度高等学校科学技术发明奖(6 项)

一等奖(3 项)

1. 化学—酶级联法烟酰胺生产成套技术及其产业化
   化学工程与生物工程学院
   杨立荣　徐　刚　薛　谊　方红新　吴坚平　韦永飞
2. 高速列车永磁牵引电机
   电气工程学院
   方攸同　冯江华　马吉恩　晏才松　卢琴芬　张　健
3. 典型农产品内部品质、隐性缺陷和重量高通量检测与商品化处理装备
   生物系统工程与食品科学学院
   应义斌　徐惠荣　谢丽娟　饶秀勤　蒋焕煜　陈文凯

二等奖(3 项)

1. 极端服役条件聚烯烃及其钢丝增强复合管道关键技术与应用
   能源工程学院
   郑津洋　钟海见　施建峰　郭伟灿　陈建春　凌张伟
2. 仿生智能传感器的关键技术及其应用
   生物医学工程与仪器科学学院
   王　平　徐万红　胡　宁　王天星　万　浩　吴　坚
3. 作物重要病毒单克隆抗体创制与高灵敏检测技术
   农业与生物技术学院
   周雪平　吴建祥　谢　艳　刘　欢　陈　浙　张仲凯

2018 年度高等学校科学技术进步奖(7 项)

一等奖(3 项)

1. 全断面硬岩掘进装备关键技术及应用
   机械工程学院
   杨华勇　刘成良　赵　斌　夏毅敏　蔡宗熙　谢海波　孙　伟　刘辛军　张　健
2. 围术期脓毒症预警体系与救治关键技术的创立和应用
   医学院——附属第一医院
   方向明　徐志南　陈齐兴　侯金超　程宝莉　吴水晶　李　会　宋胜文　黄　磊
   谢郭豪　曾从丽　金　悦
3. 分子影像介导的神经损伤修复与脑功能可视化研究
   医学院——附属第二医院
   田　梅　张　宏　凌代舜　和庆钢　高　峰　陈巧珍　张　莺　蒋　韩　吴　爽
   丁　瑶

二等奖(4 项)

1. 腹部医学影像精准分析及其在肿瘤智能诊疗中的应用

   数学科学学院

   孔德兴　彭志毅　彭佳林　吴　法　胡佩君　王凯峰　陈仁栋　董芳芳　卢　方

2. 照明与显示 LED 高效芯片关键技术产业化

   材料科学与工程学院

   叶志镇　王江波　刘　榕　吕建国　吴志浩　陈凌翔

3. 安全高效辅助生殖技术体系的构建与推广应用

   医学院——附属妇产科医院

   张　丹　黄荷凤　曲　凡　卢永超　叶英辉　张润驹　胡燕军　李静怡　徐谷峰

4. 表观遗传调控血管发育和稳态维持的分子机制研究及应用推广

   医学院——附属第一医院

   张　力　余路阳　周　斌　梁　平　朱建华　张晓群　陈齐山　陈　婷　蒲祥元
   杨　峰　周逸蒋　武玉涛　王启闻

2017 年度浙江省自然科学奖(13 项)
一等奖(5 项)

1. 真实感图形的高效绘制理论与方法

   计算机科学与技术学院

   周　昆　陈　为　彭群生　石教英　刘新国

2. 微生物转化生物质制油气燃料的能质传递强化机理

   能源工程学院

   程　军　岑可法　周俊虎　刘建忠　何　勇

3. 肝癌微环境与癌细胞耐药关系机制及其治疗策略研究

   医学院——附属第二医院

   梁廷波　白雪莉　陈　伟　章　琦　杨　菲

4. 大肠癌微环境的关键免疫调控机制及其干预研究

   医学院——附属第二医院

   黄　建　邱福铭　伍　品　倪　超　叶　俊

5. DNA 损伤修复的分子机制

   生命科学研究院

   黄　俊　刘　婷　万　力　陈红霞　韩金花

二等奖(8 项)

1. 高通量节能氧化物薄膜的设计制备和光谱调制研究

   材料科学与工程学院

   涂江平　夏新辉　王秀丽　谷长栋

2. 阿尔金断裂新生代活动方式及其与柴达木盆地的耦合分析

地球科学学院

肖安成　吴　磊　毛黎光　王　亮　徐　波

3. 过渡金属催化的绿色反应研究

化学系

张玉红　刘占祥　陈铮凯　黄乐浩　骆成才

4. 室内空气中典型有机物的污染特征、源解析及控制

环境与资源学院

朱利中　陈曙光　沈学优　杨　坤　陆　豪

5. 基于性能的不确定非线性系统分析与控制

控制科学与工程学院

苏宏业　刘之涛　吴争光　柳向斌　蔡建平

6. 透明种皮家族基因对于油籽脂肪酸积累的负向调控机制的发现

农业与生物技术学院

蒋立希　陈明训　王　中　李志兰　玄立杰

7. 电磁辐射效应的频率和细胞依赖性及其干预研究

医学院——公共卫生系

许正平　孙文均　陈光弟　曾群力　罗建红

8. Nrf2 通路在肿瘤耐药中的作用及机理研究

医学院

唐修文　王秀君　王洪燕　曲丽艳　高　鹏

2017 年度浙江省技术发明奖(1 项)

三等奖(1 项,略)

2017 年度浙江省科学技术进步奖(23 项)

一等奖(8 项)

1. 畜禽抗生素减量和养分减排的新型微生态制剂技术研究与产业化

动物科学学院

汪以真　杨彩梅　冯　杰　刘金松　路则庆　徐欢根　王凤芹　王新霞　余东游
单体中　杜华华　曾新福　石常友

2. 非电燃煤锅炉烟气污染物深度处理技术及应用

环境与资源学院

吴忠标　王海强　莫建松　王岳军　陈雄波　刘　越　程常杰　官宝红　唐　念
高　珊　盛重义　夏纯洁　寿冬金

3. 道路工程中复合地基关键技术及其应用

建筑工程学院

龚晓南　俞建霖　张　玲　吴德兴　卢萌盟　刘世明　陈昌富　毛　斌　常　雷
徐日庆　赵明华　姜正晖　俞红光

4. 软土地基上轨道交通长期沉降评价与控制技术及工程应用

建筑工程学院

边学成　陈云敏　陈仁朋　蒋建群　叶肖伟　黄　博　周燕国

5. 柑橘优质生产与贮藏物流关键技术研究及推广应用

农业与生物技术学院

陈昆松　孙崇德　刘春荣　张　波　徐云焕　殷学仁　吴文明　徐昌杰　朱潇婷
李　杰　朱长青　金国强　叶先明

6. 抗肿瘤分子靶向新药 BZG 和光热消融——化疗靶向治疗新模式的研究

医学院——附属第一医院

裘云庆　游　剑　楼　燕　丁列明　周　珏　康心汕　谭芬来　郭晓萌　裘文奇
郭　静　徐丽倩　喻　玮

7. 肾小球疾病治疗关键技术创新及推广应用

医学院——附属第一医院

陈江华　刘必成　李　恒　李夏玉　韩　飞　马坤岭　程　军　杨　毅　吕林莉
田　炯　吴建永　姜　虹　王仁定

8. 儿童青少年代谢综合征预警及防治技术研究

医学院——附属儿童医院

傅君芬　梁　黎　黄　轲　王春林　戴阳丽　张洪锡　许晓琴　董关萍　陈雪峰
梁建凤　朱建芳　方燕兰　吴　蔚

二等奖(6 项)

1. 机器人智能体分布式协同控制系统研究与应用

电气工程学院

韦　巍　项　基　李正刚　彭勇刚　郑荣濠　秦　炜　闻克瑜　杨永帅　陈　立

2. 帕金森病影像学生物标志研究和评估体系构建

医学院——附属第二医院

张敏鸣　徐晓俊　夏顺仁　黄沛钰　罗　巍

3. 血液肿瘤多靶点治疗及克服耐药的基础与临床研究

医学院——附属第一医院

钱文斌　叶琇锦　尤良顺　雷　文　刘　辉　杨春梅　许改香　肖　峰　谢万灼

4. 西非埃博拉病毒病诊治及现场干预研究

医学院——附属第一医院

徐小微　黄建荣　汤灵玲　李兰娟　卢洪洲　李成忠　姚航平　高海女　汪明珊

5. 儿童过敏性紫癜/紫癜性肾炎的早期诊断及综合防治

　　医学院——附属儿童医院

　　毛建华　舒　强　叶　青　邹朝春　李　伟　杜立中　戴宇文　黄　雷　傅海东

6. 中国海外投资的风险防范与管控体系研究

　　经济学院——证券期货研究所

　　陈菲琼　杨柳勇　王　寅

三等奖(9 项,略)

（洪　扬撰稿　夏文莉审稿）

人文社会科学研究

【概况】　浙江大学人文社会科学研究总体继续保持良好的发展态势。截至 2018 年年底,全校人文社科教学和科研机构主要包括 9 个学院、71 个研究所、128 个研究中心(含研究院、平台、实验室等),其中包含了 3 个教育部重点研究基地(农业现代化与农村发展研究中心、汉语史研究中心、民营经济研究中心)、1 个国家高端智库建设培育单位(区域协调发展研究中心)、1 个国家文物局重点科研基地(石窟寺文物数字化保护)、7 个浙江省重点研究基地(民生保障与公共治理研究中心、宋学研究中心、区域经济开放与发展研究中心、哲学社会科学研究中心、《浙江文献集成》编纂中心、地方政府与社会治理研究中心、传媒与文化产业研究中心)、3 个浙江省 2011 协同创新中心("一带一路"合作与发展协同创新中心、大数据+立法研究协同创新中心、社会组织与社会治理协同创新中心)、3 个浙江省新型重点专业智库(区域协调发展研究中心、公共政策研究院、中国农村发展研究院)、1 个浙江省重点培育智库(金融研究院)、6 个浙江省新型高校智库(创新管理与持续竞争力研究中心、中国科教战略研究院、土地与国家发展研究院、非传统安全与和平发展研究中心、新型城镇化研究中心、中国跨境电子商务研究院)。2018 年,浙江大学成立了立法研究院、财税大数据与政策研究中心、社会治理研究院等 3 个研究中心(院)。

　　2018 年,全校人文社科实到科研经费 2.41 亿元。其中,纵向经费为 6643.52 万元,横向经费为 17469.73 万元。全校人文社科科研项目新立项 667 项,其中纵向项目 237 项、横向项目 430 项。在新立项的纵向项目中,国家社科基金各类项目共 65 项,其中重大项目 12 项(含委托项目 3 项,专项 3 项)、重点项目 7 项(含专项 1 项)、一般项目 22 项、青年项目 9 项、后期资助项目 9 项、中华学术外译项目 6 项;全国教育科学"十三五"规划项目 2 项;教育部人文社会科学研究各类项目 28 项,其中重大课题攻关项目 1 项,规划基金项目 4 项,青年基金项目 13 项,各类专项项目 10 项;浙江省哲学社会科学规划各类项目 57 项;浙江省科技厅软科学项目 9 项;浙江省人力资源与保障厅"钱江人才"项目社会科学类项目 3 项。出版各类专著 90 部、编著和教材 69 本、古籍整理著作 11 本、译著 58 本。发表论文 1458 篇,其中 SSCI 收录论文 739 篇,较 2017 年增长

36.85％,位居大陆高校第 3 名;A&HCI 收录论文 48 篇,较 2017 年增长 23.08％,位居大陆高校第 3 名。

在推动基础理论研究方面,新资助 11 位学者开展人文社科重大基础理论问题研究,《沈文倬文存》《周有光语言研究丛书》《百年中国新诗通史》等 7 个项目获高水平学术著作出版基金资助。马克思主义中国化的研究不断深化,获立"研究阐释党的十九大精神国家社科基金专项"项目 2 项,"马克思主义理论和中国特色社会主义研究与建设工程"4 项。

在推进学科交叉会聚方面,积极落实"面向 2030 的学科会聚研究计划"和"双脑计划",共举办了 10 场学科会聚系列论坛,其中 8 场为"双脑计划"系列论坛;遴选了一批"双脑计划"交叉创新团队,进一步凝聚研究力量、凝练研究方向、推动开展"双脑"相关领域交叉研究;继续培育支持 13 个"大数据+人文社会科学"创新团队建设,出版了 1 部"大数据+人文社会科学"创新团队白皮书《聚焦智慧社会:大数据方法、范式与应用》和 2 部大数据译丛系列译著《建设更智慧的大学:大数据、创新与分析》《数字技术研究(世哲手册)》;继续实施学科交叉预研专项,本年度立项了"当代中国治理新进展:数据驱动的研究路径""基于人工智能的高校教学改革研究""线性文化遗产智能预警与综合应用体系研究——以大运河杭州段为例"等 15 个项目。

在跨学科人才培养方面,"文科+X"多学科交叉人才培养卓越中心目前有 2017、2018 两个年级共 14 名交叉方向博士生。中心积极地为同学们搭建跨学科交流平台,营造开放争鸣的学术氛围,本年度共举办了学术沙龙 2 次,学生座谈会 3 次,课外实践活动 4 次。共遴选出 7 个导师组将于 2019 年招收"文科+X"多学科交叉人才培养卓越中心学生。

在推进智库建设方面,着力支持区域协调发展研究中心建设国家高端智库,继续重点支持中国农村发展研究院、民营经济研究中心、公共政策研究院、土地与国家发展研究院、中国科教战略研究院等 5 家单位建设专业智库基地;同时支持非传统安全与和平发展研究中心、互联网金融研究院等 7 家单位开展各自特色领域的智库研究。在乡村振兴、社会治理、政府改革、民营经济、土地发展、科教战略等领域逐步形成浙大特色与优势。初步建立了智库研究为主岗的人才发展通道,智库研究高级研究员引进工作也正在进行中。

在完善科研管理与服务机制方面,浙江大学进行了一系列探索与改革,并出台了若干政策性文件。8 月,出台了《浙江大学文科科研项目过程管理办法》,该办法从科研项目的申请立项、组织实施、结题验收到成果跟踪等全过程进行服务和管理。建立了科研信用管理制度,进一步保障文科科研项目的政治方向正确,提升文科科研项目的实施质量,促进标志性研究成果产出。9 月,出台了《浙江大学人文社会科学研究机构管理办法》,推进基层学术组织管理机制改革,激发研究机构创新活力。11 月,出台了《浙江大学人文社会科学研究奖励办法》,加大对于高水平项目和成果的奖励力度,鼓励老师积极争取承担国家和省部项目,开展各类基础理论与应用对策研究。

"浙大东方论坛"本年度共举办了 26 场学术讲座,其中主论坛 11 场,典学堂 4 场,西溪分论坛 10 场,舟山分论坛 1 场。

"清源学社"本年度共举办了 5 场青年

浙江大学年鉴

学者沙龙,2次"送法进社区"基层普法宣传活动,1场五四读书会,2场学术研讨会,召开了第五届社长换届大会。

浙江大学第四届学生人文社会科学研究优秀成果奖的评选工作完成,最终共产生特等奖6项、一等奖9项与二等奖21项,特等奖获奖数为历届之最。

【召开浙江大学第四次文科大会】 4月13日,该文科大会在紫金港校区召开。校党委书记邹晓东、校长吴朝晖、教育部社会科学司副司长谭方正出席并讲话。浙江省社科联党组书记、副主席盛世豪,副校长张宏建出席。会议由常务副校长任少波主持。各文科学部、学院(系)领导班子成员,其他相关学部、院系主要负责人,文科高层次人才及机关部门负责人,文科学院师生代表等近300人参加大会。会议提出加快建设世界一流、中国特色、浙大风格的哲学社会科学体系,开启浙大文科繁荣发展的新征程。

【发布文科发展的纲领性文件】 5月,浙江大学发布了《面向2035:浙江大学哲学社会科学繁荣计划》和《浙江大学关于加快推进文科发展的若干意见》,作为当前和今后一段时期指导学校文科发展的纲领性文件。文件提出了要建设世界一流、中国特色、浙大风格的哲学社会科学,实施"哲学社会科学创新计划""时代高才培养计划""文科一流人才队伍建设计划"等。紧紧围绕浙江大学"双一流"建设的总体目标与基本任务,提出了加强当代中国马克思主义研究、优化人才队伍、推进学科会聚、强化育人功能、优化评价体系、建设高端智库、培育精品成果、提升国际声誉、优化管理体制、加大保障力度等十条意见。

【评选文科十佳研究机构】 2018年浙大启动了第三次人文社会科学研究机构的评估工作,评选出十佳研究机构,并在第四次文科大会上予以表彰。这10个机构是:中国农村发展研究院、中国西部发展研究院、公共政策研究院、金融研究院/互联网金融研究院、中国古代书画研究中心、语言与认知研究中心、创新管理与持续竞争力研究中心、司法文明协同创新中心、古籍研究所、外国语言学及应用语言学研究所。

【修订《浙江大学文科国内重要学术期刊目录》】 按照"一流标准、学科覆盖、总量控制"原则,经前期充分调研、院(系)推荐、学部学术委员会讨论、校文科学术咨询委员会审议、文科发展领导小组会议、职称工作领导小组会议审议后,完成了《浙江大学文科国内重要学术期刊目录》修订工作。修订后,权威期刊由19种增至21种,新增3种,1种调整为一级期刊;一级期刊由77种增至97种,新增32种,删除9种,3种调整为权威期刊。新修订的目录将于2019年正式发布。

【举办"双脑计划"系列论坛】 "双脑计划"即"脑科学与人工智能汇聚研究计划"计划的简称,是浙江大学"双一流"建设的重大举措——浙江大学创新2030计划的首个专项,旨在充分发挥浙江大学的多学科综合优势,探索推进脑科学与人工智能研究的会聚融合,同时带动更多的自然科学和人文社科学科创新发展。本年度,共举办了8场"双脑计划"系列论坛,分别聚焦"智慧社会""数字金融""神经管理学与神经经济学""智能科学与学习革命""人工智能+法学""数据供应链""未来城市""心理与双脑"主题,邀请相关领域知名专家学者聚集一堂开展学术交流,引起了校内外师生和社会各界的广泛关注和热烈讨论。

【"中国历代绘画大系"阶段性成果在京首发】 "中国历代绘画大系"项目是国家社科基金重大委托项目,其编纂工作的最新成果——《先秦汉唐画全集》《明画全集》《清画全集》阶段性成果于12月12日在京首发。在首发式上浙江大学、浙江省文物局向国家图书馆捐赠了《先秦汉唐画全集》《明画全集》《清画全集》部分卷册。中宣部及有关部委办领导参加,新华社、人民日报、中央电视台、光明日报等媒体广泛报道。

在首发式上,由浙江大学和浙江省文物局主持开展的"中国历代绘画大系"编纂、出版工作,自2005年启动,至今已历时14年。14年间,工作人员联络、走访全球250多家文博机构,梳理了18000余件(套)中国历代绘画作品,拟搜集12250余件(套)现存的、自先秦至清代的纸、绢(含帛、绫)、麻质地的中国历代绘画珍品。其中国内藏品9000余件(套),国外藏品3250余件(套),在全面系统的调查、整理、考证基础上进行编纂出版。此前已出版的《宋画全集》《元画全集》,受到海内外专家学者和读者的广泛好评。

【成立中华译学馆】 11月10日,中华译学馆成立,其立馆宗旨是在中华民族伟大复兴的进程中,以中华文化为根,译与学并重,弘扬优秀文化,促进中外交流,拓展精神疆域,驱动思想创新。中华译学馆依托浙江大学,联动国内外著名大学与社会文化机构,在文学、文化与思想三个维度积极开展工作。至2018年年底,已出版《中华译学馆·中华翻译研究文库》《中华译学馆·中世纪文艺复兴译丛》《翻译理论与文学译介研究文丛》等专著、译著、编著共计28部。

【4家智库入选2018年度浙江省新型智库】 区域协调发展研究中心作为国家高端智库培育单位直接列入浙江省新型重点专业智库,公共政策研究院、中国农村发展研究院两家智库入选浙江省新型重点专业智库,金融研究院入选浙江省重点培育智库。浙江省新型智库是以服务党委政府科学民主依法决策为使命,以国家和浙江经济社会发展战略问题和公共政策为主要研究对象,以在某一专业领域具有重要话语权且能够有效服务国家和浙江改革发展需求为目标的应用研究平台。本轮智库建设周期为5年,各智库将以国家和浙江重大战略需求为导向,进一步细化建设机制和举措,集聚人才和智力优势,开展战略性、前瞻性、针对性、储备性的决策咨询研究,为推进"八八战略"再深化、改革开放再出发,实现"两个高水平"建设提供强大智力支撑。

【3家智库入选2018年度浙江省新型高校智库】 非传统安全与和平发展研究中心、新型城镇化研究中心、中国跨境电子商务研究院等3家单位入选2018年度浙江省新型高校智库。浙江省新型高校智库将充分发挥高校学科齐全、人才密集、基础研究力量雄厚、对外交流广泛的特色优势,主动对接国家战略,服务国家和区域经济高质量发展,服务浙江"两个高水平"建设,服务浙江教育现代化建设和高教强省建设。自2016年浙江省教育厅开展首批新型高校智库申报工作以来,目前已在全省认定建设28个新型高校智库。至2018年年底,浙江大学共有6家智库入选。

浙江大学年鉴

附录1　浙江大学 2018 年人文社科承担国家社科基金立项项目

序号	项目名称	负责人	所属单位	项目类别
1	汉语隐喻的逻辑表征与认知计算	黄华新	人文学院	重大项目
2	中国外国文学研究索引（CFLSI）的研制与运用	王　永	外国语言文化与国际交流学院	重大项目
3	基于大型语料库的汉语非组构性历时演变与语言演变规律研究	吴义诚	外国语言文化与国际交流学院	重大项目
4	深化司法体制改革和现代科技应用相结合的难点与路径研究	胡　铭	光华法学院	重大项目
5	刑事诉讼中的财产权保护系统研究	王敏远	光华法学院	重大项目
6	政府培育发展社会组织的效应研究	郁建兴	公共管理学院	重大项目
7	新时代中国特色创新文化研究	盛晓明	人文学院	重大研究专项
8	人类命运共同体理念融入国际海洋法体系研究	邹克渊	光华法学院	重大研究专项
9	基于法治中国建设的党和国家监督体系研究	陈国权	公共管理学院	重大研究专项
10	中国历代绘画大系	张　曦	人文学院	重大委托项目
11	新时代中国特色法学基本理论问题研究	张文显	光华法学院	重大委托项目
12	浙江"最多跑一次"改革实践经验研究	郁建兴	公共管理学院	重大委托项目
13	转轮王信仰与中古政治研究	孙英刚	人文学院	重点项目
14	俄罗斯小说发展史	吴　笛	人文学院	重点项目
15	国家网络治理与中国互联网全球化协同研究	洪　宇	传媒与国际文化学院	重点项目
16	刑事诉讼中的财产权保护问题研究	王敏远	光华法学院	重点项目
17	基于全地区样本的国家档案馆公共服务能力评估体系研究	傅荣校	公共管理学院	重点项目
18	新发展理念的价值排序与中国实践研究	张　彦	马克思主义学院	重点项目
19	西藏阿里地区象泉河流域石窟寺综合调查研究	王瑞雷	人文学院	重点专项项目
20	18 世纪法国重农学派文献整理与研究	张　弛	人文学院	一般项目

序号	项目名称	负责人	所属单位	项目类别
21	中国文学与东南亚华文文学建构研究	金 进	人文学院	一般项目
22	南京国民政府对日认知研究	赵晓红	人文学院	一般项目
23	基于出土文献的魏晋南北朝隋唐汉语字词关系研究	真大成	人文学院	一般项目
24	汉语非组构性表达式的演变研究	吴义诚	外国语言文化与国际交流学院	一般项目
25	巴赫金文艺思想中的马克思主义研究	王建刚	传媒与国际文化学院	一般项目
26	智能信息化时代下股票新交易方式、异常换手率与流动性风险研究	俞 彬	经济学院	一般项目
27	信息时代网络犯罪立法理念与模式转型研究	高艳东	光华法学院	一般项目
28	新时代中国知识产权制度的运行成本优化研究	何怀文	光华法学院	一般项目
29	中国武术国际传播能力建设研究	林小美	教育学院	一般项目
30	全民健身和全民健康深度融合的国民意识研究	王 进	教育学院	一般项目
31	减持计划预披露、信息含量与内幕交易新模式研究	朱茶芬	管理学院	一般项目
32	乡村振兴战略下我国乡村旅游可持续发展的村民参与研究	王婉飞	管理学院	一般项目
33	人力资本错配对经济效率的影响及对策研究	熊艳艳	公共管理学院	一般项目
34	城乡融合情景下集体土地产权治理体系研究	靳相木	公共管理学院	一般项目
35	我国大都市区行政区划改革的风险及防范研究	吴金群	公共管理学院	一般项目
36	公共文化服务均等化背景下城乡流动儿童阅读环境和阅读行为研究	王素芳	公共管理学院	一般项目
37	农村改革决策过程的历史社会学研究	郦 菁	社会学系	一般项目

浙江大学年鉴

序号	项目名称	负责人	所属单位	项目类别
38	运河船民生活世界的社会区隔与社群边界的建构研究	刘朝晖	社会学系	一般项目
39	地方政府机会主义行为的成因、影响与治理研究	耿 曙	社会学系	一般项目
40	宗教极端思潮的心理危害研究	张新樟	马克思主义学院	一般项目
41	医疗不良事件中减少或避免第二受害的医院支持体系建构研究	何剑琴	医学院	一般项目
42	唐蕃关系视野下的"陇右"边防体制研究	宋 翔	人文学院	青年项目
43	"大改革"时期俄罗斯文学中的西方旅行书写研究(1855—1881)	龙瑜宬	人文学院	青年项目
44	勒克莱齐奥短篇小说研究	樊艳梅	外国语言文化与国际交流学院	青年项目
45	中国科层政治与项目制的组织选择、张力及复合机制研究	史普原	传媒与国际文化学院	青年项目
46	推进战略性新兴产业跨越式发展的中国特色路径与激励政策研究	宋学印	经济学院	青年项目
47	法院网上诉讼平台及诉讼规则构建研究	冯 洋	光华法学院	青年项目
48	大数据视野下社会治理法治建设评估方法及其应用研究	康兰平	光华法学院	青年项目
49	义务教育择校"高烧"的福利治理机制研究	马高明	公共管理学院	青年项目
50	《资本论》视阈下当代资本主义系统性危机研究	卢 江	马克思主义学院	青年项目
51	浙江学人与中国近代考古学	项隆元	人文学院	后期资助项目
52	宋元禅宗清规辑校	冯国栋	人文学院	后期资助项目
53	从伦理之政到伦理之治:古代儒学变迁之研究	陶 磊	人文学院	后期资助项目
54	《陈氏礼记集说补正》整理与研究	张 琪	人文学院	后期资助项目
55	"文人"汪曾祺研究	翟业军	人文学院	后期资助项目
56	从启蒙到解放:马克思主义政治哲学的多元实践研究	包大为	人文学院	后期资助项目

续表

序号	项目名称	负责人	所属单位	项目类别
57	岭南地区出土汉代铜器的考古学探索	吴小平	人文学院	后期资助项目
58	人力资本与地区发展不平衡研究	张海峰	公共管理学院	后期资助项目
59	新时代青年文化景观及引导研究	代玉启	马克思主义学院	后期资助项目
60	来华西人与中西音乐交流	宫宏宇	出版社	中华学术外译项目
61	古汉语通论	蒋礼鸿 任铭善	出版社	中华学术外译项目
62	明代文学史	徐朔方 孙秋克	出版社	中华学术外译项目
63	敦煌学论稿	姜亮夫	出版社	中华学术外译项目
64	中西交通史	方　豪	出版社	中华学术外译项目
65	"一带一路"争端解决机制	王贵国 等	出版社	中华学术外译项目

附录 2　浙江大学 2018 年人文社科承担省部级项目

序号	项目名称	负责人	所属单位	项目类别
浙江大学 2018 年人文社科承担全国教育科学"十三五"规划项目				
1	建国初党中央创建社会主义高等教育体系的战略智慧研究	刘　超	教育学院	国家一般
2	"双一流"建设背景下境外优质高等教育资源引进标准与风险控制研究	伍　宸	教育学院	国家青年
浙江大学 2018 年人文社科承担教育部人文社科研究项目				
1	面向 2035 我国高校哲学社会科学整体发展战略研究	任少波	教育学院	重大课题攻关项目
2	"互联网＋政务"背景下电子文件单套制管理的体系框架与实现路径研究	章燕华	公共管理学院	规划基金项目
3	构建中国负责任大国形象:基于国际规范体系转型的研究	崔顺姬	公共管理学院	规划基金项目

序号	项目名称	负责人	所属单位	项目类别
4	注意如何影响知觉印象研究	蔡永春	心理与行为科学系	规划基金项目
5	数字认知的空间表征机制研究	卢舍那	心理与行为科学系	规划基金项目
6	语义角色视角下的先秦至东汉单音动词词义演变研究	王 诚	人文学院	青年基金项目
7	清华简词语汇释与研究	岳晓峰	人文学院	青年基金项目
8	魏晋南北朝墓志文体形态及其演变研究	蒋金坤	人文学院	青年基金项目
9	明人校刊杂剧研究	赵铁锌	人文学院	青年基金项目
10	合法性视角下创业叙事的资源获取与绩效转化机制研究	张慧玉	外国语言文化与国际交流学院	青年基金项目
11	自适应认知诊断英语听力测试模型构建研究	闵尚超	外国语言文化与国际交流学院	青年基金项目
12	移动数字媒体中风险传播的信息扩散机制研究	黄 清	传媒与国际文化学院	青年基金项目
13	技术变革与社会转型中的新闻业创新：理念、过程和社会影响———项新闻民族志研究	周睿鸣	传媒与国际文化学院	青年基金项目
14	时变系数三步回归滤波理论及其在中国经济中的应用研究	曾 涛	经济学院	青年基金项目
15	基于跨境电商的贸易成本演化研究	张洪胜	经济学院	青年基金项目
16	我国儿童青少年的体力活动标准研究	黄 聪	教育学院	青年基金项目
17	区域自给还是适度差异化发展：省际竞争对中国农业的影响研究	龚斌磊	公共管理学院	青年基金项目
18	注意偏向矫正对海洛因与冰毒成瘾者复吸倾向的干预研究	张 萌	心理与行为科学系	青年基金项目
19	我国工程教育评价体系建设研究	孔寒冰	中国科教发展战略研究院	工程科技人才培养研究一般项目

序号	项目名称	负责人	所属单位	项目类别
20	"一带一路"背景下工程技术人才国际化能力培养体系研究	林成华	中国科教发展战略研究院	工程科技人才培养研究一般项目
21	新时代高校"德育共同体"的建构和探索研究	任少波	马克思主义学院	中国特色社会主义理论体系研究专项任务项目
22	高校反性骚扰的制度机制研究	马春波	其他	教育廉政理论研究专项委托项目
23	加强高校意识形态工作领导权研究	邹晓东	公共管理学院	社科司专项任务委托项目
24	习近平总书记关于科技创新的重要论述研究	张 立	人文学院	研究阐释党的十九大精神专项任务项目
25	教育优质资源供给侧改革与不平衡不充分困境破解	周谷平	教育学院	研究阐释党的十九大精神专项任务项目
26	乡村振兴战略的路径与政策研究	黄祖辉	公共管理学院	研究阐释党的十九大精神专项任务项目
27	习近平关于社会主义国家政权巩固后实现有效治理的思想研究	郁建兴	公共管理学院	研究阐释党的十九大精神专项任务项目
28	习近平新时代中国特色社会主义思想哲学基础研究	刘同舫	马克思主义学院	研究阐释党的十九大精神专项任务项目

附录3 浙江大学 2018 年人文社科经费到款情况

单位名称	项目级别				总计		
	纵向课题		横向课题		新立项数/项	总经费/万元	总经费比上年增长/%
	新立项数/项	总经费/万元	新立项数/项	总经费/万元			
人文学院	42	950.10	22	532.91	64	1483.01	−2.01
外国语言文化与国际交流学院	16	293.16	6	70.58	22	363.74	−16.59

单位名称	项目级别				总计		
	纵向课题		横向课题		新立项数/项	总经费/万元	总经费比上年增长/%
	新立项数/项	总经费/万元	新立项数/项	总经费/万元			
传媒与国际文化学院	9	123.60	14	640.76	23	764.36	−54.20
经济学院	14	287.30	26	709.30	40	996.60	−14.41
光华法学院	26	642.90	17	390.00	43	1032.90	11.92
教育学院	15	240.51	22	1346.08	37	1586.59	34.95
管理学院	10	95.92	36	1006.61	46	1102.53	−31.81
公共管理学院	26	843.00	119	2938.15	145	3781.15	16.59
马克思主义学院	10	162.50	5	31.80	15	194.30	−12.28
中国西部发展研究院	5	301.50	11	278.95	16	580.45	51.42
文化遗产研究院	1	28.00	11	416.07	12	444.07	−17.33
社会科学研究基础平台	0	0.00	4	395.26	4	395.26	52.89
其他	63	2675.04	137	8713.26	200	11388.30	−14.15
总计	237	6643.52	430	17469.73	667	24113.25	−8.53

附录 4　浙江大学 2018 年人文社科获省部级以上奖项

序号	获奖成果名称	第一作者	成果形式	奖项等级
商务发展研究成果奖(2017)				
1	中国粮食安全与全球粮食定价权:基于全球产业链视角的分析	马述忠	著作	三等奖
2	出口贸易转型升级能否缓解人口红利下降的压力	马述忠	论文	优秀奖
第二十届安子介国际贸易研究奖				
1	集群商业信用与企业出口——对中国出口扩张奇迹的一种解释	马述忠	论文	三等奖
第七届钱端升法学研究成果奖				
1	全球治理视野下的国际法治与国内法治	赵　骏	论文	二等奖
2	论中国法治评估的转型	钱弘道	论文	三等奖
3	司法公信力的理性解释与建构	胡　铭	论文	提名奖

附录 5 　2018 年浙江大学人文社科研究院

序号	机构名称	负责人	所属单位
1	韩国研究所	金健人	人文学院
2	古籍研究所	王云路	人文学院
3	文艺学研究所	苏宏斌	人文学院
4	文化遗产与博物馆学研究所	严建强	人文学院
5	中国古代文学与文化研究所	周明初	人文学院
6	中国现当代文学与文化研究所	吴秀明 姚晓雷（常务）	人文学院
7	世界文学与比较文学研究所	吴 笛	人文学院
8	汉语言研究所	方一新	人文学院
9	中国古代史研究所	刘进宝	人文学院
10	世界历史研究所	张 杨	人文学院
11	中国近现代史研究所	肖如平	人文学院
12	科技与社会发展研究所	盛晓明	人文学院
13	科技与文化研究所	黄华新	人文学院
14	中国思想文化研究所	董 平	人文学院
15	外国哲学研究所	包利民	人文学院
16	中国艺术研究所	陈振濂	人文学院
17	日本文化研究所	王 勇	人文学院
18	宗教学研究所	王志成	人文学院
19	德国文化研究所	范捷平	外国语言文化与国际交流学院
20	外国文学研究所	高 奋	外国语言文化与国际交流学院
21	外国语言学及应用语言学研究所	何莲珍	外国语言文化与国际交流学院
22	跨文化与区域研究所	程 乐	外国语言文化与国际交流学院
23	翻译学研究所	郭国良	外国语言文化与国际交流学院
24	国际文化和社会思想研究所	潘一禾	传媒与国际文化学院

序号	机构名称	负责人	所属单位
25	传播研究所	洪　宇	传媒与国际文化学院
26	新闻传媒与社会发展研究所	吴红雨（执行）	传媒与国际文化学院
27	广播电影电视研究所	范志忠	传媒与国际文化学院
28	美学与批评理论研究所	王建刚	传媒与国际文化学院
29	经济研究所	汪淼军	经济学院
30	产业经济研究所	金祥荣 李建琴（执行）	经济学院
31	国际商务研究所	马述忠 严建苗（执行）	经济学院
32	国际经济研究所	藤田昌久（名誉） 赵　伟	经济学院
33	公共经济与财政研究所	郑备军	经济学院
34	证券期货研究所	蒋岳祥	经济学院
35	金融研究所	王维安	经济学院
36	法与经济学研究所	翁国民	经济学院
37	公法与比较法研究所	胡敏洁	光华法学院
38	经济法研究所	范良聪（执行）	光华法学院
39	法理与判例研究所	焦宝乾	光华法学院
40	民商法研究所	陆　青（执行）	光华法学院
41	国际法研究所	马　光（执行）	光华法学院
42	刑法研究所	高艳东（执行）	光华法学院
43	高等教育研究所	眭依凡	教育学院
44	教育科学与技术研究所	盛群力	教育学院
45	中外教育现代化研究所	田正平	教育学院
46	体育科学与技术研究所	王　健	教育学院
47	管理科学与信息系统研究所	吴晓波	管理学院
48	管理工程研究所	马庆国	管理学院
49	物流与决策优化研究所	刘　南	管理学院
50	财务与会计研究所	姚　铮	管理学院

续表

序号	机构名称	负责人	所属单位
51	企业组织与战略研究所	魏　江	管理学院
52	营销管理研究所	范晓屏	管理学院
53	人力资源管理研究所	王重鸣	管理学院
54	企业投资研究所	贾生华	管理学院
55	旅游研究所	周玲强	管理学院
56	饭店管理研究所	王婉飞	管理学院
57	农业与农村经济发展研究所	阮建青	公共管理学院
58	中小企业成长与城镇发展研究所	卫龙宝	公共管理学院
59	行政管理研究所	陈丽君	公共管理学院
60	风险管理与劳动保障研究所	何文炯	公共管理学院
61	土地科学与不动产研究所	岳文泽	公共管理学院
62	政府与企业研究所	吴结兵	公共管理学院
63	台湾研究所	王在希	公共管理学院
64	信息资源管理研究所	周　萍	公共管理学院
65	社会学研究所	曹正汉	公共管理学院
66	社会理论与社会建设研究所	张国清	公共管理学院
67	政治学研究所	余逊达	公共管理学院
68	人类学研究所	庄孔韶 阮云星	公共管理学院
69	马克思主义理论研究所	万　斌	马克思主义学院
70	国际政治研究所	吕有志	马克思主义学院
71	人口与发展研究所	米　红（常务）	中国西部发展研究院

附录 6　2018 年浙江大学人文社科研究中心

序号	机构名称	负责人	备　注
1	农业现代化与农村发展研究中心 中国农村发展研究院	黄祖辉 钱文荣（执行）	教育部人文社科重点研究基地 "985 工程"哲学社会科学创新基地
2	汉语史研究中心	方一新	教育部人文社科重点研究基地

浙江大学年鉴

序号	机构名称	负责人	备 注
3	民营经济研究中心	潘士远	教育部人文社科重点研究基地"985 工程"哲学社会科学创新基地
4	基督教与跨文化研究中心	王晓朝	"985 工程"哲学社会科学创新基地
5	语言与认知研究中心	黄华新	"985 工程"哲学社会科学创新基地
6	创新管理与持续竞争力研究中心	吴晓波	"985 工程"哲学社会科学创新基地
7	科教发展战略研究中心	邹晓东 魏 江(执行)	教育部科技委战略研究基地
8	基础教育课程研究中心	顾建民	教育部基础教育司研究中心
9	体育现代化发展研究中心	罗卫东	国家体育总局重点研究基地
10	地方政府与社会治理研究中心	陈剩勇 毛 丹	浙江省人文社科重点研究基地
11	区域经济开放与发展研究中心	黄先海	浙江省人文社科重点研究基地
12	民生保障与公共治理研究中心	何文炯	浙江省人文社科重点研究基地
13	《浙江文献集成》编纂中心	张 曦 张涌泉(执行)	浙江省人文社科重点研究基地
14	宋学研究中心	陶 然	浙江省人文社科重点研究基地
15	传媒与文化产业研究中心	邵培仁	浙江省人文社科扶持研究中心
16	石窟寺文物数字化保护国家文物局重点科研基地	鲁东明	国家文物局重点研究基地
17	房地产研究中心	贾生华	
18	可持续发展研究中心	罗卫东 常 杰(执行)	
19	信息资源分析与应用研究中心	马景娣	
20	资产管理研究中心	金雪军	
21	企业成长研究中心	徐金发	

续表

序号	机构名称	负责人	备注
22	经济与文化研究中心	楼含松 何春晖（执行）	
23	欧洲研究中心	李金珊	
24	跨学科社会科学研究中心	陈叶烽（执行）	
25	新经济产业发展研究中心	黄先海	
26	法理研究中心	张文显	
27	亚太休闲教育研究中心	楼含松 潘立勇（执行）	
28	台港澳研究中心	王在希	
29	妇女研究中心	吴健	
30	江万龄国际经济与金融投资研究中心	金雪军	
31	中国书画文物鉴定研究中心	陈振濂	
32	文物保护和鉴定研究中心	严建强 项隆元（常务）	
33	法治研究中心	胡建淼	
34	区域与城市发展研究中心	刘亭 陈建军（执行）	
35	中国古代书画研究中心	许洪流（常务）	
36	全球创业研究中心	王重鸣 William Miller （斯坦福大学）	
37	信息技术与新兴产业研究中心	马庆国	
38	人力资源与战略发展研究中心	王重鸣	
39	创新与发展研究中心	许庆瑞	
40	敦煌学研究中心	张涌泉	
41	社会组织与社会治理研究中心	郁建兴	
42	人文旅游研究中心	潘立勇 傅建祥（兼）	

序号	机构名称	负责人	备　注
43	资本市场研究中心	黄　英	
44	儒商与东亚文明研究中心	杜维明（名誉） 周生春（执行）	
45	非传统安全与和平发展研究中心	余潇枫	
46	影视与动漫游戏研究中心	盘　剑	
47	公共外交与战略传播研究中心	何亚非 吴飞（执行）	
48	当代中国话语研究中心	程　乐	
49	非物质文化遗产研究中心	赖金良	
50	干部培训研究中心	阮连法（常务）	
51	产业发展研究中心	林　由	
52	民政研究中心	罗卫东 俞志壮	
53	律师实务研究中心	吴勇敏	
54	浙江大学—杭州市服务业发展研究中心	魏　江 朱师钧	
55	神经管理学实验室	马庆国（名誉） 汪　蕾	
56	中国社区建设研究中心	朱耀垠　万亚伟 毛　丹（执行）	
57	金融研究院	史晋川	
58	佛教文化研究中心	董　平 张家成（执行）	
59	中国地方政府创新研究中心	俞可平（名誉） 陈国权	
60	工程教育创新中心	邹晓东	
61	中国西部发展研究院	周谷平	
62	社会科学研究基础平台	甘　犁 袁　清（执行）	

序号	机构名称	负责人	备　注
63	文化遗产研究院	曹锦炎 张颖岚（常务）	
64	全球浙商研究院	张　曦（名誉） 魏　江	
65	蒋介石与近代中国研究中心	陈红民	
66	地方历史文书编纂与研究中心	包伟民	
67	不动产投资研究中心	方红生	
68	故宫学研究中心	郑欣淼（名誉， 故宫博物院） 张　曦（名誉） 余　辉 （故宫博物院） 曹锦炎	
69	全球化文明研究中心	卓新平 （中国社会科学院）	
70	亚洲研究中心	罗卫东	
71	科斯研究中心	王　宁 （亚利桑那大学） 罗卫东	
72	气候变化法律研究中心	谢英士（外聘） 朱新力	
73	廉政研究中心	叶　民 马春波（常务）	
74	科学技术与产业文化研究中心	盛晓明	
75	中国组织发展与绩效评估研究中心	范柏乃	
76	国际马一浮人文研究中心	杜维明（名誉） 吴　光（名誉） 彭国翔	
77	海洋法律与治理研究中心	朱新力	
78	公共政策研究院	姚先国 金雪军（执行）	

序号	机构名称	负责人	备　注
79	龙泉司法档案研究中心	包伟民	
80	浙江大学—诺丁汉大学中国与全球经济政策研究中心	顾国达 Chris Milner （诺丁汉大学）	
81	中华礼学研究中心	王云路	
82	党建研究中心	邹晓东	
83	德育与学生发展研究中心	任少波	
84	国际影视发展研究院	范志忠	
85	信息技术与经济社会系统研究中心	刘　渊	
86	中国海洋文化传播研究中心	李　杰	
87	法律与经济研究中心	熊秉元	
88	环境与能源政策研究中心	Thomas Heberer 郭苏建	
89	质量管理研究中心	熊　伟	
90	土地与国家发展研究院	吴次芳	
91	汉藏佛教艺术研究中心	谢继胜	
92	外语传媒出版质量研究中心	陆建平(主持工作)	
93	"一带一路"合作与发展协同创新中心	罗卫东　周谷平	
94	人文高等研究院	罗卫东　赵鼎新	
95	陈香梅资料与研究中心	陈红民	
96	区域协调发展研究中心	周谷平	
97	司法文明协同创新中心	胡　铭	
98	社会保障研究中心	何文炯	
99	道教文化研究中心	孔令宏	
100	中国地方治理与法治研究中心	葛洪义	
101	公共服务与绩效评估研究中心	胡税根	

序号	机构名称	负责人	备　注
102	服务科学研究中心	华中生	
103	教科书研究中心	刘正伟	
104	互联网金融研究院	贲圣林	
105	周有光语言文字学研究中心	王云路	
106	中国跨境电子商务研究院	马述忠	
107	公众史学研究中心	陈　新	
108	新型城镇化研究中心	张蔚文	
109	港航物流与自由贸易岛研究中心	Lee Tae-woo	
110	科技与法律研究中心	罗卫东	
111	佛教资源与研究中心	何欢欢	
112	中国减贫与发展研究中心	黄祖辉	
113	国际教育研究中心	宋永华	
114	数据分析和管理国际研究中心	周伟华 叶荫宇（外方主任）	
115	旅游与休闲研究院	庞学铨	
116	世界艺术研究中心	沈建平	
117	数字出版研究中心	金更达	
118	中国特色社会主义研究中心	邹晓东 任少波（常务）	
119	校史研究中心	田正平 马景娣（执行）	
120	当代马克思主义美学研究中心	王　杰	
121	国际战略与法律研究院	王贵国	
122	全球农商研究院		
123	中华译学馆	许　钧	
124	世界文学跨学科研究中心	聂珍钊	
125	马一浮书院	刘梦溪	

浙江大学年鉴

序号	机构名称	负责人	备 注
126	立法研究院*	周江洪 郑春燕(执行) 余 军(常务)	
127	财税大数据与政策研究中心*	李金珊	
128	社会治理研究院*	郁建兴 王诗宗(执行)	

注:标 * 为 2018 年成立的研究中心。

附录 7　2018 年浙江大学省部级以上智库

序号	智库名称	负责人	备 注
国家高端智库建设培育单位			
1	区域协调发展研究中心	周谷平	
浙江省新型重点专业智库			
1	区域协调发展研究中心	周谷平	
2	公共政策研究院	姚先国	
3	中国农村发展研究院	钱文荣	
4	金融研究院	史晋川	重点培育智库
浙江省新型高校智库			
1	创新管理与持续竞争力研究中心	吴晓波	
2	中国科教战略研究院	李铭霞	
3	土地与国家发展研究院	吴次芳	
4	非传统安全与和平发展研究中心	余潇枫	
5	新型城镇化研究中心	张蔚文	
6	中国跨境电子商务研究院	马述忠	

(赵　怡撰稿　袁　清审稿)

社会服务

【概况】　2018 年，浙江大学进一步完善社会服务整体规划，按照"立足浙江，面向全国，走向世界"总要求服务，国家重大战略需求，区域经济社会发展，深入推进"两边两路，一个核心"社会服务战略布局。全年，浙大新签横向技术合同共 3063 项，合同经费达 16.51 亿元；获中国三大专利授权 2391 件（其中发明专利 1838 件），发明专利授权数持续位居国内高校第一；浙大工业技术转化研究院共接受校内各学院 280 多项的科技成果转化申请，总金额逾 1.2 亿人民币；浙江知识产权交易中心共成交 252 项科技成果项目，交易金额 19829 万元。浙大技术转移中心以六条主线扇形辐射全国重点区域的战略布局，新增云南红河和西藏等分中心，至年底，其全国技术转移区域分支机构共 100 家，促成浙大与地方和企业各类产学研项目合作经费逾 1.5 亿元。

人文社会科学加强战略谋划，着力打造高端智库，全年承接中央有关部门直接委托智库研究任务 20 余项，共向各级政府、企事业单位提交研究咨询报告 397 份，其中范柏乃的《加强人才称号过多过滥问题统筹治理的建议》和吴次芳的《关于建立责任共担、利益共享机制，促进长三角地区更高质量发展的建议》2 篇报告获中央主要领导的重要批示，1 篇报告刊登于《国家高端智库报告》。浙大智库的社会影响力也随之逐步提升，共在《人民日报》《光明日报》《求是》上发表相关文章 20 余篇，并出版了"舟山群岛新区自由港研究丛书"等智库成果。同时，与南京大学中国智库研究与评价中心"中国智库索引"、清华大学智库中心、上海社科院智库研究中心开展交流合作，推进智库影响力建设与成果推广。中国西部发展研究院、中国农村发展研究院和中国科教战略研究院入选 CTTI 高校智库百强榜。

聚焦京津冀一体化、粤港澳大湾区、长江经济带等国家重大区域发展战略，持续构筑"泛浙大"科技创新创业体系，不断深化"高强辐射"开放协同合作网络。与宁夏回族自治区、西安市、常熟市、兰考县签署校地战略合作协议；与雄安新区改革与发展局签署合作框架协议，共建"浙江大学雄安发展中心"；推动浙江大学深圳前沿技术研究院建设；推动与江西、海南、黑龙江、新疆、内蒙古等涉农省份合作，重点推动与江西省围绕乡村振兴战略的合作，共同打造乡村振兴示范县（区）；成立南京健康产业研究院，加快推进四川研究院、青岛研究院及类脑基地等产学研合作工作。主动谋划与地方合作，建设浙江大学杭州国际科创中心、浙江大学宁波研究院，推进杭州江干数字经济研究院建设；与衢州市签署新一轮市校战略合作协议，共建浙江大学衢州研究院、浙江大学工程师学院衢州分院；与温州市共建浙江大学温州研究院、与杭州市萧山区人民政府共建浙江大学计算机创新技术研究院、与绍兴市越城区人民政府共建浙江大学绍兴微电子研究中心等机构；大力推进与行业、企业产学研合作，与恒逸集团、舜宇集团等企业签订合作协议，共建校企联合研究机构；推动与浙江省海港投资运营集团有限公司在技术合作、教育培训、人才培养和合作机制等方面的合作。

依托国际创新研究院，设立了美国硅谷创新中心、德国柏林创新中心，筹备设立日

浙江大学年鉴

本东京创新中心、中瑞联合创新中心。

扎实推进云南景东县、贵州台江县的定点扶贫工作以及浙江武义县新宅镇的结对帮扶工作。浙江大学申报的"产业扶贫：让乌骨鸡'变身'金凤凰"项目获第三届教育部直属高校精准扶贫精准脱贫十大典型项目。持续推进对口支援贵州大学、塔里木大学、滇西应用技术大学等工作，新增对口合作云南大学、郑州大学与山西大学，进一步提升对口合作高校优势特色学科群的综合实力和辐射带动效应。

浙大国家大学科技园新注册入园企业131家，获得杭州市级高新技术企业认定18家、国家高新技术企业认定6家；参加第46届瑞士日内瓦国际发明展的4个项目获特别金奖1项、金奖2项和铜奖1项；获评"年度创业服务机构""浙江省创新创业首选地""杭州市高新区特色产业园""A类国家级科技企业孵化器"。浙江大学e-WORKS创业实验室被科技部火炬中心评为国家备案众创空间，被浙江省科学技术厅评为2018年度优秀众创空间，2018年共签约入驻项目17个，经培育全部注册成立了公司。浙江大学紫金众创小镇核心启动区块入驻企业181家，其中浙大师生创业企业30家（占17%），校友企业82家（占45%），合作企业58家（占32%），其他企业11家，国家高新技术企业3家，市高新技术企业3家，雏鹰、青蓝企业3家；引进国千人才1名，西湖区"325"人才计划项目7名。与西湖区共建杭州国际人才创业创新园（西湖园区），成立西湖·浙大国际人才创新创业俱乐部和杭州西湖国际人才创投联盟，目前已经引进6个国际人才项目和1个众创空间项目入驻。引进浙大紫金众创小镇·腾讯云基地（人工智能与大数据众创空间）与浙江大学雅喵创

客空间落户小镇，江山等各地政府主导的"飞地"落户紫金众创小镇，成立"浙大紫金创业投资联盟"，创建浙江省股权交易中心"浙大科技板"，促进了创新创业生态社区的打造。加快构建"众创空间—孵化器—加速器—科技园"四级孵化体系，有效推动高校的科技成果转化。

（赵　怡　洪扬胡　淳　於　晓撰稿
袁　清　夏文莉　傅方正　张丽娜审稿）

【科技园被授予"年度创业服务机构"】　3月，在杭州市第二届万物生长大会上，浙江大学国家大学科技园被杭州市科委授予"年度创业服务机构"称号。工研院（科技园）将继续发挥科技、人才、信息和文化氛围等一系列资源优势，整合资源、搭建平台、强化服务，政产学研协同，打造创新创业生态系统，推动区域科技创新和经济社会发展。

（於　晓撰稿　张丽娜审稿）

【科技园获"浙江省创新创业首选地"称号】　5月，浙江大学国家大学科技园获浙江省科技厅授予的首批"浙江省创新创业首选地"称号。工研院（科技园）积极整合学校、政府和社会等各类资源，在推进科技成果转化与产业化、孵化高新技术企业和培育创新创业人才等方面形成了独具特色的发展模式。

（於　晓撰稿　张丽娜审稿）

【《宁夏回族自治区人民政府—浙江大学全面战略合作框架协议》签署】　9月13日，该协议在宁夏回族自治区签署。根据协议，双方将本着"突出特色、务求实效、协同创新、互利共赢"的原则，充分发挥浙江大学科技成果聚集和人才密集的优势，紧密结合宁夏的区位、资源和产业政策特点，致力于建立长期、全面、稳定的战略合作关系，创新合作机制，拓宽合作领域、提升合作层次，谋求

共同发展。

（胡　淳撰稿　傅方正审稿）

【与河北雄安新区合作共建"浙江大学雄安发展中心"】　瞄准国家重大战略部署和改革前沿阵地，积极推进与河北雄安新区的合作。12月28日，签署合作共建"浙江大学雄安发展中心"框架协议。浙江大学雄安发展中心将依托浙江大学资源和"泛浙大"力量，聚集雄安新区重大需求，发挥平台的研究、咨询、交流等功能，推动双方在政府治理、数字金融、城市建筑规划、新型城镇化建设、科技成果转化和人才培养等方面开展深入合作，打造立足雄安新区、辐射京津冀、有效连接国际研究机构和企业创新资源的具有重大引领作用的开放式合作平台。

（胡　淳撰稿　傅方正审稿）

【校领导率队赴景东调研定点帮扶工作】　8月25至27日，校党委书记邹晓东率队赴云南省景东彝族自治县开展调研，并举行定点帮扶工作座谈会。自2013年浙江大学与景东结对帮扶以来，共投入各类资金2000余万元，用于帮助景东改善教育环境、资助贫困学生。坚持选派优秀干部挂职担任副县长、村第一书记，先后有500余人次的专家教授来到景东指导产业发展，探索建立了以首席专家负责制为代表的帮扶机制，助力景东经济社会发展。此行，调研团慰问了景东县职业高级中学的浙江大学研究生支教团；看望锦屏镇新民村建档立卡贫困户；调研建设中的景东县职业高级中学职教园区、浙江大学景东产业首席专家陈再鸣和汤一分别指导建设的灵芝孢子粉基地和天泽茶庄园生产加工基地，以及浙江大学对口帮扶的滇西应用技术大学普洱茶学院。浙江大学副校长罗卫东与景东彝族自治县县委副书记、县长胡其武代表双方签署《浙江大学教育基金会向景东彝族自治县人民政府捐赠协议书》。浙江大学教育基金会向景东彝族自治县人民政府捐赠500万元，用于景东县职业高级中学职教园区教学综合楼项目建设。校友企业上海遂真投资管理有限公司通过浙江大学教育基金会向景东县捐赠100万元，用于生态灵芝和野生菌帮扶项目和无量山乌骨鸡帮扶项目；校友企业杭州禾迈电力电子技术有限公司向景东县新民村捐赠价值20万元的光伏发电设备。

（胡　淳撰稿　傅方正审稿）

【科技园再次被科技部评为"A类国家级科技企业孵化器"】　10月，浙江大学国家大学科技园再次被科技部评为"A类国家级科技企业孵化器"。工研院（科技园）促进科技成果转化、培养高新技术企业、促进区域创新发展效果显著，浙大科技园已经连续多次获得"A类国家大学科技园"和"A类国家级科技企业孵化器"荣誉。

（於　晓撰稿　张丽娜审稿）

规划与重点建设

"双一流"建设

【组织推进"双一流"建设实施工作】 根据学校"双一流"建设总体部署,围绕"双一流"建设方案确立的发展目标、关键举措和预期成效,认真研究谋划改革发展任务、实施举措、责任落实和进度安排,编制了学校和各学院(系)的"双一流"建设实施方案,凝练了"五大体系"、"五大布局"和"五大战略",制定了12个专项方案和60项计划举措,进一步聚焦重点方向、落实院系主体、强化协同联动、明确责任体系,形成了中国特色世界一流大学建设的"施工图",推动学校"双一流"建设进入全面实施的新阶段。

7月1—2日,浙江大学举办了以"深入贯彻落实学校第十四次党代会精神,推动学校和学院(系)'双一流'建设实施工作,加快高水平建设中国特色世界一流大学的步伐"为主题的"双一流"建设专题研讨会,逐个听取各学院(系)"双一流"建设实施进展情况汇报,深刻总结分析了学校、各学院(系)及各学科在实施过程中存在的突出问题,并对下一步工作提出了具有针对性和指导性的意见建议。

为进一步规范"双一流"建设实施流程和项目管理程序,学校先后制定并印发了《中共浙江大学委员会浙江大学关于推进"双一流"建设工作的实施意见》(党委发〔2018〕9号)、《浙江大学"双一流"建设项目管理办法(暂行)》(浙大发规划〔2018〕1号)、《浙江大学"双一流"专项资金管理办法》(浙大发计〔2018〕14号)等文件,进一步明确了学校"双一流"建设工作体系及项目管理的具体要求。为更好地支撑"双一流"建设项目管理、动态监测和绩效评价,加速推进"双一流"建设管理与服务能力现代化,启动建设浙江大学"双一流"建设信息管理系统并上线试运行。

按照教育部《关于编制"双一流"建设年度进展报告的通知》(教研司〔2018〕10号)精神,学校围绕"双一流"建设12个专项、各资金项目及各学院(系)"双一流"建设等方面组织开展了年度进展情况总结工作,在此基础上编制形成《浙江大学"双一流"建设2018年度进展报告》并报送教育部。

【启动新一轮部省共建浙江大学】 4月8日,中共浙江省委常委会议专题研究浙江大学建设发展,提出将一如既往地全力支持学校冲刺世界一流。6月28日,教育部和浙江省第一次部省会商会议在杭州举行。会上,双方签署了《教育部浙江省人民政府关于推进浙江大学建设世界一流大学的共建协议》,决定在巩固以往共建成果基础上继续重点共建浙江大学。浙江省继续将浙江大学的改革发展纳入全省经济社会发展总体规划,并给予相应的经费和政策支持;教育部将会同有关部门加大对浙江大学创建世界一流大学的专项经费支持力度,支持和鼓励浙江大学将世界一流大学建设与服务浙江经济社会发展紧密结合,继续拓展共建内容,推进体制机制改革,促进学科、人才、科研与产业互动,推动重大科学创新、关键技术突破转化为先进生产力,进一步发挥创新源、人才泵和思想库功能,增强学校创新资源对区域经济社会发展的驱动力。协议还明确教育部和浙江人民政府将继续共建浙江大学相关事宜纳入部省会商机制加以推进落实。

浙江大学深入贯彻落实省委常委会、部省会商会议和共建协议精神,制定了全方位服务浙江经济社会发展行动计划和融入浙江省大湾区建设专项规划,并高质量完成了"双一流"建设浙江省配套资金项目规划与经费安排等工作。

【"双一流"建设经费立项与经费安排】
2018年,浙江大学获批中央"双一流"建设专项经费8.15亿元,浙江省"双一流"配套建设经费到位4亿元。按照教育部和浙江省要求,紧密围绕学校"双一流"建设方案和实施方案,2018年"双一流"建设经费安排了高峰学科建设支持计划、一流骨干基础学科建设支持计划和海外一流学科伙伴提升计划等25个项目。浙江大学高度重视"双一流"建设经费的规范管理和使用,通过进一步加强项目库建设,科学合理安排项目和配置经费等方式,有效提高经费执行进度,截至12月31日,中央"双一流"建设专项经费执行率达到99.99%。

【附录】

浙江大学"双一流"建设实施举措

序号	举措	序号	举措
1	新时代思想政治教育创新计划	10	会聚型学科领域发展计划
2	一流本科生培养计划	11	学科内生动力提升计划
3	一流荣誉学院建设计划	12	育人强师计划
4	卓越研究生培养计划	13	师德师风建设计划
5	留学生教育提升计划	14	学术大师汇聚计划
6	双创行动计划	15	高层次人才和高水平团队引育计划
7	高峰学科建设支持计划	16	一流师资百人计划
8	一流骨干基础学科建设支持计划	17	师资队伍国际化提升计划
9	优势特色学科发展计划	18	管理与支撑队伍建设计划

序号	举措	序号	举措
19	面向 2030 的科研战略计划	40	完善党委领导下的校长负责制
20	重大理论和现实问题研究计划	41	党的宣传思想工作改革创新
21	重大科研创新平台建设计划	42	党的组织建设机制创新
22	一流国际科研合作计划	43	党风廉政建设和风险防控机制改革
23	高端智库建设计划	44	深化人才培养模式改革
24	军民融合科技发展计划	45	深化科研体制机制改革
25	世界顶尖大学战略合作计划	46	深化人事制度改革
26	海外一流学科伙伴提升计划	47	完善依法治校制度体系
27	国际合作区域拓展计划	48	完善校院管理体制
28	海外声誉提升计划	49	完善学术治理架构
29	国际联合学院建设计划	50	完善民主管理监督体系
30	马克思主义和中国特色社会主义理论研究计划	51	完善学校与社会合作机制
31	中华优秀文化传承与创新计划	52	一流本部校区建设
32	浙江大学精神弘扬计划	53	舟山校区国家级海洋科教示范基地建设
33	文化育人体系建设计划	54	海宁国际校区国家级中外合作办学基地建设
34	文物保护科技创新计划	55	城市学院与工程师学院一体化建设
35	科技与文化成果转化网络体系建设计划	56	宁波校区产教融合基地建设
36	成果转化重点基地建设计划	57	"网上浙大"建设
37	新型农业产业技术体系建设计划	58	美丽校园建设
38	一流附属医院发展提升计划	59	和谐校园建设
39	一流特色继续教育发展计划	60	国际化校园建设

（严晓莹撰稿　徐贤春审稿）

重点建设专项

【启动实施面向 2030 的学科会聚研究计划】

为推动学科会聚造峰，促进跨领域融合创新，强化战略性、前瞻性、针对性问题研究，充分利用学科综合优势打造交叉研究创新高地，加快建设中国特色世界一流大学，浙江大学于 9 月 14 日正式发布启动实施面向 2030 的学科会聚研究计划（简称创新 2030 计划）及首个专项计划——脑科学与人工智能会聚研究计划（简称"双脑计划"）。

创新 2030 计划将围绕服务国家战略目标、探索国际科学前沿、支撑区域重大需求，前瞻布局若干会聚型学科领域，以有效集聚多学科力量和激发人才创新活力为出发点，通过构建会聚型学科专业、凝聚会聚型学科团队、打造会聚型学科平台和推进全球战略合作等路径，形成学科交叉融合、平台资源共享和创新成果不断涌现的发展新局面，实现学科创新能力和国际竞争力大幅提升，为学校跻身世界一流前列奠定坚实基础。创新 2030 计划将聚焦未来创新蓝图，打造多学科参与的学术共同体，以及科学、技术和产业的创新联合体，通过体系化、有组织的规划实施，将计划任务与国家战略目标、区域重大需求及学校"双一流"建设规划紧密结合起来。

"双脑计划"作为创新 2030 计划首个启动的专项计划，聚焦了脑科学和人工智能两大核心领域，会聚神经科学、人工智能、临床医学和计算机科学等学科力量，重点开展脑科学与意识、下一代人工智能和脑机交叉融合等前沿方向的探索，深化"双脑"的交互探索与融合创新，力争基础理论、前沿技术和成果转化取得重大突破，推动"双脑"科技在脑疾病诊治、智能医疗、智能城市、数字经济和教育发展等领域的创新应用，引领未来的智能和健康产业发展，推动更多学科领域的研究范式转变和颠覆性技术创新，面向长远未来培育一批世界领先的研究成果和优势学科。"双脑计划"实施以来，浙江大学已获批教育部脑与脑机融合前沿科学中心、人工智能省部共建协同创新中心等重大交叉创新平台基地，并启动了全球人才招聘专项计划，布局推动了一批"双脑＋人文社科"的交叉创新团队建设。

（严晓莹撰稿　徐贤春审稿）

【启动世界顶尖学科建设】 按照浙江大学第十四次党代会精神和"双一流"建设总体部署，为有效推进院系间交叉协同和学科间会聚融合，孕育和打造若干顶尖的战略前沿领域，2018 年 9 月，《浙江大学世界顶尖学科建设支持方案》经学校党委常委会议审议通过并启动实施。方案明确着力提升优势学科实力水平，培育形成一批世界顶尖学科，为学校迈向世界一流大学前列和建成世界顶尖大学夯实学科基础。方案立足现有基础，对标国际前沿，确定首批支持建设的 5 个顶尖学科领域为化学、工程学、计算机科学与技术、农业科学、药理和毒理学。学校将充分尊重学科发展的内在规律，通过深化"放管服"改革，试行"一学科一策"，实行更加灵活的分类授权、分类施策，进一步强化力量集聚，完善政策配套，给予学科更有针对性的精准支持，加大力度激励学科培育国际顶尖学生和重大原创学术成果，推动学科加快跻身世界顶尖行列。

（严晓莹撰稿　徐贤春审稿）

【开展高峰学科建设支持计划中期评估】
浙江大学高峰学科建设支持计划于 2015 年
12 月启动实施。为强化高峰学科建设支持
计划的绩效管理,及时了解各学科的建设进
展,发现和纠正问题,确保实现预期成效,
2018 年 1 月至 5 月,学校组织对首批纳入
高峰学科建设支持计划的生态学、机械工
程、光学工程、材料科学与工程、动力工程及
工程热物理、电气工程、控制科学与工程、计
算机科学与技术、土木工程、化学工程与技
术、农业工程、软件工程、作物学、园艺学、农
业资源与保护、植物保护、畜牧学、基础医
学、管理科学与工程、农林经济管理等 20 个
一级学科进行了中期评估。通过项目单位
自查、专家会议评估和基于客观数据的绩效
评估相结合的方式,重点考察了各学科建设
目标和任务完成情况、运行机制与效果、存
在主要问题和改进措施等方面。综合目标
完成度、建设水平等两个维度的评价,计算
机科学与技术、材料科学与工程、基础医学、
动力工程及工程热物理、管理科学与工程等
学科排名前列。为进一步体现以评促建、以
评促改,发挥评估引领内涵发展的一流导向
作用,学校根据中期评估结果,对各学科的
后续支持力度进行了动态调整,强化对学科
建设成效的激励和引导,并加强结果反馈,
提供精准指导和帮助,促进学科主动补短
板、强弱项,推动相关学科加快迈向世界一
流行列或前列。

(严晓莹撰稿　徐贤春审稿)

**【组织学科与人才队伍建设专项计划期末验
收】** 浙江大学学科与人才队伍建设专项计
划于 2014 年 6 月启动实施,并于 2017 年年
底结束。2018 年 3 月,学校组织开展专项计
划的期末验收工作,聚焦高层次人才队伍
建设及关键指标"增量",通过各单位自查、

委托中国科教战略研究院进行评估等方式
对专项计划实施总体情况进行了绩效考评,
并形成《浙江大学学科与人才队伍建设专项
计划期末验收报告》。6 月 5 日,学校学科
建设领导小组工作会议听取了验收工作的
汇报,充分肯定了专项计划取得的重大成
效,并要求在学校"双一流"建设过程中强化
专项计划期末验收结果运用。

学科与人才队伍建设专项计划是浙江
大学在国家统筹支持一流大学和一流学科
建设过渡期间提前进行布局"双一流"建设
的重要举措。专项计划把人才队伍建设作
为学科建设最核心的任务,聚焦高层次人才
和优秀青年人才队伍建设,通过深化改革,
激发院系在学科发展、人才队伍建设和人才
培养中的主体作用,促进学术队伍整体水平
提升,人才培养质量显著改善,学术竞争力
和科研水平大幅提高,跻身世界一流大学的
学科格局基本形成。专项计划实施期间,浙
江大学共引育"百人计划"以上的高层次人
才 790 人次,年均增长约 200 人次,优秀青
年人才引育稳居全国高校前列。同时,浙江
大学在全国第四轮学科评估中被评为 A+
学科数居全国高校第三,学科优秀率居全国
高校第二,A 类学科数居全国高校第一。总
体而言,专项计划在推动学科发展尤其是夯
实高层次人才队伍建设基础方面成效十分
明显。

(严晓莹撰稿　徐贤春审稿)

全面深化改革工作

【启动全面深化改革工作】 4 月 20 日,为
全面贯彻落实习近平新时代中国特色社会

主义思想和党的十九大精神，贯彻落实学校第十四次党代会精神，加快"双一流"建设，印发了《浙江大学进一步全面深化改革实施方案》（以下简称《实施方案》），成立由学校党委书记、校长担任双组长的学校全面深化改革领导小组，负责学校全面深化改革发展中重大方针政策的决策部署，并对改革任务进行统筹协调、整体推进和督促落实。

《实施方案》明确 2018—2020 年学校改革工作以人才培养机制改革、人事制度改革、院系管理体制改革、考核评价机制改革和资源配置机制改革为抓手，以增强基层、增强师生主体作用为核心环节，积极推进内部组织架构、运行机制以及各方面工作体系的改革创新，形成一整套科学、高效、灵活、务实的体制机制。

（李　畅撰稿　徐宝敏审稿）

学科与师资队伍建设

学科建设

【概况】 浙江大学是目前国内学科门类最齐全的综合性大学之一，可在哲学、经济学、法学、教育学、文学、历史学、理学、工学、农学、医学、管理学和艺术学等 12 个学科门类授予学术性学位。截至 2018 年 12 月 31 日，浙江大学拥有博士学位授权一级学科 59 个，硕士学位授权一级学科 62 个，博士专业学位类别 4 种，硕士专业学位类别 27 种。全校拥有 14 个一级学科国家重点学科、21 个二级学科国家重点学科和 10 个国家重点（培育）学科，7 个农业部重点学科，50 个浙江省一流学科（见附录）。

截至 2018 年 12 月 31 日，各学科具有研究生招生资格的教师共计 4278 人，其中具有博士生招生资格的教师共计 2749 人；具有专业学位硕士生招生资格的教师共计 2609 人，其中 730 人具有专业学位博士生招生资格，具有获得博士生招生资格的副教授共计 568 人。

学科建设聚焦浙大创一流的战略主线，启动实施了世界顶尖学科建设，开展高峰学科建设支持计划中期评估。校党委常委会审议通过《高峰学科建设支持计划后续支持方案》，推动高峰学科加快迈向世界一流行列或前列。阶段性评估文科和理科一流骨干基础学科，引导骨干基础学科进一步科学规划学科建设思路和重点，坚持高标定位，全面聚焦一流。

编制出台《优势特色学科发展计划实施方案》，组织开展人文社科类优势特色学科发展计划的学科建设方案论证，经校文科发展领导小组会议审议后提交学校党委常委会议审定，启动实施 8 个人文社科类优势特色学科建设；在充分调研的基础上，启动首批自然科学类优势特色学科遴选工作。

根据国务院学位委员会办公室和浙江省学位委员会办公室文件精神，经相关学院（系）申请，所属学部学位评定委员会审议，主管部门形式审查，校学位评定委员会全体委员表决，完成工程硕士、博士专业学位授权点对应调整工作。同意对应调整设置电子信息、机械、材料与化工、资源与环境、能源动力、土木水利、生物与医药、交通运输 8

个工程硕士专业学位类别,同意对应调整设置电子信息、机械、材料与化工、资源与环境、能源动力、土木水利、交通运输7个工程博士专业学位类别。

深入分析第四轮学科评估结果,启动下一轮学科评估的谋划和布局工作。研究构建"双一流"建设绩效评估体系,探索学科建设评估与动态管理机制。

据ESI排名统计,截至2019年1月,浙江大学进入前1‰的学科为8个,居全国高校第一;进入前100位和前50位的学科分别为7个、5个,进入前万分之一的学科为1个,均居全国高校第二。

【专业学位水平评估结果】 专业学位水平评估是受国务院教育督导委员会办公室委托,由教育部学位与研究生教育发展中心组织实施,按专业学位类别进行的水平评估项目。7月26日,全国首次专业学位水平评估结果正式公布,浙江大学临床医学、工商管理和公共管理获评A档,法律获评A-档,参评类别全部进入A类,A类专业学位授权点(含A+、A、和A-档)总数并列全国第三,反映出近年来浙江大学专业学位研究生教育综合改革的显著成效。

【开展学位授权点自我评估】 7月16日,浙江大学学位评定委员会第70次全体委员会议审议通过了浙江大学学位授权点自我评估结果。根据国务院学位委员会、教育部有关文件及学校学科评估工作动员大会、自我评估推进工作会议精神,研究生院统筹推进《浙江大学学位授权点自我评估工作方案》各项工作,在前期工作的基础上,完成自我评估专项工作经费的拨付。全校共聘请评估专家合计超过500多人(次),完成各学位授权点的自我评估工作。其中,教育学、外国语言文学、动力工程与工程热物理、建筑学、土木工程、植物保护等6个一级学科试点开展国际评估工作,工商管理一级学科采用国际认证的评估方式。根据自我评估情况,结合学科条件和学校发展目标,经校学位评定委员会审议批准,动态调整撤销了轻工技术与工程、车辆工程、工业工程、物流工程、项目管理5个工程硕士专业学位领域,进一步优化专业学位结构布局。

【学位授权自主审核开展情况】 经国务院学位委员会第三十四次会议审议批准,浙江大学于4月19日获批学位授权自主审核单位。根据国务院学位委员会《博士硕士学位授权审核办法》(学位〔2017〕9号)、《国务院学位委员会关于高等学校开展学位授权自主审核工作的意见》(学位〔2018〕17号)等文件精神,2018年7月16日,浙江大学学位评定委员会第70次全体委员会议审议表决,同意自主审核增列人工智能、海洋技术与工程2个目录外博士学位授权一级学科点;动态调整增列航空宇航科学与技术博士学位授权一级学科点、护理硕士专业学位类别。

2018 年浙江大学各类重点学科分布情况

学院	一级学科 国家重点学科	二级学科 国家重点学科	国家重点 (培育)学科	浙江省 一流学科	农业部 重点学科
人文学院		中国古典文献学	外国哲学	哲学	
				中国语言文学	
				考古学	
				中国史	
				世界史	
外国语言文化 与国际交流 学院				外国语言文学	
传媒与 国际文化学院				新闻传播学	
经济学院			政治经济学	理论经济学	
光华法学院		宪法学与 行政法学		法学	
教育学院		教育史		教育学	
管理学院	管理科学 与工程			管理科学与工程	
公共管理学院			农业 经济管理	农林经济管理	
				公共管理	
马克思主义 学院				马克思主义理论	
数学科学 学院	数学			数学	
物理学系		理论物理		物理学	
		凝聚态物理			
化学系	化学			化学	
地球 科学学院				地质学	

续表

学院	一级学科 国家重点学科	二级学科 国家重点学科	国家重点 (培育)学科	浙江省 一流学科	农业部 重点学科
心理与 行为科学系		应用心理学		心理学	
电气 工程学院	电气工程			电气工程	
建筑 工程学院	土木工程			土木工程	
				建筑学	
航空 航天学院		固体力学		力学	
				航空宇航科学与技术	
机械工程学院	机械工程			机械工程	
材料科学与 工程学院	材料科学 与工程			材料科学与工程	
能源工程学院	动力工程及 工程热物理			动力工程及 工程热物理	
化学工程与 生物工程学院		化学工程	生物化工	化学工程与技术	
海洋学院				船舶与海洋工程	
生物医学 工程与仪器 科学学院	生物医学工程			生物医学工程	
计算机科学 与技术学院		计算机应用技术	计算机软件 与理论	计算机科学与技术	
				软件工程	
				设计学	
光电科学与 工程学院	光学工程			光学工程	
信息与电子 工程学院		通信与信息系统		信息与通信工程	
控制科学与 工程学院	控制科学 与工程			控制科学与工程	

学院	一级学科 国家重点学科	二级学科 国家重点学科	国家重点 (培育)学科	浙江省 一流学科	农业部 重点学科
生命科学院		植物学		生态学	生态学
		生态学		生物学	
生物系统 工程与食品 科学学院		农业机械化工程		农业工程	农业机械 化工程
				食品科学与工程	食品科学
环境与 资源学院	农业资源 与环境	环境工程		环境科学与工程	土壤学
				农业资源与环境	
农业与 生物技术 学院	园艺学	作物遗传育种		作物学	农业昆虫 与害虫防治
	植物保护			园艺学	植物 病理学
		生物物理学		植物保护	
动物 科学学院		特种经济 动物饲养	动物营养 与饲料科学	畜牧学	动物营养 与饲料 科学
医学院		儿科学	病理学与 病理生理学	临床医学	
		内科学(传染病)	妇产科学	基础医学	
		外科学(普外)	眼科学	口腔医学	
		肿瘤学			
药学院			药物分析学	药学	

(张雨迪撰稿　叶恭银审稿)

师资队伍建设

【概况】 浙江大学始终坚持党管人才原则，

坚持人力资源是学校事业发展的第一资源、战略资源和建设中国特色世界一流大学的关键支撑。一年来，以立德树人为根本任务，坚持高质量内涵式发展，深入实施人事制度综合改革，先后完成了第九次岗位聘任、第二轮师资队伍定编定岗等工作；启动了专职研究队伍建设新机制建设、预聘—长聘教职制度改革探索，以及附属医院岗位设置及首次聘岗；深入推进学术大师汇聚计划、高层次人才培育支持计划、高水平师资"百人计划"等人才引育重点计划。坚持队伍建设国际化多元化，推进人力资源战略性整体性开发，不断激发广大教职工的积极性和创造性，人尽其才的人才队伍体系建设成效显著。

截至 2018 年年底，全校教职工总数 8909 人（不包括附属医院职工），其中女教职工 3141 人，约占 35％。具体为：(1)校本部教职工数 6159 人（其中专任教师 3741 人，行政人员 1491 人，教学科研支撑人员 838 人，工勤人员 89 人）；(2)科研机构人员 1654 人，校办工厂职工数 224 人，附设机构人员数 872 人。

现有院士 45 人（1 人为两院院士），其中中国科学院院士 23 人，中国工程院院士 23 人（含外籍院士 1 人），文科资深教授 10 人，国家"千人计划"入选者（含青年项目）252 人，教育部"长江学者奖励计划"入选者（含青年学者）122 人，国家杰出青年科学基金获得者 133 人，国家优秀青年科学基金获得者 126 人。

全校共有正高级专业技术职务人员 1925 人，其中教师正高级职务 1795 人，其他正高级职务 130 人；副高级专业技术职务人员 2416 人，其中教师副高级职务 1750 人，其他专业技术副高级职务 666 人；百人计划研究员 312 人；特聘研究员 14 人；特聘副研究员 3 人；中级及以下专业技术职务人员 2485 人。

全校专任教师总数为 3741 人，其中：女教师 884 人，占 23.6％；具有正高级职称人员 1758 人，占 47％；具有副高级职称人员 1364 人，占 36.5％。专任教师的学科分布、年龄分布及学历情况如下。

表 1　专任教师学科分布情况　　　　　　　（单位：人）

专业项目	专任教师总数	正高级职称人数	副高级职称人数	中级及以下职称人数
总　　计	3741	1758	1364	619
总计中:女	884	274	449	161
哲　　学	41	21	15	5
经济学	102	40	44	18
法　　学	145	52	57	36
教育学	170	44	74	52
文　　学	202	72	83	47
历史学	60	23	24	13
理　　学	612	323	206	83
工　　学	1538	712	591	235
农　　学	229	125	73	31

专业项目	专任教师总数	正高级职称人数	副高级职称人数	中级及以下职称人数
医　学	385	239	96	50
管理学	207	97	79	31
艺术学	50	10	22	18

表 2　专任教师年龄分布情况　　　　　（单位：人）

年龄段	总数	正高级职称人数	副高级职称人数
35 岁以下	575	13	212
36～45 岁	1392	490	683
46～60 岁	1600	1086	466
61 岁以上	174	169	3

表 3　专任教师学历情况　　　　　　（单位：人）

专任教师学历	人数
博士研究生学历	3384
硕士研究生学历	244
本科学历	110
专科及以下	3

2018 年，全职引进图灵奖得主 Whitfield Diffie 教授来校工作；评选了 6 个海外学术大师科学家联合工作室，学术大师中有 1 位诺贝尔奖获得者、20 位海外院士；新增文科资深教授 1 人，国家"千人计划"专家 6 人，国家杰出青年科学基金获得者 7 人，教育部"长江学者奖励计划"特聘教授 6 人，国家"万人计划"领军人才及教学名师 19 人，国防科技卓越青年人才 3 人，求是特聘学者和文科领军人才 27 人，"百人计划"研究员 94 人；入选第十四批国家青年"千人计划"38 人，获得国家优秀青年基金 17 人，入选教育部"长江学者奖励计划"青年学者

13 人，高层次人才和优秀青年人才队伍规模居全国高校前列。

2018 年经各级评委会评审，共评审通过专业技术高级职务 457 人，其中正高级职务 144 人（教学科研正高级职务 73 人，高教管理研究员 1 人，正高级实验师 1 人，正高级工程师 2 人，编审 1 人，卫生技术正高级职务 66 人），副高级职务 313 人（教学科研副高级职务 100 人，高级实验师 4 人，学生思想政治教育副教授 2 人，高教管理副研究员 2 人，副研究馆员 2 人，副编审 1 人，卫生技术副高级职务 202 人）。评审和审定通过四级职员 1 人，五级职员 6 人，六级职员 28

人,七级职员 27 人,八级职员 36 人。

2018 年新增事业性质教职工 377 人,其中教师 196 人,党政管理人员 79 人,辅导员 37 人,其他专技人员 65 人。另有入站学科博士后 446 人。教职工离退休共 251 人。

【完成第九次岗位聘任】 2018 年 5 月底,学校全面启动第九次岗位聘任实施工作,7 月底顺利完成,教职工新岗位津贴在 8 月份工资中兑现到位。本次岗位聘任工作紧张、有序、平稳,各院系和单位充分发挥了主体作用,深化岗位分类管理和分类聘任,优化考核评价机制,突出教育教学,加大教学科研激励,鼓励学科交叉,明确公共事务,加大了考核力度和结果运用,推动实施"能上能下、岗变薪变"措施,充分发挥了岗位聘任的激励作用,进一步调动了教职工的积极性和创造性,积极营造了有利于人力资源合理配置,优秀人才成长发展,教职员工凝心聚力、开拓进取的良好人才生态环境。

【实施第二轮师资队伍定编定岗】 为充分发挥编制岗位资源对教师队伍建设和学科发展的牵引作用,在 2014 年师资队伍首次定编定岗的基础上,按照"一流标准、总量控制、科学核定、优化结构"的总体思路,统筹考虑院系教学工作量、科研任务、学科建设水平以及博士点评估相关要求等因素,进一步加大对教学和一流学科的支持力度,组织实施了第二轮(2018—2021 年)师资队伍定编定岗工作,明确未来师资队伍建设路径,审议通过了《浙江大学第二轮师资队伍定编定岗实施方案》《浙江大学第二轮师资队伍编制核定方案》和《浙江大学第二轮师资队伍岗位核定方案》,核定并下达了各院系教师编制数和岗位数。

【探索预聘—长聘教职制度改革】 紧紧围绕"双一流"建设目标,稳步提高引进人才、聘用人才的标准,推进建设一支具有世界水准、能够引领学术前沿的一流师资队伍。借鉴国外高水平大学教师聘任的学术标准和程序,自 2014 年出台实行预聘制的"百人计划"以来,不断完善其岗位设置、选拔条件和遴选机制,高水平青年人才引育工作成效明显。2018 年 6 月,出台优化特聘研究员岗位制度试行办法,进一步扩大试点新引进教师实行预聘制的范围,至此基本完成"百人计划"+"新的特聘研究员岗位制度"的预聘体系制度设计。截至 2018 年年底,全校 18 个院系试点新引进教学科研并重岗教师全部实行预聘制,稳步推进教师预聘制改革。2018 年 11 月,校常委会审议通过了《浙江大学预聘—长聘教职制度改革工作方案》,提出按照"质量导向、分步实施""巩固成果、持续推进""突出重点、兼顾协同"的原则,试点开展长聘教职的评聘。2018 年年底,结合"百人计划"聘期评估工作,基于生命科学研究院、国际联合学院等前期试点的经验与做法,初步形成了长聘教职评聘试行办法,试点启动了长聘教职评聘工作,后续将进一步总结完善,逐步建立具有浙大特点的长聘教职制度体系。

【启动专职研究队伍建设新机制】 为加快推进学校"双一流"建设,促进学校科研工作持续快速发展,2018 年 11 月,审议通过了《浙江大学专职研究队伍建设机制改革工作方案》,启动实施包含研究为主岗教师、专职研究员、博士后以及科研辅助人员等四个层面的研究队伍体系新机制。在院系核定的总编制内,设置一定比例的研究为主岗,以鼓励科研团队建设和重大科研项目的实施;围绕学校科研"大团队、大项目、大平台"建设需求,设置固定聘期、流动性质的高水平专职研究员岗位,优化薪酬待遇和发展通

浙江大学年鉴

道,提高专职研究员岗位的吸引力,助力高水平科研工作;大力发展博士后队伍,持续推进"博千计划"和"博后联招计划",提升博士后队伍国际化和多元化。

【设立求是特聘科研岗、技术创新岗】 为进一步激发教师科研活力,促进学校科研内涵发展,2018 年 5 月,学校设立"求是特聘科研岗",面向全职在浙江大学从事科研一线工作、参与校内岗位聘任的正高级教师及附属医院正高级临床及科研人员,首批入选 18 人。

为进一步加强高层次人才队伍建设,激发科技创新活力,鼓励教师在技术创新和成果转化方面取得突出成就,2018 年 12 月,专门设立"求是特聘技术创新岗"(《浙江大学"求是特聘技术创新岗"试行方案》浙大发人〔2018〕35 号),首批入选 2 人。

【开展附属医院岗位设置及首次聘岗工作】
根据国家及浙江省有关文件精神,结合学校对附属医院的发展定位和临床教学科研的需要,在附属医院核定员额编制的基础上,2018 年 3 月,出台了《浙江大学医学院附属医院岗位设置管理实施办法》(浙大发人〔2018〕17 号),有力推动高水平附属医院人才队伍建设。从 2018 年 3 月开始组织开展了附属医院岗位设置及首次聘岗工作,共完成了 13905 名在册在岗人员的岗位设置以及首次聘岗工作,其中聘任专业技术二级岗位 15 人。

【附录】

附录 1　2018 年浙江大学博士后流动站

序号	博士后流动站	序号	博士后流动站
1	哲学	15	心理学
2	理论经济学	16	地质学
3	应用经济学	17	生物学
4	法学	18	生态学
5	马克思主义理论	19	机械工程
6	教育学	20	动力工程及工程热物理
7	中国语言文学	21	力学
8	外国语言文学	22	化学工程与技术
9	中国史	23	材料科学与工程
10	世界史	24	电气工程
11	考古学	25	控制科学与工程
12	数学	26	光学工程
13	物理学	27	电子科学与技术
14	化学	28	信息与通信工程

续表

序号	博士后流动站	序号	博士后流动站
29	土木工程	44	兽医学
30	农业工程	45	临床医学
31	食品科学与工程	46	基础医学
32	环境科学与工程	47	口腔医学
33	生物医学工程	48	药学
34	仪器科学与技术	49	预防医学与公共卫生
35	计算机科学与技术	50	管理科学与工程
36	水利工程	51	农林经济管理
37	生物工程	52	工商管理
38	软件工程	53	公共管理学
39	农业资源与环境	54	新闻传播学
40	植物保护	55	体育学
41	作物学	56	网络空间安全
42	园艺学	57	建筑学
43	畜牧学		

附录2 浙江大学2018年评聘正高级专业技术人员

一、具有高校教师教授职务任职资格人员名单(63人)

人文学院	杜正贞　陈　洁
外国语言文化与国际交流学院	隋红升　陈新宇
传媒与国际文化学院	苏振华　李红涛
经济学院	朱燕建
教育学院	司　琦　温　煦
管理学院	窦军生
公共管理学院	李　艳　田传浩
数学科学学院	Zhang Peng(张　朋)
物理学系	陈飞燕
化学系	陆　展　Simon Lukas Duttwyler
地球科学学院	王　琛　饶　灿
心理与行为科学系	周吉帆
机械工程学院	赵　朋　胡　亮
材料科学与工程学院	郭兴忠

能源工程学院	赵永志　郑成航
电气工程学院	杨　强　杨　欢
建筑工程学院	叶肖伟　俞亭超　周燕国　许　贤　赵　宇
化学工程与生物工程学院	鲍宗必
海洋学院	徐　敬　张大海
航空航天学院	李铁风　宦荣华
高分子科学与工程学系	毛峥伟
光电科学与工程学院	刘　崇
信息与电子工程学院	钟财军
控制科学与工程学院	许　超　吴维敏
计算机科学与技术学院	王新宇　朱建科　汤永川
生物医学工程与仪器科学学院	许迎科
生命科学学院	吴忠长
生物系统工程与食品科学学院	叶章颖　陈　卫
环境与资源学院	刘杏梅　庄树林
农业与生物技术学院	周　杰　夏晓剑　尹燕妮　方　华　黄　鹂
动物科学学院	韩新燕
医学院	康利军　张红河　蔡志坚　高向伟
	Daniel Henry Scharf
药学院	张翔南　朱　虹

二、具有高校教师研究员职务任职资格人员名单(2人)

| 求是高等研究院 | 张韶岷 |
| 医学院附属儿童医院 | 李月舟 |

三、主任医师兼评具有高校教师教授职务任职资格人员名单(3人)

医学院附属第二医院	胡新央
医学院附属邵逸夫医院	赵凤东
医学院附属妇产科医院	张　丹

四、具有教学岗教授职务任职资格人员名单(1人)

| 医学院 | 毛峥嵘 |

五、具有工程教育创新教授职务任职资格人员名单(1人)

| 信息与电子工程学院 | 丁　勇 |

六、具有国防技术研究员职务任职资格人员名单(1人)

| 先进技术研究院 | 王慧泉 |

七、具有农业推广研究员职务任职资格人员名单(2人)

| 新农村发展研究院 | 徐海圣　舒妙安 |

八、具有正高级实验师职务任职资格人员名单(1 人)

控制科学与工程学院	冯毅萍

九、具有正高级工程师职务任职资格人员名单(2 人)

信息技术中心	厉晓华
建筑设计研究院	王　健

十、具有高教管理研究员职务任职资格人员名单(1 人)

医学院附属口腔医院	章伟芳

十一、具有编审职务任职资格人员名单(1 人)

出版社	黄宝忠

十二、具有主任医师职务任职资格人员名单(53 人)

医学院附属第一医院	孙　柯	徐凯进	张景峰	耿　磊	柯庆宏
	王　跃	董孟杰	蒋建文	胡少华	张德林
	姚永兴	叶　丹	刘晓艳	彭文翰	闫夏轶
	李伟栋	姜力骏	张　力		
医学院附属第二医院	王永健	张　宏	张士更	吴晓华	翁　燕
	袁　晖	石　键	沈　虹	赵国华	徐晓俊
	谢传高	梁　赟	张根生	洪　远	徐文鸿
医学院附属邵逸夫医院	赵　晖	祝继洪	徐　勇	林　辉	郑雪咏
	张　瑾	张锦华	朱军慧	韩咏梅	於亮亮
	章锐锋	姜支农			
医学院附属妇产科医院	田其芳				
医学院附属儿童医院	李甫棒	钱云忠	高志刚	施珊珊	
医学院附属口腔医院	李晓军	陈学鹏			
医学院附属第四医院	王静华				

十三、具有主任中医师职务任职资格人员名单(1 人)

医学院附属第四医院	史红斐

十四、具有主任药师职务任职资格人员名单(4 人)

医学院附属第一医院	胡云珍	姜赛平
医学院附属第二医院	徐慧敏	
医学院附属邵逸夫医院	方红梅	

十五、具有主任技师职务任职资格人员名单(4 人)

医学院附属第一医院	张娟文	孔海深	孟雪芹
医学院附属邵逸夫医院	任　宏		

十六、具有主任护师职务任职资格人员名单(4 人)

医学院附属第一医院	邵乐文
医学院附属第二医院	姚梅琪

医学院附属邵逸夫医院   裘利君

医学院附属妇产科医院   徐凌燕

附录3　2018年"包兆龙包玉刚中国留学生奖学金"浙江大学派出人员情况

序号	姓名	出国时间	派遣类别	国别	留学学校	国内单位
1	吴结兵	2018.1	高访	美国	University of Pennsylvania	公共管理学院
2	梁霄	2018.6	高访	法国	Paul Brousse Hospital-Université Paris Sud	医学院
3	汪浩	2018.6	高访	美国	The Jackson Laboratory	医学院
4	李新	2018.8	高访	美国	Yale University	药学院
5	鲍艳原	2018.11	高访	美国	University of Missouri, USA	农业与生物技术学院
6	孔令宏	2018.11	高访	英国	University of Cambridge	人文学院

附录4　2018年"包兆龙包玉刚中国留学生奖学金"浙江大学回国人员情况

序号	姓名	出国时间	回国时间	访问国别	国内单位
1	李勇	2017年11月	2018年2月	美国	环境与资源学院
2	吴结兵	2018年1月	2018年7月	美国	公共管理学院
3	汪浩	2018年6月	2018年9月	美国	医学院
4	梁霄	2018年6月	2018年9月	法国	医学院
5	李智巧	2017年10月	2018年10月	日本	公共体育与艺术部
6	李新	2018年8月	2018年10月	美国	药学院

（王　舒撰稿　钟鸣文审稿）

对外交流与合作

外事与国际学术交流

【概况】 2018年全校教职工因公出国、赴港澳台共计5418人次(其中:访问考察379人次,合作研究及学术交流1563人次,参加国际会议2712人次,参加培训及进修学习369人次,讲学18人次,参展参赛88人次,校际交流130人次,其他159人次),比上年增长23.36%。2017—2018学年本科生海外交流项目达455项(包括科研实习120项,交换学习86项,主题交流72项,暑期课程61项,访问考察37项,实践类31项,国际会议16项,联合培养13项,竞赛类10项,创新创业类6项),达4416人次,交流率达到74.4%。2018年研究生海外交流达3308人次,其中博士生交流率达到90.18%。

全年共派出校级代表团10余批次;接待校级国外访问团组共计96批次,686人次,主要来宾包括爱丁堡大学、布里斯托大学、巴黎第九大学、巴黎—萨克雷大学、巴黎

综合理工学院、柏林工业大学、瑞典皇家工学院、奥斯陆大学、根特大学、匈牙利罗兰大学、埃因霍芬理工大学、新加坡科技设计大学和坎皮纳斯州立大学等一大批合作高校校长,以及葡萄牙驻华大使、新西兰国家党主席、世界银行东南非教育署局长、西澳州下议院议长、缅甸教育部高教司副司长和阿根廷方案党主席等一批国外政府高官。2018年新签和续签50项校际合作协议及学生交换协议,其中新签协议26份,包括与芝加哥大学、密歇根大学、悉尼大学、莫斯科航空学院、巴黎—萨克雷大学、巴黎综合理工学院、爱丁堡大学、布里斯托大学、慕尼黑大学、奥胡斯大学、维也纳大学、匈牙利罗兰大学、米兰理工学院、奥斯陆大学、埃因霍芬理工大学、根特大学、肯尼亚埃格顿大学等世界一流高校。

全年聘请名誉教授2人、客座教授9人。聘请长期外国专家337人、短期外国专家580人,外国专家主要来自美国、德国、英国、加拿大、澳大利亚、日本、俄罗斯和法国等国家。开展"国际学术大师校园行""海外名师大讲堂""竺可桢杰出学者讲座"等项目,举办公众讲座34场,其中演讲者包括4

位诺贝尔奖获得者、1 位菲尔兹奖获得者和 1 位图灵奖获得者。共实施外专项目 214 项,包括 111 计划、111 计划 2.0、高端外国专家(文教类)等国家级重点项目 7 项,浙江省引智项目 5 项。

全年举办国际会议 133 项(含 2 项重大会议),其中自然科学类会议 67 项,人文社科类会议 66 项。

浙江大学伊利诺伊大学厄巴纳香槟校区联合学院执行院长 Philip Theodore Krein 等 4 位专家获 2018 年浙江省西湖友谊奖;医学院教授 Therese Hesketh 入选 2018 年杭州市荣誉市民,农学院副教授 Imran Haider Shamsi 获 2018 年杭州市荣誉市民提名奖。

【举办"中巴经济走廊大学联盟"交流机制第二次会议】 11 月 1 日,举办"中巴经济走廊大学联盟"交流机制第二次会议,包括中国高等教育学会会长,教育部原党组副书记、副部长杜玉波,中国高等教育学会副会长、教育部高等教育司原司长张大良,巴基斯坦高等教育委员会总干事萨夫达尔·阿里·沙禾,"中巴经济走廊大学联盟"交流机制秘书处代表和联盟成员高校相关代表等

一百余人出席了此次会议。中巴两方通报了 2017—2018 年度交流机制工作推进情况,分享交流机制所取得的成绩和经验并共同谋划未来建设。会上浙江大学、香港理工大学与巴基斯坦国立科技大学签署联合培养土木工程博士项目三方协议。

【推动与世界知名高校重点领域合作】 11 月 12 日至 19 日,校党委书记邹晓东率团访问日本东京大学、美国芝加哥大学、西北大学,推动与上述高校在重点领域的合作。与东京大学续签校际合作框架协议、校际学生交换协议,推动双方在人文、农学、海洋等领域的合作;与芝加哥大学签署校际合作框架协议,正式建立合作伙伴关系,推动双方在社会学、法学、工程领域的深度合作。

【推动与世界知名高校的学术与学生交流】 12 月 9 日至 14 日,校长吴朝晖率团访问英国帝国理工学院、剑桥大学、巴黎—萨克雷大学、巴黎综合理工学院,推动深度交流与战略合作。在剑桥大学举办浙江大学—剑桥大学生物技术研讨会;在巴黎举办浙江大学巴黎学术交流会;与巴黎—萨克雷大学签署博士双学位联合培养框架协议。

【附录】

附录 1　2018 年浙江大学各学院(系)对外合作交流情况

学院(系)名称	出国(境)交流/人次		聘请国外专家数/人		举办国际学术会议数/个
	教职工	学生	长期	短期	
人文学院	107	308	9	24	10
外国语言文化与国际交流学院	64	246	22	8	5
传媒与国际文化学院	65	182	2	37	2
经济学院	60	195	4	13	4
光华法学院	27	148	4	23	11

学院(系)名称	出国(境)交流/人次		聘请国外专家数/人		举办国际学术会议数/个
	教职工	学生	长期	短期	
教育学院	59	219	1	11	3
管理学院	161	264	5	35	9
公共管理学院	148	253	7	2	14
马克思主义学院	13	31	0	12	2
数学科学学院	98	113	2	20	4
物理学系	110	154	10	6	6
化学系	70	80	7	20	1
地球科学学院	72	77	5	6	3
心理与行为科学系	24	86	2	0	1
机械工程学院	113	327	0	14	2
材料科学与工程学院	178	173	11	5	0
能源工程学院	156	341	4	19	2
电气工程学院	107	418	2	21	2
建筑工程学院	169	303	12	6	5
化学工程与生物工程学院	102	168	8	6	2
航空航天学院	93	89	4	13	0
高分子科学与工程学系	80	83	9	5	3
海洋学院	139	212	9	2	3
光电科学与工程学院	98	184	10	8	3
信息与电子工程学院	128	306	22	6	2
控制科学与工程学院	122	244	4	8	2
计算机科学与技术学院(含软件学院)	177	508	4	10	1
生物医学工程与仪器科学学院	43	98	4	2	0
医学院	1266	687	41	41	5
药学院	88	176	4	29	2
生命科学学院	47	123	4	3	2

浙江大学年鉴

学院(系)名称	出国(境)交流/人次		聘请国外专家数/人		举办国际学术会议数/个
	教职工	学生	长期	短期	
生物系统工程与食品科学学院	78	176	11	14	2
环境与资源学院	130	203	11	6	0
农业与生物技术学院	116	229	25	20	0
动物科学学院	39	124	5	8	0
其他	871	34	53	117	20
合计	5418	7599	337	580	133

附录2　2018年浙江大学接待国外主要来访人员

日期	来访团组名称	主要活动内容
1月12日	耶鲁大学公卫学院代表团	举行"浙江大学—耶鲁大学环境相关疾病联合研究中心"成立仪式
1月18日	新加坡驻上海总领事代表团	推进新加坡大学与浙大的合作
1月24日	加拿大魁北克省代表团	推进魁北克省高校、研究机构、企业与浙大的合作
3月9日	加拿大麦吉尔大学副教务长代表团	深化、拓展两校合作
3月12日	自然科研代表团	推动浙大与自然科研[施普林格·自然集团(Springer Nature)旗下品牌]的合作
3月15日	大洋洲一带一路促进机制代表团	推动浙大与大洋洲一带一路促进机制的合作,共同主办第二届"国际展望峰会"
3月21日	美国瓦尔帕莱索大学教务长代表团	加强两校合作
3月24日	英美顶尖大学学生代表团	美国哈佛大学、麻省理工学院、斯坦福大学和英国牛津大学的50余名参加"学霸龙舟赛"的国际学生访问浙大,与浙大学生互动
3月27日	美国西北大学副校长代表团	拓展与深化两校合作
3月27—28日	日本北海道大学校长代表团	举行"浙江大学—北海道大学交流日"活动,与我校理工农医社科等多个学科对接,探讨交流合作的可行性

日期	来访团组名称	主要活动内容
4 月 10 日	荷兰埃因霍芬理工大学副校长代表团	深化两校合作
4 月 10 日	英国谢菲尔德大学副校长代表团	加强两校合作
4 月 12 日	世界银行教育署代表团	推动浙大与世界银行在农业领域的合作
4 月 13 日	英国布里斯托尔大学校长代表团	签署校际合作框架协议,推动两校合作
4 月 13 日	挪威奥斯陆大学校长代表团	签署建立战略伙伴关系意向书,拟共建"中挪环境与社会研究中心"
4 月 19 日	西澳大利亚州下议院议长代表团	加强浙大与西澳大利亚州高校的合作
5 月 4 日	乌克兰总统顾问代表团	推动我校与基辅大学和乌克兰国立技术大学等乌克兰著名院校的科研与教学合作
5 月 14 日	新西兰国家党主席代表团	深化浙大和新西兰多所大学在农业、食品、海洋等学科领域的合作
5 月 16 日	自然指数创办人代表团	为提升国际科研声誉提供数据及技术支持
6 月 13 日	澳大利亚塔斯马尼亚大学代表团	推进两校在海洋学科领域的合作
6 月 21 日	英国剑桥大学临床医学院院长代表团	推动两校在医学领域的合作
7 月 10 日	匈牙利罗兰大学校长代表团	签署校际合作备忘录和学生交流协议,重点推进学生项目与"一带一路"倡议相关科研合作项目
7 月 22 日	阿根廷共和国方案党主席代表团	促进中阿两国人文与科技合作
8 月 1 日	美国哈佛医学院教授代表团	探讨两校在医学领域的合作
9 月 12 日	新加坡国立大学资深副校长代表团	深化、拓展两校合作
9 月 14 日	施普林格·自然集团代表团	签署战略合作框架备忘录
9 月 20 日	德国石荷州州长及基尔大学校长代表团	两校的中国学中心、德国学研究所和管理学院签订院系合作协议

浙江大学年鉴

日期	来访团组名称	主要活动内容
10月10日	德国柏林工业大学校长代表团	加强双方在重点领域的合作
10月16日	缅甸大学校长代表团	促进两国科研学术交流
10月18日	巴西坎皮纳斯州立大学校长代表团	推动两校在能源工程等领域的合作
10月19日	英国爱丁堡大学校长代表团	深化两校合作,同意建立全面战略合作伙伴关系
10月19日	瑞典皇家理工学院校长代表团	拓展合作领域,深化两校合作关系,提升合作层次
10月22日	美国康奈尔大学副教务长代表团	深化合作,就新型城镇化领域与中国新型城镇化研究院签署合作协议
10月23日	诺贝尔化学奖得主 Jean-Marie Lehn	就加强化学领域科研合作达成共识
10月23日	新加坡管理大学校长代表团	签署校际学生交换协议,管理学院与 SMU 会计学院签署高端人才培养项目协议
11月5日	剑桥大学外事副校长代表团	推动两校合作
11月9日	比利时根特大学代表团	签署技术转换、创新和创业战略合作协议书
11月12日	诺丁汉大学科研副校长代表团	推进两校在若干重点领域的合作
11月14日	哈佛大学前副教务长代表团	推进两校在人文、社科领域的合作
11月15日	荷兰爱思唯尔代表团	加强双方在期刊和图书出版等方面的合作
11月19日	帝国理工学院 Richard Jardine 院士	探讨两校未来合作方向
12月3日	巴斯大学副校长代表团	推动和深化两校在若干重点领域的合作
12月5日	巴黎综合理工学院校长代表团	就深化两校合作以及合作方向达成共识
12月6日	斯坦福大学 mediaX 执行主任代表团	探讨双方合作领域和模式
12月7日	法国阿尔多瓦大学校长代表团	探讨双方合作可行性
12月21日	维也纳大学代表团	推动双方在若干重点领域的合作

(刘郑一 许斯佳撰稿 房刚 陈伟英审稿)

港澳台工作

【概况】 2018 年,浙江大学与澳门大学签署《浙江大学与澳门大学学术交流与合作协议书》《浙江大学与澳门大学本科生交换计划协议书》和《浙江大学与澳门大学医药生命科学领域全面战略合作协议书》,与香港理工大学、巴基斯坦国立科技大学签署《浙江大学、香港理工大学和巴基斯坦国立科技大学合作备忘录》,与香港理工大学续签《浙江大学与香港理工大学学生交换计划合作协议》,与台湾清华大学等签署《上海交通大学、中国科学技术大学、西安交通大学、哈尔滨工业大学、浙江大学与台湾清华大学吴大猷学者交流计划备忘录》。接待来自港澳台地区的参访团组共计 31 批 566 人次(其中香港计 16 批 265 人次,澳门计 7 批 130 人次,台湾计 8 批 171 人次)。校党委书记邹晓东等先后率团访问香港,推进与港澳台地区高校及其他各界的联系与互动。邀请港澳台地区高校 13 位学者来校进行专题讲座和短期授课,邀请港澳台地区代表来访参加海峡两岸暨港澳地区会议 3 项、国际会议 5 项。

执行"生物医学专业 2018 暑期交流暨亚洲生物医学未来领袖交流项目""造就新一代国际组织精英人才:2018 浙港青年精英培养合作项目"等 15 个"港澳与内地高等学校师生交流计划"项目。先后邀请 330 名香港师生来校,通过专题讲座、调研研讨、科研实习、实地参访、分享总结等形式,促进两地师生在专业领域、创新创业、民族文化、校园生活、社会服务等方面的交流。

接收香港大学、香港中文大学、香港科技大学、台湾大学、台湾清华大学、台湾交通大学等合作院校的学生 114 人来浙大交换学习,派出本校学生 74 人赴上述合作院校交换学习;接收台湾清华大学 5 名学生来浙大短期研习,派出本校学生 70 人赴香港大学、香港中文大学、台湾清华大学等合作院校短期研习。

【启动与香港理工大学联合招收和培养巴基斯坦博士生项目】 11 月 1 日,浙江大学、香港理工大学与巴基斯坦国立科技大学签署联合培养土木工程博士项目三方协议。根据协议,浙江大学建筑工程学院与香港理工大学建筑及房地产学系将联合招收和培养毕业于巴基斯坦国立科技大学的学生攻读双方博士学位,为巴基斯坦基础设施升级储备高水平国际化人才,为"一带一路"建设提供人才支撑和智力保障。

【举办海峡两岸暨香港地区绿色大学联盟理事会暨"始于土,终于美"研讨会】 12 月 20 日,该理事会暨研讨会在浙江大学举行,浙江大学副校长何莲珍、北京师范大学副校长郝芳华、台湾中央大学副校长李光华、香港中文大学协理副校长王淑英、南京大学校长助理濮励杰和各校环境保护领域相关学者等 19 人参加了研讨会。会议探讨了绿色大学联盟工作机制建设及未来合作的发展方向和目标,并就绿色校园建设、城市规划和国家可持续发展等问题进行了深入探讨。

浙江大学 2018 年接待港澳台地区主要来访团组(人员)

日期	来访团组(人员)名称	主要活动内容
3 月 30 日	香港汇知中学师生浙江交流团	听取《南宋时期临安的经济优势与政治特点》专题讲座
4 月 3 日	澳门大学学生会来访	与浙江大学学生会交流
4 月 24 日	2018 中国统一联盟研习营来访	听取《大陆改革开放四十年与新发展理念》《依法治国与大陆民主法治建设成就》专题讲座
6 月 6 日	澳门大学传讯部师生来访	专题讲座和交流
6 月 10 日—7 月 7 日	香港法律生暑期内地实习项目	在杭开展岗位实习活动,了解内地的法律制度及其运作
6 月 11 日	澳门大学宋永华校长率团来访	续签学术交流与合作协议和本科生交换计划协议,新签医药生命科学领域全面战略合作协议
6 月 13 日	澳门大学行政人员代表团来访	围绕发展规划、人才引进和交流合作等主题展开交流
7 月 5 日	香港大学理学院代表团来访	推动相关领域的对接与合作
7 月 9 日	香港大学生杭州实习团来访	听取《从特色小镇看浙江社会经济发展》专题讲座
7 月 19 日	香港大学副校长何立仁一行来访	共建通识课程
7 月 30 日	香港青年双创交流团来访	听取《浙江社会经济发展的政府创新》专题讲座
8 月 25 日	闽港澳台大学生菁英领袖营师生来访	听取《浙江杭州历史文化》专题讲座
10 月 29 日	香港特区政府教育局局长一行来访	推动对港交流合作
11 月 1 日	"中巴经济走廊大学联盟"交流机制第二次会议	浙江大学、香港理工大学与巴基斯坦国立科技大学就联合培养土木工程博士项目签署三方协议
11 月 19 日	香港理工大学陈国华协理副校长来访	推动联培双学位博士生项目
12 月 16 日—12 月 21 日	首届海峡两岸大学生武术文化交流营	海峡两岸学生武术文化交流、研习

日期	来访团组(人员)名称	主要活动内容
12月19日—12月21日	海峡两岸暨香港地区绿色大学联盟理事会暨"始于土,终于美"研讨会	探讨绿色可持续发展理念和践行,加强绿色大学联盟建设

（陈　枫撰稿　房　刚审稿）

合作办学

【概况】　2018年,国际联合学院(海宁国际校区)共有在校生753名,其中留学生212名,博士生57名,硕士生180名,本科生516名。共有专兼聘教师105人,其中外籍教师46人;专聘教师33人,其中外籍18人;浙大兼聘教师48人,其中外籍4人;外方兼聘教师24人。全年共引进专聘教师22人,其中外籍12人,国家"千人计划"专家1人,浙江省"千人计划"专家1人。截至2018年12月,国际联合学院专兼职教师中有院士2人,国家"千人计划"专家4人,国家"万人计划"领军人才2人,国家杰出青年基金获得者2人,教育部"长江学者"特聘教授1人,浙江省特级专家1人,浙江省"千人计划"专家1人。2018年获国家自然科学基金立项项目4个,省自然科学基金立项项目7个,以第一作者发表的SCI论文9篇,作为第一发明人申请专利3项。

2018年10月11日成立国际联合商学院(筹)。2018年4月,与浙江知识产权交易中心共建的浙江知识产权交易中心(海宁)国际中心落户国际校区,已与世界知识产权组织(WIPO)、丹麦专利商标局等10余家国际技术创新服务机构开展合作,积累了上千件有效国际专利。数脉链研发中心等在校区成立。优化机构布局,在原教务部基础上设立教育教学中心,充实完善通识教育、语言教育以及办学协调等教学和研究功能。此外,中国学中心在原有基础上进一步扩大了与牛津大学等一流大学合作。根据实际情况及时规范调整哲学数学经济学(PME)、创新创业与全球领导力(PIEGL)的办学规划。

积极探索招生方式改革,在浙江省内全部实行"三位一体"招生,在部分省市实行综合评价招生。浙江大学爱丁堡大学联合学院(ZJE)新增"生物信息学"本科专业并开始招生,与爱丁堡大学(UoE)合作开设了ZJE双学位博士项目。4月,UoE教学评估组对ZJE的教学质量进行了评估并给予高度肯定,评估认为"ZJE具有行之有效的教学管理制度保障学术标准,增强学生学习体验和教学实践"。浙江大学伊利诺伊大学厄巴纳香槟校区联合学院(ZJUI)建立健全了与UIUC共同推进教育教学管理与改革的工作机制,成立了由伊利诺伊大学厄巴纳香槟校区(UIUC)工学院以及合作院系分管教学负责人组成的运行委员会。2018年11月,校区委托中外合作办学专家对ZJE和ZJUI两个联合学院开展了阶段性办学评估,联合学院的办学模式和办学质量得到了评估专家的高度认可,认为校区的"高水平国际化办学具有重要溢出效应"。坚持"立德树人"，夯实学生思政工作。初步构建了校区、联合学院、书院协同，中外学生趋同的学生思政工作和学生事务管理体系。充分发挥书院作为学生德智体美劳发展的重要载体和全球竞争力养成的核心环节的作用，着力提升学生国际化生活与适应、国际视野与责任担当、跨文化交流与沟通能力。构建了以学院班导师、学业导师、书院院长、发展导师、生活导师等构成的导师体系。

校区和联合学院的关系进一步厘清，制定了《关于进一步完善国际联合学院（海宁国际校区）决策运行机制的意见》，完善了校区决策制度。成立了学术委员会，探索国际接轨的学术治理体系。完成了国际校区2018—2020年财务总承和各联合学院2018—2020年基本运行经费总承。与海宁市签订的《有关资金使用管理备忘录》中的第一期实验室建设资金2485万元已于2018年4月拨付，人才基金管理办法已于9月出台，首批人才基金已获批。以市校新一轮全面战略合作为契机，推进200亩地教师住宅商品房建设工作，已与海宁市达成一致并形成备忘录，待市校决策后即可启动。协调推进成立市校全面战略合作委员会，建立完善校地合作机制。

（张燕青撰稿 诸葛洋审稿）

【浙江大学与香港理工大学合作办学项目】

该项目共有酒店及旅游管理博士、品质管理硕士、酒店及旅游业管理硕士和国际房地产硕士4项，均严格按照有关规定进行学位证书的颁发和管理。2018年招收255人，毕业197人。截至2018年年底，累计招收3600人，毕业3196人。两校联合中心的决策机构为监委会，管理机构为管委会，分别由两校校领导、院系和相关职能部门领导组成。监委会和管委会每年召开例会，审议和

批准联合中心年度工作计划、财务预算方案及人事安排等重大事项。同时，接受教育部和浙江省教育厅等上级主管部门的领导和监督。两校为合作办学项目在硬件设施、教师聘用、人力资源管理、财务管理等方面提供了强有力的支持，同时，不断完善相关政策规定，创造项目可持续发展的政策环境，保证项目的高质量运行。品质管理、酒店及旅游业管理2个硕士项目于2016年入选浙江省示范性中外合作办学项目。

（刘郑一撰稿 陈伟英审稿）

【浙江大学爱丁堡大学联合学院(ZJE)办学进展】 2018年ZJE新增"生物信息学"本科专业，共开设了生物医学、生物信息学两个专业，招收本科生83人（其中留学生5人），博士研究生16人，共有在校生197人。与爱丁堡大学合作开设ZJE双学位博士项目，并启动招生。2018年4月完成爱丁堡大学本科教学评估工作。ZJE探索问题导向的教学模式，开设科研训练项目，拓展学生科研能力，有90%的学生暑期进入实验室实习，其中有3位同学还分别赴哈佛大学、澳大利亚WEHI研究所和爱丁堡大学进行短期科研交流。完善了师资队伍发展规划和聘任管理办法，目前已形成11人的全职教师团队，其中外籍师资占比54%，引进师资均来源于世界高水平大学或研究所。同时面向全球招收优秀博士后，加强学科梯队建设，提升学科科研实力，目前已形成13人的优质博士后队伍。师资队伍中2018年共有3位教师获得浙江省自然基金项目立项。

（张燕青撰稿 诸葛洋审稿）

【浙江大学伊利诺伊大学厄巴纳香槟校区联合学院(ZJUI)办学进展】 2018年ZJUI开设电气工程及其自动化、电子与计算机工

程、土木工程和机械工程 4 个本科专业,招收本科生 155 人(其中留学生 2 人),博士研究生 15 人,共有在校生 360 人。按计划,ZJUI 首批 17 位学生赴伊利诺伊大学厄巴纳香槟校区(UIUC)学习。通过与阿里巴巴、华为、晶科能源等知名企业建立联系,加强实践教学。教学实验室建设有序推进,初步完成土木工程、机械工程等专业实验室建设,建成 3D 打印、车床制造等具有特色的教学实验室。依照引进人才的学术背景和科研需要,启动超净间、微纳平台等多项重大科研平台建设。与伊利诺伊大学厄巴纳香槟校区(UIUC)开展跨学科工程科研合作,与 UIUC 和爱丁堡大学(UoE)开展生物医学工程领域的交叉研究等。人才队伍建设成效明显,2018 年共引进 10 位高层次人才,包括 1 位国家千人计划专家,1 位浙江省千人计划专家。师资队伍中 2018 年共有 1 位教师获浙江大学"三育人"先进个人,1 位教师获浙江省"西湖友谊奖",4 位教师获得浙江省自然基金项目立项,1 位教师在 Roomevnt2018 大会中获"最佳论文奖"。

(张燕青撰稿　诸葛洋审稿)

【**浙江大学国际联合商学院(筹)(ZIBS)成立**】 2018 年 10 月 11 日,浙江大学国际联合商学院(筹)(ZIBS)成立。ZIBS 以建设成为全球领先、面向未来,具有鲜明中国特色的全球化、智能化的新经济时代的新型商学院为目标。11 月 15 日,ZIBS 举行揭牌仪式,并与剑桥大学嘉治商学院签署全面合作战略协议,在跨境教育、合作研究、人才培养、师资交流等方面达成共识,同时合作启动了首期金融科技高级培训班。至 2018 年年底 ZIBS 已形成了管理体制与运行机制方面的若干原则,以及会议制度,学科及生态建设规划等,使筹建各项工作有章可依。积极拓展对外合作与联络,ZIBS 海外中心建设正在积极推进中。学科建设有序推进,创新创业与全球领导力(PIEGL)项目进展顺利,2018 年共有来自 24 个国家的 28 名留学生入学。

(张燕青撰稿　诸葛洋审稿)

人文学院

【概况】 人文学院现设中国语言文学系、历史学系、哲学系、艺术学系、文物与博物馆学系共5个系,古籍研究所、韩国研究所等18个研究所及28个校级研究中心。其中,汉语史研究中心为教育部人文社科重点研究基地,语言与认知研究中心、基督教与跨文化研究中心为"985工程"国家哲学社会科学创新基地,宋学研究中心为浙江省哲学社会科学重点研究基地(A类基地)。

学院拥有哲学、中国语言文学、中国史、考古学、世界史等5个浙江省一流学科和浙江大学一流骨干基础学科计划,其中中国语言文学、哲学、考古学、世界史、中国史、艺术学理论为一级学科博士授权点;有中文、历史2个教育部基础学科科学研究和人才培养基地,中国古典文献学1个二级学科国家重点学科,外国哲学1个国家重点培育学科,中国古代文学、汉语言文字学、中国古典文献学、中国史、外国哲学等10个浙江省重点学科。中国语言文学、历史学(含中国史、世界史和考古学)、哲学3大学科门类进入浙江大学拟建一流学科行列。

建有中国语言文学、哲学、中国史、世界史、考古学等5个博士后流动站,拥有中国古典文献学、中国古代文学、中国古代史、外国哲学等18个博士学位授予权和中国古代文学、中国史、世界史、外国哲学等24个硕士学位授予权,设汉语言文学(含影视与动漫编导方向)、古典文献学、编辑出版学、历史学、哲学、视觉传达设计、环境设计、美术学、文物与博物馆学9个本科专业。

现有教职工208人,包括文科资深教授2人,正高级职称84人(2018年新增4人)、副高级职称78人、百人计划13人(其中A类4人,B类9人),有博士生指导教师107人、硕士生指导教师170人(2018年新增10人)。2018年,新增国务院特殊津贴获得者1人,浙江省"万人计划"领军人才1人;引进和选留教职工12人,其中浙大文科资深教授1人、文科领军人才1人、"百人计划"4人。2018年新进博士后研究人员18人,在站博士后研究人员61人,出站12人,15人获得中国博士后科学基金。2人获得博士后

项目	数据	项目	数据
教职工总数/人	208	获国家级科技奖项目数/项	0
教授数/人	80	获国家级教学成果奖数/项	0
副教授数/人	75	SCI 入选论文数/篇	16
具有博士学位的教师比例/%	85.5	EI 入选论文数/篇	14
浙江大学文科资深教授(待遇等同院士)/人	2	SSCI 入选论文数/篇	8
国家"千人计划"入选数/人	0	A&HCI 入选论文数/篇	12
"国家特支计划"入选数/人	0	权威刊物论文数/篇	16
"长江学者"数/人	4	出版专著/部	29
省部级高等学校教学名师奖获得者/人	1	在校本科生数/人	731
国家"百千万人才工程"入选数/人	1	在学硕士研究生数/人	327
国家杰出青年基金获得者/人	0	其中:专业学位研究生数/人	72
教育部新(跨)世纪优秀人才培养计划入选数/人	10	在读博士研究生数/人	386
浙江省特级专家/人	3	其中:专业学位研究生数/人	0
浙江省"千人计划"入选者/人	0	在校攻读学位的外国留学生数/人	191
浙江大学求是特聘教授数/人	8	应届本科毕业生一次就业率/%	94.49
浙江大学文科领军人才/人	7	应届本科毕业生考研录取(出国)率/%	49.26
一、二级学科国家重点学科数/个	1	应届毕业研究生一次就业率/%	96.13
教育部人文社会科学研究基地数/个	1	教师出国交流/人次	98
国家人才培养基地(含教学、教育基地)/个	2	学生出国交流/人次	249
国家精品资源共享课、视频公开课/门	9	举办国际学术会议数/次	5
科研总经费/万元	1483	社会捐赠经费总额/万元	3006
其中:国家社科基金比重/%	28.0		
纵向经费比重/%	64.1		

国际交流计划引进项目资助。

2018,招收硕士研究生 153 人、博士研究生 73 人。2018 级本科生确认人文学院主修专业 269 人(含外国留学生 28 人)。毕业本科生 266 人、硕士研究生 103 人、博士研究生 62 人。

2018 年度,人文社科类科研经费到款 1483.01 万元,其中基金类项目到款 415 万元,占总经费的 28%;自然科学类科研经费到款 114.19 万元。科研项目新立 64 项(纵向项目 42 项,横向项目 22 项),其中国家社

科基金申报立项数为 18,其中重大项目 2 项(含"研究阐释党的十九大精神"重大专项 1 项),重点项目 2 项,冷门绝学与国别史专项 1 项(占全省立项数的 33.3%),后期资助项目 7 项(占全校立项总数的 77.8%);申报立项国家科技部项目 1 项;申报立项教育部社科司项目 5 项。研究人员共计发表论文约 337 篇,其中 SCI、SSCI、A&HCI、EI 收录 34 篇,权威期刊论文 16 篇,一级期刊论文 44 篇,核心期刊 75 篇;出版著作约 29 部,其中专著 13 部,译著 6 部,古籍整理著作 3

浙江大学年鉴

部,编著 4 部和论文集 3 部。共召开有影响力的国际学术会议 5 次。

全年接待海外专家学者约 91 人次,出国出境交流访学教师约 98 人次。有 230 名本科生参加了海外交流,共有 11 位研究生获得 2018 年国家公派联合培养留学项目,8 位研究生获得 2018 年学校资助博士研究生开展国际合作研究与交流项目。

【稳步推进深化改革】 6 月,《浙江大学全面深化改革领导小组关于人文学院深化改革方案的批复意见》正式发文。学院正式启动深化改革工作,以"入主流、强特色、扩影响"为宗旨,以"学院统筹、重心下移、强化主体、激发活力"为方向,学院负责统筹协调、分类管理和综合服务,各系为学科建设和队伍建设的主体,负责对应学科和人才队伍建设,进一步放管结合,加强过程监督。截至 2018 年年底,学院和各系以制度化建设为重点,不断优化完善体制机制,基本完成改革目标,极大提升了各学科的工作积极性。

【人才培养结出硕果】 学院紧密围绕新时代浙江大学人才培养目标,传承"博雅专精、明体达用"的院训精神,通过一课堂的课程建设、师资建设和教材建设,二课堂"人文经典·四季歌行"文化主题活动、"人文经典·博采承创"大学生优秀传统文化教育项目等优质品牌活动的打造,三课堂新华社社会实践基地、马寅初纪念馆志愿者服务基地等实践平台建设,四课堂与哈佛大学、斯坦福大学等世界顶尖大学合作的开展,为优秀学生成长搭建平台。2018 年,有 1 人获浙江大学十佳大学生,1 人获浙江大学研究生"求是之星",2 人获浙江大学竺可桢奖学金,2 人获浙江大学唐立新奖学金。

【学科队伍建设取得进展】 2018 年,在高层次人才引进方面,引进 1 位全职浙大文科资深教授(历史学系桑兵),1 位浙大文科领军人才(哲学系陈亚军),4 人正式入职浙大"百人计划"研究员,2 位海外名校毕业的博士后获首批博士后国际交流计划引进项目资助;在教师培育方面,获得国务院特殊津贴 1 位,获得浙江省"万人计划"人文社科领军人才称号 1 位,获得浙江大学永平教学贡献奖 1 位。这些成绩的取得有效加强了学院的师资队伍建设。

(徐海波撰稿　沈　玉审稿)

外国语言文化与国际交流学院

【概况】 外国语言文化与国际交流学院(简称外语学院)由英文系、语言与翻译系、亚欧语系 3 个学系组成,设有浙江大学外国文学研究所,浙江大学外国语言学及应用语言学研究所,浙江大学德国文化研究所,浙江大学翻译学研究所,浙江大学跨文化与区域研究所,浙江大学当代中国话语研究中心,浙江大学中华译学馆,浙江大学世界文学跨学科研究中心 8 个校级研究所和研究中心,以及俄语语言文化研究所,法语语言文化研究所,日语语言文化研究所,德国学研究所,西班牙语语言文化研究所,沈弘工作室,语言行为模式研究中心,法律话语与翻译中心,中世纪与文艺复兴研究中心等 11 个院级研究所和科研平台。

外国语言文学为浙江省一流学科。

学院建有外国语言文学一级学科博士后流动站;拥有外国语言文学一级学科博士学位授予权,涵盖 4 个二级学科博士学位授予权;外国语言文学一级学科硕士学位授予权,涵盖7个二级学科硕士学位授予权(其中国际组织与国际交流二级学科为2018年新增);英语笔译、教育(学科教学·英语)等2个硕士专业学位授权点,以及英语、德语、日语、俄语、法语、西班牙语、翻译等7个本科专业。

现有教职工 179 人,其中正高级职称 26 人,副高级职称 50 人(2018 年新增 1 人),博士研究生导师 32 人(2018 年新增 2 人),硕士研究生导师 64 人(2018 年新增 2 人),全职外籍教师 4 人。现有学科博士后 3 人,外聘教师 21 人(其中外籍 18 人)。

2018 年,招收本科生 202 人(其中专业培养 73 人、大类培养 128 人),硕士研究生 76 人,博士研究生 19 人;2018 级本科生 250 人(含留学生 52 人)确认外语学院主修专业,毕业本科生 207 人,硕士研究生 58 人,博士研究生 13 人。留学生规模保持稳定,2018 年共有在校攻读学位的本科、硕士、博士留学生 274 人。2018 届本科毕业生一次就业率为 93%,毕业研究生一次就业率为 98%。

科研总经费 226.8 万元,其中 2018 年新增项目的到款经费 149.2 万元;在研科研项目 121 项,其中 25 项为 2018 年新增。新增项目中有国家哲学社会科学基金项目 5 项、浙江省规划项目 3 项。全年入选 SSCI 论文 35 篇,A&HCI 论文 8 篇,SCI 论文 2 篇;发表权威期刊论文 2 篇,一级刊物论文 18 篇;出版学术专著、译著 35 部,编著教材 12 部。邀请国内外著名学者做学术报告 60 场,主办全国学术会议 8 次。

学院与英国、美国、德国、法国、日本、俄罗斯、加拿大、丹麦、意大利、西班牙等国家以及中国香港地区的高校有着广泛的交流与合作,有寒暑假文化课程类交流项目 11 项,交换生项目 1 项,学位项目 6 项。2018 年,全院教师出国(境)交流共 37 人次,本科生出国(境)交流学习 187 人次,研究生出国(境)交流学习 47 人次,主办国际学术会议 5 次。

【共同举办第四届文化遗产世界大会】 9 月 1 日—9 月 6 日,该大会在浙江大学紫金港校区举行。会议由浙江大学外国语言文化与国际交流学院与国际思辨遗产研究协会共同举办,杭州良渚遗址管理区管理委员会协办,吸引来自五大洲 40 多个国家的 400 多名代表参会,是目前为止国际遗产界规模最大的学术盛会之一。本次大会的主题是"跨界视角下的遗产"(Heritage across borders)。

【召开建院 90 周年纪念大会】 10 月 27 日,浙江大学外国语言文化与国际交流学院 90 周年纪念大会暨 2018 高层学术论坛在临水报告厅举行。浙江大学副校长何莲珍教授,北京外国语大学副校长孙有中教授,北京大学外国语学院党委书记李淑静教授,上海外国语大学李维屏教授等兄弟院校领导、教授,学校相关部处领导,以及各地校友代表和学院师生代表共 400 余人出席大会,共庆外语学院九十华诞。

【举行浙江大学中华译学馆成立仪式】 11 月 11 日,该仪式在紫金港校区举行。校长吴朝晖出席成立仪式,副校长何莲珍与馆长许钧为中华译学馆揭牌。国务院学位委员会委员、全国翻译专业学位教育指导委员会主任黄友义,香港翻译协会前会长、香港中文大学讲座教授金圣华,西安外国语大学校长王哲军,著名作家毕飞宇,文学评论家、《小说评论》主编李国平,浙江省哲学社会科学联合会主席蒋承勇等分别致辞。 中华译

项目	数据	项目	数据
教职工总数/人	179	获国家级科技奖项目数/项	0
教授数/人	24	获国家级教学成果奖数/项	0
副教授数/人	50	SCI 入选论文数/篇	2
具有博士学位的教师比例/%	57.2	EI 入选论文数/篇	0
浙江大学文科资深教授(待遇等同院士)/人	1	SSCI 入选论文数/篇	35
国家"千人计划"入选数/人	0	A&HCI 入选论文数/篇	8
"国家特支计划"入选数/人	0	权威刊物论文数/篇	2
"长江学者"数/人	2	出版专著/部	14
省部级高等学校教学名师奖获得者/人	1	在校本科生数/人	802
国家"百千万人才工程"入选数/人	1	在学硕士研究生数/人	193
国家杰出青年基金获得者/人	0	其中:专业学位研究生数/人	43
教育部新(跨)世纪优秀人才培养计划入选数/人	1	在读博士研究生数/人	104
浙江省特级专家/人	1	在校攻读学位的外国留学生数/人	274
浙江省"千人计划"入选者/人	0	应届本科毕业生一次就业率/%	93
浙江大学求是特聘教授数/人	3	应届本科毕业生考研录取(出国)率/%	62.4
浙江大学文科领军人才/人	1	应届毕业研究生一次就业率/%	98
一、二级学科国家重点学科数/个	0	教师出国交流/人次	47
教育部人文社会科学研究基地数/个		学生出国交流/人次	256
国家人才培养基地(含教学、教育基地)/个	0	举办国际学术会议数/次	5
国家精品资源共享课、视频公开课/门	1	社会捐赠经费总额/万元	187.17
科研总经费/万元	226.8		
其中:国家社科基金比重/%	31.1		
纵向经费比重/%	47.5		

学馆的立馆宗旨是在中华民族伟大复兴的进程中,以中华文化为根,译与学并重,弘扬优秀文化,促进中外交流,拓展精神疆域,驱动思想创新。

(杨青青撰稿　卢玲伟审稿)

传媒与国际文化学院

【概况】　传媒与国际文化学院(以下简称传媒学院)由新闻传播学系、国际文化学系、影视艺术与新媒体学系、策略传播学系(筹)组成,设有传播、新闻传媒与社会发展、广播电影电视、美学与批评理论、国际文化和社会思想等 5 个研究所,建有浙江省传媒与文化产业研究中心、浙江省娱乐与创意产业研究中心等 2 个研究中心及浙江大学公共外交与战略传播研究中心、浙江大学国际影视研究院、浙江大学中国海洋文化传播研究中心、浙江大学世界艺术研究中心、浙江大学外语传媒出版质量研究中心、浙江大学当代马克思主义美学研究中心。

新闻传播学是浙江省一流建设学科,传媒实验教学中心是浙江省重点实验室、浙江省示范实验教学中心,浙江大学—浙广集团新闻传播学类文科实践教育基地是教育部部属高校国家大学生校外实践教育基地。

学院拥有新闻传播学一级学科博士学位授予权,美学二级学科博士学位授予权;戏剧与影视学一级学科硕士学位授予权,美学、新闻学、传播学、电视电影与视听传播学二级学科硕士学位授予权;广播电视、新闻与传播、汉语国际教育 3 个专业学位硕士授权点,以及汉语国际教育、新闻学、广告学、广播电视学 4 个本科专业和各类继续教育专业,已形成了博士、硕士、本科和继续教育的完整教学体系。

现有教职工 77 人(2018 年新增 11 人),其中教授 13 人,副教授 26 人;博士研究生导师 28 人(2018 年新增 9 人),硕士研究生导师 51 人(2018 年新增 6 人)。另有专业硕士校外兼职导师 102 人,学科博士后 5 人,在职博士后 5 人。2018 年,学院新增浙大"百人计划"入选者 7 人。

2018 年,招收博士研究生 22 人、硕士研究生 86 人,2018 级本科生 153 人确认主修专业进入传媒学院学习,毕业本科生 185 人、硕士研究生 70 人、博士研究生 11 人。2018 届本科毕业生一次就业率为 99.37%,毕业研究生一次就业率为 97.37%。

科研总经费为 2307.408 万元,比上年增长 33.7%。在研项目 173 项,2018 年新立项科研项目 23 项。出版专著 4 部,编著及教材 5 部,发表权威刊物论文 7 篇,其他论文 131 篇,被 SSCI 收录论文 7 篇。

2018 年,学院先后举办了"跨语言与跨文化传播国际研讨会""数字形态与中国经验:传播与公共性国际学术会议""数据与公众:第四届传播与公共性国际学术会议(ICA 会前会)"等国际学术会议,开设了 2018 暑期浙大—牛津媒体创业创新工作坊,开展了浙江大学—宾夕法尼亚大学暑期交流项目,浙江大学—俄亥俄州立大学 2018 暑期交流项目等 5 项暑期课程项目,以及 2018 浙大传媒赴阿联酋暑期社会实践项目。同时,还与宾夕法尼亚大学安纳伯格传播学院、威斯康星大学新闻与大众传播学院联合主办了第十届浙大"国际前沿传播理论与研究方法"高级研修班。在 2018 年浙江大学"海外一流学科伙伴提升计划"终期评审中,学院位列全校 5 个"A"之一。

【与浙江大学启动新一轮共建传媒与国际文化学院工作】 2018 年 9 月,双方正式签订新一轮共建浙江大学传媒与国际文化学院协议。旨在通过双方努力,创新新闻传播人才培养模式,为新时代中国特色社会主义建设造就一支政治坚定、业务精湛、作风优良、党和人民放心的一流新闻传播人才队伍,为社会主义新闻传播事业培养优秀的建设者和接班人。

【浙江大学新闻传播教育创办 60 周年】 2018 年是浙江大学建校 121 周年、并校发展 20 周年,也是浙江大学新闻传播教育创办 60 周年。10 月,由浙江大学传媒与国际文化学院承办的中国新闻史学会 2018 年学术年会在杭州举办,来自中国社会科学院、北京大学、清华大学、中国传媒大学、中国人民大学、复旦大学、上海交通大学、华中科技大学、武汉大学、南京大学、中山大学、浙江大学等多所高校的近千名学者出席会议。会上,浙江大学新闻传播教育 60 周年纪念文集《我的大学》首发揭幕,会议受到新华社、央广网、光明日报等主流媒体报道。

项目	数据	项目	数据
教职工总数/人	77	获国家级科技奖项目数/项	0
教授数/人	13	获国家级教学成果奖数/项	1
副教授数/人	26	SCI 入选论文数/篇	0
具有博士学位的教师比例/%	69	EI 入选论文数/篇	1
浙江大学文科资深教授(待遇等同院士)/人	1	SSCI 入选论文数/篇	7
国家"千人计划"入选数/人	0	A&HCI 入选论文数/篇	1
"国家特支计划"入选数/人	0	权威刊物论文数/篇	7
"长江学者"数/人	2	出版专著/部	4
省部级高等学校教学名师奖获得者/人	0	在校本科生数/人	848
国家"百千万人才工程"入选数/人	0	在学硕士研究生数/人	201
国家杰出青年基金获得者/人	0	其中:专业学位研究生数/人	141
教育部新(跨)世纪优秀人才培养计划入选人/人	0	在读博士研究生数/人	107
浙江省特级专家/人	0	在校攻读学位的外国留学生数/人	330
浙江省"千人计划"入选者/人	0	应届本科毕业生一次就业率/%	99.37
浙江大学求是特聘教授数/人	2	应届本科毕业生考研录取(出国)率/%	48.73
浙江大学文科领军人才/人	0	应届毕业研究生一次就业率/%	97.37
一、二级学科国家重点学科数/个	0	教师出国交流/人次	45
教育部人文社会科学研究基地数/个	0	学生出国交流/人次	180
国家人才培养基地(含教学、教育基地)/个	0	举办国际学术会议数/次	3
国家精品资源共享课、视频公开课/门	0	社会捐赠经费总额/万元	21
科研总经费/万元	2307.408		
其中:国家社科基金比重/%	3.23		
纵向经费比重/%	18.96		

【获第六届范敬宜新闻教育奖良师奖】 12月 24 日,在清华大学新闻与传播学院与范敬宜新闻教育基金共同主办的第六届范敬宜新闻教育奖颁奖仪式暨第四届新闻传播学科高峰论坛上,浙江大学传播研究所教授、博士生导师邵培仁获得此奖,这是浙大教师首次获得这一奖项。邵培仁长期致力于传播理论、媒介管理与文化产业等领域的研究和教学,先后发表论文 300 余篇,撰写或主编出版传播学和媒介管理学著作 30种,有多部著作获得省级以上奖励,曾于2004 年获"浙江省有突出贡献中青年专家"称号,2007 年获教育部宝钢优秀教师奖,2008 年获改革开放 30 年中国传媒思想人物奖。

范敬宜新闻教育奖是以清华大学新闻与传播学院首任院长范敬宜命名的奖项,是中国第一个也是唯一一个新闻教育类奖项。每年评选一次。自 2013 年以来已经连续举办六届,共有 13 位教师、51 位学子、8 位业界人士获此项荣誉。

(施慧慧撰稿　金芳芳审稿)

经济学院

【概况】 经济学院由经济学系、金融学系、国际经济学系、财政学系4个系组成,设有经济研究所、产业经济研究所、金融研究所、证券期货研究所、国际经济研究所、国际商务研究所、公共经济与财政研究所、法与经济研究所8个研究所,建有教育部人文社科重点研究基地和国家哲学社会科学创新研究基地(A类)"浙江大学民营经济研究中心",浙江省社会科学重点研究基地"浙江大学区域经济开放与发展研究中心",浙江大学金融研究院、浙江大学中国跨境电子商务研究院等多个研究机构。学院教学辅助设施齐全,建有实验经济学、电子商务、金融等实验室以及万得数据库、中国企业工业数据库等多个专业性数据库。

政治经济学为国家重点(培育)学科,政治经济学、西方经济学、金融学、国际贸易学、劳动经济学5个学科为浙江省一流学科。

学院建有理论经济学、应用经济学2个博士后流动站,拥有理论经济学、应用经济学2个一级学科博士学位授予权和政治经济学、金融学、国际贸易学、财政学等13个二级学科博士学位授予权;具有理论经济学和应用经济学2个一级学科硕士学位授予权,金融、国际商务、税务3个专业学位硕士学位授予权;设有经济学、金融学、国际经济与贸易、财政学4个本科专业和1个金融学试验班,并与竺可桢学院联合设立金融学+数学双学位班。

现有教职工108人,包括专任教师90人。其中,教授31人(新增1人),副教授40人(新增3人);博士研究生导师56人(含外院11人,外校兼职5人),硕士研究生导师109人(含外院31人,外校兼职5人)。2018年,学院新增浙江省特级专家1人,浙江省"万人计划"领军人才1人,浙江省"151人才工程"重点资助1人,浙江省"151人才工程"第一层次1人,浙江省"151人才工程"第二层次2人,享受政府特殊津贴专家1人,浙江大学求是特聘教授1人,浙江大学唐立新优秀学者1人。

2018年,2017级本科生358人(含留学生98人),2018级本科生359人(含留学生117人)主修专业确认进入经济学院学习,招收硕士研究生249人(含非全日制学生47人,留学生26人),博士研究生42人(含留学生4人)。毕业本科生302人(含留学生30人),硕士研究生184人(含留学生15人),博士研究生31人(含留学生1人)。

2018年,学院科研经费达1356万元,获批国家自科基金面上项目3项、国家社科基金项目2项,出版专著7部,发表权威刊物论文3篇,被SSCI收录论文35篇,其中A类学术期刊论文8篇。

学院积极推动师生对外进行学术交流。全年教师出访57批共70人次,学生出国交流189人次,接待来访专家43批共106人次,与美国哥伦比亚大学、耶鲁大学、斯蒂文斯理工学院、法国埃塞克商学院、新加坡管理大学等国际顶尖院校签订了新的合作协议。

【国际交流合作取得重要突破】 1月8日,与世界著名高校哥伦比亚大学签订协议,实施金融工程硕士1+1项目。学生在完成两校规定课程和相关要求后,可同时获取浙江大学和哥伦比亚大学硕士学位。该合作项

浙江大学年鉴

项目	数据	项目	数据
教职工总数/人	108	获国家级科技奖项目数/项	0
教授数/人	31	获国家级教学成果奖数/项	1
副教授数/人	40	SCI 入选论文数/篇	5
具有博士学位的教师比例/%	74.44	EI 入选论文数/篇	0
浙江大学文科资深教授(待遇等同院士)/人	1	SSCI 入选论文数/篇	35
国家"千人计划"入选/人	2	A&HCI 入选论文数/篇	0
"国家特支计划"入选数/人	2	权威刊物论文数/篇	3
"长江学者"数/人	1	出版专著/部	7
省部级高等学校教学名师奖获得者/人	2	在校本科生数/人	752
国家"百千万人才工程"入选数/人	2	在学硕士研究生数/人	448
国家杰出青年基金获得者/人	0	其中:专业学位研究生数/人	351
教育部新(跨)世纪优秀人才培养计划入选数/人	5	在读博士研究生数/人	191
浙江省特级专家/人	1	在校攻读学位的外国留学生数/人	455
浙江省"千人计划"入选者/人	1	应届本科毕业生一次就业率/%	97.9
浙江大学求是特聘教授数/人	3	应届本科毕业生考研录取(出国)率/%	66.3
浙江大学文科领军人才/人	1	应届毕业研究生一次就业率/%	97.8
一、二级学科国家重点学科数/个	0	教师出国交流/人次	70
教育部人文社会科学研究基地数/个	1	学生出国交流/人次	189
国家人才培养基地(含教学、教育基地)/个	0	举办国际学术会议数/次	10
国家精品资源共享课、视频公开课/门	1	社会捐赠经费总额/万元	770
科研总经费/万元	1356		
其中:国家社科基金比重/%	3.2		
纵向经费比重/%	47.3		

目是高层次人才国际化培养的一种崭新模式,也是与世界顶级大学成规模、制度化联合培养研究生的一次新探索。

【国际排名取得重要突破】 浙江大学的商科与经济学学科在 2018 年 12 月出台的《2019 年泰晤士高等教育世界大学排名榜》中排名大幅上升,位列中国内地第 3 位,全球第 54 位,在"世界一流"的道路上又迈进了坚实的一步。

【教学成果获奖取得历史性突破】 12 月 21 日,由黄先海、潘士远、陆菁、顾国达、方红生为主的"以'三提升双对接'为抓手,构建经济学人才培养质量的提升与保障体系"获得高等教育国家级教学成果奖二等奖,这是学院首次获得的国家级教学成果奖。该项教学成果着力解决人才培养质量提升过程当中创新能力不突出、国际化程度不高、情怀担当尚不足等典型的实际问题,为国家培养急需的既具有出色的创新能力、宽广的国际化视野,又具有赤诚的情怀担当的优秀人才。

（宗　晔撰稿　黄先海审稿）

光华法学院

【概况】 光华法学院地处全国重点文物保护单位浙江大学之江校区,占地 653.85 亩,是国内第一家拥有独立校区办学的法学院,现有法理与判例研究所、公法与比较法研究所、民商法研究所、国际法研究所、经济法研究所、刑法研究所、诉讼法研究所中心等"6＋1"校级研究所,另建有浙江省法制研究所、浙江大学法理研究中心(2018 年更名)、浙江大学立法研究院(2018 年新增)等 11个校级研究机构。应用型复合型法律职业人才教育培养基地和涉外法律人才教育培养基地为国家级首批"卓越法律人才教育培养"基地。

学院拥有法学一级学科博士、硕士学位授予权,另有法律硕士(JM)专业学位授予权、自主设置目录外二级学科海洋法学硕博学位授予权、司法文明硕博学位授予权、专门招收国际学生的中国法硕博学位授予权(LL. M. 和 SJD)。宪法学与行政法学是国家重点学科。

2018 年,学院共招收全日制硕士研究生 176 人(含中国法 LL. M.)、非全日制硕士生 38 人、博士研究生 35 人(含中国法 SJD),2017 级本科生 137 人、2018 级本科生 144 人确认主修学院专业,毕业本科生 139人、硕士研究生 120 人、博士研究生 24 人。

全院现有教职工 80 人,其中专任教师 64 人,正高级职称人员 28 人、副高级职称人员 23 人(2018 年新增 1 人)。2018 年新增教育部长江青年学者 1 人、浙江省 151 人才 2 人。

学生培养方面,注重培育宽厚根基的特色法律人才。全面实施卓越法治人才教育培养计划 2.0、打造一流法学专业教育,与杭州市滨江区人民法院共同建立法官助理培养机制,与多家在杭知名律所共建实习基地,继续推进最高人民法院及其巡回法庭实习生制度,本年度选派的实习生学生获最高人民法院"优秀实习生"称号。

科研经费到款 994.4 万元,较上年增长 5.854％。其中,纵向科研经费到款 642.9万元,占比 64.65％。各类立项共 43 项,其中国家级立项 9 项(获国家重大项目含教育部重大项目 4 项),省部级 18 项。出版、发表各类科研成果总计 162 部(篇)。其中,专著 5 部,译著 1 部,编著、教材类 7 部,权威期刊论文 7 篇(含中国社会科学文摘转载 3篇),SSCI 论文 2 篇,一级期刊论文 8 篇,核心期刊论文 52 篇。继续为国家、省、市的法治建设提供决策咨询,获国家正职级领导人肯定性批示决策建议 1 篇,省部级采纳批示件 9 篇。

进一步推动与世界一流法学院校建立长期稳定的战略合作伙伴关系,接待 13 批境外来访学者与教授;与美国加州大学伯克利分校、加州大学戴维斯分校等新签订合作协议 3 份;共举办法治与改革国际高端论坛(2018)等 9 场高水平的国际学术会议。派出学生 134 人次赴境外交流。另外,全院有 16 位教师曾经或现在国际学术组织或学术刊物任职。

【成立浙江立法研究院暨浙江大学立法研究院】 2018 年 1 月 20 日,该研究院在浙江大学之江校区成立,浙江省人大常委会党组书记、常务副主任王辉忠和浙江大学党委书记邹晓东为研究院揭牌并致辞。该立法研究院由浙江省民政厅和浙江大学批准成立,省

项目	数据	项目	数据
教职工总数/人	80	获国家级科技奖项目数/项	0
教授数/人	28	获国家级教学成果奖数/项	0
副教授数/人	23	SCI 入选论文数/篇	0
具有博士学位的教师比例/%	79.7	EI 入选论文数/篇	0
浙江大学文科资深教授(待遇等同院士)/人	2	SSCI 入选论文数/篇	2
国家"千人计划"入选数/人	2	A&HCI 入选论文数/篇	0
"国家特支计划"入选数/人	0	权威刊物论文数/篇	7
"长江学者"数/人	3	出版专著/部	5
省部级高等学校教学名师奖获得者/人	0	在校本科生数/人	421
国家"百千万人才工程"入选数/人	0	在学硕士研究生数/人	819
国家杰出青年基金获得者/人	0	其中:专业学位研究生数/人	741
教育部新(跨)世纪优秀人才培养计划入选数/人	5	在读博士研究生数/人	130
浙江省特级专家/人	0	在校攻读学位的外国留学生数/人	48
浙江省"千人计划"入选者/人	0	应届本科毕业生一次就业率/%	96.18
浙江大学求是特聘教授数/人	0	应届本科毕业生考研录取(出国)率/%	59.54
浙江大学文科领军人才/人	1	应届毕业研究生一次就业率/%	98.7
一、二级学科国家重点学科数/个	1	教师出国交流/人次	26
教育部人文社会科学研究基地数/个	2	学生出国交流/人次	134
国家人才培养基地(含教学、教育基地)/个	2	举办国际学术会议数/次	9
国家精品资源共享课、视频公开课/门	2	社会捐赠经费总额/万元	70(到款)
科研总经费/万元	994.4		
其中:国家社科基金比重/%	35.47		
纵向经费比重/%	64.65		

社会科学界联合会主管,两块牌子、合署办公、成果共享,在发挥社会科研机构机制灵活优势的同时,整合浙江大学校内体制和资源,积极推进与各界的联系、合作和对接,推动立法学科研成果的转化应用,借助大数据分析技术,形塑全球"智能立法"标杆。

【获国家社科基金重大立项】 2018 年,学院共获批 4 项国家社科基金重大项目立项,分别为张文显教授主持的课题《新时代中国特色法学基本理论问题研究》,邹克渊教授主持的课题《人类命运共同体理念融入国际海洋法体系研究》,王敏远教授主持的课题《刑事诉讼中的财产权保护系统研究》,胡铭教授主持的课题《深化司法体制改革和现代科技应用相结合的难点和路径研究》。

【第三届教授委员会成立】 2018 年 11 月 10 日,该届教授委员会成立并召开第一次会议。成立仪式由浙江大学文科资深教授王贵国主持,常务副校长任少波为第三届教授委员会委员颁发了聘书。教授委员会由 10 位全球法学领域的著名专家组成,分别是王贵国、安守廉、任少波、张文显、苏永钦、陈长文、陈兴良、周江洪、於兴中、梁慧星(按姓氏笔画排序)。通过选举,著名法学家张文显教授担任第三届教授委员会主席。

(陈 思撰稿 周江洪审稿)

教育学院

【概况】 教育学院由教育学系、体育学系、课程与学习科学系、教育领导与政策研究所和军事理论教研室组成;拥有教育部浙江大学基础教育课程研究中心、国家体育总局体育现代化发展研究中心、国家体育总局体育产业研究基地,浙江大学中外教育现代化研究所、高等教育研究所、教育科学与技术研究所、体育科学与技术研究所、教科书研究中心、国际教育研究中心和浙江大学教育学院教育研究与评估中心、智慧教育研究中心(2018年新建)、体育大数据研究所、学习与认知科学研究中心、体育产业与健康管理研究中心等研究机构;建有联合国教科文组织"亚太地区教育革新为发展服务"(APEID)浙江大学联系中心、全球大学创新联盟亚太中心(GUNI-AP)秘书处、联合国教科文组织浙江大学创业教育教席、联合国教科文组织中国创业教育联盟、世界休闲组织浙江大学休闲卓越中心(2018年新增)等国际教科研合作平台。

教育史为二级学科国家重点学科,教育学为浙江省一流学科。

学院设有教育学、体育学2个博士后流动站;拥有教育学、体育学2个一级学科博士学位授予权,教育学原理、课程与教学论、教育史、比较教育学、高等教育学、教育技术学、体育人文社会学、体育教育训练学等8个二级学科博士学位授予权,教育学、体育学2个一级学科硕士学位授予权和10个二级学科硕士学位授予权,以及教育博士、教育硕士和体育硕士等3个专业学位授权点;设有教育学、公共事业管理、运动训练、武术与民族传统体育、体育教育、体育经济与管理(2016年暂停招生)等6个本科专业,教育学为教育部高等学校本科特色专业。

2018年,招收博士研究生36人(其中留学生2人)、全日制硕士研究生69人(其中留学生2人)、非全日制专业学位硕士研究生13人,本科生96人,2018级本科生确认进入教育学院继续学习16人;毕业全日制博士研究生24人、全日制硕士研究生58人、非全日制专业学位教育硕士和体育硕士125人,本科生116人。

现有教职工105人。其中,正高级职称人员30人(2018年新增3人)、副高级职称人员35人(2018年新增2人),博士研究生指导教师47人(2018年新增7人)、硕士研究生指导教师69人(2018年新增7人)。聘有国内外兼任(职)、客座教授等40余人。2018年,学院新增"长江学者"特聘教授1人,浙江大学"百人计划"研究员5人(其中非华裔外籍教师1人),浙江大学求是讲座教授1人,入选浙江省"万人计划"青年拔尖人才1人。

2018年,教育学、运动训练、武术与民族传统体育3个本科专业自查自评等级为优秀,教育学科学位授权点在国际评估中获高度评价;教学改革成果进一步凸显,MOOC课程"走向深度的合作学习"入选2018年国家精品在线开放课程,"非全日制教育硕士(学科教学·语文)培养中基于整体设计的课程建构与学习创新研究"获第二届"全国教育专业学位教学成果"二等奖;学术研究平台取得新突破,新增浙江大学国家体育总局产业研究基地和世界休闲组织浙江大学休闲卓越中心,与牛津大学联合建立的多学科交叉研究平台"学习与认知科学实验中心"入选浙江大学世界顶尖大学战略合作计划;人才培养质量提升明显,1篇博士学位论文入选首届中国高等教育学会学术创新计划——高等教育学博士学位论文文库,1篇硕士学位论文获浙江省优秀硕士学位论文奖,获浙江省第四届"互联网+"大学生创新创业大赛和浙江省第十一届"创青春"挑战杯大赛金奖3项、银奖3项;赴云南景东"助力乡村振兴"暑期社会实践团项目获团中央"2018年全国大中专学生志愿者暑期'三下乡'社会实践活动优秀团队";获全国性及以上运动竞赛金牌62枚、银牌27枚、铜牌29枚,其中亚运会等国际大赛金牌3枚,男子100米刷新全国纪录;获2017年度"浙江骄傲人物"称号1人、浙江大学"十佳大学生"荣誉称号1人、浙江大学竺可桢奖学金1人。

科研经费1678.12万元,比上年增长36.8%;获国家级项目8项,其中教育部重大课题攻关项目1项,国家社科基金一般项目6项(含重大项目子项目2项),国家自然科学基金项目1项;获省部级项目13项,其中重大扶持项目1项、重大专项1项、重点项目2项;获国家重点研发计划子课题2项;获重大横向项目4项。出版专著7部、译著18部、编著2部。发表权威刊物论文5篇,一级刊物论文25篇,被SSCI收录论文13篇,SCI收录论文3篇。获省部级领导批示1份,省部级采纳1份。

全年,师生出国出境交流共计216人次,接待境外院校及国际组织来访团12个,接待来访师生50余人次;举办国际学术会议4场,学生交流营8个;聘请短期外国专家9人;与亚洲理工学院签订合作协议1项,与香港教育大学签订合作备忘录1项。

【获批世界休闲卓越中心】 2018年8月,在第十五届世界休闲大会开幕式上,世界休闲组织正式宣布"世界休闲组织浙江大学休闲卓越中心"成立,浙江大学教育学院成为亚洲第一个、全球第四个世界休闲卓越中心成员单位。该中心将发挥在学科资源、国际合作等方面的优势,进一步加强与世界休闲组织和其他世界休闲卓越中心的合作,围绕休闲、旅游、体育、文化、艺术等方面开展国际性研究生教育与项目研究。

【再获团中央"全国大中专学生志愿者暑期'三下乡'社会实践活动优秀团队"】 2018年11月,教育学院2018暑期社会实践云南景东公益行动获团中央2018年全国大中专学生志愿者暑期"三下乡"社会实践活动优秀团队,这是该团队3年内第2次获此殊荣。自2016年起,教育学院暑期社会实践团队致力于开展"百校千人"乡镇教师培训计划,通过教师培训、走访调研等形式,关爱乡镇教师,关心留守儿童,关注城乡教育一体化。3年间,团队赴贵州湄潭、安徽宁国、云南景东开展公益行动,并2次获团中央"优秀团队"和浙江大学暑期大学生社会实践活动十佳团队。

【谢震业入选最美浙江人——2017年度浙江骄傲人物】 1月16日举行的该评选活动的颁奖典礼上,教育学院2016届本科毕业生、2016级运动训练专业硕士研究生谢震业作为体育界唯一代表,入选2017年度"浙江骄傲人物"。近年来,谢震业在田径赛场屡创佳绩:2017年7月获国际田联钻石联赛摩纳哥站男子4×100米接力冠军,

项目	数据	项目	数据
教职工总数/人	105	获国家级科技奖项目数/项	0
教授数/人	30	获国家级教学成果奖数/项	0
副教授数/人	31	SCI 入选论文数/篇	3
具有博士学位的教师比例/％	72.62	EI 入选论文数/篇	0
浙江大学文科资深教授(待遇等同院士)/人	1	SSCI 入选论文数/篇	13
国家"千人计划"入选数/人	0	A&HCI 入选论文数/篇	0
"国家特支计划"入选数/人	0	权威刊物论文数/篇	5
"长江学者"数/人	2	出版专著/部	7
省部级高等学校教学名师奖获得者/人	1	在校本科生数/人	502
国家"百千万人才工程"入选数/人	2	在学硕士研究生数/人	701
国家杰出青年基金获得者/人	0	其中:专业学位研究生数/人	608
教育部新(跨)世纪优秀人才培养计划入选数/人	5	在读博士研究生数/人	174
浙江省特级专家/人	1	其中:专业学位研究生数/人	63
浙江省"千人计划"入选者/人	0	在校攻读学位的外国留学生数/人	31
浙江大学求是特聘教授数/人	3	应届本科毕业生一次就业率/％	99.17
浙江大学文科领军人才/人	0	应届本科毕业生考研录取(出国)率/％	39.17
一、二级学科国家重点学科数/个	1	应届毕业研究生一次就业率/％	99
教育部人文社会科学研究基地数/个	0	教师出国交流/人次	58
国家人才培养基地(含教学、教育基地)/个	0	学生出国交流/人次	158
国家精品资源共享课、视频公开课/门	3	举办国际学术会议数/次	4
科研总经费/万元	1678.12	社会捐赠经费总额/万元	162
其中:国家社科基金比重/％	9.03		
纵向经费比重/％	19.23		

2017 年 9 月获第十三届全运会男子 100 米、200 米和 4×100 米三冠王,2018 年 6 月在法国蒙特勒伊田径精英赛男子 100 米中以 9.97 秒夺冠并刷新黄种人百米纪录,2018 年 7 月获英国伦敦首届田径世界杯男子 200 米冠军。

（苏　洁撰稿　顾建民审稿）

管理学院

【概况】　管理学院下设创新创业与战略学系、数据科学与管理工程学系、服务科学与运营管理学系、领导力与组织管理学系、市场营销学系、财务与会计学系、旅游与酒店管理学系 7 个系,拥有创新管理与持续竞争力研究 1 个"985 工程"国家哲学社会科学创新基地、浙江大学全球浙商研究院和浙江大学全球农商研究院2个校级研究院，建有浙江大学神经管理学实验室、浙江大学—杭州市服务业发展研究中心，以及信息技术与新兴产业研究中心等13个校级交叉学科研究中心和管理科学与信息系统研究所等10个校级研究所和11个院级研究所。学院现有1个国家自然科学基金创新研究群体和1个浙江省创新团队。

拥有管理科学与工程1个一级学科国家重点学科、管理科学与工程1个浙江省一流学科（A类）。

学院设有管理科学与工程、工商管理2个博士后流动站，拥有管理科学与工程、工商管理2个一级学科博士学位授予权，管理科学与工程、企业管理等7个硕士学位授予权以及工商管理硕士（含高级管理人员工商管理硕士）、会计学专业硕士2个专业学位授权点，并设置工商管理、信息管理与信息系统、会计学3个本科专业。

2018年，招收博士研究生56人、硕士研究生623人〔其中国际科学硕士50人（含留学生20人），MBA 501人，EMBA 46人，会计专业硕士26人〕，2018级本科生151人确认进入学院继续学习（另有留学生53人），毕业本科生174人（其中留学生14人），硕士研究生410人，博士研究生31人。

现有教职员工146人。其中，正高级职称人员45人，副高级职称人员52人，博士研究生指导教师67人（含兼职2人，比上年新增5人），硕士研究生指导教师94人。另有在站博士后工作人员11人。2018年，全院引进"浙江大学百人计划"研究员A类2人。

在教学方面，对2018级本科专业进行优化升级，从原来的8个本科专业转化优化升级为3个本科专业。重新认定和建设19个课程组，以课程组为平台整体系统推进课程建设、师资配置和提升课程质量。车幼梅、张小林、周欣悦和周亚庆4位老师主编的教材分别获批2018年校级本科教材立项项目。邢以群、陈学军和叶欣3位老师的通识课程分别获批浙江大学2018年通识教育改革项目。2018年学院获批2项浙江省高等教育"十三五"第一批教学改革项目和2项校级教改项目，并设立9个管理学院第一批院级教学改革研究项目。4篇案例入选第九届"全国百篇优秀管理案例"（其中一篇为重点案例），并连续七届获该评选"最佳组织奖"，2篇案例再次入选哈佛和斯坦福案例库。

到位科研经费2510万元，在研国家级项目共60项；新增国家级科研项目17项（其中国家自然科学基金项目15项，国家社科基金一般项目2项）；新增省部级项目14项，全院共新增项目73项。

全院教师出国出境173人次，接待外宾来访241人次。本硕博学生出国交流224人次，MBA/EMBA学生出国交流272人次。接待境外本硕博学生共计319人次，境外高校MBA/EMBA访学团87人次，MBA院级学期交换生4人次。学院新签合作备忘录、合作协议共计12份。

【获"国家自然科学基金创新研究群体项目"资助】 8月，由浙大管院华中生教授作为学术负责人牵头申报的"服务科学与创新管理"创新研究群体项目获得国家自然科学基金委资助批准。这是自2000年以来，浙江大学获得的第14个国家自然科学基金创新群体项目，也是浙大社会科学研究领域获得的第1个国家自然科学基金创新群体项目。

项目	数据	项目	数据
教职工总数/人	146	获国家级科技奖项目数/项	0
教授数/人	45	获国家级教学成果奖数/项	1
副教授数/人	52	SCI 入选论文数/篇	40
具有博士学位的教师比例/%	84.35	EI 入选论文数/篇	1
浙江大学文科资深教授(待遇等同院士)/人	2	SSCI 入选论文数/篇	93
国家"千人计划"入选数/人	0	A&HCI 入选论文数/篇	0
"国家特支计划"入选数/人	0	权威刊物论文数/篇	4
"长江学者"数/人	3	出版专著/部	3
省部级高等学校教学名师奖获得者/人	0	在校本科生数/人	468
国家"百千万人才工程"入选数/人	0	在学硕士研究生数/人	1719
国家杰出青年基金获得者/人	2	其中:专业学位研究生数/人	1663
教育部新(跨)世纪优秀人才培养计划入选数/人	9	在读博士研究生数/人	317
浙江省特级专家/人	1	其中:专业学位研究生数/人	0
浙江省"千人计划"入选者/人	4	在校攻读学位的外国留学生数/人	392
浙江大学求是特聘教授数/人	3	应届本科毕业生一次就业率/%	97.52
浙江大学文科领军人才/人	1	应届本科毕业生考研录取(出国)率/%	52.17
一、二级学科国家重点学科数/个	1	应届毕业研究生一次就业率/%	98.37
教育部人文社会科学研究基地数/个	0	教师出国交流/人次	173
国家人才培养基地(含教学、教育基地)/个	0	学生出国交流/人次	496
国家精品资源共享课、视频公开课/门	0	举办国际学术会议数/次	8
科研总经费/万元	2510	社会捐赠经费总额/万元	18691999.45
其中:国家社科基金比重/%	2.1		
纵向经费比重/%	57.3		

此次群体项目的获得,意味着浙大管院目前的创新研究实力与学术影响力已受到国内外学术同行的高度肯定与认可,实现了质的飞跃与再升级。而通过在该项目上的持续研究,浙大管院未来在管理科学与工程和工商管理的学术与学科影响力的提升上也将实现更大的飞跃与升级。

【多位学者参与打造的教学成果获国家级奖项】 9 月 28 日,管院学者吴晓波、魏江、郭斌、寿涌毅等以及浙大其他学者共同倾力打造的教学成果"研究型大学基于创新的创业教育体系研究与 20 年实践"获 2018 年高等教育国家级教学成果奖一等奖。该成果通过先进的观念、精准的定位、科学的体系、优质的师资、特色的项目,充分彰显了浙大教师群体对教育体系的研究和实践所做出的贡献,也展现了大学教育是引领和服务社会经济发展、培养创新创业人才的重要动能和引擎。

高等教育国家级教学成果奖是教育部学科评估的重要指标之一,代表了我国教育教学工作的最高水平。该奖项的获得充分展现了学院重视教学建设、重视教学改革和重视人才培养工作所取得的成绩。

【举行首次"师、生、企业"党支部"三结对"活动】 为积极探索新时代基层党建工作新思路,提升基层党支部的组织力、凝聚力、战斗力,促进"双一流"学科建设,12月3日下午,浙大管院创新创业与战略学系教工党支部—研究生党支部—大华股份国内党支部"三结对"活动在浙大紫金港校区隆重举行。

作为"红色力量 健康同行"党建品牌的首次活动,本次会议不仅迎来了三方党建工作经验共享,还举行了"智慧党建"系统联合开发启动仪式。"三结对"党支部未来将在该系统支持下,汇聚红色力量,在智慧党建、教学科研、人才培训以及互访交流等多方面展开一系列深入合作。从调研互访到人才共育,再到思想引领,此次师、生、企业三方党支部"结对",是浙江大学管理学院践行"开放办学"的又一校企合作创新举措,系建院以来首次!

（周春慧撰稿　陈　超审稿）

公共管理学院

【概况】 公共管理学院下设政府管理系、土地管理系、城市发展与管理系、社会保障与风险管理系、信息资源管理系、农业经济与管理系、政治学系、社会学系8个系,设有行政管理研究所、土地科学与不动产研究所等12个校级研究所。

学院拥有浙江大学中国农村发展研究院（"985工程"哲学社会科学创新基地）、浙江大学暨浙江省公共政策研究院等,浙江大学农业现代化与农村发展研究中心（教育部人文社科重点研究基地）、浙江大学科教发展战略研究中心（教育部战略研究基地）、浙江大学民政研究中心（全国民政政策理论研究基地）等19个校级研究中心。

农林经济管理学科为国家重点（培育）学科,农林经济管理和公共管理2个学科为浙江省一流学科。

学院拥有公共管理、农林经济管理、社会学3个一级学科博士学位授予权,行政管理、教育经济与管理等14个二级学科博士学位授予权,公共管理硕士（MPA）、社会工作硕士（MSW）、农村发展硕士（MAE）3个专业硕士学位授予权,设有行政管理、土地资源管理等12个本科专业方向。

2018年,招收博士研究生101人,科学学位硕士研究生153人,公共管理硕士（MPA）295人（其中常规MPA 266人,MPA西藏班29人）,社会工作硕士（MSW）29人,农村发展硕士（MAE）10人;2018级本科生186人确认主修学院专业,"三位一体"招生本科生51人,竺可桢学院公共管理英才班录取20人。2018届毕业博士生28人,硕士生289人（其中学术学位121人,MPA 149人,MSW 19人）,本科生216人。

现有全职在编教职工168人,其中具有正高级职称人员62人,副高级职称人员47人,百人计划研究员20人;另有在站各类博士后29人。博士研究生导师112人（含兼职）,硕士研究生导师165人（含兼职）。学院引才育才成果丰硕,岳文泽获国家万人计划青年拔尖人才称号以及教育部"长江学者奖励计划"青年项目,谷保静获得国家自然科学基金优秀青年基金,何文炯获浙江大学永平教学贡献奖,郁建兴获浙江省特级专家称号,3人入选之江青年社科学者行动计划;范柏乃当选浙江省第十三届人民代表大

项目	数据	项目	数据
教职工总数/人	168	获国家级科技奖项目数/项	0
教授数/人	62	获国家级教学成果奖数/项	0
副教授数/人	47	SCI 入选论文数/篇	10
具有博士学位的教师比例/%	71.43	EI 入选论文数/篇	13
浙江大学文科资深教授(待遇等同院士)/人	1	SSCI 入选论文数/篇	91
国家"千人计划"入选数/人	2	A&HCI 入选论文数/篇	0
"国家特支计划"入选数/人	0	权威刊物论文数/篇	11
"长江学者"数/人	2	出版专著/部	22
省部级高等学校教学名师奖获得者/人	1	在校本科生数/人	672
国家"百千万人才工程"入选数/人	1	在学硕士研究生数/人	1342
国家杰出青年基金获得者/人	0	其中:专业学位研究生数/人	1012
教育部新(跨)世纪优秀人才培养计划入选数/人	7	在读博士研究生数/人	387
浙江省特级专家/人	1	其中:专业学位研究生数/人	0
浙江省"千人计划"入选者/人	3	在校攻读学位的外国留学生数/人	183
浙江大学求是特聘教授数/人	6	应届本科毕业生一次就业率/%	93.62
浙江大学文科领军人才/人	1	应届本科毕业生考研录取(出国)率/%	38.9
一、二级学科国家重点学科数/个		应届毕业研究生一次就业率/%	100
教育部人文社会科学研究基地数/个	1	教师出国交流/人次	135
国家人才培养基地(含教学、教育基地)/个	0	学生出国交流/人次	261
国家精品资源共享课、视频公开课/门	2	举办国际学术会议数/次	12
科研总经费/万元	4898.5	社会捐赠经费总额/万元	4000
其中:国家社科基金比重/%	10.03		
纵向经费比重/%	36.13		

会常务委员会委员,何文炯当选中国社会保障学会养老金分会会长;国家"千人计划"专家陈志钢于 2018 年 12 月正式就职,浙江大学文科领军人才石敏俊入职城市发展与管理系,国家自然科学基金优秀青年基金获得者黄萃入职信息资源管理系,公共政策研究领域知名学者顾昕入职政府管理系。

到款科研经费 4898.53 万元。2018年,获批国家自然科学基金 9 项,其中国家优青项目 1 项;国家社科基金项目 16 项,其

中重大项目 1 项,"十九大专项"重大项目 1项,重点项目 1 项;发表刊物及会议论文400 余篇,其中权威期刊论文 11 篇,被 SSCI收录论文 91 篇;出版著作 18 种。

2018 年,学院共举办了 12 次国际性学术会议;获批短期外专项目 3 项;全院师生赴境外交流 396 人次,其中教师有 135 人次赴美国、澳大利亚等国以及中国港澳台地区进行合作研究、参加学术会议等,参加海外交流的本科生人数 147 人,各类研究生人数114 人;接待境外来访学者 13 批次。

【浙江大学当选为公共管理类专业教学指导委员会主任单位】 11月1日,教育部在京召开新一届高等学校教学指导委员会(2018—2022)(以下简称"教指委")成立大会,浙江大学当选为公共管理类专业教指委主任单位。校党委书记邹晓东任教指委主任,公共管理学院院长郁建兴任秘书长。教指委于11月28日在紫金港校区校友楼紫金港厅召开了第一次全体会议,46位教指委委员、10余位行业专家出席会议;教育部高教司人文社科处副处长杨华杰到会祝贺并发表讲话;邹晓东做工作报告,并为每一位委员颁发聘书。

【多家研究机构入选各级各类智库】 在本年度,学院新成立了浙江大学社会治理研究院;浙江省哲学社会科学重点研究基地"浙江大学民生保障与公共治理研究中心"正式挂牌;依托浙江大学教育基金会中科天翔基金,成立了浙江大学财税大数据与政策研究中心。智库建设水平获得广泛认可,浙江大学公共政策研究院、浙江大学中国农村发展研究院被列入浙江省新型重点专业智库,浙江大学非传统安全与和平发展研究中心、浙江大学新型城镇化研究中心被列入浙江省新型高校智库,浙江大学中国农村发展研究院入围"2018CTTI高校智库百强榜"。

【郁建兴入选浙江省第五批特级专家】 4月11日,浙江科学技术奖励大会在浙江省人民大会堂举行。公管学院教授郁建兴入选第五批省特级专家。郁建兴现任教育部"长江学者"特聘教授,浙江大学公共管理学院院长,浙江大学社会治理研究院院长,*Journal of Chinese Governance*(Routledge出版)[《中国治理杂志》(劳特利奇出版社出版)]主编,*Journal of Chinese Political Science*(《中国政治科学杂志》)、《政治学研究》等国内外期刊编委。主要研究领域为地方政府、社会组织与社会治理、医疗卫生政策等。

(苏 超撰稿 杨国富审稿)

马克思主义学院

【概况】 马克思主义学院设有马克思主义基本原理概论、毛泽东思想和中国特色社会主义理论体系概论、中国近现代史纲要、思想道德修养与法律基础、研究生思想政治理论课5个教研中心,承担全校从本科生到硕士、博士研究生的公共思想政治理论课程的教学和研究工作。

马克思主义学院入选全国重点建设马克思主义学院和浙江省重点建设马克思主义学院,是中共浙江省委宣传部与浙江大学共建学院,建有马克思主义理论、国际政治2个校级研究所,挂靠了教育部高校辅导员培训和研修基地(浙江大学)、浙江省教育厅高校心理健康教育培训基地、浙江省中国特色社会主义理论体系研究中心浙江大学研究基地、浙江大学中国特色社会主义研究中心、浙江大学德育与学生发展研究中心等校设机构。

马克思主义理论学科为"十三五"浙江省高校一流学科(B类)。

学院现有马克思主义理论一级学科博士点,马克思主义理论博士后流动站;拥有马克思主义基本原理、马克思主义中国化研究、思想政治教育、中国近现代史基本问题研究、党的建设等硕士学位授予权。

2018年,招收硕士研究生34人、博士研究生24人,毕业硕士研究生17人、博士研究生13人。

项目	数据	项目	数据
教职工总数/人	64	获国家级科技奖项目数/项	0
教授数/人	11	获国家级教学成果奖数/项	0
副教授数/人	22	SCI入选论文数/篇	0
具有博士学位的教师比例/%	71.4	EI入选论文数/篇	0
浙江大学文科资深教授(待遇等同院士)/人	0	SSCI入选论文数/篇	0
国家"千人计划"入选数/人	0	A&HCI入选论文数/篇	9
"国家特支计划"入选数/人	1	权威刊物论文数/篇	6
"长江学者"数/人	1	出版专著/部	11
省部级高等学校教学名师奖获得者/人	1	在校本科生数/人	0
国家"百千万人才工程"入选数/人	1	在学硕士研究生数/人	62
国家杰出青年基金获得者/人	0	其中:专业学位研究生数/人	0
教育部新(跨)世纪优秀人才培养计划入选数/人	0	在读博士研究生数/人	75
浙江省特级专家/人	0	其中:专业学位研究生数/人	0
浙江省"千人计划"入选者/人	0	在校攻读学位的外国留学生数/人	1
浙江大学求是特聘教授数/人	1	应届本科毕业生一次就业率/%	0
浙江大学文科领军人才/人	1	应届本科毕业生考研录取(出国)率/%	0
一、二级学科国家重点学科数/个	0	应届毕业研究生一次就业率/%	100
教育部人文社会科学研究基地数/个		教师出国交流/人次	7
国家人才培养基地(含教学、教育基地)/个		学生出国交流/人次	15
国家精品资源共享课、视频公开课/门	1	举办国际学术会议数/次	2
科研总经费/万元	201.1	社会捐赠经费总额/万元	0
其中:国家社科基金比重/%	47.24		
纵向经费比重/%	90.65		

现有教职工64人。其中,具有正高级职称人员11人,副高级职称人员23人,博士研究生导师9人,硕士研究生导师26人(2018年新增2人)。2018年,学院新增教育部"长江学者"特聘教授、中宣部文化名家暨"四个一批"人才、国家"万人计划"哲学社会科学领军人才1人,新增浙江大学求是讲座教授1人。

2018年,学院继续深化教学改革,加强课程建设。共获得省级教学改革课题立项1项,校级教学改革课题立项5项,新增"浙

江省名师工作室"1个。学院3名教师指导摄制的微电影获得"第二届我心中的思政课全国高校大学生微电影展示活动"一等奖,4名教师指导的大学生讲思政课在"全国高校学生讲思政课公开课展示活动"中获得二等奖。3名教师获浙江大学优质教学奖二等奖,5名教师获马克思主义学院教学优秀奖。

2018年,学院队伍建设成效明显,新增高校思想政治理论课教师年度影响力提名人物,浙江省高校优秀教师,浙江大学第九

浙江大学年鉴

届教书育人先进个人各 1 名。

2018 年，学院科研课题新立项经费 201.1 万元。立项省部级以上课题 12 项，其中国家社科基金项目 4 项，教育部项目 2 项，浙江省哲学社会科学规划课题 5 项，中宣部文化名家暨"四个一批"人才自主选题项目 1 项。发表各级各类学术论文 83 篇，其中权威期刊 6 篇，一级期刊论文 12 篇。出版专著 11 部。承办全国性学术会议 3 次。

2018 年，教师出国交流 7 人次，研究生出国交流 15 人次；接待境外学术交流访问团 2 批，举办国际研讨会 2 次。

【教学成效受到教育部肯定】 11 月 1 日，教育部门户网站刊登了文章《浙江大学多措并举提高思想政治理论课质量》，从健全工作机制、创新教学模式、建强师资队伍和夯实资源保障四个方面报道了浙江大学思想政治理论课教学工作，对浙大思想政治理论课的育人效果进行了充分的肯定。

【刘同舫入选教育部"长江学者"特聘教授】

5 月 18 日，马克思主义学院院长、教授、博士生导师、一级学科带头人、浙江大学"文科领军人才"刘同舫教授入选教育部"长江学者"特聘教授，同年还入选了中宣部文化名家暨"四个一批"人才、国家"万人计划"哲学社会科学领军人才。学院拥有教育部"长江学者"特聘教授的数量取得零的突破。刘同舫成为全国为数不多的入选人文社科所有国家级人才计划的专家之一，他还享受国务院政府特殊津贴，入选"国家百千万人才工程"国家级人才，被授予"国家有突出贡献中青年专家"，获评全国"高校思想政治理论课教师年度影响力标兵人物"，获评浙江省"高校优秀教师"，入选广东省委宣传部"宣传思想文化领军人才"和"十百千工程"优秀人才。兼任教育部高校思想政治理论课教

学指导委员会委员、浙江省高校马克思主义理论教育研究会副会长、浙江省马克思主义基本原理研究会副会长、浙江省中国特色社会主义理论体系研究中心浙江大学研究基地负责人和首席专家、浙江大学中国特色社会主义研究中心执行主任等社会职务，被多所高校聘为兼职教授。

【组建研究生国际工作坊】 2018 年暑期，学院组建研究生国际工作坊，组织学院所有全日制非定向博士生赴德国齐根大学、明斯特大学、柏林文化研究所、洪堡大学、柏林自由大学等地进行了研讨、调研、考察等游学活动，大力提升学生跨文化沟通能力，助力推动新时代中国特色社会主义理论的国际传播。

（李　艳撰稿　李小东审稿）

数学科学学院

【概况】 数学科学学院下设数学系、信息与计算科学系、应用数学系、统计学系。同时还设有"数学研究所"、"科学与工程计算研究所"、"统计研究所"、"应用数学研究所"、"信息数学研究所"、"运筹与控制研究所"和"数学基础课程教学研究中心"。

数学学科为一级学科国家重点学科，是九五、十五、十一五、十二五国家"211 工程"重点建设学科，学院拥有"数学科学及其应用"国家"985 工程"科技创新平台。

2018 年，学院招收硕士研究生 87 人，博士研究生 35 人，2018 届本科生 204 人确认专业进入学院学习，毕业本科生 200 人，硕士研究生 70 人，博士研究生 25 人。

现有教职工 125 人。其中，具有正高级

项目	数据	项目	数据
教职工总数/人	125	获国家级科技奖项目数/项	1
教授数/人	53	获国家级教学成果奖数/项	0
副教授数/人	43	授权发明专利数/项	0
具有博士学位的教师比例/%	85.05	SCI 入选论文数/篇	100
两院院士/人	0	EI 入选论文数/篇	0
国家"千人计划"入选数/人	5	MEDLINE 入选论文数/篇	0
"国家特支计划"入选数/人	0	出版专著/部	0
"长江学者"数/人	1	在校本科生数/人	780
省部级高等学校教学名师奖获得者/人	0	在学硕士研究生数/人	251
"973 计划"首席科学家数*/人	0	在读博士研究生数/人	162
国家"百千万人才工程"入选数/人	2	在校攻读学位的外国留学生数/人	10
国家杰出青年基金获得者/人	3	应届本科毕业生一次就业率/%	95.54
教育部新(跨)世纪优秀人才培养计划入选数/人	6	应届本科毕业生考研录取(出国)率/%	70.9
浙江省特级专家/人	3	应届毕业研究生一次就业率/%	100
浙江省"千人计划"入选者/人	2	科研总经费/万元	1439.21
浙江大学求是特聘教授数/人	4	其中:国家自然基金比重/%	84.08
一、二级学科国家重点学科数/个	6	纵向经费比重/%	92.01
国家重点(专业)实验室/个	0	教师出国交流/人次	92
国家工程(技术)研究中心/个	0	学生出国交流/人次	105
国家人才培养基地(含教学、教育基地)/个	0	举办国际学术会议数/次	4
国家精品资源共享课、视频公开课/门	2		
社会捐赠经费总数/万元	200		

注:* 含重大科学研究计划、ITER 计划、青年科学家专题等。

职称人员 53 人、副高级职称人员 43 人,博士研究生导师 54 人(含兼职 6 人),硕士研究生导师 35 人。另有在站博士后 4 人。2018 年,教师中新增青年千人计划 1 人,特聘研究员转教学科研并重岗 1 人。

数学科学学院与计算机学院、经济学院一起优化了本科生培养方案,设立金融＋数学、计算机＋统计双学士学位创新培养班。该创新培养班根据培养方案进行个性化、交叉复合培养,已有高考成绩特别优秀的学生

43 人确认专业意向。优化和重新制定了数学与应用数学、信息与计算科学、统计学三个本科专业新的培养方案,有机融合通识、专业、思政教育和交叉培养,形成了第一、第二、第三、第四课堂高度融通的培养体系。2018 年本科生获全国数学建模二等奖 1 项,美国大学生数学建模一等奖 4 项,二等奖 1 项,1 人获竺可桢奖学金,1 人获浙江省"万名好党员"、优秀共产党员等荣誉,1 人获第二届全国高校大学生讲思政课公开课

展示活动二等奖。研究生奖学金获得者共51人次，其中11人获得国家奖学金，13人获得专项奖学金，3人获得单项奖学金；1人获唐立新奖学金；1人获阿里巴巴全球数学竞赛优秀奖；1人获浙江大学研究生"求是之星"荣誉称号。2018届毕业生本科生一次性就业率达到95.54%，其中出国率达到41.27%，国内读研率达到29.63%。

2018年，到位科研经费为1439.21万元；其中在研国家级科研项目83项，到款经费1243.21万元。学院在科研方面取得重大突破，获得国家自然科学基金项目12项，批准总经费为581万元，批准率达到41.38%。学院获得2018年度浙江省自然科学基金一般项目5项。

全年师生出国出境交流共计197人次，举办国际学术会议4次；新增浙江大学短期外国专家5人；与美国普林斯顿大学、美国约翰霍普金斯大学、美国威斯康星大学麦迪逊分校、美国罗格斯大学、荷兰埃因霍温工业大学、瑞典乌普萨拉大学、瑞典于默奥大学、香港中文大学等高校建立了合作关系，开展联合培养学生及学习交流活动等。

【数学学科学位授权点被评为优秀】 3月10—11日，数学科学学院在浙大玉泉校区召开数学学科学位授权点和专业学位授权点自我评估专家评审会，专家组在经过充分讨论后，一致认为浙江大学数学学科学位授权点符合国务院学位委员会学位授予标准，处于国内领先水平，同意通过浙江大学数学学科学位授权点评估，评估结果为优秀。

【举办浙江大学第89期"海外名师大讲堂"】 5月5日，该大讲堂在浙大紫金港校区举办，并邀请到菲尔兹奖得主、来自美国加州大学圣地亚哥分校的数学家Efim Zelmanov教授为师生们做题为"Mathematics：Science or Art（数学：科学还是艺术）"的主题演讲，吸引全校师生共计500余人参加。

【举行数学科学学院90周年院庆系列活动】 10月27日，数学科学学院"数学科学前沿"论坛暨九秩华诞庆典活动在浙大紫金港校区举行，大会邀请到了上百位知名校友，包括中科院院士、高校校长、政府领导等，并接到来自院士和兄弟院校领导的贺词贺电共计17份。会上，杰出校友代表励建书院士做了题为"浙大人的数学梦"的演讲。本次活动以"数学科学前沿"学术报告、庆典大会、校友座谈会等为主要形式构成，收到校友捐赠珍贵史料36件，以及浙江今明教育文化发展有限公司用于设立"浙江大学数学科学学院今明教育奖教金"的100万元捐赠款项。浙大及浙江省相关媒体对此次活动进行了专题报道，产生了良好的社会反响。

（陈　黎撰稿　闻继威审稿）

物理学系

【概况】 物理学系（以下简称物理系），设有浙江近代物理中心、凝聚态物理研究所、光学研究所、聚变理论与模拟中心、电子与无线电研究所5个研究所以及大学物理教研室、物理实验教学中心。2018年新建浙江省量子技术与器件重点实验室。

物理学科是浙江省一流学科。理论物理、凝聚态物理是二级学科国家重点学科。

物理系设有物理学博士后流动站，拥有物理学一级学科博士学位和硕士学位授予权，涵盖7个二级学科。

2018年，招收硕士研究生56人，博士研究生50人，2018级本科生81人（其中竺

附表　2018 年度物理学系基本情况

项目	数据	项目	数据
教职工总数/人	128	获国家级科技奖项目数/项	0
教授数/人	57	获国家级教学成果奖数/项	1
副教授数/人	24	授权发明专利数/项	1
具有博士学位的教师比例/%	70.3	SCI 入选论文数/篇	129
两院院士/人	3	EI 入选论文数/篇	95
国家"千人计划"入选数/人	4	MEDLINE 入选论文数/篇	0
"国家特支计划"入选数/人	2	出版专著/部	0
"长江学者"数/人	6	在校本科生数/人	323
省部级高等学校教学名师奖获得者/人	0	在学硕士研究生数/人	156
"973 计划"首席科学家数*/人	0	其中:专业学位研究生数/人	0
国家"百千万人才工程"入选数/人	1	在读博士研究生数/人	205
国家杰出青年基金获得者/人	7	在校攻读学位的外国留学生数/人	11
教育部新(跨)世纪优秀人才培养计划入选数/人	10	应届本科毕业生一次就业率/%	94.68
浙江省特级专家/人	1	应届本科毕业生考研录取(出国)率/%	62.22
浙江省"千人计划"入选者/人	5	应届毕业研究生一次就业率/%	100
浙江大学求是特聘教授数/人	10	科研总经费/万元	5899.448
一、二级学科国家重点学科数/个	2	其中:国家自然基金比重/%	25.47
国家重点(专业)实验室/个	0	纵向经费比重/%	97.10
国家工程(技术)研究中心/个	0	教师出国交流/人次	108
国家人才培养基地(含教学、教育基地)/个	1	学生出国交流/人次	174
国家精品资源共享课、视频公开课/门	1	举办国际学术会议数/次	6
社会捐赠经费总数/万元	97		

注:* 含重大科学研究计划、ITER 计划、青年科学家专题等。

可桢学院 2 人)确认进入物理系继续学习，毕业本科生 92 人,硕士研究生 31 人,博士研究生 31 人。

现有教职工 128 人。其中,中国科学院院士 3 人,国家千人计划学者 4 人,具有正高级职称人员 67 人,副高级职称人员 30 人,博士研究生指导教师 73 人硕士研究生指导教师 85 人。另有在站博士后 37 人。2018 年,新增浙江大学百人计划 2 人。

2018 年物理系获国家级大学生创新训练项目 2 项,浙江省大学生科技创新活动项目 3 项。本科生先后获得第八届中国大学生物理学术竞赛一等奖、浙江省第九届大学生物理科技创新竞赛决赛一等奖 2 项。获得国家级教学成果奖二等奖 1 项。

到校总经费 5899.448 万元,其中,纵向项目经费 5723.398 万元,军工项目经费 166.05 万元,横向项目经费 10 万元。2018 年全系共获批国家自然科学基金重大、面上、青年基金、联合基金等共计 13 项,总经费 1663.86 万元。科技部重点研发计划课题项目获得 2 项,总经费 929 万元。浙江省院士基金获得批准 3 项,浙江省基金委重点、重大、杰出青年基金项目 3 项,横向项目 1 项。

全年师生出国出境交流共 282 人次,其中,教师出访 108 人次,学生出访 174 人次。聘请短期外国专家 9 人,组织国外境外专家学术报告 45 场,举办国际会议 6 场。

【学术研究重大突破】 朱诗尧、游建强、王浩华、朱华星、仇志勇、曹光旱、许祝安、袁辉球、吴惠桢、郑毅、周如鸿等 11 位教授在 *PRL*,*PNAS*,*Journal of the American*,*Chemical Society* 及 *Nature Communications* 上发表高水平论文 13 篇。马志为主持 Tokamak 中的高能量粒子驱动的模以及与磁流体不稳定性相互作用的重点项目,仇志勇主持燃烧等离子体中高能量粒子相关物理的理论研究重点研发计划。

【物理系九十周年系庆】 于 5 月 25—27 日举行,以"会聚创新,建设一流学科""不忘初心,传续师长辉煌""全员育人,培育卓越学子"为主题,举办系庆系列活动 10 余项,传承和发扬"格物致理"的系训精神,接待校友 150 余位。王淦昌先生故里中共常熟市委市政府向浙江大学捐赠了王淦昌先生全身铜像,并与浙大签署了合作协议。物理系还举办了 101 场学术报告,共接待 9 位院士,30 位海内外学术大咖,来自美国、德国、新加坡、日本、法国、瑞士、智利、中国香港等国家和地区的院士、教授、校友等上百人参与了各专题学术活动。

(房正浓撰稿 颜鹂审稿)

化学系

【概况】 化学系下设催化化学研究所、分析化学研究所、物理化学研究所、高新材料化学研究所、有机与药物化学研究所 5 个研究所,以及 1 个实验教学中心和 1 个分析测试平台。

化学系拥有化学一级学科国家重点学科和一级学科博士点、博士后流动站,是国家理科基础科学研究和教学人才培养基地和国家工科基础课程教学基地,建有国家级实验教学示范中心、浙江省应用化学重点实验室等教学和科研平台。

2018 年,招收硕士研究生 83 人,博士研究生 70 人,2018 级本科生 112 人确认进入化学系主修专业(含求是科学班化学专业 21 位学生),毕业本科生 77 人,硕士研究生 58 人,博士研究生 64 人。

现有教职员工 220 人(含学科博士后 53 人)。其中,中科院院士 1 人,正高级职称人员 62 人(2018 年新增 2 人),副高级职称人员 54 人(2018 年新增 1 人)。

在教学和学生培养方面,本科生参加"第十一届全国大学生化学实验邀请赛"获得二等奖 1 项,参加"第十届浙江省大学生化学竞赛"获得二等奖 4 项,参加"第十二届上海大学生化学实验竞赛"获得一等奖 1 项和二等奖 2 项,2016 级春季博士研究生周炯获浙江大学最高奖学金"竺可桢奖学金",沈宏获得 2018 年度浙江大学优质教学一等奖,另编著由高教出版社出版的教材《高等物理化学实习讲义》、《工程化学基础》(第三版)2 本,"综合化学实验"获浙江省高

项目	数据	项目	数据
教职工总数/人	220	获国家级科技奖项目数/项	0
教授数/人	52	获国家级教学成果奖数/项	1
副教授数/人	43	授权发明专利数/项	39
具有博士学位的教师比例/%	93.8	SCI 入选论文数/篇	246
两院院士/人	1	EI 入选论文数/篇	146
国家"千人计划"入选数/人	1	出版专著/部	2
"国家特支计划"入选数/人	0	在校本科生数/人	388
"长江学者"数/人	3	在学硕士研究生数/人	254
省部级高等学校教学名师奖获得者/人	1	在读博士研究生数/人	254
"973 计划"首席科学家数 */人	0	在校攻读学位的外国留学生数/人	6
国家"百千万人才工程"入选数/人	1	应届本科毕业生一次就业率/%	98.67
国家杰出青年基金获得者/人	9	应届本科毕业生考研录取(出国)率/%	70.67
教育部新(跨)世纪优秀人才培养计划入选数/人	9	应届毕业研究生一次就业率/%	100
浙江省特级专家/人	1	科研总经费/万元	4997
浙江省"千人计划"入选者/人	9	其中:国家自然基金比重/%	34.8
浙江大学求是特聘教授数/人	10	纵向经费比重/%	68.52
一、二级学科国家重点学科数/个	1	教师出国交流/人次	68
国家重点(专业)实验室/个	0	学生出国交流/人次	119
国家工程(技术)研究中心/个	0		
国家人才培养基地(含教学、教育基地)/个	2		
国家精品资源共享课、视频公开课/门	0		
社会捐赠经费总数/万元	1039	举办国际学术会议数/次	1

注:* 含重大科学研究计划、ITER 计划、青年科学家专题等。

校"十三五"第二批新形态教材建设项目资助。

2018 年,化学系作为项目承担单位,获得一项国家重点研发计划资助和一项国家自然科学基金重大仪器项目资助。科研到款总经费 4997 万元,其中横向经费到款 1573 万元,纵向经费到款 3424 万元。获得国家自然科学基金资助项目 25 项,其中国家自然科学基金青年基金项目 10 项;另获浙江省基金资助项目 4 项,其中浙江省杰青项目 2 项。被 SCI 收录论文 246 篇,其中化学领域国际顶尖刊物论文达 50 篇。

2018 年,化学系国际学术交流活动活跃。本科生出国交流达 74 人次,研究生 45人次,教师 68 人次,另邀请国外专家来系讲学 42 场次,在系里营造出浓厚的学术氛围,拓宽了全系师生的国际化视野。

【王鹏课题组研制出转化率达 10%的敏化太阳能电池】 课题组与瑞士联邦理工学院合作,在光热稳定的染料敏化太阳能电池研究方面取得了重要进展。首次研制出强耐久且能量转换效率达 10％的无挥发染料敏化太阳能电池。该器件在 85 摄氏度老化 1000 小时后,能量转换效率的保有率仍在 90％以上,展现出良好的应用前景。

【获 2 项国家重点项目资助】 唐睿康教授牵头申报的"基于纳米簇新型材料的生物学效应及其仿生装配复合组织的基础研究项目"获科技部国家重点研发计划资助,项目基于前期对生物矿化的研究积累,将 1 纳米左右的磷酸钙作为矿化基元实现硬组织及软硬复合组织的仿生装配修复,为新一代纳米生物医用材料的研发提供新知识、新策略和新技术;方群教授牵头申报的"基于微流控液滴技术的自动化、多模式单细胞分析系统的研制"获国家重大科研仪器研制项目(自由申请)资助,项目目标是发展自动化集成实现多种单细胞分析操作的新方法,建立具有自主知识产权的基于微流控液滴技术的自动化、多模式的单细胞分析系统,应用于单细胞水平的测序、组学分析、CTCs 分析和高通量筛选等生物医学研究领域。

【举办第二届中英超分子化学与材料科学研讨会】 9 月 11—12 日,该研讨会在玉泉校区举办,会议邀请了包括 2016 年诺贝尔奖得主 Stoddart 勋爵在内的两国著名超分子科学家。超分子功能材料处于当代化学学科和材料科学研究前沿,具有广阔的发展前景,会议旨在促进学术交流与合作,增强浙江大学和浙江省高等教育的国际学术影响力。

(梁　楠撰稿　潘贤林审稿)

地球科学学院

【概况】 地球科学学院下设地质学系、地理科学系、大气科学系、地球信息科学与技术系 4 个系,设有地质与地球物理研究所、空间信息技术研究所、环境与生物地球化学研究所、地理信息科学研究所、城市与区域发展研究所、气象信息与预测研究所、海底科学研究所 7 个研究所和教育部含油气盆地构造研究中心、浙江省资源与环境信息系统重点实验室。

地质学为浙江省一流学科。

学院建有地质学博士后流动站,拥有地质学一级学科博士学位授予权,构造地质学、矿物学岩石学矿床学、地球化学、第四纪地质学、资源勘查与地球物理、遥感与地理信息系统、资源环境与区域规划 7 个二级学科博士学位授予权,大气科学、海洋地质等 9 个硕士学位授予权以及地质工程 1 个专业学位授权点,设有地质学、地球信息科学与技术、地理信息科学、人文地理与城乡规划、大气科学 5 个本科专业。

现有教职工 91 人,其中中国科学院院士 2 人,正高级职称人员 38 人(2018 年新增 4 人),副高级职称人员 36 人(2018 年新增 3 人),博士研究生导师 39 人(2018 年新增 2 人),硕士研究生导师 29 人(2018 年新增 1 人)。另有在站博士后 18 人。2018 年新增双聘院士 1 人。

2018 年,招收硕士研究生 55 人,博士研究生 32 人,2018 级本科生 82 人确认地球科学学院主修专业;毕业本科生 53 人,硕士研究生 41 人,博士研究生 18 人。2018 届本

项目	数据	项目	数据
教职工总数/人	91	获国家级科技奖项目数/项	0
教授数/人	30	获国家级教学成果奖数/项	0
副教授数/人	35	授权发明专利数/项	1
具有博士学位的教师比例/%	93.4	SCI 入选论文数/篇	57
两院院士/人	2	EI 入选论文数/篇	1
国家"千人计划"入选数/人	1	出版专著/部	0
"国家特支计划"入选数/人	0	在校本科生数/人	173
"长江学者"数/人	0	在学硕士研究生数/人	164
省部级高等学校教学名师奖获得者/人	0	其中:专业学位研究生数/人	43
"973 计划"首席科学家数*/人	1	在读博士研究生数/人	131
国家"百千万人才工程"入选数/人	0	其中:专业学位研究生数/人	0
国家杰出青年基金获得者/人	2	在校攻读学位的外国留学生数/人	14
教育部新(跨)世纪优秀人才培养计划入选数/人	1	应届本科毕业生一次就业率/%	100
浙江省特级专家/人	1	应届本科毕业生考研录取(出国)率/%	60.4
浙江省"千人计划"入选者/人	7	应届毕业研究生一次就业率/%	96.83
浙江大学求是特聘教授数/人	4	科研总经费/万元	5337.15
一、二级学科国家重点学科数/个	0	其中:国家自然基金比重/%	10.1
国家重点(专业)实验室/个	0	纵向经费比重/%	63.3
国家工程(技术)研究中心/个	0	教师出国交流/人次	75
国家人才培养基地(含教学、教育基地)/个	0	学生出国交流/人次	76
国家精品资源共享课、视频公开课/门	0		
社会捐赠经费总数/万元	34.2	举办国际学术会议数/次	2

注：* 含重大科学研究计划、ITER 计划、青年科学家专题等。

科毕业生一次就业率 100%，毕业研究生一次就业率为 96.83%。

2018 年到款科研总经费 5337.15 万元，其中在研国家级科研项目 71 项，到款经费 3093.3 万元；获批国家自然科学基金项目 11 项，其中重点项目 2 项、面上项目 8 项、青年基金项目 1 项，合同总经费 1131 万元，到款经费 539.25 万元；被 SCI 收录论文 57 篇，其中 *Nature Index* 期刊论文 12 篇，ZJU100 论文 1 篇，浙江大学 TOP 期刊论文 13 篇，其他 SCI 论文 31 篇，被 SSCI 收录论文 7 篇。

2018 年邀请来自加州大学洛杉矶分校、伊利诺伊大学厄巴那—香槟分校、美国国家气象局、美国洛斯·阿拉莫斯国家实验室、伦敦大学学院等海外知名高校和研究机构的学者来我院做学术报告共 28 场次，参加出国交流的教师 75 人次，研究生 34 人，本科生 42 人。举办了 2 次国际学术会议。

【校友丁仲礼院士当选全国人大常委会副委员长】 3月17日上午,十三届全国人大一次会议在北京人民大会堂举行第五次全体会议,丁仲礼当选为第十三届全国人民代表大会常务委员会副委员长。丁仲礼,1957年生,浙江嵊州人,中国科学院院士、发展中国家科学院院士。1982年毕业于浙江大学地质系,获学士学位。1982年9月至1988年8月在中国科学院地质研究所学习,先后获硕士、博士学位。现任第十三届全国人民代表大会常务委员会副委员长、中国民主同盟第十二届中央委员会主席、中国科学院副院长。

【杨经绥院士加盟地球科学学院】 11月5日上午,在浙江大学玉泉校区举行的"浙大欢迎您"仪式上,中国科学院院士杨经绥加盟地球科学学院,受聘为浙江大学求是讲座教授。杨经绥是我国著名岩石大地构造学家。他长期从事青藏高原和造山带的岩石学与大地构造学研究,在蛇绿岩铬铁矿中发现原位金刚石,证明其是自然界中一种新的产出类型,命名为"蛇绿岩型金刚石";在全球多个板块缝合带的蛇绿岩中发现超高压和强还原矿物组合,建立俯冲物质深地幔循环和铬铁矿深部成因模式;发现和厘定我国柴北缘、东秦岭和西藏松多等3条高压/超高压变质带等。杨经绥曾获国家自然科学二等奖、何梁何利科技进步奖和李四光奖等,2017年当选为中国科学院院士,同时他也是美国地质学会会士和美国矿物学会会士。

【刘仁义团队获得国家重点研发计划项目】国家重点研发计划项目"全球综合观测成果管理及共享服务系统关键技术研究"由浙江大学刘仁义教授牵头,国拨经费4402万。项目为提升我国国际战略性资源信息获取及国产卫星系统性应用能力,拟研究全球综合观测成果、领域知识与共享服务的融合机理等科学问题,突破全球综合观测成果管理及共享服务系统研制等关键技术,构建一个包含典型战略要素数据的全球综合观测成果数据库,研制一套自主可控全球综合观测大数据知识化管理与服务平台系统"伏羲一号",依托国家自然资源部等部门进行平台落地,开展国家全球性战略指导下的领域应用示范,为国家高层宏观决策提供"中国遥感应用智库"支持。

(方幼君撰稿 王 苑审稿)

心理与行为科学系

【概况】 心理与行为科学系(以下简称心理学系)是我国最早设立的心理学系之一。心理学系以建设国际一流心理学科、培养一流心理学人才为目标,围绕重大科学问题和现实问题,开展国际前沿的理论和应用研究;按照"德才兼备、全面发展"要求,培养具有全球竞争力的高素质创新人才。心理学系充分利用浙江大学多学科综合优势,逐步形成了认知心理学、认知工效学、管理心理与人力资源开发、心理发展与教育、心理健康与心理咨询等各具特色的研究方向,下设应用心理学、认知与发展心理学2个研究所。

工业心理学国家专业实验室为国内心理学领域第一个国家级实验室,心理实验教学中心是浙江省实验教学示范中心。心理学系拥有应用心理学国家重点学科和心理学国家理科人才培养基地。

心理学系建有心理学博士后流动站;拥有心理学一级学科博士学位授予权,涵盖基础心理学、发展与教育心理学、应用心理学

3个二级博士学位授予权；拥有心理学一级学科硕士学位授予权，涵盖基础心理学、发展与教育心理学、应用心理学3个二级硕士学位授予权，另设有应用心理学专业硕士学位授权点，以及心理学、应用心理学本科专业。

现有教职工44人。其中，具有正高级职称人员9人，副高级职称人员14人，博士研究生指导教师20人，硕士研究生指导教师27人。

2018年，招收硕士研究生51人（含专业学位硕士15人），博士研究生13人，2018级本科生36人确认主修心理学专业，36人确认主修应用心理学专业，毕业本科生65人、硕士生研究生44人（含专业学位硕士10人），博士研究生13人。

科研经费到款880.85万元，获批国家自然科学基金项目5项，浙江省杰出青年科学基金项目1项，教育部人文社会科学研究项目3项。在权威及以上刊物发表学术论文31篇，其中国际顶级心理学期刊论文4篇，ZJU100期刊论文2篇，SSCI影响因子大于3.0的期刊论文12篇。

2018年，教师短期交流出访16人次，研究生出国出境交流31人次，本科生出国出境交流48人次。

【举办第十四届亚太视觉会议暨第三届中国视觉科学学术会议】 该会议于7月13—16日在杭州召开，共有来自包括美国、日本、澳大利亚、新加坡等11个国家和地区的427名研究者参会，举办了8场主题演讲，8场专题研讨会，8场口头报告，1个工作坊，1个女科学家论坛，并展出了近250份张贴海报，100多位研究者进行了成果报告。本次会议是迄今为止规模最大、参会人数最多的亚太视觉会议和中国视觉科学会议，这也是浙大心理系迄今为止举办的最重要的一个国际会议。

【陈辉获美国心理科学协会"2018年度学术新星"奖】 12月7日，浙江大学"百人计划"研究员陈辉获得该奖项，成为本年度唯一获得此项殊荣的中国大陆学者。美国心理科学协会"学术新星"奖是国际心理学界的重要学术青年奖项之一，颁给全球范围内对心理学领域做出突出贡献的青年学者。陈辉长期从事视觉注意、记忆和意识方面的研究，近年来在"注意与工作记忆交互"方面取得了突破性进展：首次发现并命名了"属性失忆（Attribute Amnesia）"这一全新心理学现象；提出了"记忆编码损耗理论（Memory encoding cost theory, MEC）"。他的研究得到了国际心理学界的高度认可，其中部分成果以第一作者或通讯作者发表在心理学国际顶级期刊 *Psychological Review*（《心理学综述》）、*Journal of Experimental Psychology：General*（《实验心理学杂志：总论》）、*Psychological Science*（《心理科学》）、*Cognition*（《认知心理学》）等杂志上。他还主持了国家自然科学基金面上项目、浙江省杰出青年基金项目、教育部人文社科一般项目等课题。

【在浙江大学第四届学生人文社会科学研究成果奖评选中获佳绩】 5月，心理学系在该评选中，获特等奖2项、二等奖1项。博士研究生丁晓伟的研究成果"Two Equals One：Two Human Actions During Social Interaction Are Grouped as One Unit in Working Memory"（"二"等于一：社会交互将工作记忆中的两个独立运动组织为一个单元"）（指导教师：沈模卫、高在峰）和本科生柴乔的研究成果"Chinese Preschoolers' Resource Allocation in the Face of Existing

附表　2018 年度心理学系基本情况

项目	数据	项目	数据
教职工总数/人	44	获国家级科技奖项目数/项	0
教授数/人	9	获国家级教学成果奖/项	0
副教授数/人	12	授权发明专利数/项	0
具有博士学位的教师比例/%	100	SCI 入选论文数/篇	17
两院院士/人	0	EI 入选论文数/篇	2
国家"千人计划"入选数/人	0	SSCI 入选论文数/篇	30
"国家特支计划"入选数/人	0	出版专著/部	0
"长江学者"数/人	2	在校本科生数/人	268
省部级高等学校教学名师奖获得者/人	1	在学硕士研究生数/人	131
"973 计划"首席科学家数*/人	0	其中:专业学位研究生数/人	31
国家"百千万人才工程"入选数/人	0	在读博士研究生数/人	73
国家杰出青年基金获得者/人	0	其中:专业学位研究生数/人	0
教育部新(跨)世纪优秀人才培养计划入选数/人	1	在校攻读学位的外国留学生数/人	15
浙江省特级专家/人	0	应届本科毕业生一次就业率/%	95.3
浙江省"千人计划"入选者/人	0	应届本科毕业生考研录取(出国)率/%	62.5
浙江大学求是特聘教授数/人	1	应届毕业研究生一次就业率/%	100
一、二级学科国家重点学科数/个	1	科研总经费/万元	880.85
国家重点(专业)实验室/个	1	其中:国家自然基金比重/%	32.8
国家工程(技术)研究中心/个	0	纵向经费比重/%	66.8
国家人才培养基地(含教学、教育基地)/个	1	教师出国交流/人次	16
国家精品资源共享课、视频公开课/门	0	学生出国交流/人次	79
社会捐赠经费总数/万元	12	举办国际学术会议数/次	1

注:* 含重大科学研究计划、ITER 计划、青年科学家专题等。

Inequality Under Collaborative and Non-collaborative Contexts"(在合作与非合作情境下中国儿童对贫富个体的分配研究)(指导教师:何洁)均获特等奖,相关成果分别发表于心理学顶级杂志 *Psychological Science*(《心理科学》)和 *Developmental Psychology*(《发展心理学》)上。博士研究生徐昊骙的研究成果"Seeing 'What' Through 'Why':Evidence From Probing the Causal Structure of Hierarchical Motion"(透过为什么看现象:来自探测层级运动的因果结构证据)(指导教师:沈模卫)获二等奖。

(秦艳燕撰稿　何贵兵审稿)

机械工程学院

【概况】　机械工程学院(以下简称学院)设有机械电子工程系、制造工程及自动化系、设计工程及自动化系、工业与系统工程系4个系,机械电子控制工程研究所等7个研究所,以及1个工程训练(金工)中心和1个实验教学中心。

学院拥有流体动力与机电系统国家重点实验室、计算机辅助设计与图形学国家重点实验室2个国家重点实验室,国家电液控制工程技术研究中心、国家级机械工程实验教学示范中心、国家级工程训练实验教学示范中心、国家级机电类实验教学示范中心、国家工科基础课程工程制图教学基地、高端制造装备协同创新中心6个国家级教学科研实验平台和3个省部级重点实验室,机械电子工程、机械工程及自动化2个国家级特色专业和国家级机械工程人才培养模式创新实验区。

学院拥有机械工程1个一级学科,下设5个二级学科博士学位授予权和7个硕士学位授予权,以及机械工程、机械电子工程和工业工程3个本科专业。

2018年招收各类研究生427人,其中全日制硕士252人,博士89人,非全日制专业学位硕士77人,非全日制工程博士4人、学位留学硕士生5人(累计15人),2018级本科生226人确认进入学院继续学习。毕业本科生195人,硕士研究生244人,博士研究生57人。

开设浙江省精品课程3门,海外教授主导的全英文课程6门,入选教育部首批国家虚拟仿真实验教学项目1项,教育部新工科研究与实践项目立项2项,获批浙江省研究生联合培养基地、高等教育"十三五"第一批教学改革研究项目1项,"工程图学"被认定为浙江省首批高等学校省级精品在线开放课程。杨华勇院士、赵静一教授合著的《土压平衡盾构电液控制技术》获由国家广电总局颁发的第四届中国出版政府奖图书奖;由杨华勇院士、谢海波教授指导,博士生刘建彬的论文获第8届上银优秀机械博士论文银奖(全国仅设金奖1项、银奖2项);获得浙江省优秀博士论文1篇,硕士论文3篇,以及中国机械行业卓越工程师教育联盟第二届"恒星杯"毕业设计大赛优秀组织奖及银奖、铜奖、优秀奖和佳作奖各1项。本科生中有15人次获得国际级学科竞赛奖,33人次获得国家级学科竞赛奖,166人次获省校级以上学科竞赛奖。

现有教职工192人(含学科博士后28人),其中专任教师107人。教师中有两院院士1人,中国工程院院士2人,正高级职称人员64人(2018年新增4人),特聘研究员1人,副高级职称人员51人(2018年新增1人),博士研究生指导教师68人(2018年新增4人),硕士研究生指导教师115人(2018年新增1人)。2018年新引进浙江大学"百人计划"2人,海鸥计划1人。杨华勇院士获英国机械工程师学会颁发的约瑟夫·布拉马奖章。武建伟获"全国五一劳动奖章"。离退休教师蒋克铸在中国2018年度"寻找最美教师"评选活动中,获本年度"特别关注教师"称号(全国共10位)。

科研到款3.2597亿元,在研千万级以上项目19项(其中军工项目3项)。新增国家自然科学基金项目26项,浙江省自然科学基金等其他省部级项目15项。获授权发明专利166项,被SCI收录论文173篇,EI收录论文206篇。

2018年,全院110名教师前往美国、德国、日本、欧洲、中国港澳台等国家和地区,参加学术访问、考察、国际会议等交流项目;108名研究生出国参加高水平国际学术会议、海外实习、知名企业访问考察交流等;222

浙江大学年鉴

附表 2018 年度机械工程学院基本情况

项目	数据	项目	数据
教职工总数/人	192	获国家级科技奖项目数/项	0
教授数/人	55	获国家级教学成果奖数/项	2
副教授数/人	43	授权发明专利数/项	166
具有博士学位的教师比例/%	97.2	SCI 入选论文数/篇	173
两院院士/人	3	EI 入选论文数/篇	206
国家"千人计划"入选数/人	7	出版专著/部	0
"国家特支计划"入选数/人	0	在校本科生数/人	824
"长江学者"数/人	6	在学硕士研究生数/人	732
省部级高等学校教学名师奖获得者/人	3	其中:专业学位研究生数/人	321
"973 计划"首席科学家数*/人	2	在读博士研究生数/人	443
国家"百千万人才工程"入选数/人	3	其中:专业学位研究生数/人	9
国家杰出青年基金获得者/人	3	在校攻读学位的外国留学生数/人	47
教育部新(跨)世纪优秀人才培养计划入选数/人	11	应届本科毕业生一次就业率/%	98.36
浙江省特级专家/人	2	应届本科毕业生考研录取(出国)率/%	67.20
浙江省"千人计划"入选者/人	10	应届毕业研究生一次就业率/%	99.67
浙江大学求是特聘教授数/人	7	科研总经费/万元	32597
一、二级学科国家重点学科数/个	5	其中:国家自然基金比重/%	6.28
国家重点(专业)实验室/个	2	纵向经费比重/%	20.65
国家工程(技术)研究中心/个	3	教师出国交流/人次	110
国家人才培养基地(含教学、教育基地)/个	3	学生出国交流/人次	330
国家精品资源共享课、视频公开课/门	4	举办国际学术会议数/次	2
社会捐赠经费总数/万元	54.1		

注:* 含重大科学研究计划、ITER 计划、青年科学家专题等。

名本科生出国参加学位培养、短期交流和课程项目等;接待来自 16 所国(境)外高校的 20 名知名专家学者来访。机械工程学院党委新时代求是"马兰先锋"示范群入选浙江省首批全省高校党建示范群。

【获 2018 年教育部国家级教学成果奖 2 项】

12 月 25 日,陆国栋教授领衔,费少梅、顾大强、王进、刘振宇等参与的"时空融合、知行耦合、师生多维互动的机械大类课程教学新范式"项目,获得该成果奖一等奖。该项目克服了旧三段式课程谱系偏重知识传授,重理论轻实践的弊端,提出了基于三个转变的机械大类新谱系;实现了时空融合、虚实结合的线上线下深层次互动;设计了知行耦合、师生竞合主线,建立激发活力实践新体系;营造了师生联合、虚实结合氛围,建立课前、课中、课后的师生互动以及不同学校不同时空一课多师下师生、生生、师师的多元维度关系;引入了师生联合的"三一机制"、作业和考试两种"三自模式"。

杨华勇院士领衔,邹俊、徐兵、付新、谢海波、龚国芳、阮晓东、周华、欧阳小平、刘伟庭、胡亮、祝毅、杨赓、张斌、张军辉、吉晨参与的"团队铸重器,实践育英才——面向国家重大需求机电工程研究生培养的探索与实践"项目,获得该成果奖二等奖。该项目针对国家重大科研项目的特点,通过建设紧密稳定的学术团队,构建三位一体的培养体系,通过师生互动机制,实现任务与兴趣共同驱动,推动教学科研的良性互动,形成"以国家重大项目为牵引、依托紧密型学术团队、利用三位一体的培养体系、进行研究生综合素养全面培养"的新模式。

【科学研究取得多项新进展】 12月24日,杨华勇院士领衔的"全断面硬岩掘进装备关键技术及应用"获2018年高等学校科学技术进步奖一等奖,该项目解决了刀盘刀具高效破岩机理及设计制造技术,强冲击下机电液动力传递与调控技术,掘进过程状态在线感知与导向纠偏技术三大国际技术难题。11月1日,李伟教授领衔的"高效水平轴海流发电系列装备"与"海能海用系统"获国家海洋科学技术奖一等奖。该项目在面对能量获取高效性、海洋服役环境可靠性、间歇能量供电稳定性三大难题上做出了新的贡献。流体动力与机电系统国家重点实验室在科技部2018年工程和材料领域国家重点实验室评估中获得优秀;国家自然科学基金创新研究群体项目"机电液系统基础研究"滚动进入第三期资助;杨华勇负责的"智能电静液驱动执行器基础研究"项目获批2018年国家自然科学基金重大项目,获准金额1976万元;获批教育部航空制造技术与高端装备重点实验室,以及学院主办的《生物设计与制造》(以下简称BDM)先后被Scopus、ESCI2个重要的国际数据库收录。

【入选教育部首批"三全育人"综合改革试点院系】 10月19日,根据《教育部办公厅关于开展"三全育人"综合改革试点工作的通知》工作安排和遴选方案,经报送单位推荐、专家审议、结果公示,遴选产生5个"三全育人"综合改革试点区,10个"三全育人"综合改革试点高校,50个"三全育人"综合改革试点院(系),浙江大学机械工程学院首批入选"三全育人"综合改革试点院(系),首批"三全育人"综合改革试点建设周期为2年,自2018年10月至2020年10月。"三全育人"以学科建设为依托,服务"国家战略"形成育人合力,构建全员育人"共同体";以课堂融通为主轴,围绕"大国重器"澎湃青年力量,打造全过程育人"动态链";以组织建设为主体,聚焦"时代发展"发挥党建引领,打造全方位育人"生态圈"。

(闫小龙撰稿 项淑芳审稿)

材料科学与工程学院

【概况】 材料科学与工程学院(以下简称材料学院)设有半导体材料、材料物理、高温合金、功能复合材料与结构、金属材料、无机非金属材料6个研究所和浙江大学电子显微镜中心,建有硅材料国家重点实验室、表面与结构改性无机功能材料教育部工程研究中心、电池新材料与应用技术研究浙江省重点实验室、新型信息材料技术研究浙江省重点实验室、磁性材料浙江省工程实验室以及浙江省电子显微镜中心、浙江省材料科学实验教学示范中心,并拥有1个国家自然科学基金委创新群体和2个教育部创新研究团队。

院系基本情况

学院拥有材料科学与工程国家重点一级学科，以材料科学与工程专业招收本科生，拥有材料科学与工程一级学科博士学位授予权和材料科学与工程及材料工程2个硕士学位授予权，并建有材料科学与工程博士后流动站。

现有教职工134人。其中，中国科学院院士2人，具有正高级职称人员和浙江大学百人计划特聘研究员66人（2018年新引进4人，晋升1人，退休2人，调离1人），副高级职称人员48人（2018年晋升1人），博士研究生指导教师89人，硕士研究生指导教师98人。另有在站博士后工作人员72人。2018年，学院新增国务院政府特殊津贴1人，浙江省特级专家1人，浙江省高校优秀教师1人，青年"千人计划"学者2人，浙江省"万人计划"青年拔尖人才1人，浙江省151人才第一层次1人，浙江大学兼职研究员1人。

2018年，学院招收博士研究生76人，硕士研究生128人，本科生79人，毕业博士研究生48人，硕士研究生103人，本科生126人。博士研究生钟宇获评2018年浙江大学竺可桢奖学金。2017届毕业博士生郭强兵获浙江省优秀博士学位论文，硕士生曹云、费震、李书涵获浙江省优秀硕士学位论文。杨德仁院士团队获浙江大学第八届研究生"五好"导学团队。刘芙研究员获2018年度浙江大学优质教学奖二等奖，凌国平教授获浙江大学"工学杰出教学成就"提名奖，潘洪革教授和吴勇军教授获"浙江大学2018年度竺可桢学院最佳导师"称号。

2018年，到款科研总经费9094.5万元。其中横向项目经费总额3490.3万元，占总经费的38%；军工项目经费1091.3万元，占总经费的12%。2018年，获批国家自然科学基金项目25项，直接经费为1757.5万元。其中国家自然科学基金重点项目1项，国家自然科学基金联合基金项目2项，国家自然科学基金面上基金13项，国家自然科学基金青年基金8项，国家自然科学基金国际（地区）合作与交流项目1项。全年发表SCI收录论文299篇，其中影响因子大于10的论文32篇，获授权发明专利79项。

2018年，材料学院积极深化国际交流与合作。共有教师出访150人次，学生出国出境167人次；举办第三届先进材料微结构与性能国际研讨会暨40周年院庆材料创新论坛；与斯坦福大学联合举办了斯坦福大学—浙江大学材料科学学术研讨会，与加州大学伯克利分校联合举办了加州大学伯克利分校—浙江大学先进材料学术研讨会；邀请了诺贝尔化学奖获得者Jean-Marie Lehn教授，美国国家工程院院士和英国皇家工程院院士Robert O. Ritchie教授，比利时皇家艺术科学院Gustaaf Van Tendeloo院士等专家来校做学术报告共计60余场次；继续深化与斯坦福大学、加州大学伯克利分校、剑桥大学、牛津大学、新加坡国立大学等国际名校的合作。全年开展英国四校本科生交流项目、牛津大学—浙江大学本科生暑期科研实习项目、美国顶尖高校本科生交流项目、香港名校本科生交流项目4个院级本科生海外交流项目，本科生海外交流率达76%。

【举办建院40周年纪念大会】 2018年5月26日，该大会在玉泉校区永谦活动中心举行，近千名海内外校友代表和在校师生代表共同为学院庆生。5月25日至29日，材料学院与浙江省材料研究学会联合举办了第三届先进材料微结构与性能国际研讨会，来自国内外120多个高校、研究院所和企业的

项目	数据	项目	数据
教职工总数/人	134	获国家级科技奖项目数/项	0
教授数/人	50	获国家级教学成果奖数/项	0
副教授数/人	36	授权发明专利数/项	79
具有博士学位的教师比例/%	93.1	SCI 入选论文数/篇	299
两院院士/人	2	EI 入选论文数/篇	250
国家"千人计划"入选数/人	13	出版专著/部	0
"国家特支计划"入选数/人	4	在校本科生数/人	394
"长江学者"数/人	5	在学硕士研究生数/人	371
省部级高等学校教学名师奖获得者/人	0	其中:专业学位研究生数/人	163
"973 计划"首席科学家数 * /人	3	在读博士研究生数/人	312
国家"百千万人才工程"入选数/人	3	其中:专业学位研究生数/人	5
国家杰出青年基金获得者/人	6	在校攻读学位的外国留学生数/人	22
教育部新(跨)世纪优秀人才培养计划入选数/人	9	应届本科毕业生一次就业率/%	98.43
浙江省特级专家/人	4	应届本科毕业生考研录取(出国)率/%	66.14
浙江省"千人计划"入选者/人	14	应届毕业研究生一次就业率/%	98.21
浙江大学求是特聘教授数/人	12	科研总经费/万元	9094.5
一、二级学科国家重点学科数/个	3	其中:国家自然基金比重/%	19
国家重点(专业)实验室/个	1	纵向经费比重/%	62
国家工程(技术)研究中心/个	0		
国家人才培养基地(含教学、教育基地)/个	0	教师出国(出境)交流/人次	150
国家精品资源共享课、视频公开课/门	1	学生出国(出境)交流/人次	167
社会捐赠经费总数/万元	111	举办国际学术会议数/次	1

注:* 含重大科学研究计划、ITER 计划、青年科学家专题等。

600 余人注册参会。研讨会分为材料微结构及原位表征、硅及半导体材料、电池材料、生物表面与界面材料等 15 个分论坛。全年举办多项学术交流活动,加强了学院与海内外知名学者的学术交流,提升了国际声誉和影响力。

【成立浙江大学高温合金研究所】 围绕国家、浙江省在航空航天、能源、国防等在先进制造、新材料领域的重大需求,聚焦先进装备热通道高温材料研发制备中的关键科学和技术问题。2018 年 5 月 15 日,在浙江大学和桐庐县委县政府的支持下,浙江大学高温合金研究所正式成立,并在桐庐科技孵化园举行了浙江大学高温合金研究所成立启动仪式,研究所将着力自主解决先进的航空发动机与燃气轮机主要材料技术难点和核心问题。

【严密入选浙江省特级专家】 2018 年 4 月 11 日,浙江省科学技术奖励大会在省人民大会堂举行。材料学院严密教授入选第五

浙江大学年鉴

批浙江省特级专家。严密教授长期从事磁性材料设计、制备及应用研究,获得系统创新成果。提出多软磁相核壳结构新思想,建立了软磁合金新体系,发明了低功耗高性能软磁复合材料并创新了核心生产技术。成功研发高频宽温软磁铁氧体。提出钕铁硼晶界组织重构新思路,研发了高本征抗蚀性磁体、低重稀土高矫顽力磁体和批量应用镧、钇、铈的低成本磁体,通过成果转化获得了重大经济和社会效益。严密教授作为第一完成人获国家技术发明二等奖 2 项,浙江省科学技术一等奖 3 项,省部级二等奖 3 项。发表论文 360 多篇。出版《磁学基础与磁性材料》,先后 10 次重印,成为磁性材料领域发行量和影响力最大的著作之一。获授权国家发明专利 114 项,美国发明专利 2 项。

(王育萍撰稿　刘艳辉审稿)

能源工程学院

【概况】 能源工程学院前身是热物理工程学系,成立于 1978 年 5 月,是我国高校最早成立的热物理工程学系,也是我国首批工程热物理博士点单位之一,下设热能工程、化工机械、制冷与低温、动力机械及车辆工程和热工与动力系统等 5 个研究所,拥有 2011 协同创新中心 1 个,国家重点实验室 1 个,国家工程实验室 1 个,国家工程研究(技术)中心 2 个,国家级研发(实验)中心 1 个,国家级实验教学示范中心 1 个。现任院长为长江奖励计划特聘教授、浙江省特级专家、国家杰出青年基金获得者高翔教授。

动力工程及工程热物理学科为一级学科国家重点学科。

拥有动力工程及工程热物理一级学科博士后流动站、一级学科博士学位授予权,涵盖了工程热物理、热能工程、化工过程机械、制冷及低温工程、动力机械及工程、流体机械及工程、能源环境工程、新能源科学与工程 8 个二级学科,均具有博士、硕士学位授予权。另有车辆工程和供热、供燃气、通风及空调工程等 2 个跨学科博士和硕士学位授权点。设有能源与环境系统工程(含能源与环境工程及自动化和制冷与人工环境及自动化方向)、新能源科学与工程、车辆工程和过程装备与控制工程 4 个本科专业,形成了博士、硕士、本科和继续教育等完整的教学体系。

2018 年,招收硕士研究生 206 人(其中专业学位 96 人),博士研究生 98 人,非全日制研究生共计 46 人(其中工程硕士 34 人,工程博士 12 人)。2018 级本科生 270 人确认主修专业进入能源学院学习。毕业本科生 267 人,授予硕士学位 200 人,授予博士学位 98 人。2018 届本科毕业生和研究生一次就业率 99%。

现有教职工 142 人。其中,正高级职称人员 74 人,副高级职称人员 45 人,博士研究生导师 75 人,硕士研究生导师 98 人。2018 年,学院新增浙江省特级专家、国家青年千人、"长江学者"奖励计划青年学者各 1 人,以及国家杰出青年基金、国家优秀青年基金获得者各 1 人。

2018 年,科研经费到款总额 2.62 亿元,其中纵向经费占 53%。获批国家自然科学基金 20 项,其中国家自然科学基金重点项目 2 项,总经费 1384 万元。获 2018 年高等学校科学研究优秀成果自然奖一等奖 1 项、2017 年度浙江省自然科学一等奖 1 项;2017 年度获授权发明专利 139 项,其中

项目	数据	项目	数据
教职工总数/人	142	获国家级科技奖项目数/项	0
教授数/人	64	获国家级教学成果奖数/项	1
副教授数/人	35	授权发明专利数/项	142
具有博士学位的教师比例/%	96	SCI 入选论文数/篇	357
两院院士/人	1	EI 入选论文数/篇	113
国家"千人计划"入选数/人	1	出版专著/部	0
"国家特支计划"入选数/人	3	在校本科生数/人	816
"长江学者"数/人	7	在学硕士研究生数/人	567
省部级高等学校教学名师奖获得者/人	0	其中:专业学位研究生数/人	259
"973 计划"首席科学家数*/人	4	在读博士研究生数/人	480
国家"百千万人才工程"入选数/人	8	其中:专业学位研究生数/人	18
教育部新(跨)世纪优秀人才培养计划入选数/人	13	在校攻读学位的外国留学生数/人	17
浙江省特级专家/人	5	应届本科毕业生一次就业率/%	98.8
浙江省"千人计划"入选者/人	1	应届本科毕业生考研录取(出国)率/%	63.6
浙江大学求是特聘教授数/人	1	应届毕业研究生一次就业率/%	99.5
一、二级学科国家重点学科数/个	1	科研总经费/万元	26200
2011 协同创新中心/个	1	其中:国家自然基金比重/%	6
国家重点(专业)实验室/个	2	纵向经费比重/%	53
国家工程(技术)研究中心/个	1	教师出国交流/人次	107
国家人才培养基地(含教学、教育基地)/个	1	学生出国交流/人次	3062
国家精品资源共享课、视频公开课/门	2	举办国际学术会议数/次	5
社会捐赠经费总数/万元	96		

注:* 含重大科学研究计划、ITER 计划、青年科学家专题等。

国际发明专利 6 项。被 SCI 收录论文 374 篇、EI 收录论文 113 篇。

学院十分重视国际交流与合作,继续与美国、瑞典、法国、澳大利亚、日本、韩国和中国港澳台地区的著名大学、研究机构和工业界的专家、学者开展了广泛而深入的学术交流与科研合作。2018 年度,全院出国或赴中国港澳台地区访问考察、合作研究、出席国际学术会议,从事国际合作科研项目等 469 人次。同时,邀请和接待 80 余位国内外、中国港澳台知名学者专家及交流生讲学、访问和联合培养。获批外国专家项目 8 项,先后举办第六届二氧化碳排放控制与利用国际会议、动力工程及工程热物理学位授权点国际评估等国际会议及双边交流 6 项。与瑞典皇家工学院(KTH)深入开展联合培养能源与环境系统工程专业硕士。

【高翔获 2018 年度何梁何利基金科学与技术创新奖】 11 月 6 日,能源学院教授高翔获得该奖。高翔长期从事燃煤电厂烟气污染控制技术及工程应用研究,研发的燃煤机组超低排放等多项技术成果已规模应用,通过技术创新产生了重大的经济效益和社会效益,为提升燃煤电厂污染控制技术水平,促进我国大气环保产业发展做出了重要贡献。

何梁何利基金于 1994 年设立,旨在奖励取得杰出成就和重大创新的中国科技工作者,是目前国内规模最大、影响最广的民间科技奖励基金。2018 年,何梁何利基金评选委员会共遴选出 56 位科技工作者,分别授予"科学与技术成就奖""科学与技术进步奖""科学与技术创新奖"。

【获 3 项国家重点研发计划项目】 2018年度,基于发电的煤炭热解燃烧多联产技术,燃煤过程有机污染物排放控制技术和有机固废高效清洁稳定焚烧关键技术与装备共 3 个项目获此国家重点研发计划项目,总经费达 7500 万元,为解决国家重大战略科技问题提供了重要支撑。能源工程学院面向世界科技前沿、面向国家重大需求、面向国民经济主战场,聚焦国家重大战略任务,在煤的高效清洁发电、燃烧污染物控制、废弃物能源化、生物质与太阳能等新能源、深低温制冷、大规模制氢、先进承压设备和高效绿色动力与过程装备等方向开展研究,取得了突出的成果,为服务国家地方经济、社会、文化建设做出了重要贡献。

【获 2018 年国家级教学成果奖二等奖】 12月 21 日,学院历经 12 年形成的"团队导师指导—重大项目引领—深度产教融合—国际合作创新"多方位全过程的一流研究生培养新体系获得该奖项。该项目以培养具有国际视野的能源行业领导者和创新人才为目标,着力提升研究生的创新能力、实践能力和国际竞争力。针对导师知识结构局限与研究生全面发展的矛盾,实行了中外—校企多元融合、老中青—多学科优势互补的团队导师指导模式;针对能源领域知识快速更新及多学科交叉融合的特点,以国家级平台和重大科研任务为支撑,将科研优势融入创新人才培养;针对研究生培养与产业需求相脱节的问题,构建了以"校企基地—企业导师—实践课程"为载体的产教深度融合培养新模式;针对国际合作培养缺乏长效性问题,提出"团队引进、团队对接"新理念,建立了"导师—基地—课程—学位"四位一体的国际合作培养长效机制。历经 12 年探索与实践,形成"团队导师指导—重大项目引领—深度产教融合—国际合作创新"多方位全过程的一流研究生培养新体系并获奖。

（封亚先撰稿　高　翔审稿）

电气工程学院

【概况】 电气工程学院(简称电气学院)由电机工程学系、系统科学与工程学系、应用电子学系和电工电子基础教学中心组成,设有电机及其控制、航天电气与微特电机等 8 个研究所。学院建有电力电子技术国家专业实验室、电力电子应用技术国家工程研究中心、浙江省海洋可再生能源电气装备与系统技术研究重点实验室、浙江省电机系统智能控制与变流技术重点实验室、联合成立的国家列车智能化工程技术研究中心和参与共建的国家精密微特电机工程技术研究中心,以及国家级电工电子实验教学示范中心、国家级机电类专业实验教学示范中心、电气工程拔尖人才——"爱迪生班"国家级人才培养模式创新实验区、国家大学生校外实践教育基地等 5 个国家级工程实践教育中心。

电气工程是首批一级学科国家重点学科，并入选国家一流学科建设名单；电力系统及其自动化、电力电子与电力传动、电机与电器、控制理论与控制工程（与控制科学与工程学院共享）4个学科为二级学科国家重点学科。

建有电气工程、控制科学与工程（与控制科学与工程学院共享）等2个学科博士后科研流动站，拥有电气工程一级学科博士学位授予权，电机与电器、控制理论与控制工程等7个二级学科博士学位授予权以及7个二级学科硕士学位授予权，设有电气工程及其自动化、自动化、电子信息工程3个本科专业。本科专业均为国家特色专业和教育部首批实施"卓越工程师教育培养计划"专业。

现有教职工171人。其中，两院院士1人，正高级职称人员52人（2018年新增3人），副高级职称67人（2018年新增2人），博士生导师72人（其中兼职3人，2018年新增6人），硕士生导师40人（2018年新增4人，其中工程教育创新岗2人）。另有在站博士后36人。2018年，学院新增浙江省特级专家1人，浙大求是讲座教授2人，唐立新优秀学者1人，中国青年科技奖获得者1人。

2018年，学院党委获得首批"全国党建工作标杆院系"培育创建单位；浙江省电机系统智能控制与变流技术重点实验室正式获批；校友和社会新增捐款296.5万元，续签新增捐赠137.42万元，新增总捐赠433.92万元，院设奖助学金达26项，奖教金4项，年发放金额176.76万元，年受益学生335人，教工9人；本科生获得智能汽车竞赛全国总决赛二等奖，全国大学生节能减排社会实践与科技竞赛特等奖，全国大学生集成电路创新创业大赛一等奖，全国大学生自动化系统应用大赛特等奖，全国高校电力电子应用设计大赛二等奖。

到位科研总经费为18911万，在研国家级科研项目134项，经费5346万元。2018年获批国家自然科学基金23项（其中重大仪器专项1项、重点项目3项、面上12项、青年7项），国家重点研究计划国际合作项目1项，国家重点研究计划项目课题5项，省重点研究计划项目3项，浙江省自然科学基金项目3项，浙江省科技厅公益技术项目1项；获2018年国家科技发明奖二等奖1项，教育部科技发明奖一等奖1项。2018年度授权发明专利59项，被SCI收录论文140篇。

以国际化发展趋势为契机，积极推进"海外一流学科伙伴提升计划"的建设，师生对外交流日益频繁，教师出国（境）交流共计111人次，本科生共出国（境）交流224人次，研究生出国（境）交流197人次，举办国际会议3场，通过学校国际交流与合作处共申请短期外国专家项目6项。和英国谢菲尔德大学，荷兰埃因霍芬理工大学，韩国庆星大学，韩国延世大学4所国外高校签订院级协议，进一步加强和深化双方合作。和法国巴黎高等电信学校，英国约克大学，瑞典皇家理工学院，美国佛罗里达大学，法国巴黎索邦大学，新加坡国立大学工学院等国外名校进行教学和科研方面的对接，达成初步合作意向。

【获评教育部首批"全国党建工作标杆院系培育创建单位"】 在浙江大学党委的总体部署和指导下，电气工程学院党委认真学习贯彻习近平新时代中国特色社会主义思想和党的十九大精神，坚持学院党委政治核心、思想统一、行动协调、文化塑造、氛围营造、保障支撑的作用，主抓思想发动、议事决策、建章立制、队伍建设、平台搭建、排忧解难等方面重点工作，使基层党组织成为学院发展的发动机、人心的聚合剂、力量的催化剂、

项目	数据	项目	数据
教职工总数/人	171	获国家级科技奖项目数/项	1
教授数/人	51	获国家级教学成果奖数/项	0
副教授数/人	55	授权发明专利数/项	59
具有博士学位的教师比例/%	86	SCI 入选论文数/篇	140
两院院士/人	1	EI 入选论文数/篇	221
国家"千人计划"入选数/人	0	出版专著/部	8
"国家特支计划"入选数/人	1	在校本科生数/人	1488
"长江学者"数/人	1	在学硕士研究生数/人	1097
省部级高等学校教学名师奖获得者/人	2	其中:专业学位研究生数/人	756
"973 计划"首席科学家数*/人	1	在读博士研究生数/人	328
国家"百千万人才工程"入选数/人	1	其中:专业学位研究生数/人	18
国家杰出青年基金获得者/人	1	在校攻读学位的外国留学生数/人	35
教育部新(跨)世纪优秀人才培养计划入选数/人	7	应届本科毕业生一次就业率/%	98.67
浙江省特级专家/人	1	应届本科毕业生考研录取(出国)率/%	67.44
浙江省"千人计划"入选者/人	6	应届毕业研究生一次就业率/%	99.65
浙江大学求是特聘教授数/人	6	科研总经费/万元	18911
一、二级学科国家重点学科数/个	1	其中:国家自然基金比重/%	11.8
国家重点(专业)实验室/个	1	纵向经费比重/%	28.3
国家工程(技术)研究中心/个	1	教师出国交流/人次	111
国家人才培养基地(含教学、教育基地)/个	5	学生出国交流/人次	421
国家精品资源共享课、视频公开课/门	4		
社会捐赠经费总数/万元	296.5	举办国际学术会议数/次	3

注:* 含重大科学研究计划、ITER 计划、青年科学家专题等。

矛盾的缓冲剂。学院党委目前设有 1 个退休教工党总支,5 个教工党支部,33 个学生党支部,2 个学生党建工作指导委员会。全院共有 916 名中国共产党党员,4 名专职党务干部。

【参与项目获国家技术发明二等奖】 浙江大学电气工程学院教授方攸同、黄晓艳等人通过 10 年攻关,解决了高速列车中永磁电机的适配性难题,并与中车株洲电力机车研究所有限公司、中车电机有限公司、时代电气股份有限公司合作,突破了轨道交通永磁牵引系统多项关键技术,参与研发了轨道交通永磁牵引系统系列产品。以他们为主要完成人的科研成果"轨道交通永磁牵引系统关键技术研究与应用"获得了 2018 年度国家技术发明二等奖。

【校友罗慈捐赠 100 万元】 2018 年 12 月,罗慈校友向浙江大学捐赠 100 万元,助力母校的人才培养工作。罗慈 1958 年毕业于浙江大学原电机系工业企业电气化专业,即现在的电气工程学院系统科学与工程学系,从2013年至今,罗慈校友和丈夫林文震先生向浙江大学王国松教育基金捐款共500万元,设立赛霸奖教奖学金,控制科学奖学金等。

(王 潇撰稿 陈 敏审稿)

建筑工程学院

【概况】 建筑工程学院(简称建工学院)由土木工程学系、建筑学系、区域与城市规划系和水利工程学系组成,现有20个校级研究所(中心),建有国家重大科技基础设施项目"超重力离心模拟与实验装置",先进结构设计与建造技术国家地方联合工程研究中心,海洋土木工程科技部国际联合研究中心,软弱土与环境土工教育部重点实验室等10个重点科研基地。

土木工程为一级学科国家重点学科,岩土工程、结构工程为二级学科国家重点学科。设有土木工程、水利工程、建筑学博士后流动站,拥有建筑学和土木工程2个一级学科博士学位授予权,涵盖14个二级学科,以及建筑与土木工程、建筑学等6个专业学位硕士授予权和土木工程、建筑学、城乡规划、水利水电工程、交通工程5个本科专业。

2018年,招收本科生285人,硕士研究生286人(其中留学生22人),博士研究生114人(其中留学生13人),2018级本科生290人确认进入学院主修专业,毕业本科生281人,硕士研究生196人,博士研究生49人。2018届本科毕业生一次就业率为98.02%,毕业研究生一次就业率为98.94%。

现有教职工310人,其中中国科学院院士1人,中国工程院院士3人;正高级职称94人(比上年新增5人),副高级职称129人(比上年新增6人),博士研究生指导教师130人(比上年新增6人),硕士研究生指导教师210人(比上年新增2人),另有博士后88人。2018年,新增国家"千人计划"专家1人,国家杰出青年科学基金获得者1人,国家"千人计划"青年项目入选者2人,国家优秀青年科学基金获得者1人,浙大求是特聘教授1人,讲座教授2人。

2018年,土木工程学科QS排名上升至第49名,土木工程与建筑学学位授权点国际评估均以高分通过。获2018年高等教育国家级教学成果二等奖1项,6位教师获2018年浙江大学优质教学奖二等奖,吴越教授获"2018浙江大学唐立新教学名师奖"。学生获第四届中国"互联网+"大学生创新创业大赛金奖和最具商业价值奖,亚建协国际竞赛第二名,第二届全国大学生"茅以升公益桥"设计大赛一等奖,全国大学生结构设计竞赛二等奖,美国土木工程竞赛挡土墙组第三名、钢桥组第四名,以及全国土木工程专业创新实践成果奖一等奖1项、三等奖2项。浙江省优秀博士学位论文提名奖1篇及优秀硕士学位论文1篇。

2018年,科研经费2.6907亿元(比上年增加30.6%),其中纵向1.3798亿元。在研项目1524项(比上年增加4.1%),合同经费9.2591亿元。新上项目551项,合同金额为2.6825亿元,其中纵向科研项目74项,合同经费1.3679亿元(比上年增加29.6%)。获批国家级项目35项,省部级项目20项。其中国家重点研发计划项目1项,国家自然科学基金项目29项(其中杰青、优青、重点国际合作项目、重点项目各1项),国防军工项目1项。国家重大科技基

附表　2018 年度建筑工程学院基本情况

项目	数据	项目	数据
教职工总数/人	310	获国家级科技奖项目数/项	2
教授数/人	81	获国家级教学成果奖数/项	1
副教授数/人	109	授权发明专利数/项	70
具有博士学位的教师比例/%	88	SCI 入选论文数/篇	175
两院院士/人	3	EI 入选论文数/篇	130
国家"千人计划"入选数/人	8	出版专著/部	10
"国家特支计划"入选数/人	1	在校本科生数/人	905
"长江学者"数/人	7	在学硕士研究生数/人	760
省部级高等学校教学名师奖获得者/人	0	其中:专业学位研究生数/人	425
"973 计划"首席科学家数*/人	1	在读博士研究生数/人	428
国家"百千万人才工程"入选数/人	2	在校攻读学位的外国留学生数/人	41
国家杰出青年基金获得者/人	7	应届本科毕业生一次就业率/%	98.02
教育部新(跨)世纪优秀人才培养计划入选数/人	4	应届本科毕业生考研录取(出国)率/%	57.42
浙江省特级专家/人	3	应届毕业研究生一次就业率/%	98.94
浙江省"千人计划"入选者/人	4	科研总经费/万元	26907
浙江大学求是特聘教授数/人	13	其中:国家自然基金比重/%	8.30
一、二级学科国家重点学科数/个	3	纵向经费比重/%	51.30
国家重点(专业)实验室/个	0	教师出国交流/人次	170
国家工程(技术)研究中心/个	2	学生出国交流/人次	297
国家人才培养基地(含教学、教育基地)/个	7		
国家精品资源共享课、视频公开课/门	0		
社会捐赠经费总数/万元	862.4	举办国际学术会议数/次	5

注:* 含重大科学研究计划、ITER 计划、青年科学家专题等。

础设施"超重力离心模拟与实验装置"项目获国家发改委批复,软弱土与环境土工教育部重点实验室评估优秀,并成立了智能结构系统与信息国际研究中心,悬浮隧道研究中心和韧性城市研究中心。获 2018 年国家科技进步一等奖 1 项、国家技术发明二等奖 1 项、教育部高等学校科技进步二等奖 1 项,以及授权发明专利 70 项。

全年师生出国(境)交流 467 人次,邀请国(境)外专家来访 600 人次,举办国际会议 5 次。28 位博士生公派赴世界名校联合培养。与加拿大西安大略大学签订双博士学位联合培养计划,与香港理工大学、巴基斯坦国立科技大学就联合培养土木工程博士签署三方协议,与英国剑桥大学、美国康奈尔大学、韩国蔚山科技学院、韩国全南国立大学签署合作交流协议,与哈佛大学、西班牙圣帕布罗 CEU 大学、瑞士 SUPSI 等高校举办国际联合设计工作坊。

【获教育部 2018 年国家级教学成果二等奖】

2018 年 12 月，由龚晓南院士牵头的"'大土木'教育理念下土木工程卓越人才'贯通融合'培养体系创建与实践"获得该奖项。该成果经过 20 多年的研究与实践，通过"理念、模式、机制"创新，突破按照传统行业的专业划分模式，构建了高素质土木工程卓越人才的"贯通融合"培养体系，在全方位"立体化"育人方面发挥了引领和示范作用，对于我国高等工程教育改革有重要的参考价值。

【获 2018 年度国家科技进步一等奖】 由龚晓南院士领衔的"复合地基理论、关键技术及工程应用"成果获得该奖项。该成果创建了复合地基理论体系，研发了系列高性能复合地基技术，形成了完整工程应用体系，建立了复合地基承载力、沉降、固结、稳定及抗震设计方法，突破了传统地基处理技术瓶颈，实现了地基的快速、经济和高效处理，引领和支撑了复合地基技术研发及工程应用，使复合地基成为与浅基础、桩基础并列的土木工程第三种常用基础形式。项目成果已广泛应用于多个重大工程，社会经济效益巨大。

【获 2018 年度国家技术发明二等奖】 由徐世烺教授牵头的"重大工程结构安全服役的高韧性纤维混凝土制备与应用关键技术"项目获得该奖项。该项目建立了纤维混凝土高韧化设计理论和制备技术；发明了抗拉应变高达 3%～8%（是普通混凝土的 300～800 倍）、韧性指标国际领先的高韧性纤维混凝土及其施工技术；在国际上首次实现高韧性纤维混凝土工业化生产。形成了高韧性纤维混凝土材料发明、工业化生产到应用技术的创新技术体系，彻底改变了混凝土自诞生以来近二百年脆性易裂的基本特性。成果应用于桥梁、隧道、港口、大坝等重大项目，对保障国家重点工程安全服役提供了重要技术支撑，推动了土木工程学科发展和行业科技进步。

（吴盈颖撰稿　张　威审稿）

化学工程与生物工程学院

【概况】 化学工程与生物工程学院（以下简称化工学院）设有化学工程、联合化学反应工程、聚合与聚合物工程、生物工程、制药工程、工业生态与环境 6 个研究所，建有化学工程联合国家重点实验室、二次资源化工国家专业实验室、工业生物催化国家地方联合工程实验室、生物质化工教育部重点实验室、工业生物催化浙江省工程实验室、浙江省化工高效制造技术重点实验室、低碳烃制备技术浙江省工程实验室等多个国家级和省部级重点实验室。与高分子系合作建有教育部膜与水处理技术工程研究中心，与控制学院合作建有流程生产质量控制与优化国家级国际联合研究中心。

学院拥有化学工程与技术、生物工程 2 个一级学科博士后流动站，拥有化学工程与技术一级学科博士学位授予权，设有化学工程与技术、生物工程、制药工程等 3 个本科专业。

在职教职工 154 人。其中，教授 57 人（2018 年新增 1 人），副教授 32 人（2018 年新增 1 人），博士研究生导师 83 人，硕士研究生导师 116 人。在站博士后研究人员 57 人。王立教授获浙江大学第九届教书育人标兵和 2018 年度宝钢优秀教师奖，单国荣教授获 2018 年度浙江大学唐立新教学名师奖，阳永荣教授当选 2018 年度"中国化工学会会士",任其龙教授获 2018 年中国石油和化学工业联合会赵永镐科技创新奖,申有青教授当选美国医学与生物工程院 fellow,陆盈盈入选《麻省理工科技评论》中国区"35岁以下科技创新 35 人"名单,并获 2018 年"求是杰出青年学者奖",陆盈盈、潘鹏举获 2018 年度第十届侯德榜化工科学技术奖青年奖。

2018 年,招收硕士研究生 179 人,博士研究生 64 人;2018 级本科生 154 人确认化工学院主修专业;毕业博士研究生 50 人,硕士研究生 127 人,本科生 151 人。创新设立教授担任本科生"年级长"制度,出台《化工学院关于加强研究生培养过程管理和国际交流的细则》,推行研究生毕业论文"全双盲"评审制度,实施优秀硕博论文奖励制度。阳永荣教授团队获浙江大学第八届研究生"五好"导学团队。李伯耿教授当选为 2018—2022 年教育部高等学校教指委化工类专业教指委副主任委员,杨立荣教授当选为生物科学类教指委委员。获国家级教学成果奖一等奖 2 项(我院教师参与),获第十二届全国大学生化工设计竞赛金奖(特等奖),第二届全国大学生化工实验大赛总决赛特等奖。与文莱大学签署第二轮化工人才联合培养协议。

科研经费到款 15188.986 万元。新增科技三重项目 3 项,重点研发计划青年科学家项目 1 项。新增 1000 万及以上横向项目 3 项,直接技术成果转让收益 1477.02 万元。被 SCI 收录论文 191 篇,EI 收录论文 156 篇;授权专利 104 项,在 Nature/Science 及其子刊发表论文 6 篇,在影响因子大于 10 的期刊上发表论文 27 篇,ESI 高被引论文 12 篇,爱思唯尔中国高被引学者榜单上榜 3 人。张林教授以浙江大学第一单位在 Science 上发表"Polyamide membranes with nanoscale Turing structures for water purification"论文。学院以第一完成单位新增国家技术发明二等奖 1 项(任其龙教授团队),教育部高校科研成果技术发明奖一等奖 1 项(杨立荣教授团队);新增中国发明专利金奖 1 项(尹红副教授、陈志荣教授团队),亦是浙江大学第一个中国专利金奖。浙江大学与衢州市人民政府合作共建浙江大学工程师学院衢州分院和浙江大学衢州研究院(简称衢州"两院")项目签约并揭牌。浙江大学与恒逸集团签署中长期科研战略合作框架协议,并成立浙江大学—恒逸全球未来先进技术研究院。

2018 年,教师出国交流 80 人次,学生出国交流 167 人次。5 月至 6 月,举办了化工学院第九届国际交流月。11 月,化工学院代表团赴美国参加了全球化工界最具影响的 AIChE(美国化学工程师协会)年会,并举办了"浙江大学专场交流会";代表团还分别访问了斯坦福大学(Stanford University)和卡内基-梅隆大学(Carnegie Mellon University),与两校就学术研究和人才培养等专题进行深入交流。

【浙江大学工程师学院衢州分院和浙江大学衢州研究院揭牌】 浙江大学与衢州市人民政府合作共建浙江大学工程师学院衢州分院和浙江大学衢州研究院(简称衢州"两院")项目于 2018 年 5 月 30 日正式签约。12 月,衢州"两院"正式揭牌。"两院"建立后,将招收和培养与衢州主导产业相关的专业学位研究生,开展科研合作与技术攻关,深化科教融合,努力成为全国乃至国际领先的集教学、科研、成果转化和专业技术培训等于一体的创新创业平台。"两院"合署办公。成立"两院"理事会,浙江大学副校长严

附表　2018 年度化工学院基本情况

项目	数据	项目	数据
教职工总数/人	154	获国家级科技奖项目数/项	1
教授数/人	57	获国家级教学成果奖数/项	0
副教授数/人	32	授权发明专利数/项	104
具有博士学位的教师比例/%	98.0	SCI 入选论文数/篇	191
两院院士/人	0	EI 入选论文数/篇	156
国家"千人计划"入选数/人	10	出版专著/部	0
"国家特支计划"入选数/人	0	在校本科生数/人	529
"长江学者"数/人	3	在学硕士研究生数/人	665
省部级高等学校教学名师奖获得者/人	1	其中:专业学位研究生数/人	244
"973 计划"首席科学家数*/人	2	在读博士研究生数/人	276
国家"百千万人才工程"入选数/人	1	其中:专业学位研究生数/人	6
国家杰出青年基金获得者/人	6	在校攻读学位的外国留学生数/人	34
教育部新(跨)世纪优秀人才培养计划入选数/人	8	应届本科毕业生一次就业率/%	98.64
浙江省特级专家/人	1	应届本科毕业生考研录取(出国)率/%	50.34
浙江省"千人计划"入选者/人	14	应届毕业研究生一次就业率/%	100
浙江大学求是特聘教授数/人	12	科研总经费/万元	15188.986
一、二级学科国家重点学科数/个	1	其中:国家自然基金比重/%	17.3
国家重点(专业)实验室/个	2	纵向经费比重/%	38.27
国家工程(技术)研究中心/个	0	教师出国交流/人次	80
国家人才培养基地(含教学、教育基地)/个	0	学生出国交流/人次	167
国家精品资源共享课、视频公开课/门	2		
社会捐赠经费总数/万元	1386	举办国际学术会议数/次	6

注:* 含重大科学研究计划、ITER 计划、青年科学家专题等。

建华、衢州市人民政府副市长王良春担任理事长;化工学院教授任其龙任"两院"院长。

【获国家技术发明二等奖】　任其龙教授团队领衔研究的天然活性同系物的分子辨识分离技术获 2018 年度国家技术发明二等奖,该项目发明了弱极性甾类同系物分子辨识萃取分离关键技术和表面活性同系物相间分配可控的低乳化分子辨识分离关键技术,攻克了同系物分离过程选择性低、易乳化,容量小等若干科学与工程难题,在国际上率先建立了具有自主知识产权的天然活性同系物分子辨识萃取分离新方法与技术平台,在浙江、江苏等地实现工业化应用,打破了长期以来我国制药原料被国外垄断的被动局面。

【获全国大学生化工设计竞赛唯一金奖】
2018 年 8 月,"东华科技—陕鼓杯"第十二届全国大学生化工设计竞赛全国总决赛在湖南举办,化工学院胡晓萍、吴嘉老师指导的 ZJU C.E.O 团队(成员:叶骐瑜、陈宁洁、李锦秀、俞彬彬、方譽錡）获唯一金奖（特等奖）。该团队设计了中石化镇海炼化分公司年产 1.2 万吨叔丁胺和 1.8 万吨聚异丁烯项目，以镇海炼化粗异丁烯为原料，采用镇海炼化炼油三部传统的 MTBE 合成装置生产 MTBE，再将 MTBE 裂解提纯得高纯异丁烯，利用部分异丁烯直接胺化年产 1.2 万吨叔丁胺，利用剩余聚合级异丁烯进行聚合反应年产 1.8 万吨中分子量聚异丁烯，具有良好的经济效益和市场抗风险能力。

（李志荣撰稿　沈文华审稿）

海洋学院

【概况】 海洋学院现设有海洋科学系、海洋工程学系、海洋信息学系（筹）等 3 个学系和港航物流与自由贸易岛研究中心；建有海洋地质与资源、海洋化学与环境、物理海洋与遥感、海洋生物与药物、海洋工程与技术、港口海岸与近海工程、海洋传感与网络、海洋结构物与船舶工程、海洋电子与智能系统等 9 个研究所。

海洋学院建有海洋工程装备国家地方联合工程实验室，海洋岩土工程与材料、海洋观测—成像试验区浙江省重点实验室，海洋装备试验、海洋工程材料浙江省工程实验室，海上试验浙江省科技创新服务平台，浙江省"智慧东海"协同创新中心，山东省海洋牧场观测网数据中心，舟山海洋电子信息产业创新服务综合体，中国（浙江）自由贸易试验区研究院，舟山定海区人民政府—浙江大学海洋学院协同创新中心，浙江大学摘箬山海洋科技示范岛，浙江大学舟山海洋研究中心和浙江大学海洋研究院等共建共管科研平台。

海洋学院拥有海洋科学一级学科博士学位授予权，海洋科学和船舶与海洋工程 2 个一级学科硕士学位授予权，海洋工程和海洋信息科学与工程 2 个二级学科博士学位授予权。学院拥有海洋科学、港口航道与海岸工程、海洋工程与技术、船舶与海洋工程（2018 级开始暂停招生）4 个本科专业。

海洋学院现有教职工 152 人，其中专任教师 110 人。专任教师中具有正高级职称人员 34 人，副高级职称人员 47 人，中级职称人员 29 人。现有在站博士后 19 人。

2018 年，学院招收本科生 201 人，硕士研究生 196 人，博士研究生 62 人；毕业本科生 133 人，硕士研究生 111 人，博士研究生 13 人。

2018 年，学院科研到款 11592.457 万元，比 2017 年增长 43.29％；在研各类科研项目 439 项，合同总金额 31726.24 万元。国家自然科学基金申请获批 24 项，获准率 30.77％。教师发表 SCI/SSCI 收录论文 307 篇（不完全统计），其中 ZJU100 论文 12 篇，TOP 论文 54 篇。授权发明专利数 60 项，实用新型专利 23 项。

2018 年，学院新建近 300㎡ 的学生创新创业孵化基地"海创空间"，吸引了 19 个学生双创项目团队入驻；举办了"海潮杯"学生创新创业优秀项目竞赛，孵化产生了第四届全国"互联网＋"大学生创业大赛金奖，第十一届国际水中机器人大赛 3 项一等奖，全国海洋航行器设计大赛一等奖，舟山市全国大学生创新创业竞赛一等奖等一大批学生创新创业优秀成果。

2018 年，学院首办长江经济带研究与创新联盟国际学术研讨会，全国环境（海洋）

项目	数据	项目	数据
教职工总数/人	152	获国家级科技奖项目数/项	0
教授数/人	29	获国家级教学成果奖数/项	0
副教授数/人	47	授权发明专利数/项	60
具有博士学位的教师比例/%	100	SCI 入选论文数/篇	291
两院院士/人	1	EI 入选论文数/篇	203
国家"千人计划"入选数/人	2	SSCI 入选论文数/篇	31
"国家特支计划"入选数/人	0	出版专著/部	1
"长江学者"数/人	1	在校本科生数/人	829
省部级高等学校教学名师奖获得者/人	0	在学硕士研究生数/人	494
"973 计划"首席科学家数*/人	0	其中:专业学位研究生数/人	247
国家"百千万人才工程"入选数/人	2	在读博士研究生数/人	203
国家杰出青年基金获得者/人	2	其中:专业学位研究生数/人	7
教育部新(跨)世纪优秀人才培养计划入选数/人	1	在校攻读学位的外国留学生数/人	69
浙江省特级专家/人	3	应届本科毕业生一次就业率/%	91.4
浙江省"千人计划"入选者/人	7	应届本科毕业生考研录取(出国)率/%	51
浙江大学求是特聘教授数/人	0	应届毕业研究生一次就业率/%	100
一、二级学科国家重点学科数/个	0	科研总经费/万元	11592.457
国家重点(专业)实验室/个	0	其中:国家自然基金比重/%	13
国家工程(技术)研究中心/个	1	纵向经费比重/%	44
国家人才培养基地(含教学、教育基地)/个	0	教师出国交流/人次	161
国家精品资源共享课、视频公开课/门	1	学生出国交流/人次	218
社会捐赠经费总数/万元	0	举办国际学术会议数/次	4

注:* 含重大科学研究计划、ITER 计划、青年科学家专题等。

微塑料污染与管控学术研讨会,并举办了第四届海底观测科学大会,第三届"一带一路"国际学术研讨会,海岛全球化与新型城镇化国际学术会议,2018 中韩海洋能研讨会等一系列大型国际国内学术会议。千余名海内外海洋领域的专家学者齐聚舟山校区,交流学术思想,分享最新成果。

【科研经费首次突破亿元】 2018 年,海洋学院科研工作向外力争资源,对内提升质量,持续保持良好发展势头。截至 2018 年底,科研经费在 2017 年突破 8000 万基础上,再创新高,首次超过 1 亿元,达11592.457 万元。其中,横向到款 3953.771万元,纵向到款 5059.506 万元,军工到款2579.18 万元。

【自主设立一级学科博士点】 围绕国家海洋战略和海洋产业发展对高端人才的需求,发挥海洋学院优势和特色,推动与主校区兄弟学科的交叉汇聚与共享,深化海洋科学与工程交叉会聚学科内涵,遵循本硕博人才培养的客观要求，在学校统筹领导下，谋划推进自主设置"海洋技术与工程"一级学科博士学位授权点，于7月份顺利通过专家论证和学校学位评定委员会论证。

【研究生首获竺可桢奖学金】 12月29日，船舶与海洋工程专业2017级硕士研究生夏克泉获得浙江大学2017—2018学年竺可桢奖学金。夏克泉在徐志伟教授和朱智源博士指导下，主要从事海洋自供能三维微系统及其可靠性研究，以第一作者发表SCI论文5篇。夏克泉是海洋学院首位获得竺可桢奖学金的研究生，也是海洋学院第二位竺可桢奖学金获得者。

（梁　立撰稿　陈　庆审稿）

航空航天学院

【概况】　航空航天学院（以下简称航院）由航空航天系和工程力学系组成，下设应用力学研究所、流体工程研究所等7个研究所（中心），拥有国家工科基础课程力学教学基地和国家级力学实验教学示范中心，教育部航空航天数值模拟与验证重点实验室，教育部新型飞行器联合研究中心，浙江省软体机器人与智能器件研究重点实验室，浙江省新型飞行器关键基础与重大应用协同创新中心，微小卫星与星群军民融合协同创新中心（培育），浙江省微波毫米波射频技术重点实验室，微波毫米波射频集成电路浙江省工程实验室，浙江大学工程与科学计算研究中心，浙江大学软物质科学研究中心，浙江大学交叉力学中心，是浙江大学柔性电子新器材新材料科技联盟、浙江大学多功能无人机科技联盟的牵头单位。

航院拥有固体力学1个二级学科国家重点学科，力学、航空宇航科学与技术2个浙江省一流学科，力学一级学科博士点和博士后流动站，建有或与兄弟学院共有11个二级学科博（硕）士学位授权权，另具有航天工程领域和电子与通信工程领域专业硕士学位授予权，设有工程力学和飞行器设计与工程2个本科专业。

2018年，招收硕士研究生88人，博士研究生55人，2018级本科生93人确认主修航院相关专业，毕业本科生58人，硕士研究生32人，博士研究生20人。

现有教职工110人。其中，中国科学院院士2人，中国工程院院士2人，具有正高级职称人员37人（2018年新增6人），副高级职称人员48人（2018年新增3人），博士研究生指导教师58人（2018年新增4人），硕士研究生指导教师82人（含博士研究生导师）（2018年新增4人），另有在站博士后工作人员18人。2018年新增国家杰出青年基金获得者1人，国家"千人计划"青年项目入选者1人，国家优秀青年科学基金获得者2人。

2018年，学院继续深入开展教育教学大讨论，全面梳理学院人才培养体系。面向正高和副高职称教师设立教学固定津贴岗，列入浙江大学"全面深化综合改革"的重要举措之一。联合中国科学技术大学、清华大学和北京大学发起力学专业本科教学和人才培养研讨会，召开浙江大学力学国家级实验教学示范中心教学指导委员会专家受聘仪式暨教指委2018年工作会议，举办了4次航空航天学院"教与学"系列教学论坛、第八届大学生西湖夏令营。入选教育部2018—2022年航空航天类教学指导委员会副主任1人，教育部2018—2022年力学类

项目	数据	项目	数据
教职工总数/人	110	获国家级科技奖项目数/项	0
教授数/人	30	获国家级教学成果奖数/项	0
副教授数/人	48	授权发明专利数/项	32
具有博士学位的教师比例/%	100	SCI 入选论文数/篇	146
两院院士/人	4	EI 入选论文数/篇	165
国家"千人计划"入选数/人	7	出版专著/部	0
"国家特支计划"入选数/人	1	在校本科生数/人	258
"长江学者"数/人	2	在学硕士研究生数/人	201
省部级高等学校教学名师奖获得者/人	0	其中:专业学位研究生数/人	79
"973 计划"首席科学家数*/人	0	在读博士研究生数/人	174
国家"百千万人才工程"入选数/人	2	其中:专业学位研究生数/人	1
国家杰出青年基金获得者/人	10	在校攻读学位的外国留学生数/人	7
教育部新(跨)世纪优秀人才培养计划入选数/人	9	应届本科毕业生一次就业率/%	98.28
浙江省特级专家/人	1	应届本科毕业生考研录取(出国)率/%	53.45
浙江省"千人计划"入选者/人	2	应届毕业研究生一次就业率/%	100
浙江大学求是特聘教授数/人	10	科研总经费/万元	9702.47
一、二级学科国家重点学科数/个	1	其中:国家自然基金比重/%	27.54
国家重点(专业)实验室/个	0	纵向经费比重/%	30.99
国家工程(技术)研究中心/个	0	教师出国交流/人次	74
国家人才培养基地(含教学、教育基地)/个	1	学生出国交流/人次	82
国家精品资源共享课、视频公开课/门	0		
社会捐赠经费总数/万元	138	举办国际学术会议数/次	0

注:* 含重大科学研究计划、ITER 计划、青年科学家专题等。

专业教学指导委员会委员 1 人。教育教学改革取得一定成绩,本年度获批浙江省高等教育"十三五"第一批教学改革项目 1 项,浙江大学"十三五"第一批教学改革研究项目 1 项。"浙江大学——中国空气动力研究与发展中心科教协同实践基地"获准 2018 年本科教学科教协同项目。2017 年度获浙江大学优质教学奖二等奖 2 名,浙江大学青年教师教学竞赛一等奖 1 名。

科研经费到款 9702.47 万元。2018 年,获批国家自然科学基金(NSFC)项目 18 项,获准率 36.73%,资助经费共计 1359 万元;获批国家基金重大研究计划重点支持项目资助 1 项,国家优秀青年科学基金资助 2 项,浙江省自然科学基金 3 项,其中杰出青年基金 1 项;新争取到百万级项目 13 项;签订科技成果转化 2 项,合同金额 130 万元。另据不完全统计,全年被 SCI 收录论文 146 篇,EI 收录论文 165 篇,新增国家标准 1 项,授权国内外发明专利 32 项。

2018年，学院共有研究生53人次，本科生29人次和教师74人次出访22个国家和地区，先后接待了来自国外的专家、学者来校交流、讲学和考察访问共39人次。与莫斯科航空学院签署校际战略合作，在此合作框架下成立中俄航空技术联合研发中心，签订本科生3+1双学位联合培养项目。

【沈荣骏院士获授浙江大学"竺可桢奖"】10月9日，浙江大学航空航天学院名誉院长、中国工程院院士沈荣骏获授浙江大学"竺可桢奖"。沈荣骏院士长期从事航天工程管理与航天测控工作，是中国航天测控网和载人航天工程的主要奠基人和开拓者之一，受聘担任浙江大学航空航天学院院长期间为学校的人才培养、学科规划与建设、国防和军民融合特色前瞻项目的布局与拓展等做出了重大贡献。

【召开浙江大学工程力学系成立60周年暨力学学科发展与交叉力学研讨会】10月7日，该研讨会在邵逸夫科学馆召开。12位院士，50余位相关单位力学学科带头人，200余位在校师生、校友代表、退休教师到会，共忆工程力学发展历程，共话力学学科建设。浙江大学副校长严建华出席并致欢迎词。申长雨、张统一、陈十一、杨卫、郑晓静、何国威、魏悦广、郭万林、王泉9位院士发表主旨演讲，分享前沿研究。多位创系教师、兄弟院校专家学者参与座谈，探讨浙大力学发展问题，共商建设思路。

【承办第十届全国流体力学学术会议】10月26—28日，该会议在浙江大学紫金港校区举行，由中国力学学会流体力学专业委员会主办，浙江大学、中国计量大学和浙江省力学学会共同承办。国内外知名教授、学者、博士和硕士研究生近900人参加，共同探讨流体力学前沿发展，共话流体力学学科繁荣。浙江大学副校长严建华、中国力学学会理事长杨卫院士、中国力学学会流体力学专业委员会主任刘桦出席开幕式并致辞。陈十一院士、Jeffrey Giacomin教授、Steven Ceccio教授、姜宗林研究员和林建忠教授分别作特邀报告。该会议设有湍流与稳定性、多相流体力学、非牛顿流体力学、计算流体力学等18个专题分会场，涵盖流体力学各个重要分支。会议期间，流体力学权威专家、优秀青年力学人才分享最新成果，并进行广泛的学术交流和探讨，为流体力学发展明确了方向，也为学科建设迈上新的台阶打下坚实基础。

（杨　艳撰稿　毕建权审稿）

高分子科学与工程学系

【概况】　高分子科学与工程学系（以下简称高分子系）由高分子科学、高分子复合材料、生物医用大分子3个研究所组成，建有高分子合成与功能构造教育部重点实验室，膜与水处理技术教育部工程研究中心，中国—葡萄牙先进材料联合创新中心以及新型吸附分离材料与应用技术浙江省重点实验室。

高分子系拥有高分子化学与物理二级学科国家重点学科。二级学科均设有博士后流动站，博士学位和硕士学位授予权，同时单独设立高分子材料与工程本科专业。

2018年招收硕士研究生51人，博士研究生42人，2018级本科生76人专业确认高分子系相关专业学习。毕业本科生92人，结业3人，毕业硕士研究生45人，博士研究生52人。

现有教职工64人。其中，中科院院士

项目	数据	项目	数据
教职工总数/人	64	获国家级科技奖项目数/项	0
教授数/人	25	获国家级教学成果奖数/项	0
副教授数/人	20	授权发明专利数/项	35
具有博士学位的教师比例/%	90.4	SCI 入选论文数/篇	250
两院院士/人	2	EI 入选论文数/篇	217
国家"千人计划"入选数/人	5	出版专著/部	3
"国家特支计划"入选数/人	2	在校本科生数/人	263
"长江学者"数/人	3	在学硕士研究生数/人	156
省部级高等学校教学名师奖获得者/人	0	其中:专业学位研究生数/人	0
"973 计划"首席科学家数*/人	0	在读博士研究生数/人	164
国家"百千万人才工程"入选数/人	1	其中:专业学位研究生数/人	0
国家杰出青年基金获得者/人	7	在校攻读学位的外国留学生数/人	14
教育部新(跨)世纪优秀人才培养计划入选数/人	7	应届本科毕业生一次就业率/%	100
浙江省特级专家/人	0	应届本科毕业生考研录取(出国)率/%	100
浙江省"千人计划"入选者/人	1	应届毕业研究生一次就业率/%	100
浙江大学求是特聘教授数/人	7	科研总经费/万元	4732
一、二级学科国家重点学科数/个	1	其中:国家自然基金比重/%	3439
国家重点(专业)实验室/个	0	纵向经费比重/%	72.7
国家工程(技术)研究中心/个	0		
国家人才培养基地(含教学、教育基地)/个	0	教师出国交流/人次	45
国家精品资源共享课、视频公开课/门	2	学生出国交流/人次	70
社会捐赠经费总数/万元	130	举办国际学术会议数/次	2

注:* 含重大科学研究计划、ITER 计划、青年科学家专题等。

2 人;具有正高级职称人员 25 人,副高级职称人员 21 人,博士研究生导师 44 人,硕士研究生导师 50 人。2018 年,新增获国家优秀青年科学基金资助 1 人。

孙景志获 2018 年度"浙江大学永平教学贡献提名奖"。杜森获得浙江大学优质教学奖二等奖 1 项。全系共计出版教材 1 本(《高分子材料概论》,化学工业出版社,高长有编著);启动高分子专业核心课程教材《高分子化学》编写工作。

2018 年,科研经费到款 4732 万元,其中纵向经费 3439 万元,占 72.7%。国家基金共批准立项 28 项,批准率 63%。其中,1 项优秀青年基金项目,1 项海外及港澳合作项目,1 项重大研究计划培育项目。在 2018 年度,新承担国家科技重大专项项目(课题)1 项,国家重点研发计划项目(课题)2 项,浙江省自然科学基金杰出青年基金项目 1 项。爱思唯尔中国高被引学者数据表明,学系共有 4 位高被引学者,占全校 91 位中的

4.4%;科睿唯安全球高被引科学家 2018 年榜单中,全校共 19 人次,学系占 1 人次。被 SCI 收录论文约 250 篇,平均影响因子超过 5.0。获国家授权发明专利 35 项。傅智盛 1 项发明专利作价 105 万及朱宝库 1 项发明专利作价 50 万技术转让工作已经完成经费到账;高超 78 项专利作价 2041 万的技术转让已完成公示。

2018 年,国外来访并做学术报告 38 人次,教师出国交流 45 人次,学生出国交流 70 人次。举办国际会议 2 次,夏令营 1 项。聘请兼任教授 1 人,讲座教授 3 人,短期外国专家 9 人。圆满完成第二届美国芝加哥大学 IME 暑期科研项目,第一届德国拜罗伊特大学暑期科研项目,第一届日本九州大学暑期访学项目。

【获 2018 年度"浙江大学永平教学贡献提名奖"】 7 月 25 日,经推荐选拔、网上投票,并经永平奖教金管理委员会评审、校务会议审议和校党委常委会批准,孙景志教授获得该奖。其开设的"功能材料的创意与实践"课程将最前沿的科学研究内容融入了实验教学实例,开拓学生的学术视野,启迪学生自主创新的精神,良好实践了"科研反哺教学",实现科教相长的有机结合。

【4 位教师入选爱思唯尔中国高被引学者】 1 月 17 日,爱思唯尔(Elsevier)正式发布了 2018 年中国高被引学者(Chinese Most Cited Researchers)榜单,数据表明,本次国内共有来自 229 个高校、科研单位、企业的 1899 位学者入选。浙江大学共有 91 位学者入选,学系高超教授、高长有教授、徐志康教授、邱利焱教授入选,占全校 91 位中的 4.4%。

【功能高分子国际中心建设启动】 12 月 15 日,学系与浙江大学国际联合学院(海宁国际校区)签署了合作框架协议。海宁国际校区提供 5000 平方米的发展用房,用于学系成立功能高分子国际中心。该国际中心将聚焦功能高分子科学基础,以及能源、环境、人类健康相关功能高分子四大核心研究方向,升级打造国际一流平台。

（廉　洁撰稿　楼仁功审稿）

光电科学与工程学院

【概况】 光电科学与工程学院(以下简称"光电学院")设有光学工程研究所、光电信息检测技术研究所、光电子技术研究所、光电工程研究所、光及电磁波研究中心、光学惯性技术工程中心、微纳光子学研究所、光学成像工程研究所、激光生物医学研究所共 9 个研究所(中心),另设有光电信息工程实验中心 1 个省级教学中心重点建设单位,建有现代光学仪器国家重点实验室、国家光学仪器工程技术研究中心 2 个国家级研究基地,和国防重点学科实验室、光电磁传感技术浙江省重点实验室 2 个省部级研究基地,以及教育部光子学与技术国际合作联合实验室和科技部光电技术国际联合研究中心 2 个国际科技合作机构。

学院依托的光学工程是一级学科国家重点学科,下设光通信技术、信息传感及仪器 2 个二级学科。学院设有光学工程博士后流动站,拥有光学工程、光通信技术、信息传感及仪器等 3 个博士、硕士学位授予权,以及光电信息科学与工程 1 个本科专业。

学院现有教职工 164 人。其中,具有正高级职称人员 52 人(新增 3 人),副高级职称人员 34 人(新增 1 人);博士生指导教师

65 人，硕士生指导教师 21 人。2018 年，学院新增国家优秀青年基金获得者 1 人，引进国家青年千人计划入选者 2 人，浙江大学"百人计划 C 类"入选者 2 人；1 人入选 SPIE Fellow（国际光学工程学会会士），6 人入选 2018 年爱思唯尔中国高被引学者；刘旭任教育部 2018—2022 年高等学校电子信息类专业教学指导委员会副主任委员、光电信息科学与工程专业教学指导分委员会主任委员，刘向东任教育部 2018—2022 年高等学校光电信息科学与工程专业教学指导分委员会秘书长。

2018 年，招收博士生 59 人，硕士生 142 人，2018 级本科生 116 人确认进入学院主修专业，国外留学研究生 3 人。毕业本科生 92 人，硕士研究生 94 人，博士研究生 41 人。

学院获批教育部首批"新工科"研究与实践项目 1 项。刘向东获 2018 年国家高等教育教学成果一等奖，李晓彤获 2018 年度浙江大学唐立新教学名师奖，郑晓东获 2018 年度浙江大学优质教学一等奖，马耀光获 2018 年中国光学学会金国藩青年学子奖。在本科生培养方面，新增通识核心课程 1 门，本科教学实习基地 2 个。本科生共获国家级学科竞赛 9 项，黄璐哲获年度全国大学生数学建模竞赛本科生组唯一 MATLAB 创新奖；本科生年度境外交流率达 71％。在研究生培养方面，获中国光学学会 2016 年全国光学优秀博士学位论文 1 篇，浙江省 2017 年优秀博士学位论文 1 篇，2 人获全国工程专业学位研究生教育指导委员会第四届工程硕士实习实践优秀成果奖；新增专业学位研究生联合培养基地 2 个；博士生境外交流率达 106.56％。

学院科研经费到款总额为 1.57 亿元，比上年增长 43％。获批国家自然科学基金项目 13 项，获批经费达 1474.7 万元；获国家自然科学基金重大科研仪器研制项目（三重项目）1 项，国家自然科学基金联合基金项目 1 项，国家自然科学基金优秀青年科学基金项目 1 项和科技部重点研发计划政府间合作重点专项项目 1 项，重点研发计划课题 2 项；获中国光学科技奖一等奖 1 项；发表浙江大学为第一单位的 SCI 收录论文 161 篇，其中影响因子＞10 的期刊论文 9 篇，在 Nature 发表共同第一作者论文 1 篇，新增第一单位 ESI 高被引论文 6 篇。

主办亚洲光通信与光子学大会 ACP2018、第三届西湖国际光电子论坛等 3 个国际会议。教师参加国际学术会议、出访等各类交流项目共 90 余人次，国外（境外）学者来学院做学术报告、合作交流共 50 余人次。

【主办浙江大学首届"国际光日"系列活动】该活动于 5 月 19 至 20 日在玉泉校区举行。系列活动由公益捐赠、展示体验以及第六届全国大学生光电设计竞赛"歌尔杯"东部区选拔赛等组成。公益捐赠活动中，校友企业、关联企业向多家中小学捐赠了天文望远镜，生物显微镜和 AR 眼镜等普及型光学仪器；展示体验活动面向广大中、小学生开放，展示体验包括全景视频 VR 眼镜，盲人视觉辅助仪，微纳光纤数据手套，新型原子力显微镜，电子胃镜，环带相机，全息显微镜，智能穿戴型眼镜等；第六届全国大学生光电设计竞赛"歌尔杯"东部区选拔赛于 5 月 20 日举行，共有来自 23 所高校的 131 支队伍参赛；选拔赛共产生一等奖 13 项，二等奖 23 项，三等奖 32 项；其中浙大学子共摘得一等奖 2 项，二等奖 10 项，三等奖 6 项。

【科研成果入选"2017 年中国光学十大进展"】3 月 13 日，刘旭、杨青教授课题组"纳

附表　2018年度光电科学与工程学院基本情况

项目	数据	项目	数据
教职工总数/人	164	获国家级科技奖项目数/项	0
教授数/人	45	获国家级教学成果奖数/项	1
副教授数/人	27	授权发明专利数/项	82
具有博士学位的教师比例/%	97.4	SCI入选论文数/篇	161
两院院士/人	1(兼聘)	EI入选论文数/篇	184
国家"千人计划"入选数/人	8	出版专著/部	0
"国家特支计划"入选数/人	0	在校本科生数/人	478
"长江学者"数/人	5	在学硕士研究生数/人	376
省部级高等学校教学名师奖获得者/人	1	其中:专业学位研究生数/人	154
"973计划"首席科学家数*/人	0	在读博士研究生数/人	244
国家"百千万人才工程"入选数/人	0	其中:专业学位研究生数/人	0
国家杰出青年基金获得者/人	7	在校攻读学位的外国留学生数/人	8
教育部新(跨)世纪优秀人才培养计划入选数/人	3	应届本科毕业生一次就业率/%	99.07
浙江省特级专家/人	1	应届本科毕业生考研录取(出国)率/%	67.3
浙江省"千人计划"入选者/人	2	应届毕业研究生一次就业率/%	100
浙江大学求是特聘教授数/人	2	科研总经费/万元	15722
一、二级学科国家重点学科数/个	1	其中:国家自然基金比重/%	12.44
国家重点(专业)实验室/个	1	纵向经费比重/%	45.86
国家工程(技术)研究中心/个	1	教师出国交流/人次	98
国家人才培养基地(含教学、教育基地)/个	0	学生出国交流/人次	164
国家精品资源共享课、视频公开课/门	2	举办国际学术会议数/次	3
社会捐赠经费总数/万元	40		

注:* 含重大科学研究计划、ITER计划、青年科学家专题等。

米照明首次实现大视场远场片上无标记超分辨显微"科研成果入选"2017年中国光学十大进展——应用研究类"。该研究开创性地将发光纳米材料作为局域光源,巧妙地利用其小尺寸、大表体比、强光局域能力和强倏逝场等特点,并与二维波导相复合,在国际上首次实现了大视场的远场无标记超分辨显微成像,打破了目前超分辨显微领域的瓶颈,获得的视场比以往报道的无标记型远场超分辨显微方法扩展了2个数量级,且方便快捷、普适性强,在集成芯片、蓝光DVD、3T3-L1癌细胞等不同领域的亚波长样品上均得到了验证。该奖项每年颁发一次,在基础研究和应用研究中分别选择10篇代表国内光学领域最重要的前沿研究成果授奖。

(章哲恺撰稿　刘玉玲审稿)

信息与电子工程学院

【概况】 信息与电子工程学院（以下简称信电学院）由信息与通信工程系、电子工程系以及依托信电学院运行的浙江大学微电子学院组成，下设信息与通信网络工程研究所，微纳电子研究所，超大规模集成电路设计研究所，微电子集成系统研究所，智能通信网络与安全研究所，信号空间和信息系统研究所，射频与光子信息处理技术中心，统计信息与图像处理研究中心，智能电子信息系统研究所，电磁信息与电子集成研究所，毫米波与智能系统研究中心，感知技术与智能系统研究中心，先进射频工程研究中心，集成电路先导技术研究所；建有嵌入式系统教育部工程研究中心，浙江省信息处理与通信网络重点实验室，浙江省先进微纳电子器件智能系统及应用重点实验室等研究机构和首批国家集成电路人才培养基地。信息与电子工程实验教学中心和浙江大学工程电子设计基地为国家实验教学示范中心"浙江大学工程训练中心"的组成部分。

信电学院建有电子科学与技术、信息与通信工程2个博士后流动站，拥有电子科学与技术、信息与通信工程2个一级学科博士学位授予权，覆盖物理电子学、电路与系统、微电子学与固体电子学、电磁场与微波技术、通信与信息系统、信号与信息处理6个二级学科，其中通信与信息系统为二级学科国家重点学科，信息与通信工程入选浙江省一流学科（B类）建设名单。

全院现有教职工238人。其中，正高级职称人员63人（2018年新增2人），副高级职称人员64人（2018年新增2人），博士研究生导师86人（2018年新增9人），硕士研究生导师34人（2018年新增5人）；另有博士后19人。2018年新增国家千人计划入选者1人，国家青年千人入选者5人。

2018年，信电学院招收硕士研究生264人、博士研究生64人，2018级本科生287人确认主修专业进入信电学院学习，毕业本科生270人，硕士研究生126人，博士研究生36人。

到校科研总经费13740.02万元；在研的各类基金项目98项（包括国家自然科学基金、浙江省自然科学基金等），往年申请的国家重点研发计划项目或课题于2018年仍旧在研的共15项，其中牵头项目1项，承担课题4项，参与课题10项，在研的其他纵向科研项目29项；被SCI系统收录的论文242篇；出版著作及教材3部。

信电学院重视国际交流与合作，全年共有224人次的师生出访参加学术会议、合作研究和交流学习等，共主办了"第十届国际无线通信与信号处理大会（WSCP2018）"和"第60届IEEE EMC国际学术会议"等2次国际会议。

【浙江大学微纳加工中心启用】 12月26日，浙江大学微纳加工中心举行了揭牌仪式，正式启用。微纳加工中心是学校开展与促进微纳科技及多学科交叉研究的重要创新平台。中心拥有实验室总面积约1200平方米，其中百级洁净区200平方米，千级洁净区800平方米，结合校内信电、光电、电气、物理、材料、机械等相关学科的需求特点，建设了基于多种半导体衬底材料的微米/纳米图形制备、薄膜沉积、刻蚀的体系化、模块化工艺链，适用于微纳电子器件、光电子器件、量子器件、功率器件、MEMS、二

项目	数据	项目	数据
教职工总数/人	238	获国家级科技奖项目数/项	0
教授数/人	63	获国家级教学成果奖数/项	0
副教授数/人	64	授权发明专利数/项	88
具有博士学位的教师比例/%	99	SCI 入选论文数/篇	242
两院院士/人	1	EI 入选论文数/篇	456
国家"千人计划"入选数/人	4	出版专著/部	3
"国家特支计划"入选数/人	0	在校本科生数/人	921
"长江学者"数/人	1	在学硕士研究生数/人	678
省部级高等学校教学名师奖获得者/人	1	其中:专业学位研究生数/人	301
"973 计划"首席科学家数*/人	0	在读博士研究生数/人	260
国家"百千万人才工程"入选数/人	0	其中:专业学位研究生数/人	1
国家杰出青年基金获得者/人	2	在校攻读学位的外国留学生数/人	36
教育部新(跨)世纪优秀人才培养计划入选数/人	9	应届本科毕业生一次就业率/%	98.15
浙江省特级专家/人	0	应届本科毕业生考研录取(出国)率/%	65.71
浙江省"千人计划"入选者/人	3	应届毕业研究生一次就业率/%	100
浙江大学求是特聘教授数/人	3	科研总经费/万元	13740.02
一、二级学科国家重点学科数/个	1	其中:国家自然基金比重/%	14.50
国家重点(专业)实验室/个	0	纵向经费比重/%	42.97
国家工程(技术)研究中心/个	0		
国家人才培养基地(含教学、教育基地)/个	7	教师出国交流/人次	110
国家精品资源共享课、视频公开课/门	0	学生出国交流/人次	292
社会捐赠经费总数/万元	51.76	举办国际学术会议数/次	2

注:* 含重大科学研究计划、ITER 计划、青年科学家专题等。

维材料器件、柔性/可穿戴电子器件、集成电路芯片等多种工艺的微纳加工。微纳加工中心启用为学校相关学科承担各类国家重大研究计划和科研任务提供有力支撑。

【西部就业人数创新高】　学院积极促进毕业生服务国家战略。2018 届本硕博毕业生去西部艰苦地区就业人数创新高,其中本科生有 9 人,研究生有 4 人,合计为 13 人。西藏自治区某部队就业 2 人,新疆维吾尔自治区某部队就业 1 人,云南省墨江哈尼族自治县就业 1 人,四川省中共成都市委组织部、中国电子科技集团公司第二十九研究所就业各 1 人,陕西省某部队就业 3 人,西安交通大学、西安华为技术有限公司、西安空间无线电技术研究所就业各 1 人,重庆市沙坪坝区就业 1 人。博士和硕士研究生赴国防军工单位就业和省级机关选调生共计 8 人,本科生赴国防军工单位和中科院系统攻读研究生 5 人,本科生选调生 2 人。

【师资队伍建设取得突出成绩】　2018 年,

引进国家"千人计划"吉晨教授,国家"青年千人"研究员5位,分别为:高飞、刘安、高翔、赵博、林宏焘。李尔平教授获IEEE EMC杰出奠基主席奖,章献民教授获2018年度宝钢优秀教师奖。张朝阳教授入选浙江省151人才工程培养人员重点资助,史治国教授入选第一层次资助,沈会良教授入选第二层次资助。

(王　震撰稿　钟蓉戎审稿)

控制科学与工程学院

【概况】　控制科学与工程学院(简称控制学院),下设工业控制、智能系统与控制、智能感知与检测3个研究所以及分析仪器研究中心和自动化实验教学中心,拥有工业控制技术国家重点实验室等4个国家级平台,建有教育部"信息与控制学科创新引智基地",是"工业过程的控制理论与总线技术及其应用研究"等多个国家基金创新群体的依托单位。

学院拥有控制科学与工程、网络空间安全(与兄弟学院共建)一级学科博士、硕士学位授予权,控制工程专业硕士学位授予权,设自动化1个本科专业。控制科学与工程为一级学科国家重点学科、"双一流"学科,在2018"软科"世界一流学科排名中位列全球第19名。

现有教职工124人。其中,中国工程院院士1人,正高级职称人员47人(2018年新增3人),副高级职称人员33人,博士研究生指导51人,硕士研究生指导26人,学科博士后12人。2018年,获评"享受国务院政府特殊津贴人员"2人,教育部"青年长江学者"1人,浙江省"万人计划"青年拔尖人才1人,浙江省特级专家1人,浙江大学求是特聘教授1人。

2018年,学院招收博士研究生58人,硕士研究生157人,2018级本科生174人确认主修控制学院自动化专业;毕业博士研究生38人,硕士研究生122人,本科生105人。与加拿大皇后大学签约研究生双学位培养项目,夏令营首次招收境外营员。学院获年度国家教学成果奖二等奖4人;获批年度教育部首批国家级新工科研究与实践项目1项。学生获2018第46届瑞士日内瓦国际发明展特别嘉许金奖,机器人世界杯足球赛RoboCup小型组冠军,全国高分无人飞行器智能感知技术竞赛冠军,全国工业信息安全技能大赛冠军;获校竺可桢奖学金2人,校十佳大学生1人;获中国自动化学会和中国电子学会优秀博士学位论文奖各1篇。

科研经费到款10294.6万元,军工经费首次超过2000万(比2017年增长100%)。新增科研项目103项,其中国家级重点项目(课题)10项,千万级项目3项;在研项目222项,其中国家级重点项目(课题)30项,千万级项目7项。孙优贤院士领衔的国家自然科学基金重大项目通过结题验收,综合评价特优。入选IEEE会士1人,中国自动化学会会士1人,2018年全球高被引科学家4人,2018年中国高被引学者3人(2017年、2018年连续入选),热点论文1篇,高被引论文4篇。获第十五届中国青年科技奖1人,授权美国专利1项,承担之江实验室重大任务1项,签订千万级校企合作协议1项,千万级院企合作协议1项,发布四足机器人"绝影"迭代版本。举办智能自动化技术创新战略联盟发起人大会。

附表　2018 年度控制科学与工程学院基本情况

项目	数据	项目	数据
教职工总数/人	124	获国家级科技奖项目数/项	0
教授数/人	36	获国家级教学成果奖数/项	1
副教授数/人	23	授权发明专利数/项	93
具有博士学位的教师比例/%	84.9	SCI 入选论文数/篇	249
两院院士/人	1	EI 入选论文数/篇	193
国家"千人计划"入选数/人	4	出版专著/部	1
"国家特支计划"入选数/人	2	在校本科生数/人	496
"长江学者"数/人	2	在学硕士研究生数/人	442
省部级高等学校教学名师奖获得者/人	0	其中:专业学位研究生数/人	221
"973 计划"首席科学家数*/人	0	在读博士研究生数/人	207
国家"百千万人才工程"入选数/人	5	在校攻读学位的外国留学生数/人	14
国家杰出青年基金获得者/人	2	应届本科毕业生一次就业率/%	97.9
教育部新(跨)世纪优秀人才培养计划入选数/人	7	应届本科毕业生考研录取(出国)率/%	72.2
浙江省特级专家/人	3	应届毕业研究生一次就业率/%	100
浙江省"千人计划"入选者/人	1	科研总经费/万元	10294.6
浙江大学求是特聘教授数/人	3	其中:国家自然基金比重/%	21.6
一、二级学科国家重点学科数/个	1	纵向经费比重/%	61.1
国家重点(专业)实验室/个	1	教师出国交流/人次	83
国家工程(技术)研究中心/个	1	学生出国交流/人次	239
国家人才培养基地(含教学、教育基地)/个	0		
国家精品资源共享课、视频公开课/门	0		
社会捐赠经费总数/万元	185	举办国际学术会议数/次	5

注:* 含重大科学研究计划、ITER 计划、青年科学家专题等。

全院师生出国出境交流 322 人次。成立"海外学术大师科学家联合工作室",共有 66 位境外专家、学者来访,建立了良好的国际合作关系。浙江大学"海外一流学科伙伴提升计划(美国卡内基梅隆大学、英国帝国理工学院)"成效明显,浙江大学"顶尖大学战略合作计划(剑桥)"持续推进。

校友工作不断拓展,创办学院校友网站、校友微信公众号,设立校友基金,举办校友会员代表大会。

【孙优贤编著图书获第四届中国出版政府奖】 1 月 17 日,由孙优贤等编著、化学工业出版社出版的图书《控制工程手册》获第四届中国出版政府奖图书奖。该奖被誉为中国新闻出版领域的最高奖项,每 3 年评比一次,自 2008 年首届颁奖以来已评选过 4 次。

该图书分上下两册,是面向控制领域工程技术人员和高校师生的实用型手册,旨在启迪相关行业从业人员的创新思维。手册着力创新,突破了自动控制在流程工业中应用的限制,首次将装备自动化、企业能源管理和公用工程自动化纳入控制工程体系中。手册注重发展,既有传统专业知识的介绍,更有在探索和研究中的新技术、新方法的介绍。

【陈积明当选国际电气与电子工程师协会会士】 11月28日,陈积明因其"对无线传感器网络资源分配和优化研究的贡献"当选国际电气与电子工程师协会会士(IEEE Fellow)。

陈积明,2000年和2005年分别获浙江大学学士和博士学位。2008年至2010年在加拿大滑铁卢大学访问。现任浙江大学信息学部副主任,浙江大学学术委员会委员,工业控制技术国家重点实验室副主任,浙江大学工业控制研究所所长。2010年12月起被聘为浙江大学教授,2015年入选教育部"长江学者奖励计划"。曾获国家科技进步二等奖,教育部自然科学一等奖,教育部科技进步一等奖,教育部霍英东青年教师奖,IEEE通信学会亚太区杰出青年研究学者奖等,是IEEE车载技术学会杰出讲师(2015—2018)。

【控制学子蝉联日内瓦发明展特别嘉许金奖】 4月15日,由水质预警实验室屠德展、王李想、蒋羽、靳晴、黄章炜、陈律先、侯迪波(指导教师)研发的"动力蜗牛——面向管道缺陷评估与修复的可变形软体机器人"项目获第46届日内瓦发明展特别嘉许金奖。项目团队继2017年的"管道医生"项目后,再获日内瓦国际发明展最高荣誉,这在浙大历史上尚属首次。

该项目针对城市基础设施中的重要组成部分——地下管道系统容易发生变形和破损的问题,研发了一种具备可变形结构的球形机器人。这种球形机器人可在管道内部进行游动或行走,沿途采集多种管道参数数据,利用人工智能算法检测管壁缺陷,在发现缺陷后通过伸展触角对缺陷进行主动修复,为解决地下管道缺陷定位困难、修复开挖成本高的问题提供了新的途径。

(王　婧撰稿　丁立仲审稿)

计算机科学与技术学院

【概况】 计算机科学与技术学院(简称计算机学院)由计算机科学与工程学系、数字媒体与网络技术系、工业设计系、软件工程系(与软件学院共建)、信息安全系5个系组成,设有人工智能、计算机软件、计算机系统结构与网络安全、现代工业设计4个研究所和计算机基础教学和继续教育、计算机应用工程2个中心,拥有计算机辅助设计与图形学(CAD&CG)国家重点实验室、国家列车智能化工程技术研究中心2个国家重点实验室(工程技术研究中心),以及视觉感知教育部－微软重点实验室、计算机辅助产品创新设计教育部工程研究中心等10个省部级重点实验室、工程技术研究中心。

计算机学院拥有计算机应用技术1个二级学科国家重点学科,计算机软件与理论1个国家重点(培育)学科,计算机科学与技术、软件工程、设计学3个浙江省一流学科,计算机科学与技术、软件工程、网络空间安全、设计学4个一级学科博士点和博士后流动站。在教育部第四轮学科评估工作中,计算机科学与技术一级学科与软件工程一级学科均入选A＋,设计学为A－。据《基本科学指标》数据库(ESI)2018年9月数据统计,学院计算机学科ESI学科排名世界前

浙江大学年鉴

1‰，列全球第 25 位。USNEWS 计算机学科排名全球第十。学院拥有计算机科学与技术、软件工程、数字媒体技术、工业设计、产品设计、信息安全 6 个本科专业。

2018 年，学院招收博士生 91 人，硕士生 354 人，另在工程师学院计算机技术领域招收硕士研究生 26 人。2018 级本科生 485 人确认主修专业到学院学习。毕业博士研究生 60 人，硕士研究生 329 人，本科生 378 人（含留学生 4 人）。

学院现有教职工 231 人，其中具有正高职称人员 77 人，副高职称人员 93 人，博士生指导教师 88 人（含兼职博导 5 人），硕士生指导教师 161 人。2018 年学院引进图灵奖得主 1 人（Whitfield Diffie 教授），国家"千人计划"入选者 1 人（创新人才短期项目），浙大"百人计划"入选者 4 人，新增国家"万人计划"教学名师 1 人、国家杰出青年基金获得者 1 人，国家优秀青年基金获得者 1 人。学院在站博士后研究人员共有 55 人。

2018 年，学院科研经费到款共计 26237 万元，其中横向项目经费 10485 万元，纵向项目经费 12489 万元，军工项目经费 3263 万元。新增三重项目 5 项，新上千万级以上横向项目 5 项。国家自然科学基金批准项目 18 项，其中国家杰出青年基金项目 1 项，基金重点项目 1 项，重大项目（课题）1 项，优秀青年科学基金 1 项，面上项目 10 项，青年科学基金项目 4 项。获授权发明专利 93 项。高水平论文质量提升明显，影响因子在 2.0 以上的高水平论文达 83 篇。

2018 年，翁恺老师的"零基础学 Java 语言"课程被认定为 2018 年国家精品在线开放课程。由陈越、何钦铭、翁恺 3 位老师参与的"跨区域跨校在线开放课程'1＋M＋N'协同教学模式创新与实践"项目，获国家

级教学成果奖一等奖。由陈文智、施青松、王总辉等老师主持的"基于软硬件课程贯通和分级分层次的系统能力培养创新体系构建"获国家级教学成果奖二等奖。吴飞、翁恺老师获高校计算机专业优秀教师奖励计划。何钦铭老师主持的"面向新工科的大学计算机基础课程体系及课程建设"项目，获教育部首批"新工科"研究与实践项目。陈为老师主持的"浙江大学网易产教融合基地"项目，获浙江省高等学校省级产教融合示范基地（第一批人才培养类示范基地）。

持续实施海外一流学科伙伴提升计划，与英属哥伦比亚大学举办第一届 ZJU-UBC 软件工程研讨会。开设了 18 个本科生国际交流项目，派出 288 名本科生和 216 名研究生，资助 20 名求是科学班学生出国交流，接收 20 名留学生。新签署 2 项联合培养协议。开设了 18 门全英文专业课程。承办服务计算领域顶会第十六届服务计算国际大会（International Conference on Service-Oriented Computing，ICSOC）。举办大数据可视分析国际研讨班和亚洲校园设计工作坊。学院英文门户网站于 2018 年 11 月全新上线。

【获 ICSE 2018 ACM SIGSOFT 杰出论文奖】

2018 年 6 月王新宇教授团队获得软件工程国际顶级会议 ICSE 杰出论文奖。王新宇团队率先提出和证明了动态符号执行测试中的最优策略问题，并实验验证当前所有动态符号执行测试策略研究与最优策略仍存在较大的提升空间。在最优策略理论指导下，论文提出一种代价敏感的贪婪算法。该算法在大量模拟程序以及多个大规模实际程序中均证明了其性能明显优于所有现有算法，并达到了最优策略的同一量级。该项成果为全球软件测试自动化生成领域发

项目	数据	项目	数据
教职工总数/人	231	获国家级科技奖项目数/项	0
教授数/人	63	获国家级教学成果奖数/项	2
副教授数/人	74	授权发明专利数/项	93
具有博士学位的教师比例/%	78.14	SCI 入选论文数/篇	136
两院院士/人	4	EI 入选论文数/篇	22
国家"千人计划"入选数/人	11	出版专著/部	2
"国家特支计划"入选数/人	8	在校本科生数/人	1396
"长江学者"数/人	5	在学硕士研究生数/人	1019
省部级高等学校教学名师奖获得者/人	0	其中:专业学位研究生数/人	453
"973 计划"首席科学家数*/人	3	在读博士研究生数/人	451
国家"百千万人才工程"入选数/人	3	其中:专业学位研究生数/人	9
国家杰出青年基金获得者/人	7	在校攻读学位的外国留学生数/人	24
教育部新(跨)世纪优秀人才培养计划入选数/人	13	应届本科毕业生一次就业率/%	98.28
浙江省特级专家/人	3	应届本科毕业生考研录取(出国)率/%	56.07
浙江省"千人计划"入选者/人	7	应届毕业研究生一次就业率/%	100
浙江大学求是特聘教授数/人	5	科研总经费/万元	26237
一、二级学科国家重点学科数/个	1	其中:国家自然基金比重/%	6.51
国家重点(专业)实验室/个	1	纵向经费比重/%	47.6
国家工程(技术)研究中心/个	1	教师出国交流/人次	184
国家人才培养基地(含教学、教育基地)/个	2	学生出国交流/人次	504
国家精品资源共享课、视频公开课/门	6		
社会捐赠经费总数/万元	2250	举办国际学术会议数/次	1

注:* 含重大科学研究计划、ITER 计划、青年科学家专题等。

展方向提供了新的思路。团队该方向的另一项成果同年也获得了自动化软件工程国际顶级会议 ASE 杰出论文奖。

【举办建院 40 周年纪念活动】 2018 年 10 月 28 日,计算机科学与技术学院建院 40 周年庆典大会在浙江大学玉泉校区永谦剧场举行。中国工程院院士潘云鹤,中国科学院院士、浙江大学校长吴朝晖,中国工程院院士陈纯,以及各级领导、海内外校友等共计 900 余人参加了大会。院庆期间学院还举办了 40 周年产业论坛、何志均先生学术论坛第三期等系列活动,同时建设院史馆,在馆内设置创始人何志均老师青铜半身塑像。计算机学院院庆活动全面回顾了 40 年的发展历史,展示了学院特有的创新精神和育人特色,提高了学院的知名度和影响力。

【与萧山区共建"浙江大学计算机创新技术研究院"】 11 月 21 日,浙江大学与萧山区人民政府共建"浙江大学计算机创新技术研究院"正式签约,落户于钱江世纪城。研究院以建设集前沿技术研发、高端人才培养、创新产业孵化为一体的创新载体为目标，探索高层次人才培养和社会经济发展紧密结合的新模式。研究院校内业务归口科学技术研究院管理，日常工作由计算机学院负责。

（胡高权撰稿　彭列平审稿）

软件学院

【概况】　软件学院设软件工程和工业设计工程两个专业。2018 年首次招收软件工程专业领域非全日制定向工程博士研究生 12 人；招收软件工程专业学位研究生 302 人，其中全日制研究生 208 人，非全日制研究生 94 人；招收工业设计工程专业学位研究生 63 人，其中全日制研究生 26 人，非全日制研究生 37 人。在校研究生 1049 人（全日制 488 人，非全日制 242 人，单证 319 人）；列入就业计划毕业研究生 221 人，研究生就业率为 98.2%，其中进入世界 500 强和重点单位就业的毕业生比例达 79.19%，选调生就业 6 人，国防军工单位就业 1 人，赴西部就业 2 人。

学院联合城云科技（中国）有限公司，快威科技集团有限公司，中移在线服务有限公司，上海金融期货信息技术有限公司，上海驻云信息科技有限公司，中习集团共建智慧城市大型专用软件研究院，浙江大学—中移在线联合创新实验室，浙江大学—中金所技术公司区块链技术联合实验室，浙江大学软件学院—驻云科技联合创新实验室，工业物联网实训中心，并与计算机学院共同建设浙江大学区块链研究中心。这些研发中心、联合实验室和实训中心的建立，将充分发挥合作方的学科、技术、人才及企业行业优势，加强科研协同和成果转化，在实践中培养高层次应用人才，提高教学质量和科研水平。

【国际化合作取得突破】　6 月 26 日—9 月 21 日，软件学院举办了 2018 浙江大学第四期研究生国际暑期学校暨软件工程国际化产学研合作项目。该产学研合作项目秉承吴朝晖校长提出的关于产教融合和国际化的"1+1+X"人才培养思路，主动对接世界顶尖大学开展国际化产学研合作，邀请了来自美国斯坦福大学、英国帝国理工学院和新加坡国立大学的 19 位在校研究生到浙大学习交流，并在阿里巴巴集团实习 11 周。活动期间，通过 IT 类前沿技术讲座、企业参观交流及企业实习，参与学生充分体会了中国在新兴领域科技的跨越式发展。该项目是浙江大学第一个真正意义上的国际化产学研合作项目，为学校建立国际化"人才—项目—平台"为纽带的长效合作机制进行了有益的探索和尝试，得到了学校、合作企业和留学生们的肯定和好评。

【党建基地签约挂牌】　12 月 20 日，浙江大学学生党建与思政现场教学基地集中签约暨授牌仪式在浙江省二建建设集团有限公司隆重举行。软件学院在校党委研工部指导下，以"新时代党的建设总要求"为根本遵循，从历史文化、军事国防、经济发展和海洋港口四个维度精心遴选，在浙东（四明山）抗日根据地旧址群，中国人民解放军 92858 部队，宁波建设浙江省二建建设集团有限公司和宁波梅山岛国际集装箱码头有限公司 4 个单位开展党建合作，共建浙江大学学生党建与思政现场教学基地。该批次党建基地的建设既是深入贯彻落实习总书记讲话精神、推动党建工作响应时代召唤、贴近实践要求的创新探索,也有助于巩固深化战略协作关系、实现合作共赢,推动合作各方事业取得新发展、展现新气象。

（方红光撰稿　许亚洲审稿）

生物医学工程与仪器科学学院

【概况】　生物医学工程与仪器科学学院(简称生仪学院)设生物医学工程学系和仪器科学与工程学系,研究所包括生物医学工程研究所,数字技术及仪器研究所和医疗健康信息工程技术研究所。建有浙江大学生物传感器技术国家专业实验室,浙江大学生物医学工程教育部重点实验室,医疗大数据应用技术国家工程实验室(共建单位),浙江省心脑血管检测技术与药效评价重点实验室,浙江大学浙江省网络多媒体技术研究重点实验室,浙江大学嵌入式系统教育部工程研究中心,浙江大学生物医学工程技术评估研究中心,浙江大学临床医学工程研究中心。联合建立的实验机构有浙江大学美国TILERA公司高性能嵌入式计算联合研发中心,浙江大学华为3COM网络多媒体系统联合实验室,浙江大学ANALOG DEVICES公司DSP联合实验室和浙江大学美国德州仪器模拟器件应用研究中心。

学院拥有生物医学工程一级学科,是浙江大学14个国家一级重点学科之一,建有生物医学工程博士后流动站和仪器科学与技术博士后流动站,拥有生物医学工程一级学科博士学位授权点和硕士学位授予权,自主设置电子信息技术及仪器二级学科博士和硕士学位授予权。

2018年,招收博士研究生43人,招收硕士研究生104人,确认主修专业进入生仪学院的2018级本科生105人,其中确认生物医学工程专业57人,确认测控技术与仪器48人,毕业博士研究生18人,毕业硕士研究生96人,毕业本科生132人。2018届毕业研究生一次就业率为96.6%,本科生一次就业率为96.2%,本科生深造率为47%。

现有教职工105人,其中正高级职称人员22人,副高级职称人员29人,博士研究生指导教师30人,硕士研究生指导教师46人,学院博士后流动站在站人员29人(其中委培5人,企业博士后5人)。2018年年度,新引进青年教师吴丹入选国家“千人计划”青年项目,余锋教授获聘浙江大学求是特聘科研岗。

科研总经费10864.39万元,新增千万级科研项目2项,立项各类基金项目14项(包括国家自然科学基金、国家社科基金、省自然科学基金等),其他纵向科研项目12项、军工项目23项。2018年,学院新增国家自然基金15项,被SCI、EI等国际三大检索系统收录论文84篇,授权各类专利等知识产权25项,获教育部高等学校技术发明奖二等奖1项。

学院重视国际交流与合作,2018年学院教师出境交流访问45人次,研究生本科生出境学习交流63人次(本科生57人次),接待来访国外及中国港澳台学者约30人次。学院与新加坡国立大学(NUS)合作的本科生交流项目,继续以暑期双方本科生互访的形式进行,并开展了《生物医学工程实践》课程教学;学院与澳大利亚西澳大学(UWA)合作的学生双向交流计划,暑期西澳大学派出3位教师(非亚裔)来浙江大学为本科生开展为期一周的SRTP指导,随后学院派出9

项目	数据	项目	数据
教职工总数/人	105	获国家级科技奖项目数/项	0
教授数/人	18	获国家级教学成果奖数/项	0
副教授数/人	20	授权发明专利数/项	25
具有博士学位的教师比例/%	97.76	SCI 入选论文数/篇	71
两院院士/人	0	EI 入选论文数/篇	45
国家"千人计划"入选数/人	3	SSCI 入选论文数/篇	2
"国家特支计划"入选数/人	0	出版专著/部	3
"长江学者"数/人	0	在校本科生数/人	403
省部级高等学校教学名师奖获得者/人	0	在学硕士研究生数/人	284
"973 计划"首席科学家数*/人	0	其中:专业学位研究生数/人	106
国家"百千万人才工程"入选数/人	0	在读博士研究生数/人	222
国家杰出青年基金获得者/人	1	其中:专业学位研究生数/人	2
教育部(跨)世纪优秀人才培养计划入选数/人	2	在校攻读学位的外国留学生数/人	9
浙江省特级专家/人	1	应届本科毕业生一次就业率/%	96.2
浙江省"千人计划"入选者/人	3	应届本科毕业生考研录取(出国)率/%	47
浙江大学求是特聘教授数/人	2	应届毕业研究生一次就业率/%	96.6
一、二级学科国家重点学科数/个	0	科研总经费/万元	10864.39
国家重点(专业)实验室/个	1	其中:国家自然基金比重/%	9.7
国家工程(技术)研究中心/个	2	纵向经费比重/%	28.7
国家人才培养基地(含教学、教育基地)/个	0	教师出国交流/人次	45
国家精品资源共享课、视频公开课/门	0	学生出国交流/人次	63
社会捐赠经费总数/万元	1.16	举办国际学术会议数/次	2

注:* 含重大科学研究计划、ITER 计划、青年科学家专题等。

名本科生赴西澳大学进行了为期三周的科研实践训练。2018 年 3 月生仪学院与美国杜克大学普拉特工程学院签署了"3＋2"联合学位项目合作协议,该项目每年将选拔 2～3 名生物医学工程专业的优秀本科生,在完成浙江大学三年本科学业和杜克大学二年硕士研究生学业后,可同时获得浙江大学的学士学位和杜克大学的硕士学位。

【获浙江省"互联网"大学生创新创业大赛金奖】 7月,该大赛在宁波举行。由孙幼波老师指导,易昊翔、沈朱懿、姜昱辰等学生组队参赛的"易休智能睡眠眼罩"项目获得金奖。该项目以健康大数据为背景,结合脑电技术,旨在通过拥有情感的人机交互来帮助用户获得更好的睡眠。

【科研新成果在 *Nature* 子刊发表】 12 月18 日,国际知名期刊《自然·通讯》(*Nature Communications*)在线发表了丁鼐研究员课题组题为"Eye Activity Tracks Task-Relevant Structures during Speech and

Auditory Sequence Perception"（语言和听觉感知中的眼动研究）的研究论文。这项研究提出了关于大脑如何快速切换注意状态的新观点，也为利用计算机视觉监测大脑的注意状态提供了新的思路。

【获国家"十三五"重点研发计划资助项目】

12月8日，学院副教授郑音飞主持的"新型穿颅超声脑成像系统及设备研发"项目获得资助，其项目围绕颅骨对超声衰减和畸变效应的关键科学问题，探索颅脑非线性声场理论，建立颅脑三维声场模型，研究平面波造影颅内血流及组织成像系统，实现穿颅超声成像系统，创新性地设计了亚波长导波结构的穿颅超声材料及收发一体式换能器，为颅脑成像研究提供了一种新的手段。

（钱鸣奇撰稿　王春波审稿）

医学院

【概况】 医学院下设基础医学系、公共卫生系、护理学系、第一临床医学院、第二临床医学院、第三临床医学院、妇产科学院、儿科学院、口腔医学院、第四临床医学院10个（院）系；拥有附属第一医院、第二医院、邵逸夫医院、妇产科医院、儿童医院、口腔医院、第四医院7家直属附属医院。杭州市第一人民医院为医学院非直属附属医院（6月7日挂牌），杭州市第七人民医院为医学院精神卫生中心，参照附属医院管理。浙江大学医学中心（筹）、浙江大学转化医学研究院和浙江大学遗传学研究所归口医学院管理；浙江大学实验动物中心、浙江大学冷冻电镜中心、浙江大学司法鉴定中心依托医学院运行管理；浙江大学健康医疗大数据国家研究院（6月27日成立）行政挂靠医学院。医学院是中国医学科学院浙江分院所在地。

学院建有国家感染性疾病诊治协同创新中心、教育部脑与脑机融合前沿科学中心（9月27日获批）、传染病诊治国家重点实验室，拥有恶性肿瘤预警与干预教育部重点实验室、生殖遗传教育部重点实验室、卫健委传染病学重点实验室、卫健委多器官联合移植研究重点实验室、卫健委医学神经生物学重点实验室、国家药品监督管理局药品评价中心浙江呼吸药物研究重点实验室等；拥有浙江省骨骼肌肉退变与再生修复转化研究重点实验室（2018年新增）、浙江省药物临床研究与评价技术重点实验室（2018年新增）、浙江省肿瘤微环境与免疫治疗重点实验室（2018年新增）等27家浙江省重点实验室，心血管疾病浙江省工程实验室（2018年新增）、微创技术与装备研发浙江省工程实验室（2018年新增）等5家浙江省工程实验室；建有科技部国际科技合作基地2个，教育部工程研究中心1个，高等学校学科创新引智基地1个，微创医学国际科技合作基地（2018年新增）、心血管疾病研究国际科技合作基地（2018年新增）等5个浙江省国际科技合作基地，浙江省工程技术研究中心1个；建有传染病、肿瘤等28个校级研究所；拥有国家理科基础科学研究和教学人才培养基地、国家级虚拟仿真实验教学中心。

拥有内科学（传染病）、外科学（普外）、肿瘤学、儿科学4个二级学科国家重点学科，病理学与病理生理学、眼科学、妇产科学3个国家重点（培育）学科，基础医学为国家"双一流"建设学科，以及临床医学、基础医学、口腔医学3个浙江省一流学科。

建有基础医学、临床医学、口腔医学、公

共卫生与预防医学 4 个博士后流动站。拥有基础医学、临床医学、口腔医学、公共卫生与预防医学、护理学 5 个一级学科博士学位授予权，和兄弟学院共建生物学、药学、公共管理 3 个一级学科博士学位授权点，建有人体解剖与组织胚胎学、内科学等 46 个二级学科博士学位授权点。设有临床医学专业（8 年制、"5＋3"一体化培养、5 年制），口腔医学专业（"5＋3"一体化培养、7 年制），预防医学专业（5 年制），生物医学专业（"3＋1"培养、4 年制），本科临床医学（留学生）MBBS 项目（6 年制）。

2018 年，招收本科生 471 人，其中临床医学 8 年制（本博连读）68 人，"5＋3"一体化培养 226 人，临床医学 5 年制 108 人，预防医学 69 人。招收临床医学（留学生）MBBS 96 人。2018 级本科生 408 人确认主修医学类专业。录取研究生 1149 人，其中博士研究生 416 人、硕士研究生 733 人。毕业博士研究生 306 人，硕士研究生 375 人，本科生 346 人。

现有教职工 773 人，另有附属医院职工 17533 人。其中，中国科学院院士 1 人，工程院院士 4 人，具有正高级职称人员 311 人，副高级职称人员 139 人，博士研究生导师 515 人（2018 年新增 24 人）、硕士研究生导师 577 人（2018 年新增 56 人）。2018 年新增国家"青年千人"计划入选者 9 人。

学院到位科研总经费为 6.9344 亿元，较 2017 年增长 43.58%，在研国家级科研项目 859 项，经费 5.2216 亿元，较 2017 年增长 40.18%。获批国家自然科学基金项目 343 项，其中重点项目 8 项，重大研究计划战略研究项目 1 项，重大研究计划集成项目 1 项，重点国际（地区）合作研究项目 2 项，组织间国际（地区）合作研究与交流项目 4

项，重大科研仪器研制项目 1 项，创新研究群体项目 1 项，优秀青年科学基金项目 1 项，批准直接经费 1.8915 亿元，批准项目数和经费数继续保持全校第一。获批国家科技重大专项项目（课题）3 项，国家重点研发计划项目 10 项；获批浙江省重点研发计划项目 39 项，浙江省基础公益研究计划项目 341 项。获 2018 年度高等学校科学研究优秀成果奖一等奖 2 项、二等奖 3 项；获浙江省科学技术奖一等奖 2 项，二等奖 7 项；2017 年度，授权发明专利 39 项，被 SCI 收录论文 2052 篇。

全院师生出国出境交流共计 1964 人次，接待国外访问团组 164 批 339 人次，聘请名誉及客座教授 7 人，聘请短期外国专家 44 人，举办高水平国际会议 12 次，海外名师大讲堂 4 场。学院强化与多所世界一流高校医学院的交流，开展了全方位、多层次的合作。与美国耶鲁大学、加拿大多伦多大学和澳大利亚墨尔本大学成立联合研究所；与美国匹兹堡大学签订协议在培养临床科研人才领域开展合作；与德国夏里特医学中心签署协议深化医学中心合作；与加拿大多伦多大学护理学院签署合作备忘录，启动护理高层次人才培育。

7 家附属医院共有开放床位 12606 张，2018 年门诊、急诊人数达 1887.66 万人次，住院治疗人数 70.08 万人次，医院业务总收入 218 亿元，比 2017 年增长 19.92%。

继续推动优质医疗资源辐射共享。3 月 30 日，浙江大学与台州市人民政府签订医学合作签约，浙江省台州医院挂牌"浙江大学台州医院"；浙江大学与金华市人民政府续签医学合作协议。

【《自然》杂志同期发表两篇研究论文】 2 月 15 日，胡海岚团队在国际著名期刊《自然》杂志同期在线发表"Ketamine blocks bursting in the lateral habenula to rapidly relieve depression"（氯胺酮拮抗外侧缰核簇状放电快速抗抑郁）和"Astroglial Kir4.1 in lateral habenula drives neuronal bursts in depression"（星形胶质细胞 Kir4.1 导致抑郁的簇状放电调控机制）2 篇研究论文，阐述了有关抑郁症的神经编码模式、氯胺酮快速抗抑郁机制和胶质细胞调节神经元放电方式导致抑郁的分子机制等一系列重要的新发现。这两篇研究论文首次揭示抑郁症的形成和大脑中一个反奖赏中心——缰核的簇状放电方式密切相关；提出了全新的氯胺酮快速抗抑郁机制，即通过阻断簇状放电从而释放对奖赏中心的抑制；首次发现胶质细胞调节神经元放电方式的特殊结构—功能关系。该研究推进了人类对于抑郁症发病机理的认知，尤其是针对阻断簇状放电的思路，为开发新型的快速抗抑郁药物提供了多个崭新的分子靶点。第一篇文章的共同第一作者为杨艳、崔一卉、桑康宁和董一言，第二篇文章的第一作者为崔一卉。

【《细胞》杂志发表研究论文】 2 月 23 日，郭国骥团队在国际著名期刊《细胞》杂志在线发表题为"Mapping the Mouse Cell Atlas by Microwell-seq"（利用微孔板测序平台构建小鼠细胞图谱）的研究论文，利用自主开发的一套国产化的"Microwell-seq"（微孔板测序技术）高通量单细胞测序平台，对来自小鼠近 50 种器官和组织的 40 余万个细胞进行了系统性的单细胞转录组分析，并构建了首个哺乳动物细胞图谱。此外，在提升现有单细胞技术精确度的同时，该新技术的出现还使得单细胞测序文库的构建成本降低了一个数量级。此次所构建的"Microwell-seq"技术平台将推动前沿单细胞测序技术

在基础科研和临床诊断的普及和应用，小鼠细胞图谱的完成也将对下一步人类细胞图谱的构建带来指导性意义，惠及细胞生物学、发育生物学、神经生物学、血液学和再生医学等多个领域。论文第一作者为韩晓平、汪仁英、费丽江、孙慧宇、赖淑静、周银聪，共同通讯作者韩晓平。

【获 2018 年高等教育国家级教学成果奖二等奖】 12 月 21 日，由罗建红教授主持的"激发学习动力 全面创新临床医学课程体系的探索与实践"项目获该奖。其团队自 2000 年起分步实施对临床医学课程体系的全面改革，以"模块化课程"和"见—实习医生制"为载体，通过学习内容综合化、学习过程场景化、学习方式自主化、学习评价多元化，创立多学科高度融合，以人体系统为基础，贯通基础和临床，实践深度融入的临床医学课程新体系。新课程体系的实施有效激发学生的学习动力，提升人才培养质量，推动教育支撑平台建设，近十年国家执业医师考试平均通过率 93%，位居国内医学院校前列。

【脑与脑机融合前沿科学中心获教育部批准建设】 9 月 27 日，该中心获教育部批准建设。浙江大学在脑科学基础研究、脑机融合等领域具有长期、扎实的科研基础，具备多学科交叉、基础与临床研究紧密结合的优势和特色，综合水平在国内处于前列，并在若干领域取得了国际一流的研究成果。该中心将继续以脑科学基础研究和脑机融合技术创新与应用为支撑点，以脑功能的神经环路解析和干预、脑机融合智能等为重点研究方向，强调双脑（自然脑与人工脑）的有机融合，培养世界一流的脑科学、脑机交叉以及人工智能研究的创新人才，重视国际人才引进，积极探索新的体制机制，将脑与脑机融合

浙江大学年鉴

附表　2018 年度医学院基本情况

项目	数据	项目	数据
教职工总数/人★	773	获国家级科技奖项目数/项	0
教授数/人	202	获国家级教学成果奖数/项	1
副教授数/人	89	授权发明专利数/项	39
具有博士学位的教师比例/%	99	SCI 入选论文数/篇	2052
两院院士/人	5	EI 入选论文数/篇	62
国家"千人计划"入选数/人	48	MEDLNE 入选论文数（篇）	未统计
"国家特支计划"入选数/人	12	出版专著/部	11
"长江学者"数/人	17	在校本科生数/人	2272
省部级高等学校教学名师奖获得者/人	5	在学硕士研究生数/人	1974
"973 计划"首席科学家数*/人	9	其中：专业学位研究生数/人	982
国家"百千万人才工程"入选数/人	5	在读博士研究生数/人	1694
国家杰出青年基金获得者/人	15	其中：专业学位研究生数/人	436
教育部新(跨)世纪优秀人才培养计划入选数/人	0	在校攻读学位的外国留学生数/人	622
浙江省特级专家/人	7	应届本科毕业生一次就业率/%	83.38
浙江省"千人计划"入选者/人	45	应届本科毕业生考研录取(出国)率/%	70.99
浙江大学求是特聘教授数/人	49	应届毕业研究生一次就业率/%	98.54
一、二级学科国家重点学科数/个	4	科研总经费/万元	69344
国家重点(专业)实验室/个	1	其中：国家自然基金比重/%	26.08
国家工程(技术)研究中心/个	0	纵向经费比重/%	87.54
国家人才培养基地(含教学、教育基地)/个	1	教师出国交流/人次	1363
国家精品资源共享课、视频公开课/门	6	学生出国交流/人次	601
社会捐赠经费总数/万元	8398	举办国际学术会议数/次	12

注：★不含附属医院职工数。

　　*含重大科学研究计划、ITER 计划、青年科学家专题等。

前沿科学中心建设成为该领域国际科学高地，抢占脑科学前沿研究制高点。

【获 2018 年度何梁何利科学与技术进步奖】

11 月 6 日，王建安教授获该奖。王建安教授为心血管病专家，在心脏瓣膜病和心肌梗死领域取得了一系列具有国际影响力的系统性成果。其团队自主研发经导管介入的瓣膜产品，创新瓣膜介入理论和关键技术，全球领域推广"杭州方案"，明显降低高危患者的介入治疗并发症，技术推广至全国各省、市、自治区；率先通过啮齿类、非人灵长类大动物至临床试验的系统性研究，提出"低氧预处理间充质干细胞通过旁分泌效应提高心脏功能"的理论和方案。

（施杭珏撰稿　李晓明审稿）

药学院

【概况】 学院设药学系、中药科学与工程学系；设药学实验教学中心、药物安全评价研究中心；设药物发现与设计研究所等6个研究所；有药物制剂技术国家地方联合工程实验室、中—印尼生物技术国家联合实验室；有浙江省抗肿瘤药物临床前研究重点实验室、浙江省药物制剂工程实验室、全军特种损伤防治药物重点实验室、食品药品安全浙江省国际科技合作基地、浙江省"一带一路"国际联合实验室（新增）；有科技部创新人才推进计划重点领域创新团队（新增）、浙江省小分子药物研发关键技术科技创新团队。

拥有药学1个国家"双一流"建设学科、药物分析学1个国家重点（培育）学科、药物分析学1门国家精品课程、药物分析学1门网络教育国家精品课程；有中药分析学和生药学（协建）2个国家中医药重点学科、药物分析学和药理学2个浙江省重点学科；有药物分析学和药理学2门浙江省精品课程、药学实验教学中心1个浙江省教学示范实验中心。

设有药学一级学科博士后科研流动站、药学一级学科博士学位授予权和硕士学位授予权、中药学一级学科硕士学位授予权、药学专业硕士学位授予权，以及药学、药物制剂、中药学3个本科专业。

招收硕士研究生94人、博士研究生50人、博士留学生2人、本科生132人，另2018级主修专业确认143人；毕业硕士研究生51人、博士研究生39人；本科生毕业75人，结业10人、延长学制6人、休学2人。

现有教职工212人，其中正高级职称人员35人、副高级职称人员36人；有博士研究生指导教师47人、硕士研究生指导教师70人；引进浙江大学"百人计划"研究员1人，获批青年长江青年项目1人，优秀青年基金获得者3人；1位教授获得科技部创新人才推进计划中青年科技创新领军人才称号。

教师发表教改论文4篇，主参编教材3部；获浙江大学优质教学二等奖1人；获批4项校级教改项目。学校通识课程《药物与健康》升级为通识核心课程。

到位科研经费总额1.18亿元，其中纵向5932万元，占50％；获国家自然科学基金25项，平均资助率41.8％，资助总经费1845万元，其中重点项目1项，优秀青年科学基金3项，NSFC与金砖国家科技创新框架计划合作研究项目1项；获国家重点研发计划青年科学家项目1项，政府间国际科技创新合作重点专项1项，获得国家科技重大专项"重大新药创制"专项400万元以上的课题7项。

新增捐款有康恩贝慈善救助基金100万（注入"药学院方瑞英基金"）、药学院南卫奖学金50万、嘉信奖学金50万、药物分析学科发展基金15.551万。

学院邀请北卡罗来纳大学、悉尼大学和首尔国立大学三校药学院院长等带队来访我院，共接待来访80人；本科生海外交流128人次，博士生出国率72％；有西澳大学和大阪大学的国际实习交流生8人，来自美国、加拿大和巴基斯坦等国的学位留学生19人。

【学科ESI排名明显提升】 11月发布的基本科学指标数据库（ESI）排名中，药理毒理学科总引用数列第55位，比上年的77位大

项目	数据	项目	数据
教职工总数/人	212	获国家级科技奖项目数/项	1
教授数/人	26	获国家级教学成果奖数/项	0
副教授数/人	27	授权发明专利数/项	17
具有博士学位的教师比例/%	100	SCI 入选论文数/篇	125
两院院士/人	0	EI 入选论文数/篇	30
国家"千人计划"入选数/人	3	出版专著/部	0
"国家特支计划"入选数/人	0	在校本科生数/人	520
"长江学者"数/人	1	在学硕士研究生数/人	247
省部级高等学校教学名师奖获得者/人	0	其中:专业学位研究生数/人	134
"973 计划"首席科学家数*/人	0	在读博士研究生数/人	207
国家"百千万人才工程"入选数/人	2	其中:专业学位研究生数/人	—
国家杰出青年基金获得者/人	3	在校攻读学位的外国留学生数/人	19
教育部新(跨)世纪优秀人才培养计划入选数/人	5	应届本科毕业生一次就业率/%	97.3
浙江省特级专家/人	0	应届本科毕业生考研录取(出国)率/%	45.2
浙江省"千人计划"入选者/人	2	应届毕业研究生一次就业率/%	100
浙江大学求是特聘教授数/人	5	科研总经费/万元	11800
一、二级学科国家重点学科数/个	0	其中:国家自然基金比重/%	15.6
国家重点(专业)实验室/个	2	纵向经费比重/%	50.3
国家工程(技术)研究中心/个	0	教师出国交流/人次	79
国家人才培养基地(含教学、教育基地)/个	0	学生出国交流/人次	170
国家精品资源共享课、视频公开课/门	2	举办国际学术会议数/次	4
社会捐赠经费总数/万元	150.6		

注:* 含重大科学研究计划、ITER 计划、青年科学家专题等。

幅提升,再列国内高校第二。

【再获国家科技进步奖】　胡富强教授领衔的"泮托拉唑及制剂关键技术研究与产业化"项目获 2018 年国家科学技术进步二等奖,这是药学院历史上第二次获此殊荣。胡富强团队致力于高端药物制剂技术研究,突破了药物的转晶失效、溶出失控、配伍失稳等关键技术难题,显著降低治疗费用,促进共性关键技术在制药行业的推广应用,引领行业技术进步。

【连年获"五好导学"团队奖】　胡富强教授团队获 2018 年度"五好导学"团队奖。这是药学院自 2014 年来连续第五年获该项荣誉,在学校各院系中名列前茅。胡富强教授领导的药物制剂工程团队自 2002 年组建以来,坚持以科研支撑教学,以文化引领发展,通过"鱼渔双授"的教学理念,培养研究生自主创新、独立担当的能力,营造团队"创学、研学、乐学"的精神,推动创新团队发展。

(刘　伟撰稿　胡富强审稿)

生命科学学院

【概况】 生命科学学院(简称生科学院)现有生物科学、生物技术、生物信息和生态学4个系,植物生物学、微生物、生物化学、细胞与发育生物学、生态、遗传与再生生物学等6个校级研究所;建有植物生理学与生物化学国家重点实验室(浙江大学),国家濒危野生动植物种质基因保护中心,教育部生命系统稳态与保护重点实验室,浙江省细胞与基因工程重点实验室等国家与省部级重点实验室。

学院拥有生态学、植物学、生物物理学3个二级学科国家重点学科,生态学、生物学2个浙江省一流学科以及药用植物资源学浙江省中医药重点学科。

学院建有生物学、生态学博士后流动站;拥有生物学、生态学2个一级学科博士学位授予权,涵盖12个二级博士学位授予权和13个二级硕士学位授予权;设有生物科学、生物技术、生物信息学和生态学4个本科专业。

2018年,招收硕士研究生103人、博士研究生101人,2018级本科生133人确认进入学院主修专业,毕业本科生72人,硕士研究生68人,博士研究生46人。

现有教职工111人,其中正高级职称人员44人(2018年新晋升1人),副高级职称人员36人,博士研究生指导教师41人,硕士研究生指导教师64人;另有在站博士后工作人员37人。2018年,学院新入选国家"千年计划"青年项目2人。

建有国家生物学理科基础科学研究和教学人才培养基地,国家生命科学与技术人才培养基地和国家级生物学实验教学示范中心;拥有植物生理学、生命科学导论、植物学、微生物学4门国家精品课程,植物生理学、生命科学导论、植物学3门国家级精品资源共享课程,生物化学、分子生物学、植物生理学3门国家"双语"示范教学课程和基因工程实验浙江省精品课程;有教育部高等学校教学名师和浙江省高等学校教学名师各1名,植物学与系统进化浙江省教学团队1个;生物科学专业列入国家一类特色专业建设和国家"基础学科拔尖人才培养计划"。2018年度"三位一体"招收学生34名,国家"基础学科拔尖学生培养计划"招收求是科学班(生物学)学生20名。

全年到款科研经费8045万元,其中纵向科研经费6968万元,横向科研经费1077万元;新增国家重点研发计划课题1项,国家自然科学基金各类项目18项,其中重大研究计划培育项目1项,面上项目13项,青年科学基金项目4项;获资助直接经费936万元,资助率40%;发表SCI论文138篇,其中影响因子10以上论文5篇。2018年9月,教育部重点实验室更名为"生命系统稳态与保护"重点实验室。

2018年,教师出国交流45人次,共有42位境外专家来访交流;学生参加境外交流项目111人次,其中本科生82人次。举办系列学术讲座47场,邀请国内外知名专家来院交流。9月3日,举办了"浙江大学与爱丁堡大学生命科学学术研讨会",还承办了"第11届亚太结缔组织学术专题研讨会暨第三次全国基质生物学学术会议"等大型国际学术会议。

【制订"双一流"建设方案和综合改革方案】学院牢固树立一流意识、紧紧围绕一流目标、

项目	数据	项目	数据
教职工总数/人	111	获国家级科技奖项目数/项	0
教授数/人	44	获国家级教学成果奖数/项	0
副教授数/人	24	授权发明专利数/项	11
具有博士学位的教师比例/%	86	SCI 入选论文数/篇	138
两院院士/人	0	EI 入选论文数/篇	19
国家"千人计划"入选数/人	2	MEDLNE 入选论文数/篇	19
"国家特支计划"入选数/人	3	出版专著/部	0
"长江学者"数/人	3	在校本科生数/人	303
省部级高等学校教学名师奖获得者/人	2	在学硕士研究生数/人	267
"973 计划"首席科学家数*/人	0	其中:专业学位研究生数/人	0
国家"百千万人才工程"入选数/人	2	在读博士研究生数/人	379
国家杰出青年基金获得者/人	7	其中:专业学位研究生数/人	0
教育部新(跨)世纪优秀人才培养计划入选数/人	8	在校攻读学位的外国留学生数/人	33
浙江省特级专家/人	0	应届本科毕业生一次就业率/%	97
浙江省"千人计划"入选者/人	8	应届本科毕业生考研录取(出国)率/%	66
浙江大学求是特聘教授数/人	11	应届毕业研究生一次就业率/%	98
一、二级学科国家重点学科数/个	3	科研总经费/万元	8045
国家重点(专业)实验室/个	1	其中:国家自然基金比重/%	31
国家工程(技术)研究中心/个	0	纵向经费比重/%	87
国家人才培养基地(含教学、教育基地)/个	2	教师出国交流/人次	45
国家精品资源共享课、视频公开课/门	3	学生出国交流/人次	111
社会捐赠经费总数/万元	102	举办国际学术会议数/次	3

注:* 含重大科学研究计划、ITER 计划、青年科学家专题等。

认真贯彻一流标准,以立德树人为根本,瞄准 2030 年谋划改革发展,加强对标,制定了"双一流"学科建设方案和综合改革方案。为推进学院"双一流"建设,进一步激发教师教学、科研活力,学院教授委员会讨论制定了《学院"双一流"建设专项经费管理与使用办法》《学院"双一流"学科建设激励计划》,对人才培养与引进、高水平科研成果及奖项、教学成果及奖项等方面实施培育和激励等措施。

【主办"植物根系发育与养分、水分吸收国际研讨会"】 该研讨会于 10 月 26 至 30 日举行。来自中国、法国、德国、瑞典、美国、加拿大、澳大利亚、日本等 14 个国家的 180 多位代表与会,42 名植物营养、根系发育领域知名专家按照植物根系发育,大量元素吸收与调控,重金属吸收与调控,元素与发育调控和植物养分高效利用 5 个专题作了精彩报告,并进行了深入交流。会议旨在推动植物根系发育调控和养分、水分吸收等相关研究的学术交流,促进植物发育生物学、植物营养学、遗传学、植物生物化学和分子生物学等学科的交叉与融合。

【推进本科教育国际化】 学院通过双聘、兼职等方式聘请了多位国内外大学教授担任兼职教师,有力促进了本科生培养的国际化和实践教育。2018年学院与耶鲁大学联合开展了3+2项目,举办了《东亚北美间断分布野外植物实习》国际实习课程和中德生物信息暑期科研训练项目;本科毕业生在世界排名前50位海外高校深造率达21%。学院选派82名本科生参加哈佛大学、麻省理工学院、耶鲁大学、约霍普金斯大学、加州大学圣地亚哥分校、加拿大多伦多大学、英国剑桥大学、德国慕尼黑大学等交流项目学习,交流率达93%。在国际竞赛方面,学院组队的浙江大学TruSense代表队首次参加SensUs国际大学生生物传感器设计构建大赛。以我院本科生为主的浙江大学代表队第九次组队参加美国麻省理工学院国际基因工程机械大赛(iGEM),第六次获得金牌。

(吕　琴撰稿　潘炳龙审稿)

生物系统工程与食品科学学院

【概况】 生物系统工程与食品科学学院(简称生工食品学院)设有生物系统工程、食品科学与营养2个系和1个实验中心,建有农业生物环境工程、智能农业装备、农业信息技术、食品加工工程和食品生物科学技术5个研究所,拥有智能食品加工技术与装备国家地方联合工程实验室、农业农村部农业环境工程与智能化设备重点开放实验室、农业

农村部农产品产后处理重点实验室、农业农村部农产品产地处理装备重点实验室、农业农村部光谱检测重点实验室、农业农村部农产品贮藏保鲜质量安全风险评估实验室、浙江省农产品加工技术研究重点实验室和浙江省食品加工技术与装备工程实验室。

农业机械化工程学科为二级学科国家重点学科,农业工程一级学科是浙江大学高峰建设学科、国家"双一流"建设学科、浙江省一流建设学科(A类),食品科学与工程一级学科是浙江大学优势特色建设学科、浙江省一流建设学科(B类)。

学院建有农业工程、食品科学与工程2个博士后流动站,拥有农业工程、食品科学与工程2个一级学科博士学位授予权,农业机械化工程等10个二级学科硕士学位授权点以及农业工程、食品科学与工程2个本科专业。

2018年,招收全日制硕士生89人(其中学术学位硕士生46人,专业学位硕士生43人),博士研究生57人(其中工程博士2人,留学生8人),2017级本科生111人确认进入学院继续学习,毕业本科生127人,硕士研究生82人(其中全日制学术学位硕士51人,全日制专业学位硕士25人,非全日制专业学位硕士6人),博士研究生42人(其中留学生1人)。

现有教职工149人,其中教学科研并重岗69人,具有教授职称人员33人(2018年新增2人),副教授职称人员24人(2018年新增1人),研究员10人(浙江大学"百人计划"入选者),博士研究生导师54人(2018年新增2人),硕士研究生导师16人。2018年,2位老师入选教育部教学指导委员会,其中1人任副主任;引进浙江大学百人计划2人,聘任浙江大学讲座教授3人(其中院

项目	数据	项目	数据
教职工总数/人	149	获国家级科技奖项目数/项	0
教授数/人	33	获国家级教学成果奖数/项	1
副教授数/人	24	授权发明专利数/项	87
具有博士学位的教师比例/%	97.26	SCI 入选论文数/篇	225
两院院士/人	0	EI 入选论文数/篇	17
国家"千人计划"入选数/人	4	出版专著/部	0
"国家特支计划"入选数/人	2	在校本科生数/人	352
"长江学者"数/人	1	在学硕士研究生数/人	262
省部级高等学校教学名师奖获得者/人	2	其中:专业学位研究生数/人	123
"973 计划"首席科学家数*/人	0	在读博士研究生数/人	213
国家"百千万人才工程"入选数/人	2	其中:专业学位研究生数/人	2
国家杰出青年基金获得者/人	1	在校攻读学位的外国留学生数/人	33
教育部新(跨)世纪优秀人才培养计划入选数/人	7	应届本科毕业生一次就业率/%	98.43
浙江省特级专家/人	2	应届本科毕业生考研录取(出国)率/%	67.72
浙江省"千人计划"入选者/人	1	应届毕业研究生一次就业率/%	99.13
浙江大学求是特聘教授数/人	5	科研总经费/万元	8810
一、二级学科国家重点学科数/个	1	其中:国家自然基金比重/%	7.6
国家重点(专业)实验室/个	0	纵向经费比重/%	82.8
国家工程(技术)研究中心/个	0	教师出国交流/人次	57
国家人才培养基地(含教学、教育基地)/个	0	学生出国交流/人次	172
国家精品资源共享课、视频公开课/门	3	举办国际学术会议数/次	5
社会捐赠经费总数/万元	25		

注:* 含重大科学研究计划、ITER 计划、青年科学家专题等。

士 2 人),兼任教师 2 人;新增享受国务院政府特殊津贴专家 1 人,浙江省"新世纪 151 人才工程"第二层次培养人员 1 人,浙江省"万人计划"人才 1 人。

2018 年,获国家教学成果奖二等奖 1 项,国家精品在线开放课程 1 门,学校 MOOC 课程建设 1 门,学校通识选修课教学改革项目 4 项,线上线下混合式教学模式改革项目 1 项,浙江大学"十三五"第一批教改项目 1 项。

2018 年,新增主持国家自然科学基金 12 项,国家重点研发计划课题 4 项,浙江省重点研发计划 3 项,公益性科研项目 3 项,浙江省自然科学基金 2 项,签订横向科技合作合同 60 余项(其中单个合同经费 100 万元以上的有 6 项),到校科研经费 8800 余万元。全年发表 SCI 收录论文 220 余篇,其中 49 篇论文的五年平均影响因子在 5 以上;授权发明专利 87 件,其中 2 件专利获美国专利授权。

全年接待 13 个国家的专家来访 80 余人次,教师、学生出国出境交流分别为 57 人次、172 人次;主办/承办了"2018 国际食品非热加工技术研讨会暨第十二届果蔬加工产业与学科发展研讨会"等 5 场国际学术会议。

【获国家教学成果二等奖 1 项】 12 月 21 日,由应义斌教授领衔的生物生产机器人课程团队完成的"立足前沿 接轨国际 强化实践——生物生产机器人课程教学体系的创建与实践"获该奖项。生物生产机器人课程团队坚持教书育人,经过 18 年建设与实践,全面推进课程教学体系、实践系统、教学方法、教书育人模式等的改革与创新,创建了"讲授—研讨—实验—设计—实训—竞赛"多元融合的课程教学体系,构建了"以生为本、多点浸润、注重养成、内源激发"的教书育人模式等,教书育人成效显著。

【科睿唯安全球高被引科学家】 11 月 27 日,科睿唯安(Clarivate Analytics)发布了其 2018 年度"高被引科学家"名单,这也是该名单连续第五年发布。基于"Web of Science"数据,通过对过去 11 年间的引文数据的分析,该名单遴选出了各领域中高被引论文数量最多即受到全球同行集体认可的最具引文影响力的科研人员。2018 年,全球来自 21 个自然科学与社会科学领域的 4000 多位科学家入选,国内共有 482 位入选,浙江大学有 17 人(19 人次)入选,学院何勇教授已连续第三年入选,占全校 17 人的 5.88%。

【在《美国科学院院报》发表研究论文 1 篇】 1 月 2 日,《美国科学院院报》(PNAS)在线发表了学院张英教授团队与美国 Emory 大学终身教授叶克强博士的联合研究论文——"The prodrug of 7,8-dihydroxyflavone development and therapeutic efficacy for treating Alzheimer's disease"(7,8-二羟基黄酮的前药开发及对阿尔茨海默病的治疗效果),这是学院历史上第一篇发表在 PNAS 上的研究论文。该研究通过对 7,8-二羟基黄酮的活性部位进行特定化学修饰合成其前药 R13,达到提高了原药的口服生物利用度及其大脑暴露水平,并阐明了其治疗阿尔兹海默症的分子机制。

(唐月明撰稿　王晓燕审稿)

环境与资源学院

【概况】 环境与资源学院(简称环资学院)由环境科学系、环境工程系和资源科学系组成,设有环境科学、环境污染控制技术等 8 个研究所,以及 1 个实验教学中心和 1 个环境影响评价研究室,拥有污染环境修复与生态健康教育部重点实验室、浙江省农业资源与环境重点实验室、浙江省农业遥感与信息技术重点实验室、浙江省水体污染控制与环境安全技术重点实验室、浙江省有机污染过程与控制重点实验室、浙江省水污染控制工程实验室、农业信息科学与技术中心。

环境科学与工程一级学科入选《世界一流大学和一流学科建设名单》,农业资源与环境为一级学科国家重点学科,两学科在全国第四轮学科评估中评估结果分别为 A 和 A+;环境工程为二级学科国家重点学科。

学院建有环境科学与工程、农业资源与环境 2 个博士后流动站,拥有环境科学与工程、农业资源与环境 2 个一级学科博士学位授予权和 6 个硕士学位授予权以及环境科学、环境工程、资源环境科学、农业资源与环境 4 个本科专业,其中农业资源与环境列为国家第二类特色专业,环境工程和环境科学列为国家第一类特色专业。

现有教职工 126 人。其中院士 1 人,正高级职称人员 55 人(比上年新增 2 人),副高级职称人员 47 人(比上年新增 2 人);博士生指导教师 67 人,硕士生指导教师 38 人,另有在站博士后 39 人。2018 年,新增国务院政府津贴专家、科技部中青年创新领军人才、国家青年千人计划入选者、国家优秀青年及浙江省 151 第一层次人才各 1 人,浙江省杰青 3 人,浙江大学"百人计划"入选者 1 人。

2018 年,招收硕士研究生 168 人,博士研究生 72 人;其中,招收硕士留学生 1 人,博士留学生 8 人。2017 级本科生 123 人,2018 级本科生 127 人确认进入环资学院主修专业(含 2018 级"三位一体"学生 27 人);毕业博士研究生 53 人、硕士研究生 137 人(含非全日制 7 人),本科生 112 人。2018 年学院获评全国"大学生志愿者千乡万村环保科普行动"优秀组织单位,获全国高校环境类专业本科生优秀毕业设计 2 篇,浙江省高等教育"十三五"第一批教学改革研究项目立项 1 项,中国大学生自强之星标兵 1 名,"创青春"全国大学生创业大赛(专项赛)银奖 1 项,海峡两岸暨香港地区绿色大学联盟学生绿色创意营三等奖 3 项,全国"大学生志愿者千乡万村环保科普行动"优秀小分队 1 个,全国"大学生志愿者千乡万村环保科普行动"十佳志愿者 1 人,全国"大学生志愿者千乡万村环保科普行动"优秀指导教师 1 人,美国大学生数学建模竞赛 H 奖 1 人,美国大学生数学建模竞赛 S 奖 1 人,浙江省优秀学生干部 1 人,"创青春"浙江省第十一届"挑战杯·萧山"大学生创业大赛金奖 2 项,

第四届"建行杯"互联网＋大学生创新创业大赛省级金奖 1 项,浙江省第一届大学生环境生态科技创新大赛一等奖 1 项,浙江省第一届大学生环境生态科技创新大赛三等奖 3 项,绿色浙江公益组织十佳环保团队 1 个。

2018 年,学院共新立科研项目 291 项,其中纵向项目 84 项,横向项目 207 项。科研经费 1.476 亿元,其中纵向经费 9835.70 万元。2018 年新增千万级项目 4 项,其中国家科技重大专项 1 项,国家重点研发计划项目 3 项,合同国拨经费合计 7225.09 万元。2018 年获批国家自然科学基金项目 34 项,其中重点项目、优秀青年基金项目各 1 项,批准直接经费 1996.92 万元。获 2018 年度浙江省自然科学奖一等奖、二等奖各 1 项,浙江省科学技术进步奖一等奖、二等奖各 1 项。浙江大学环境/生态学科连续 12 年进入 ESI 世界十年引文次数前 1‰,排名 129 位,SCI 收录论文 272 篇。学院受到浙江省"千万工程"和美丽浙江建设突出贡献集体表彰,3 位教师受到个人表彰。

学院与美国、英国、新加坡、瑞典等一些国际著名大学及研究机构开展了交流合作。2018 年,学院 2 个学科均入选"海外一流学科伙伴提升计划";本科生交流率首次突破 100%,达到 118.9%;新增密歇根大学"3＋1＋1"联合培养项目;因公出国(境)教职工共计 148 人次;非会议短期外国专家来访 40 余人次;举办公开大小论坛、讲座 30 余次;招收外国博士后 2 人,在读留学生 40 人。

【牵头成立长江经济带生态文明创新研究联盟】 2018 年 10 月 8 日,由学院联合长江经济带 11 个省市的其他 19 家高校和科研院所共同发起,在杭州成立。该联盟是服务长

项目	数据	项目	数据
教职工总数/人	126	获国家级科技奖项目数/项	0
教授数/人	53	获国家级教学成果奖数/项	0
副教授数/人	47	授权发明专利数/项	47
具有博士学位的教师比例/%	95.4	SCI 入选论文数/篇	272
两院院士/人	1	EI 入选论文数/篇	169
国家"千人计划"入选数/人	8	SSCI 入选论文数/篇	10
"国家特支计划"入选数/人	2	出版专著/部	1
"长江学者"数/人	6	在校本科生数/人	355
省部级高等学校教学名师奖获得者/人	1	在学硕士研究生数/人	489
"973 计划"首席科学家数*/人	1	其中:专业学位研究生数/人	215
国家"百千万人才工程"入选数/人	4	在读博士研究生数/人	301
国家杰出青年基金获得者/人	6	在校攻读学位的外国留学生数/人	40
教育部新(跨)世纪优秀人才培养计划入选数/人	8	应届本科毕业生一次就业率/%	98.13
浙江省特级专家/人	2	应届本科毕业生考研录取(出国)率/%	65.42
浙江省"千人计划"入选者/人	3	应届毕业研究生一次就业率/%	97.99
浙江大学求是特聘教授数/人	8	科研总经费/万元	14760.18
一、二级学科国家重点学科数/个	2	其中:国家自然基金比重/%	16.93
国家重点(专业)实验室/个	0	纵向经费比重/%	66.64
国家工程(技术)研究中心/个	0	教师出国交流/人次	148
国家人才培养基地(含教学、教育基地)/个	1	学生出国交流/人次	132
国家精品资源共享课、视频公开课/门	2	举办国际学术会议数/次	0
社会捐赠经费总数/万元	78		

注:* 含重大科学研究计划、ITER 计划、青年科学家专题等。

江经济带生态文明建设的全国性、专业性、非营利性的学术共同体。该联盟贯彻落实习近平新时代中国特色社会主义思想,在生态环境部指导下,通过建立长江经济带科研平台、信息数据、人才队伍等合作共享机制,共同研讨支撑长江经济带生态文明建设的创新技术、治理体系、体制机制等问题,通过协同攻坚,助力破解长江经济带生态修复、环境保护和协调发展等方面存在的瓶颈问题,为努力将长江经济带建设成水清地绿天蓝的绿色生态廊道和生态文明的先行示范带做出贡献。

【制订学院深化改革方案】 2018 年 12 月,学院学习贯彻涉农学科发展大会精神,总结经验、分析形势,深刻把握涉农学科发展的机遇和挑战,结合学校"三步走"目标愿景和"双一流"建设方案,发挥学院理—工—农交叉优势,制定学院深化改革方案。以贯彻落实学校综合改革精神为要求,以"核心—产出—影响"三层模型为建设发展思路,围绕生态文明建设国家重大战略需求，瞄准国际学术发展前沿，从人才培养、科学研究、团队建设、制度保障等方面进行改革创新，重点破除师资队伍、科研平台、学科会聚、治理体系等方面存在的主要瓶颈，推动学院高质量快速发展，力争环境科学与工程、农业资源与环境2个双一流学科成为高层次人才培养中心、国家重大科技创新平台、服务社会支撑发展基地、国际学术交流与合作高地。

（王　燕撰稿　夏标泉审稿）

农业与生物技术学院

【概况】　农业与生物技术学院（简称农学院）由农学系、园艺系、植物保护系、茶学系和应用生物科学系5个系组成，设有原子核农业科学研究所、生物技术研究所等9个研究所。

学院与中国水稻研究所共建水稻生物学国家重点实验室，建有园艺产品冷链物流工艺与装备国家地方联合工程实验室，园艺植物生长发育与品质调控、核农学、作物病虫分子生物学3个农业部重点开放实验室，核农学、作物种质资源、园艺植物整合生物学研究与应用、作物病虫生物学（2018年新增）4个浙江省重点实验室，园艺产品冷链物流工艺与装备浙江省工程实验室，园艺作物品质调控与应用科技部国际联合研究中心，园艺产品品质调控技术研创与应用浙江国际合作基地，以及浙江大学—IBM生物计算实验室、浙江大学中美分子良种联合实验室和国际原子能机构—浙江大学植物诱变种质创新与研发合作中心。

园艺学、植物保护为一级学科国家重点学科，作物遗传育种、生物物理学为二级学科国家重点学科；农业昆虫与害虫防治、植物病理学为农业部重点学科；作物学、园艺学、植物保护为"十三五"浙江省一流学科（A类扶持）。2017年，园艺学、植物保护入选国家"双一流"建设认定学科，园艺与作物（含园艺学、作物学），植物保护入选浙江大学"双一流"拟建设学科，2018年，学院制定了"双一流"建设方案，全面启动园艺学、植物保护、作物学学科的"双一流"建设。

学院建有作物学、园艺学、植物保护、生物学（生物化学与分子生物学、生物物理学）等4个博士后流动站。拥有作物学、园艺学、植物保护、生物学（共建）等4个一级学科的博士学位授予权，生物化学与分子生物学、生物物理学等13个二级学科的博士学位授予权，生物化学与分子生物学、生物物理学、生物信息学等13个二级学科的硕士学位授予权，以及农业和风景园林硕士专业学位的授予权。设有农学、园艺、植物保护、茶学、应用生物科学、园林等6个本科专业。

现有教职工214人。其中，正高级职称人员96人（2018年新增5人），副高级职称人员67人（2018年新增4人），研究生指导教师177人，其中博士研究生指导教师121人（含兼职博士生指导教师10人）。另有在站博士后工作人员101人。2018年，教师中新增浙江省特级专家1名、浙江省高校优秀教师1名，浙江省三育人先进个人1名，新增国家杰出青年基金获得者1人，国家"万人计划"1人，教育部"长江学者"奖励计划青年学者1人，国家优秀青年基金获得者2人，浙大"百人计划"5人。作物所教工党支部获得"全国党建工作样板支部"称号。现有国家自然科学基金委员会创新研究群体1个，教育部"创新团队发展计划"创新团

附表　2018 年度农业与生物技术学院基本情况

项目	数据	项目	数据
教职工总数/人	214	获国家级科技奖项目数/项	0
教授数/人	96	获国家级教学成果奖数/项	0
副教授数/人	67	授权发明专利数/项	41
具有博士学位的教师比例/%	93.9	SCI 入选论文数/篇	285
两院院士/人	2	EI 入选论文数/篇	10
国家"千人计划"入选数/人	3	出版专著/部	2
"国家特支计划"入选数/人	5	在校本科生数/人	829
"长江学者"数/人	10	在学硕士研究生数/人	971
省部级高等学校教学名师奖获得者/人	1	其中：专业学位研究生数/人	614
"973 计划"首席科学家数*/人	4	在读博士研究生数/人	503
国家"百千万人才工程"入选数/人	5	在校攻读学位的外国留学生数/人	115
国家杰出青年基金获得者/人	10	应届本科毕业生一次就业率/%	97.35
教育部新(跨)世纪优秀人才培养计划入选数/人	22	应届本科毕业生考研录取(出国)率/%	56.61
浙江省特级专家/人	4	应届毕业研究生一次就业率/%	97.23
浙江省"千人计划"入选者/人	3	科研总经费/万元	18674
浙江大学求是特聘教授数/人	20	其中：国家自然基金比重/%	19.1
一、二级学科国家重点学科数/个	4	纵向经费比重/%	89.3
国家重点(专业)实验室/个	1	教师出国交流/人次	111
国家工程(技术)研究中心/个	1	学生出国交流/人次	255
国家人才培养基地(含教学、教育基地)/个	0	举办国际学术会议数/次	2
国家精品资源共享课、视频公开课/门	6		
社会捐赠经费总数/万元	80		

注：* 含重大科学研究计划、ITER 计划、青年科学家专题等。

队 3 个,科技部重点领域创新团队 1 个,农业部"农业科研杰出人才及其创新团队"5个,浙江省重点创新团队 5 个,浙江省 2011协同创新中心 1 个。美国罗格斯大学教授,美国科学院院士 Joachim Messing 教授及英国皇家科学院院士 Bratt 博士加盟学院,应聘为客座"求是"讲座教授。

2018 年,招收博士生 124 人(其中外国留学生 29 人),全日制硕士生 224 人(其中外国留学生 5 人),非全日制专业学位研究生 10 人;2018 级本科生 225 人确认主修本学院各专业。毕业博士生 88 人,硕士生 172人,非全日制专业学位研究生 77 人,本科生189 人。本科生获全国植物生产类大学生实践创新论坛优秀成果一等奖 1 项,国际遗传工程机器大赛(iGEM)金奖;研究生获浙江省优秀博士学位论文提名奖 1 篇,茶学研究生第一党支部获得全国高校"百个研究生样板党支部"称号。竺可桢学院应用生物科学(农学试验班)即"神农班"第二届招收 30 名学生。

2018 年,实到科研经费 1.87 亿元,新增 1 项千万元级重大项目。51 项国家基金项目获得资助,其中杰青 1 项,重点 2 项,优青 2 项;新上浙江省重点研发计划项目 7 项、省杰青 2 项、重点 1 项。全年,以第一完成单位获得高等学校自然科学奖一等奖 1 项,技术发明奖二等奖 1 项,浙江省自然科学奖一等奖 1 项,参与获得省部级奖 2 项。发表 SCI 收录论文 285 篇。获授权发明专利 40 项,国家级主要农作物品种审定 1 个,非主要农作物登记 4 个。全院共有 14 名国家现代农业产业技术体系岗位科学家和 14 名浙江省科技特派员活跃在农业生产和科技推广第一线。

2018 年,全院教师出访 111 人次,本科生出境交流 147 人次,研究生出境交流 108 人次;国外学者来访合作、学术交流等 72 人次;申报学校短期外专项目 8 项;举办外国专家学术报告 35 场,国际会议及国际研讨会 2 次。

【成立海外学术大师工作室】 9 月 23 日,马来西亚科学院院士、国际水稻研究所(IRRI)首席科学家 Kong Luen Heong 教授,美国科学院院士、密歇根州立大学 Shengyang He 教授,美国国家科学院加利福尼亚环境保护局农药风险评估研究委员会荣誉会员、哈佛大学 Chensheng(Alex)Lu 教授等 3 位国际著名学者受聘加盟浙江大学,成立"作物有害生物防控海外学术大师工作室(B 类)",旨在进一步推动浙江大学作物有害生物防控研究的发展,建设世界一流学科。

【主要农作物品种审定】 9 月 17 日,江两优 7901 通过国家主要农作物品种审定。江两优 7901 组合充分利用了亚种间杂种优势,具有超高产、米质优、耐逆性好的特点,是国际上第一个两系法籼粳杂交水稻新组合。两年区域试验平均亩产 738.6 千克,比对照增产 16.7%;生产试验平均亩产 660.8 千克,比对照增产 9.1%。经农业部稻米及制品监督检验测试中心检测,稻米品质达部颁优质二级粳稻标准。稻瘟病抗性综合指数两年分别为 3.5、4.3,两年穗瘟损失率最高 3.0 级,中抗稻瘟病,同时中抗白叶枯病。

(袁熙贤撰稿　赵建明审稿)

动物科学学院

【概况】 动物科学学院(简称动科学院)由动物科技系、动物医学系、特种经济动物科学系 3 个系组成;设有饲料科学研究所、动物预防医学研究所、奶业科学研究所等 7 个研究所。学院建有生物饲料安全与污染防控国家工程实验室,动物分子营养学教育部重点实验室、农业部华东动物营养与饲料重点实验室、农业部动物病毒学重点开放实验室、浙江省饲料与动物营养重点实验室、浙江省动物预防医学重点实验室、浙江省饲料产业科技创新服务平台、杭州蜂业科技创新服务平台等。学院现为农业部中国蚕业信息网的挂靠单位。

拥有畜牧学、兽医学 2 个一级学科。畜牧学列入浙江省一流学科建设名单。畜牧学中,特种经济动物饲养(含:蚕、蜂等)为二级学科国家重点学科,动物营养与饲料科学为二级学科国家重点(培育)学科和农业部重点学科。

拥有畜牧学、兽医学 2 个一级学科博士

学位授予权，涵盖了6个二级博士学位授予权和6个硕士学位授予权，另有共建2个硕士学位授予权；设有2个本科专业。

2018年，招收硕士研究生116人，博士研究生98人，2018级本科生111人确认进入学院继续学习。毕业本科生72人，硕士研究生77人，博士研究生33人。

现有教职工111人。其中，正高级职称人员37人（2018年新增3人），百人计划研究员7人，副高级职称人员43人（2018年新增3人），博士研究生指导教师47人（2018年新增2人），硕士研究生指导教师36人。另有外聘院士1人，讲座教授5人。2018年新增浙江省"万人计划"科技创新领军人才1人，浙江省151人才工程第二层次2人，浙江大学求是讲座教授1人。

本科专业核心课程"动物营养学"为教育部第一批国家级精品资源共享课。开设海外教师主导的本科生全英文课2门，"寄生虫与人类健康""动物解剖学""丝绸的现在、过去和未来"等5门课程获得了校级MOOC课程和线上线下混合式教学模式立项；学院组织了"动物营养学""动物病理学""中国蚕丝绸文化"等6门课程开展国家在线开放课程培育；建有45个本科生专业实习基地（2018年新增7个）。开设全英文课程2门、专业核心课程4门。学院开设研究生全英文课程6门，核心课程3门，示范课程4门，新增素质与能力培养型课程1门，新增兽医学全英文课程建设项目1项。获首批浙江大学"博士研究生学术新星培养计划"资助1名。首次试行"申请—考核制"招收博士研究生。

学院现承担各级各类科研课题279项，其中国家自然科学基金53项（重点3项，优秀青年基金2项）；863计划、973计划、国家科技支撑计划、国家重点研发计划等来源的课题3项，省部级各类项目41余项，重大横向科研项目23项；实到科研经费6468余万元。本年度科研新增项目104项，立项总经费7285万元（比上年增加15%）。

2018年，共有美国、加拿大等国家的专家学者34人次来访，举行座谈会43次，学术报告18场；教师短期出访、学术交流、参加国际会议等23人次；本科生国际交流67人次，研究生出国交流访问45人次。

【举行建院100周年院庆系列活动】 5月19日，该系列活动在浙江大学紫金港校区举行，其以纪念大会、理事会会议、校友企业家联谊会为主要形式构成。活动期间，举行建院100周年纪念大会，邀请了第十届全国人大常委、中共江西省委原书记、蚕桑58级校友舒惠国学长，浙江大学校长吴朝晖教授，华中农业大学动物科技、动物医学学院院长曹胜波教授出席并讲话，41所兄弟院校代表，20余位校内兄弟单位、院系代表与会，700多名校友与师生代表共计1000多人共同参与此次大会；举办动科学院校友分会第二届理事会换届大会暨第三届理事会第一次会议，会议通过了第三届理事会顾问、名誉会长、会长、常务副会长、副会长名单，通过了第三届理事会理事名单，以及第三届理事会秘书长、副秘书长名单；举办吴常信院士报告会暨校友企业家联谊会成立大会，邀请吴常信院士作了我国畜牧业发展报告，校友企业家联谊会会长吴天星先生与学院汪以真院长共同为校友联谊会揭牌。院庆系列活动的举办进一步宣传了动科学院的院训与精神，提高了动科学院的知名度和影响力。

附表 2018 年度动物科学学院基本情况

项目	数据	项目	数据
教职工总数/人	111	获国家级科技奖项目数/项	1
教授数/人	29	获国家级教学成果奖数/项	0
副教授数/人	26	授权发明专利数/项	25
具有博士学位的教师比例/%	92.68	SCI 入选论文数/篇	153
两院院士/人	0	EI 入选论文数/篇	0
国家"千人计划"入选数/人	1	出版专著/部	2
"国家特支计划"入选数/人	0	在校本科生数/人	430
"长江学者"数/人	2	在学硕士研究生数/人	313
省部级高等学校教学名师奖获得者/人	0	其中:专业学位研究生数/人	162
"973 计划"首席科学家数*/人	1	在读博士研究生数/人	169
国家"百千万人才工程"入选数/人	1	在校攻读学位的外国留学生数/人	17
国家杰出青年基金获得者/人	4	应届本科毕业生一次就业率/%	97.37
教育部新(跨)世纪优秀人才培养计划入选数/人	8	应届本科毕业生考研录取(出国)率/%	44.74
浙江省特级专家/人	0	应届毕业研究生一次就业率/%	98.22
浙江省"千人计划"入选者/人	0	科研总经费/万元	6468
浙江大学求是特聘教授数/人	4	其中:国家自然基金比重/%	19
一、二级学科国家重点学科数/个	1	纵向经费比重/%	58
国家重点(专业)实验室/个	1	教师出国交流/人次	23
国家工程(技术)研究中心/个	0	学生出国交流/人次	1121
国家人才培养基地(含教学、教育基地)/个	1	举办国际学术会议数/次	1
国家精品资源共享课、视频公开课/门	1		
社会捐赠经费总数/万元	415		

注:* 含重大科学研究计划、ITER 计划、青年科学家专题等。

【组建"动物分子营养"海外学术大师联合工作室】 6 月,学院获批建设该工作室。该工作室引进核酸代谢领域先驱、2015 年诺贝尔化学奖得主 Tomas Lindahl 博士,并以核酸代谢和干细胞领域的国际著名学者欧洲科学院院士汪兆琦教授作为学术带头人,以营养与肉品质和安全研究中最重要的核酸代谢调控作为切入点,结合动物营养学与 DNA 修复和 RNA 甲基化修饰这 2 个最前沿的学科,结合学院的动物营养与饲料科学团队,优势互补,实现前沿学科和前沿技术的有机结合,促进动物营养与饲料科学学科的原始创新和跨越性发展。

(周钗美撰稿 楼建悦审稿)

工程师学院

【概况】 浙江大学工程师学院(浙江工程师

学院)定位为高层次创新型工程科技人才复合交叉培养的特色学院,作为浙江大学直属单位,建在浙江大学城市学院北校区校址。2018年,学校发文调整充实学院领导班子,调整设立7个内部管理机构(其中3个与城市学院相应职能部门合署)。学院撤销原3个硕士教育中心,对接国家改革趋势,面向产业设立7个交叉复合的工程中心。另设有互联网金融分院、宁波分院、衢州分院等办学机构。

2018年录取研究生1039人。其中首次在电子与信息、能源与环保2个领域招收非全日制工程博士研究生111人;在10个工程硕士领域以及工程管理硕士类别招收研究生928人,含全日制工程硕士282人,非全日制工程硕士371人(包括宁波分院70人,台州研究院3人),非全日制建筑学硕士45人,非全日制工程管理硕士230人。学院现有在校研究生共2111人,行政班级38个;党工委下属20个党支部,其中教工党支部2个,学生党支部18个,党员人数共296人。

学院积极探索教师队伍建设和管理考核新模式,采用"工院主导、多院联动、协同实施"的创新机制,完成2018年工程教育创新岗专任教师岗位聘任工作。现有教职工64人,包括全职事业编制人员38人(含院领导、党政管理、实验技术人员),劳务派遣人员10人,工程教育创新岗专任教师16人。其中,正高级职称人员7人,副高级职称人员17人。共有国家"千人计划"入选者2人(兼任教授),教育部新(跨)世纪优秀人才培养计划入选者1人,省级有突出贡献中青年专家1人,浙江省"新世纪151人才工程"第二层次培养人员4人。

2018年,扎实推进专业学位人才培养模式改革。以工程中心为平台,重点开展多工程领域复合交叉的专业学位研究生培养项目(简称"项目制")试点。首期与吉利集团合作启动汽车工程及其智能化项目,招生20人。完成第三轮研究生培养方案修订,强化工程实践训练,要求实践教学课程占比达到50%以上;完成实践教学品牌课程中期考核;规划建设工程博士研究生公共课程;初步确定2016级首届专业学位研究生学位论文送审及答辩模式;顺利通过工程管理硕士学位点评估等。国际合作继续拓展,中法创新创业管理双硕士学位项目首批10名学员全部通过法方学位论文答辩,2017级9名学员顺利赴法学习与实践;巴黎综合理工学院能源环境科技管理双硕士项目正式签约启动,1名研究生获奖学金赴法深造;首次遴选30名学员赴法国一流工程师院校开展暑期访学等。全年共举办高级工程技术和工程管理培训班33期,培训学员1828人次。

新建光学传感技术平台,并进一步提升部分已有平台内部系统。截至2018年年底,基本建成8个一流的工程创新与实训平台,开设相关实训课程20余门。深化校企协同,已与9家大型企事业单位建立专业学位研究生联合培养基地,其中2个获批为浙江省研究生联合培养基地。

工程师学院校园一期建设(浙江大学城市学院改扩建项目)进展顺利,新建学生宿舍和食堂项目于2018年9月竣工验收,项目总体将于2019年年底完工。

【首次招收工程博士研究生】 2018年,工程师学院共录取研究生1039人,其中首次在电子与信息、能源与环保2个专业领域招收工程博士研究生111人,管理统一归口工程师学院,并与专业学院紧密协同开展工程博士的创新培养。学生都是来自企业的核心技术骨干,旨在面向未来产业发展培养高端工程技术领军人才。

【启动首个汽车工程及其智能化"项目制"试点】 契合国家专业学位八大类别改革精神,新能源电力与车辆工程中心与吉利集团合作,通过共建专业课程、共建师资队伍、共同推进技术创新,率先开展"汽车工程及其智能化"项目制培养试点。2018 年招生 20 人,涉及动力工程、电子与通信工程、光电工程等多个领域。

【学院内设机构调整】 为了进一步理顺工作关系,提升管理效能,2018年 10 月 12 日,学校研究决定,对工程师学院内设机构进行调整。调整后的内设机构如下:综合事务办公室、教学管理部、学生事务部、科研与平台建设部、基本建设部(合署)、后勤管理部(合署)、安全保卫部(合署)。撤销原组织人事办公室、培训办公室,相应职能并入综合事务办公室,对外保留培训办公室机构名称。同时,也任命了调整后内设机构部门负责人。

（李　婷撰稿　吴　健审稿）

财务与资产管理

财务工作

【概况】 浙江大学 2018 年总收入为 1259821 万元,总支出为 1130834 万元。

收入情况 2018 年,浙江大学总收入比上年增加 140169 万元,增长 12.52%。其中:财政补助收入占总收入的 29.13%,事业收入占总收入的 51.15%,附属单位缴款及其他收入占总收入的 19.72%(详见表1)。

表1 浙江大学 2017—2018 年收入变动分析

项目	2018 年收入数 /万元	增减额/万元 (与 2017 年比)	增长率/% (与 2017 年比)
一、财政补助收入	367,041	18,964	5.45
1.教育补助收入	332,652	11,297	3.52
2.科研补助收入	23,361	7,762	49.76
3.其他补助收入	11,028	−95	−0.85
二、事业收入	644,400	57,425	9.78
1.教育事业收入	211,721	10,880	5.42
2.科研事业收入	432,679	46,545	12.05
2.1非同级财政拨款	297,052	21,065	7.63
2.2其他科研事业收入	135,627	25,480	23.13
三、上级补助收入	0	0	0.00
四、附属单位缴款	2,544	−285	−10.07
五、其他收入	245,836	64,065	35.24
合　　计	1,259,821	140,169	12.52

支出情况 2018 年,浙江大学总支出比上年增加 100,601 万元,增长 9.76%。其中,工资福利支出占总支出的 25.54%,商品和服务支出占总支出的 48.35%,对个人和家庭补助支出占总支出的 9.66%,基本建设和其他资本性支出占总支出的 16.45%(详见表 2)。

表 2 浙江大学 2017—2018 年支出变动分析

项目	2018 年支出数 /万元	增减额/万元 (与 2017 年比)	增长率/% (与 2017 年比)
一、工资福利支出	288,859	38,865	15.55
二、商品和服务支出	546,741	70,467	14.80
三、对个人和家庭的补助支出	109,271	−18,128	−14.23
四、基本建设支出	3,166	1,165	58.23
五、其他资本性支出	182,797	8,232	4.72
合　计	1,130,834	100,601	9.76

资产情况 截至 2018 年末,学校资产总值 4,389,929 万元,比上年增加 220,116 万元,增长 5.28%。各类资产的构成如图 1。

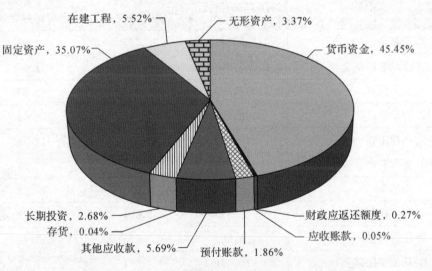

图 1 浙江大学各类资产构成

负债情况 截至 2018 年末,浙江大学负债总额为 318,820 万元,比上年减少 222,778万元,下降 41.13%。各类负债的构成如图 2。

净资产情况 2018 年末,浙江大学净资产总额 4,069,109 万元,比上年增加 442,894 万

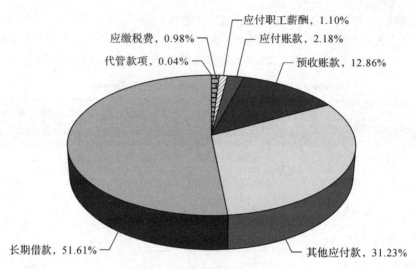

图 2　浙江大学各类负债构成

元,增长 12.21%。2018 年末净资产变动情况见表 3。

表 3　浙江大学 2017—2018 年年末净资产变动情况分析

项目	2018 年末/万元	增减额/万元 (与 2017 年末比)	增长率/% (与 2017 年年末比)
一、事业基金	1,238,644	36,727	3.06
二、非流动资产基金	2,046,616	307,282	17.67
1.长期投资	117,626	41,048	53.60
2.固定资产	1,538,907	304,018	24.62
3.在建工程	242,077	−34,845	−12.58
4.无形资产	148,006	−2,939	−1.95
三、专用基金	30,225	4,671	18.28
1.职工福利基金	11,555	2,957	34.39
2.住房基金	8,669	993	12.94
3.其他专用基金	10,001	721	7.77
四、财政补助结转结余	33,232	5,787	21.09
五、非财政补助结转结余	720,392	88,427	13.99
合　计	4,069,109	442,894	12.21

为深入贯彻党的十九大精神，全面实施政府会计制度改革，浙江大学成立由校长任组长的政府会计制度实施领导小组，加强各方协同。提前谋划制定实施方案，明确责任单位及其分工，周密部署，狠抓落实，通过开展资产核查，规范合同管理，整合基建会计核算，协调资产、合同系统与财务系统有效对接，组织分析往来款项，清理旧账建立新账，以及开展多维培训，指导下属独立核算事业单位构建政府会计核算与报告体系等系列举措，扎实推进新旧制度平稳有序转换，确保 2019 年政府会计制度顺利实施。

全力推行"财务服务年"活动，组织实施流程再造，构建一站式、便捷化财务服务。积极推进化学品与材料采购平台建设，实现系统业务双对接，采购结算后台化。推动家具资产线上增值，实现报销入账与资产增置"零时差"。协同推行子女保育费线上审批报销"一条龙"服务，认真践行学校"最多跑一次"改革。继续深化财务院系对口联络制度，遴选 8 家试点单位，选派业务骨干"上门驻点"，提供财务个性化服务，以财务多跑路换师生少跑腿。拓展微信公众号功能，实现财务咨询 24 小时智能回复。组建"微信智囊团"，将财务政策宣传及服务延伸到 8 小时之外，促进优质服务再升级，打造一流财务管理金名片。

（董琦琦撰稿　胡素英审稿）

审计工作

【概况】　2018 年，浙江大学进一步完善审计制度，制订、修订《浙江大学中层领导干部经济责任审计实施办法》《浙江大学审计处岗位考核办法及津贴 B 分配办法（2018 版试行）》《浙江大学基本建设工程管理审计实施细则》及《浙江大学审计文书和信息公开操作规范》。调整审计处内设机构，推动审计转型，撤销事业与综合审计办公室、企业审计办公室和科研经费审计办公室，成立信息与综合管理办公室、管理审计办公室、财务审计办公室，旨在积极发挥审计在促进被审计单位规范内部管理、完善内部控制、防范风险和提质增效中的作用。

2018 年组织实施各类审计共 1292 项，审计总金额为 152.31 亿元，查出有问题资金 5288.63 万元，其中违纪违规金额 5269.09 万元。通过审计，直接节约资金 5498.20 万元，纠正违纪违规金额 4081.48 万元，挽回损失金额 387.95 万元。

组织实施海洋学院、继续教育学院、管理学院、工程师学院、发展规划处等 34 个单位负责人离任经济责任审计，重点审查各单位在重大经济决策、内控制度建设、业务管理系统、"三公"经费管理、代管款项管理、财产物资管理等方面存在的问题。通过审计，增强了中层领导干部的责任意识、风险意识和自我约束意识，促进中层领导干部勤政廉政和全面履行工作职责，推动"三重一大"决策制度在各单位得到有效贯彻落实。

对 114 个在研科研项目（含 3 个协同中心）进行了经费使用和管理情况审查。对存疑科研项目，由科研院、计财处、社科院等科研经费管理工作领导小组成员单位分工负责约谈相关项目负责人，并向项目所在单位科研管理人员进行核查，对部分项目存在的问题，责成项目组作说明和提供相关证明材料，并按照领导小组要求进行整改，进一步规范了科研经费使用和管理，提高了科研费使用效益。

对某学院经费使用管理情况进行了专项审计,重点审计了原系主任在 2013 年 11 月—2017 年 12 月作为项目负责人的公共经费使用管理情况,并移交学校纪检监察部门进行调查处理。对学校水电保障与修建工程中心和后勤集团物业服务中心 2015—2017 年后期服务费、水电费管理进行了审计,提出相关建议,为更全面、合理、科学地测算后勤服务费、水电管理费提供了决策参考依据。启动 2017 年度中央高校改善基本办学条件专项资金修缮项目(总计 10584 万元)管理专项审计,重点抽审文保建筑修缮、学生食堂改造、体育场馆维修、学生宿舍消防基础设施等项目,促进工程管理部门建立健全并落实规章制度,规范工程管理,完善内部控制,防范风险,提高资金使用效益。

对艺术与考古博物馆等紫金港西区 14 个标段建设工程项目进行全过程审计,启动超重力离心模拟与实验装置国家重大科技基础设施项目工程管理和工程财务运行全过程审计;基本完成紫金港校区建工学院组团等项目竣工财务决算审计 2 项;完成浙江加州国际纳米技术研究院大楼工程等项目竣工结算审计 28 项;审计专项资金和外地修缮工程项目竣工结算 42 项;审计 20 万元以上修缮工程项目竣工结算 63 项;抽样审计 50 万元以下零修工程项目竣工结算 1606 项并出具审计报告。

圆正控股集团负责组织审计浙江大学全资、控股和实际控制的 90 家企业 2017 年度财务会计报告,审计处及时关注管理建议书中提到的问题与改进措施,认真履行监督职责,防范经济风险,确保国有资产保值增值。对公共体育与艺术部"小金库"自查自纠工作进行了检查。参与校内修缮项目谈判、竣工验收、维修工程优质项目评比等 40 余项。

初步形成与纪检监察工作的联动机制,通过移送问题线索、协助开展审计等方式推动工作联动,充分发挥纪检监察和审计监督合力。全年共清退违规款项共计 217.74 万元。

(高莫愁撰稿　周坚审稿)

国有资产管理

【概况】　截至 2018 年 12 月 31 日,按学校 2018 年度财务决算口径,国有资产总额为 438.79 亿元,比上年增长 5.28%,详见附录 1;国有资产净额为 406.91 亿元,比上年增长 12.21%,详见附录 2。

截至 2018 年 12 月 31 日,浙江大学所属校办企业资产总额 37.47 亿元,所有者权益总额 27.00 亿元,归属于学校所有者权益合计 23.72 元。2018 年营业收入总额 24.37 亿元,净利润 2.35 亿元,其中归属于学校股东的净利润 2.10 亿元,净资产收益率 8.72%,详见附录 3。

2018 年,浙江大学紧紧围绕改革发展重心和国有资产管理关键环节,加强国有资产管理,推动所属企业清理规范、提质增效,积极防范国有资产流失风险,确保国有资产保值增值。

贯彻落实国家有关高等教育领域的"放管服"和政府会计制度改革部署,完成《浙江大学国有资产管理办法》《浙江大学无形资产管理暂行办法》《浙江大学固定资产管理办法》《浙江大学企业冠用校名管理办法》等规范性文件修订工作,进一步优化国有资产监管机制,服务学校"双一流"建设战略实施。按照教育部直属高校内部控制评价要求,进一步规范资产管理工作流程,完善资产管理内部控制体系。

事业性国有资产规范管理,完成履行报批报备管理手续。完成事业性国有资产处置备案2项,涉及图书资产1211册,资产原值1.38万元;涉及未达使用年限12辆处置车辆,账面原值为362.66万元。完成已达使用年限且应淘汰报废处置固定资产季度汇总备案3批,涉及固定资产2999台件,账面原值16980.87万元。以公开竞价方式处置报废资产31批次,残值回收交易收入103.36万元。回购舟山圆正海洋科技发展有限公司,浙江大学农业科技园有限公司有关教学科研用房地产;落实科技园地块资产账务调整。

强化企业国有资产监管,推动所属企业依法依规、健康、有序发展。积极推进落实学校直管企业将党建写入公司章程,完成控股集团、建筑设计院的公司章程修订。组织完成控股集团等5家直管企业2017年度董、监事会工作和电工厂(三伊公司)2017年度经营班子工作报告。协助人事处完成控股集团等4家直管企业2017年度的经营业绩考核工作,并进一步完善2018年考核指标设置。通过联系、走访企业、组织企业开展专题培训和业务指导、改善部门网站等

举措,进一步提升企业国有资产管理和服务水平。

2018年,浙江大学上交财政部国有资本收益1,551.16万元,申报2019年度国有资本经营预算支出2,500万元。

【公务用车制度改革工作】 2018年,按照教育部、学校公务用车制度改革实施工作部署,积极推进学校本级取消公车处置专项工作及所属企业公车改革,向教育部报备拟拍卖62辆车辆资产评估项目,完成79辆公车淘汰报废处置,完成39辆公车无偿划转至杭州浙大汽车服务有限公司,对控股集团等6家直管企业公车制度改革方案进行了批复。

【所属企业改制和股权管理工作】 2018年,学校将所持浙江大学建筑设计研究院有限公司的股权对浙江大学控股集团有限公司进行增资;稳步推进浙江《全科医学临床与教育》杂志社和浙江大学《空间结构》杂志编辑部等2家全民所有制企业公司制改制工作;浙江浙大长三角科技发展有限公司完成清产核资工作。

【所属企业体制改革试点工作】 2018年,贯彻落实《国务院办公厅关于高等学校所属企业体制改革的指导意见》等有关政策规定和要求,积极申报改革试点;完成《浙江大学所属企业全面摸底工作报告》《浙江大学所属企业体制改革试点工作方案》的上报。

附录 1　2018 年浙江大学国有资产总额构成情况　（单位：万元）

项目	金额	备注
一、流动资产	2341312.50	
二、长期投资	117625.84	
三、固定资产	1538907.02	
固定资产原价	1544883.00	
减：累计折旧	5975.98	
1.房屋及建筑物（原值）	686899.38	校舍面积 274.64 万平方米
2.专用设备（原值）	749429.35	
3.通用设备（原值）	16715.21	
4.文物和陈列品	42.51	实有可移动文物藏品 19293 件/套
5.图书（原值）	44877.75	截至 2018 年末，学校实有纸质图书 6462743 册，电子图书 3269288 册；2018 年新增纸质图书 150167 册，电子图书 16925 册
6.家具、用具、装具及动植物（原值）	46918.81	
四、在建工程	242077.11	
五、无形资产	148006.57	
无形资产原价	148090.43	
减：累计摊销	83.86	
1.土地	147562.53	学校占地面积 615.61 万平方米
2.浙大校名商标	0	四个浙大商标进行保护性注册
3.专利技术	0.25	截至 2018 年末，学校实有授权专利数为 13196 件；2018 年新增专利授权数 2391 件
资产总额	4387929.05	

注：表中有关资产数据由各资产归口管理部门提供。

附录 2　2018 年浙江大学净资产构成情况　　　　（单位:万元）

项目	金额
一、事业基金	1238643.85
二、非流动资产基金	2046616.55
1.长期投资	117625.84
2.固定资产	1538907.02
3.在建工程	242077.11
4.无形资产	148006.57
三、专用基金	30224.95
四、财政补助结转	27655.23
五、财政补助结余	5577.13
六、非财政补助结转	720391.96
资产净额	4069109.68

注:以上表内数据摘自学校年度决算报表中的资产负债表。

附录 3　2018 年浙江大学校办企业财务状况　　　　（单位:万元）

序号	项目	金额
1	资产总额	374666.02
2	所有者权益总额	270049.36
3	归属于学校所有者权益合计	237165.12
4	营业收入	243746.45
5	利润总额	28360.99
6	净利润总额	23538.37
7	归属于学校股东的净利润	21010.66
8	净资产收益率	8.72%

注:以上表内数据摘自浙江大学 2018 年度企业财务会计决算报表。

（徐柯庆　葛　颂撰稿　胡　放　娄　青审稿）

校园文化建设

校园文化

【概况】　浙江大学坚持以美育人、以文化人，以文化建设委员会、美术工作委员会作为学生参与校园文化建设的协调机构，构建博雅技艺课、文艺审美课、展演实训课为核心的艺术文化课，并举办第六届艺术季活动、浙江大学第五届学生节、第十九届浙江大学学生科技文化节、DMB（登攀）节、研究生体育文化节，以及"高雅艺术进校园"专场演出、第十届校园主持人大赛、校园十佳歌手大赛、新青年论坛、梦想汇等校级文化活动，丰富了课外文化艺术活动，形成了良好的校园文化气氛。同时，依托校内30家"悦空间建设基地"，开展"全民阅读月"活动，打造书香校园。举办第二十届校园文学大奖赛、良渚文化走进浙江大学、传统文化建设周等活动，提升青年对中华优秀传统文化的认同。组织西迁文化体验、校史校情知识竞猜等活动，大力弘扬浙大精神和浙大人共同价值观。积极组织学生参加省级以上文体赛事，获全国大学生"学宪法讲宪法"演讲比赛冠军、全国红十字会人道主义辩论赛亚军等荣誉。

文琴艺术团积极开展对外交流，文琴键盘乐团获浙江省第六届高校钢琴大赛2个一等奖、2018肖邦国际青少年钢琴（中国业余组）公开赛浙江赛区小肖邦奖（最高奖）与金奖、"长江钢琴"2018全国高校钢琴大赛总决赛业余组金奖。艺术团文琴交响乐团获第二届新加坡国际弦乐艺术节合奏比赛金奖，所派独奏选手全部获奖。艺术团参与央视《五月的鲜花》晚会录制，黑白剧社《求是魂》赴江苏南京参加"共和国的脊梁"会演，书画社获第五届浙江省大中小学生规范汉字书写大赛3个一等奖，其作品在"科学与艺术"——2018年中韩青年书法大赏与国际研讨会上获1个铜奖，2个优秀奖并在国立首尔大学国际会议厅展览。

在教职工中，组织庆祝改革开放40周年集邮展，第二届"浙大制造·科技生活双年展"，"浙大图库"大图征集暨年度最美图评选活动；女工委继续打造"巾帼行"活动品牌，组织"让科技邂逅美丽"女教授沙龙，搭建交流沟通平台。创办集育儿知识、健康讲座、分享交流为一体的"育儿课堂"、"女性课堂",倡导健康、科学的生活方式。开展"家书寄亲情"颁奖活动,促进家庭美德教育。青工委组织开展了"未来'浙'里·我们在一起","牵手浙大·余你邂逅"单身教职工交友活动。与学术委员会共同组织MINI TED科学家脱口秀,为青年教职工搭建学科交叉、思想碰撞的平台。组队参加2018年省"钟声杯"羽毛球赛、乒乓球赛,并获羽毛球团体冠军、青年组混合双打冠军、乒乓球团体冠军,充分展示了浙大人积极向上、努力进取、意气风发的精神面貌。

【获全国第五届大学生艺术展演4个一等奖】 该艺术展演于4月16日至21日在上海举行。浙江大学获得4个一等奖和2个二等奖,其中器乐作品《波罗维茨舞曲》,声乐作品《羊角花开》vamuvamba,戏剧作品《雪霁西迁路》获一等奖。王梦衍的国画作品《绿水青山忆故乡》不仅斩获绘画类一等奖,并被中国邮政印制为明信片在全国推广发行;张国力的篆刻作品《一带一路成员国》则获得书法/篆刻类二等奖。文琴舞蹈团的舞蹈作品《光·启真》获舞蹈类二等奖。本次展演由教育部主办,有来自全国400余所高校的8000余名师生参加,展现了当代大学生朝气蓬勃、奋发有为的青春风采。浙江大学本次展演不仅在一等奖数量上较之上一届有翻倍的突破,黑白剧社首次被选送至全国展演并一举拿下一等奖。

(叶茵茵撰稿 吴叶海审稿)

【举行浙江大学首届"启真畅言"校园提案大赛】 5月25日,该大赛决赛在浙江大学紫金港校区举行。12支参赛队伍经过立案、调研、初赛等环节从20支报名队伍中胜出。12支队伍的调研成果涵盖学业教育、学风建设、学校制度、校园生活等方面。经过线上投票、评委打分、大众评审打分等环节,《建立全面的心理危机干预机制,保护浙大学生心理健康》提案获得冠军。

(叶盛珺撰稿 薄 拯审稿)

【获东京国际合唱节金奖】 7月25至31日,文琴合唱团赴日本东京参加首届东京国际合唱节 Youth Choir 青年组别的比赛,并获金奖。文琴合唱团面对来自日本、中国香港、菲律宾、捷克、中国台湾、俄罗斯等国家和地区的13支合唱强团,虽然排首位出场,但毫不示弱,发挥稳定出色,以《知るや君》Ave Regina Caelorum《羊角花开》3首曲目征服全场。

首届东京国际合唱节在日本东京举办。日本作为世界合唱强国,该赛作为世界级顶级合唱赛事,秉承高规格、高水平、高要求的办赛理念,赛前就对团队甄选极其严格,中国大陆地区高校合唱团仅浙江大学文琴合唱团入选。

(叶茵茵撰稿 吴叶海审稿)

体育活动与竞赛

【概况】 2018年,浙江大学积极构建"三全"体育教育教学课程新体系,将2018级学生"第十节课"设置为文体活动时间,进一步促进学生加强体育锻炼,养成运动习惯。全年共举办"三好杯"系列竞赛本科生组比赛24项,研究生组12项,在足球、乒乓球、篮球、跆拳道、网球、太极拳、水上运动等项目的基础上,新增三棋、桥牌、体育舞蹈、体能挑战4个项目,竞赛全年分布。其中本科生参赛14508人次,研究生参赛1742人次。

此外,2018 年,29 个体育社团共开展活动 320 场次,25788 人次参加新生杯篮球赛、CC98 杯足球赛等竞赛与活动。院系(学园)主办农学院"农生杯"羽毛球赛、建工学院迎新趣味运动会等体育活动 502 场次,195330 人次参与;全校师生 24400 人次参与春季特色运动会,秋季阳光健身长跑,冬季水陆体育嘉年华以及国际校园马拉松等品牌体育活动。进一步深化阳光体育锻炼长效机制,全年开设攀岩、舞龙舞狮、形体 NTC、炫舞、荧光夜跑、皮划艇、乒乓球草根王、游泳、网球、太极拳等 12 个健身辅导站。

2018 年,全校(1—4 年级)学生 22809 人参加学生体质健康测试,其中优秀率 3.34%,良好率 30.00%,合格率 95.45%。在 2018 年浙江省教育厅组织的学生体质健康抽测中,浙江大学抽测成绩位列优良第二。

全年,浙江大学 24 支体育代表队参加省级以上大赛,A(高水平运动队)、B(普通运动队)、C(特长运动队)三类体育代表队在省级以上大赛中,共获得 116 金,11 个一等奖,1 个金奖。此外,武术队 8 月赴香港参加国际武术比赛获 30 金。皮划艇队于 8 月赴匈牙利参加世界大学生皮划艇静水锦标赛;赛艇队于 8 月赴德国参加德累斯顿杯赛艇城市交流赛。乒乓球队、篮球队、网球队分别赴中国台湾、西班牙、比利时交流。与国家体育总局、中国皮划艇协会、中国赛艇协会签订合作协议,为中国军团备战奥运提供科技助力和支持,与杭州市签署余杭塘河生态文明建设战略合作。

在教职工中举办一年一度的"舒鸿杯"环紫金港师生接力赛(46 支队伍 540 余人参加),其中院系组 31 支,综合组 15 支),乒乓球团体赛(39 支队伍 480 余人参加,16 支队伍参加甲级赛,23 支队伍参加乙级赛),篮球赛(32 支队伍 460 余人参加),羽毛球赛(45 支队伍 550 余人参加),气排球赛(33 支队伍 360 余人参加)和网球个人赛(60 余人参加),获浙江省"钟生杯"羽毛球团体冠军、青年组混合双打冠军、乒乓球团体冠军和全国职工围棋大赛机关事业组第二名等荣誉,充分展示了浙大人的积极向上、努力进取、意气风发的精神面貌。各校区因地制宜开展登山、健步走、拔河、瑜伽、太极、网球、禅舞、排舞、拉丁等健身活动,满足教职工的多样化需求。

(叶茵茵　楼　华撰稿　吴叶海　林　俐审稿)

【第十节不排文化课】　9 月,浙江大学推出 2018 级学生体育课程改革方案。开齐开足体育课,构建具有浙大特色的"三全"体育教育教学课程体系,实施运动俱乐部管理新机制。实施周一至周五"第十节课"不排课,统一设置为文体活动时间等措施。增加低年级体育课堂教学时数,规范学生体育考试与体质健康测试,实现学生课内体育(专项教学课、专项辅导课、专项训练课)和课外体育(阳光体育锻炼与活动、校园体育品牌与文化、国际国内竞赛与交流)全覆盖,增设手机 APP 跑等智能锻炼方式,充分发挥"第十节课"为体育活动时间的效应。帮助学生在体育锻炼中享受乐趣、增强体质、健全人格、锤炼意志,提升体育"强身塑心"的育人功能。改革举措一经推出,受到社会的广泛关注,人民日报等媒体充分肯定此项改革,称"浙大的这项改革,值得高校改革者关注,也值得每一阶段的教育者用心体会"。

(叶茵茵撰稿　吴叶海审稿)

【举办第二十届研究生体育文化节】　2018 年 12 月,该文化节主题为"浙拥英姿,显尽芳华",以"浙拥英姿 廿载芳华"师生篮球赛为开幕式。该文化节围绕体育育人、文化化人、激扬青春、尽显风华、研途与你五大板块展开,分别涵盖了竞技运动、文化学术、趣味活动、舞台展演及社交互动五个方面,在紫金港、玉泉、西溪、华家池、之江和舟山6校区联动上演共计开展了22个子活动,涉及全校近30个院系。其中"U with me"青春大型文化交流联谊及梵音剧社十五周年秋冬大戏《北京人》等精品活动纳入体育文化节。

（王婷婷撰稿　张荣祥审稿）

【全国乒乓巡展启动仪式暨浙江大学体育嘉年华开幕式举行】 4月21日,该开幕式在浙江大学紫金港校区举行。中国乒乓球协会副主席陆元盛、奥运冠军李晓霞出席活动。李晓霞与浙江大学学生进行了面对面交流。此次巡展活动旨在弘扬国球精神,传承体育文化,诠释竞技精神。

（叶盛珺撰稿　薄　拯审稿）

【浙大人在第十八届亚运会上共夺得7金4银】 在第十八届亚运会上,浙大2013级孙杨,2014级戚昕舫,2017级潘旦旦、邢松、吴易昺、陈森森分别在游泳、武术、皮划艇、网球、赛艇等项目中摘金夺银,浙大人共夺得7金4银的好成绩。体艺部教师吴戈被国家队聘为中国激流皮划艇队主教练,带领的皮划艇队在本届亚运会皮划艇激流回旋比赛的4个项目中获得2金2银。

（叶茵茵撰稿　吴叶海审稿）

【获第23届中国大学生网球锦标赛总决赛2金】 比赛于7月25日至8月3日,在吉林东北电力大学举行,来自全国八大赛区的110所高校参加本次大网赛。我校网球队获得2金2铜。其中女子乙组单打项目、男子乙组团体项目双双获得冠军,男子乙组单

打、女子乙组团体获得亚军。

（叶茵茵撰稿　吴叶海审稿）

【获第十八届全国大学生田径锦标赛5金】 比赛于7月16至20日在黑龙江八一农垦大学举行,浙江大学田径队18名运动员参赛,获得5枚金牌、1枚银牌、4枚铜牌,以男女团体总分123分的好成绩,在高水平组中排名第七,女子团体排名第三,取得18年来的最佳战绩。全国大学生田径锦标赛是目前国内规模最大、级别最高、参赛单位和人数最多的大学生田径赛事,2018年共有190余所高校的2700人参赛。

（叶茵茵撰稿　吴叶海审稿）

【获全国大学生武术套路锦标赛3金】 锦标赛于7月29日至8月2日,在湖南工学院举行,来自北京大学、复旦大学、澳门大学、香港武术联合会等149支武术队的1066名运动员参赛。浙江大学10名普通本科生参加丙组的比赛并获得3金1铜的好成绩。其中黄妍(农业与生物技术学院2017级学生)夺得女子华拳冠军,楼桢优(农业与生物技术学院2016级学生)夺得女子武式太极拳冠军,何兴富(建筑工程学院2016级)夺得男子象形拳冠军,郑卜航(化学系2017级)夺得了男子形意拳季军。

（叶茵茵撰稿　吴叶海审稿）

【举办首届国际名校学霸龙舟赛并获2金】 3月27至28日,由浙江大学、浙江卫视联合主办的首届国际名校学霸龙舟赛在杭州金沙湖举行,哈佛大学、麻省理工学院、斯坦福大学、牛津大学、浙江大学、北京大学、清华大学、复旦大学、上海交通大学、南京大学、中国科技大学、哈尔滨工业大学、西安交通大学、同济大学、澳门大学等国内外知名高校龙舟队以及全国知名中小学青少年皮划艇队等300多名学霸参赛。浙江大学龙

舟队获得八人龙板绕标赛、2000米绕标环绕赛冠军,200米直道竞速赛亚军。浙江大学党委副书记郑强出席比赛开幕式并宣布开幕。

(叶茵茵撰稿 吴叶海审稿)

【附录】

2018 浙江大学运动队竞赛成绩

项目	赛事名称	比赛成绩	时间地点	队别
男子篮球	第20届CUBA东南赛区	季军	2018.3 浙江宁波	A类队
女子排球	2017—2018CUVA总决赛	季军	2018.4 重庆	A类队
	2018—2019CUVA南方赛区	第五名	2018.12 广东珠海	A类队
网球	第23届中国大学生网球锦标赛华东赛区	5金2银	2018.5 浙江杭州	A类队
	第23届中国大学生网球锦标赛	2金2铜	2018.8 吉林	A类队
田径	2018年浙江省大学生田径精英赛	14金	2018.5 浙江杭州	A类队
	全国大学生田径锦标赛	5金1银4铜	2018.7 黑龙江大庆	A类队
	第4届浙江省大学生田径锦标赛	18金10银1铜	2018.8 浙江杭州	A类队
	第九届耐克高校田径精英赛	2金7银3铜	2018.10 北京	A类队
皮划艇	全国大学生皮划艇锦标赛	2金2银3铜 团体第一	2018.10 浙江乐清	A类队
男足	全国大学生足球联赛校园组东南赛区	第七名	2018.3 广东珠海	B类队
	2018浙江省青少年校园足球联赛高校校园组	季军	2018.11 浙江温州	B类队

浙江大学年鉴

项目	赛事名称	比赛成绩	时间地点	队别
武术	浙江省大学生武术锦标赛	2金3银	2018.5 浙江杭州	B类队
	2018年全国大学生武术套路锦标赛	3金1铜	2018.8 湖南衡阳	B类队
男子排球	全国大学生阳光排球锦标赛	第七名	2018.5 四川阆中	B类队
羽毛球	浙江省大学生羽毛球锦标赛（甲组）	1金	2018.6 浙江杭州	B类队
游泳	浙江省大学生游泳锦标赛	团体冠军	2018.6 浙江杭州	B类队
女子足球	浙江省青少年校园足球联赛大学女子组	第八名	2018.6 浙江台州	B类队
跆拳道	第10届长三角地区高校跆拳道公开赛	4金1银2铜	2018.6 浙江杭州	B类队
龙舟	第7届杭州中国名校龙舟竞渡暨在杭高校龙舟竞渡赛	4个1等奖	2018.6 浙江杭州	B类队
	2018中国东海世界名校龙舟赛	500米第三 200米第四	2018.6 江苏连云港	B类队
	赤峰国际名校龙舟赛	200米第一 500米第二	2018.6 内蒙古赤峰	B类队
	全国大学生龙舟锦标赛	200米第四名 混龙第八名 2000米环绕第七名	2018.10 河北保定	B类队
	首届国际名校学霸龙舟赛	2金1银	2018.3 浙江杭州	B类队
	中国名校冰上龙舟邀请赛	第一名	2018.12 黑龙江五大连池市	B类队
啦啦操	2017—2018全国啦啦操联赛暨杭州市第三届啦啦操公开赛	5金	2018.3 浙江杭州	C类队

项目	赛事名称	比赛成绩	时间地点	队别
棋类	第13届在杭高校棋类邀请赛	6金	2018.6 浙江杭州	C类队
	全国大学生象棋锦标赛	团体金奖 女子组亚军	2018.11 上海	C类队
围棋	第五届世界大学生围棋锦标赛	体育道德 风尚奖	2018.7 英国	C类队
	浙江省围棋锦标赛	3金1银1铜	2018.11 浙江新昌	C类队
	第27届应氏杯大学生围棋赛	团体季军	2018.7 四川都江堰	C类队
龙狮	第11届中国大学生舞龙舞狮锦标赛	男子甲组 团体冠军	2018.7 广西桂林	C类队
攀岩	第16届中国大学生攀岩锦标赛	乙组第九名	2018.7 河北高碑店	C类队
	全国大学生攀岩南区公开赛	3铜	2018.9 广东广州	C类队
桥牌	2018年中国大学生桥牌锦标赛	双人赛乙组 第四名	2018.7 河南郑州	C类队
体育舞蹈	浙江省大学生健美操比赛暨大学生操舞锦标赛	1金1铜	2018.12 浙江杭州	C类队
无线电测向	2018全国学生无线电测向锦标赛	7个一等奖	2018.8 山西吕梁	C类队

（叶茵茵撰稿　吴叶海审稿）

学生社团活动

【概况】 2018年,全校共有校级注册学生社团162个,全年累计开展社团活动1100余项,参与学生达55000余人次。浙江大学不断完善学生社团星级调整制度和社团分类机制,以学生社团专项发展基金、青苗计划、恒星计划为载体,开展针对性的支持与帮扶,助推社团文化节、社团建设月、社团体验日等品牌社团活动转型升级。强调学生社团育人作用,进一步完善学生社团拟任负

浙江大学年鉴

责人培训班、学生社团骨干精英培训班、学生社团负责人大会等社团骨干培养体系。打造学生社团精品课程平台，共有 36 家社团参与，开课时长达 1000 余课时，参与学生达 4000 余人。

研究生社团充分发挥四自教育功能，引领校园风尚、传承创新精神。研究生艺术团积极活跃校园艺术氛围，提升求是学子的审美情趣和艺术修养，以艺术实践形式搭建交流平台。

（叶盛珺　王婷婷撰稿
薄　拯　张荣祥审稿）

【浙江大学学生红船精神研究会成立】　该研究会于 2017 年 12 月 9 日注册成立，是全国首家学生自发成立的以学习和传播"红船精神"为主旨的学生社团。2018 年，学生红船精神研究会陆续开展了红色寻访、红船沙龙、知识问答等活动。1 月 27 日，与北京大学、重庆大学等校同学开展以"弘扬'红船精神'，勇立时代潮头"为主题的学习研讨座谈会。5 月 19 日至 20 日，学生红船精神研究会代表赴中山大学参加习近平新时代中国特色社会主义思想大学生研讨论坛并作主题发言。

（叶盛珺撰稿　薄　拯审稿）

【举办第二十届学生社团文化节】　该文化节于 10 月至 12 月开展，内容包括社团文化周、社团精英论坛、社团文化节"决战紫禁之巅"会演等。社团文化周共有来自 32 家社团的 25 场社团活动参与其中，各具特色的活动内容充分展现了学生社团风采，为校园文化增添亮色。

（叶盛珺撰稿　薄　拯审稿）

【浙江大学学生足球协会获评 2017 年度"全国百佳校园足球社团"】　2018 年 11 月，在团中央学校部、全国学联秘书处、全国青少

年足球文化与发展中心联合开展的 2017 年度寻访"全国百佳校园足球社团"活动中，浙江大学学生足球协会获评 2017 年度"全国百佳校园足球社团"。浙江大学学生足球协会成立于 2012 年，以促进足球运动在浙大校园内的普及与发展，为中国基层足球文化建设贡献青春力量为宗旨，培育了一系列富有特色的足球品牌活动，在浙大校园内形成了广泛的社团影响力，展现了良好的大学生足球社团形象。

（叶盛珺撰稿　薄　拯审稿）

【研究生艺术团首次赴境外演出】　为进一步发挥研究生艺术团在弘扬传统艺术文化和倡导高雅艺术文化中的重要作用，并将中华优秀传统文化传播海外，研究生艺术团受斯科尔科沃理工学院、圣彼得堡理工大学邀请，分别于 11 月 21 日和 23 日在校党委副书记郑强带领下赴两所高校举行民乐专场演出。此次演出作为圣彼得堡理工大学一百二十周年校庆活动之一，近千当地民众观看演出，引起热烈反响，成为中俄两国高校师生、民众进一步交流互鉴的桥梁和窗口。

（王婷婷撰稿　张荣祥审稿）

【博士生报告团围绕"两边两路、一个核心"开展社会服务】　围绕"一个核心"，博士生报告团赴浙江杭州市、宁波市、衢州市、舟山市、金华市等地开展教育主题报告共 14 场，2000 余人次受益。响应"两边两路"、服务东北地区等老工业基地振兴和"创新驱动发展"战略，博士生报告团赴吉林省长春市及延边朝鲜族自治州 20 余家单位，开展 18 场主题讲座，撰写调研报告 3 篇计 3 万余字。2018 年共有 30 多个院系的 60 余位硕博研究生参与到博士生报告团的社会服务活动中，传播科技文化火种。

（王婷婷撰稿　张荣祥审稿）

青年志愿者活动

【概况】 2018 年,浙江大学志愿者全年累计参与志愿服务 65693 人次,提供服务时间总计为 230174.32 小时。组织志愿者参与第五届世界互联网大会、第二届国际展望大会、第 14 届世界游泳锦标赛(25 米)等重大赛会志愿服务,构建起覆盖"招募—选拔—培训—管理—保障"全过程的志愿服务工作体系。组织 2347 名学生志愿者完成 2018年"创青春"全国大学生创业大赛志愿服务工作,共服务 6951 班次。结合"三·五"学雷锋志愿服务活动月等活动,开展志愿服务项目 130 余个,不断深化"青春五丝带"志愿服务项目内涵。研究生支教团志愿服务项目和浙江大学医学院附属第二医院"汽车眼科医院"志愿服务项目在第四届中国青年志愿服务项目大赛中获金奖。全面推广"志愿中国·志愿汇"管理平台,有效提升志愿服务管理信息化水平。

选派 18 名学生参加研究生支教团,到西部地区开展支教和精准扶贫工作,支教团被团中央和光明日报社评为"镜头中最美支教团"。4 月 10 日,中共中央政治局委员、中组部部长陈希等到贵州省台江民族中学调研教育扶贫情况时,看望慰问浙江大学研究生支教团台江分团支教老师,勉励他们为贫困群众幼有所育、学有所教多做贡献。

(叶盛珺撰稿　薄　拯审稿)

【获第四届中国青年志愿服务项目大赛 2 项金奖】 12 月 1 日至 2 日,第四届中国青年志愿服务项目大赛暨 2018 年志愿服务交流会在四川德阳举行。凉山不凉,支教暖情——浙江大学研究生支教团志愿服务项目和浙江大学医学院附属第二医院"汽车眼科医院"志愿服务项目分获金奖。

浙江大学研究生支教团自 1999 年成立以来,在四川昭觉、贵州湄潭、云南景东、贵州台江等地设立支教点,开展"暖冬计划""求是圆梦""爱在滇西"等品牌活动,累计筹募爱心款项 300 余万,爱心物资价值 1100余万,帮助学生 6000 人次,完成基础设施建设项目 30 余个。

附属第二医院"汽车眼科医院"成立于1996 年,项目涵盖了白内障的筛查、义诊、手术、宣教、预防、培训等各个方面,累计完成白内障复明手术 11436 例,义诊筛查、白内障预防宣教 20 余万人,该项目已经累计在全国帮助建立一站式白内障复明中心 35座,培训当地医护人员 400 余名。

(叶盛珺撰稿　薄　拯审稿)

【承担 2018 年世界游泳锦标赛(25 米)志愿服务工作】 浙江大学自 9 月 25 日启动2018 年世界游泳锦标赛(25 米)志愿者招募选拔工作,通过三轮选拔,录取 98 名志愿者参与志愿服务工作,并自 12 月 5 日起陆续上岗,完成了 VVIP 接待,赛场贵宾室接待,嘉宾酒店咨询等岗位的工作。

(叶盛珺撰稿　薄　拯审稿)

【开展 DMB(登攀)研究生国际组织志愿实习生短期实习项目】 该项目由浙江大学党委研究生工作部设计并会同就业指导与服务中心、教育学院实施,为 DMB 节(登攀节)和博士生报告团等研究生教育传统项目的再发展注入新的活力。2018 年,该项目以联合国(UN)体系所属机构为主要合作伙伴,以实习任职推送为关键,选派 10 名研究生分赴世界银行北京办事处、联合国教科文组织驻华办事处、联合国教科文组织驻泰国曼谷办事处实习,以此推动学校与国际组织开展更为广泛的交流,支持学生在世界舞台上长才干、做贡献、树形象,为研究生开拓参与全球治理的机会。

(王婷婷撰稿 张荣祥审稿)

社会实践活动

【概况】 2018年,浙江大学组织开展以"学思践悟新思想·青春奉献新时代"等为主题的大学生社会实践活动,全校985支团队、11000名大学生利用寒暑假分赴全国32个省级行政区和20余个海外地区开展社会实践活动。新建校院两级示范基地24个,不断深化校校、校企、校地"三个协同"的实践平台和基地建设。通过"乡村调研+帮扶实践"相结合的模式,组织大学生走进乡村,助力精准扶贫和乡村振兴。共有10支团队被评为全国优秀社会实践团队,6支团队被评为浙江省级优秀社会实践团队,13名师生获得省级以上个人荣誉。

(叶盛珺撰稿 薄拯审稿)

2018年研究生社会实践工作秉持"以基地为主,多种实践形式并行"的原则,新增4个中西部社会实践基地,选派804名研究生(其中博士生641名,占比79%)前往39个校级基地和101个院级基地开展社会实践活动,组建14支团队共140名研究生参与学校立项主题型实践活动。聘任20余名研究生社会实践校外导师和40余名校内导师,提升实践教学比重。加强社会实践课程化建设,开设"实践导论""实践安全教育"及"社会调查方法及调研报告撰写技巧"等行前培训课程。完成调研报告966篇,申请专利38项,技改项目79项,开发产品111项,专题报告111场,成功介绍合作项目109项。

(王婷婷撰稿 张荣祥审稿)

【举办"新时代法治进校园"系列活动】 该系列活动由浙江省政协和浙江大学共同主办,在浙江大学紫金港校区举行,采取青年喜闻乐见的形式弘扬中国特色社会主义法治精神,唤起大学生学法懂法的自觉,助力"法治浙江""法治中国"建设。5月25日,浙江省政协副主席、党组副书记孙景淼宣布活动正式启动并为大学生法治教育社会实践基地授牌。系列活动包括现场大型展示互动服务、主题法律讲座、全真模拟法庭等内容。浙江大学相关单位负责人以及师生代表共200余人参加系列活动。

(叶盛珺撰稿 薄拯审稿)

【启动浙江省大学生乡村振兴创梦丽水行动】 6月12日,由浙江大学、中共丽水市委、共青团省委、浙江省农村工作办公室和浙江省教育厅共同主办的"浙江省大学生乡村振兴创梦丽水行动暨浙江大学——丽水市校地共青团合作启动仪式"在浙大紫金港校区举行。浙大党委书记邹晓东会见了与会嘉宾,就进一步深化市校合作进行了交流。浙大党委副书记郑强、中共丽水市委书记张兵共同为"浙江大学乡村振兴实践基地"揭牌,并为浙江省省内10所高校的20支赴丽水开展"争当中国特色乡村振兴排头兵"大学生暑期社会实践的团队授旗。

(叶盛珺撰稿 薄拯审稿)

【启动"致远"研究生海外社会实践行动计划】 为积极响应国家"一带一路"倡议部署,2018年1月正式启动该计划,旨在"一带一路"沿线国家开拓建立一批研究生海外社会实践基地并开展社会实践活动。2018

年7月—8月，由44名研究生组成的5支海外社会实践团队分赴塞尔维亚、土耳其、阿联酋、印度尼西亚、马来西亚等"一带一路"沿线重要节点国家，通过科技服务、文化交流、社会调研等形式，探寻"一带一路"建设发展成果，支持当地技术行业发展，展现当代中国青年形象，有效引导研究生主动服务国家战略需求，积极践行人类命运共同体理念。

（王婷婷撰稿　张荣祥审稿）

创新创业教育与活动

【概况】　2018年，浙江大学创新创业教育立足创新驱动和"大众创业、万众创新"战略，全面落实立德树人根本任务，主动适应经济发展新常态，以培养"时代高才"为核心，以深化科教融合与实践育人为特色，围绕学校"双一流"建设和国家级双创示范基地建设，统筹和集聚校内外创新创业教育资源，将创新创业教育作为学校教育教学改革的重要突破口，持续提升学生创业意识和创新创业能力。"IBE-双创实践基地"入选"国家双创示范基地"千万级重点项目；"研究型大学基于创新的创业教育体系研究与20年实践"获国家教学成果一等奖，"基于创新的创业教育实践育人体系的构建与实施"获高校思想政治工作精品项目；申报并获评浙江省示范性创业学院。

打造育人平台。启动了16家校院共建实验室项目，与中国电信浙江分公司（首批国家双创示范基地）、黄龙万科集团、CG产业创新中心、国家电网（国家双创示范基地）共建浙江大学学生创新创业实践基地；积极推进建立人工智能、能源互联网领域的创业实践基地。

开展品牌活动。正式成立浙江大学创新创业学院创业导师俱乐部；参与教育部"改革开放40周年成果展"，高教学会"首届高校创新创业创造精品教育成果展"等，展示双创育人成果；加强对创业联盟、创业训练营、勤创、创业浙大四大创业学生社团组织的指导；举办第五届科技文化展、创新创业训练营、创新创业讲堂、资本相亲会等活动，受益学生5500余人次。开展"创业点子秀""名家讲坛""浙商领读人走进浙大""走进名企"等品牌活动；完成元空间改造升级和第二批项目入驻团队的招募，做好紫金创业元空间的管理和接待工作；推进海外实践，通过举行"美国创业教育实践行活动""以色列创业教育交流实践行活动"，组织创业学生团队负责人赴美国、以色列进行实践交流。积极建设双创示范基地各项重点工程，完成双创示范基地中期检查。

启动创业特色活动。积极参与国家级、省部级、校级双创品牌活动，如学校启动N·E·W创系列活动，鼓励校内师生在新时代创富·创智·创未来，举办"创响中国·浙江大学站——2018浙江大学创新创业活动周开幕式暨世界青年创业论坛"活动，启动"红色追梦——双创新长征"活动并举行了出征仪式等等，有效推动社会、高校、政府之间创新创业服务资源的开放共享和衔接，助推高校创新创业教育工作开展。全年共完成培育国家级创业训练项目10项，"浙报—阿里极客计划"项目33项，浙江省"新苗人才计划"项目242项。

以赛促创，浙大学生在国内外重大创新创业类赛事上成绩优异。在第46届瑞士日内瓦国际发明展上获金奖及评审团特别嘉许金奖 3 项。在第四届中国"互联网＋"大学生创新创业大赛中获 5 项金奖,主赛道金奖第一,获最具商业价值单项奖,并取得第五届大赛承办权。在"创青春"全国大学生创业大赛中取得 6 项金奖及冠军杯。在第十七届全国大学生机器人大赛机器人创业赛中获全国一等奖。全年,浙江大学在省级及以上创新创业竞赛中共获金奖 46 项,以及先进集体奖、优秀组织奖、杰出贡献奖等集体荣誉 8 项。

（叶盛珺　袁瑢　王婷婷撰稿
薄　拯　尹金荣　张荣祥审稿）

【承办 2018 年"创青春"全国大学生创业大赛并获冠军杯】 本届大赛 3 月全面启动,由共青团中央、教育部、人力资源和社会保障部、中国科协、全国学联、浙江省人民政府主办,浙江大学、共青团浙江省委承办,由浙江大学创新创业研究院赞助,以"弄潮创青春,建功新时代"为主题,突出创新＋精准、智慧＋人文、国际＋开放、公正＋规范的特点,2200 余所高校的逾百万名大学生,15 万余件作品报名参赛。经过各高校校赛、各省级竞赛、全国复赛选拔,共有来自全国 31 个省(自治区、直辖市),以及新疆生产建设兵团、香港特别行政区、澳门特别行政区 197 所高校的 369 件作品入围。大赛终审决赛于 10 月 31 日至 11 月 4 日在浙江大学举行。终审决赛期间还举办了人工智能青年论坛、原创话剧专场演出、杭州创新创业园区参观、国际大学生创新创业成果展示会等活动。

浙江大学参赛的"为你打 Call"人工智能外呼系统、StepBeats——运动创作音乐 AI 平台、云象区块链商业银行联盟 Baas 服务平台、杭州光珀智能科技有限公司、华盛科技控股股份有限公司、"未来使者"可持续发展地球公民计划等 6 个项目均获金奖,并首次以金奖总数第一、团体总分第一的成绩获得冠军杯。

（叶盛珺撰稿　薄　拯审稿）

【承办中国科协主席与浙江大学生见面会】 该活动于 5 月 27 日在浙江大学求是大讲堂举行。本次活动由中国科学技术协会、浙江省人民政府主办,浙江省科学技术协会、浙江省教育厅、浙江大学承办。全国政协副主席、中国科协主席、致公党中央主席万钢与来自浙江大学、浙江工业大学、浙江理工大学等高校的 200 余名浙江大学生就梦想与初心、大学生创新创业等主题进行面对面交流。见面会上举办了浙江省高校科协授牌仪式,万钢为浙江大学、浙江工业大学、浙江理工大学、杭州电子科技大学、浙江工商大学 5 所高校科协授牌。

（叶盛珺撰稿　薄　拯审稿）

【获第四届中国"互联网＋"大学生创新创业大赛 5 项金奖】 10 月 12—15 日,第四届中国"互联网＋"大学生创新创业大赛在厦门大学举行。浙江大学推选的 5 个主赛道项目全部获得金奖,主赛道金奖数位列全国第一。其中"邦巍科技——全球高性能结构材料领跑者"项目获得全国季军和"最具商业价值奖"单项奖。浙江大学获得"先进集体奖"。本届大赛的主题为"勇立时代潮头敢闯会创,扎根中国大地书写人生华章",吸引境内 2278 所高校的 265 万大学生,64 万支团队和境外 51 个国家和地区的 600 多支团队报名参赛。

（叶盛珺撰稿　薄　拯审稿）

【在中国研究生创新实践系列大赛中获奖】 2018 年 5 月成立浙江大学 2018 年中国研究生创新实践系列大赛组织委员会,进一步加强参赛办赛的统筹协调、资源保障,在研究生教育中营造了"以赛促建、创新驱动"的良好氛围。支持航空航天学院等7个学院牵头举办研究生未来飞行器创新大赛,研究生电子设计竞赛,研究生石油装备创新设计大赛,研究生创"芯"大赛,研究生智慧城市技术与创意设计大赛,研究生移动终端应用设计创新大赛以及研究生数学建模竞赛等七大赛事校内选拔赛。选送优胜队伍参加各项全国赛事,共获得全国一等奖5项,二等奖13项,三等奖18项。获奖数量和质量均较2017年有所突破。

(王婷婷撰稿 张荣祥审稿)

【举办第十四届博士生创新论坛】 为规范博士生创新论坛举办流程,提高论坛举办积极性,增强论坛思想性、导向性,于2018年5月制定《浙江大学博士生创新论坛活动实施细则》,注重培养创新意识,扩大学术交流,促进学科交叉。2018年11月29日,举办第十四届博士生创新论坛。该论坛邀请到谭建荣院士、卢琴芬教授等专家学者做客论道、授业解惑。全校共30个院系积极参与创新论坛系列活动,分别以论文征集、学术沙龙、专题报告等形式承办子活动32场,其中跨学科交流活动11场,交叉学科论坛比重明显上升。本届博士生创新论坛开幕式还邀请到李兰娟院士走进"DocTalk名医访谈",分享了她不平凡的从医道路和人生感悟。

(王婷婷撰稿 张荣祥审稿)

浙江大学年鉴

办学支撑体系建设

图书情报工作

【概况】 浙江大学图书馆共 8 座馆舍,总建筑面积 10.57 万平方米。2018 年,采购纸本中外文图书 8.80 万余种 10.95 万册。截至 2018 年 12 月 31 日,全馆实体馆藏总量 782.15 万册。全馆借还书总量 103.59 万册,预约图书 5.38 万册,进馆人数约 268 万人次;信息共享空间总使用量 20.92 万人次;图书馆微信公众号订阅人数 3.77 万,全年推送图文 233 篇,阅读总量 33 万。举办面向本科生、研究生的各类讲座、展览共计 110 次。接收科技查新项目 259 项,提供原文文献 1.08 万篇,论文收录 7.32 万篇。

围绕学校学科建设和发展,综合教学科研需求,完善文献资源建设保障体系。加强大型资料型文献、西文基础学术典籍、大型学科特藏和文科数据库的建设,支持学校文科发展。推广"芸悦读"借购平台,为读者提供从推荐、订购到借阅的中文图书一站式服务。

加强图书馆数据管理和服务能力,挖掘自有数字资源的深度利用途径,实现数字资源的整合、发现、揭示和利用,建设专项数字特藏。重构和完善图书馆信息化运维服务机制,推进院系资料室开通 Aleph 系统功能,引进朗读亭试用并举办朗读大赛,提升用户服务体验。

提升情报咨询服务工作效能,为学校职能部门提供《"双脑计划"之脑科学方向研究前沿分析报告》《浙江大学二级学科交叉情况分析报告》《浙江大学与国内外一流大学对比分析报告 2018》以及"双一流"建设浙大图情专报等情报。成立校级知识产权信息服务中心,为科技成果转化与技术转移提供支持。构建课外讲座、学分课程、线上课程相结合的新一轮信息素养教育体系。

古籍整理保护与研究工作协同展开,《孙诒让稿本汇编》的出版获得 2018 年度国家古籍整理出版专项经费资助,完成《第六批国家珍贵古籍名录》申报及乾宁斋医学古籍整理。加强特藏整理和建设,启动馆藏民国时期图书整理,拓片特藏量稳步增长。

加强人才及干部队伍建设,完成内设机构优化、内设机构负责人换届及新一轮岗位聘任工作,干部队伍学历、年龄结构进一步优化。围绕"一流管理、服务师生",梳理完成"最多跑一次"服务清单 7 项,修订服务规章制度 5 项。

加强对外合作,促进共同发展。发挥浙江省高等学校图书情报工作委员会秘书处纽带作用,推动长三角高校图书馆联盟协同发展。拓宽大学数字图书馆国际合作计划(CADAL)项目合作渠道,2018 年新增共建共享单位 110 家。

统筹规划紫金港西区主图书馆建设,完善内部布局和功能设计。完成基础图书馆大厅改造和农医图书馆音乐共享空间建设,打造促进知识分享和交流的多元空间。

【获"2018 年全国高校信息素养教育研讨会"案例类二等奖】 4 月 12 日—5 月 10 日,图书馆举办"助力'双创',促进知识产权素养养成——专利月系列活动",提升浙大师生的知识产权素养,助力学校科技成果转化。6 月 29 日,该活动获得"2018 年全国高校信息素养教育研讨会"案例类二等奖。

【承办"第十一届图书馆管理与服务创新论坛"】 11 月 28—30 日,图书馆承办"第十一届图书馆管理与服务创新论坛",邀请全国高校图书馆界代表近 220 人,以"开拓新时代视野,支撑双一流建设"为主题,共同探讨高校图书馆加强服务创新和转型发展的热点问题。

【附录】

附录 1 浙江大学 2018 年图书经费情况 （单位:万元）

经费类型	金 额
中文图书	638.89
外文图书	780.18
港台图书	119.11
中文报刊	140.58
外文期刊	829.85
数据库	2676.72
购置业务费	167.35
其 他	7.24
总 计	5359.92

附录 2 浙江大学 2018 年图书馆藏及流通情况

文献种类		数量
图书	中文	430.90 万册
	外文	93.18 万册
	包括:古籍 18.70 万册	

文献种类		数量
期刊	中文	61.83 万册
	外文	46.12 万册
报纸		7.39 万份
缩微、音像资料		6.83 万件
之江、舟山校区		25.46 万册
院系资料室(含医学院附属医院)		108.22 万册
其他(含悦空间、资料等)		2.20 万册
电子数据库		500 余个
馆藏总量		782.15 万册
图书流通量		103.59 万册

(冯越男编撰　吴　晨审稿)

实验室建设与设备管理

【概况】　截至 2018 年 12 月 31 日,全校仪器设备资产总台件数达 305905 台套,总额 754886.41 万元。其中,10 万元以上 8908 台套,金额 442486.03 万元;50 万元及以上 2017 台套,金额 276986.71 万元;200 万元及以上 278 台套,金额 118656.92 万元。2018 年,全校新增仪器设备共计 32066 台套,总值为 89673.79 万元;减少 13122 台套,原值 31195.27 万元;全年处置报废仪器设备竞标 23 批次,残值收入 78 万元。

积极推进学校公共技术服务平台的建设与管理,重点推进冷冻电镜中心、微纳加工中心等建设。积极探索大型仪器开放共享机制,全校共有 6219 台仪器纳入大型仪器网络共享平台,1496 台大型仪器开展有偿服务。全年投入大型仪器维修补贴基金 139.44 万元,修复了 59 台总价值为 1.01 亿元的大型仪器。787 台大型仪器加入浙江省科技云平台并提供社会服务,浙江大学连续三年被浙江省科技厅评为"大型科学仪器设备开放共享优秀单位",2018 年 2 台仪器被评为开放共享优秀机组,4 台为良好机组;已加入国家科技基础条件平台的大型仪器共 556 台。设立了 19 项实验技术研究项目,鼓励实验技术人员开展研究;全校实验技术系列晋升研究员 1 人,高级实验师 4 人。

全年投入 922.63 万元教学设备费和 125.40 万元维修费用于教学设备的更新和维护。完成 13 个教育部中央高校改善基本办学条件教学设备专项,执行经费共计 3825.67 万元。2019 年 4 个教学设备购置项目(共计 1631.24 万元)已通过教育部专家评审。

积极开展实验室安全管理工作。举办

3次全校性实验室安全专项培训班,1100 多名师生参加。面向新生和新教工,发放《实验室安全手册》1.76 万册,英文版 1000 册。2018 年 5 月,完成"浙江大学实验室安全"微信公众号开发,订阅人数超 13500 人。2018 年 6 月期间开展了"浙江大学第一届实验室安全文化月"活动,活动直接参与人数超过 3000 人,影响人数超过 30000 人。开展实验室历史库存化学品清点,26 个涉化单位中有 22 个已完成,总数 13.75 万瓶,其中管制类化学品 2.23 万瓶;2018 年 10 月,清运处置废旧剧毒品约 60kg。2018 年 8 月 21 日,在完成公开招标后,代表学校与四家中标公司签订了紫金港西区理工组团排风系统建设合同。2018 年 9 月 17 日校化学品与材料采购平台上线试运行,截至年底,入驻供应商 319 家,完成线上订单 1.65 万笔。2018 年 12 月全新改版"实验室安全管理信息系统"上线。

【附录】

2018 年浙江大学教学科研仪器设备情况

单位名称		合计		其中:10 万元以上		其中:200 万元以上	
		台件数/件	金额/万元	台件数/件	金额/万元	台件数/件	金额/万元
院系	人文学院	2247	1975.09	7	214.74	0	0.00
	外国语言文化与国际交流学院	2835	1570.09	8	182.50	0	0.00
	传媒与国际文化学院	1007	1697.54	24	647.00	0	0.00
	经济学院	881	676.00	1	34.50	0	0.00
	光华法学院	852	606.61	3	87.45	0	0.00
	教育学院	1415	1513.67	22	524.91	0	0.00
	管理学院	2166	3094.43	32	975.73	0	0.00
	公共管理学院	2157	1857.19	4	46.99	0	0.00
	马克思主义学院	187	103.53	0	0.00	0	0.00
	数学科学学院	1255	1064.42	2	25.30	0	0.00
	物理学系	7171	22790.17	211	14416.92	20	7478.71
	化学系	9428	23973.12	289	15868.42	17	6237.44
	地球科学学院	2969	7073.68	99	3905.47	3	911.80
	心理与行为科学系	1192	2464.40	36	1525.72	0	0.00
	机械工程学院	8842	29212.99	373	17747.52	8	2090.39
	材料科学与工程学院	5657	36896.96	315	29988.24	29	16283.55

单位名称	合计		其中：10万元以上		其中：200万元以上	
	台件数/件	金额/万元	台件数/件	金额/万元	台件数/件	金额/万元
能源工程学院	8867	38749.11	465	26891.26	19	6167.54
电气工程学院	10762	20030.30	314	10560.70	5	1503.28
建筑工程学院	9198	23484.72	191	13151.66	13	6658.96
化学工程与生物工程学院	7923	21146.12	319	12590.62	3	821.09
海洋学院	6537	29419.60	365	21362.38	14	8632.62
航空航天学院	5110	21169.70	241	13668.53	11	3708.05
高分子科学与工程学系	3523	9785.93	135	6189.02	1	236.95
光电科学与工程学院	7274	35423.64	454	24902.16	17	7182.43
信息与电子工程学系	9183	16649.98	210	7641.94	2	580.18
控制科学与工程学院	7240	21391.77	271	11954.31	3	671.05
计算机科学与技术学院	11876	20820.54	124	6179.04	5	2075.00
软件学院	12	8.50	0	0.00	0	0.00
生物医学工程与仪器科学学院	3716	11715.54	185	7257.49	1	1781.00
生命科学学院	9650	18040.84	213	8755.27	7	2275.09
生物系统工程与食品科学学院	5112	10966.79	162	4687.25	0	0.00
环境与资源学院	8000	18440.00	258	10164.89	4	1034.16
农业与生物技术学院	15209	30571.30	406	13467.29	4	1205.69
动物科学学院	6516	12898.37	193	5828.56	1	278.71
基础医学系	11524	24311.74	316	10405.75	1	335.27
公共卫生系	2347	3029.45	34	731.61	0	0.00
药学院	4942	12912.74	227	7797.07	2	720.33
建筑设计研究院	44	35.88	0	0.00	0	0.00
国际联合学院（海宁校区）	2845	2574.21	23	551.23	0	0.00
工程师学院	2843	25778.12	387	22874.77	15	5391.03

院系（左侧纵排）

直属单位（左侧纵排）

办学支撑体系建设

续表

单位名称		合计		其中：10万元以上		其中：200万元以上	
		台件数/件	金额/万元	台件数/件	金额/万元	台件数/件	金额/万元
直属单位	竺可桢学院	33	40.86	0	0.00	0	0.00
	继续教育学院	3106	3070.72	27	1221.43	0	0.00
	国际教育学院	322	303.92	2	45.59	0	0.00
	图书馆	1557	6142.92	59	3894.05	4	1092.44
	信息技术中心	9667	15900.39	253	7568.39	0	0.00
	公共体育与艺术部	2810	3479.66	26	1317.27	2	598.59
	工业技术转化研究院	1676	5846.63	47	3404.30	2	669.88
校设研究机构及公共平台	中国西部发展研究院	403	571.49	10	298.05	0	0.00
	浙江加州国际纳米技术研究院	901	4657.87	49	3799.88	5	2043.81
	求是高等研究院	1267	11399.46	62	9216.28	3	6612.29
	生命科学研究院	4125	10917.76	101	6499.08	8	2741.53
	数学科学研究中心	278	175.49	0	0.00	0	0.00
	社会科学研究基础平台	376	689.12	7	441.30	0	0.00
	水环境研究院	323	931.48	18	596.79	0	0.00
	转化医学研究院	1134	2811.71	38	1208.22	0	0.00
	医学院公共平台	581	5650.90	59	4862.00	8	2503.94
	实验动物中心	886	2013.97	20	742.59	0	0.00
	农生环测试中心	344	2977.36	41	2698.76	2	585.26
附属医院	附属第一医院	6283	19303.76	166	9973.32	7	3058.16
	附属第二医院	2267	8458.26	67	5717.22	5	3110.55
	附属邵逸夫医院	1004	1157.47	9	241.47	0	0.00
	附属妇产科医院	357	1111.59	19	531.16	0	0.00
	附属儿童医院	606	1619.26	19	955.00	0	0.00
	附属口腔医院	20	19.48	0	0.00	0	0.00
其 他		7545	24498.05	349	15117.52	9	3078.07
合 计		258385	699674.34	8367	414153.86	260	110354.84

（阮　俊撰稿　冯建跃　审稿）

校园信息化建设

【概况】 2018 年，浙江大学校园网连接 7 个校区，7 个附属医院，杭州城区共 80 余公里双环形大网光缆。校园网出口总带宽 94G。VPN（virtual private network）上网认证账号数量约 8 万余个，收发邮件 2.8 亿份，过滤垃圾邮件 2.6 亿份，校园卡持卡用户 39.7 万户，活动用户 19.2 万户，视频交互平台共支撑教育部及学校 107 场视频会议。

构建新式办学空间，以信息化引领教育现代化，推进以服务整合为切入口的"爱上云端""浙大百科""心中有数"三大工程，并取得如下进展：移动端浙大 app 即将上线，构建校院两级协同办公，打造数据可视化大屏，整合"学在浙大"课程平台资源，探索新型 AR/VR 教学环境，启动"一起看浙大"视频盒子等。

启动无线网升级工程，完成紫金港、玉泉校区 75 幢楼宇网络布线，改造玉泉、西溪、紫金港东区 1000 间学生宿舍无线网。升级出口带宽，出口交换中心接入移动 60G 互联网带宽，至此带宽从 34G 提升至 94G，用户体验网速翻倍。

广泛开展社会合作。与浙江省经济和信息委员会联合发起成立下一代互联网产业联盟，建立 5G 联合实验室，浙江大学成为常务副理事长单位；与中国移动通讯集团有限公司签署战略合作协议，成立 5G 联合实验室，在玉泉校区和紫金港西区建立 5G 示范区；探索"政产学研用"教学服务的生态环境，成立浙大金桥研发中心，设计研发教学支撑产品；联合中国高校教学研究中心、教育学院等单位成立在线教育研究中心。

规划全方位立体防护的校园网络安全体系，部署网络安全态势感知系统，提高校园网安全监测分析能力。面向学校机关部处开展网络安全技能培训，签订安全责任书 103 份。与中国高等教育信息化分会联合主办"2018 高校网络信息安全管理运维挑战赛"和"2018 年高校网络信息安全研讨会"。

【成立智云实验室】 2018 年 4 月 3 日，由浙江大学和阿里云共同发起成立智云实验室，引进信息化总工程师、数据架构专家，创建高端人才团队。并与阿里云计算有限公司、钉钉（中国）信息技术有限公司、杭州玳数科技有限公司、杭州亿方云网络科技有限公司、江苏宝和数据股份有限公司、上海智隆信息技术股份有限公司、城云科技（中国）有限公司、中国移动通讯集团、新华三技术有限公司等多家企业开展战略合作，探索"互联网＋教育"，带来区域示范效应，逐步构建系统完善的教育信息化生态。

【建成信息化"上云"基础环境】 对海洋中心 IDC 机房进行了扩容，新增 20 组机柜，整合 840 核、4TB 内存、3.5PB 存储的计算存储资源。部署阿里飞天专有云系统，支撑数据中台、业务中台建设，支持了浙江大学 APP、浙大云盘、学在浙大、文博云等项目。

【试运行新版教师个人主页】 2018 年 7 月 4 日，该主页已上线。新版教师中英文个人主页将教师的基础数据、科研数据、招生数据、课程数据在平台上整合，向全世界展示了浙大的教授风采和学术文化环境，彰显浙江大学国内外学术影响力。

（陈蓉蓉撰稿　陈文智审稿）

出版工作

【概况】 2018年,浙江大学出版社(以下简称出版社)全年出版新书1069种,重印图书1857种,图书总生产码洋5.24亿元;发货码洋2.89亿元(不含资助书、合作书);总体经营收入超过2.3亿元,利润2500万元。

入选国家新闻出版署"十三五"国家重点图书、音像、电子出版物出版规划增补项目3项,入选年度国家出版基金项目4项,入选年度国家新闻出版署国家古籍整理资助项目3项,入选中华人民共和国科学技术部年度国家科技出版基金项目7项,入选年度国家社科基金后期资助项目16项,入选国家优秀原创动漫作品版权开发奖励计划1项,入选国务院新闻办公室与新闻出版署的中国图书对外推广计划1种,入选国家新闻出版署"丝路书香"工程重点翻译资助项目1项,入选国家社会科学基金中华学术外译项目6项,入选国家新闻出版署"图书版权输出奖励计划"3项。

获得"2018年中国图书海外馆藏影响力出版100强""2018年中国图书海外馆藏影响力英文图书10强"。30种出版物分获第七届(2014—2017)鲁迅文学奖文学翻译奖、浙江省树人出版奖、浙江优秀出版物(图书)编辑奖、浙江优秀出版物(装帧设计)优秀封面设计奖以及第二十七届"金牛杯"优秀美术图书装帧设计奖等。1人入选法兰克福书展组委会和《出版人》杂志主办的"出版新星"评选,19人获得浙江优秀出版物(图书)编辑奖,2人获得浙江优秀出版物(装帧设计)编辑奖,1人入选新时代浙江省

"万名好党员",1人获得第二届中国科技期刊青年编辑业务大赛二等奖,2人获得华东地区优秀期刊主编荣誉称号。

读者口碑及美誉度持续提升。102种重点图书入选各大榜单,比上年增长15.9%。4种图书入选《人民日报》2019新年推荐30种好书书单,2种图书入选《中华读书报》好书榜,1种图书入选《新京报》好书榜,1种图书入选《中国新闻出版广电报》优秀畅销书榜,2种图书入选《中国出版传媒商报》影响力书榜,1种图书入选百道好书榜,《铅笔:设计与环境的历史》入选深港书评好书榜等。

新增3种高水平英文学术期刊 *Biodesign and Manufacturing*,*Laparoscopic Endoscopic and Robotic Surgery* 和 *World Journal of Pediatric Surgery*。继续推进浙江大学精品学术期刊集群建设,目前集群已有28种学术期刊(6种SCI、4种EI、5种IM),并已形成集群内的联系互动。积极推进期刊数字化建设,获得国家数字复合出版系统工程应用示范项目资助。*Food Quality and Safety* 和 *Bio-design and Manufacturing* 被 *Web of Science* 核心数据库ESCI收录。《浙江大学学报》(英文版)三刊影响因子稳中有升,《浙江大学学报》(人文社会科学版)在国家社科基金年度考核中获得优秀。《浙江大学学报(英文版)A辑》入选国家新闻出版广电总局评定的第三届全国"百强期刊"名录。《浙江大学学报(工学版)》入选中国高校科技期刊研究会评选的"2018年度中国高校杰出期刊"。《浙江大学学报(英文版)A辑》、《浙江大学学报(英文版)B辑》、《国际肝胆胰》和《世界儿科杂志》等获得由中国学术文献国际评价研究中心和清华大学图书馆评选的"2018中国

最具国际影响力学术期刊"称号（Top 5%），《信息与电子工程前沿（英文）》和《浙江大学学报（人文社会科学版）》获得"2018 中国国际影响力优秀期刊"称号（Top 10%）。

【"中国历代绘画大系"最新成果亮相北京】

8 月 23 日，"中国历代绘画大系"作为改革开放 40 周年精品出版物成果在 2018 年北京国际图书博览会进行展示。中共中央政治局委员、中宣部部长黄坤明参观出版社展位，并给予了高度关注和肯定。12 月 12 日，"中国历代绘画大系"编纂工作的最新成果——《先秦汉唐画全集》《明画全集》《清画全集》阶段性成果在京首发。首发式上，浙江大学、浙江省文物局向国家图书馆联合捐赠了《先秦汉唐画全集》《明画全集》《清画全集》部分卷册，中央电视台 13 套频道新闻直播间栏目分别对两次活动作以报道。

【浙江大学出版社意大利分社正式成立】

9 月 24 日，为进一步加速完成中国出版资本的海外布局，"讲好中国故事"，浙江大学出版社意大利分社在意大利佛罗伦萨正式成立，成为中国在意大利成立的第一家以出版意大利文和英文图书为主的专业出版社。

（陆东海撰稿 袁亚春审稿）

档案工作

【概况】 截至 2018 年 12 月 31 日，校档案馆本年度收集各类常规和特色档案 5000卷，110075 件；接收干部人事档案 813 卷，18674 件。提供档案利用 3819 人次、复制档案 53671 页。馆藏档案案卷级目录201769 条、文件级目录 4337049 条，电子文件 1775508 个。持续做好档案"八防"，确保档案馆环境安全和档案实体安全；加强档案法制建设和安全保密建设，开展珍贵档案修复保护工作，修复国学大师马一浮手迹等珍贵史料 600 余页。

持续开展馆藏存量和增量档案数字化。完成干部人事档案数字化加工项目，对6556 卷（1408592 页）档案进行信息化加工，实现 100% 中层领导（含副处级以上待遇），88% 在职人员（事业编制）人事档案可提供2015 年前入档档案数字资源利用。在学校信息中心建立数字档案资源备份，实现学校办学记录纸质、电子双套制存储。

继续实施"珍贵史料传承典藏计划"，征集特色档案。征集著名花鸟画家陆抑非史料 1876 件入馆；协办"纪念陈从周先生百年诞辰暨中国园林国际学术研讨会"活动，陈从周画作、手稿等 8 件珍贵史料征集入馆；举办《求是忆念录》《遗珍逸文》新书发布暨钱克仁先生档案史料捐赠仪式，钱克仁先生手稿、藏书等史料 113 件征集入馆；浙江高等学堂（浙大前身）监督孙智敏、浙大原校长潘云鹤、数学家苏步青、两院院士王元等人的著作、手稿、照片、视频等史料入藏。依托人文学院公众史学研究中心力量开展口述历史采访，对童芍素等 31 位老领导进行视频采访，形成部分回忆录书稿，逐步建立真实生动的口述历史档案。

持续开展档案编研工作，出版、分发《浙江大学馆藏档案》（2017 年）；升级、运维"浙江大学档案馆"微信公众号；联合杭州市城市品牌促进会、杭州图书馆等，于 3 月 20日—4 月 20 日在紫金港校区基础图书馆二楼举办"精神世界的拾荒者——韦思浩老人事迹展"。

继续开办《浙江大学学报》校史研究专栏，续办《浙江大学校史研究》刊物；设立

2017年校史研究立项课题13项;举办"浙江大学校史大讲堂"2期。组织学科专家力量,继续编撰七卷本《浙江大学史》,基本拟定《浙江大学史》编写大纲,并广泛征求意见;启动《浙江大学史料选编》编纂,汇编、印制大量馆藏档案史料,数字化校史档案63000余页,支撑校史编写工作;改建升级校史馆,全面改版四校合并以来校史,更新展陈内容30余处,提升展陈效果,为学校顺利迎接教育部本科教学审核评估发挥重要作用。制定《校史馆管理员工作职责和规范》,加强校史馆的管理与服务,校史馆全年共计接待98000余人次。

【举办"老书的故事——向先辈致敬"图书特展】 5月10日—6月10日,在浙江大学紫金港校区基础图书馆二楼外文图书特藏室,举办"老书的故事——向先辈致敬"图书特展。展览从档案馆和图书馆典藏中精选老书30本,配以老书背后的感人故事,展现浙大先辈们崇高的学养品格和丰硕的学术成果,以缅怀先辈、弘扬精神。展览由党委宣传部、档案馆、图书馆共同推出。

【举办"纪念蒋百里先生逝世80周年学术研讨会"】 11月4日,浙江大学档案馆、上海交通大学档案馆在紫金港校区联合举办纪念蒋百里先生逝世80周年学术研讨会。副校长罗卫东出席研讨会开幕式并致辞。蒋百里外孙、上海交通大学钱学森图书馆馆长钱永刚代表家属捐赠蒋百里手迹1件,浙江省孙中山研究会理事、海宁市政协文史委研究员吴德健捐赠蒋百里著作等。研讨会共收到论文18篇,30名蒋百里亲友、专家学者,以及学校有关部门领导等参会。

蒋百里(1882—1938),名方震,浙江海宁人。中国近代著名军事理论家、军事教育家。1900年进入求是书院(浙江大学前身)就读,1901年留学日本陆军士官学校,1906年留学德国,1912年任保定陆军军官学校校长。1938年9月奉命任陆军大学校长,11月4日病逝于广西宜山。出版有著名的军事论著集《国防论》及《欧洲文艺复兴史》等,为中国近代军事理论和文化做出了重要贡献。

【举办《翠色千峰—中国瓷母越窑青瓷复活展》】 12月17日,在紫金港校区举行展览开展仪式,展出越窑青瓷非物质文化遗产传承人陈鹏飞青瓷代表作29件,副校长罗卫东出席开展仪式并为展览揭幕。开展仪式结束后,美国亚洲文化学院民俗中心主任叶娜博士在图书馆国立浙江大学厅作"为未来记录今天:美国国会图书馆的组成结构和使命"主题报告。本次展览和报告会由校档案馆、图书馆、管理学院,以及美国亚洲文化学院共同主办。

【附录】

附录1 浙江大学2018年档案进馆情况

类目	数量	类目	数量
党政	13867件	设备	950件、583卷
教学	11715件、1210卷	外事	5997件
科技	6153件、1928卷	财会	746件
出版	319件	涉密档案	338件、12卷

类目	数量	类目	数量
基建	123 件、865 卷	声像	67818 卷
产品	107 件	人物	208 卷
资料	1942 件	实物	194 件
合　计	5000 卷，110075 件（卷、件不重复）		

附录 2　浙江大学 2018 年馆藏档案情况

全宗	类别	卷	件
浙江大学全宗	党群（DQ）	665	47753
	行政（XZ）	9543	104146
	教学（JX）	57748	121890
	科研（KY）	26392	100656
	产品（CP）	116	2156
	基建（JJ）	10594	36527
	设备（SB）	3349	6757
	出版（CB）	2581	2819
	外事（WS）	1470	78764
	财会（CK）	24346	130772
	声像（SX）	2888	89002
	人物（RW）	5290	2408
	实物（SW）	3644	118
	资料（ZL）	3107	42326
	保密档案	1333	11355
	沈德绪个人档案	1940	
	其他	1309	
杭州大学全宗	各类	19526	5622
浙江农业大学	各类	18606	4496
浙江医科大学	各类	14396	4849
之江大学	各类	12	
国立英士大学	各类	65	
杭州工学院	各类	1941	

续表

全宗	类别	卷	件
浙江省农干院	各类	754	
合　计	211615 卷，792416 件（卷、件不重复）		

（金灿灿撰稿　蓝　蕾审稿）

采购工作

【概况】　2018 年,全校通过加强采购管理,发挥集中采购优势,全年货物、服务和工程(基建工程除外)采购预算 110030.07 万元,成交金额为 102392.16 万元,为学校节约经费 7653.77 万元。其中,货物采购方面,全年预算为 78504.33 万元,成交金额为 75358.96 万元,节约经费 3145.37 万元;服务采购方面,全年预算为 13622.78 万元,成交金额为 13242.52 万元,节约经费 380.26 万元;维修工程方面,全年落实实施维修工程项目总预算金额 22259.68 万元,成交金额为 18131.55 万元,节约经费 4128.14 万元。

合理利用国家对科教仪器的免税政策,进口免税设备 5984 万美元,共计免税金额 1077 万美元。

【附录】

2018 年浙江大学采购情况　（单位:万元）

采购执行单位	货物		服务		工程		节约总额	招标项目数（个）
	预算金额	成交金额	预算金额	成交金额	预算金额	成交金额		
采购中心	67538.87	64717.63	8571.04	8265.83	21077.68	16956.71	7247.42	1432
技术物资服务中心	4356.73	4340.86	0	0	0	0	15.87	0
各招标代理公司等	6608.73	6300.47	5051.74	4976.69	1182	1174.83	390.48	248
合　计	78504.33	75358.96	13622.78	13242.52	22259.68	18131.54	7653.77	1680

（沈伟华撰稿　包晓岚审稿）

后勤服务与管理

基本建设

【概况】 2018 年,完成投资 8.5 亿元,竣工项目建筑面积 13.79 万平方米、市政工程 5 项,在建项目建筑面积 61.33 万平方米。

一批建设项目竣工。主要有:紫金港校区西区艺术与考古博物馆,文科类组团(一期)学生保障中心,生物物理科研用房,文科类组团道路与桥梁、理工农组团道路与桥梁,农科教组团道路与桥梁工程,遵义西路延伸段。

紫金港校区在建项目紧张推进。西区在建项目中,文科类组团(二期)一标段人文社科大楼,文科类组团(二期)二标段管理学院基本完成室内装修与室外工程,进入专项验收阶段;理工农组团(一期)机械与教学大楼,理工农组团(二期)理科大楼,理工农组团(三期)材化大楼,动物中心完成中间结构验收,进入室内装修、设备安装阶段;博士后

宿舍室外工程,绿化工程基本完成,进入专项验收阶段;学生生活区组团 1 号、2 号楼装修工程基本结束,3～7 号楼及食堂完成中间结构验收,进入装修阶段。东区游泳馆完成室内装修与室外工程,进入扫尾阶段。

拟建项目稳步推进。紫金港西区图书馆方案调整基本完成;学生生活区组团(北)完成初步设计评审,正在进行施工图设计;"双一流"项目生命科学交叉中心和农业科技创新试验中心获得可研批复,正在开展方案的比选、设计;教工宿舍(后勤保障用房)工程完成项目建议书的立项审批及设计任务书的编制。

市政配套项目有序展开。吉英路(花蒋路至万安路段)市政工程道路,博士后宿舍至吉英路市政工程道路完成基础与桥梁承台,正在进行管线施工。西行河(余杭塘河—中心湖段)河道驳坎工程已开工建设。

2018 年,合计送审项目为 71 项(含历年送审工程),造价为 19865 万元;其中 37 个项目已结算审核,送审造价为 1726 万元,审核后造价为 1576 万元,核减额 150 万元。

浙江大学 2018 年在建工程进展情况

名称	面积/平方米	进展状态	计划竣工时间
紫金港校区西区文科类组团二期（人文社科大楼和管理学院大楼）	171490.44	基本完成室内装修与室外工程,进入专项验收阶段	2019.5
紫金港校区西区理工农组团一期（机械及公共教学楼）	100879	完成中间结构验收,进入室内装修、设备安装阶段	2019.8
紫金港校区西区理工农组团二期（理科大楼）	101238		2019.8
紫金港校区西区理工农组团三期（材化高分子大楼和动物中心）	106771		2019.8
紫金港校区西区博士后宿舍	18958	室外工程、绿化工程基本完成,进入专项验收阶段	2019.6
紫金港校区西区学生生活区组团	101601.41	1 号、2 号楼装修工程基本结束,3—7 号及食堂楼完成中间结构验收,进入装修阶段	2019.7
紫金港校区东区游泳馆	12458	完成主体工程,进入室内安装、幕墙施工阶段	2019.5

（黄禾青撰稿　李凤旺审稿）

房地产管理

【概况】　2018 年 6 月,浙江大学撤销房地产管理处、后勤管理处,成立总务处。继续加强房地产制度建设,出台《浙江大学西湖区块人才专项房申购和销售管理办法(第三批)》《浙江大学余杭区块商品房申购管理办法》和《浙江大学内部单位借用住房工作管理办法》等文件,修订《浙江大学教师公寓管理办法》,并严格执行。

根据学校空间布局规划,进一步整合院系用房、优化公用房资源配置,加强对“双一流”建设的空间支撑保障,重点保障高层次引进人才(研究团队)以及重大专项、国家重点研究基地等用房需求。结合紫金港校区西区新建大楼的建设,启动西溪校区、玉泉校区、华家池校区和紫金港校区东区的主要公用房空间安排和调整规划,共调整各类公用房建筑面积共计 9425.18 平方米,其中高层次引进人才科研用房及办公用房3976.78平方米,学院用房3841.86平方米,单位办公用房1606.54平方米。进一步推动公用房有偿使用收费工作,收取院系超额用房、发展用房、周转用房、营业用房和后勤产业用房等各类公用房资源使用费约6370.58万元。同时,全面清理、规范校设研究机构和继续教育用房的使用,保障了校园正常教学科研的稳定有序。

对教师公寓和腾空房资源的申请对象、入住标准、入住期限、收费标准和权利义务等进行了重新界定,完善了入住和退出机制。调整教师公寓和内部单位借用住房的使用费标准。2018年全年收取各类使用费共计约4330万元,共办理教师公寓入住、退房手续2635人(次),处理教师公寓各类维修近1.6万件次,出借腾空房667套(间)。组织9位高层次人才选房并入住。取得景芳二区公建配套建设项目规划许可证。进一步做好家属区相关工作,凯旋路258号第2幢住宅危房改造工作已基本结束,参与9起既有住宅加装电梯工作。

结算房款32户,收取房款923.33万元。出售专用房车库(位)189个,收取车库(位)款2201.35余万元。

增置土地面积450782.65平方米(约676亩),金额372.59万元。增加房屋面积596438.33平方米,金额23.42亿余元。增置家具56157件,金额5836.41万元;报废

家具6962件,金额257.98万元。

西溪校区学生宿舍7幢、8幢获批杭州市历史文物建筑保护管理中心下拨的专项补助资金56.99万元。完成之江校区三期共7幢文物建筑的保护修缮。

【"1250安居工程"建设取得阶段性成果】
至2018年12月31日,西湖区块人才房建设完成项目竣工验收备案和小区整体交付工作,完成房产实测绘,物业管理用房缴交,社区配套用房(含养老服务设施)移交协议签订,维修基金和保修金缴交,土地使用情况复核验收,不动产权籍调查等数十项验收及材料申报,完成不动产初始登记。项目获2017年度杭州市建设工程"西湖杯"(建筑工程奖),园林景观获浙江省优秀园林工程金奖。全年共核拨建设资金1.46亿元,支出贷款利息2616.2万元。

余杭区块商品房建设完成项目结顶、楼宇主体内外墙砌筑、粉刷及装饰工程、电梯安装工程,并通过中间结构验收、消防、人防和供电验收。全年共核拨建设资金3.35亿元,支出贷款利息3485万元。

全年开展三次西湖区块人才房申购销售工作,共374户选房,316人办理了购房手续,1700余户办理交付入住手续,共售车位319个,回笼资金4563万元。开展余杭区块商品房定向、定价、外销、预售工作,共446户选房,21户完成办理3幢预售手续。

【附录】

附录1　2018年浙江大学土地资源情况　　　(单位:亩)

校区	教育用地(有证)	教育用地(未办证)	总土地面积
玉　泉	1236	0	1236
西　溪	500	0	500
华家池	968	30	998

续表

校区	教育用地(有证)	教育用地(未办证)	总土地面积
之 江	654	0	654
紫金港	1558	3605	5163
其 他	6	0	6
海南陵水县椰林镇	0	0	0
舟山校区	499	0	499
海宁校区	2	0	2
附属第四医院土地	175	0	175
总 计	5598	3635	9233

附录2 2018年浙江大学校舍情况　　　　（单位：平方米）

校舍用途	学校产权建筑面积				在建施工面积	非学校产权建筑面积		
	总面积	危房	当年新增	被外单位借用		计	独立使用	共同使用
一、教学科研及辅助用房	963080		10800		606377			
教室	143466				43263			
图书馆	86572				5000			
实验室、实习场所	420636				261084			
专用科研用房	243594		10800		254535			
体育馆	41187				28734			
会堂	27625				13761			
二、行政办公用房	138394				46516			
三、生活用房	995094		149599		209865			
学生宿舍(公寓)	615329		32556		137820			
学生食堂	60149				17273			
教工宿舍(公寓)	85244		6880		15656			
教工食堂	4810							
生活福利及附属用房	229562		110163		39116			
四、教工住宅	575199							
五、其他用房	74610		9995		179706			
总 计	2746377		170394		1042464			

（姜雄晖编撰　吴红瑛审稿）

学生公寓建设与管理

【概况】 持续加强学生管理和基础文明教育，体现服务育人理念。学生宿舍纪实考评覆盖全校所有学生寝室，每周进行一次卫生及安全检查，成绩作为住宿调整安排的重要依据之一。开展爱国主义、人生观、价值观、中华优秀传统文化等主题教育，开展丰富多彩、寓教于乐的文化娱乐活动。推进寝室文明建设，评选示范寝室 2714 个，文明寝室 982 个，并给予物质奖励。

牢固树立安全第一理念，将人防和技防相结合，重检查，多疏导，强宣传，分层分类管理，重点部位重点把控。重点加强对电瓶车的管理，禁止学生将电瓶车电池带入寝室充电。引进共享吹风机放置在公共区域，减少学生在寝室内使用吹风机带来的安全隐患。

探索通过一站式服务大厅、网上自助服务、毕至居、自助服务室及引进自助服务设备，为学生提供更加便捷、高效的服务。广开沟通渠道，倾听学生意见，主动帮助学生解决生活问题和困难。2018 年新增 2 个自助服务室，增加多处自助洗衣区域，对部分洗衣机进行更新换代。积极推进垃圾分类管理，紫金港校区新增 4 个室外垃圾房。开通场馆微信预订服务，学生公寓管理微信公众号师生粉丝人数已达 7 万多人。完成学校本科教学评估的配合工作，大力整治宿舍区环境秩序，展现学校的良好风貌。

努力改善住宿条件，2018 年学生宿舍专项维修共计 99 项，同时改进维修报修流程，推进网络报修，在舟山校区试行设备电子巡检工作。

【紫金港西区 4 幢研究生宿舍启用】 根据学校总体部署，紫金港西区北园 4 幢研究生宿舍 9 月初正式交付使用。4 幢学生宿舍共有 828 个寝室，男女生楼各 2 幢，可住宿学生 1110 人，其中单人间 538 个，双人间 282 个。每个寝室配备衣柜、床、桌椅等家具。单人间配有独立卫生间，双人间为 2 个寝室共用一个卫生间。每个宿舍楼门厅及各楼层均设有休息区，供学生休闲交流使用。

（潘晓燕撰稿　徐　瀛审稿）

后勤管理

【概况】 2018 年 6 月，浙江大学撤销房地产管理处、后勤管理处，成立总务处。继续加强后勤管理制度建设，出台《浙江大学公务用车管理暂行办法》，并严格执行。

在后勤服务支撑方面，与后勤集团签订第十八个全成本核算工作协议，继续实行契约式管理。全年经常性开展饮食安全、在建工程及基础设施等安全隐患排查，做好自然灾害的应急处置和安全管理。继续推进后勤服务综合督导员队伍工作，拓宽师生参与后勤服务监督的渠道。加强学生宿舍管理服务创新，改造宿舍门厅，建立自助服务室、毕至居，改善住宿环境。协同完成学校重大活动、会议、接待等相关后勤保障的方案设计、布置和落实。

争取并落实 2018 中央高校改善基本办学条件房屋修缮类、基础设施维修类 38 大项项目专项资金 1.5 亿元,以及"2018 年学校修缮工程计划"维修资金 3500 万元;全年完成维修公开招标项目 52 项,投标金额超过 1.21 亿元,通过竞争性谈判或议标 15 项,投资额 660.2 万余元。全年与施工单位共签订工程类、服务类等合同 424 份,合同金额 1.54 亿余元。落实完成校园零星、日常维修、专项维修等项目的实施与审核,以及各院系计划外自筹资金项目的审批与审核,全年实施项目约 1220 项,投入经费约 2.27 亿余元。

拓展绿化空间,绿化补植 2.11 万平方米,实施 5 处精品景观打造及院系文化景观建设。引种粉黛乱子草等新品种,丰富了校园景观效果。继续推进植物挂牌工作,四校区共挂标牌 1861 块,通过扫描树牌访问量达 14392 次。开展爱国卫生月活动,完善水域管理,做好日常水域保洁工作。做好生活垃圾日产日清工作,共完成 1.23 万吨的生活垃圾处理。推行垃圾分类,全年专门回收餐厨垃圾处理量为 0.42 万吨。规范化学废弃物处置,全年清运处置 378.81 吨。督促相关单位落实学生宿舍及食堂等生活区双语标识整治工作,推动了国际化校园建设。

2018 年,全年能耗支出总费用 14812.85 万元,比上年同期增加 10.78%。通过更新变电所设施设备,建设智能供水系统,完善二级单位节能监管平台,试点低压配电所"电力管家"服务平台等各种措施,优化供能。开展 2018 年节能减排宣传系列活动,搭建平台培养学生绿色人才,引导学生积极参与绿色校园治理。

(姜雄晖编撰　吴红瑛审稿)

医疗保健工作

【概况】　校医院是按照国家二级甲等医院标准建设和管理的综合性医疗机构,是浙江省、杭州市医保定点医疗机构,是中国高教学会保健医学分会副理事长单位,浙江省高校保健医学学会理事长单位。

校医院本部设在玉泉校区,下设紫金港校区、西溪校区、华家池校区 3 个分院及求是社区医务室,紫金文苑医务室,之江校区医务室,舟山校区医务室,海宁国际校区医务室。在岗职工数 328 人,其中卫生专业技术人员 283 人,高、中、初级职称比例分别为 18.8%、56.5%、23.3%,护理人员 89 人。2018 年,校医院新增 1 台便携式彩超,1 套数字化 X 射线摄影系统(DR)和 1 套奥林匹斯电子肠镜。

2018 年,校医院新设立了心理治疗中心,内镜中心,联络办(双向转诊中心),院感科;全年完成门急诊量 62.98 万人次,比上年增加 3.07%,入院 1264 人次,出院 1281 人次,与上年持平,业务收入 1.79 亿元;完成学校各项医疗保健任务 6 万人次,成功抢救 3 例心跳呼吸骤停病例。校医院全年无重大医疗事故和医疗纠纷发生,得到学校和社会群众的广泛好评与肯定。

认真做好肺结核、肠道、呼吸道等常见传染病的管理,使传染病全年处于低水平散发状态,未出现聚集暴发疫情,无群体性食物中毒事件发生。

医保和计生服务窗口,均实行"最多跑一次"制度,办理各类事项 7700 余件,满意率达 100%。

浙大红十字会着力提升"三救三献"核心业务能力,组织实施"红十字点亮青春"高校行活动,共计组织献血2235人次,献血量882860毫升,其中成分血捐献80人次,造血干细胞入库49人;开展残疾人体验营,献血知识竞赛,防艾辩论赛和手语gif拍摄等特色活动;并代表浙江省红十字会赴上海参加中国红十字会总会和红十字国际委员会举办的青年国际人道问题辩论赛,获亚军和"最佳风度奖"。

校医院党委组织编辑校医院《党务工作制度》,启用"钉钉"的云上党建管理平台,徐俊获浙江省"万名好党员"的光荣称号,方浩获浙江大学第九届"管理、服务育人标兵"。

【附录】

2018年浙江大学校医院概况

建筑面积/平方米	固定资产/万元	职工总数/人	核定床位/张	门诊量/万人次	急诊/万人次	健康检查/万人次
22000	6058	328	130	54.45	8.53	21.95

（徐　俊撰稿　张仁炳审稿）

校友与浙江大学教育基金会

校友工作

【概况】 2018 年，浙江大学校友总会充分挖掘校友工作内涵，全面推动学校、校友发展共同体建设。校主要领导 17 次赴海内外各地看望校友并座谈，定向邀请校友参加学校全球开放发展战略研讨会、院士校友圆桌会、上市公司企业家校友座谈会等。

瑞典校友会、南通校友会先后成立，加拿大、法国、荷兰、日本、北京、江苏、湖南、云南、深圳、西安、绍兴、东莞、青岛、常州、漳州等地方校友会和经济学院校友分会进行了换届，国内四大片区以及北美、欧洲、亚太地区校友会举行联谊会年会，并启动"一带一路"沿线国家等海外校友会的筹建工作。

加强与校友的联络与服务工作，聘任 2018 届班级联络员 616 人，往届班级联络员 52 人；开展值年返校计划，校友返校近 8000 人，并授予毕业（或入学）50 周年、60 周年的 2495 位校友荣誉证书；浙江大学校友总会微信公众号新增关注人数近 4000

人，总关注人数近 4 万人；继续办好一年 4 期《浙大校友》刊物，发行量每期 2 万册。

继续办好"缘定浙大"校友集体婚礼，"大学之声"新年音乐会，地方校友会"送新迎新系列活动"（欢送新生和迎接新校友），校友桥牌赛，校友书画展，校友体育嘉年华，浙大学子走访校友行等特色品牌活动，组织或参加各类重要活动 30 余项（详见附录）。

做好中国高教学会校友工作研究分会会长和秘书长单位有关工作。全年共发展 16 家高校入会，会员总数达 375 家；组织召开 2 次常务理事会会议，举行 2 期全国高校校友工作干部培训班，举办全国高校校友工作第 25 次研讨会；召开高校校友工作专项课题评审、开题等会议，共立项重大课题 10 项，重点课题 20 项，一般课题 30 项。

【召开浙江大学校友总会 2018 年常务理事会（扩大）会议】 该会议于 11 月 24 日在紫金港校区召开，审议通过了理事会组织机构人员调整建议名单、第五次校友代表大会暨理事会换届方案，就声誉提升、创新创业、精准帮扶、国际交流与合作等主题进行研讨，推出《校友工作指导手册（试行）》。浙江大学校长、校友总会会长吴朝晖院士出席，副校长、校友总会常务副会长罗卫东主持会议,来自海外 12 个国家以及国内 20 余个省级行政区的近 90 位校友参会。

【举行第四届浙江大学校友创业大赛】 该赛事以"科技·创新"为主题,于 5 月 20 日正式启动,校领导吴朝晖、罗卫东出席启动仪式。12 月 29 日,该大赛在紫金港校区体育馆举行了总决赛暨颁奖典礼,16 个初创组项目、9 个成长组项目入围总决赛,最终"智能巡检四足机器人"和"冯站长三家"分别摘得初创组、成长组冠军。

该赛事通过海外北美、欧洲、亚太和国内东、南、西、北、杭州等八大赛区联动,吸引了全球 400 多个优质校友创业项目、1000 余位创业校友参赛,对接了 100 余家知名创投机构和多地政府支持,聘请了 100 余位上市公司创始人等知名企业家担任创业导师,举办了 50 多场形式多样的线下活动,为参赛项目接洽了数十亿元意向融资。

【附录】

2018 年浙江大学校友工作重要活动

序号	时间	活动主题	地点
1	1 月 1 日	2018 大学之声——第十一届浙江大学新年音乐会	浙江杭州
2	1 月 20 日	深圳市校友会成立 30 周年纪念大会暨第四次校友代表大会	广东深圳
3	1 月 31 日	吴朝晖校长与湖北校友座谈	湖北武汉
4	2 月 3 日	全球化发展论坛暨浙江大学全球开放发展战略研讨会	北京
5	2 月 3 日	加拿大校友会理事会换届会议	加拿大多伦多
6	2 月 4 日	西安校友会会员代表大会	陕西西安
7	3 月 10 日	法国校友会理事会换届会议	法国巴黎
8	3 月 18 日	瑞典校友会成立大会	瑞典斯德哥尔摩
9	3 月 24 日	江苏校友会第九次校友代表大会	江苏南京
10	4 月 22 日	北京校友会第八届会员代表大会	北京
11	4 月 24 日	吴朝晖校长与哈尔滨校友座谈	黑龙江哈尔滨
12	5 月 4 日	汤永谦先生诞辰 100 周年暨逝世五周年座谈会	浙江杭州
13	5 月 6 日	华东地区地方校友会联谊会第十四次年会	浙江海宁
14	5 月 6 日	"缘定浙大"2018 校友集体婚礼	浙江杭州
15	5 月 20 日	浙江大学校友创业论坛暨校友创业大赛启动仪式	浙江杭州

序号	时间	活动主题	地点
16	5 月 20 日	浙江大学校友总会上市公司企业家校友联谊会理事会会议	浙江杭州
17	6 月 2 日	浙江大学第六届校友桥牌邀请赛	浙江杭州
18	6 月 16 日	湖南校友会第六次校友代表大会暨理事会换届会议	湖南长沙
19	6 月 20 日	吴朝晖校长与四川校友座谈	四川成都
20	7 月 19 日	邹晓东书记与吉林校友座谈	吉林长春
21	8 月 10 日	邹晓东书记与德国校友座谈	德国柏林
22	8 月 18 日	亚太地区校友会联谊会年会暨浙江大学校友创业大赛亚太赛区复赛	新加坡
23	8 月 20 日	吴朝晖校长与河北校友座谈	河北石家庄
24	9 月 15 日	云南校友会第六届理事会换届大会暨 2018 年校友年会	云南昆明
25	9 月 22 日	欧洲地区校友会联谊会暨浙江大学校友创业大赛欧洲赛区复赛	荷兰阿姆斯特丹
26	10 月 13 日	南部地区校友会联谊会年会暨浙江大学校友创业大赛南部赛区复赛	湖南长沙
27	10 月 27 日	南通校友会成立大会	江苏南通
28	11 月 3 日	求是缘半导体联盟 2018 年会	江苏无锡
29	11 月 4 日	绍兴校友会第四届代表大会暨四届一次理事会	浙江绍兴
30	11 月 18 日	广西宜州西迁办学 80 周年纪念会暨西部地区校友会联谊会	广西宜州
31	11 月 18 日	北美地区校友会第 42 届年会	美国芝加哥
32	11 月 23 日	陈从周百年诞辰纪念会暨中国园林文化学术会议	浙江杭州
33	11 月 24 日	浙江大学校友总会常务理事会(扩大)会议暨校友工作促进委员会会议	浙江杭州
34	11 月 27 日	浙江大学本科教学评估校友座谈会	浙江杭州

浙江大学年鉴

序号	时间	活动主题	地点
35	12月10日	吴朝晖校长与英国校友座谈	英国伦敦
36	12月14日	吴朝晖校长与法国校友交流	法国巴黎
37	12月23日	北部地区校友会联谊会第七次年会暨天津校友会年会	天津
38	12月29日	浙江大学校友创业大赛总决赛暨颁奖典礼	浙江杭州

（孙敏译撰稿　楼华梁审稿）

浙江大学教育基金会

【概况】　2018年,浙江大学教育基金会(以下简称基金会)秉承"汇八方涓流,襄教育伟业"的宗旨,积极拓展社会资源,服务学校发展大局,狠抓内部规范管理,维护基金会5A荣誉。

2018年,基金会接受社会捐赠360项,签约捐赠额折合人民币4.13亿元,实际到款折合人民币约4.55亿元,获中央捐赠配比1.14亿元,实现投资收益1.22亿元。截至2018年12月31日,基金会资金规模达人民币27.77亿元。基金会争取到近20家世界TOP500企业或TOP100慈善榜富豪或知名基金会等有重大影响力的捐赠,获得15项1000万元以上的重大捐赠项目,如碧桂园集团子公司捐赠到款5000万元支持机器人项目;中科天翔(杭州)科技有限公司协议捐赠3000万元支持财税大数据与政策研究中心;杭州大数据产业投资股份有限公司和杭州南宗文化发展有限公司协议捐赠3000万元支持道教文化研究中心的建设与发展;世界未来基金会协议捐赠2100万元

设立计算机科学与技术学院区块链研究中心等。

根据基金会章程及相关协议规定,2018年基金会支出人民币5.82亿元,主要用于支持学校基础建设、院系建设、学科建设、科学研究、人才培养等。发放奖教金逾人民币1159万元,其中永平奖教金已成为学校营造教书育人文化氛围的重要奖项。发放奖助学金、海外交流奖学金、贷学金等逾人民币4600万元,受益人数3290余人次,其中遂真国际交流基金每年金额人民币400万元,支持学生赴欧美等发达国家的知名高校和研究机构进行一个月以上的深入学习交流。积极配合学校做好云南省景东县定点扶贫工作。

【张曦艺术与考古教育基金成立】　5月18日,国际博物馆日之际,"浙江大学教育基金会张曦艺术与考古教育基金"成立,该基金重点支持学校艺术与考古博物馆的建设和发展。浙江大学党委书记邹晓东、发展委员会主席张曦出席并讲话。邹晓东向通策控股集团董事局主席、浙江大学校董、杭州浙江大学校友会会长吕建明校友,浙江金成控股集团有限公司董事长、杭州浙江大学校友会副会长吕王楼校友,深圳市万豪投资集团董事长、深圳浙江大学校友会名誉会长吕建

生校友颁发荣誉证书及铭牌。浙江大学艺术与考古博物馆定位为全文明的艺术史教学博物馆，其首要使命是支持和提升浙江大学的教学与研究，并通过艺术品原作的收藏、教学、研究与展览，通过与浙大不同学科师生的合作，致力于提高浙大师生的美学素养、视觉能力与批判性思维。

【中科天翔基金成立】 5月25日，"浙江大学教育基金会中科天翔基金"成立，该基金专项用于支持浙江大学财税大数据与政策研究中心的建设与发展。签约仪式前，浙江大学党委书记邹晓东会见中科天翔（杭州）科技有限公司总经理赵敏校友一行。浙江大学财税大数据与政策研究中心以公共管理与公共政策为先导，综合运用经济学、政治学、信息技术与管理等学科平台实现学术融合，以地方政府公共财政与公共政策研究作为主要特色，构建以项目化运作为主导的科研组织和管理模式，组建和培养一支具有学术竞争力和社会影响力的科研团队，主要开展综合性研究。

【附录】

2018年浙江大学教育基金会接收社会各界捐赠实际到款情况（人民币50万元及以上）

序号	捐赠单位/个人	捐赠项目（用途）	金额（万元）
1	ARCHWAY CITY COMPANY LIMITED	包氏奖学金留本收益	63.34
2	BUDDHIST DIGITAL RESOURCE CENTER, INC.（佛教数字资源中心）	浙江大学佛教资源与研究中心专项基金	151.12
3	JANE AND TOM TANG FOUNDATION FOR ED（汤氏教育基金会）	汤永谦化工大楼	240.45
4	MORNINGSIDE FOUNDATION LIMITED（晨兴基金会）	文化中国人才计划（香港）	76.00
5	阿里巴巴（中国）有限公司	浙报—阿里大学生新媒体创新创业基金	65.00
6	安斯泰来制药（中国）有限公司	树森兰娟院士人才基金	100.00
7	澳门同济慈善会	文化中国人才计划（澳门）	60.00
8	北海海洋产业科技园区管理委员会	纳米院北海海洋工程材料创新发展基金	300.00
9	陈小英	医学院陈小英医学教育教学奖励基金	200.00

序号	捐赠单位/个人	捐赠项目(用途)	金额(万元)
10	陈云娇	计算机学院陈天洲基金	530.00
11	戴珊	浙江大学教育基金会医学院附属第一医院发展基金	500.00
12	得到(天津)文化传播有限公司	人文高研院得到基金	100.00
13	董石麟	建筑工程学院土木建筑规划教育基金董石麟、周定中伉俪空间结构科技教育专项基金	100.00
14	高国卫	浙江大学教育发展基金	127.50
15	广东步步高电子工业有限公司工会委员会	浙江大学永平自立贷学金、浙江大学永平留学贷学金等	805.69
16	广东省国强公益基金会	浙江大学教育发展基金	5000.00
17	广厦控股集团有限公司	浙江大学紫金港校区西区建设专项基金	408.00
18	海正辉瑞制药有限公司	浙江大学临床医学创新研究中心	90.00
19	瀚晖制药有限公司	医学院微创医学发展基金	50.00
20	杭州海维特化工科技有限公司	化工学院潘祖仁—海维特奖学金	55.00
21	杭州恒科环保技术有限公司	经济学院橙紫基金	50.00
22	杭州交点科技有限公司	浙江大学教育发展基金	200.00
23	杭州锦江集团有限公司	浙江大学紫金港校区西区建设专项基金等	138.00
24	杭州康德权饲料有限公司	动科院康德权奖学金等	50.00
25	杭州康韵生物科技股份有限公司	经济学院康韵成长基金	60.00
26	杭州联合农村商业银行股份有限公司	浙江大学教育发展基金	250.00
27	杭州龙盈互联网金融信息技术有限公司	管理学院新大楼建设基金	68.00

续表

序号	捐赠单位/个人	捐赠项目(用途)	金额(万元)
28	杭州市德信蓝助学基金会	浙江大学教育发展基金	76.00
29	杭州网新准乾资产管理有限公司	浙江大学新圆基金	300.00
30	杭州新海建设工程实业有限公司	土木建筑规划教育动本基金	100.00
31	杭州星诚康健信息科技有限公司	医学院创业软件健康医疗大数据专项基金	200.00
32	杭州轩禄投资管理有限公司	浙江大学教育发展基金	82.00
33	杭州银行股份有限公司	第二临床医学院教育与创新基金	197.00
34	杭州浙大未来创新投资管理有限公司	浙江大学紫金港未来创新创业基金	100.00
35	杭州中美华东制药有限公司	浙江大学临床医学创新研究中心	200.00
36	河北众美房地产开发集团有限公司	土地与国家发展研究院众美教育基金	600.00
37	胡百熙	浙江大学胡百熙专项基金	2000.00
38	胡海平	控制学院校友基金	50.00
39	湖州市中小企业服务中心	医学专项基金	200.00
40	湖州通益集团有限公司	浙江大学教育发展基金	70.00
41	华为技术有限公司	信电学院华为菁英奖学金等	57.50
42	嘉事国润(上海)医疗科技有限公司	浙江大学临床医学创新研究中心	50.00
43	江苏豪森药业集团有限公司	浙江大学临床医学创新研究中心等	500.00
44	江苏恒瑞医药股份有限公司	医学院恒瑞医学人才培养基金等	220.00
45	江苏南方卫材医药股份有限公司	药学院南卫奖学金	50.00

浙江大学年鉴

序号	捐赠单位/个人	捐赠项目(用途)	金额(万元)
46	江苏银行股份有限公司杭州分行	浙江大学紫金港校区西区建设专项基金	370.00
47	金成房地产集团有限公司	艺博馆张曦艺术与考古教育基金等	250.00
48	金华市中心医院	医学专项基金	625.00
49	金建杭	浙江大学教育基金会医学院附属第一医院发展基金	450.00
50	精功集团有限公司	浙江大学紫金港校区西区建设专项基金	50.00
51	巨人慈善基金会	数学科学学院新大楼建设项目	1000.00
52	李嘉诚基金会(香港浙江大学教育基金会有限公司)	医学院关爱女性健康公益基金	60.00
53	利青	团委2018年"创青春"全国大学生创业大赛	60.00
54	柳华	浙江大学教育发展基金	200.00
55	鲁南制药集团股份有限公司	树森兰娟院士人才基金	200.00
56	吕建明校友捐赠古树名木	基建处吕建明校友捐赠古树名木项目	3446.71
57	绿城物业服务集团有限公司	战略院绿城服务基金	50.00
58	美敦力(上海)管理有限公司	医学院附属二院 China-valve 会议专项基金等	77.50
59	宁波市产城生态建设集团有限公司	浙江大学产城英才基金	200.00
60	宁波微萌种业有限公司	浙江大学教育发展基金	50.00
61	宁波银行股份有限公司杭州分行	浙江大学紫金港校区西区建设专项基金等	1237.80
62	宁波镇海遂真投资管理有限公司	农推中心景东乌骨鸡扶贫专项基金等	305.00
63	彭蕾	浙江大学教育基金会医学院附属第一医院发展基金	1050.00

序号	捐赠单位/个人	捐赠项目(用途)	金额(万元)
64	齐鲁制药有限公司	树森兰娟院士人才基金	100.00
65	曲阜市巨匠装饰服务有限公司	文化中国人才计划(曾繁如)	50.00
66	日本电气硝子公司(NIPPON ELECTRIC GLASS CO., LTD,NEG)	光电学院光子材料与器件研究室建设专项基金	50.00
67	上海慈慧公益基金会	浙江大学春华秋实海外交流奖学金等	69.60
68	上海瞰点科技有限责任公司	数学科学学院瞰点科技专项基金	50.00
69	上海遂真投资管理有限公司	浙江大学淳真国际交流奖学金	200.00
70	上海泰然互联网金融信息服务有限公司	经济学院泰然互联网金融教育基金	500.00
71	深圳市凤吕承启投资管理有限公司	能源工程学院王仁东奖助学金	50.00
72	深圳市名网智库投资管理有限公司	化工学院侯虞均—裕杰奖学金	105.00
73	深圳市浙江大学校友会	基本建设处校门工程捐赠项目	163.00
74	沈阳全运村建设有限公司	浙江大学绿城助学基金	120.00
75	石药集团百克(山东)生物制药有限公司	浙江大学临床医学创新研究中心	100.00
76	寿柏年	七七历史学长基金	60.00
77	孙乃超、周若芸	创新创业研究院江芷生物科技基金	315.78
78	台州市朗成景隆房地产有限公司	浙江大学教育发展基金	197.50
79	唐立新	唐立新教育发展基金	405.50
80	唐仲英基金会(美国)江苏办事处	中国西部地区古代石窟壁画数字保护及资源库建设领域等	581.80
81	田宁	动物科学学院盘石动科发展基金等	60.00

序号	捐赠单位/个人	捐赠项目(用途)	金额(万元)
82	童妙琴	教育学院张定璋—童妙琴专项基金	50.00
83	王坚	浙江大学教育基金会医学院附属第一医院发展基金	150.00
84	微贷(杭州)金融信息服务有限公司	互联网金融研究院发展基金	100.00
85	微医(杭州)集团有限公司	计算机学院浙大睿医人工智能研究中心	2000.00
86	温州市慈善总会	浙江大学王振滔助学金	150.00
87	吴天星	动科院百年院庆专项基金等	100.00
88	吴泳铭	浙江大学教育基金会医学院附属第一医院发展基金	687.11
89	香港浙江大学教育基金会有限公司	医学院图书基金	97.51
90	新海科技集团有限公司	浙江大学新海发展基金	50.00
91	新和成控股集团有限公司	化学系新和成专项基金	1000.00
92	耶天慧	浙江大学中墨教育文化交流基金	100.00
93	余彭年慈善基金会	浙江大学教育基金会彭年教育基金	200.00
94	曾宪梓先生	浙江大学曾宪梓国际交流基金	83.64
95	张二翼	生命科学学院教育基金"勤学励志"学生成长基金等	100.00
96	浙大 EMBA 3 班	管理学院新大楼建设基金	100.00
97	浙江大华建设集团有限公司	浙江大学陈鱼海三育人专项奖励基金	200.00
98	浙江大学城乡规划设计研究院有限公司	建筑学院建筑与规划学科发展基金	80.00
99	浙江大学出版社有限责任公司	浙江大学人文艺术研究基金	400.00

浙江大学年鉴

续表

序号	捐赠单位/个人	捐赠项目(用途)	金额(万元)
100	浙江大学建筑设计研究院有限公司	建筑学院建筑与规划学科发展基金	450.00
101	浙江大学校友创新创业有限公司	团委2018年"创青春"全国大学生创业大赛等	1100.00
102	浙江敦和慈善基金会	人文学院"复性书院"留本基金	1000.00
103	浙江格家网络技术有限公司	地方合作处社会服务和扶贫基金	100.00
104	浙江国富慈善基金会	医学院附属一院器官移植基金	200.00
105	浙江汉鼎宇佑教育科技发展有限公司	传媒学院王麒诚、吴艳奖学金等	100.00
106	浙江华铁建筑安全科技股份有限公司	浙江大学紫金港校区西区建设专项基金	80.00
107	浙江极力动力新能源有限公司	浙江大学紫金港校区西区建设专项基金	50.00
108	浙江建龙控股集团有限公司	医学院教育与创新基金	231.40
109	浙江捷昌线性驱动科技股份有限公司	捷昌驱动大学生创业创新专项基金等	150.00
110	浙江明铸置业有限公司	邹安妮医学教育留本基金	60.00
111	浙江钱江晚报币港湾慈善基金会	计算机学院和软件学院熔金计划	50.00
112	浙江商源供应链股份有限公司	浙江大学教育发展基金	60.00
113	浙江商源共好贸易有限公司	浙江大学教育发展基金	80.00
114	浙江省台州医院	医学专项基金	250.00
115	浙江天册律师事务所	法学院立法研究暨浙江立法研究院专项资金	50.00
116	浙江通策控股集团有限公司	浙江大学国际合作与交流(斯坦福)专项基金等	2000.00
117	浙江震元股份有限公司	医学专项基金	200.00

序号	捐赠单位/个人	捐赠项目(用途)	金额(万元)
118	正大天晴药业集团股份有限公司	医学院微创技术与器械临床医学专项基金等	205.00
119	中科天翔(杭州)科技有限公司	财税大数据与政策研究中心中科天翔基金	300.00
120	重庆新世纪游轮股份有限公司	数学科学学院新大楼建设项目	1000.00
121	舟山医院	医学专项基金	200.00
	合　　计		41315.45

(张灿燕撰稿　胡　炜审稿)

浙江大学校董

姓名	单位职务	聘任时间	校董/名誉校董
查刘璧如	查济民夫人,求是科技基金会理事、桑麻基金会高级顾问、刘国钧教育基金会理事长、香港仁济医院董事会永远顾问、香港妇协名誉会长	2010 年	名誉校董
郭婉仪	新鸿基地产郭氏基金会执行董事	2010 年	名誉校董
曹其镛	香港永新企业有限公司副董事长、中国侨商投资企业协会副会长	2014 年	名誉校董
李达三	声宝——乐声(香港)有限公司董事会顾问、香港宁波同乡会永远名誉会长(创会会长)、香港浙江省同乡会联合会永远名誉会长(创会会长)、世界中华宁波总商会创会名誉会长、原浙江省政协常委、浙江省"爱乡楷模"	2015 年	校董
潘方仁	台湾潘氏企业集团、东方高尔夫国际集团董事长	2016 年	校董
唐立新	新尚集团创始人,现任新尚集团董事长兼总裁	2016 年	校董
叶庆均	浙江敦和投资有限公司董事长、浙江敦和慈善基金会名誉理事长	2017 年	校董

姓名	单位职务	聘任时间	校董/名誉校董
邵根伙	北京大北农科技集团股份有限公司董事长	2017 年	校董
吕建明	浙江通策控股集团有限公司董事局主席	2017 年	校董
朱　敏	美国网迅(WebEX)公司创始人,赛伯乐(中国)创业投资管理有限公司董事长	2018 年	校董
邱建林	浙江恒逸集团有限公司董事长	2018 年	校董

(张灿燕撰稿　胡　炜审稿)

附属医院

附属第一医院

【概况】 附属第一医院(又名浙江省第一医院)由浙江大学老校长竺可桢创建于1947年,是浙江大学创建的首家附属医院,医院系三级甲等医院,跻身国家区域医疗中心,国家临床医学研究中心,正稳步向国际一流的现代化医疗集团迈进。

2018年医院年门急诊总量454.8万人次,出院病人达19.53万人次,平均住院日为7.16日。医院占地面积170余亩,核定床位2500张,有庆春、城站、大学路三个院区和下沙后勤服务基地。在建的余杭院区占地202亩,建设床位1200张;之江院区占地198亩,建设床位1000张。

医院现有职工5858人,中国工程院院士2人,2018年新增"国家千人"1人,国家级百千万人才工程1人,杰青1人,长江学者1人,卫生部有突出贡献的中青年专家1人,享受国务院政府津贴1人,浙江省特级专家1人,浙江省151人才5人,浙江省卫生高层次人才5人,浙江大学求是特聘教授2人,浙江大学求是特聘科研岗5人。

医院"科技量值"排名全国第5,7个学科进入"全国前十",其中:传染病学连续五年蝉联全国第一。2018年,医院新增"感染性疾病(病毒性肝炎)国家临床医学研究中心",入选"国家科技部创新人才培养示范基地",获得"中国科协全国模范院士专家工作站"称号,入选"科技部创新人才推进计划——重点领域创新团队",入选"浙江省高校高水平创新团队";新增"浙江省药物临床研究与评价技术重点实验室""浙大一院杭州医药港临床试验中心",获批浙江省重大疾病诊疗中心2个。2018年到位科研经费2.733余亿元,创历史新高,其中:"千万级"国家重大重点项目5项。中国科技论文统计中SCI收录article、review两类论文632篇,全国医疗机构排名第三位。2018年影响因子大于10论文11篇。获教育部高等学校科学研究优秀成果一等奖1项,二等奖1项,浙江省科学技术奖7项。

医院是国家临床教学培训示范中心,国家住院医师规范化培训示范基地,"中国精英教学医院联盟"创始成员单位和高校附属

附表　2018 年度附属第一医院基本情况

项目	数量	项目	数量
建筑面积/平方米	244304.5	国家重点实验室数/个	1
固定资产/万元	257068.84	卫生部重点实验室数/个	2
床位数/张	2500	省部级重点实验室数/个	12
在编职工数/人	5858	国家药监局临床药理研究基地数/个	24
主任医师数/人	277	卫生部专科、住院医师培训基地数/个	55
副主任医师数/人	352	业务总收入/亿元	68.74
具有博士学位的医师比例/%	39.9	药品占总收入比例/%	32
两院院士/人	2	门急诊人次/万	454.8
国家"千人计划"入选者/人	4	住院人次/万	19.55
国家"百千万人才工程"入选者/人	2	出院人次/万	19.52
国家杰出青年科学基金获得者/人	3	手术台数/万	8.6
"973 计划"首席科学家/人	3	平均床位周转率/%	58.96
"长江学者"数/人	3	实际床位利用率/%	115.53
浙江省特级专家数/人	2	SCI 入选论文数/篇	693
浙江省"千人计划"入选者/人	9	MEDLINE 入选论文数/篇	581
浙江大学求是特聘教授/人	7	出版学术专著/部	16
教学总面积/平方米	3400	科研总经费/万元	27330
教学投入资金/万元	3380	其中:国家自然科学基金比重/%	17.0
一、二级学科国家重点学科数/个	0	纵向经费比重/%	95.2
国家精品资源共享课、视频公开课/门	3	出国交流/人次	363
获国家级科技奖项目数/个	0	举办国际学术会议数/次	15
获国家级教学成果奖数/个	0	社会捐赠经费总额/万元	2237.51

医院临床实践教育联盟副理事长单位。拥有国家级教学团队 1 个,国家级精品课程 3 门,主编/副主编国家级规划教材 23 部;博士生导师 118 人,硕士生导师 284 人;国家住院医师规范化培训专业基地 22 个,国家专科医师规范化培训试点基地 7 个,国家级继续教育基地 2 个,英国爱丁堡皇家外科学院—香港外科医学院联合认证的高级医师培训基地 2 个。

医院持续推进全球范围内交流合作。2018 年共接待国(境)外来访团 65 批次、277 人次,与美国斯坦福大学医学中心,美国克利夫兰医学中心,德国夏里特医学中心等多家世界顶尖高校和医疗机构推进多领域合作;响应"一带一路",与马来西亚、匈牙利等多个沿线国家机构开展多层次交流。同时,注重国际化人才培养,聘请浙江大学及附属一院客座教授 6 人,选派优秀医务人员赴海外机构进修交流 51 人,接收国际医学生、医生来院观摩学习 22 人,医院国际影响力不断提升。

医院积极探索医联体建设,以国家医改政策为引领,先后与省内外 83 家市、县级医院建立多种医疗协作关系,托管医院 8 家,2018 年新增合作医院 1 家。在 2017 年度"双下沉、两提升"工作考核中,5 家托管分院考核成绩优秀,缙云分院在县级医院考核中成绩位列全省第一。医院构建"省、县(区)、乡、村四级医疗服务网络",与省内外206家医院,349家社区卫生服务中心(乡镇卫生院)远程联网,充分实现了优质医疗资源下沉,形成具有"浙一"特色的医疗联合体。

【由李兰娟院士领衔的感染性疾病(病毒性肝炎)国家临床医学研究中心获批】 李兰娟院士领衔的感染性疾病(病毒性肝炎)国家临床医学研究中心于2018年11月25日通过公示,将建立覆盖全国26家核心单位和1000余家协作单位的三级网络平台体系和代表中国人群特征与地域分布的样本资源库、大数据云平台,围绕病毒性肝炎关键科学难题开展基础、临床和转化研究,成为集诊疗、科研、教学、预防、产业化为一体的国际一流中心,全面提高我国病毒性肝炎防治水平,保障人民健康。

【国务院副总理孙春兰考察附属一院并高度肯定医院改革成果】 2018年5月22日上午,孙春兰在附属第一医院实地考察公立医院改革、"互联网+医疗健康"、医联体建设情况并在附属一院召开公立医院改革座谈会。她还实地考察了医院"最多跑一次"改革成果:门诊综合服务中心,药房智能发药系统,门诊智能语音病历录入系统,诊间就医信用结算,诊间预约,超声甲状腺疾病辅助诊断系统,国际多学科远程医学中心,全国首家三甲公立医院线上院区——"浙一互联网医院"等,对附属第一医院的公立医院改革、"互联网+医疗健康"、医联体建设、医教研协同发展取得的成绩给予了充分肯定。

【在多项医院排行榜中继续保持全省第一】 2018年3月,香港艾力彼医院管理研究中心推出的2017年度《中国顶级医院竞争力100强》中,医院排名第10位,位列全省第一;2018年11月,复旦大学医院管理研究所发布的《2017年度中国医院排行榜》和《2017年度中国医院专科综合排行榜》中,医院综合排名全国第十五,连续9年保持浙江第一,8大专科进入全国排名前10名。2018年12月,在中国医学科学院发布的《2018年(2017年度)中国医院科技量值》中,医院综合排名跻身全国前五,七大专科进入全国前十,其中传染病学连续5年蝉联全国第一。

(吴李鸣撰稿 裘云庆审稿)

附属第二医院

【概况】 附属第二医院创建于1869年,是浙江省临床学科的发源地,是国内首家三级甲等综合性医院,全球首家JCI(国际医疗卫生机构认证联合委员会)学术医学中心。2018年,附属二院"最多跑一次"改革经验作为样板在全省卫生健康系统推广。

医院现有解放路和滨江两个院区,床位3200张;拥有数十个国家临床重点专科、重点学科及省部级重点实验室,尤以经导管心血管介入治疗、复杂白内障诊治、大肠肿瘤多学科诊治以及急诊创伤救治全国领先,产学研一体化有着深远的影响力;新增首批国家临床教学培训示范中心,浙江省肿瘤微环境与免疫治疗重点实验室,浙江省心血管疾病工程实验室,浙江省心血管疾病国际合作基地;获批省肝癌疾病诊治技术研究中心;拥有国内首家最大的国际远程医学中心,以及国际认可的联合专科医师培训基地。

2018年,医院总门急诊量513万余人

次,出入院 16 万余人次,手术量 14 万余台,平均住院日 6.76 天。手术总量位居全国第三、省内第一,工作量、三类以上手术总量、CMI(case mix index,疾病难度系数)均省内第一。全面推广智慧医疗体系,不断提升自助结算服务形式和内涵,包括诊间或床边结算、自助出入院、自助费用清单查询等等,全省首家试点自助发票打印;全面推进日间手术的开展,完成 2.1 万台次,最大限度地缩短住院时间,降低院内感染风险和患者费用;作为浙江省病历管理质量控制中心的挂靠单位,牵头编写浙江省《病历书写规范》;率先成立胸痛及卒中中心,获"全国卒中先锋奖";率先成立创伤中心,设立一站式创伤复苏单元,拥有立体式急危重症快速转运通道及最大的空中急救联盟,一体化急诊创伤救治"全国标杆";打造"全数据互联互通医疗平台",让更多的患者少跑路甚至不跑路。

国家基金项目总数和经费总数连续 8 年蝉联浙江省医院榜首;国家重点研发计划牵头项目新增 3 项;"十三五"以来国家重点研发计划牵头项目首席 8 项,均位居全省第一;Science,Nature,Cell 和 PANS 四刊收录论文 1 篇,全国医疗机构排名第 5 名;获教育部科技进步奖一等奖 1 项,省科技进步一等奖 1 项,省医药卫生进步奖特等奖、一等奖各 1 项;参加省国际智能医疗创新大会现场展示和项目路演科技成果 4 项,受到高度关注。

与英国皇家内科医师学会合作开展英国皇家内科医学院(MRCP)考试和医师培训认证项目;与美国范德堡大学医学中心合作开展机器人手术、临床数据库建设;与法国格勒诺贝尔大学医院、美国印第安纳大学医疗集团,比利时韦弗斯大学卫生保健学院等启动专项合作;深化与 UCLA 合作,签署

公共卫生学院合作协议,启动临床研究培训项目。

在中共浙江省委、省政府和省卫生健康委员会的领导和部署下,在浙江大学的支持下,不断丰富"双下沉"服务体系内涵;长兴院区,成为全国首家跨省县、人财物一体化医疗集团运作"模板";建设衢州高水平医联体,成立附属二院开化分院,创新"1:2:1"模式派驻专家,推行"省属县用"机制、"导师制"、"科联体"等,为基层医院培养本土临床专家队伍,为基层百姓带去实实在在就医获得感。同时,台江分院健康扶贫广受好评,在国家卫健委组织的对全国三级医院对口帮扶贫困县县级医院工作专项督导检查中,获"全国受检医院排名第一"的佳绩。

【萧山新院区描绘宏伟蓝图】 7 月 31 日,杭州市萧山区人民政府和附属二院签订合作协议,将在萧山蜀山街道建立附属二院新院区,力争在 5 年内完成建设。

新院区建设是立足全球医疗塔尖的时代需求,也是主动响应浙江省委省政府积极发展卫生健康事业的号召,贯彻落实浙江省大湾区大花园大通道大都市区建设、杭州市"拥江发展"战略规划和浙江大学"双一流"建设的战略部署。同时,新院区建设是基于医疗服务规律(医、教、研有机整合)的百年规划,更是推动医学创新发展的重要机遇。

新院区将落户萧山区蜀山街道祝家桥社区,蜀山路东侧、规划南四路两侧,总用地面积约 500 亩,其中含公园绿地、河道绿地等约 100 亩,可划拨建设用地约 400 亩;建筑面积暂定 40 万平方米,包括医疗、教学、科研、行政用房。萧山区将积极争取加快实施地铁十一号线和一号线南伸工程、改造提升绕城高速萧山南出口,着力推进博奥路南伸、蜀山路提升工程和城中村改造,为新院

附表　2018 年度附属第二医院基本情况

项目	数量	项目	数量
建筑面积/平方米	386818.29	国家重点实验室数/个	0
固定资产/万元	308647.23	卫生部重点实验室数/个	0
床位数/张	3200	省部级重点实验室数/个	8
在编职工数/人	4312	国家药监局临床药理研究基地数/个	1
主任医师数/人	229	卫生部专科、住院医师培训基地数/个	29
副主任医师数/人	330	业务总收入/亿元	62.02
具有博士学位的医师比例/%	49	药品占总收入比例/%	31.96
两院院士/人	0	门急诊人次/万	513.4646
国家"千人计划"入选者/人	1	住院人次/万	16.6703
国家"百千万人才工程"入选者/人	1	出院人次/万	16.6515
国家杰出青年科学基金获得者/人	5	手术台数/万	14.0432
"973 计划"首席科学家/人	1	平均床位周转率/%	52.43
"长江学者"数/人	5	实际床位利用率/%	96.31
浙江省特级专家数/人	4	SCI 入选论文数/篇	455
浙江省"千人计划"入选者/人	5	MEDLINE 入选论文数/篇	468
浙江大学求是特聘教授/人	15	出版学术专著/部	8
教学总面积/平方米	7260	科研总经费/万元	13070.6786
教学投入资金/万元	4060	其中:国家自然科学基金比重/%	39.80
一、二级学科国家重点学科数/个	2	纵向经费比重/%	78.81
国家精品资源共享课、视频公开课/门	1	出国交流/人次	292
获国家级科技奖项目数/个	0	举办国际学术会议数/次	14
获国家级教学成果奖数/个	0	社会捐赠经费总额/万元	0

区打造良好的外部环境。

新院区建成后,附属二院管理及技术主体力量将迁至新院区,致力于建设成为"全球示范性大学医学中心、国际一流医疗领跑者",打造"医疗服务优质典范、学科深度交叉平台、临床技术创新中心、医学人才培养乐园、一流学科孵化基地"。

【王建安教授获 2018 年度"何梁何利奖"】
2018 年 11 月 6 日,王建安教授获此奖。王建安教授作为国际知名的心血管病专家,在心脏瓣膜病和心肌梗死领域取得了一系列具有国际影响力的原创和系统性成果。他带领团队自主研发经导管介入的瓣膜产品,

创新瓣膜介入理论和关键技术,全球领域推广"杭州方案",明显降低高危患者的介入治疗并发症,技术推广至全国 33 个省、市、自治区;率先通过啮齿类、非人灵长类大动物至临床试验的系统性研究,提出"低氧预处理间充质干细胞通过旁分泌效应提高心脏功能"的理论和方案。他同时担任欧洲 CSI(心脏结构和瓣膜)学会共同主席和中华心血管病学分会副主任委员,研究成果被写入欧洲心脏协会等 2 个专家共识和 *Springer* 等出版的 5 部国际书籍,以通讯作者在 *PNAS*,*Circulation Research* 等杂志发表论文 90 余篇,以第一完成人获国家科技进步

二等奖 1 项和浙江省科技进步一等奖 2 项。

【姚克教授获安东尼奥·斯卡帕国际金奖】
11 月 30 日，在第 98 届意大利眼科学会（SOI）学术大会上，眼科中心姚克教授被授予此项国际金奖。他是第一位获此殊荣的中国眼科医生。姚克教授作为附属二院眼科中心主任、浙江大学眼科医院（筹）院长、浙江大学眼科研究所所长、中华医学会眼科学会主委、全国白内障学组组长、国际眼科理事会理事、国际眼科科学院院士、亚太白内障及屈光手术学会副主席、亚太眼科学会中国区负责人、浙江省科协主席、浙江省医师协会会长，在白内障精准防治领域，首次提出多种途径阐明白内障发病机理，为白内障临床防治奠定理论基础，精准防治关键技术创新的相关成果使百万眼病患者直接受益。姚克教授推动了我国白内障手术的五次革新，主刀手术达 4 万多例，发表学术论文 364 篇，其中 SCI 收录 165 篇，以第一获奖人两次斩获国家科技进步二等奖，获 5 项国家发明专利，在国内率先囊括中华眼科三大最高奖，承担和完成国家"十一五"科技支撑计划和重点国家自然科学基金等三十多个科研项目，在浙江率先基本实现县级医院即可完成"超乳白内障手术"的计划，并建立我国首家"汽车眼科流动医院"。

（胡卫林撰稿　王建安审稿）

附属邵逸夫医院

【概况】　附属邵逸夫医院建院于 1994 年，是中国大陆首家通过国际医院评审（JCI）、首家加入梅奥医疗联盟的公立医院。2018 年医院荣获由中国医师协会颁发的"人文爱心医院"称号。

医院拥有庆春和下沙两个院区，总占地 235 亩，建筑面积 299284 平方米，核定床位 2400 张。全年门急诊量达 3276630 人次，比上年增长 15.00%；出院人数 149491 人次，比上年增长 13.30%；手术量 118679 例次，比上年增长 15.3%；药品占业务收入比例、抗生素占药比，分别为 28.95% 和 10.58%，平均住院日 6.19 天，继续保持浙江省内三甲医院最低。医院基于"互联网＋医疗健康"的便民惠民系列创新举措，成功打造了"最多跑一次"国内样板，并荣获了"2018 年度中国医疗机构互联网品牌传播力全球百强榜（第一名）"。全面推进日间手术，成为中国日间手术联盟成员单位，日间手术术种拓展到 94 个（上一年 65 个）。临床路径管理取得突破性进展，全院临床路径管理率达 39.51%。加强医疗质量安全工作，引进医疗责任险和医疗意外险，成为国内首家具有最完整保险体系的医院。

2018 年获批国家自然科学基金 45 项，其中国家基金重大仪器专项 1 项，国家基金重点项目 1 项，国际合作重点专项 1 项。获国家重点研发计划项目资助 1 项；浙江省省重点研发计划项目批准 7 项。科技成果喜获丰收，获批多个科研平台基地：浙江省省级重点实验室、浙江省省级工程实验室、浙江省"微创医学国际科技合作基地"各 1 个。科研经费突破 5000 万元创新高。SCI 论文收录数量、质量持续提高，影响因子大于 10.0 的文章共 5 篇。

2018 年 1 月成立浙江大学医学院第三临床医学院（即邵逸夫医院）。在院研究生 885 人。导师 137 人，其中博士生导师 44 人（新增 4 人），硕士生导师 93 人（新增 10 人），博士培养点 24 个（新增 2 个），硕士培养点 32 个（新增 2 个）。新增求是特聘医师，浙江省卫生领军人才培养对象，浙江省卫生创新人才培养对象，浙江省 151 人才工程第二层次培养人员等共 8 人。2018 年 12 月入选首批国家临床教学培训示范中心。

加快与美国梅奥诊所的深度合作，有序推进在临床医疗和医院管理的合作计划，同时继续与美国宾夕法尼亚大学医院，英国皇家外科学院（RCS）开展实质性双向合作。开启新一轮与罗马琳达大学的深度合作，罗马琳达大学将全力支持第三临床医学院的临床医学教育，帮助深化住院医师规范化培训、精英师资培训、课程改革以及全英文教学。

【打造"最多跑一次"国内样板】 邵逸夫医院把深化医疗体制改革、创新医疗服务模式、改善患者就医体验作为不断追求的目标，以创新领跑"互联网＋医疗健康"模式，通过"互联网＋医疗健康"模式完全覆盖院前、院中、院后，打造"最多跑一次"国内样板；通过云平台的搭建，构建有序的分级诊疗格局，实现基层病人家门口看名医，基层医生家门口学技术；推进网络健康扶贫，在人工智能与医学相结合方面做了诸多探索性、开创性工作，成为探索"互联网＋医疗健康"模式的典范。2018 年 5 月 18 日，中共浙江省委省政府、浙江省卫健委在实地考察后选择在邵逸夫医院下沙院区举办浙江省推进医疗卫生服务领域"最多跑一次"改革工作现场会。同时院长蔡秀军受邀参与了国家卫健委《关于促进"互联网＋医疗健康"发展的意见》的起草工作，7 月 18 日作为第一讲嘉宾赴国家卫健委作互联网医疗实践分享，9 月 14 日受邀出席国家卫健委的专题新闻发布会，分享邵医经验。10 月 12 日，国家卫健委"互联网＋医疗健康"发展及便民惠民服务新闻发布会再次选择在邵逸夫医院下沙院区召开，邵逸夫医院"互联网＋医疗"的实践探索得到了各级领导和同行的高度赞赏。

【医院获"人文爱心医院"称号】 8 月 30 日—31 日，在国家卫生健康委员会的指导下，由中国医师协会、中国医师协会人文医学专业委员会、白求恩精神研究会、中国医学人文杂志共同主办的中国医学人文大会在北京召开。大会共评选出 2018 年"人文爱心医院"54 所，邵逸夫医院获得"人文爱心医院"荣誉称号，"人文爱心医院"是中国医学人文的最高奖。邵逸夫医院始终以"给您真诚、信心和爱"为服务理念，"以患者为中心，以员工为主体"为管理理念，将以人为本的"全人照护"融入服务的每一个细节，用文化打造有温度的医院。

【个人获殊荣】 2018 年 8 月 16 日，第二届"白求恩式好医生"评选揭晓，授予 81 名医师为"白求恩式好医生"，邵逸夫医院院长、普外科学科带头人蔡秀军教授获此殊荣。"白求恩式好医生"是由白求恩精神研究会、中国医师协会联合开展推荐宣扬的大型公益活动，每两年举办一次，强调医德医风以及其科研或医疗技术水平在全国医疗领域具有重大影响力。

8 月 19 日，在由中国医师协会主办的首届"中国医师节"庆祝大会暨第 11 届"中国医师奖"颁奖大会上，全科医学科主任方力争被授予"中国医师奖"。"中国医师奖"是 2003 年由原卫生部批准中国医师协会设立的行业最高奖项，已经连续表彰了十届共 785 名优秀医生。方力争主任因其长期以来在全科教学、全科医疗等领域做出的贡献而荣膺此奖项。

9 月 10 日，第三届浙江省"最美教师"

附表　2018 年度附属邵逸夫医院基本情况

项目	数量	项目	数量
建筑面积/平方米	299284	国家重点实验室数/个	0
固定资产/万元	61285.42	卫生部重点实验室数/个	0
床位数/张	2400	省部级重点实验室数/个	7
在编职工数/人	3196	国家药监局临床药理研究基地数/个	11
主任医师数/人	181	卫生部专科、住院医师培训基地数/个	23
副主任医师数/人	364	业务总收入/亿元	45.83
具有博士学位的医师比例/%	36.8	药品占总收入比例/%	28.95
两院院士/人	0	门急诊人次/万	327.66
国家"千人计划"入选者/人	2	住院人次/万	14.98
国家"百千万人才工程"入选者/人	1	出院人次/万	14.95
国家杰出青年科学基金获得者/人	0	手术台数/万	11.87
"973 计划"首席科学家/人	0	平均床位周转率/%	57.30
"长江学者"数/人	1	实际床位利用率/%	97.00
浙江省特级专家数/人	1	SCI 入选论文数/篇	319
浙江省"千人计划"入选者/人	4	MEDLINE 入选论文数/篇	/
浙江大学求是特聘教授/人	8	出版学术专著/部	0
教学总面积/平方米	4659	科研总经费/万元	5450.47
教学投入资金/万元	5635	其中：国家自然科学基金比重/%	49.96
一、二级学科国家重点学科数/个	3	纵向经费比重/%	74.31
国家精品资源共享课、视频公开课/门	0	出国交流/人次	174
获国家级科技奖项目数/个	0	举办国际学术会议数/次	13
获国家级教学成果奖数/个	0	社会捐赠经费总额/万元	0

注：固定资产原值为 153639.0150 万元。

评选出 10 名杰出教师，眼科主任姚玉峰教授荣获浙江省"最美教师"称号。浙江省"最美教师"由省教育工会、浙江教育报刊总社、浙江电视台教育科技频道联合举办，旨在深入挖掘教师队伍中的最美现象，充分发挥先进典型的示范作用，大力推进新时代师德师风建设，高水平完成立德树人根本任务。

12 月 11 日，浙江省卫生健康委员会举办浙江援外医疗五十周年纪念活动，表彰全省 20 名援外先进医务工作者，冯金娥护士长获浙江省援外医疗工作先进个人。

（陆红玲　王家铃撰稿　蔡秀军审稿）

附属妇产科医院

【概况】 浙江大学医学院附属妇产科医院是浙江省妇产科医疗、教学、科研及计划生育、妇女保健工作的指导中心。浙江省"三甲"妇女保健院（妇产科医院）。

2018 年，医院被授予"国家孕产期保健特色专科"称号，全国优质医疗服务示范医院称号。2018 年公布的《2017 年度中国医院最佳专科声誉排行榜》中，妇产科排名第四；《2017年度中国医院科技值（STEM）排行榜》中，妇产科学排名第五。

作为第一主编的国家规划教材《妇产科学》（第九版）正式出版。1人获评"全国十佳优秀住院医师"。11月28日，教育部本科教学工作评估审核专家组对妇产科学本科教学作现场评估。

2018年度获批国家级科研项目30项，其中国家自然科学基金项目20项；省部级科研项目29项，其中"脐带间充质干细胞/壳聚糖—胶原复合三维支架治疗重型宫腔粘连的研究"获得国家卫生健康委员会科学研究基金——浙江省医药卫生重大科技计划项目重大项目立项，"女性盆底功能障碍性疾病的人工智能诊治系统研发与应用"获国家卫生健康委员会科学研究基金——浙江省医药卫生重大科技计划项目重点项目立项，"高发恶性肿瘤诊治新技术研究——基于关键问题导向的卵巢癌诊治新技术研究及应用""妇科常见多发病诊治新技术研究——异常子宫出血（AUB）诊断关键技术与应用研究""生殖健康、生育安全及出生缺陷诊治新技术研究——单基因遗传病无创产前诊断技术研发及临床应用研究"三个项目为浙江省重点研发计划项目；"子宫内膜异位症防治关键技术创新与应用"获2018浙江省医药卫生科技进步一等奖。

1人当选为中华医学会妇科肿瘤学分会主任委员。生殖健康与生殖安全创新团队入选浙江省高校高水平创新团队。聘任2名妇产科学院士为浙江大学求是讲座教授，引进"国家千人计划（青年）人才"1人，兼聘"国家千人计划（青年）人才"1人，全职引进浙江省卫生高层次创新人才1人，新增浙江省卫生领军人才1人，浙江省卫生高层次创

新人才1人，浙江省151工程培养对象1人，浙江省医坛新秀培养对象3人。启动医院俊才培养计划，13名青年职工获得资助。

继续推进浙江省"百万妇女生殖健康技术成果转化工程"项目的实施，完成余杭、温岭、衢州、宁波、绍兴、湖州、金华、舟山、丽水、瑞安10个示范基地的集训工作，集训辐射浙江省140余家医疗机构。

组织人员对全省孕产妇死亡和围产儿死亡进行评审，搞好产前筛查和诊断工作、母婴健康工程、产科质量检查、助产机构从业规范制定和监督检查等；全面开展艾滋病、梅毒和乙肝母婴阻断工作，启动出生缺陷防治人才培训项目。

继续深入开展"双下沉"工作。全面托管宁海县妇幼保健院、金华市妇幼保健院、海宁市妇幼保健院，重点托管常山县人民医院妇产科，通过"希望之光"项目援助岱山县第一人民医院妇产科。推进"浙江大学—衢州妇幼医联体"建设；积极支援浙江大学医学院附属第四医院建设。圆满完成浙江省援非、援疆、援琼等任务。1人入选新时代浙江省"万名好党员"，1人获评全省援外医疗工作先进个人。

【浙江大学医学院附属妇产科医院钱江院区一期工程开工建设】 2018年8月28号，浙江大学医学院附属妇产科医院钱江院区一期工程正式破土动工。钱江院区按照大专科、小综合设计，合计床位1200张，其中第一期设置床位600张。钱江院区位于杭州市萧山区钱江世纪城U-02板块，东至民和路、南至济仁路、西至金鸡路、北至丰二路，与机场高速平行并以绿化带隔离。该区域出入机场、高速公路都很便捷，方便了全省乃至周边省份的妇产科重症病患的转运和急救。

附表　2018 年度附属妇产科医院基本情况

项目	数量	项目	数量
建筑面积/平方米	96530	国家重点实验室数/个	0
固定资产/万元	89908.77	卫生部重点实验室数/个	0
床位数/张	1125	省部级重点实验室数/个	2
在编职工数/人	1471	国家药监局临床药理研究基地数/个	1
主任医师数/人	63	卫生部专科、住院医师培训基地数/个	6
副主任医师数/人	89	业务总收入/亿元	12.71
具有博士学位的医师比例/%	26.95	药品占总收入比例/%	21.27
两院院士/人	2	门急诊人次/万	152.68
国家"千人计划"入选者/人	5	住院人次/万	8.07
国家"百千万人才工程"入选者/人	0	出院人次/万	8.06
国家杰出青年科学基金获得者/人	0	手术台数/万	5.62
"973 计划"首席科学家/人	0	平均床位周转率/%	71.69
"长江学者"数/人	0	实际床位利用率/%	97.10
浙江省特级专家数/人	0	SCI 入选论文数/篇	109
浙江省"千人计划"入选者/人	2	MEDLINE 入选论文数/篇	102
浙江大学求是特聘教授/人	3	出版学术专著/部	7
教学总面积/平方米	1700	科研总经费/万元	6554.10
教学投入资金/万元	1176.85	其中:国家自然科学基金比重/%	11.86
一、二级学科国家重点学科数/个	1	纵向经费比重/%	80.13
国家精品资源共享课、视频公开课/门	3	出国交流/人次	79
获国家级科技奖项目数/个	0	举办国际学术会议数/次	2
获国家级教学成果奖数/个	0	社会捐赠经费总额/万元	17.5

【浙江大学医学院附属妇产科医院入选国家首批孕产期保健特色专科】 2018 年 11 月 6 日,全国妇女卫生工作经验交流会在北京举行。国家卫生健康委员会妇幼健康司在会上宣布了首届国家孕产期保健特色专科评选的 11 家入选单位名单,并颁发了铜牌。浙江大学医学院附属妇产科医院作为浙江省唯一一家入选单位,在会上交流了经验。本次参评单位的起点高,必须同时满足三个基本条件:全国百家优秀爱婴医院,国家或省级临床重点专科,省/市级危重孕产妇救治中心。

【获 2017 年高等学校科学研究优秀成果奖一等奖】 2018 年 2 月 7 日,附属妇产科医院教授吕卫国为主要完成人的项目"宫颈癌筛查新技术研发与防控体系的建立及应用"获得该奖。项目以全面提升我国宫颈癌防控水平、保障妇女健康为目标,以揭示 HPV 致癌关键机制为突破口,结合临床研究和筛查新技术研发,创建和优化适合国情的宫颈癌防治技术,历经十余年的研究,取得了多项原创性成果。揭示高危 HPV 致癌新机制,建立和研发了拥有自主知识产权的产品(医疗器械注册证 2 项),有关成果已编入全国规划教材《妇产科学》和《子宫颈疾病诊断与治疗指南》中。

(孙美燕撰稿　吴弘萍审稿)

附属儿童医院

【概况】 附属儿童医院建院于 1951 年,是浙江省最大的三级甲等综合性儿童医院,是儿科学国家重点学科单位,拥有儿科重症专业、新生儿专业、小儿消化专业、小儿呼吸专业 4 个国家临床重点专科,拥有新生儿专业、心胸外科专业、儿童保健专业、小儿围手术期医学、青春期医学、儿童肾脏病学、小儿心血管病学、小儿麻醉学、血液肿瘤专业、中西医结合儿童康复医学 10 个浙江省医学重点学科。医院是国家出生缺陷诊治国际科技合作基地,国家干细胞临床研究备案机构,国家首批儿童早期发展示范基地,国家药物临床试验机构。同时,拥有生殖遗传教育部重点实验室、浙江省新生儿疾病防治重点实验室和国内首个遗传性出生缺陷疾病国际联合实验室。

医院现设有滨江和湖滨 2 个院区,目前开放床位 1300 张。正式职工总人数 2322 人,其中,正高级职称人员 111 人,副高级职称人员 169 人。2018 年,年门急诊量约 333.9 万人次,住院量约 7.9 万人次,开展手术 3.7 万余台,开展新生儿疾病筛查 50.7 万人。

医院学科发展特色显著,临床业务能力、服务水平及综合实力在全国儿童医院中位居第一方阵。医院形成了新生儿、小儿消化、小儿血液肿瘤、小儿心血管、儿童保健、儿科重症、小儿呼吸、小儿内分泌、小儿神经等学科群,医院专家在国内外儿科学术机构中担任重要职务,包括华人医师协会儿科医师分会副会长,中华医学会儿科学分会前任主任委员,中华医学会儿科学分会常委,中华医学会小儿外科学分会常委,中华预防医学会儿童保健分会候任主任委员,中国医师协会毕业后医学教育儿科专业委员会主委和副主任委员,中华护理学会儿科专委会副主任委员,中华医学会儿科学分会儿童早期发展委员会主委,教育部高等学校教学指导委员会儿科学专业教学指导分委员会副主任委员,中华儿科杂志副主编,亚太儿科内分泌学会秘书长等。

2018 年,医院共获得科研项目 102 项,总科研经费 2815 万元。牵头国家重点研发计划项目 1 项、课题 1 项,国家自然科学基金项目 18 项,国家疾控中心营养标准项目 1 项,浙江省万人计划杰出人才项目 1 项,获浙江省标准创新重大贡献奖。发表 SCI 论文 98 篇,最高 IF 12.08;发表国内学术期刊论文 145 篇,其中中文核心期刊论文 48 篇,一级期刊 13 篇。由医院主办的 *World Journal of Pediatrics*(《世界儿科杂志》)获"2017 中国最具国际影响力学术期刊"称号,影响力继续保持亚洲同类期刊第一,创办国内首本小儿外科国际期刊 *World Journal of Pediatric Surgery*(*WJPS*)(《世界小儿外科杂志》),获批国内连续出版物号(CN 号)。

医院获批成立浙江大学儿科学院,承担浙江大学医学本科教育(含临床医学及临床医学儿科专业方向),硕士及博士研究生教育,留学生教育,住院医师规范化培训,专科医师培训,护士本科以上教育,员工在职继续教育及面向全国医务人员接收进修培训等教学工作,形成全链条儿科人才培养模式;同时与英国帝国理工大学开展联合培养研究生项目,打造"5+1"(5 年浙江大学儿科卓越班学士学位+1 年帝国理工大学生物医学研究硕士学位)人才培养模式。

附表 2018 年度附属儿童医院基本情况

项目	数量	项目	数量
建筑面积/平方米	171501	国家重点实验室数/个	0
固定资产/万元	129876	卫生部重点实验室数/个	1
床位数/张	1300	省部级重点实验室数/个	1
在编职工数/人	2322	国家药监局临床药理研究基地数/个	10
主任医师数/人	99	卫生部专科、住院医师培训基地数/个	8
副主任医师数/人	125	业务总收入/亿元	17.1
具有博士学位的医师比例/%	17.6	药品占总收入比例/%	24.9
两院院士/人	0	门急诊人次/万	333.9
国家"千人计划"入选者/人	4	住院人次/万	7.9
国家"百千万人才工程"入选者/人	0	出院人次/万	7.8
国家杰出青年科学基金获得者/人	0	手术台数/万	3.7
"973 计划"首席科学家/人	0	平均床位周转率/%	57.43
"长江学者"数/人	0	实际床位利用率/%	98.15
浙江省特级专家数/人	0	SCI 入选论文数/篇	98
浙江省"千人计划"入选者/人	3	MEDLINE 入选论文数/篇	92
浙江大学求是特聘教授/人	3	出版学术专著/部	8
教学总面积/平方米	2460	科研总经费/万元	2815.8
教学投入资金/万元	404	其中:国家自然科学基金比重/%	30.4
一、二级学科国家重点学科数/个	1	纵向经费比重/%	61.5
国家精品资源共享课、视频公开课/门	0	出国交流/人次	26
获国家级科技奖项目数/个	0	举办国际学术会议数/次	6
获国家级教学成果奖数/个	0	社会捐赠经费总额/万元	2069

【医院滨江院区二期扩建工程开工建设】

2018 年 5 月 21 日,该扩建工程正式动工,总投资为 4.6 亿元,总建筑面积近 8 万平方米,其中地上建筑面积 5 万平方米,地下建筑面积近 3 万平方米,包括新建一幢 21 层的住院大楼和 10 层的科研楼,获批床位 740 张。该工程位于浙江大学医学院附属儿童医院滨江院区内,预计 2020 年年底建成,是浙江省重点建设项目。

【舒强获浙江省标准创新重大贡献奖】

2018 年 10 月 22 日,由舒强负责主导制定的《出生缺陷综合预防规范》获 2018 年浙江省标准创新重大贡献奖,该奖是浙江在全国省级政府层面率先设立的标准创新类奖项,也是浙江在标准化领域的最高奖项。自 2018 年起开始评选,每 2 年评审 1 次,分为重大贡献奖和优秀贡献奖。其中,重大贡献奖每次表彰名额不超过 3 个,优秀贡献奖每次表彰名额不超过 10 个。《出生缺陷综合预防规范》研发了从婚前到出生为一体的完整的出生缺陷综合预防标准体系,在试用期内,示范点婴儿死亡率由 2.621‰降至 1.61‰,出生缺陷发生率由实施前的 68.3/万降至实施后的 44.5/万,低于全省、全国平均水平。

【医院获批成为浙江省小儿白血病诊治技术

研究中心主导建设单位】 该研究中心于2018年11月批准成立,由浙江大学医学院附属儿童医院牵头,复旦大学附属儿科医院、苏州大学医学院附属儿童医院、南京医科大学附属儿童医院、浙江大学医学院附属第一医院等省内外共10家医院以及药企、人工智能研究中心协同合作,致力于通过中心运作,在规范白血病诊断和分型、化学治疗、微小残留病监测、化疗并发症管理、免疫靶向治疗及新药治疗、造血干细胞移植、停药后长期随访等方面进行基础和临床研究,使小儿白血病不再成为绝症。

(方思齐撰稿 林 平审稿)

附属口腔医院

【概况】 附属口腔医院(又名浙江省口腔医院)是浙江省唯一一家三级甲等(参照)口腔专科医院,是浙江省口腔医疗、科研、教学、预防指导中心,浙江省口腔医学会、浙江省口腔质量控制中心、浙江省口腔卫生指导中心、浙江省口腔正畸中心、浙江省口腔种植技术指导中心所在单位,也是国家住院医生规范化培训基地和国家执业医师考试基地。

医院建筑面积约6493平方米,核定床位50张,开放床位20张,现有牙科综合治疗椅153台(含城西分院、华家池口腔诊疗中心)。在院职工535人,副高以上职称50人,博士生导师6人,硕士生导师19人。

2018年,门诊量达到53.72万人次,比上年增长9.11%;医院总收入33927.11万元,比上年增长14.77%,其中医疗收入为31694.57万元,比上年增长15.64%;出院1712人,比上年增长43.50%;医院总资产67910.86万元,比上年增长16.41%。

本年度共获批科研项目27项,科研经费527万元,其中国家级课题8项,省部级课题7项,厅局级课题12项,横向课题1项。共发表SCI文章27篇,总影响因子77.31,平均影响因子3.09。获国家级发明专利1项,实用新型专利1项。学科竞赛创新绩,获全国青年教师授课技能展评二等奖1项,全国青年教师临床技能操作展评三等奖1项,全国口腔学生临床技能操作展评三等奖1项,"华南杯"全国口腔医学生临床技能邀请赛三等奖1项。李晓军获全国住院医师规范化培训"优秀带教老师"荣誉称号。

响应浙江省卫健委号召,全面深化"最多跑一次"改革,实现看病少排队,服务更贴心,付费更便捷,检查少跑腿,住院更省心。优化门诊流程,设立门诊综合服务中心和投诉沟通中心,检查预约中心;改善患者就医体验,设立门诊综合服务中心一站式服务。

注重人才队伍建设,加强人事管理。入选省卫健委高层次创新人才1人,151第二层次人才1人。

深化对外合作交流,进一步提升国际声誉。10月,与哈佛大学牙学院签署合作备忘录。4月,承办第十七届泛太平洋口腔种植学会议暨第二届西湖国际口腔种植高峰论坛;12月,与上海交通大学口腔医学院联合举办第四届国际数字化牙科医学协会年会(IADDM)。

12月举行了200万资金下沉仪式和东干、王宅口腔诊疗中心授牌仪式,标志着县域医共体口腔联盟建设正式启动。11月牵头成立了浙江省口腔专科联盟。2018年继续

附表 2018 年度附属口腔医院基本情况

项目	数量	项目	数量
建筑面积/平方米	6493	国家重点实验室数/个	0
固定资产/万元	10292.9	卫生部重点实验室数/个	0
床位数/张	20	省部级重点实验室数/个	1
在编职工数/人	535	国家药监局临床药理研究基地数/个	0
主任医师数/人	15	卫生部专科、住院医师培训基地数/个	1
副主任医师数/人	24	业务总收入/亿元	3.39
具有博士学位的医师比例/%	33.94	药品占总收入比例/%	1.04
两院院士/人	0	门急诊人次/万	53.7245
国家"千人计划"入选者/人	0	住院人次/万	0.1726
国家"百千万人才工程"入选者/人	0	出院人次/万	0.1712
国家杰出青年科学基金获得者/人	0	手术台数/万	0.1615
"973 计划"首席科学家/人	0	平均床位周转率/%	85.6
"长江学者"数/人	0	实际床位利用率/%	95.97
浙江省特级专家数/人	0	SCI 入选论文数/篇	27
浙江省"千人计划"入选者/人	1	MEDLINE 入选论文数/篇	27
浙江大学求是特聘教授/人	1	出版学术专著/部	0
教学总面积/平方米	883	科研总经费/万元	527
教学投入资金/万元	425	其中:国家自然科学基金比重/%	31.2
一、二级学科国家重点学科数/个	0	纵向经费比重/%	97
国家精品资源共享课、视频公开课/门	0	出国交流/人次	16
获国家级科技奖项目数/个	0	举办国际学术会议数/次	2
获国家级教学成果奖数/个	0	社会捐赠经费总额/万元	0

派出第二位援疆干部进驻新疆生产建设兵团第一师医院。6 月,"浙江大学口腔颌面疾病诊治中心南疆分中心"于新疆生产建设兵团第一师医院挂牌;12 月,与兵团第一师医院签署了对口支援协议。

浙江大学口腔医学中心(医院扩建工程)主体结构已于年底顺利结顶,并于 12 月 18 日举行结顶仪式。

【成立浙江大学医学院口腔医学院】 1 月,该学院成立,旨在统筹协调医学院各附属医院的口腔学科建设、人才培养工作,以及履行口腔临床医学教育、科学研究的主体职能,努力培养和造就"德才兼备、全面发展"的国际一流拔尖创新型卓越口腔医学人才。王慧明任院长,谢志坚任常务副院长。该学院成立后制定了《浙江大学医学院口腔医学院实施方案》,明确了学院的建设目标、岗位设置、工作职责和具体任务、投入与保障等内容,进一步促进"双一流"建设生根落地。

【获批成为国家医师资格考试实践技能考试基地】 该基地位于浙江大学华家池校区内,自全国实施医师资格考试以来,就一直承担着浙江省的口腔医师资格考试工作。历年来的考试组织工作、考官执考水平受到了国家医学考试中心的巡考专家、浙江省卫计委及考区领导的充分肯定。2018 年 10

月,该基地接受国家医学考试中心专家评审,2019 年 1 月正式获批成为浙江省唯一一家国家医师资格考试实践技能考试基地(口腔类别)。

(陈泽佳撰稿　王慧明审稿)

附属第四医院

【概况】　附属第四医院(以下简称浙大四院)是浙江大学首家在异地建设并管理的综合性直属附属医院,由义乌市政府全额投资。医院按照综合三甲标准设计建设,经浙江省卫健委批复参照省级医院管理,系省市保定点医院。

医院占地面积 189.3 亩,建筑面积 12.33 平方米,床位 920 张;在职员工 1481 人(年度新增 105 人),其中医生 382 人(含在杭规培 77 人),医技 146 人,护理 624 人,正高级职称 24 人,副高级职称 62 人,博士 49 人,硕士 324 人。

医疗服务供给不断增加,业务总量持续增长。全面开放普通门诊号源,门诊量、住院量等大幅度提升。医疗收入 6.69 亿元,增长 35%;门急诊总量 88.28 万人次,增长 30%;出院量 2.7 万人次,增长 44%。质量管理指标进一步改善,平均住院日 7.56 天,门诊和住院均次费用分别下降了 1.95% 和 2%。医疗辐射能力进一步提升,非义乌医保出院人次占总体医保结算人次的 7.36%,异地医保结算门诊人次同比增长 82.22%,住院人次同比增长 91.44%。

教学能力持续提升。2018 年,医院中心实验室和样本库投入使用。成为浙江省肝胆胰疾病临床医学研究中心主要成员单位。科研项目申报增长率 61%,地厅级以上课题 52 项,国家重点研发计划课题 1 项,实现零的突破,国家自然科学基金 1 项,省基础公益项目 5 项。获得浙江省医药卫生科技奖二等奖 3 项,三等奖 2 项。发表 SCI 论文 22 篇,最高影响因子 9.616。

内科、外科和妇产科 3 个专业获批住院医师规范化培训基地,招收第一批住院医师规范化学员 22 名。新增 4 名研究生,1 名研究生毕业。教学研究改革取得突破,校级教改项目立项 1 个,省教育厅教改项目立项 3 个,发表教改论文 5 篇。启动双语课程建设,课程覆盖 8 个教研室;打造了心内科、肾病科、普外科三门全英文授课精品教学项目。临床技能培训中心功能不断拓展,开展急救培训近 1300 人次;开展公益心肺复苏等急救讲座 8 场;开展医护实习生、规培学员、低年资住院医师和护士临床技能培训与考核 2000 余人次;开设模拟手术室课程 2 项。成功举办第二届临床技能竞赛。在医学院首届临床教师全英文授课比赛中获得好成绩。

【引入 3 项医院国际标准以提升医院质量和安全】　7 月 31 日,浙大四院通过 JCI(医院质量安全)第六版评审,11 月 19 日通过 HIMSS EMRAM(住院和急诊电子病历)六级国际评审,12 月 1 日通过 ISO15189(检验)专家组监督评审。

【召开第七期"浙江大学医学院附属医院发展论坛"】　11 月 20 日,由浙大四院承办的第七期"浙江大学医学院附属医院发展论坛"顺利召开。本次大会主题是"深化援建,强基固本,紧紧围绕双一流战略目标,推动附属第四医院快速发展"。

附表　2018 年度附属第四医院基本情况

项目	数量	项目	数量
建筑面积/平方米	1233226	国家重点实验室数/个	0
固定资产/万元	94507.93	卫生部重点实验室数/个	0
床位数/张	920	省部级重点实验室数/个	0
在编职工数/人	856	国家药监局临床药理研究基地数/个	0
主任医师数/人	22	卫生部专科、住院医师培训基地数/个	0
副主任医师数/人	46	业务总收入/亿元	6.69
具有博士学位的医师比例/%	11.3	药品占总收入比例/%	36.35
两院院士/人	0	门急诊人次/万	88.275
国家"千人计划"入选者/人	0	住院人次/万	2.7
国家"百千万人才工程"入选者/人	0	出院人次/万	2.7
国家杰出青年科学基金获得者/人	0	手术台数/万	1.5
"973 计划"首席科学家/人	0	平均床位周转率/%	40.48
"长江学者"数/人	0	实际床位利用率/%	84.01
浙江省特级专家数/人	0	SCI 入选论文数/篇	22
浙江省"千人计划"入选者/人	0	MEDLINE 入选论文数/篇	22
浙江大学求是特聘教授/人	0	出版学术专著/部	0
教学总面积/平方米	3700	科研总经费/万元	175
教学投入资金/万元	450	其中:国家自然科学基金比重/%	28.74
一、二级学科国家重点学科数/个	0	纵向经费比重/%	94.86
国家精品资源共享课、视频公开课/门	0	出国交流/人次	49
获国家级科技奖项目数/个	0	举办国际学术会议数/次	7
获国家级教学成果奖数/个	0	社会捐赠经费总额/万元	0

（王俊超撰稿　王　芳审稿）

机构与干部

学校党政领导班子 *(2018 年 12 月 31 日在任)*

党 委 书 记　邹晓东

校　　　长　吴朝晖

常务副校长　任少波（兼秘书长）

副 书 记　吴朝晖　郑　强（正厅级）　张宏建　朱世强　叶　民　邬小撑

副 校 长　罗卫东　严建华　罗建红　张宏建　何莲珍　王立忠

中共浙江大学委员会委员 *(2018 年 12 月 31 日在任，以姓氏笔画为序)*

万春根　　马春波　　王立忠　　王建安　　石毅铭　　叶　民　　叶桂方　　包迪鸿　　朱世强

任少波　　邬小撑　　刘继荣　　严建华　　吴朝晖　　何莲珍　　邹晓东　　应　飚　　沈黎勇

张光新　　张宏建　　张荣祥　　陈云敏　　周天华　　郑　强　　姚玉峰　　夏文莉　　楼成礼

中共浙江大学常务委员会委员 *(2018 年 12 月 31 日在任)*

邹晓东　　吴朝晖　　任少波　　郑　强　　严建华　　张宏建　　朱世强　　叶　民　　王立忠

邬小撑　　应　飚　　包迪鸿

中共浙江大学纪律检查委员会委员

(2018 年 12 月 31 日在任，以姓氏笔画为序)

委　员　马春波　王志强　叶　民　叶晓萍　朱　慧　张永华　陈　伟
　　　　　　陈君芳　罗泳江　徐国斌　郭文刚

书　记　叶　民

副书记　马春波　叶晓萍

总会计师、校长助理 *(2018 年 12 月 31 日在任)*

总会计师　石毅铭

校长助理　陈昆松　李凤旺　傅　强　胡　炜　胡征宇

党委办公室、校长办公室负责人

(2018 年 12 月 31 日在任)

部　门	职　务	姓　名
党委办公室 **校长办公室** （含地方合作办公室、保密办公室、信访办公室、法律事务办公室）	主　任	叶桂方
	副主任	王志强（挂职中共杭州市余杭区委常委、副区长）　黄任群　傅方正　江雪梅　陈　浩　褚如辉　曹　磊
地方合作办公室	副主任	傅方正　章丽萍　曹　磊（兼）
保密办公室	主　任	王志强（挂职中共杭州市余杭区委常委、副区长）
	副主任	陈　浩（兼）
信访办公室	主　任	黄任群（兼）
法律事务办公室	主　任	江雪梅（兼）

党委部门负责人 *(2018 年 12 月 31 日在任)*

部　门	职　务		姓　名
纪委办公室	主　任		马春波(兼)
	副主任		叶晓萍(兼)　张建富
	内部巡察办公室主任		叶晓萍
组织部	部　长		包迪鸿
	副部长		王　东(兼)　朱　慧　徐国斌　蔡　荃　钟永萍
宣传部、 (含网络信息办公室)	部　长		应　飚
	副部长		卢军霞　章　旻
	网络信息 办公室	主任	应　飚(兼)
		副主任	张川霞
统战部	部　长		包迪鸿
	副部长		钱智敢
教师工作部 (与人事处合署)	部　长		刘继荣(兼)
	副部长		陈海荣
学生工作部	部　长		邬小撑
	副部长		薄　拯(兼)　尹金荣　潘　健　吴子贵　叶　艇
研究生工作部	部　长		张荣祥
	副部长		王　珏　陈凯旋
安全保卫部 (与安全保卫处合署)	部　长		陈　伟(兼)
	副部长		胡　凯(兼)　胡义镰(兼)　赵增泽(兼)
人民武装部 (与学生工作部合署)	部　长		邬小撑(兼)
	副部长		吴子贵(兼)
机关党委	党委书记		徐国斌
	党委副书记		陈　飞(兼)　吕朝晖
	纪委书记		吕朝晖
离休党工委 (与离退休工作处合署)	书　记		王　东(兼)
	常务副书记		朱　征
	副书记		王剑忠(兼)　韩东晖(兼) 李　民(兼)　成光林(兼)

行政部门负责人（2018 年 12 月 31 日在任）

部门	职务			姓名
发展规划处	处　长			王靖岱
	副处长			楼建晴　徐贤春
政策研究室	主　任			李铭霞
	副主任			徐宝敏
人事处	处　长			刘继荣
	副处长			许　翾(兼)　陈素珊　吕黎江　陈海荣(兼)　钟鸣文
人才工作办公室（与人事处合署）	主　任			许　翾
	副主任			阮　慧
国际合作与交流处、港澳台事务办公室	处　长			李　敏
	副处长			沈　杰(兼)　薛　飞　徐　莹　陈伟英　房　刚(兼)
	港澳台事务办公室	主　任		李　敏(兼)
		副主任		房　刚
本科生院	院　长			张光新
	副院长			邬小撑(兼)　徐　骁(兼)
	教务处	处　长		胡吉明
		副处长		金娟琴　刘有恃　张　良
	学生工作处（与党委学生工作部合署）	处　长		邬小撑(兼)
		副处长		尹金荣(兼)　潘　健(兼)　吴子贵(兼)　叶　艇(兼)
	本科生招生处	副处长		朱佐想　孙　健
	教学研究处	处　长		李恒威
		副处长		谢桂红
	求是学院	院　长		邱利民
		书　记		邬小撑(兼)
		副书记		邱利民　陈立明　刘　波　谭　芸　翁　亮
		纪委书记		谭　芸
		丹阳青溪学园主任		翁　亮(兼)
		紫云碧峰学园	主　任	谭　芸(兼)
			副主任	刘　波(兼)
		蓝田学园主任		陈立明(兼)

部　门	职　务		姓　名
研究生院	院　长		周天华
	副院长		叶恭银
	研究生招生处	处　长	周文文
		副处长	王　征
	研究生培养处	处　长	江全元
		副处长	王晓莹　陈智峰
	研究生管理处（与党委研究生工作部合署）	处　长	张荣祥（兼）
		副处长	王　珏（兼）　陈凯旋（兼）
	学科建设处	处　长	叶恭银
		副处长	蒋笑莉
	学位评定委员会办公室（与学科建设处合署）	主　任	叶恭银（兼）
		副主任	蒋笑莉（兼）
科学技术研究院	院　长		夏文莉
	副院长		史红兵（兼）　柯越海（兼）　孙崇德（兼）
	科技项目过程管理中心副主任		项品辉
	高新技术部部长		蒋　啸
	农业与社会发展部部长		程术希
	基础研究与海外项目部部长		吴勇军
	开发与技术转移部部长		翁　宇
	成果与知识产权管理部部长		李寒莹
超重力离心模拟与实验装置项目建设（推进）指挥部办公室	主　任		杜尧舜
	副主任		楼笑笑　林伟岸
社会科学研究院	常务副院长		褚超孚
	副院长		李铭霞（兼）　袁　清　胡　铭
	重点成果推广部部长		方志伟

续表

部 门	职 务		姓 名
继续教育管理处	处 长		郑 胜
	副处长		陈 军
医院管理办公室	主 任		朱 慧
	副主任		李 伟
计划财务处 （含经营性资产 管理办公室、国有 资产管理办公室、 采购管理办公室）	处 长		胡素英
	副处长		丁海忠　朱明丰　杨　柳　杨学洁 包晓岚（兼）
	经营性资产 管理办公室	主 任	张宏建（兼）
		副主任	娄 青
	国有资产管 理办公室	主 任	石毅铭（兼）
		副主任	胡 放
	采购管理办 公室	主 任	包晓岚
审计处	处 长		罗泳江
	副处长		周　坚　胡敏芳
监察处 （与纪委办公室合署）	处 长		马春波（兼）
	副处长		叶晓萍（兼）　方炎生
实验室与设备管理处 （含采购中心）	处 长		冯建跃
	副处长		雷群芳　俞欢军（兼）　孙益
	采购中心主任		俞欢军
校综合治理委员会	常务副主任	李友杭	
总务处 （含"1250安居工程" 办公室）	处 长		吴红瑛
	副处长		刘峥嵘　朱宇恒　刘辉文　胡志富　傅加林
	"1250安居 工程"办公室	主 任	吴红瑛（兼）
		常务副主任	刘峥嵘
基本建设处	处 长		李凤旺
	副处长		林忠元　温晓贵　匡亚萍　梅祥院 李剑峰　傅加林
	紫金港校 区西区基 本建设指 挥部	常务副总指挥	李凤旺（兼）
		副总指挥	林忠元（兼）

部　门	职　务	姓　名
安全保卫处	处　长	陈　伟
	副处长	胡　凯　胡义镰　赵增泽
离退休工作处	处　长	王　东
	副处长	朱　征（兼）　王剑忠　韩东晖 李　民　成光林
新闻办公室 （与党委宣传部合署）	主　任	应　飚（兼）

学术机构负责人 *(2018 年 12 月 31 日在任)*

部　门	职　务	姓　名
校学术委员会秘书处	秘书长	李浩然
	副秘书长	朱敏洁
人文学部	主　任	黄华新
	副主任	王　永
社会科学学部	主　任	余逊达
	副主任	夏立安
理学部	主　任	麻生明
	常务副主任	李浩然
	副主任	陈汉林
工学部	主　任	陈云敏
	副主任	郑　耀　徐志康
信息学部	主　任	鲍虎军
	副主任	陈积明
农业生命环境学部	主　任	朱利中
	副主任	刘建新　喻景权
医药学部	主　任	段树民
	副主任	陈　忠　管敏鑫

学院（系）负责人 *(2018 年 12 月 31 日在任)*

学部、学院(系)	职 务	姓 名
人文学院	院 长 副院长	楼含松 沈 玉(兼) 苏宏斌 冯国栋 张颖岚
	党委书记 党委副书记 纪委书记	沈 玉 楼含松 楼 艳 楼 艳
外国语言文化与 国际交流学院	院 长 副院长	程 工 姚 信(兼) 方 凡 李 媛 程 乐
	党委书记 党委副书记 纪委书记	姚 信 程 工 沈 燎 沈 燎
传媒与国际文化学院	院 长 副院长	韦 路 王庆文(兼) 王建刚 范志忠
	党委书记 党委副书记 纪委书记	王庆文 韦 路 金芳芳 金芳芳
经济学院	院 长 副院长	黄先海 张子法(兼) 潘士远 王义中 方红生
	党委书记 党委副书记 纪委书记	张子法 黄先海 卢飞霞 卢飞霞
光华法学院	名誉院长 常务副院长 副院长	张文显 周江洪 张永华(兼) 赵 骏 郑春燕
	党委书记 党委副书记 纪委书记	张永华 周江洪 吴卫华 吴卫华
教育学院	院 长 副院长	顾建民 吴巨慧(兼) 阚 阅 周丽君
	党委书记 党委副书记 纪委书记	吴巨慧 包 松 包 松

学部、学院(系)	职 务	姓 名
管理学院	院 长 副院长	魏 江 朱 原(兼) 周伟华 汪 蕾 谢小云
	党委书记 党委副书记 纪委书记	朱 原 魏 江 吴为进 吴为进
公共管理学院	院 长 副院长	郁建兴 杨国富(兼) 毛 丹 郭继强 钱文荣 张蔚文
	党委书记 党委副书记 纪委书记	杨国富 郁建兴 阮俊华 阮俊华
	社会学系 系主任 党总支书记	赵鼎新 毛 丹
马克思主义学院	院 长 副院长	刘同舫 李小东(兼) 张 彦
	党委书记 党委副书记 纪委书记	李小东 徐晓霞 徐晓霞
数学科学学院	院 长 副院长	包 刚 闻继威(兼) 盛为民 郜传厚
	党委书记 党委副书记 纪委书记	闻继威 姚 晨 姚 晨
物理学系	系主任 副系主任	王业伍 颜 鹂(兼) 赵道木 王 凯
	党委书记 党委副书记 纪委书记	颜 鹂 王业伍 方 磊 方 磊
化学系	系主任 副系主任	王 鹏 应伟清(兼) 史炳锋 王 敏
	党委书记 党委副书记 纪委书记	应伟清 潘贤林 潘贤林

续表

学部、学院(系)	职 务	姓 名
地球科学学院	院 长 副院长	夏群科 王 苑(兼) 程晓敢 曹 龙
	党委书记 党委副书记 纪委书记	王 苑 陈宁华 陈宁华
心理与行为科学系	系主任	何贵兵
	副系主任	林伟连(兼) 何贵兵 高在峰
	党委书记 党委副书记 纪委书记	林伟连 何贵兵 何 洁 何 洁
机械工程学院	院 长 副院长	杨华勇 梅德庆(兼) 居冰峰 刘振宇
	党委书记 党委副书记 纪委书记	梅德庆 项淑芳 项淑芳
材料科学与工程学院	院 长 副院长	韩高荣 刘艳辉(兼) 陈立新 皮孝东
	党委书记 党委副书记 纪委书记	刘艳辉 韩高荣 张士良 陈立新
能源工程学院	院 长 副院长	高 翔 金 滔(兼) 郑津洋 俞自涛
	党委书记 党委副书记 纪委书记	金 滔 高 翔 赵传贤 赵传贤
电气工程学院	院 长 副院长	盛 况 汤海旸(兼) 沈建新 齐冬莲
	党委书记 党委副书记 纪委书记	汤海旸 郭创新 张晓洁 郭创新
建筑工程学院	院 长 副院长	罗尧治 郭文刚(兼) 董丹申(兼) 吕朝锋 朱 斌 吴 越
	党委书记 党委副书记 纪委书记	郭文刚 罗尧治 傅慧俊 张 威 傅慧俊

学部、学院(系)	职　务	姓　名
化学工程与 生物工程学院	院　长 副院长	邢华斌 沈文华(兼)　张　林　潘鹏举
	党委书记 党委副书记 纪委书记	沈文华 邢华斌　沈律明 沈律明
海洋学院	院　长 副院长	王立忠 王瑞飞(兼)　阮　啸(兼) 韩喜球(海洋二所)　徐　文　王晓萍 陶向阳
	党委书记 党委副书记 纪委书记	王瑞飞 阮　啸 阮　啸
	党政办公室主任	陈　庆
	组织人事部部长	吴　锋
	学生思政工作部 部长	王万成
	教学管理部部长	马忠俊
	科研管理部部长	吴嘉平
	图书信息中心主任	吴颖骏
	总务部部长	周亦斌
	财务资产部部长	袁路明
	实验室与设备管 理部部长	潘先平
航空航天学院	名誉院长 院　长 常务副院长 副院长	沈荣骏 阮祥新 邵雪明 毕建权(兼)　金仲和　曲绍兴
	党委书记 党委副书记 纪委书记	毕建权 邵雪明　戴志潜 戴志潜
高分子科学与 工程学系	系主任 副系主任	高长有 楼仁功(兼)　李寒莹　张兴宏
	党委书记 党委副书记 纪委书记	楼仁功 王　齐 王　齐

学部、学院(系)	职 务	姓 名
光电科学与工程学院	院 长 副院长	刘向东 郑臻荣 戴道锌
	党委副书记 纪委书记	刘向东 刘玉玲 郑丹文 郑丹文
信息与电子工程学院	常务副院长 副院长	杨建义 钟蓉戎(兼) 赵民建 陈红胜
	党委书记 党委副书记 纪委书记	钟蓉戎 杨建义 赵颂平 赵颂平
微电子学院	名誉院长 副院长	严晓浪 何乐年 程志渊
控制科学与工程学院	院 长 副院长	邵之江 叶 松(兼) 侯迪波
	党委书记 党委副书记 纪委书记	叶 松 邵之江 丁立仲 丁立仲
计算机科学与 技术学院	院 长 副院长	陈 刚 彭列平(兼) 吴 飞 陈 为 尹建伟
软件学院	常务副院长 副院长	卜佳俊 陈 丽 蔡 亮
计算机科学与技术学院 和软件学院党委	党委书记 党委副书记 纪委书记	彭列平 陈 刚 胡昱东 单珏慧 许亚洲 胡昱东
生物医学工程与 仪器科学学院	副院长	王春波(兼) 周 泓 刘清君
	党委书记 党委副书记 纪委书记	王春波 杨 扬 孟 礁(挂职义乌市人民政府 副市长) 杨 扬
生命科学学院	院 长 副院长	彭金荣 潘炳龙(兼) 程 磊 余路阳
	党委书记 党委副书记 纪委书记	潘炳龙 孙 棋 孙 棋

学部、学院(系)	职 务	姓 名
生物系统工程与食品科学学院	院 长 副院长	何 勇 王晓燕(兼) 刘东红 徐惠荣
	党委书记 党委副书记 纪委书记	王晓燕 何 勇 费兰兰 费兰兰
环境与资源学院	院 长 副院长	陈宝梁 夏标泉(兼) 史 舟 胡宝兰 陈丁江
	党委书记 党委副书记 纪委书记	夏标泉 陈宝梁 包永平 包永平
农业与生物技术学院	院 长 副院长	陈学新 赵建明(兼) 祝水金 孙崇德 马忠华
	党委书记 党委副书记 纪委书记	赵建明 陈学新 金 敏 金 敏
动物科学学院	院 长 副院长	汪以真 楼建悦(兼) 杨明英 李肖梁
	党委书记 党委副书记 纪委书记	楼建悦 汪以真 叶 艇 叶 艇
医学院	名誉院长 院 长 常务副院长 副院长	巴德年 刘志红 李晓明 黄 河(兼) 许正平(兼) 欧阳宏伟 王伟林(兼) 王建安(兼) 蔡秀军(兼) 方向明 柯越海 徐 骁
	党委书记 党委副书记 纪委书记	黄 河 朱 慧(兼) 陈国忠 陈周闻 陈国忠
	科研办公室主任	易 平
	教学办公室主任	徐凌霄
	基础医学系 系主任 副系主任	王青青 邵吉民(兼) 杨 巍 王 迪
	党总支书记 党总支副书记	邵吉民 王青青

续表

学部、学院(系)	职务		姓　名
医学院	公共卫生系	系主任	许正平
		副系主任	李金林(兼)　陈光弟　王红映
		党总支书记	李金林
		党总支副书记	许正平
药学院	院　长		杨　波
	副院长		胡富强(兼)　高建青　范骁辉
	党委书记		胡富强
	党委副书记		杨　波　王　芳
	纪委书记		王　芳

医学院附属医院负责人 (2018 年 12 月 31 日在任)

医院	职务	姓　名
医学院附属第一医院	党委书记	梁延波
	常务副书记	顾国煜
	党委副书记	陈君芳　邵浙新
	纪委书记	陈君芳
	常务副院长	裘云庆
	副院长	顾国煜(兼)　沈　晔　许国强　陈作兵
		郑　敏
医学院附属第二医院	党委书记	陈正英
	党委副书记	王建安　王伟林　王　凯　项美香
	纪委书记	项美香
	院　长	王建安
	常务副院长	王伟林
	副院长	陈正英(兼)　黄　建　王志康　丁克峰
		吴志英
医学院附属邵逸夫医院	党委书记	刘利民
	党委副书记	黄　昕　李　强　丁国庆
	纪委书记	丁国庆
	院　长	蔡秀军
	常务副院长	黄　昕
	副院长	刘利民(兼)　俞云松　谢鑫友　潘宏铭
		张松英

医 院	职 务	姓 名
医学院附属妇产科医院	党委书记 常务副书记 党委副书记 纪委书记	吕卫国 吴弘萍 吴瑞瑾 吴瑞瑾
	院 长 副院长	吕卫国 吴弘萍（兼）　王新宇　程晓东　陈新忠 张 丹
医学院附属儿童医院	党委书记 党委副书记 纪委书记	舒 强 邹朝春 邹朝春
	副院长	傅君芬　龚方戚　毛建华
医学院附属口腔医院	党委书记 常务副书记 党委副书记 纪委书记	王慧明 章伟芳 朱赴东 朱赴东
	院 长 副院长	王慧明 章伟芳（兼）　谢志坚　傅柏平　姚碧文
医学院附属第四医院	党委书记 纪委书记	徐 键 戴慧芬
	院 长 副院长	徐 健 徐志豪　周庆利　戴慧芬　胡振华

独立学院负责人 *(2018 年 12 月 31 日在任)*

独立学院	职 务	姓 名
浙江大学城市学院	院 长 常务副院长 副院长	韦 巍 斯荣喜 朱永平　陈丰秋
	党委书记 党委副书记 纪委书记	吴 健 韦 巍　赵 阳　李 磊 李 磊

独立学院	职 务	姓 名
浙江大学宁波理工学院	院 长	章献民
	副院长	冯建波 毛才盛 梅乐和 杨灿军
	党委书记	胡征宇
	党委副书记	冯建波 黄光杰 顾禹标
	纪委书记	顾禹标

校区党工委、管委会负责人 (2018年12月31日在任)

校 区	部 门	职 务	姓 名
紫金港校区 (与机关党委合署)	党工委	书 记	罗长贤
		副书记	陈 飞 吕朝晖(兼)
	管委会	主 任	罗长贤(兼)
		副主任	陈 飞(兼) 吕朝晖(兼)
玉泉校区	党工委	书 记	马银亮
		副书记	周小萍
	管委会	主 任	马银亮(兼)
		副主任	周小萍(兼)
西溪校区	党工委	书 记	吕国华
	管委会	主 任	吕国华(兼)
		副主任	毛一平
华家池校区	党工委	书 记	王建军(援藏)
		副书记	陈 炯 潘 新
	管委会	主 任	王建军(兼)
		副主任	潘 新(兼)
之江校区	党工委	书 记	张永华
		副书记	柴 红
	管委会	主 任	张永华(兼)
		副主任	柴 红(兼)
宁波("五位 一体")校区	党工委	书 记	胡征宇
	管委会	主 任	章献民

群众团体负责人 *(2018 年 12 月 31 日在任)*

部　门	职　务	姓　名
工　会	主　席	叶　民（兼）
	常务副主席	楼成礼
	副主席	程荣霞　林　俐　叶　艇（兼）
团　委	书　记	薄　拯
	副书记	吴维东（副处职）　卓亨逵（正科职）梁　艳（正科职）

直属单位负责人 *(2018 年 12 月 31 日在任)*

直属单位	职　务	姓　名
发展联络办公室（含发展委员会办公室、校友总会秘书处、教育基金会秘书处）	主　任	沈黎勇
	副主任	顾玉林　党　颖　楼华梁
就业指导与服务中心	主　任	董世洪
	副主任	谢红梅　仇婷婷
图书馆	图书馆馆长	罗卫东（兼）
	图书馆副馆长	黄　晨　田　稷
	党委副书记	吴　晨
信息技术中心	主　任	陈文智
	副主任	程艳旗　郭　晔　董　榕
档案馆	馆　长	马景娣
	副馆长	蓝　蕾
艺术与考古博物馆	副馆长	楼可程

直属单位	职务	姓名
竺可桢学院	院长	吴朝晖（兼）
	常务副院长	葛坚
	副院长	张光新（兼）　张帆　应颂敏
	党委书记	葛坚
	党委副书记	李文腾
继续教育学院、成人教育学院、 远程教育学院（合署）	院长	楼锡锦
	书记	童晓明
	副书记	楼锡锦
	副院长	童晓明（兼）　姚青　王正栋 周兆农（兼）
	纪委书记	周兆农（兼）
全国干部教育培训 浙江大学基地 （办事机构与继续教育学院合署）	主任	邹晓东（兼）
	常务副主任	童晓明（兼）
	副主任	楼锡锦　周兆农 蔡荃（兼）
国际教育学院	院长	沈杰
	副院长	唐晓武　卢正中　孙方娇
公共体育与艺术部	主任	吴叶海
	副主任	刘玉勇（兼）　周聪
	直属党总支书记	刘玉勇
	直属党总支副书记	吴叶海　傅旭波
中国科教战略研究院 （办事机构与政策研究室合署）	副院长	魏江（兼）　顾建民（兼） 叶桂方（兼）　李铭霞（兼） 王靖岱（兼）　张炜
	办公室主任	徐宝敏（兼）
工业技术转化研究院	院长	赵荣祥
	副院长	张丽娜　赵朝霞（兼）　柳景青 邵明国　钱秀红　翁宇（兼）
	直属党总支　主任	张丽娜
	直属党总支　副书记	赵朝霞

直属单位	职务		姓　名
先进技术研究院	院　长		史红兵
	副院长		金　钢　翁沈军（兼）　王国雄
	总工程师		郑　耀
	直属党总支副书记		金　钢
	舟山海洋分院	院　长	翁沈军
新农村发展研究院（含农业技术推广中心）	院　长		陈昆松
	常务副院长		王　珂
	副院长		叶兴乾（兼）　钱文荣（兼）　程术希（兼）　陈　平
	农业技术推广中心	主　任	叶兴乾
		副主任	杜爱芳
校医院	院　长		张仁炳
	副院长		缪　锋（兼）　刘　剑　陈立峰
	党委书记		缪　锋
	党委副书记		张仁炳　王　为
	纪委书记		王　为
出版社	社　长		鲁东明
	总编辑		袁亚春
	副社长		金达胜（兼）　黄宝忠　金更达
	党委书记		金达胜
	党委副书记		鲁东明
	纪委书记		黄宝忠
建筑设计研究院	建筑设计研究院有限公司	董事长	董丹申
		副董事长	吕淼华
	院　长		杨　毅
	副院长		吕淼华（兼）　黎　冰
	党委书记		吕淼华
	党委副书记		杨　毅　周家伟
	纪委书记		周家伟

直属单位	职务	姓名
国家大学科技园管理委员会（与科学园发展有限公司、工业技术转化研究院合署）	主任	赵荣祥（兼）
	常务副主任	张丽娜
	副主任	赵朝霞（兼）　柳景青（兼）　邵明国（兼）
农业科技园管理委员会、农业试验站（合署）	站长	林福呈
	副站长	林咸永　宋文坚
	农业科技园管理委员会主任	林福呈（兼）
	直属党总支副书记	林福呈
医学中心（筹）（归口医学院管理）	主任	段树民（兼）
	常务副主任	许正平
	副主任	田梅
国际联合学院（海宁国际校区）	院长	何莲珍
	副院长	傅强（兼）　丁冠中　欧阳宏伟
	党工委书记	傅强
	党工委副书记	诸葛洋
	纪工委书记	诸葛洋
	院长助理	周金其　屈利娟
	综合办公室主任	诸葛洋（兼）
	人力资源部部长	徐晓忠
	学生事务部部长	王玉芬
	教务部部长	周金其
	计划财务部部长	邱萍
	总务部部长	屈利娟
	图书信息中心主任	江肖强
	科研与技术转化部部长	许亚丹
	国际联合商学院（筹）副院长	瞿海东

直属单位	职 务	姓 名
浙江大学爱丁堡联合学院	院 长	欧阳宏伟(兼)
	执行院长	Sue Welburn
	副院长	鲁林荣 陈 晔
浙江大学伊利诺伊大学厄巴纳香槟校区联合学院	院 长	李尔平
	执行院长	Philip Krei
	副院长	马 皓
工程师学院	常务副院长	韦 巍 周天华(兼)
	副院长	吴 健 江全元(兼) 斯荣喜 陈丰秋
	党工委常务副书记	吴 健
	党工委副书记	赵 阳
	综合事务办公室 主 任	沈 哲
	副主任	俞伟东
	教学管理部部长	赵张耀
	学生事务部部长	刘 翔
	基本建设部部长	吴小红
	后勤管理部部长	陆卫平(兼)
	安全保卫部部长	张 樑(兼)
创新创业研究院	常务副院长	王玲玲
	副院长	陈肖峰

产业与后勤系统中层领导干部 (2018年12月31日在任)

单　位	职　务		姓　名
控股集团有限公司	董事长 总　裁 副总裁		郑爱平 徐金强 楼润正
	党委书记 党委副书记 纪委书记		郑爱平（兼） 徐金强　盛亚东 楼润正
	创新技术研究院	副院长	赵　成　舒旭云
产业与后勤党工委	书　记		郑爱平
	副书记		盛亚东
后勤集团	总经理 副总经理		林旭昌 万春根（兼）　程宁佳
	党委书记 党委副书记 纪委书记		万春根 林旭昌　姜群瑛 姜群瑛

表彰与奖励

2018 年部分获奖(表彰)集体

人力资源和社会保障部、中华全国总工会授予

  全国工会系统先进集体   浙江大学工会

中华全国归国华侨联合会授予

  全国侨联系统先进组织   浙江大学侨联

共青团中央、教育部、人社部、中国科协、全国学联、浙江省人民政府授予

  2018 年"创青春"全国大学生创业大赛冠军杯、校级优秀组织奖   浙江大学

教育部、中共中央统战部、中共中央网信办、国家发改委、工信部、人社部、生态环境部、农业部、国家知识产权局、中国科学院、中国工程院、国务院扶贫办、共青团中央、福建省人民政府授予

  第四届中国"互联网＋"大学生创新创业大赛先进集体奖   浙江大学

浙江省学联授予

  2017 年度浙江省优秀学生组织   浙江大学学生会
                       浙江大学研究生会

2018 年部分获奖(表彰)个人

中华全国总工会授予

    全国五一劳动奖章   武建伟 台州研究院

    全国职工职业道德建设先进个人   汪自强 农业与生物技术学院

共青团中央、全国青联、全国学联、全国少工委授予

    第十一届中国青少年科技创新奖   屠德展 控制科学与工程学院

中华全国归国华侨联合会授予

    中国侨界贡献奖   胡海岚 医学院

                                    唐睿康 化学系

浙江省教育厅、浙江省人力资源和社会保障厅、浙江省财政厅授予

    省级优秀教师暨浙江省高校优秀教师   陈红民 人文学院

                                    吴晓波 管理学院

                               刘同舫 马克思主义学院

                                  盛正卯 物理学系

                                田 钢 地球科学学院

                            严 密 材料科学与工程学院

                                邱利民 能源工程学院

                             徐之海 光电科学与工程学院

                             陈学新 农业与生物技术学院

                               刘建新 动物科学学院

浙江省教育工会授予

    第三届浙江省"最美教师"称号   姚玉峰 医学院附属邵逸夫医院

共青团浙江省委授予

    2017 年度浙江省优秀团员   孟详东 能源工程学院

    2017 年度浙江省优秀学生干部   卢 昊 经济学院

                                  赵彦钧 公共管理学院

                                徐 凯 环境与资源学院

浙江大学年鉴

2018 年浙江大学"竺可桢奖"获得者

沈荣骏　航空航天学院

2018 年浙江大学第七届"永平奖教金"获得者

永平杰出教学贡献奖　　　翁　恺　计算机科学与技术学院
永平教学贡献奖　　　　　吕一民　人文学院
　　　　　　　　　　　　何文炯　公共管理学院
　　　　　　　　　　　　朱婉儿　心理健康教育与咨询中心
永平教学贡献提名奖　　　万　歆　物理学系
　　　　　　　　　　　　孙景志　高分子科学与工程学系
　　　　　　　　　　　　石春海　农业与生物技术学院
　　　　　　　　　　　　柯越海　基础医学系

浙江大学 2018 年度校级先进工作者名单

人文学院　　　　　　　　　　　徐永明　高　晖
外国语言文化与国际交流学院　　范捷平　梁君英
传媒与国际文化学院　　　　　　吴红雨
经济学院　　　　　　　　　　　范良辉
光华法学院　　　　　　　　　　叶良芳
教育学院　　　　　　　　　　　陈红玉
管理学院　　　　　　　　　　　朱纪平　吴超亚*
公共管理学院　　　　　　　　　吴金群
马克思主义学院　　　　　　　　赵　晖
数学科学学院　　　　　　　　　江文帅
物理学系　　　　　　　　　　　陈　星　房正浓

化学系	王彦广	方　群			
地球科学学院	毕　磊				
心理与行为科学系	陈　辉				
机械工程学院	吕福在	李　伟			
材料科学与工程学院	王育萍	任召辉			
能源工程学院	吴大转	罗　坤			
电气工程学院	许　诺	彭勇刚			
建筑工程学院	汪劲丰	高　峻	龚晓南		
化学工程与生物工程学院	叶向群	陆盈盈			
海洋学院	张小玲	陈家旺			
航空航天学院	郭　宇				
高分子科学与工程学系	廉　洁				
光电科学与工程学院	匡翠方				
信息与电子工程学院	史治国	周　强			
控制科学与工程学院	孙优贤				
计算机学院与技术学院	胡高权	任　奎			
生物医学工程与仪器科学学院	黄正行				
生命科学学院	严庆丰				
生物系统工程与食品科学学院	岑海燕				
环境与资源学院	徐建明				
农业与生物技术学院	张传溪	陈云文	周艳虹		
动物科学学院	王昭荣				
医学院	闫学涛*	胡海岚	段树民	郭国骥	盛静浩
	韩　魏				
医学院附属第一医院	马　量	马贻芳	王　平	王　燕	王海苹
	方梁杰	邓俊芳	卢安卫	李　娟	李兰娟
	杨　思	余　丹	汪启东	张　宇	张　卿
	张　旋	张　勤	张芙荣	陈 军(挂职干部)	
	陈李华	陈晓君	范　剑	林建江	罗本燕
	金　洁	周天安	郑秀珏	赵　菁	赵　葵
	赵艺蕾	胡永仙	胡红英	胡枭峰	柯庆宏
	俞　欢	俞　超	饶跃峰	姚永兴	袁　静
	顾鹏程	徐　佳	徐林珍	郭仁勇	黄　莺
	黄亨杰	龚　娜	蒋　卓	韩　飞	焦杨文
医学院附属第二医院	王　萍	王剑青	王新刚	占小莉	叶　莹
	包　莉	朱安全	朱玲军	孙专意	孙军锋

	李 佳	李广武	李秀珍	李培伟	吴颖超
	何小军	何海飞	张根生	张鞠成	陆 奕
	陆 萍	陆 斐	陆叶珍	陈 芳	陈 高
	陈佳琦	邵彩英	范敏明	郑 甲	封 纯
	郦 艳	俞 攀	徐正宽	徐芝君	徐晓俊
	徐慧敏	翁 燕	高 峰	黄利坚	章伟伟
	谭静怡	樊友启			
医学院附属邵逸夫医院	马晓旭	王凯丽	邓燕勇	冯 剑	宁 磊
	刘 琳	吴 薇	何 杰	沈 莹	张 瑛
	陈 亮	陈灵华	陈岳亮	范顺武	周 枫
	周晗瑛	郑巧燕	项敏利	赵 晖	胡天天
	胡孙宏	徐晓烨	黄学锋	黄敬英	曹一佳
	盛 夏	鲁建华	虞雪琴	戴 宁	戴 胜
医学院附属妇产科医院	马立新	王 雯	王丽萍	左 松	石海燕
	吕月红	李晓娜	何赛男	沈晓燕	陈希婧
	林 鹏	金 蕴	赵 丽	洪水玲	徐鑫芬
	唐郁文	黄秀峰	蒋莲韵		
医学院附属儿童医院	江米足	李云玲	李可女	杨翠微	吴 苔
	吴鼎文	邱芸香	陈朔晖	邵裕坤	林 平
	金小波	赵水爱	胡莎莎	俞 刚	俞俊春
	徐玮泽	徐建英	高 峰	陶 畅	董雯洁
	傅松龄	傅国平			
医学院附属口腔医院	李志勇	程俊杰	管元旦		
医学院附属第四医院	毛安丽	孙苗苗	李 强	吴冰冰	吴玲茜
	张剑春	陈正云	陈丽霞	金云鹏	宗 一
	胡瑛瑛	虞卫华			
药学院	王立明				
专职辅导员	郑玲玲	赵蕾蕾			
党委组织部	周 礼				
纪委办、监察处	张栋梁				
党委宣传部	艾 静				
本科生院	留岚兰				
研究生院	倪加旎				
计划财务处	蒋 科				
总务处	陈 伟				
安全保卫处	石青春				

校工会	潘怡蒙
信息技术中心	袁书宏
图书馆	何晓薇　陈琴锋
继续教育学院	黄丽娟*　禹四菊*　傅　强
公共体育与艺术部	张春晓
先进技术研究院	高　蕾
农业技术推广中心	陈再鸣
生命科学研究院	冯新华
校医院	许　雯
建筑设计研究院	徐铨彪
后勤集团	何春美　余新华　金晓东　黄　伟
控股集团	厉华笑　金建英
城市学院	倪　杰

注：*者为单位自筹经费聘用人员。

浙江大学 2017—2018 学年优秀班主任

人文学院	王礼平　张　弛
外国语言文化与国际交流学院	冯全功　国　懿　朱晨晨
传媒与国际文化学院	李媛媛
经济学院	孔伟杰　周黎明
光华法学院	王海波
教育学院	单亚萍　张　佳
管理学院	刘　涛　莫申江
公共管理学院	张跃华　付慧真　谭永忠
数学科学学院	仲杏慧
物理学系	王　鲲
化学系	陆　展
地球科学学院	林　杰
心理与行为科学系	李　峙
机械工程学院	赵　朋　彭　涛　刘　昊
材料科学与工程学院	徐　刚
能源工程学院	范利武　姚栋伟
电气工程学院	潘丽萍　汪　涛　于　淼

建筑工程学院	傅舒兰	杨玉龙	徐海巍	李玲玲	
化学工程与生物工程学院	廖祖维	周珠贤			
海洋学院	范佳佳	朱 江			
航空航天学院	赵 沛				
高分子科学与工程学系	吴子良				
光电科学与工程学院	沈建其				
信息与电子工程学院	刘 鹏	刘云海	李英明		
控制科学与工程学院	张 涛				
计算机科学与技术学院	李 红	高 晴	叶德仕	张 寅	
生物医学工程与仪器科学学院	丁秋萍	俞建杰			
生命科学学院	姜维梅				
生物系统工程与食品科学学院	李 莉				
环境与资源学院	冯 英	金崇伟			
农业与生物技术学院	王蒙岑	叶俭慧			
动物科学学院	谭 勋				
医学院	包 祺	陈一芳	彭国平	毛姗姗	石 珏
	徐 骁	许文侠			
药学院	杨振中				
竺可桢学院	李 飞	柳 华	潘国卫	甘智华	王志坚
	张国川	张 晖			
求是学院丹阳青溪学园	蔡璧涵	邓培颖	李 宁	秦桦林	沈永东
	王世良	薛冉冉	赵文轲		
求是学院紫云碧峰学园	佘 玄	赵民建	张明暐	季 玮	黄凌霞
	吴 珂				
求是学院蓝田学园	房尔园	李昌治	陈 宏	施建峰	徐 潇
	单鹏飞				

2018 年浙江大学优秀辅导员

人文学院	陶安娜
光华法学院	李冬雪
物理学系	王亚南
心理与行为科学系	陆智辉
信息与电子工程学院	赵蕾蕾

表彰与奖励

生物系统工程与食品科学学院	张云飞			
求是学院丹青学园	刘玉娥			
求是学院云峰学园	王璐沙（兼职辅导员）			
求是学院蓝田学园	高铭希			
国际联合学院	吴 行			

浙江大学 2017—2018 学年优秀研究生德育导师

人文学院	张 凯	李小林	郑 瑾	
外国语言文化与国际交流学院	刘慧梅	闵尚超		
传媒与国际文化学院	范 昀			
经济学院	杨高举	何嗣江	徐晓虹	
光华法学院	陆 青			
教育学院	王慧敏			
管理学院	瞿文光	杜 健	董 望	
公共管理学院	李 文	张海峰	王素芳	
马克思主义学院	姚明明			
数学科学学院	黄 炜			
物理学系	张寒洁			
化学系	李啸风			
地球科学学院	吴 磊			
心理与行为科学系	王 慈			
机械工程学院	林勇刚	宋小文	杨辰龙	叶建芳	赵 朋
材料科学与工程学院	申乾宏			
能源工程学院	陈玲红	刘鹏飞	植晓琴	李 蔚
电气工程学院	辛焕海	姚 维	杜 丽	
建筑工程学院	王 卡	黄铭枫	徐文杰	田 野	洪 义
化学工程与生物工程学院	傅 杰			
海洋学院	黄豪彩	赵西增	贺双颜	
航空航天学院	韩 波			
高分子科学与工程学系	傅智盛			
光电科学与工程学院	刘 崇	李 鹏		
信息与电子工程学院	徐元欣			
控制科学与工程学院	冀海峰	刘兴高	吴 俊	

计算机科学与技术学院	章方铭	吴永萍	张克俊	卜 凯	罗 悦
软件学院	华向理	任洪波	王子澍		
生物医学工程与仪器科学学院	田 翔				
生命科学学院	方卫国	赵云鹏	姬峻芳		
生物系统工程与食品科学学院	泮进明	罗自生			
环境与资源学院	逯慧杰	杨京平	张奇春		
农业与生物技术学院	唐 璞	夏晓剑	孔祥礼		
动物科学学院	胡福良	任大喜	廖 敏	黄凌霞	
医学院	方维佳	吴李鸣	周建娅	王新刚	严雅萍
	白雪莉	陆海琦	张 钧	徐向荣	胡济安
	谷 岩	金明娟	熊秀芳	周钰珊	王银儿
	杨小锋	朱小明			
药学院	陆晓燕				
工程师学院	魏 兵	朱秋国			

浙江大学 2017—2018 学年竺可桢奖学金获得者

陈鑫颖	人文学院本科生
王 方	传媒与国际文化学院本科生
胡思昀	教育学院本科生
吴敬华	管理学院本科生
黄漪桉	数学科学学院本科生
王文婷	电气工程学院本科生
方 菲	建筑工程学院本科生
王 泰	信息与电子工程学院本科生
官孝清	控制科学与工程学院本科生
刘丁瑜	生物系统工程与食品科学学院本科生
高金峰	医学院本科生
展祥皓	竺可桢学院本科生
赵 琳	人文学院硕士生
邵婧儿	经济学院硕士生
陈锦波	光华法学院博士生
周 炯	化学系博士生
钟 宇	材料科学与工程学院博士生

夏杨红	电气工程学院博士生
范　磊	化学工程与生物工程学院博士生
夏克泉	海洋学院硕士生
陈婷珽	高分子科学与工程学系博士生
黄蒙蒙	生物系统工程与食品科学学院博士生
刘晓玉	农业与生物技术学院硕士生
董一言	医学院博士生

2018 年浙江大学第九届"十佳大学生"获得者

马清铨	外国语言文化与国际交流学院
王　泰	信息与电子工程学院
杨华昕	教育学院
忻　皓	管理学院
孟　伟	控制科学与工程学院
章成之	公共管理学院
韩宇瑄	人文学院
韩菲琳	计算机科学与技术学院
赖皓欣	建筑工程学院
廖人玉	农业与生物技术学院

浙江大学本科生 2017—2018 学年国家奖学金获得者

人文学院

王　众　薛　莹　殷　可　张　柯　董心悦　黄舒婷　徐君颐　薛理平　陈　明

外国语言文化与国际交流学院

刘　娴　郑　彦　黄弋粟　倪雪琪　沈雨晴　沈昀潞　羊靖乐

传媒与国际文化学院

王　方　张　拓　黄倩如　盛亦容　周江伟

经济学院

高　天　陈领雁　陈雨奇　黄铿华　刘司宇　茅宏涛　章溢漫　赵一涵

法学院

鲁西四　吴梦婕　吴倩孜　余佩樨　周崟砚

教育学院

邓茹月　马依群　提咏荷　巫诺雅　张银露　周钊颖

管理学院

郭涵雨　利智宝　刘紫捷　陶静巧　吴贝妮

公共管理学院

贺维婷　吕晶晶　毛梦圆　徐佳怡　徐竞彦　张晓雯　高雅佩

数学科学学院

刘　畅　陈嘉烨　郭相楷　马辰辰　唐一苇　徐紫怡

物理学系

马　宁　王　可　宋悦凯

化学系

赵　昶　金王骁　李同彤

地球科学学院

梅玮烨　徐嘉钰

心理与行为科学系

徐昳潇　殷超楠

机械工程学院

高　淦　陈力源　衡文正　江邦睿　卫佳辰　张铂炅　金钟博宇

材料科学与工程学院

林　晨　罗舶桑　王子琦　许露杭

能源工程学院

王　均　肖　斌　洪佳楠　孙金池　田雄伟　王玉玮　张润辉　郑盛睿　於金泓

电气工程学院

樊　潇　田　霖　杨　军　张　森　李家桥　李鑫锋　宋志豪　唐滢淇　王文婷　徐一帆
杨家辉　叶璐安

建筑工程学院

孙　源　吴　垚　范予昕　胡沾沾　黄逸琳　季陈懿　宋丘吉　童诚宇　俞元盛　张殷楠
邹诗环

化学工程与生物工程学院

陈紫薇　崔稷宇　沈唯鑫　吴浩亮　严紫燕

海洋学院

付　丁　简　萌　陈佳伟　丁奕凡　孟文简　王钱浩　杨毅锋

航空航天学院

金飘飘　楼韫闻

高分子科学与工程学系

陈　文　董瑞临　马培元

光电科学与工程学院

邵　奇　赖一彬　梁名姝　潘乐扬

信息与电子工程学院

王　泰　陈书豪　陈亦新　黄庆荣　庞婧璇　阮杨峻　涂剑凯　熊远昊　徐英豪　杨博杰
卓若凡

控制科学与工程学院

高　晗　翟瑞锟　官孝清　王宇琪

计算机科学与技术学院

应　璐　何城安　李士豪　林洛舟　任宇凡　唐祥峻　吴欣科　叶大源　叶景晨　叶少杰
余锦成　曾治华　张佳慧

生物医学工程与仪器科学学院

陈潘升　高思敏　姜昱辰　沈佳栖　王心怡

生命科学学院

李　想　张齐心

生物系统工程与食品科学学院

李吟涛　谢鹏尧　杨逸豪　战楚楚

环境与资源学院

姜舒扬　倪微琪　王嘉清　王亚静

农业与生物技术学院

盖　彤　姚　洁　方张宁　黄楚珺　李安迪　廖人玉　吴格非

动物科学学院

金　娜　缪　珊　丁圣森

医学院

陈　晨　黄　睿　田　昊　喻　鑫　周　琦　陈思源　洪娅娅　金超颖　林冰汝　林诚怡
林立宁　林婷婷　卢蕴睿　孟潇妍　钱钰玲　汪存艺　王琦琦　谢任翔　张俊磊　张棋琦
周敬鑫

药学院

刘　旭　李耀生　孙自玉　叶建宇

求是学院丹青学园

关　宁　姜　怡　林　峥　刘　月　汪　彧　王　潇　吴　玥　谢　义　应　倩　章　菁
曹志强　陈一清　陈逸飞　陈越兮　甘雨由　龚雨菁　何书香　何怡君　洪方舟　解雅淇
金纾吟　陆丹琦　钱晗欣　阮钰涵　沈笑煜　王博申　吴云硕　谢沁恬　章贝宁　章晓涵
周炜杭

求是学院云峰学园

李　原　吕　靖　鲍宇涵　方小舟　傅婧芸　郭家桢　韩佳晓　何乘远　贺婷婷　黄沅玮
李祉颐　刘长硕　刘朝杰　梅陈子　彭影彤　沈靖力　沈煜韬　孙文欣　王嘉伟　王彦皓
王璐茜　吴南轩　项吟沨　谢哲宇　谢之耀　赵嘉成　朱雪颖　裴夏雨荷

求是学院蓝田学园

陈　露　王　敢　陈筱荞　程天航　戴暄耕　杜禹侃　范云鹏　高诗宁　郭学昊　何方仪
何威振　胡晓海　黄一强　金文绎　柯鸿飞　李伟奇　李月婷　任一翔　孙浩南　孙玉玺
陶宇航　王荣浩　吴佳璐　夏俊杰　严梦莎　杨博文　叶智超　俞芊如　张开铭　张名焕
郑雨霖　周子航　朱怡江

竺可桢学院

何　源　汪　洁　陈诗蝶　郭慧钊　荆泽宇　雷嘉晖　梁伟欣　林政江　刘纯一　聂雨彤
戚晨洋　许思萱　薛耀庭　张超群　郑忠铭　傅再扬　林徐扬　刘虎贲　刘圣源　刘书含
刘洄孜　武子越　张瑞彬

国际联合学院(海宁国际校区)

陈浩楠　张　雨　赖心怡　罗凯闻

浙江大学 2017—2018 学年本科生优秀学生奖学金获得者

优秀学生一等奖学金

　　人文学院

王　斌　王　众　薛　莹　殷　可　张　柯　董心悦　郭梦可　郭圣钰　黄舒婷
蒋楚楚　刘眹斐　陆海燕　庞悦欣　邵瑞敏　吴书棋　徐君颐　薛理平　银连桐
章懿颖　周沁榕　周钟乐

　　外国语言文化与国际交流学院

刘　娴　郑　彦　蔡诗萌　曹皓珺　陈沐熙　黄弋粟　吕牧垚　倪雪琪　山思佳
沈雨晴　沈昀潞　魏浚桐　吴帝标　徐寒珂　羊靖乐　周毅鹏

　　传媒与国际文化学院

王　方　张　拓　洪少超　黄倩如　盛亦容　赵泽钞　周江伟

　　经济学院

高　天　李　沁　阮　鸣　王　缘　吴　宵　常欣仪　陈冠群　陈领雁　陈雨奇
方铃亚　黄铿华　林青青　刘司宇　茅宏涛　孙思炜　王婉秋　章溢漫　赵亚奇
赵一涵

法学院

黄　味　施　懿　王　璇　冯丽媛　韩微珣　金微之　鲁西四　吴梦婕　吴倩孜
游晓薇　余佩樨　章琳敏　周嵩砚

教育学院

李　艳　任　任　邓茹月　胡思昀　金雨宸　马依群　马紫晨　孙良红　提咏荷
巫诺雅　徐迎紫　徐雨扬　张银露　周钊颖

管理学院

宫　曼　程珊珊　郭涵雨　洪康隆　胡庆伟　江婉菊　利智宝　刘紫捷　陶静巧
王胜叶　吴贝妮　谢丹丹　郑美婷　周星宇

公共管理学院

赵　琦　贺维婷　柳佳妮　吕晶晶　毛梦圆　邵景润　沈心怡　王美莲　邢雪蕾
徐海燕　徐佳怡　徐竞彦　张晓雯　张雨亭

数学科学学院

刘　畅　陈嘉烨　郭相楷　李嘉文　李明昊　罗杰榕　马辰辰　潘豪孜　任隽灵
孙楚婷　孙寅瑞　唐一苇　徐紫怡　覃相森

物理学系

马　宁　王　可　王　彤　陈冠樾　蒋文杰　宋悦凯　魏凌枫　许宏荆

化学系

常　奔　田　宁　赵　昶　金王骁　李同彤　汪名扬

地球科学学院

朱　悦　戴豪成　梅玮烨　吴运鹏　徐嘉钰　赵佳晖

心理与行为科学系

王　洁　胡丹玲　魏艳萍　徐昳潇　宣泓舟　殷超楠

机械工程学院

段　鸿　高　淦　李　硕　陈力源　范耀威　冯统帅　衡文正　黄永创　黄炜博
江邦睿　李坰其　刘子岩　马梦瑶　庞锦赟　卫佳辰　夏晨杰　郁海洋　张铂炅
金钟博宇

材料科学与工程学院

程　远　胡　益　林　晨　范清源　姜子玮　梁林弘　罗舶桑　田鸿君　王子琦
许露杭

能源工程学院

林　樱　吕　通　王　均　肖　斌　安振华　陈健飞　陈舒航　方鹤祯　封恩程
洪佳楠　匡晨阳　李梓瑞　梁璐瑶　孙金池　田雄伟　王玉玮　夏鹏翔　项光特
杨广胜　杨凯寅　张润辉　郑盛睿　於金泓

电气工程学院

樊　潇　姜　威　李　万　庞　淇　田　霖　王　凯　杨　军　张　森　钟　骅

陈鸿鑫　程嘉昊　杜诗嘉　龚夕霞　蒋晨歆　金子植　李家桥　李良浩　李鑫锋
骆中宝　邵蓝锌　宋志豪　唐滢淇　王礼旭　王文婷　王元鸿　谢海葳　徐一帆
杨家辉　杨昊林　叶璐安　赵裕昊

建筑工程学院

孙　源　吴　垚　叶　柠　陈奕扬　范予昕　胡沾沾　黄逸琳　季陈懿　邱奕臻
宋丘吉　童诚宇　王思聪　王学林　吴炎阳　吴蕴芃　俞元盛　张殷楠　邹诗环

化学工程与生物工程学院

刘　畅　陈润道　陈旭敏　陈紫薇　崔稷宇　胡祥钊　蒋雷婕　潘浩杰　沈唯鑫
王敏嘉　吴浩亮　严紫燕

海洋学院

付　丁　韩　强　简　萌　姚　言　丁奕凡　杜子豪　方泽宇　冯艺漩　黄伊佳
黄中原　赖明想　罗华昱　孟文简　阮圣倩　舒浩然　王钱浩　杨毅锋　郑宇谦
左浩悦

航空航天学院

黄依峰　金飘飘　楼韫闻　夏家桢　郑浩然

高分子科学与工程学系

陈　文　沈　婷　董瑞临　高芳情　李子贤　马培元　夏燕妮　忻嘉辉

光电科学与工程学院

邵　奇　沈　逸　费文辉　耿逸飞　赖一彬　梁名姝　倪虹丽　潘乐扬　片思杰
余致远

信息与电子工程学院

董　晓　胡　牧　王　璟　王　泰　姚　罡　陈剑辉　陈书豪　陈亦新　丁光耀
丁越雷　黄庆荣　江智慧　李梦园　李智健　刘雄伟　刘晟昊　庞婧璇　阮杨峻
汤健智　涂剑凯　熊远昊　徐英豪　严哲雨　杨博杰　张航宇　赵宇轩　朱彬武
卓若凡　邹毅军

控制科学与工程学院

陈　旭　高　晗　王　裴　翟瑞锟　官孝清　林润泽　林永良　王宇琪　许泽昊
张群康　赵宝锋

计算机科学与技术学院

马　丁　马　麟　肖　韩　应　璐　章　晨　庄　祥　董玮豪　郝家辉　何城安
江志锋　柯成龙　黎金洪　李士豪　李彦樟　林俊浩　林洛舟　陆天驰　任宇凡
石晓宇　孙天一　唐祥峻　王家鹏　吴欣科　许煜坤　叶大源　叶景晨　叶少杰
余锦成　曾治华　张佳慧　赵竞霖　赵晓冬

生物医学工程与仪器科学学院

杨　涛　祖　涛　陈潘升　高思敏　姜昱辰　林佳帆　沈佳栖　孙凡原　万皓琛
王心怡　张恒玮　张荣智

生命科学学院

李　想　辛　敏　何晨琪　孔令根　张齐心

生物系统工程与食品科学学院

黄　迪　张　宠　陈泽夫　何娅轲　李吟涛　刘丁瑜　谢鹏尧　杨逸豪　姚靖东
张一鞠

环境与资源学院

蔡雨宸　陈千千　胡雨虹　姜舒扬　吕宛泽　倪微琪　邵江琦　王嘉清　王梅晔
王亚静

农业与生物技术学院

盖　彤　胡　喆　杨　悦　姚　洁　周　辉　陈云义　丁菁雯　方张宁　胡雨岑
黄楚珺　黄祖杰　金家宇　李安迪　李晗婧　廖人玉　涂梦欣　吴格非　徐子珂
杨雨思

动物科学学院

金　娜　陆　弯　缪　珊　丁圣森　王昕茹　杨秀莉　赵书荻

医学院

陈　晨　龚　丞　黄　睿　李　娜　田　昊　叶　鑫　喻　鑫　赵　帆　周　琦
蔡靖仪　陈加佳　陈启宇　陈思源　陈颖妍　程豪迈　傅伊甸　顾巍佳　洪娅娅
侯乐莹　华梦迪　黄航凯　金超颖　李方舟　李梦瑶　林冰汝　林昌剑　林诚怡
林立宁　林婷婷　刘兆雪　卢蕴睿　鲁昊骅　梅子轩　孟潇妍　钱钰玲　乔克雄
孙鑫刚　汪存艺　王佩珊　王茹玥　王琦琦　吴乐熹　谢任翔　詹伟涛　章金延
章卓琳　张冬燕　张俊磊　张棋琦　张啸涛　张严烨　周敬鑫　朱世煜　左鸣皓
濮佳琦　侯田志超

药学院

刘　旭　杜红岩　郭清怡　李耀生　罗永超　孙自玉　肖子愉　徐佳慧　叶建宇

竺可桢学院

陈　果　陈　豪　陈　亮　陈　晟　何　源　刘　凯　汪　洁　王　宁　徐　熠
杨　瑞　张　辉　赵　阳　包悦蕾　陈大栋　陈嘉雨　陈润健　陈诗蝶　戴云翔
丁李桑　付常铸　付奕铭　高艺洋　高知远　龚昭宇　谷松韵　郭慧钊　贺一笑
解皓楠　荆泽宇　赖家乐　雷嘉晖　李嘉靖　李经纬　李易非　李兆林　梁伟欣
梁哲睿　林蒙驰　林新迪　林政江　刘纯一　刘雅思　陆晓腾　倪飞达　聂雨彤
戚晨洋　施莹璐　史筱薇　谭杰源　王珞畅　肖振新　谢丹怡　徐聪斌　许思萱
薛耀庭　杨锡凯　杨雨柔　余聪聪　俞心见　展祥皓　张超群　张乃琛　张若晨
张习远　张翔宇　张子航　赵佳琦　赵梦雨　赵逸智　郑忠铭　泮亦昕

优秀学生二等奖学金(888人,名单略)

优秀学生三等奖学金(1531人,名单略)

2017—2018 学年浙江大学本科生奖学金获得者

一等奖学金

人文学院

唐 艺

外国语言文化与国际交流学院

陈 明　芮恺昕

教育学院

王 萍　张伊丽

公共管理学院

高雅佩

求是学院丹青学园

陈 媚	邓 焱	关 宁	姜 怡	李 华	林 峥	刘 月	汪 彧	王 潇
吴 玥	谢 义	徐 菁	应 浩	应 倩	章 菁	张 法	张 怡	卓 浩
裘 瑾	曹志强	陈扁舟	陈企依	陈一清	陈逸飞	陈越兮	陈怡宁	戴晓珍
范金嫒	傅婵娟	甘雨由	龚雨菁	何书香	何中蕾	何怡君	洪方舟	黄惠萍
蒋心南	解雅淇	金纾吟	李桑桑	李吴凡	李羽乐	卢云鸿	陆丹琦	马佳怡
马沛萱	茅佳怡	潘億佳	潘莱珂	戚丹锋	钱晗欣	邱云昊	阮钰涵	沈施巧
沈晓翔	沈笑煜	史嘉奕	史蒙苏	史清清	帅敏华	田蔚熙	王偲琪	王博申
王诗柔	王思琦	王宣懿	王奕丹	吴云硕	谢沁恬	辛宇辰	徐浩然	徐秋瑾
杨竹青	章贝宁	章晓涵	张丹华	张翔宇	张新楠	周丹丹	周炜杭	朱晨晨
朱翰池	朱丽群	祝文昇	濮雯旭	褚文浩				

求是学院云峰学园

柏 凌	陈 畅	李 燕	李 原	刘 畅	吕 靖	牟 璇	唐 薇	王 迪
吴 荻	颜 烨	余 婷	周 正	鲍宇涵	边玥心	陈梦嫒	陈一诺	陈奕舟
迟开益	仇睿瑜	丁悦晋	方小舟	方岚玥	冯欣恬	傅婧芸	郭家桢	韩佳晓
何乘远	何珍妮	贺婷婷	胡家翌	胡玉屏	黄佳乐	黄茜蕊	黄沅玮	计逸文
金俊婕	李江栋	李祉颐	林浩通	凌乔吕	刘长硕	刘朝杰	梅陈子	倪超凡
潘薇鸿	彭影彤	钱岚飒	沈靖力	沈雨嫣	沈煜韬	孙文欣	童鑫远	王嘉伟
王斯加	王彦皓	王中伟	王璐茜	吴南轩	吴钰泽	项吟沨	谢哲宇	谢之耀
徐丽娜	徐心怡	宣扬帆	杨秋怡	叶晶晶	应承峻	张乘鸣	张宸玥	赵嘉成
赵若楠	周美含	周婧怡	朱文欣	朱雪颖	裴夏雨荷			

求是学院蓝田学园

陈露	陈曦	郭越	柯宇	李宇	刘硕	王敢	王昊	谢颖
章楠	周阳	陈宏舟	陈天一	陈星宇	陈雪萍	陈彦臣	陈一泓	陈张昊
陈筱荞	程天航	戴暄耕	杜禹侃	范云鹏	方江圆	方灵涛	傅梦蝶	高诗宁
郭学昊	何方仪	何威振	胡晓海	化天然	黄融杰	黄一强	蒋方圆	蒋依如
蒋镇泽	金文绎	柯鸿飞	李柏欣	李惠娜	李伟奇	李雅雯	李月婷	梁志烜
林皓泓	刘科明	刘睿捷	鲁晓雯	鲁筱妍	陆旭琦	马欣悦	孟心宜	任一翔
施苏展	施铁凡	宋东杰	宋艳玲	苏成凯	孙浩南	孙玉玺	陶宇航	万萧捷
王楚瑶	王荣浩	吴佳璐	吴凯薇	夏俊杰	徐泽秋	严梦莎	严诗钰	杨博文
杨一群	叶智超	应心儿	俞芊如	章文恺	张开铭	张名焕	张婧怡	赵伊健
赵雨溪	郑雨霖	周子航	朱怡江	朱怡学	朱钦泉	宗星辰	邹子羽	竺丸琛

竺可桢学院

胡涛	潘静	王雪	张妍	赵晨	赵画	戴知劼	董佳惠	范小满
冯海瀚	冯思遥	冯紫璇	傅再扬	谷雨昕	韩张蕙	何睿飞	胡子鸣	胡馨允
黄怡琪	金一天	李宝学	李举仁	李欣雨	李逸飞	李卓书	励志勇	林徐扬
林雨婷	刘虎贲	刘圣源	刘书含	刘雨辰	刘洵孜	吕金泽	马万腾	皮怀瑾
钱昕玥	史进之	孙季苇	陶鋆奕	王一鸣	王英建	王恺艺	吴方缘	吴君洋
吴萧汝	武子越	徐彻鉴	严诗琪	杨嘉文	叶弘毅	于昭宽	俞锦琦	曾君益
章启航	张瑞彬	张睿达	郑福军	闫昌智	张云梦鸽			

国际联合学院(海宁国际校区)

张雨	曹恺文	冯楚灏	冯亦奇	赖心怡	林沐阳	罗凯闻	余玉琦	朱思蕾

二等奖学金(517人,名单略)

三等奖学金(1310人,名单略)

浙江大学 2017—2018 学年本科生外设奖学金及获奖情况

(单位:人)

序号	奖学金名称	奖励人数	序号	奖学金名称	奖励人数
1	"浙报—阿里"新媒体奖学金	62	4	宝钢奖学金	5
2	CASC二等奖学金	2	5	博世奖学金	5
	CASC三等奖学金	4	6	岑可法二等奖学金	6
	CASC一等奖学金	1		岑可法一等奖学金	9
3	NITORI国际奖学金	10	7	大和热磁奖学金	10

序号	奖学金名称	奖励人数	序号	奖学金名称	奖励人数
8	大连化物所奖学金	20	24	三井物产奖学金	8
9	葛克全奖学金	15	25	三星奖学金	15
10	光华奖学金	50	26	深交所奖学金	2
11	海航奖学金	15	27	士兰微电子奖学金	8
12	海亮一等奖学金	2	28	世茂创新创业奖学金	5
	海亮二等奖学金	5		世茂学业优秀奖学金	5
	海亮三等奖学金	10	29	宋都一等奖学金	1
13	恒逸奖学金	20		宋都二等奖学金	4
14	宏信奖学金	10	30	唐立新奖学金	64
15	华为奖学金	4	31	天府汽车英才奖学金	5
16	黄宏、邬小蓓奖学金	8	32	万华奖学金	6
17	金欧莱奖学金	10	33	王老吉奖学金	40
18	康而达一等奖学金	3	34	希望森兰奖学金	5
	康而达二等奖学金	19	35	协鑫奖学金	12
19	纳思奖学金	20	36	杨咏曼奖学金	12
20	南都一等奖学金	7	37	姚禹肃、贺建芸奖学金	20
	南都二等奖学金	18	38	亿利达刘永龄奖学金	10
	南都三等奖学金	33	39	永平奖学金	50
	南都创新奖学金	10	40	浙江大学不动产基金奖学金	50
21	潘家铮水电奖学金	2	41	中国港湾二等奖学金	2
22	阙端麟奖学金	5		中国港湾一等奖学金	2
23	润禾奖学金	12		总计	738

浙江大学 2018 届浙江省优秀本科毕业生

人文学院

黄 雪 钟 荧 包玉叶 陈偲伊 董星辰 李泽栋 李子洋 孙佳楠 王梦颖
吴世平 殷卫莹 俞佳璇

外国语言文化与国际交流学院

刘懿　盛奇　张娟　黄含笑　励梦婷　阮伊帅　吴昕蔚　许梦颖　杨诗怡

传媒与国际文化学院

陈靖　崔晨　吕岚　田雯　翟亚娟　毛天婵　吴荃雁　姚敏侣

经济学院

李灿　王婷　陈意妮　孔宇琦　李腾霄　林宸妤　凌奕奕　潘修扬　宋依梦
孙潜昶　俞芬芬　郑宇婕

法学院

钟怡　楼梦琳　谢玮茜　赵宸可　钟佳妮　周柯吟

教育学院

何苗　戴丹丹　代函芷　韩雨晴　唐佳颖

管理学院

唐朝　蒋雨雯　来凯萍　王会娟

公共管理学院

仇伟　洪蕊　王颖　陈佳栋　蒋理慧　李哲炎　苏金超　孙雨乐　张碧钰
周诗语

数学科学学院

高悦　陈桢栋　邓达臻　黄圣钰　宋怡文　袁才友　袁纬捷　张建伟　张天平

物理学系

崔浩楠　郭金松

化学系

纪越　翁国荣　周雪涵

地球科学学院

顾沁雪　王睿飏　徐遥辰

心理与行为科学系

李蔚　刘嘉耀　朱月平

机械工程学院

褚鑫　黄俊业　李佳毅　欧如船　王恒立　严锦文　言森博　周璐瑜

材料科学与工程学院

姜枫　陈宇麒　林子祥　王宣程　许言君

能源工程学院

胡楠　季园　李俊　楼冲　石昊　田畅　张凌　方志强　黄元凯
罗若尹　史继鑫　王春鹏　王怡琳　赵锴杰

电气工程学院

余鹏　陈彬彬　陈赛珍　陈昊文　崔文康　郝允强　李金城　李静航　穆亚楠
秦雪飞　邵成武　徐胜蓝　张遵明　郑济元

建筑工程学院

刘 爽　陈佳络　单旷怡　方晗茜　胡浩强　康祺祯　李保珩　李丹阳　林贤宏
刘国星　刘教坤　潘海龙　张克越　郑诗吟

化学工程与生物工程学院

沈 丽　王 潇　郭高顺　马玉龙　杨吉祥　张媛媛　钟佳锋

海洋学院

刘 畅　邱 良　王 豪　郑 榕　姜慧强　应子翔　朱冬贺

航空航天学院

袁 毅　陈相如　孙家骏

高分子科学与工程学系

周 鹏　王书婷　张鸿杰　朱明明

光电科学与工程学院

吕 西　潘 甜　冯秋鹏　梅红艳　任佳炜

信息与电子工程学院

金 晓　施 玥　杨 铎　陈王科　何映晖　胡耀龙　李梦圆　孙怡琳　陶拓旻
王倩倩　章致好　张雨欣

控制科学与工程学院

任 彤　陈湘冬　刘丽娜　吕家坤　孙依然

计算机科学与技术学院

程 帅　潘 哲　关心杨　林振超　潘浩杰　任含菲　王懿芳　姚奕弛　叶陈韬
张碧雲　张昌琳　张伟锋　赵子晗　郑驭聪　周君沛　周舒悦　周诣萍

生物医学工程与仪器科学学院

陈朋飞　丁文熙　江子帆　吕可伟　王溯恺　张佳玥　邹卓阳

生命科学学院

谢 冰　张雪薇

生物系统工程与食品科学学院

贺自怡　黄恩待　金洛熠　沈宇恬　杨文涵　裘方盈

环境与资源学院

陈俊文　刘文煜　王雨晨　尹荣强　郑卓联

农业与生物技术学院

吴 楠　何俊寰　李笑存　李婷婷　倪思雨　齐佳惠　童斯婕　王锦雯

动物科学学院

彭 蕾　卢磊浩　王都临　王慧静

医学院

沈 思　童 雨　徐 凡　俞 杰　周 航　陈一瑜　陈亦舒　刘柏强　沈佳鑫
王涵乐　王云珂　杨国民　张思同　郑起明　周金云　周云翔

药学院

余　慧　王莹銎　翁高棋　余芳英

竺可桢学院

夏　涵　俞　爽　包纯净　陈露笛　陈晓炯　付志强　郭璐瑶　黄文腾　李嘉琪
李妍君　林宁宁　林昕艺　刘权德　陆旷野　倪娇娇　王榆博　叶筱航　于华旭
张文佳

浙江大学 2017—2018 学年研究生国家奖学金获得者

人文学院

博士生　叶君剑　吴申伦　王思怡　周心逸　武　锐　邵珠君　黄晓燕　李天晓
　　　　王亚蓝

硕士生　蔡诗灵　周恩泽　周　颖　张梦杨　陈婉纱　赵仕蕾　肖伊梵　娄佳清

外国语言文化与国际交流学院

博士生　王　欣　王雅琴　方　昱

硕士生　魏越尔　吴昕曈　林雨萌　姜子芸　汪燕妮

传媒与国际文化学院

博士生　孙梦如　史晓林

硕士生　秦林瑜　金雨婷　林　雅　孟望舒

经济学院

博士生　杨芊芊　高　媚　吴宛珊　毛　狄　房　超

硕士生　王锦锦　秦诗画　梁银锋　兰廷蓬　罗吉娃　丁　越　贾红蕾　邵婧儿

光华法学院

博士生　秦　汉　陈锦波　周　翔

硕士生　金　超　陈志强　朱敏艳　史庭来　唐俊麒　潘若喆　张琼珲　盛　佳
　　　　毛彦琪

教育学院

博士生　孙贵平　周　正

硕士生　黄　慧　叶晨晨　杜雪琪

管理学院

博士生　胡文锦　周　超　姜　贺　沈海莉　吴　枢　左　岩　邹陆曦　李　欧

硕士生　苏　琦　陈艾格　陈树葳　张洪银　朱晓珍

公共管理学院

博士生　王荣宇　俞振宁　罗娇娇　贺锦江　杨　帆　石　浩　凌卯亮

硕士生　陈　沁　陶铸钧　王禅童　施锦诚　蔡晴茵　练　款　刘　娜

马克思主义学院

博士生　黄　炬

硕士生　李文君

数学科学学院

博士生　卜凯峰　戴萍飞　曹培根　汤　凯　丁益斌

硕士生　李　正　许晨凯　闫冠傲　周楚明　甘伟男　朱凌灵智

物理学系

博士生　王　震　郭春煜　鲁鹏棋　郭秋江　刘政麟　万里鹏

硕士生　鲍　琳　陈佳敏　程　豪　包仁杰

化学系

博士生　林芙蓉　李炯昭　周宇恒　郭　军　吴广成　王凌翔　程　彪　完彦军
　　　　张卓卓　吉崇磊

硕士生　陈佳熠　孔祥千　刘月舟　王　海　吴　瀚　赵怀远

地球科学学院

博士生　林武绍　贺传奇　姜　玖　刘文娣

硕士生　姜保平　曹丁睿　王雪君　王吴梦雨

心理与行为科学系

博士生　马国荣　忻可云

硕士生　蔡思敏　李梦思　陆紫茵

机械工程学院

博士生　薛　岱　何泽威　伍建军　王传勇　乐先浩　钟　麒　胡炳涛　李　莹
　　　　张承谦　王　硕　张鸣晓

硕士生　沈洋洋　张鹤然　刘鑫鑫　林　日　黄梓亮　王绪鹏　陈金成　许宝杯
　　　　黄林新　夏　能　郭　宁　张杨燕　叶潇翔　曹明义　邓　佳　王田田

材料科学与工程学院

博士生　王倩男　徐吉健　郭　弈　徐若晨　俞　剑　张　骏　姚珠君　张　新
　　　　刘苏福

硕士生　陈文强　陈晓桐　王艳玲　陈丹科　汤王佳　邓盛珏　肖承诚　尹　翀

能源工程学院

博士生　李康为　王　帅　陈军昊　章　康　张梦玫　代文强　陆　鹏　邱琪丽
　　　　高志新　孙　潇　叶　庆　冯　飙　廖斌斌

硕士生　方纯琪　王金乾　周康泉　陈香玉　刘昕涛　洪屹磐　唐苇羽　尤　瑛

电气工程学院

博士生　何宇斌　陈嘉豪　夏杨红　梁梓鹏　黄林彬　陈佳佳　张文强　吴　超
　　　　孙庆国

硕士生　刘祚宇　张晨宇　詹佳雯　孙　翀　徐韵扬　崔文琪　刘　健　朱　越
　　　　李　瑞　徐乃珺　韩　畅　张简炼　董　伟　宋家康

建筑工程学院

博士生　朱成伟　肖　偲　付　鹏　罗小芹　吴君涛　苏有华　刘妮娜　王雅峰
　　　　胡钿钿　芮圣洁　董飞龙

硕士生　李天纵　何　瑞　曹　聪　史梦珊　王芳莹　袁　琳　程　康　郑宏煜
　　　　何绍衡　李岩咏　孙国威　周凌霄　张天航　陶伊平　鲍舒昀　戴智妹
　　　　韩雨钦

化学工程与生物工程学院

博士生　洪小东　张国高　曾显清　金斌杰　杨立峰　邴绍所　武高明

硕士生　凌　晨　张春燕　郑　映　杜凡凡　裴　彪　黄玉琦　陈光宇　楼雅琪
　　　　周　健　郑洁怡　胡永欣

海洋学院

博士生　刘洪波　强永发　吕伟超　赵　亮　石煜彤　何俊昱

硕士生　刘　金　叶涛焱　郑会会　张德钧　杨　鸿　朱黄超　李文婧　李　俏
　　　　何杭琦　孙振涛　张雲策

航空航天学院

博士生　夏　懿　王　鹏　孙书剑　张明琦　欧阳振宇

硕士生　向玉海　伍　磊　叶科斌　张佳晨　令狐昌鸿

高分子科学与工程学系

博士生　姜炎秋　陈杰焕　占玲玲　舒　潇　张成建

硕士生　张瑶瑶　严康荣　赵馨莲

光电科学与工程学院

博士生　曲俞睿　李东宇　陈　磊　杨恺伦　刘文杰　胡映天　许弘楠

硕士生　江小辉　陈　浩　章一叶　徐泽民　林书妃　江荷馨

信息与电子工程学院

博士生　李　达　杨超群　李骏康　郑泽杰　唐　中　马骁晨　任金科

硕士生　郭丽君　朱海霞　刘可心　吴江宏　邓瑞喆　刘仲阳　张　艺　李佳琪
　　　　吴周祎　姚　祺

控制科学与工程学院

博士生　张治坤　张凯祥　范　博　姚　乐　姜燕丹　郎　恂

硕士生　苟　彤　屠德展　张思朋　刘紫薇　王鼎华　蒋　昊　张鑫宇　甄佳楠
　　　　叶鸿凯　胡　康

计算机科学与技术学院

博士生　薛弘扬　储文青　段新宇　廖彬兵　彭梁英　李惠康　陈共龙　范元瑞
　　　　唐　谈　李鹏飞　陈　炯　谢　潇

硕士生　李思蒙　杨荣钦　姜兴华　孟令涛　宋　博　沈　通　张远亮　静永程
　　　　张培歆　付永钦　周燕真　王品豪　陈俊天　朱鹤鸣　汪　慧　杨煜滨
　　　　仲启露　胡津铭　储蓉蓉　夏　瑶　杨昱天　阮琳琦

软件学院

硕士生　胡安东　朱雅丽　单黎莎　何俊杰　刘　宇　周　颖　梁　钥　陈丽霞
　　　　董泽波　唐　秀　白　涛

生物医学工程与仪器科学学院

博士生　屠佳伟　朱天其　纪岱宗　李　爽　韩昊特
硕士生　魏鑫伟　周晓旭　钟隆洁　袁　宝　伍舒婷　于　洋　杨剑杭

生命科学学院

博士生　李江湲　肖　璟　叶文清　马晓洁　高正君　孟　秋　周银聪　李松旻
　　　　刘连胜　吴文帅　张梦梦
硕士生　沈　霞　丁金丽　郑　欣　郭晶鑫　张予超　陈　琦

生物系统工程与食品科学学院

博士生　周瑞清　邓伶俐　於筱岚　吴甜甜　黄蒙蒙　王　朔
硕士生　杨亚男　鲍伟君　廖新浴　邵　颖　董　涛　张　华

环境与资源学院

博士生　崔孝强　许佰乐　陈　洁　张康宇　王望龙　满　俊　刘　欢
硕士生　鲁莉萍　曾庆涛　张丽娜　吕盘龙　龙高远　李相儒　易　博　张海华
　　　　赵瑞瑛　吴英杰　邵　帅

农业与生物技术学院

博士生　黄　璐　李　响　刘浩然　吴丽元　魏　然　韩令喜　王桂瑶　庞悦涵
　　　　王　静　薛文华　唐广飞
硕士生　许砚杰　朱新恬　陈耀栋　龚子渊　张启好　杨丹丹　方舟滔　郭　娜
　　　　程丹妮　胡　雅　周思聪　王　超　刘晓玉　吕学思

动物科学学院

博士生　吴纬澈　沈张飞　吉春苗　马　岩　王　斌
硕士生　程赛赛　刘嘉琪　耿世杰　杜开乾　柳丽娟　石玉华

医学院

博士生　杜雨梦　沈晨杰　卢晋秋　何兴康　鲍王筱　孙晓慧　张江临　车荣波
　　　　曹骞化　李　江　吴大先　叶建中　余东山　孙　璐　张冰人　谢子昂
　　　　李江枫　王　战　孔　娜　胡叶君　王　喆　郭　静　陈　瑛　史飞娜
　　　　徐　力　朱正刚　林　桑　尤志远　徐勇昌　吴文瑞　汪亚萍　吴晓鑫

	陈达之	管晓军	方青青	乔 越	魏巧琳	许成云	周校澎	陈尔曼
	马驰原	胡 斌	徐维林	张青海	陈星羽	周丽倩	楼威洋	叶陈毅
	李 丹	汪仁英						
硕士生	王淑婷	林锦雯	余跃然	胡彩琴	吴 敏	汪帅伊	沈佳燕	周 勇
	王 晗	陈 悠	徐 凯	郑经纬	洪剑桥	汪靖宇	胡江华	张南南
	蔡 文	蒋苏静	黄旭程	顾佳明	揭志伟	单丽娜	陶菁菁	蓝 鹏
	彭耀铭	刘丽芳	王 滢	王佳薇	李宏毅	黄东东	张圆圆	孟 珂
	陆思铭	周 博	邵佳琦	杨 帆	应宇凡	颜华卿	夏乐欣	王 宁
	费丽江	张艳杰	程大晓	王晓璇	李何阳子			

药学院

博士生	鲜 苗	胡 希	罗利华	王 程	程丽红	傅建波	
硕士生	邵静媛	汤心怡	陆 斌	叶超楠	杨 捷	郭尚鑫	

工程师学院

硕士生	张宇鸿	刘柏辰	黄志远	林国鑫	何斌斌	方卫栋	赵柏钥	吴艺超
	董晓飞	叶帆帆	马文山	吴雨晴				

2017—2018 学年浙江大学研究生专项奖学金及获奖情况

（单位：人）

序号	奖学金名称	奖励人数	序号	奖学金名称	奖励人数
1	光华奖学金	200	11	杨咏曼奖学金	12
2	宝钢奖学金	2	12	潘家铮水电奖学金	1
3	CASC 奖学金	11	13	王惕悟奖学金	13
4	庄氏奖学金	40	14	阙端麟奖学金	5
5	温持祥奖学金	20	15	宋都奖学金	3
6	金都奖学金	18	16	希望森兰奖学金	7
7	黄子源奖学金	10	17	旭化成株式会社（中国）人才培养奖学金	3
8	南都奖学金	58	18	康而达奖学金	22
9	岑可法奖学金	15	19	士兰微电子奖学金	6
10	葛克全奖学金	9	20	国睿奖学金	20

序号	奖学金名称	奖励人数	序号	奖学金名称	奖励人数
21	海亮奖学金	18	29	天府汽车英才奖学金	15
22	宏信奖学金	6	30	唐立新奖学金	50
23	博世奖学金	5	31	万华奖学金	10
24	中国港湾奖学金	4	32	润禾奖学金	8
25	三星奖学金	7	33	新和成奖学金	45
26	世茂学业优秀奖学金	10	34	深交所奖学金	11
27	世茂创新创业奖学金	10	35	大和热磁奖学金	10
28	华为奖学金	14	36	金欧莱奖学金	10

浙江大学 2018 届浙江省优秀毕业研究生

人文学院
博士生　杨　琼　董　达　贺敏年　赵大旺
硕士生　范小曼　吴志刚　安琪儿　张　婷　杨　霞
外国语言文化与国际交流学院
硕士生　沈忠良　周　婷　王佳楠
传媒与国际文化学院
博士生　龙　强
硕士生　李增韬　王赛男　李戈辉
经济学院
博士生　陈　姝　诸竹君
硕士生　徐　怡　张家琪　叶子楠　项辛怡　张云箫　方　晟　陈奥杰
光华法学院
博士生　黄　琳　宋善铭
硕士生　张　勤　肖羽沁　柯　达　干燕嫣　马路瑶
教育学院
博士生　任佳萍
硕士生　张俊杰　王　地
管理学院
博士生　雷李楠　裴冠雄　李文王　诗　翔

硕士生　余　玲　石慧玲　潘　蕾　沈宇桥

公共管理学院

博士生　张玉婷　陈科霖　黄　飚　李拓宇　陈耀亮

硕士生　施　榕　莫锦江　张晓鑫

马克思主义学院

硕士生　沈　丹

数学科学学院

博士生　胡佩君　夏　羽　林光亮

硕士生　吴圣样

物理学系

博士生　胡仑辉　庞贵明　沈炳林　郭梦文

化学系

博士生　金海燕　廖　港　陈凯宏

硕士生　夏凯敏　张　敏　张志华

地球科学学院

博士生　倪妮娜　张　含

硕士生　徐媛媛

心理与行为科学系

硕士生　吴伟泱　廖华宇

机械工程学院

博士生　栾丛丛　赵鹏宇　王　志　周二振

硕士生　王　博　饶成晨　秦亚男　孟凡淦　陈晓杰　卢润洁　马腾陈　李　果
　　　　李　华　郑小翔

材料科学与工程学院

博士生　汪东煌　张子皎

硕士生　詹继晔　尹朋岸　王　娇　刘亚芝　叶羽婷

能源工程学院

博士生　丁灵侃　朱子钦　梁导伦　朱佳凯　刘竞婷　闻　旭

硕士生　赵　亮　钟安昊　沈之旸　沈佳莉　张佳贝　范芳怡

电气工程学院

博士生　姚艺华　周桂煜　肖晃庆

硕士生　王佳丽　杨雁勇　陆韶琦　苏均攀　韩雨川　蒋　乐　裴　浩　董阳涛
　　　　李龙奇　胡佳威

建筑工程学院

博士生　黄博滔　余　江　冯一笑　夏长青

硕士生　楼煌杰　唐亚军　李至远　柴子娇　孙　哲　陆世杰　周雪菲　潘海静

沈莉潇

化学工程与生物工程学院

博士生　王崧　时强　袁俊杰　周萍萍

硕士生　周虹伶　谭深　崔滢　李琪　李启晨

海洋学院

博士生　秦文莉　葛柳钦

硕士生　吕亚飞　陈永珍　张秀芳　孙斌

航空航天学院

博士生　张建杰　张亚君

高分子科学与工程学系

博士生　吴嘉柯　彭蠡　张超　韩海杰

光电科学与工程学院

博士生　姜玮　陈贤　辛晨光　申俊飞　罗敬

硕士生　孙超伟　李培

信息与电子工程学院

博士生　朱之京　周成伟　陈弋凌　王根成　孔垂丽

硕士生　孙煜程　姜鑫　徐桦

控制科学与工程学院

博士生　邢兰涛　李柏　欧阳权　张萌

硕士生　张力寰　何世明　留云　王蒙蒙

计算机科学与技术学院

博士生　赵黎明　赵靖文　周海峰

硕士生　郑大巍　郝晓禹　高奔　林靖豪　周正磊　杨启凡　杜雪莹　胡虎
　　　　李一夫　陈元瀛　傅凯博　乔阳　李明攀　安芳

软件学院

硕士生　李卓　秦高东　张依依　刘美琼　徐黎科　王里奥　陈军　陈艳
　　　　蕾王楠

生物医学工程与仪器科学学院

博士生　王兆祥　廖聪裕

硕士生　王磊　杨丽丽　姚志成　袁盛

生命科学学院

博士生　史炜　徐亚茹　张倩

硕士生　郭肖肖　丁莎　刘亚茹

生物系统工程与食品科学学院

博士生　彭继宇　徐文道　王文骏　阎芙洁　田金虎

硕士生　徐子涵

环境与资源学院

博士生　肖　欣　钟　亮　丁阿强　叶小青　潘　红

硕士生　张亦藜　董晶晶　刘晓瑞　郑胜云

农业与生物技术学院

博士生　潘鹏路　沈秋芳　吕相漳　李清声　王苗苗　潘长田　单红伟

硕士生　王家利　杨成聪　王　琪　张轩瑞　钱　圆　谭黎娜

动物科学学院

博士生　王　阳　谢启凡

硕士生　王全娟　屠丹丹　孟留伟

医学院

博士生　黄春峰　沈竹静　陈海燕　沈佳颖　徐俊杰　石　鼎　金文媛　陈凌慧
　　　　胡珉豪　蒋姝函　吴学标　万乐栋　金　凯　潘宗友　柳丰萍　李建儒
　　　　冉季升　陈心怡　李　亚　梁　丰　许明杰　阿卜杜热合曼·则比布拉

硕士生　陆巧巧　江　萍　杨　泵　方远坚　曾巧铃　白炳君　李　琨　季学猛
　　　　蒲玉洁　张　祺　阿孜古丽·依马尔

药学院

博士生　付　俊　黄　波　李　维　王成坤

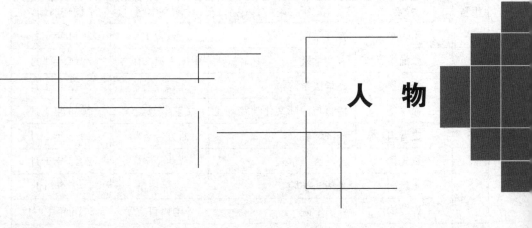

人 物

在校两院院士（*为双聘院士）

中国科学院院士（按院士当选年份、姓氏笔画排列）

唐孝威	沈家骢*	陈子元	曹楚南	路甬祥	沈之荃	韩祯祥	张　泽
朱位秋	杨　卫	贾承造*	杨文采	麻生明*	段树民	翟明国*	朱诗尧
杨树锋	陈云敏	罗民兴	杨经绥*	杨德仁	吴朝晖	蒋华良*

中国工程院院士（按院士当选年份、姓氏笔画排列）

巴德年*	汪槱生	路甬祥	孙优贤	岑可法	董石麟	潘云鹤	欧阳平凯*
郑树森	宫先仪*	邬江兴*	刘志红*	王　浩*	李兰娟	许庆瑞	谭建荣
侯立安*	龚晓南	杨华勇	陈　纯	朱利中	夏长亮*

Donald Grierson（唐纳德·格里尔逊）（外籍）

浙江大学文科资深教授

序号	姓名	所在院（系）	所在学科	聘任时间
1	王重鸣	管理学院	企业管理	2012 年 12 月

序号	姓名	所在院(系)	所在学科	聘任时间
2	田正平	教育学院	教育史	2014 年 1 月
3	张涌泉	人文学院	中国古典文献学	2014 年 1 月
4	张文显	光华法学院	法学理论	2015 年 1 月
5	徐 岱	传媒与国际文化学院	文艺学与美学	2015 年 1 月
6	史晋川	经济学院	西方经济学	2015 年 1 月
7	姚先国	公共管理学院	劳动经济学	2015 年 1 月
8	王贵国	光华法学院	国际法学	2015 年 9 月
9	许 钧	外语学院	外国语言文学	2016 年 10 月
10	桑 兵	人文学院	中国近现代史	2018 年 9 月

在校中共中央候补委员、中共浙江省委委员

中国共产党第十九届中央委员会候补委员　　吴朝晖
中国共产党浙江省第十四届委员会委员　　　吴朝晖

在校全国和省市三级人大代表（以姓氏笔画为序）

第十三届全国人民代表大会	常委会委员	妣健敏（校级保留）			
	代　　表	邹晓东			
第十三届浙江省人民代表大会	副 主 任	妣健敏（校级保留）			
	常委会委员	范柏乃　唐睿康			
	代　　表	任少波　邹先定　姚玉峰			
第十三届杭州市人民代表大会	代　　表	方　洁　任少波　刘利民　陈正英　胡征宇			
		舒　强			

浙江大学年鉴

在校全国和省市三级政协委员 (以姓氏笔画为序)

中国人民政治协商会议第十三届全国委员会

    常　委　杨　卫

    委　员　王贵国　杨华勇　罗卫东　罗建红　段树民　蔡秀军

中国人民政治协商会议第十二届浙江省委员会

    副主席　蔡秀军

    常　委　王　珂　方向明　杨华勇　陈　忠　罗建红　贲圣林

           段会龙　段树民　徐志康　谢志坚　裘云庆　鲍虎军

    委　员　马景娣　王良静　韦　路　田　梅　包迪鸿

           朱晓芸(调出)　华中生　严　敏　李有泉　李浩然

           杨　波　杨　程　时连根　吴　兰　吴良欢　沈黎勇

           张　英　陈艳虹　林　平　欧阳宏伟　　　罗　坤

           金洪传　周坚红　徐小洲(调出)　黄　英　盛　况

           蒋焕煜　雷群芳　魏　江

中国人民政治协商会议浙江省杭州市第十一届委员会

    常　委　蒋吉清

    委　员　韦　巍　叶　民　邵浙新　林　进　林　平　曾玲晖

在校各民主党派委员 (以姓氏笔画为序)

中国国民党革命委员会

    中央委员会　委　员　朱新力(调出)

    浙江省委员会　副主委　朱新力(调出)　段会龙

              常　委　金洪传　周坚红

              委　员　吕秀阳　陈芝清　徐三中　高海春　戴连奎

    浙江大学委员会　主　委　段会龙

             副主委　金洪传　周坚红　唐吉平　曾群力(调出)

                戴连奎

中国民主同盟

中央委员会　　委　员　罗卫东　雷群芳

浙江省委员会　副主委　罗卫东　唐睿康　谢志坚

　　　　　　　常　委　时连根　罗　坤　郎友兴

　　　　　　　委　员　严森祥　肖龙海　金传洪　袁　清　夏群科　滕元文

浙江大学委员会　主　委　唐睿康

　　　　　　　副主委　肖龙海　时连根　罗　坤　袁　清（常务）　谢志坚

中国民主建国会

中央委员会　　委　员　钱弘道

浙江省委员会　常　委　张　英

　　　　　　　委　员　邬义杰　盛　况

浙江大学委员会　主　委　华中生

　　　　　　　副主委　吴建华　张启龙　陈昆福　胡税根　盛　况

中国民主促进会

中央委员会　　常　委　蔡秀军

　　　　　　　委　员　陈　忠　陈亚岗　鲍虎军

浙江省委员会　主　委　蔡秀军

　　　　　　　副主委　陈　忠　鲍虎军

　　　　　　　常　委　许国强　喻景权

　　　　　　　委　员　于吉人　王青青　邹　煜　陈　洁　黄　英　傅柏平
　　　　　　　　　　　童裳伦　魏启春

浙江大学委员会　主　委　喻景权

　　　　　　　副主委　于吉人　王青青　汤谷平（常务）　李建华　金小刚
　　　　　　　　　　　周建光

中国农工民主党

中央委员会　　常　委　罗建红

浙江省委员会　主　委　罗建红

　　　　　　　副主委　徐志康

　　　　　　　常　委　严　敏　吴良欢　欧阳宏伟

　　　　　　　委　员　叶庆富　许祝安　苏宏斌　吴　芳　张　茂　张　林
　　　　　　　　　　　张信美　陈定伟　钱文斌

浙江大学委员会　主　委　徐志康

　　　　　　　副主委　许祝安　严　敏　吴良欢（常务）　张信美　钱文斌
　　　　　　　　　　　欧阳宏伟

中国致公党

浙江省委员会　副主委　裘云庆

		常　委	李劲松					
		委　员	马景娣	白　剑	佟红艳	范　杰	茅林春	
	浙江大学委员会	主　委	裘云庆					
		副主委	白　剑	陈秋晓	茅林春（常务）			

九三学社

		常　委	姒健敏					
	中央委员会							
		委　员	方向明	李有泉	范柏乃			
	浙江省委员会	主　委	姒健敏					
		副主委	方向明	范柏乃				
		常　委	王庆丰	王良静	蒋焕煜			
		委　员	王　健	冯建跃	郑绍建	高建青	黄建荣	
	浙江大学委员会	主　委	谭建荣					
		副主委	王　健	王良静	方向明	冯建跃（常务）	范柏乃	
			郑绍建	蒋焕煜				

台湾民主自治同盟

		委　员	陈艳虹
	浙江省委员会		
	浙江大学支部	主　委	陈艳虹
		副主委	林　平

国家高层次人才特殊支持计划入选者

序号	姓名	单位	获得时间
科技创新领军人才			
1	盛　况	电气工程学院	2013
2	高　翔	能源工程学院	2013
3	鲍虎军	计算机科学与技术学院	2013
4	周继勇	动物科学学院	2013
5	孙崇德	农业与生物技术学院	2014
6	李晓明	医学院	2014
7	杨灿军	机械工程学院	2014
8	吴朝晖	计算机科学与技术学院	2014
9	邱利民	能源工程学院	2014

人　物

序号	姓名	单位	获得时间
10	金勇丰	生命科学学院	2014
11	马忠华	农业与生物技术学院	2016
12	王 鹏	化学系	2016
13	王福俤	公共卫生系	2016
14	计 剑	高分子科学与工程学系	2016
15	叶 娟	附属第二医院	2016
16	刘东红	生物系统工程与食品科学学院	2016
17	苏宏业	控制科学与工程学院	2016
18	杨德仁	材料科学与工程学院	2016
19	张 宏	附属第二医院	2016
20	陈 瑜	附属第一医院	2016
21	陈仁朋	建筑工程学院	2016
22	周天华	基础医学系	2016
23	周艳虹	农业与生物技术学院	2016
24	徐昌杰	农业与生物技术学院	2016
25	徐 骁	附属第一医院	2016
26	高 超	高分子科学与工程学系	2016
27	黄飞鹤	化学系	2016
28	程 军	能源工程学院	2016
29	鲁林荣	医学院	2016
30	童利民	光电科学与工程学院	2016
31	蔡秀军	邵逸夫医院	2016
32	潘洪革	材料科学与工程学院	2016
33	唐睿康	化学系	2017
34	陈宝梁	环境与资源学院	2017
35	叶恭银	农业与生物技术学院	2017
36	汪以真	动物科学学院	2017
37	汪海峰	新农村发展研究院	2017
38	高海春	生命科学学院	2017

序号	姓名	单位	获得时间
39	王青青	医学院	2017
40	叶 升	生命科学研究院	2017
41	胡海岚	医学院	2017
42	王靖岱	化学工程与生物工程学院	2017
43	徐 兵	机械工程学院	2017
44	尹建伟	计算机科学与技术学院	2017
45	陈 刚	计算机科学与技术学院	2017
46	詹良通	建筑工程学院	2017
47	方向明	附属第一医院	2017
百千万工程领军人才			
1	李有泉	物理学系	2014
哲学社会科学领军人才			
1	史晋川	经济学院	2014
2	吴晓波	管理学院	2016
3	郁建兴	公共管理学院	2016
4	刘同舫	马克思主义学院	2017
5	黄先海	经济学院	2017
教学名师			
1	何莲珍	外国语言文化与国际交流学院	2014
2	陆国栋	机械工程学院	2017
青年拔尖人才			
1	黄 俊	生命科学研究院	2013
2	罗 坤	能源工程学院	2013
3	王宏涛	航空航天学院	2013
4	何晓飞	计算机科学与技术学院	2013
5	陈积明	控制科学与工程学院	2013
6	周燕国	建筑工程学院	2013
7	周 昆	计算机科学与技术学院	2013
8	王浩华	物理学系	2013

序号	姓名	单位	获得时间
9	陈红胜	信息与电子工程学院	2013
10	张 挺	数学科学学院	2013
11	李春光	信息与电子工程学院	2013
12	周江洪	光华法学院	2013
13	王成波	数学科学学院	2015
14	王 勇	化学系	2015
15	王智化	机械工程学院	2015
16	刘永锋	材料科学与工程学院	2015
17	邢华斌	化学工程与生物工程学院	2015
18	何 艳	环境与资源学院	2015
19	张 辉	材料科学与工程学院	2015
20	李武华	电气工程学院	2015
21	范骁辉	药学院	2015
22	章 宇	生物系统工程与食品科学学院	2015
23	蔡 登	计算机科学与技术学院	2015
24	何欢欢	人文学院	2015
25	胡 铭	光华法学院	2015
26	胡慧珠	先进技术研究院	2015
27	薄 拯	能源工程学院	2017
28	丁寒峰	化学系	2017
29	朱永群	生命科学研究院	2017
30	叶 晔	人文学院	2017
31	岳文泽	公共管理学院	2017

浙江大学年鉴

教育部"长江学者"奖励计划入选者

序号	姓名	院系	批准年度	批次	备注
1	何赛灵	光电科学与工程学院	1999	1	特聘
2	杨 卫	航空航天学院	1999	1	特聘
3	骆仲泱	能源工程学院	2000	2	特聘
4	彭方正	电气工程学院	2000	2	特聘,调出
5	杨德仁	材料科学与工程学院	2000	3	特聘
6	樊建人	能源工程学院	2000	3	特聘
7	赵 昱	药学院	2000	3	特聘,调出
8	徐世烺	建筑工程学院	2000	3	特聘,引进
9	李伯耿	化学工程与生物工程学院	2001	4	特聘
10	郑 耀	航空航天学院	2001	4	特聘
11	冯明光	生命科学学院	2001	4	特聘
12	李有泉	物理学系	2001	4	特聘
13	郑 波	物理学系	2001	4	特聘
14	胡 汛	医学院	2001	4	特聘
15	周向宇	数学科学学院	2001	4	特聘,调出
16	曹一家	电气工程学院	2001	4	特聘,调出
17	叶修梓	计算机科学与技术学院	2001	4	特聘,调出
18	包 刚	数学科学学院	2001	4	特聘,引进
19	宋永华	电气工程学院	2001	4	特聘
20	肖 岩	国际联合学院	2001	4	特聘,引进
21	陈湘明	材料科学与工程学院	2002	5	特聘
22	麻生明	化学系	2002	5	特聘
23	杨肖娥	环境与资源学院	2002	5	特聘
24	严建华	能源工程学院	2002	5	特聘
25	戴伟民	化学系	2002	5	特聘,调出
26	于晓方	附属第二医院	2002	5	特聘

续表

序号	姓名	院系	批准年度	批次	备注
27	王明海	附属第一医院	2002	5	特聘,调出
28	郑 强	高分子科学与工程学系	2004	6	特聘
29	鲍虎军	计算机科学与技术学院	2004	6	特聘
30	华跃进	农业与生物技术学院	2004	6	特聘
31	许祝安	物理学系	2004	6	特聘
32	何建军	光电科学与工程学院	2005	7	特聘
33	唐睿康	化学系	2005	7	特聘
34	杨华勇	机械工程学院	2005	7	特聘
35	陈云敏	建筑工程学院	2005	7	特聘
36	王荣福	附属第二医院	2005	7	特聘,调出
37	周雪平	农业与生物技术学院	2005	7	特聘
38	张涌泉	人文学院	2006	7	特聘
39	蒋建中	材料科学与工程学院	2006	8	特聘
40	喻景权	农业与生物技术学院	2006	8	特聘
41	罗民兴	物理学系	2006	8	特聘
42	梁永超	环境与资源学院	2006	8	特聘,引进
43	彭金荣	动物科学学院	2007	9	特聘
44	高长有	高分子科学与工程学系	2007	9	特聘
45	徐建明	环境与资源学院	2007	9	特聘
46	周 昆	计算机科学与技术学院	2007	9	特聘
47	袁辉球	物理学系	2007	9	特聘
48	盛 况	电气工程学院	2008	10	特聘
49	刘 旭	光电科学与工程学院	2008	10	特聘
50	庄越挺	计算机科学与技术学院	2008	10	特聘
51	沈华浩	附属第二医院	2008	10	特聘
52	成少安	能源工程学院	2008	10	特聘
53	应义斌	生物系统工程与食品科学学院	2008	10	特聘
54	陈启瑾	物理学系	2008	10	特聘

序号	姓名	院系	批准年度	批次	备注
55	游建强	物理学系	2008	10	特聘,引进
56	周继勇	动物科学学院	2009	11	特聘
57	吴忠标	环境与资源学院	2009	11	特聘
58	高 翔	能源工程学院	2009	11	特聘
59	陈学新	农业与生物技术学院	2009	11	特聘
60	郑绍建	生命科学学院	2009	11	特聘
61	葛根年	数学学院	2009	11	特聘,调出
62	施 旭	外国语言文化与国际交流学院	2009	11	特聘,调出
63	蔡秀军	附属邵逸夫医院	2009	11	特聘
64	方向明	附属第一医院	2009	11	特聘
65	邱建荣	光电科学与工程学院	2009	4	特聘
66	钱国栋	材料科学与工程学院	2011	12	特聘
67	郑津洋	能源工程学院	2011	12	特聘
68	梁廷波	附属第二医院	2011	12	特聘
69	邱利民	能源工程学院	2011	12	特聘
70	华中生	管理学院	2011	12	特聘,引进
71	许 钧	外国语言文化与国际交流学院	2011	12	特聘,引进
72	陈 忠	药学院	2012	13	特聘
73	沈模卫	心理与行为科学系	2012	13	特聘
74	苏宏业	控制科学与工程学院	2012	13	特聘
75	童利民	光电科学与工程学院	2012	13	特聘
76	郁建兴	公共管理学院	2012	13	特聘
77	眭依凡	教育学院	2012	13	特聘,引进
78	陈红胜	信息与电子工程学院	2014	14	特聘
79	黄先海	经济学院	2014	14	特聘
80	李晓明	医学院	2014	14	特聘
81	潘洪革	材料科学与工程学院	2014	14	特聘
82	申有青	化学工程与生物工程学院	2014	14	特聘

序号	姓名	院系	批准年度	批次	备注
83	田 梅	附属第二医院	2014	14	特聘
84	王云路	人文学院	2014	14	特聘
85	吴晓波	管理学院	2014	14	特聘
86	徐 骁	附属第一医院	2014	14	特聘
87	王 杰	传媒与国际文化学院	2014	14	特聘
88	陈积明	控制科学与工程学院	2015	15	特聘
89	陈伟球	航空航天学院	2015	15	特聘
90	胡海岚	医学院	2015	15	特聘
91	计 剑	高分子科学与工程学系	2015	15	特聘
92	居冰峰	机械工程学院	2015	15	特聘
93	王立忠	建筑工程学院	2015	15	特聘
94	陈宝梁	环境与资源学院	2016	16	特聘
95	徐 兵	机械工程学院	2016	16	特聘
96	徐小洲	教育学院	2016	16	特聘
97	陈 刚	计算机科学与技术学院	2017	17	特聘
98	黄飞鹤	化学系	2017	17	特聘
99	刘同舫	马克思主义学院	2017	17	特聘
100	王靖岱	化学工程与生物工程学院	2017	17	特聘
长江讲座教授（自2015年起东部高校不再申报长江讲座教授）					
1	林芳华	数学科学学院	2000	2	讲座
2	励建书	数学科学学院	2000	2	讲座
3	罗 锋	数学科学学院	2004	6	讲座
4	朱世平	化学工程与生物工程学院	2004	6	讲座
5	吴息凤	公共卫生系	2004	6	讲座
6	刘 荧	物理学系	2006	8	讲座
7	李正祥	地球科学学院	2006	8	讲座
8	王汝渠	经济学院	2007	9	讲座
9	严玉山	化学工程与生物工程学院	2007	9	讲座

序号	姓名	院系	批准年度	批次	备注
10	甘剑英	农业与生物技术学院	2007	9	讲座
11	郑铭豪	附属第一医院	2008	10	讲座
12	宋顺锋	经济学院	2008	10	讲座
13	左 康	数学科学学院	2008	10	讲座
14	刘俊杰	信息与电子工程学院	2008	10	讲座
15	沈炳辉	农业与生物技术学院	2008	10	讲座
16	陈勇民	经济学院	2009	11	讲座
17	莫家豪	教育学院	2009	11	讲座
18	斯其苗	物理学系	2009	11	讲座
19	姚 斌	机械工程学院	2009	11	讲座
20	俞 滨	信息与电子工程学院	2009	11	讲座
21	L. T. Biegler	控制科学与工程学院	2009	11	讲座
22	周武元	控制科学与工程学院	2009	11	讲座
23	陈志祥	农业与生物技术学院	2009	11	讲座
24	戴一凡	附属第一医院	2009	11	讲座
25	康景轩	生物系统工程与食品科学学院	2011	12	讲座
26	刘坚能	信息与电子工程学院	2011	12	讲座
27	Steven H. Low	控制科学与工程学院	2011	12	讲座
28	黄铭钧	计算机科学与技术学院	2012	13	讲座
29	H. Holly Wang	管理学院	2014	14	讲座
30	Junshan Zhang	控制科学与工程学院	2014	14	讲座
31	Peterten Dijke	生命科学研究院	2014	14	讲座
32	甘苏生	农业与生物技术学院	2014	14	讲座
33	魏文毅	医学院转化研究院	2014	14	讲座

续表

序号	姓名	院系	批准年度	批次	备注
青年项目					
1	边学成	建筑工程学院	2015	1	
2	何 艳	环境与资源学院	2015	1	
3	黄厚明	人文学院	2015	1	
4	刘永锋	材料科学与工程学院	2015	1	
5	魏 江	管理学院	2015	1	
6	徐海君	农业与生物技术学院	2015	1	
7	冯国栋	人文学院	2016	2	
8	高在峰	心理与行为科学系	2016	2	
9	郝田虎	外国语言文化与国际交流学院	2016	2	
10	胡 铭	光华法学院	2016	2	
11	胡新央	医学院	2016	2	
12	罗 坤	能源工程学院	2016	2	
13	佟 超	生命科学研究院	2016	2	
14	汪 浩	医学院	2016	2	
15	邢华斌	化学工程与生物工程学院	2016	2	
16	杨建立	生命科学学院	2016	2	
17	周江洪	光华法学院	2016	2	
18	朱 斌	建筑工程学院	2016	2	
19	朱永群	生命科学研究院	2016	2	
20	邹 俊	机械工程学院	2016	2	
21	薄 拯	能源工程学院	2017	3	
22	程 鹏	控制科学与技术学院	2017	3	
23	贺 永	机械工程学院	2017	3	
24	吕朝锋	建筑工程学院	2017	3	
25	史炳锋	化学系	2017	3	
26	王 迪	医学院	2017	3	
27	王 俊	人文学院	2017	3	

人 物

序号	姓名	院系	批准年度	批次	备注
28	韦 路	传媒与国际文化学院	2017	3	
29	杨景华	农业与生物技术学院	2017	3	
30	杨 翼	管理学院	2017	3	
31	岳文泽	公共管理学院	2017	3	
32	张海涛	药学院	2017	3	
33	赵 骏	光华法学院	2017	3	

国家杰出青年科学基金项目获得者

序号	姓名	所属单位	获得年度	备注
1	樊建人	能源工程学院	1994	
2	谭建荣	机械工程学院	1994	
3	冯明光	生命科学学院	1995	
4	杨 卫	航空航天学院	1995	
5	马利庄	计算机科学与技术学院	1996	调出
6	徐世烺	建工学院	1996	引进
7	肖丰收	化学系	1998	引进
8	林建忠	航空航天学院	1999	
9	杨肖娥	环境与资源学院	1999	
10	鲍虎军	计算机科学与技术学院	1999	
11	陈湘明	材料科学与工程学院	2000	
12	何振立	环境与资源学院	2000	调出
13	骆仲泱	能源工程学院	2000	
14	苏宏业	控制科学与工程学院	2000	
15	邱建荣	材料科学与工程学院	2001	
16	李伯耿	化学工程与生物工程学院	2001	

续表

序号	姓名	所属单位	获得年度	备注
17	郑 强	高分子科学与工程学系	2001	
18	朱利中	环境与资源学院	2001	
19	周雪平	农业与生物技术学院	2001	校级保留
20	杨德仁	材料科学与工程学院	2002	
21	陈红征	高分子科学与工程学系	2002	
22	曹一家	电气工程学院	2002	调出
23	陈 劲	公共管理学院	2002	调出
24	郑 耀	航空航天学院	2002	
25	刘维屏	环境与资源学院	2002	
26	李有泉	物理学系	2002	
27	许祝安	物理学系	2002	
28	杨卫军	生命科学学院	2002	
29	曾 苏	药学院	2002	
30	刘建新	动物科学学院	2003	
31	郑 波	物理学系	2003	
32	喻景权	农业与生物技术学院	2003	
33	方盛国	生命科学学院	2003	
34	蒋建中	材料科学与工程学院	2004	
35	高长有	高分子科学与工程学系	2004	
36	徐建明	环境与资源学院	2004	
37	杨华勇	机械工程学院	2004	
38	陈云敏	建筑工程学院	2004	
39	罗民兴	物理学系	2004	
40	沈志成	农业与生物技术学院	2004	
41	华跃进	农业与生物技术学院	2004	
42	童利民	光电科学与工程学院	2004	
43	于晓方	医学院	2004	
44	宋金宝	海洋学院	2004	引进
45	周俊虎	能源工程学院	2005	

人　物

序号	姓名	所属单位	获得年度	备注
46	庄越挺	计算机科学与技术学院	2005	
47	许宜铭	化学系	2005	
48	吴朝晖	计算机科学与技术学院	2005	
49	章晓波	生命科学学院	2005	引进
50	徐志康	高分子科学与工程学系	2006	
51	钱国栋	材料科学与工程学院	2006	
52	周继勇	动物科学学院	2006	
53	陈学新	农业与生物技术学院	2006	
54	郑绍建	生命科学学院	2006	
55	何赛灵	光电科学与工程学院	2006	
56	游建强	物理学系	2006	引进
57	陈伟球	航空航天学院	2007	
58	王 平	生物医学工程与仪器科学学院	2007	
59	何建军	光电科学与工程学院	2007	
60	陈 忠	药学院	2007	
61	华中生	管理学院	2007	引进
62	申有青	化学工程与生物工程学院	2008	
63	彭金荣	动物科学学院	2008	
64	邱利民	能源工程学院	2008	
65	周 昆	计算机科学与技术学院	2008	
66	葛根年	数学科学学院	2008	调出
67	方 群	数学科学学院	2008	
68	应义斌	生物系统工程与食品科学学院	2008	
69	沈华浩	医学院	2008	
70	方向明	医学院	2008	
71	林 强	物理学系	2009	调出
72	林福呈	农业与生物技术学院	2009	
73	梁廷波	医学院	2009	
74	黄志龙	航空航天学院	2010	

续表

序号	姓名	所属单位	获得年度	备注
75	王晓光	物理学系	2010	
76	潘远江	化学系	2010	
77	汪以真	动物科学学院	2010	
78	叶恭银	农业与生物技术学院	2010	
79	潘洪革	材料科学与工程学院	2010	
80	计 剑	高分子科学与工程学系	2010	
81	罗尧治	建筑工程学院	2010	
82	季葆华	航空航天学院	2010	引进
83	肖 磊	动物科学学院	2010	调出
84	冯 波	物理学系	2011	
85	黄飞鹤	化学系	2011	
86	罗英武	化学工程与生物工程学院	2011	
87	金勇丰	生命科学学院	2011	
88	周天华	医学院	2011	
89	高 翔	能源工程学院	2011	
90	何晓飞	计算机科学与技术学院	2011	
91	欧阳宏伟	医学院	2011	
92	吴志英	医学院	2011	引进
93	王 鹏	化学系	2011	引进
94	张立新	数学科学学院	2012	
95	盛 况	电气工程学院	2012	
96	陈仁朋	建筑工程学院	2012	
97	李晓明	医学院	2012	
98	王福俤	医学院	2012	引进
99	胡有洪	药学院	2012	调出
100	胡海岚	求是高等研究院	2012	引进
101	夏群科	地球科学学院	2012	引进
102	高 超	高分子科学与工程学系	2013	
103	鲁林荣	医学院	2013	

序号	姓名	所属单位	获得年度	备注
104	黄　俊	生命科学研究院	2013	
105	王立忠	建筑工程学院	2013	
106	陈宝梁	环境与资源学院	2014	
107	居冰峰	机械工程学院	2014	
108	仇　旻	光电科学与工程学院	2014	调出
109	张　宏	医学院	2014	
110	霍宝锋	管理学院	2015	
111	刘华锋	光电科学与工程学院	2015	
112	曲绍兴	航空航天学院	2015	
113	金仲和	航空航天学院	2015	
114	王靖岱	化学工程与生物工程学院	2015	
115	吴传德	化学系	2015	
116	林道辉	环境与资源学院	2015	
117	马忠华	农业与生物技术学院	2015	
118	叶　升	生命科学研究院	2015	
119	刘雪明	光电科学与工程学院	2015	引进
120	谢　涛	化学工程与生物工程学院	2016	
121	唐睿康	化学系	2016	
122	李寒莹	高分子科学与工程学系	2016	
123	詹良通	建筑工程学院	2016	
124	陈红胜	信息与电子工程学院	2016	
125	吴　飞	计算机科学与技术学院	2016	
126	沈　颖	医学院基础医学系	2016	
127	杨　波	药学院	2016	
128	徐　骁	附属第一医院	2016	
129	杨小平	地球科学学院	2016	引进
130	刘建祥	生命科学学院	2016	引进
131	王宏涛	航空航天学院	2017	
132	王浩华	物理学系	2017	

序号	姓名	所属单位	获得年度	备注
133	邢华斌	化学工程与生物工程学院	2017	
134	徐平龙	生命科学研究院	2017	
135	朱铁军	材料科学与工程学院	2017	
136	王树荣	能源工程学院	2017	
137	张朝阳	信息与电子工程学院	2017	
138	戴道锌	光电科学与工程学院	2017	
139	田　梅	医学院	2017	
140	周艳虹	农业与生物技术学院	2018	
141	周　昊	能源工程学院	2018	
142	尹建伟	计算机科学与技术学院	2018	
143	杨仲轩	建筑工程学院	2018	

国家自然科学基金创新研究群体

序号	批准年度	项目名称	负责人	学院(系)
1	2000、2003	网络视觉计算的基础理论和算法研究	鲍虎军	计算机科学与技术学院
2	2004、2007	工业过程的控制理论与总线技术及其应用研究	褚　健	控制科学与工程学院
3	2010、2013	农业害虫生物防治的基础研究	刘树生	农业与生物技术学院
4	2011、2014、2017	人工肝与肝移植治疗终末期肝病的基础应用研究	郑树森	医学院
5	2012、2015、2018	突触和神经环路调控的分子机制及其在神经精神疾病中的作用	段树民	医学院
6	2012、2015、2018	机电液系统基础研究	谭建荣	机械工程学院
7	2013、2016	智能材料和结构的力学与控制	陈伟球	航空航天学院
8	2016	有机污染物环境界面行为与调控技术原理	陈宝梁	环境与资源学院

序号	批准年度	项目名称	负责人	学院（系）
9	2016	复杂石化过程建模和优化控制理论、技术及应用	苏宏业	控制科学与工程学院
10	2016	复杂组分固体燃料热转化机理及清洁利用	严建华	能源工程学院
11	2016	偏微分方程反问题的理论、计算与应用	包　刚	数学科学学院
12	2017	半导体光电材料的微纳结构和器件	杨德仁	材料科学与工程学院
13	2017	土壤污染过程与修复原理	徐建明	环境与资源学院
14	2018	服务科学与创新管理	华中生	管理学院

优秀青年科学基金项目获得者

序号	姓名	所属单位	获得年度	备注
1	曲绍兴	航空航天学院	2012	
2	王浩华	物理学系	2012	
3	范　杰	化学系	2012	
4	秦安军	高分子科学与工程学系	2012	调出
5	苏　彬	化学系	2012	
6	邢华斌	化学工程与生物工程学院	2012	
7	李正和	农业与生物技术学院	2012	
8	汪　洌	医学院	2012	
9	杨建立	生命科学学院	2012	
10	刘永锋	材料科学与工程学院	2012	
11	金传洪	材料科学与工程学院	2012	
12	李寒莹	高分子科学与工程学系	2012	
13	邹　俊	机械工程学院	2012	
14	罗　坤	能源工程学院	2012	

续表

序号	姓名	所属单位	获得年度	备注
15	李武华	电气工程学院	2012	
16	边学成	建筑工程学院	2012	
17	吴建营	建筑工程学院	2012	调出
18	蔡 登	计算机科学与技术学院	2012	
19	陈积明	控制科学与工程学院	2012	
20	刘妹琴	电气工程学院	2012	
21	皮孝东	材料科学与工程学院	2012	
22	邱利焱	药学院	2012	
23	刘建祥	生命科学学院	2012	引进
24	吕朝锋	建筑工程学院	2013	
25	王宏涛	航空航天学院	2013	
26	杜滨阳	高分子科学与工程学系	2013	
27	王从敏	化学系	2013	
28	杨 坤	环境与资源学院	2013	
29	易 文	生命科学学院	2013	
30	汪方炜	生命科学研究院	2013	
31	何 艳	环境与资源学院	2013	
32	马 列	高分子科学与工程学系	2013	
33	冯毅雄	机械工程学院	2013	
34	杨仲轩	建筑工程学院	2013	
35	陈红胜	信息与电子工程学院	2013	
36	朱永群	生命科学研究院	2013	
37	陈玮琳	医学院	2013	调出
38	周欣悦	管理学院	2013	引进
39	冯 涛	数学科学学院	2014	
40	王 凯	物理学系	2014	
41	孟祥举	化学系	2014	
42	史炳锋	化学系	2014	
43	潘鹏举	化学工程与生物工程学院	2014	

序号	姓名	所属单位	获得年度	备注
44	吕镇梅	生命科学学院	2014	
45	程 磊	生命科学学院	2014	
46	赵 斌	生命科学研究院	2014	
47	施积炎	环境与资源学院	2014	
48	曹 龙	地球科学学院	2014	
49	王智化	能源工程学院	2014	
50	陈 为	计算机科学与技术学院	2014	
51	赵春晖	控制科学与工程学院	2014	
52	余学功	材料科学与工程学院	2014	
53	戴道锌	光电科学与工程学院	2014	
54	余路阳	生命科学学院	2014	
55	应颂敏	医学院	2014	
56	许威威	计算机学院	2014	引进
57	周 舟	医学院公共卫生系	2014	引进
58	张兴旺	化学工程与生物工程学院	2015	
59	王 迪	医学院	2015	
60	陈 伟	医学院	2015	
61	王立铭	生命科学研究院	2015	
62	徐海君	农业与生物技术学院	2015	
63	梁新强	环境与资源学院	2015	
64	张 辉	材料科学与工程学院	2015	
65	金一政	化学系	2015	
66	唐建斌	化学工程与生物工程学院	2015	
67	万灵书	高分子系	2015	
68	吴新科	电气工程学院	2015	
69	段元锋	建筑工程学院	2015	
70	闫东明	建筑工程学院	2015	
71	高云君	计算机科学与技术学院	2015	
72	黄 劲	计算机科学与技术学院	2015	

序号	姓名	所属单位	获得年度	备注
73	杨 翼	管理学院	2015	
74	龚渭华	医学院	2015	
75	陈 晓	医学院	2015	
76	王 勇	化学系	2016	
77	王晓光	数学科学学院	2016	
78	王佳堃	动物科学学院	2016	
79	汪 浩	医学院	2016	
80	佟 超	生命科学研究院	2016	
81	宋吉舟	航空航天学院	2016	
82	年 珩	电气工程学院	2016	
83	马天宇	材料科学与工程学院	2016	调出
84	楼 敏	医学院	2016	
85	梁 岩	农业与生物技术学院	2016	
86	李庆华	建筑工程学院	2016	
87	金崇伟	环境与资源学院	2016	
88	黄健华	农业与生物技术学院	2016	
89	胡新央	医学院	2016	
90	贺 永	机械工程学院	2016	
91	丁寒锋	化学系	2016	
92	程党国	化学工程与生物工程学院	2016	
93	李卫军	地球科学学院	2016	引进
94	黄 萃	公共管理学院	2017	引进
95	李敬源	物理学系	2017	
96	贾晓静	地球科学学院	2017	
97	姜银珠	材料科学与工程学院	2017	
98	李昌治	高分子科学与工程学系	2017	
99	瞿逢重	海洋科学与工程学院	2017	
100	鲍宗必	化学工程与生物工程学院	2017	
101	柏 浩	化学工程与生物工程学院	2017	

序号	姓名	所属单位	获得年度	备注
102	薄 拯	能源工程学院	2017	
103	葛志强	控制科学与工程学院	2017	
104	单体中	动物科学学院	2017	
105	殷学仁	农业与生物技术学院	2017	
106	刘杏梅	环境与资源学院	2017	
107	张海涛	药学院	2017	
108	孟卓贤	医学院	2017	
109	马 欢	医学院	2017	
110	胡薇薇	医学院	2017	
111	郭国骥	医学院	2017	
112	徐承富	附属第一医院	2017	
113	周 琦	生命科学研究院	2017	
114	王 亮	化学系	2018	
115	叶肖伟	建筑工程学院	2018	
116	廖祖维	化学工程与生物工程学院	2018	
117	赵 骞	化学工程与生物工程学院	2018	
118	李铁风	航空航天学院	2018	
119	夏振华	航空航天学院	2018	
120	毛峥伟	高分子科学与工程学系	2018	
121	杨 青	光电科学与工程学院	2018	
122	章国锋	计算机科学与技术学院	2018	
123	谷保静	环境与资源学院	2018	
124	师 恺	农业与生物技术学院	2018	
125	方 磊	农业与生物技术学院	2018	
126	张翔南	药学院	2018	
127	王 毅	药学院	2018	
128	凌代舜	药学院	2018	
129	刘 婷	医学院	2018	
130	靳 津	生命科学研究院	2018	

人 物

教育部创新团队

序号	负责人	所属学院(系)	研究方向	批准年度
1	骆仲泱	能源工程学院	清洁燃烧中的重大基础问题研究	2004
2	冯明光	生命科学	农业害虫生物防治	2005
3	杨肖娥	环境与资源学院	污染环境修复与生态系统健康	2005
4	杨德仁	材料科学与工程学院	信息功能材料	2006
5	庄越挺	计算机科学与技术学院	网络多媒体智能信息处理技术	2006
6	郑树森	医学院	终末期肝病综合治疗研究	2007
7	许祝安	物理学系	非常规超导电性和强关联电子体系	2007
8	杨华勇	机械工程学院	全断面大型掘进装备关键技术研究	2008
9	李伯耿	化学工程与生物工程学院	聚合物产品工程	2009
10	周雪平（调出）	农业与生物技术学院	水稻重要病害的成灾机理和持续控制	2009
11	段树民	医学院	神经精神疾病的基础研究	2010
12	刘 旭	光电科学与工程学院	新一代微纳光子信息技术与工程应用	2010
13	彭金荣	动物科学学院	动物消化系统发育与功能研究	2010
14	陈云敏	建筑工程学院	软弱土与环境土工	2011
15	黄荷凤（兼任教师）	医学院	生殖安全转化医学研究	2011
16	郑绍建	生命科学学院	植物营养生理与分子改良	2011
17	喻景权	农业与生物技术学院	园艺作物生长发育与品质调控	2012
18	张 泽	材料科学与工程学院	功能材料微结构调控及能源应用	2013

"973 计划"首席科学家

序　号	批准年度	项目类型	负责人	所属单位	备注
1	2002、2008	973 计划	鲍虎军	计算机科学与技术学院	
2	2003、2008	973 计划	郑树森	医学院	
3	2004	973 计划	何赛灵	光电科学与工程学院	
4	2005	973 计划	吴 平	生命科学学院	去世
5	2007	973 计划	骆仲泱	能源工程学院	
6	2007、2012	973 计划	项春生	附属第一医院	
7	2007、2012	973 计划	杨德仁	材料科学与工程学院	
8	2007、2012	973 计划	杨华勇	机械工程学院	
9	2008	973 计划	喻景权	农业与生物技术学院	
10	2009	973 计划	娄永根	农业与生物技术学院	
11	2009	重大科学研究计划	罗建红	医学院	
12	2010	973 计划	张 泽	材料科学与工程学院	
13	2010	973 计划	段树民	医学院	
14	2010	973 计划	李伯耿	化学工程与生物工程学院	
15	2010	973 计划	谭建荣	机械工程学院	
16	2010	973 计划	严建华	能源工程学院	
17	2010	973 计划	杨立荣	化学工程与生物工程学院	
18	2011	973 计划	陈云敏	建筑工程学院	
19	2011	973 计划	蒋建中	材料科学与工程学院	
20	2011	973 计划	庄越挺	计算机科学与技术学院	
21	2011	重大科学研究计划	冯新华	生命科学研究院	
22	2011	重大科学研究计划	黄荷凤	医学院	兼任教师
23	2011	重大科学研究计划	彭金荣	动物科学学院	

序　号	批准年度	项目类型	负责人	所属单位	备注
24	2011	ITER 计划	肖　湧	物理学系	
25	2012	973 计划	陈学新	农业与生物技术学院	
26	2012	973 计划	吴朝晖	计算机科学与技术学院	
27	2012	973 计划	周劲松	能源工程学院	
28	2012	重大科学研究计划	杨小杭	生命科学学院	
29	2012	973 计划 青年科学家专题	蔡　登	计算机科学与技术学院	
30	2013	973 计划	朱利中	环境与资源学院	
31	2013	973 计划	管敏鑫	医学院	
32	2013	973 计划	王青青	医学院	
33	2013	重大科学研究计划	许祝安	物理学系	
34	2013	重大科学研究计划	申有青	化学工程与生物工程学院	
35	2013	重大科学研究计划	王建安	医学院	
36	2013	973 计划青年 科学家专题	李武华	电气工程学院	
37	2014	973 计划	刘　旭	光电科学与工程学院	
38	2014	973 计划	郑津洋	化学工程与生物工程学院	
39	2014	重大科学研究计划	华跃进	农业与生物技术学院	
40	2014	重大科学研究计划	黄　河	医学院	
41	2014	重大科学研究计划 青年科学家专题	陈　伟	医学院	

注:含重大科学研究计划、ITER 计划、青年科学家专题项目。

国家"百千万人才工程"入选者

序号	姓名	所属单位	获得时间	备注
1	何振立	环境与资源学院	1996	调出
2	陈杰诚	数学科学学院	1996	调出
3	王 坚	心理与行为科学系	1996	调出
4	刘树生	农业与生物技术学院	1996	
5	杨 卫	航空航天学院	1996	调入
6	马利庄	计算机科学与技术学院	1996	调出
7	张小山	医学院	1996	调出
8	郝志勇	能源工程学院	1996	
9	叶志镇	材料科学与工程学院	1997	
10	胡建淼	光华法学院	1997	校级保留
11	林建忠	航空航天学院	1997	
12	杨肖娥	环境与资源学院	1997	
13	朱利中	环境与资源学院	1997	
14	樊建人	能源工程学院	1997	
15	骆仲泱	能源工程学院	1997	
16	陈云敏	建筑工程学院	1997	
17	潘兴斌	数学科学学院	1997	调出
18	张涌泉	人文学院	1997	
19	冯明光	生命科学学院	1997	
20	李伯耿	化学工程与生物工程学院	1999	
21	文福拴	电气工程学院	1999	
22	项保华	管理学院	1999	调出
23	谭建荣	机械工程学院	1999	
24	杨华勇	机械工程学院	1999	
25	严建华	能源工程学院	1999	

续表

序号	姓名	所属单位	获得时间	备注
26	史晋川	经济学院	1999	
27	刘康生	数学科学学院	1999	
28	陈学新	农业与生物技术学院	1999	
29	何 勇	生物系统工程与食品科学学院	1999	
30	张耀洲	生命科学学院	1999	调出
31	曾 苏	药学院	1999	
32	陈江华	医学院	1999	
33	王玉新	机械工程学院	1999	调出
34	郑 强	高分子科学与工程学系	2004	
35	徐建明	环境与资源学院	2004	
36	陈 鹰	海洋学院	2004	
37	周俊虎	能源工程学院	2004	
38	鲍虎军	计算机科学与技术学院	2004	
39	许祝安	物理学系	2004	
40	周雪平	农业与生物技术学院	2004	校级保留
41	喻景权	农业与生物技术学院	2004	
42	廖可斌	人文学院	2004	调出
43	应义斌	生物系统工程与食品科学学院	2004	
44	王 平	生物医学工程与仪器科学学院	2004	
45	来茂德	医学院	2004	校级保留
46	宋金宝	海洋学院	2004	引进
47	王殿海	建筑工程学院	2004	
48	柯映林	机械工程学院	2006	
49	庄越挺	计算机科学与技术学院	2006	
50	李有泉	物理学系	2006	
51	章晓波	生命科学学院	2006	引进
52	杨德仁	材料科学与工程学院	2007	
53	曹一家	电气工程学院	2007	调出

人 物

浙江大学年鉴

序号	姓名	所属单位	获得时间	备注
54	孙笑侠	光华法学院	2007	调出
55	周 昊	能源工程学院	2007	
56	蔡袁强	建筑工程学院	2007	校级保留
57	徐小洲	教育学院	2007	
58	朱祝军	农业与生物技术学院	2007	调出
59	何莲珍	外国语言文化与国际交流学院	2007	
60	金建祥	控制科学与工程学院	2007	
61	蔡秀军	医学院	2007	
62	陈 劲	公共管理学院	2009	调出
63	郁建兴	公共管理学院	2009	
64	葛根年	数学科学学院	2009	调出
65	高 翔	能源工程学院	2009	
66	吴朝晖	计算机科学与技术学院	2009	
67	冯冬芹	控制科学与工程学院	2009	
68	沈志成	农业与生物技术学院	2009	
69	华中生	管理学院	2009	引进
70	李浩然	化学系	2013	
71	汪以真	动物科学学院	2013	
72	蒋建中	材料科学与工程学院	2014	
73	黄先海	经济学院	2014	
74	梁廷波	附属第二医院	2014	
75	邱利民	能源工程学院	2015	
76	苏宏业	控制科学与工程学院	2015	
77	王文海	控制科学与工程学院	2015	
78	王福俤	医学院	2015	
79	陈宝梁	环境与资源学院	2017	
80	杨 波	药学院	2017	

浙江省特级专家入选者

序号	姓名	所属单位	批准年度
1	杨肖娥	环境与资源学院	2005
2	樊建人	能源工程学院	2005
3	陈 纯	计算机科学与技术学院	2005
4	陈云敏	建筑工程学院	2005
5	田正平	教育学院	2005
6	李有泉	物理学系	2005
7	林正炎	数学科学学院	2005
8	郑小明	化学系	2005
9	朱 军	农业与生物技术学院	2005
10	崔富章	人文学院	2005
11	张涌泉	人文学院	2005
12	刘 旭	光电科学与工程学院	2005
13	蔡秀军	医学院	2005
14	叶志镇	材料科学与工程学院	2008
15	杨树锋	地球科学学院	2008
16	刘祥官	数学科学学院	2008
17	杨华勇	机械工程学院	2008
18	刘树生	农业与生物技术学院	2008
19	朱利中	环境与资源学院	2008
20	姚 克	医学院	2008
21	王重鸣	管理学院	2008
22	束景南	人文学院	2008
23	金建祥	控制科学与工程学院	2008
24	林建忠	航空航天学院	2008
25	陈 鹰	海洋学院	2011

浙江大学年鉴

序号	姓名	所属单位	批准年度
26	来茂德	医学院	2011
27	骆仲泱	能源工程学院	2011
28	王建安	医学院	2011
29	吴朝晖	计算机科学与技术学院	2011
30	杨德仁	材料科学与工程学院	2011
31	杨 辉	材料科学与工程学院	2011
32	喻景权	农业与生物技术学院	2011
33	庄越挺	计算机科学与技术学院	2014
34	严建华	能源工程学院	2014
35	杨立荣	化学工程与生物工程学院	2014
36	应义斌	生物系统工程与食品科学学院	2014
37	沈华浩	附属第二医院	2014
38	张土乔	建筑工程学院	2014
39	陈江华	附属第一医院	2014
40	陈耀武	生物医学工程与仪器科学学院	2014
41	柯映林	机械工程学院	2014
42	高 翔	能源工程学院	2014
43	何莲珍	外国语言文化与国际交流学院	2017
44	金雪军	经济学院	2017
45	郁建兴	公共管理学院	2017
46	包 刚	数学科学学院	2017
47	李浩然	化学系	2017
48	严 密	材料科学与工程学院	2017
49	郑津洋	能源工程学院	2017
50	何湘宁	电气工程学院	2017
51	王文海	控制科学与工程学院	2017
52	张国平	农业与生物技术学院	2017
53	王伟林	医学院	2017

人　物

序号	姓名	所属单位	批准年度
54	黄　河	医学院	2017
55	冯新华	生命科学研究院	2017

2018 年浙江大学入选浙江省 151 人才工程情况

序号	所在学院(系)、单位	姓名	类别
重点资助培养人员			
1	经济学院	马述忠	综合推荐
2	机械工程学院	何　闻	综合推荐
3	能源工程学院	周　昊	综合推荐
4	电气工程学院	郭创新	综合推荐
5	光电科学与工程学院	刘华锋	综合推荐
6	信息与电子工程学院	张朝阳	数字经济专项
7	附属第一医院	虞朝辉	医疗健康专项
第一层次培养人员			
1	经济学院	潘士远	综合推荐
2	管理学院	周伟华	综合推荐
3	数学科学学院	张立新	直接列入
4	化学系	胡吉明	综合推荐
5	化学系	吴传德	直接列入
6	机械工程学院	刘振宇	综合推荐
7	机械工程学院	居冰峰	直接列入
8	材料科学与工程学院	朱铁军	直接列入
9	建筑工程学院	杨仲轩	直接列入
10	光电科学与工程学院	戴道锌	直接列入
11	信息与电子工程学院	史治国	数字经济专项
12	计算机科学与技术学院	吴　飞	直接列入

序号	所在学院(系)、单位	姓名	类别
13	计算机科学与技术学院	许威威	直接列入
14	生命科学学院	陈　铭	综合推荐
15	生命科学学院	刘建祥	直接列入
16	环境与资源学院	史　舟	综合推荐
17	附属第一医院	张　力	医疗健康专项
18	附属第二医院	张　茂	医疗健康专项
19	附属儿童医院	傅君芬	医疗健康专项
第二层次培养人员(略)			

2018 年新增浙江大学光彪讲座教授

聘请院(系)	受聘人姓名	受聘人任职单位及职务
物理学系	Vladislav V. Yakovlev	美国得州农工大学生物工程系教授
能源工程学院	Anthony Paul Roskilly	英国纽卡斯尔大学教授
计算机科学与技术学院	陈子仪	美国圣母大学计算机科学与工程系教授
农业与生物技术学院	Yong-Ling Ruan 阮勇凌	澳大利亚纽卡斯尔大学教授,澳中作物改良研究中心主任
公共卫生系	Joseph Tak-fai LAU (刘德辉)	香港中文大学赛马会公共卫生及基层医疗学院教授,副院长(跨学科研究)行为健康及健康促进学部系主任健康行为研究中心主任,英国皇家内科医学院公共卫生学院院士

2018 年新增浙江大学求是特聘教授

序号	所在院(系)	姓　名	批准年度
求是特聘教授			
1	外国语言文化与国际交流学院	吴义诚	2018
2	经济学院	马述忠	2018
3	机械工程学院	张树有	2018
4	航空航天学院	邵雪明	2018
5	航空航天学院	郁发新	2018
6	信息与电子工程学院	赵民建	2018
7	控制科学与工程学院	王文海	2018
8	生物系统工程与食品科学学院	刘东红	2018
9	农业与生物技术学院	张明方	2018
10	附属第一医院	李君	2018
11	先进技术研究院	杨建华	2018
求是特聘教学岗			
1	计算机科学与工程学院	何钦铭	2018
求是特聘医师岗			
1	附属第二医院	黄　建	2018
2	附属邵逸夫医院	潘宏铭	2018

浙江大学 2018 年在职正高职名单

人文学院

Wang Xiaosong(王小松)　　王云路　王志成　王　俊　王　勇　王海燕　王德华
方一新　孔令宏　叶　晔　丛杭青　乐启良　包伟民　包利民　冯国栋　冯培红
吕一民　朱仁民　刘进宝　刘国柱　关长龙　池昌海　许志强　许建平　孙竞昊

人物

孙敏强　严建强　苏宏斌　　杜正贞　李咏吟　李恒威　杨大春　杨雨蕾　肖如平
吴小平　吴秀明　吴艳红　　吴　笛　何善蒙　邹广胜　汪维辉　汪超红　沈　坚
张　杨　张涌泉　张颖岚　　陆敏珍　陈亚军　陈红民　陈　洁　陈新　金　立
金晓明　周少华　周启超　　周明初　胡小军　胡可先　祖　慧　姚晓雷　贾海生
徐永明　徐向东　陶　然　　桑　兵　黄华新　黄河清　黄厚明　黄　健　黄　擎
曹锦炎　盛晓明　盘　剑　　梁敬明　彭利贞　彭国翔　董小燕　董　萍　谢继胜
楼含松　廖备水　潘立勇

外国语言文化与国际交流学院

Benno Hubert Wagner　　马博森　王小潞　王　永　方　凡　刘海涛　刘慧梅
许　钧　李　媛　吴义诚　　何辉斌　沈　弘　沈国琴　陈新宇　范捷平　郝田虎
聂珍钊　高　奋　郭国良　　盛跃东　梁君英　隋红升　蒋景阳　程　工　程　乐
瞿云华

传媒与国际文化学院

王　杰　王建刚　韦　路　　苏振华　李红涛　李　杰　李　岩　吴　飞　张节末
陈　强　范志忠　赵　瑜　　胡志毅　徐　岱　潘一禾

经济学院

Wang Ruqu(王汝渠)　　　马良华　马述忠　王义中　王志凯　王维安　方红生
史晋川　朱希伟　朱柏铭　　朱燕建　严建苗　李建琴　杨柳勇　汪　炜　汪森军
宋华盛　陆　菁　陈菲琼　　罗德明　金雪军　郑备军　赵　伟　顾国达　翁国民
黄先海　葛　赢　蒋岳祥　　熊秉元　潘士远　戴志敏

光华法学院

王为农　王贵国　王冠玺　　王敏远　叶良芳　巩　固　李永明　李有星　何怀文
余　军　张文显　张　谷　　陈信勇　金伟峰　金彭年　周江洪　周　翠　郑春燕
赵　骏　胡　铭　胡敏洁　　夏立安　钱弘道　翁晓斌　章剑生　葛洪义　焦宝乾

教育学院

于可红　王　进　王　健　　方展画　叶映华　田正平　丛湖平　司　琦　刘正伟
李　艳　肖龙海　肖　朗　　吴雪萍　汪利兵　张　辉　林小美　周丽君　周谷平
郑　芳　祝怀新　顾建民　　徐小洲　徐琴美　诸葛伟民　　　盛群力　眭依凡
商丽浩　温　煦　蓝劲松　　阚　阅　魏贤超

管理学院

Guo Yugui(郭玉贵)　　　王求真　王明征　王重鸣　王婉飞　王端旭　孔祥维
邢以群　朱　原　华中生　　邬爱其　刘　南　刘　渊　寿涌毅　吴晓波　汪　蕾
张大亮　张　钢　陈明亮　　陈　俊　陈　凌　陈　熹　周　帆　周伟华　周宏庚
周欣悦　周玲强　宝贡敏　　贲圣林　姚　铮　贾生华　徐晓燕　郭　斌　黄　灿
黄　英　韩洪灵　谢小云　　窦军生　熊　伟　霍宝锋　魏　江

公共管理学院

Gu Xin（顾昕）　　　Chen Zhigang（陈志钢）　　　丁关良　卫龙宝　王诗宗　王景新

毛　丹　石敏俊　叶艳妹　田传浩　冯　钢　刘卫东　米　红　阮云星　阮建青
李金珊　李　艳　吴次芳　吴宇哲　吴结兵　何文炯　余逊达　余潇枫　汪　晖
张国清　张忠根　张跃华　张蔚文　陆文聪　陈丽君　陈国权　陈建军　苗　青
范柏乃　林　卡　郁建兴　岳文泽　金少胜　金松青　周洁红　周　萍　郎友兴
赵鼎新　胡税根　姚先国　钱文荣　钱雪亚　徐　林　郭红东　郭夏娟　郭继强
唐　亮　黄祖辉　黄　萃　菅志翔　曹正汉　韩洪云　傅荣校　靳相木　蔡　宁
谭　荣　戴文标

马克思主义学院

马建青　王东莉　成　龙　吕有志　刘同舫　张应杭　张　盾　张　彦　段治文
黄　铭　程早霞　潘恩荣

中国西部发展研究院

杜立民　邹大挺　周丽萍　董雪兵

数学科学学院

Zhang Peng（张朋）　　　王成波　王　伟　王　梦　方道元　尹永成　孔德兴

卢兴江　卢涤明　包　刚　刘康生　阮火军　孙方裕　孙利民　苏中根　苏德矿
李　方　李　冲　李　松　李胜宏　杨海涛　吴庆标　吴志祥　张立新　张庆海
张泽银　张　挺　张荣茂　张　奕　张振跃　陈志国　陈叔平　武俊德　林　智
邰传厚　谈之奕　黄正达　盛为民　董　浙　程晓良　蔡天新　蔺宏伟　翟　健

物理学系

Fu Guoyong（傅国勇）　　　Kirchner Stefan　　　Ma Zhiwei（马志为）　　　万　歆

王业伍　王立刚　王　凯　王晓光　王浩华　王　森　方明虎　尹　艺　叶高翔
冯　波　宁凡龙　朱国怀　朱诗尧　许祝安　许晶波　阮智超　李有泉　李宏年
李海洋　李敬源　肖　湧　吴建澜　吴惠桢　何丕模　应和平　沙　健　张　宏
张俊香　张剑波　陆璇辉　陈一新　陈飞燕　陈庆虎　陈启瑾　武慧春　罗民兴
罗孟波　金洪英　周　毅　郑大昉　郑　波　赵学安　赵道木　袁辉球　曹光旱
盛正卯　章林溪　景　俊　鲁定辉　游建强　路　欣　谭明秋　潘佰良

化学系

Simon Duttwyler　丁寒锋　马　成　王从敏　王建明　王彦广　王　勇　王　敏
王　琦　王　鹏　方文军　方　群　史炳锋　吕　萍　朱龙观　朱　岩　邬建敏
汤谷平　许宜铭　苏　彬　李浩然　肖丰收　吴天星　吴传德　吴庆银　吴　军
吴　韬　何巧红　张子张　张玉红　张　昭　陆　展　陈万芝　陈卫祥　陈林深
范　杰　林贤福　周仁贤　孟祥举　赵华绒　胡吉明　胡秀荣　侯昭胤　费金华
唐睿康　黄飞鹤　黄志真　黄建国　商志才　彭笑刚　傅春玲　曾秀琼　楼　辉
滕启文　潘远江

人物

地球科学学院

Jia Xiaojing(贾晓静)　　　　Li Xiaofan(李小凡)　　　　Xia Jianghai (夏江海)

王 琛	王勤燕	田 钢	刘仁义	孙永革	杨小平	杨文采	杨树锋	肖安成
邹乐君	汪 新	沈忠悦	沈晓华	陈生昌	陈汉林	陈宁华	林 舟	金平斌
饶 灿	胥 颐	夏群科	徐义贤	黄克玲	黄智才	曹 龙	章孝灿	程晓敢
翟国庆								

心理系

Zhang Jin(张锦)　　　马剑虹　　何贵兵　　沈模卫　　张智君　　陈树林　　周吉帆　　钟建安
钱秀莹　　高在峰

理学部办公室

葛列众

机械工程学院

王庆丰	王 青	王林翔	王宣银	甘春标	付 新	冯毅雄	邬义杰	刘振宇
刘 涛	阮晓东	纪杨建	李 伟	李江雄	李德骏	杨世锡	杨华勇	杨克己
杨灿军	杨将新	何 闻	余忠华	邹 俊	汪久根	宋小文	张树有	陆国栋
陈章位	林勇刚	欧阳小平		金 波	周 华	周晓军	居冰峰	赵 朋
胡 亮	柯映林	费少梅	贺 永	顾临怡	顾新建	徐 兵	唐任仲	陶国良
梅德庆	曹衍龙	龚国芳	葛耀峥	傅建中	童水光	谢 金	谢海波	雷 勇
谭建荣	魏建华	魏燕定						

能源工程学院

Qiu Yi(邱毅)　　　马增益　　王 飞　　王树荣　　王 涛　　王智化　　王 勤　　王勤辉

方梦祥	甘智华	叶笃毅	成少安	刘建忠	池 涌	许忠斌	李晓东	李 蔚
杨卫娟	肖 刚	吴大转	吴学成	吴 锋	邱利民	邱坤赞	何文华	余春江
谷月玲	张小斌	张学军	张彦威	陆胜勇	陈光明	陈志平	陈玲红	罗 坤
金志江	金余其	金 涛	金 滔	周志军	周劲松	周 昊	周俊虎	郑水英
郑成航	郑传祥	郑津洋	赵永志	赵 虹	郝志勇	钟 崴	俞小莉	俞自涛
洪伟荣	骆仲泱	顾超华	倪明江	高 翔	唐黎明	黄群星	盛德仁	蒋旭光
韩晓红	程乐鸣	程 军	曾 胜	樊建人	薄 拯			

材料科学与工程学院

Han Weiqiang(韩伟强)　　　Bei Hongbin(贝红斌)　　　马向阳　　王小祥　　王 勇

王智宇	王新华	毛传斌	叶志镇	皮孝东	朱丽萍	朱铁军	刘永锋	刘 芙
刘宾虹	严 密	杜丕一	李东升	李吉学	杨杭生	杨 辉	杨德仁	吴进明
吴勇军	余学功	汪建勋	张 泽	张 辉	张溪文	陈立新	陈胡星	陈湘明
罗 伟	金传洪	赵高凌	赵新兵	姜银珠	洪樟连	钱国栋	徐 刚	翁文剑
凌国平	高明霞	郭兴忠	涂江平	黄靖云	崔元靖	彭华新	彭新生	蒋建中
韩高荣	程 逵	曾跃武	樊先平	潘洪革				

化学工程与生物工程学院

Wang Wenjun（王文俊）　　Cao Yi（曹毅）　　Shen Youqing（申有青）　　于洪巍
王正宝　王　立　王靖岱　申屠宝卿　包永忠　冯连芳　邢华斌　吕秀阳
任其龙　闫克平　关怡新　阳永荣　李　伟　李伯耿　李洲鹏　杨双华　杨立荣
杨亦文　杨　健　吴坚平　吴林波　吴素芳　何潮洪　张庆华　张兴旺　张安运
张　林　张治国　陈丰秋　陈圣福　陈纪忠　陈志荣　陈英奇　陈新志　范　宏
林东强　林建平　罗英武　单国荣　孟　琴　施　耀　姚善泾　姚　臻　夏黎明
徐志南　唐建斌　曹　堃　梁成都　程党国　温月芳　谢　涛　雷乐成　詹晓力
鲍宗必　潘鹏举　戴立言

高分子科学与工程学系

万灵书　上官勇刚　　马　列　王　齐　王利群　毛峥伟　计　剑　朱宝库
江黎明　孙景志　杜滨阳　李寒莹　邱利焱　宋义虎　张兴宏　陈红征　范志强
胡巧玲　施敏敏　徐志康　徐君庭　凌　君　高长有　高　超

电气工程学院

丁　一　马　皓　韦　巍　文福拴　方攸同　邓　焰　甘德强　石健将　卢琴芬
卢慧芬　史婷娜　吕征宇　年　珩　刘妹琴　齐冬莲　江全元　江道灼　许　力
孙　丹　李武华　杨仕友　杨　欢　杨家强　杨　强　吴建华　吴新科　何奔腾
何湘宁　辛焕海　汪　震　沈建新　宋永华　张军明　张森林　陈国柱　陈隆道
陈辉明　周　浩　项　基　赵荣祥　祝长生　姚缨英　徐文渊　徐　政　徐德鸿
郭创新　黄　进　黄晓艳　盛　况　彭勇刚　颜文俊　颜钢锋

建筑工程学院

Bai Yong（白勇）　　Cheng Jungjune（郑荣俊）　　Xie Jiming（谢霁明）
Yun Chung Bang（尹桢邦）　王立忠　王　竹　王亦兵　王柏生　王奎华　王　洁
王振宇　王　晖　王海龙　王殿海　韦　华　韦娟芳　毛义华　方火浪　邓　华
叶肖伟　叶贵如　冉启华　边学成　吕　庆　吕朝锋　朱　斌　华　晨　刘国华
刘海江　闫东明　许月萍　许　贤　李王鸣　李庆华　李育超　杨贞军　杨仲轩
杨建军　吴　越　余世策　余　健　张土乔　张仪萍　张永强　张　宏　张　燕
陈云敏　陈水福　陈　驹　尚岳全　罗尧治　金伟良　金贤玉　金南国　周　建
周燕国　项贻强　赵　宇　赵　阳　赵羽习　赵唯坚　柯　瀚　柳景青　段元锋
俞亭超　贺　勇　袁行飞　夏唐代　钱晓倩　徐日庆　徐世烺　徐荣桥　徐　雷
凌道盛　高博青　高裕江　黄志义　黄铭枫　龚顺风　龚晓南　葛　坚　蒋建群
韩昊英　童根树　谢　旭　谢海建　楼文娟　詹良通　詹树林

航空航天学院

马慧莲　王宏涛　王　杰　王惠明　曲绍兴　李永东　李铁风　杨　卫　吴　禹
余钊圣　应祖光　沈新荣　宋广华　宋开臣　宋吉舟　陆哲明　陈伟芳　陈伟球
陈建军　陈　彬　邵雪明　林建忠　郁发新　季葆华　金仲和　郑　耀　孟　华

宓荣华　钱　劲　陶伟明　黄志龙　崔　涛

海洋学院

George Christakos Taewoo Lee　　Zhang Zhizhen（张治针）　马忠俊　王赤忠
王英民　王　岩　王晓萍　厉子龙　龙江平　叶　瑛　孙红月　孙志林　李　明
李春峰　李培良　李新刚　杨子江　吴　斌　吴嘉平　冷建兴　宋金宝　张大海
张海生　张维睿　张朝晖　陈　鹰　赵西增　贺治国　夏枚生　徐志伟　徐　敬
程年生　楼章华　漆家福　瞿逢重

光电科学与工程学院

He Jianjun（何建军）　　　He Sailing（何赛灵）　　　Luo Ming（罗明）
丁志华　马云贵　车双良　叶　辉　白　剑　冯华君　匡翠方　刘　东　刘华锋
刘向东　刘　旭　刘　承　刘雪明　刘　崇　牟同升　严惠民　李晓彤　李海峰
李　强　杨　青　时尧成　吴　兰　吴兴坤　邱建荣　余飞鸿　沈永行　沈伟东
沈亦兵　张冬仙　林　斌　郑晓东　郑臻荣　姚　军　钱　骏　徐之海　徐海松
高士明　黄腾超　章海军　斯　科　舒晓武　童利民　戴道锌

信息与电子工程学院

Ji Chen（吉晨）　　　Tan Nianxiong（谭年熊）　　　Zhang Zhongfei（张仲非）
丁　勇　于慧敏　王　匡　车录锋　尹文言　史治国　冉立新　任德盛　刘　旸
江晓清　孙一军　杜　阳　李尔平　李　凯　李建龙　李春光　杨冬晓　杨建义
何乐年　余官定　沈会良　沈海斌　沈继忠　张宏纲　张　明　张朝阳　陈红胜
陈惠芳　金心宇　金晓峰　金　韬　周柯江　郑史烈　项志宇　赵民建　赵航芳
赵　毅　钟财军　徐　文　徐　杨　徐明生　章献民　董树荣　韩　雁　程志渊
储　涛　虞小鹏　虞　露　魏兴昌

控制科学与工程学院

Zhu Yucai（朱豫才）　　　王文海　王　宁　王保良　王　慧　毛维杰　卢建刚
冯冬芹　冯毅萍　刘兴高　刘　勇　许　超　孙优贤　牟　颖　苏宏业　李　光
杨春节　杨秦敏　吴　俊　吴维敏　宋执环　宋春跃　张光新　张泉灵　陈　剑
陈积明　陈　曦　邵之江　金建祥　金晓明　周建光　赵春晖　侯迪波　黄文君
黄志尧　梁　军　葛志强　程　鹏　谢　磊　熊　蓉　戴连奎

生物医学工程和仪器科学学院

王　平　叶学松　田景奎　宁钢民　吕旭东　刘济全　刘清君　许迎科　李劲松
余　锋　张　琳　陈　杭　陈祥献　陈耀武　周　泓　封洲燕　段会龙　夏　灵
黄　海

计算机科学与技术学院

ChenYan（陈焰）　　Ren Kui（任奎）　　Uehara Kazuhiro Whitfield Diffie　　卜佳俊
于金辉　王跃宣　王　锐　王新宇　尹建伟　邓水光　史　烈　冯结青　朱建科
庄越挺　刘玉生　刘新国　汤永川　许端清　孙守迁　孙建伶　孙凌云　寿黎但

人　物

李　玺　李善平　杨小虎　肖　俊　吴　飞　吴春明　吴　健　何钦铭　何晓飞
应放天　应　晶　宋宏伟　宋明黎　张三元　张东亮　张国川　陈文智　陈　为
陈　刚　陈华钧　陈　纯　陈　越　林兰芬　林　海　罗仕鉴　金小刚　周　昆
周　波　郑扣根　耿卫东　钱沄涛　钱　徽　高云君　高曙明　唐　敏　黄　劲
章国锋　董　玮　韩劲松　鲁东明　童若锋　鲍虎军　蔡　登　潘云鹤　潘　纲
魏宝刚

生命科学学院

丁　平　于明坚　王金福　王根轩　毛传澡　方卫国　方盛国　卢建平　冯明光
吕镇梅　朱旭芬　朱睦元　刘建祥　寿惠霞　严庆丰　杨万喜　杨卫军　杨建立
吴忠长　吴　敏　邱英雄　余路阳　应盛华　陈才勇　陈　军　陈　欣　陈　铭
邵建忠　易　文　罗　琛　金勇丰　周耐明　郑绍建　赵宇华　莫肖蓉　高海春
常　杰　章晓波　葛　滢　蒋德安　程　磊　傅承新

生物系统工程与食品科学学院

Wu Jianping（吴建平）　　Zhu Songming（朱松明）　王　俊　王剑平　叶兴乾
叶章颖　冯凤琴　成　芳　刘　飞　刘东红　李建平　吴　坚　何国庆　何　勇
应义斌　沈立荣　张　英　陆柏益　陈　卫　陈启和　陈健初　茅林春　罗自生
郑晓冬　泮进明　胡亚芹　饶秀勤　徐惠荣　盛奎川　章　宇　蒋焕煜　谢丽娟
裘正军

环境与资源学院

Philip Charles Brookes　　Yu Shaocai（俞绍才）　王　珂　卢升高　田光明
史　舟　史惠祥　吕　军　朱利中　庄树林　刘杏梅　刘维屏　刘　越　李廷强
杨肖娥　杨　坤　杨京平　吴伟祥　吴良欢　吴忠标　何　艳　汪海珍　张丽萍
张清宇　陈丁江　陈　红　陈宝梁　陈雪明　林咸永　林道辉　金崇伟　郑　平
官宝红　赵和平　胡宝兰　施积炎　倪吾钟　徐向阳　徐建明　徐新华　黄敬峰
章永松　章明奎　梁永超　梁新强　童裳伦

农业与生物技术学院

Donald Grierson　　马忠华　王岳飞　王学德　王政逸　王校常　王晓伟　方　华
尹燕妮　甘银波　石春海　卢　钢　叶庆富　叶恭银　田　兵　包劲松　师　恺
朱　军　华跃进　邬飞波　刘树生　孙崇德　李　飞　李　方　李正和　李红叶
李　斌　李　鲜　杨景华　肖建富　吴建祥　吴殿星　何普明　余小林　汪俏梅
沈志成　宋凤鸣　张天真　张传溪　张国平　张明方　张　波　陈利萍　陈昆松
陈学新　林福呈　周伟军　周　杰　周艳虹　郑经武　赵　烨　胡　晋　涂巨民
施祖华　娄永根　祝水金　祝增荣　莫建初　夏宜平　夏晓剑　柴明良　徐昌杰
徐建红　徐海君　徐海明　殷学仁　高中山　郭得平　黄　佳　黄　鹏　曹家树
章初龙　梁月荣　屠幼英　蒋立希　蒋明星　喻景权　程方民　舒庆尧　虞云龙
鲍艳原　蔡新忠　樊龙江　滕元文　戴　飞

人物

442

动物科学学院

王佳堃　王敏奇　方维焕　占秀安　冯　杰　朱良均　刘广绪　刘建新　孙红祥
杜爱芳　李卫芬　杨明英　时连根　吴小锋　吴跃明　邹晓庭　汪以真　张才乔
陈玉银　邵庆均　周继勇　胡松华　胡彩虹　胡福良　钟伯雄　徐宁迎　黄耀伟
彭金荣　韩新燕　缪云根

农业技术推广中心

王人民　毛碧增　叶均安　刘永立　严力蛟　杜永均　李肖梁　余东游　汪自强
汪志平　汪炳良　汪海峰　沈建福　罗安程　胡东维　贾惠娟　徐海圣　龚淑英
崔海瑞　梁建设　舒妙安　鲁兴萌　楼兵干　廖　敏

农生环学部办公室

洪　健　高其康

医学院

Chen Gongxiang（陈功祥）　Dante Neculai　　　Li Mingding（李明定）
Luo Yan（骆严）　　　　　Stijn van der Veen　　Sun Yi（孙毅）
Tang Xiuwen（唐修文）　　Therese Heskth　　　Wang Xiujun（王秀君）
Xiang Chunsheng（项春生）　　Xu Fujie（徐福洁）　　Yan Weiqi（严伟琪）
Yang Xiaohang（杨小杭）　Yu Hong（余红）　丁克峰　丁美萍　刁宏燕　于晓方
马　骏　王　伟　王伟林　王兴祥　王红妹　王良静　王青青　王英杰　王　迪
王　凯　王凯军　王炜琴　王建安　王建莉　王选锭　王晓健　王　爽　王雪芬
王福俤　王慧明　牛田野　毛旭明　毛建华　毛峥嵘　方马荣　方向明　方　红
邓甬川　厉有名　平飞云　叶　娟　田　炯　田　梅　白雪莉　包爱民　包家立
主鸿鹄　冯友军　吕卫国　吕中法　吕时铭　朱心强　朱建华　朱益民　朱海红
朱善宽　任跃忠　刘　伟　刘志红　刘　丽　刘鹏渊　江米足　汤永民　祁　鸣
许正平　那仁满都拉　　　孙文均　孙秉贵　孙　洁　纪俊峰　严世贵　严　杰
严　盛　严　敏　杜立中　李兰娟　李永泉　李江涛　李　君　李学坤　李晓东
李晓明　李　晔　李继承　李惠春　李　雯　杨亚波　杨廷忠　杨蓓蓓　杨　巍
肖永红　吴志英　吴希美　吴　明　吴育连　吴南屏　吴　健　吴继敏　吴瑞瑾
邱　爽　何　超　佟红艳　邹　键　应可净　应颂敏　闵军霞　汪　洌　汪　浩
沈华浩　沈岳良　沈　朋　沈　颖　张　力　张　丹　张　兴　张红河　张苏展
张　宏　张　茂　张松英　张宝荣　张建民　张咸宁　张晓明　张敏鸣　张鸿坤
陆林宇　陆　燕　陈　力　陈丹青　陈亚岗　陈光弟　陈　伟　陈　伟　陈江华
陈志敏　陈丽荣　陈　坤　陈学群　陈　高　陈益定　陈　智　陈　鹏　陈　新
邵吉民　范伟民　范顺武　林　俊　欧阳宏伟　　　罗本燕　罗　巍　金永堂
金　帆　金　洁　金洪传　周天华　周以但　周　韧　周志慧　周建英　周煜东
周嘉强　郑　伟　郑树森　郑　敏　郑　敏　项美香　赵小英　赵正言　赵伟平
赵经纬　胡小君　胡少华　胡申江　胡　汛　胡兴越　胡红杰　胡　坚　胡　虎

胡济安　胡振华　胡海岚　胡新央　胡薇薇　柯越海　段树民　俞云松　俞惠民
施育平　祝向东　祝胜美　姚玉峰　姚　克　袁　瑛　晋秀明　夏大静　夏　强
钱文斌　徐立红　徐志豪　徐荣臻　徐　骁　徐　耕　徐　晗　徐清波　徐　雯
凌树才　高向伟　郭国骥　黄丽丽　黄　河　黄　建　曹　江　曹利平　曹　倩
曹越兰　龚方戚　龚哲峰　盛建中　康利军　梁　平　梁廷波　梁　霄　梁　黎
董辰方　董　研　董恒进　蒋萍萍　韩春茂　程　浩　傅国胜　舒　强　鲁林荣
温小红　谢万灼　谢立平　谢　幸　谢鑫友　楼　敏　赖蒽茵　虞燕琴　詹仁雅
詹金彪　蔡志坚　蔡秀军　蔡建庭　蔡　真　管文军　管敏鑫　滕理送　潘冬立
潘宏铭　戴　一　扬戴宁

药学院

王龙虎　王　毅　朱　虹　刘龙孝　刘雪松　孙翠荣　杜永忠　杨　波　连晓媛
吴永江　何俏军　余露山　应美丹　应晓英　张翔南　陈枢青　陈　忠　陈建忠
陈　勇　范骁辉　胡富强　侯廷军　俞永平　袁　弘　高建青　戚建华　崔孙良
蒋惠娣　程翼宇　曾　苏　游　剑　瞿海斌

直属单位

Xiao Yan(肖岩)　干　钢　马景娣　王　健　王靖华　王慧泉　毛一国　方　强
厉小润　厉晓华　史红兵　吕森华　朱　凌　刘震涛　李　宁　杨建华　杨晓鸣
杨　捷　杨　毅　肖志斌　吴开成　吴叶海　吴　杰　余祖国　沈　杰　沈　金
张　炜　张彩妮　陆　激　陈子辰　陈志强　陈　侃　陈　波　陈益君　金更达
赵　军　赵美娣　胡慧珠　胡慧峰　宣海军　秦从律　袁亚春　钱铁群　殷　农
郭宏峰　唐晓武　黄争舸　黄宝忠　黄　晨　董丹申　董晓虹　董辉跃　蒋君侠
傅　强　蒙　涛　楼锡锦　虞力宏　黎　冰　潘雯雯

校机关

Qianshen Bai(白谦慎)　王志坚　叶　民　包迪鸿　冯建跃　朱天飚　朱世强
朱婉儿　朱　慧　任少波　邬小撑　刘继荣　许洪伟　严建华　吴朝晖　何莲珍
邹晓东　应　飚　张宏建　陈　伟　罗卫东　罗建红　郑　强　夏文莉　蒋笑莉
谢振发　雷群芳　褚超孚　缪　哲　薛龙春

其他单位

Anna Wang Roe(王菁)　　Feng Xinhua(冯新华)　　He Xiangwei(何向伟)
Toru Takahata　　馬銀亮　王　勤　楼成礼　王跃明　余雄杰　张韶岷
陈卫东　陈晓冬　徐旭荣　高利霞　王立铭　方　东　叶　升　朱永群　任艾明
杨　兵　佟　超　汪方炜　沈　立　宋　海　张　龙　范衡宇　林世贤　金建平
周　青　周　杰　周　琦　赵　斌　祝塞勇　徐平龙　郭　行　姬峻芳　黄　俊
靳　津　董　宏　朱永平　李　冬　吴　健　夏顺仁　方征平　杨建刚　费英勤
梅乐和　谢新宇　刘培东　郑爱平　胡征宇　徐金强　徐　瀛

附属第一医院

于吉人	马文江	马跃辉	马 量	王仁定	王 平	王春林	王临润	王悦虹
王 跃	王 敏	王逸民	王照明	王慧萍	王 薇	方丹波	方雪玲	方 强
孔海莹	孔海深	卢安卫	卢晓阳	叶 丹	叶琇锦	叶 锋	申屠建中	
史红斐	冯立民	冯智英	冯 强	冯靖祎	吕国才	朱海斌	朱 彪	朱慧勇
伍峻松	任国平	任菁菁	邬一军	邬志勇	刘小丽	刘凡隆	刘 忠	刘建华
刘 剑	刘晓艳	刘 犇	汤灵玲	许国强	许 毅	阮 冰	阮凌翔	阮黎明
孙 柯	孙嫦娥	牟 芸	麦文渊	严 卉	严森祥	苏 群	杜持新	李成江
李伟栋	李任远	李 谷	李 君	李夏玉	李雪芬	李 霞	杨小锋	杨云梅
杨仕贵	杨 芊	杨 青	杨益大	来江涛	肖文波	吴仲文	吴国琳	吴建永
吴福生	吴慧玲	何剑琴	何静松	余国友	余国伟	邹晓晖	汪国华	汪晓宇
汪 朔	汪超军	沈月洪	沈向前	沈丽萍	沈 岩	沈建国	沈柏华	沈 晔
沈毅弘	宋朋红	张文瑾	张冰凌	张芙荣	张幸国	张 珉	张 哲	张娟文
张 萍	张景峰	张 勤	张 微	张 磊	张德林	陆远强	陈卫星	陈文斌
陈 军	陈李华	陈作兵	陈春晓	陈 俭	陈 峰	陈海红	陈 瑜	邵乐文
邵荣雅	范 骏	林 山	林文琴	林向进	林 军	林 进	林建江	罗 依
季 峰	金百冶	金晓东	周水洪	周东辉	周建娅	周新惠	周燕丰	郑旭宁
郑秀珏	郑良荣	郑杰胜	郑 临	郑哲岚	郑祥义	孟海涛	孟雪芹	项 尊
赵青威	赵雪红	赵 葵	胡云珍	胡晓晟	柯庆宏	钟紫凤	俞文娟	俞 军
施继敏	间夏轶	姜力骏	姜玲玲	姜 海	姜赛平	姚永兴	姚 华	姚航平
姚雪艳	姚 磊	耿 磊	夏 丹	夏淑东	夏雅仙	顾新华	钱建华	倪一鸣
徐三中	徐小微	徐 农	徐凯进	徐建红	徐亚萍	徐盈盈	徐靖宏	凌志恒
高丹忱	高 原	郭晓纲	陶谦民	黄红光	黄丽华	黄明珠	黄建荣	黄洪锋
黄素琴	黄 健	黄满丽	曹红翠	盛吉芳	崔红光	章 宏	章梅云	章渭方
梁 辉	屠政良	彭文翰	彭志毅	董凤芹	董孟杰	蒋天安	蒋建文	蒋智军
韩 飞	韩 伟	韩 阳	韩威力	傅佩芬	童剑萍	童 鹰	谢小军	谢旭东
谢 珏	谢海洋	楼定华	楼险峰	裘云庆	虞朝辉	谭付清	滕晓东	潘志杰
潘 昊	潘剑威	魏国庆	瞿婷婷					

附属第二医院

丁礼仁	马岳峰	马 骥	王 平	王永健	王华芬	王华林	王志康	王连聪
王 坚	王利权	王 良	王苹莉	王 林	王国凤	王建伟	王 勇	王祥华
王跃东	王彩花	王静华	毛建山	毛善英	方肖云	方河清	石 键	占宏伟
叶小云	叶招明	申屠形超		冯 刚	冯建华	兰美娟	朱永坚	朱永良
朱君明	朱 莹	邬伟东	刘凤强	刘 进	刘雁鸣	刘微波	江 波	汤业磊
许东航	许晓华	许 璟	孙立峰	孙伟莲	孙建忠	孙 勇	孙 梅	孙朝晖
孙 婷	严君烈	劳力民	苏兆安	杜传军	杜 勤	杜新华	李天瑜	李方财

人 物

李立斌	李伟栩	李　军	李志宇	李　杭	李　星	杨旭燕	肖家全	吴　丹
吴立东	吴华香	吴祖群	吴晓华	吴琼华	吴勤动	吴　群	吴燕岷	别晓东
邱培瑾	邱福铭	何荣新	余日胜	谷　卫	应淑琴	汪四花	汪慧英	沈伟锋
沈肖曹	沈　宏	沈　虹	沈　钢	沈惠云	宋水江	宋永茂	宋震亚	张士更
张片红	张　匀	张召才	张仲苗	张　宏	张根生	张晓红	张　嵘	张　赛
陆新良	陈正英	陈芝清	陈　军	陈志华	陈　兵	陈其昕	陈国贤	陈　鸣
陈佳兮	陈佩卿	陈学军	陈　钢	陈莉丽	陈　健	陈继民	陈维善	陈　焰
邵哲人	苗旭东	范军强	范国康	茅晓红	林志宏	林季建	林　铮	郁丽娜
岳　岚	金晓滢	金　敏	金静芬	周　权	周建维	周　峰	郑　强	郑毅雄
单建贞	单鹏飞	封秀琴	赵小纲	赵百亲	赵国华	赵学群	赵锐祎	胡未伟
胡学庆	胡　颖	胡颖红	施小燕	施钰岚	洪玉才	洪　远	姚梅琪	秦光明
袁　晖	柴　莹	晁焰明	徐小红	徐文鸿	徐　刚	徐　旸	徐　昕	徐　侃
徐　栋	徐根波	徐晓俊	徐　峰	徐雷鸣	徐慧敏	翁　燕	高顺良	高　峰
唐　喆	陶志华	陶惠民	黄建瑾	黄品同	黄　曼	龚永光	常惠玉	崔　巍
麻亚茜	章燕珍	梁　赟	董爱强	董　颖	蒋正言	蒋国平	蒋定尧	蒋　峻
蒋　飚	韩跃华	程海峰	傅伟明	谢小洁	谢传高	楼洪刚	阙日升	满孝勇
蔡思宇	蔡绥勍	颜小锋	潘小宏	潘志军	薛　静	戴平丰	戴海斌	戴雪松
魏启春								

附属邵逸夫医院

丁国庆	万双林	马　珂	马　亮	王义荣	王　平	王　达	王先法	王观宇
王青青	王林波	王建国	王　娴	王敏珍	王　谨	毛伟芳	方力争	方向前
方红梅	方　青	方　勇	邓丽萍	叶志弘	叶　俊	冯金娥	吕　文	吕芳芳
朱一平	朱可建	朱先理	朱　江	朱军慧	朱玲华	朱洪波	朱　涛	任　宏
庄一渝	许　斌	孙晓南	孙继红	孙蕾民	芮雪芳	严春燕	苏关关	李立波
李　达	李　华	李　华	李　红	李建华	李恭会	杨　进	杨丽黎	杨　明
杨建华	杨树旭	肖　芒	吴加国	吴晓虹	吴海洋	吴　皓	何正富	何　红
何启才	何非方	汪　勇	张　钧	张　剑	张　舸	张　蓓	张　楠	张　雷
张锦华	张　瑾	陆秀娥	陈文军	陈丽英	陈　炜	陈定伟	陈　钢	陈恩国
陈毅力	林小娜	林　伟	林　辉	金　梅	周大春	周　伟	周　畔	周海燕
周斌全	周　强	於亮亮	郑伟良	郑芬萍	郑雪咏	项伟岚	赵凤东	赵文和
赵林芳	赵　晖	赵博文	赵　蕊	胡吉波	胡伟玲	胡孙宏	胡建斌	郦志军
施培华	闻胜兰	姜支农	洪玉才	洪德飞	祝继洪	夏肖萍	钱希明	钱浩然
徐玉斓	徐秋萍	徐　勇	翁少翔	高　力	高　敏	郭　丰	谈伟强	黄　昕
黄金文	黄学锋	黄　悦	盛列平	盛洁华	章锐锋	梁峰冰	董雪红	蒋　红
蒋晨阳	韩咏梅	鲁东红	谢俊然	谢　磊	楼伟建	楼　岑	楼海舟	裘文亚
裘利君	虞和君	虞　洪	虞海燕	蔡柳新	潘孔寒	潘红英		

人物

附属妇产科医院

丁志明	万小云	上官雪军	王正平	王军梅	王建华	王桂娣	王新宇
毛愉燕	方　勤	叶英辉	田其芳	白晓霞	冯素文	邢兰凤	朱小明	朱宇宁
朱依敏	庄亚玲	江秀秀	孙　革	杨小福	吴明远	邱丽倩	何晓红	何赛男
余晓燕	邹　煜	应伟雯	张　珂	张信美	张晓飞	张　慧	陈凤英	陈亚侠
陈晓端	陈新忠	林开清	金杭美	周庆利	周坚红	郑彩虹	郑　斐	赵小环
胡东晓	胡燕军	贺　晶	钱洪浪	徐开红	徐凌燕	徐　键	徐鑫芬	翁炳焕
高惠娟	黄秀峰	黄夏娣	梁朝霞	董旻岳	韩秀君	程晓东	程　蓓	傅云峰
鲁　红	鲁惠顺	谢臻蔚	缪敏芳	潘永苗	潘芝梅

附属儿童医院

马晓路	方　罗	王财富	王继跃	王　翔	毛姗姗	石淑文	卢美萍	叶　芳
叶菁菁	付　勇	朱卫华	华春珍	刘爱民	江克文	江佩芳	汤宏峰	阮文华
李月舟	李甫棒	李建华	李　荣	李海峰	李　筼	杨子浩	杨世隆	杨茹莱
吴　芳	吴秀静	吴　蔚	余钟声	邹朝春	汪天林	汪　伟	沈红强	沈辉君
宋　华	张泽伟	张洪波	张晨美	陈小友	陈飞波	陈　安	陈英虎	陈学军
陈　洁	陈朔晖	陈理华	邵　洁	林　茹	尚世强	罗社声	竺智伟	周雪莲
周雪娟	郑季彦	郑　焜	赵水爱	胡智勇	钭金法	俞建根	施丽萍	施珊珊
祝国红	袁天明	袁哲锋	夏永辉	夏哲智	钱云忠	倪韶青	徐卫群	徐亚萍
徐红贞	徐美春	高志刚	高　峰	唐兰芳	唐达星	诸纪华	谈林华	黄　轲
黄晓磊	黄新文	章毅英	董关萍	蒋优君	蒋国平	傅君芬	傅海东	童　凡
童美琴	楼金吐	楼金玕	楼晓芳	赖　灿	解春红	熊启星	戴宇文	魏　健

附属口腔医院

邓淑丽	刘　蔚	李志勇	李晓军	何　虹	何福明	张　凯	陈学鹏	胡　军
俞雪芬	施洁珺	章伟芳	程志鹏	傅柏平	谢志坚	樊立洁

浙江大学 2018 年新增兼职教授名录

姓名	聘请单位	聘用职务	工作单位
张　晴	人文学院	教授	中国美术馆
孙伟平	马克思主义学院	教授	上海大学
马俊峰	马克思主义学院	教授	中国人民大学
KeiichiIshihara	能源学院	教授	日本京都大学

姓名	聘请单位	聘用职务	工作单位
赵玉沛	医学院	教授	医科大学北京协和医院
杨　威	公管学院	教授	英国杨威及合伙人（城市规划）事务所
屠　昕	能源学院	教授	英国利物浦大学
林鹏智	海洋学院	教授	四川大学
陈学思	高分子学系	教授	中国科学院长春化学应用所
刘仲华	农学院	教授	湖南农业大学
梅仁伟	能源学院	教授	美国佛罗里达大学
冯　刚	马克思主义学院	教授	教育部思想政治工作司
戴　斌	计算机学院	教授	中国人民解放军军事科学院国防科技创新研究院
邓小南	人文高等研究院	教授	北京大学
高峰枫	人文高等研究院	教授	北京大学
李　猛	人文高等研究院	教授	北京大学
渠敬东	人文高等研究院	教授	北京大学
孙向晨	人文高等研究院	教授	复旦大学
张小曳	地科学院	教授	中国气象科学研究院
樊　嘉	医学院	教授	复旦大学附属中山医院
董家鸿	医学院	教授	清华大学医学院
巴曙松	经济学院	教授	国务院发展研究中心
Kostyantyn Ostrikov	能源学院	教授	澳大利亚昆士兰理工大学
Timothy Scott Fisher	能源学院	教授	美国加州大学洛杉矶分校
郑　群	公管学院	教授	浙江警察学院
陈　劲	科教战略研究院	教授	清华大学
司　罗	计算机学院	教授	阿里巴巴

姓名	聘请单位	聘用职务	工作单位
任小枫	计算机学院	教授	阿里巴巴
潘爱民	计算机学院	教授	阿里巴巴
华先胜	计算机学院	教授	阿里巴巴
王　刚	计算机学院	教授	阿里巴巴
周靖人	计算机学院	教授	阿里巴巴
郭东白	计算机学院	教授	阿里巴巴
林胜祥	生命科学学院	教授	加拿大 Laval University
叶　真	医学院	教授	浙江省人民政府
金小桃	医学院	教授	中国卫生信息与健康医疗大数据学会
周光礼	科教战略研究院	教授	中国人民大学
李庆本	传媒学院	教授	杭州师范大学
杨灿明	经济学院	教授	中南财经大学
李小虎	海洋学院	教授	国家海洋局第二海洋研究所
岳珠峰	航空航天学院	教授	西北工业大学
曾宏波	高分子系	教授	加拿大阿尔伯塔大学
Enrico Tronconi	能源学院	教授	意大利米兰理工大学
费英伟	建工学院	教授	美国卡内基研究所地球物理实验室
沈功田	机械学院	教授	中国特种设备检测研究院
Alan C. Short	建工学院	教授	英国剑桥大学
陈　明	数学学院、医学院	教授	浙江省肿瘤医院
Merched Azzi	能源学院	研究员	联邦科学与工业研究组织
朱法华	能源学院	研究员	国电环境保护研究院
庄　烨	能源学院	研究员	福建龙净环保股份有限公司
袁晓兵	信电学院	研究员	中国科学院上海微系统与信息技术研究所

姓名	聘请单位	聘用职务	工作单位
许 为	心理科学研究中心	研究员	美国英特尔公司
莫幸福	马克思主义学院	研究员	浙江省民族宗教事务委员会
朱志华	马克思主义学院	研究员	浙江省公安厅
刘 宁	人文高等研究院	研究员	中国社会科学院
詹长法	文化遗产研究院	研究员	中国文物保护基金会
吴 健	文化遗产研究院	研究员	敦煌研究院数字中心
张书恒	文化遗产研究院	研究员	浙江省文物考古研究院
张建林	文化遗产研究院	研究员	陕西省考古研究院
宋征宇	控制学院	研究员	中国运载火箭技术研究院
李 锋	航空航天学院	研究员	中国航天空气动力技术研究院
徐增军	药学院	研究员	中国食品药品监督管理总局药品审评中心
倪 荣	医学院	研究员	微医集团(浙江)有限公司
陈长安	材料学院	研究员	中国工程物理研究院
樊 蓉	航空航天学院	研究员	上海市宇航系统工程研究所
张宏福	动科学院	研究员	中国农业科学院
张德志	航空航天学院	研究员	西北核技术研究所
钟方平	航空航天学院	研究员	西北核技术研究所
简维廷	信电学院	研究员	中国中芯国际集成电路制造上海有限公司
金宇峰	经济学院	专家	泰然集团
孙 彤	化工学院	专家	陶氏化学(中国)投资有限公司亚太区核心研发部门
刘晓春	经济学院	专家	原浙商银行

大事记

一月

1 月 4 日 浙江大学人才专项房紫金西苑交付入住工作会在紫金西苑小区举行。

1 月 5 日 中共贵州省委、省政府授予郑强教授"贵州省高等教育发展特别贡献奖"暨"郑强奖助学基金"捐赠设立仪式在贵州大学举行。

1 月 6 日 中国工程院院士夏长亮受聘为浙江大学求是讲座教授,加盟电气工程学院。

1 月 8 日 中共中央、国务院在北京人民大会堂举行国家科学技术奖励大会。浙江大学作为第一完成单位获科学技术进步奖特等奖 1 项,技术发明奖一等奖 1 项、二等奖 1 项,科学技术进步奖二等奖 1 项;蔡天新获科技进步奖二等奖(科普组)1 项。

1 月 10 日 乡村振兴战略高峰论坛在浙江大学紫金港校区举办,与会者共同倡议组建"乡村振兴战略促进联盟",并发布"中国乡村振兴战略促进会紫金宣言"。

1 月 12 日 浙江大学 2017 年度教职工荣休典礼在紫金港校区举行,本年度共有 258 位教职工退休。

1 月 12 日 全国政协常委、民革中央常务副主席郑建邦在浙江大学就"党外高层次人才发展"进行座谈。

1 月 15 日 "十三五"国家重大科技基础设施"超重力离心模拟与实验装置"项目获国家发展改革委正式批复。

1 月 20 日 浙江立法研究院暨浙江大学立法研究院在之江校区成立。

1 月 21 日 浙江大学当代马克思主义美学研究中心在西溪校区揭牌。

1 月 26 日 浙江大学举行聘任仪式,分别聘请中国工程院院士沈荣骏中将、阮祥新少将为浙江大学航空航天学院名誉院长、院长。

二月

2 月 3 日 全球化发展论坛暨浙江大学全球开放发展战略研讨会在北京举行,近

200 位校友为新时期浙江大学的开放发展建言献策。

2月6日 中共山东省委副书记、省长龚正赴浙江大学山东工业技术研究院调研。

2月19日 中国共产党优秀党员、久经考验的忠诚的共产主义战士、浙江大学党委原书记、浙江省人民政府原特邀顾问张浚生因病医治无效，于15时15分在杭州逝世，享年83岁。

2月28日 浙江大学 2018 新春答谢会在香港举行。

2月28日 党委书记邹晓东率队访问香港中文大学。

三月

3月12日 浙江大学海洋学院院长王立忠应邀访问西澳大学，两校正式签署了校级双博士学位联合培养项目和海洋学科学生交流项目的协议。

3月15日 教育部公布 2017 年普通高校本科专业备案和审批结果。浙江大学新增审批本科专业 1 个，新增备案本科专业 10 个。

3月19日 由浙江大学社会科学研究院与哈佛大学地理分析中心（The Center for Geographic Analysis）共建的学术地图发布平台正式上线运行。

3月22日 浙江大学在紫金港校区召开会议，传达贯彻全国两会精神。

3月23日 浙江大学第八届教职工代表大会、第二十二届工会会员代表大会第一次会议在紫金港校区剧场开幕。

3月27—28日 2018 首届国际名校学霸龙舟赛在杭州下沙金沙湖举行。来自美国哈佛大学、英国牛津大学，中国清华大学等 15 所国际名校的学生参赛。

3月30日 浙江大学 2018 年春季研究生毕业典礼暨学位授予仪式在紫金港校区体育馆举行，本期共有 2200 余名研究生毕业。

四月

4月2日 弘扬"两弹一星"精神院士、将军座谈会在浙江大学玉泉校区举行。

4月3日 浙江大学与阿里云联合发起、面向教育信息化领域的"智云实验室"在浙大紫金港校区成立。

4月4日 来自牛津大学的 17 位罗德学者在紫金港校区与学生进行交流活动。

4月9日 浙江大学聘任黄华新、彭笑刚、郁建兴等 20 人为通识教育专家委员会成员。校长吴朝晖在仪式上致辞并为通识教育专家委员会成员颁发聘书。

4月9日 浙江大学组织领导干部赴廉政基地开展警示教育。

4月10日 中共中央政治局委员、中组部部长陈希在贵州省台江县看望慰问浙江大学第十九届研究生支教团成员。

4月10日 全民国家安全教育日宣传活动在浙江大学紫金港校区文化广场举行。

4月10日 浙江大学与兰考县人民政府签署《关于支持兰考建设"乡村振兴战略"理论实践示范县合作框架协议》。

4月11日 2017 年度浙江省科学技术奖励大会在浙江省人民大会堂举行。浙大以第一单位共获得一等奖 13 项、二等奖 14

项、三等奖 10 项。

4 月 13 日　浙江大学第四次文科大会在紫金港校区召开。会上公布了《面向2035：浙江大学哲学社会科学繁荣计划》（征求意见稿）和《浙江大学关于加快推进文科发展的若干意见》（征求意见稿）。

4 月 13 日　2013 年诺贝尔化学奖得主、美国国家科学院院士 Michael Levitt 受聘浙江大学，并为现场师生带来了题为"多尺度计算生物学的发展历史与展望"的学术讲座。

4 月 15 日　浙江大学与西安市人民政府签署了战略合作框架协议。

4 月 15 日　浙江大学的"动力蜗牛——面向管道缺陷评估与修复的可变形软体机器人"项目获第 46 届日内瓦发明展特别嘉许金奖。

4 月 16 日　浙江省新时代博士生讲习团在浙大紫金港校区成立。

4 月 16 日　全国第五届大学生艺术展演在沪举行。浙江大学文琴合唱团获 4 个一等奖。

4 月 20 日　海南省人民政府副省长王路到浙江大学国际联合学院（海宁国际校区）调研。

4 月 26 日　浙江大学名誉校董陈香梅追思会在紫金港校区举行。

4 月 26—27 日　由联合国教科文组织创业教育教席、联合国教科文组织中国创业教育联盟、浙江大学主办，浙江大学教育学院承办的"创业教育质量建设"国际研讨会在杭州召开。

4 月 27 日　第四期浙江人才发展圆桌论坛"人才与发展：改革开放四十年人才体制变革和浙江人才强省经验专题研讨"，暨浙江省社会科学界第四届学术年会论坛在

浙大科技园召开。

五月

5 月 4 日　浙江大学文化遗产研究院与英国伦敦大学学院（UCL）考古学院下属的应用考古学中心（CAA）和中国文化遗产与考古学研究国际中心（ICCHA）签署山西濒危寺观壁画数字化项目合作备忘录。

5 月 4 日　浙江大学杰出校友汤永谦先生诞辰 100 周年暨逝世五周年座谈会在玉泉校区举行。

5 月 5 日　菲尔兹奖得主、来自美国加州大学圣地亚哥分校的数学家 Efim Zelmanov 教授在紫金港校区为师生们做题为"数学：科学还是艺术"的主题演讲。

5 月 7 日　浙江大学和中国移动浙江公司在紫金港校区签署战略合作协议。

5 月 7—9 日　校长吴朝晖率团访问美国洛杉矶加州大学、戴维斯加州大学、斯坦福大学，并出席浙大—斯坦福学术交流招待会，推动两校的深度交流与合作。

5 月 8 日　浙江大学教育基金会产城英才基金捐赠仪式在紫金港校区举行。

5 月 9 日　浙江大学医学院附属第一医院器官移植基金成立仪式在附属第一医院举行。

5 月 10 日　为期两天的第四届海底观测科学大会在浙江大学海洋学院开幕。

5 月 10 日　"老书的故事"主题图书特展在浙江大学紫金港校区图书馆开展。

5 月 14 日　美国国家工程院院士、斯坦福大学化工系主任、美国物理学会和流变学会会士、2011 年流变学会宾汉奖章获得

者 Eric Stefan G. Shaqfeh 教授在玉泉校区为浙大师生做题为"复杂流体中的悬浮粒子：从压裂液到蠕虫游动"的学术讲座。

5月17—18日 中宣部在浙江大学召开学习宣传贯彻习近平新时代中国特色社会主义思想系列研讨会第三场研讨会，会议主题为"统筹推进'五位一体'总体布局"。

5月18日 浙江大学教育基金会张曦艺术与考古教育基金在紫金港校区成立。

5月20日 浙江大学校友创业论坛暨浙大校友创业大赛启动仪式在紫金港校区举行。

5月19日 浙江大学动物科学学院建院100周年纪念大会在紫金港校区举行。

5月22日 浙江大学学术委员会对入选学校2017年度十大学术进展项目成果进行表彰。

5月23日 全国人大宪法和法律委员会副主任委员胡可明带队到浙江大学就土壤污染防治立法进行调研，并与相关专家学者交流座谈。

5月23日 教育部副部长田学军在浙江大学开展调研座谈，听取学校改革发展情况、关于"一带一路"高等教育合作实施建议和浙江大学服务国家"一带一路"战略布局的工作汇报。

5月24日 由国家商务部主办、浙江大学中国农村发展研究院（CARD）承办的2018年"反贫困问题高级研修班"在浙江大学紫金港校区开班。

5月25日 浙江大学教育基金会中科天翔基金成立。浙江大学财税大数据与政策研究中心在捐赠仪式上揭牌。

5月25日 浙江大学第四届学生人文社会科学研究优秀成果奖答辩暨颁奖典礼举行。本届产生特等奖6项，一等奖9项，二等奖21项，特等奖获奖数为历届之最。

5月25日 弘扬"王淦昌精神"系列活动在浙江大学紫金港校区举行。中共常熟市委、市政府向浙江大学捐赠王淦昌雕像。

5月26日 中国科技峰会——世界科技期刊论坛报告会在浙江大学紫金港校区举办。

5月26—27日 由中国科协和浙江省人民政府联合主办，中国科协生命科学学会联合体和中国神经科学学会承办，浙江省神经科学学会和浙江大学协办的第二十届中国科协年会系列活动之一——脑科学研究学术研讨会在杭州举行。

5月27日 全国政协副主席中国科协主席万钢与浙江省大学生见面会在浙大紫金港校区求是大讲堂举行，万钢为浙江省部分高校科协授牌。

六月

6月1日 浙江大学第一届实验室安全文化月活动在紫金港校区开幕。

6月5日 建筑工程学院董石麟院士及其夫人周定中女士再次向"董石麟周定中夫妇空间结构科技专项教育基金"捐赠100万元。

6月6日 浙江大学聘任麦家为首位"驻校作家"。

6月8日 "创响中国·浙江大学站——2018浙江大学创新创业活动周"在紫金港校区启动。在开幕式上，国家电网浙江省电力有限公司与浙江大学签订了共同推进国家双创示范基地建设的合作协议。

6月9日 世界未来基金会向浙江大

学教育基金会捐赠暨浙江大学计算机科学与技术学院未来信息技术研究中心揭牌仪式在紫金港校区举行。

6月9日 浙江大学文化遗产研究院与河南省嵩山少林寺签订合约,启动"天地之中"历史建筑群——少林寺初祖庵数字化考古调查项目。

6月9日 建筑工程学院举行浙江大学纪念曾国熙先生百年诞辰学术交流会。

6月10日 浙江大学力学系郭本铁教授百岁庆贺会在玉泉校区举行。

6月11日 全国人大常委会委员、民盟中央专职副主席徐辉率团在浙江大学就高校基层组织建设工作进行专题调研。

6月11日 澳门大学校长宋永华访问浙江大学,双方签署协议将重点推进"浙大—澳大医药协同创新中心"计划、学生联合培养项目及师资互聘计划。

6月12日 "2018高校招办主任光明大直播"走进浙江大学。

6月12日 浙江省大学生乡村振兴创梦丽水行动暨浙江大学——丽水市校地共青团合作启动仪式在浙大紫金港校区举行。

6月14日 由全国哲学社会科学工作办公室主办,浙江大学区域协调发展研究中心、社会科学研究院承办的"一带一路"重大研究专项成果交流暨工作推进会在浙江大学召开。

6月16日 赛伯乐投资集团董事长朱敏校友受聘为浙江大学校董。

6月19日 葡萄牙驻华大使 José Augusto Duarte(杜傲杰)率代表团来到浙江大学,访问中国—葡萄牙先进材料联合创新中心。

6月20日 教育学院2016级运动训练专业研究生谢震业在法国蒙特勒伊举行

的田径精英赛男子100米比赛中以9.97秒(风速＋0.9米/秒)夺得冠军,刷新了他在2017年全运会上的10秒04的夺冠成绩。

6月21日 剑桥大学临床医学院院长 Patrick Maxwell 教授做客第97期海外名师大讲堂,在紫金港校区做题为"基因组学如何改变医学"的讲座。

6月21日(加拿大时间) RoboCup2018(机器人世界杯2018)在加拿大蒙特利尔开赛。浙江大学 ZJUNlict 队在比赛中获得机器人足球赛小型组冠军。这也是浙江大学继2014年蝉联这一领域世界冠军后第三次夺冠。

6月23日 浙江大学名誉校董唐仲英因病在美国拉斯维加斯逝世,享年88岁。

6月27日 浙江大学举行庆祝中国共产党成立97周年大会,表彰先进基层党组织、优秀共产党员和优秀党务工作者。

6月28日 浙江大学2018年夏季研究生毕业典礼暨学位授予仪式在紫金港校区体育馆举行。本期共有3200余名研究生毕业。

6月28日 教育部、浙江省第一次部省会商会议在杭州举行。会上,双方签署了共同推进浙江大学"双一流"建设战略合作协议。中共浙江省委书记车俊、教育部部长陈宝生、省长袁家军出席并讲话。校领导吴朝晖、任少波出席会议。

6月29日 教育部党组书记、部长陈宝生到浙江大学调研党建和意识形态工作。

6月30日 浙江大学与中国卫生信息与健康医疗大数据学会共同建设的浙江大学健康医疗大数据国家研究院在杭州成立。

6月30日 浙江大学2018届本科生毕业典礼暨学位授予仪式在紫金港校区体育馆举行。本期共有6000余名本科生毕业。

7月31日　浙江大学文琴合唱团赴日本东京参加首届东京国际合唱节,获金奖。

七月

7月1—2日　浙江大学召开"双一流"建设专题研讨会。

7月5日　2015年图灵奖得主Whitfield Diffie教授作为海外学术大师全职加盟浙江大学,出任网络空间安全研究中心荣誉主任。同时,也成为之江实验室双聘学者。

7月5日　"网络空间国际治理研究基地"授牌仪式在北京举行。浙江大学等10所高校入选。

7月6日　浙大第二批组团式医疗援疆干部完成援疆任务返杭。

7月6日　浙江大学与国家海洋局第二海洋研究所签订《国家海洋局第二海洋研究所浙江大学科教合作协议书》《国家海洋局第二海洋研究所浙江大学合作备忘录》。

7月20日　在长春举行的吉林省与国内著名高校人才合作暨新招录选调生座谈会上,浙江大学与吉林省签署《省校人才合作框架协议》。

八月

8月1日　浙江大学与宁波市签署协议,决定深化市校合作,全面推进建设浙江大学宁波"五位一体"校区。

8月2日　计算机科学与技术学院翁恺获得浙江大学永平杰出教学贡献奖,另有

3名教师获得永平教学贡献奖、4名教师获得永平教学贡献提名奖。

8月18日　竺可桢学院开启招生选拔,2018级新设智慧能源班和公共管理英才班2个班级。

8月19日　2018年C9高校"双一流"建设研讨会在太原举行。会议由北京大学承办,太原理工大学协办。浙江大学校长吴朝晖率队出席会议并做交流发言。

8月20日　新疆维吾尔自治区副主席任华来校调浙江大学校园建设规划及新校区校园建设情况。

8月21日　浙江大学与雄安新区在雄安举行合作对接座谈会。中共河北省委常委、副省长、雄安新区规划建设工作领导小组办公室主任、雄安新区党工委书记、管委会主任陈刚,浙江大学校长吴朝晖出席座谈会。

8月23日　浙江大学与中国银行股份有限公司浙江省分行在杭签署银校战略合作协议,双方建立全面长期战略合作伙伴关系。

8月23日　国务院第十一督查组组长、科技部副部长徐南平到浙江大学调研学校科技成果转化工作。

8月24日　浙江大学2018级本科新生开学典礼在紫金港校区体育馆举行。本期共有6000余名新生。

8月24—29日　由浙江大学主办的第十一届郭可信电子显微镜学与晶体学暑期学校暨2018冷冻电镜国际研讨会在杭州召开。开幕式上,2017年诺贝尔化学奖得主、美国哥伦比亚大学Joachim Frank教授就单颗粒冷冻电镜技术在生物大分子应用为主展开演讲

8月25日　校长吴朝晖为2018级本科

新生做题为"本科生的成长成才——兼谈世界科技演进与浙江大学发展"的始业教育报告。

8月25—27日 党委书记邹晓东率队赴云南省景东彝族自治县开展调研及定点帮扶，并签署《浙江大学教育基金会向景东彝族自治县人民政府捐赠协议书》。

8月27日 浙江大学代表队ZMART以综合评分第一和比赛成绩第一，成为国际空中机器人大赛（IARC）第七个世界冠军得主。

8月30日 浙江省副省长王文序来到浙江大学，听取学校的科研工作和支持之江实验室建设情况的汇报，交流之江实验室"一体两核"体制机制、组织管理体系的意见建议。

九月

9月1日 第四届文化遗产世界大会在浙江大学紫金港校区开幕。由浙江大学与国际思辨遗产研究协会（The Association of Critical Heritage Studies，ACHS）共同举办，杭州良渚遗址管理区管理委员会协办。会议吸引了来自五大洲40多个国家的400多名参会代表，是目前为止国际遗产界规模最大的国际学术盛会。

9月1日 医学院附属妇产科医院2016级规培生、临床博士后詹宏获中国医师协会2018年度"全国十佳优秀住院医师"荣誉称号，这也是浙江省唯一一位获此殊荣的住院医师。

9月7日 浙江大学庆祝第三十四个教师节暨先进表彰会在紫金港校区求是大讲堂召开。

9月10日 中央广播电视总台和教育部主办的"寻找最美教师"2018年大型公益活动颁奖典礼在央视综合频道播出。浙江大学机械工程学院退休教师蒋克铸教授获评"特别关注教师"。

9月12日 浙江大学并校发展二十周年座谈会在紫金港校区召开。

9月14日 浙江大学2018级研究生开学典礼在浙江大学紫金港校区体育馆举行。

9月14日 浙江大学对外发布将实施脑科学与人工智能会聚研究计划（简称"双脑计划"）。

9月14日 浙江工程师学院（浙江大学工程师学院）举行2018级研究生开学典礼。2018年首次招收工程博士。

9月14日 浙江大学党委书记邹晓东为2018级本科生骨干做题为"认清形势坚定信心勇担责任"的专题教育报告。

9月15日 浙江大学2018年秋季国际学生开学典礼在紫金港剧场举行。来自世界各地的1400余名国际学生新生入学。

9月16日 图灵奖得主、美国麻省理工学院Silvio Micali教授在玉泉校区为现场300余名师生做题为"区块链的技术挑战与前景展望"的讲座。

9月28日 浙江大学第九届"三育人"先进颁奖晚会在紫金港校区剧场举行。

9月28—30日 首届浙江省学校—医院心理健康高峰论坛暨C9高校"双一流建设与心理健康工作"研讨会在浙江大学紫金港校区举行。

十月

10 月 7 日 浙江大学工程力学系成立60周年暨力学学科发展与交叉力学研讨会在玉泉校区召开。会议现场,浙江大学交叉力学中心揭牌。

10 月 8 日 由浙江大学牵头,联合长江经济带11个省市的其他19家高校和科研院所共同发起的长江经济带生态文明创新研究联盟在杭州成立。

10 月 9 日 航空航天学院名誉院长、中国工程院院士沈荣骏获浙江大学竺可桢奖。

10 月 12—15 日 第四届中国"互联网＋"大学生创新创业大赛在厦门大学举行。浙江大学推选的主赛道5个项目全部获得金奖。

10 月 15 日 浙江大学与贵州大学新一轮对口支援与合作协议在贵州大学签署。

10 月 18—21 日 2018年"创青春"浙大双创杯全国大学创业大赛国际名校邀请赛在浙江大学举行,来自10余个国家,包括斯坦福大学、清华大学等国内外知名高校在内的38支参赛团队参与此次比赛。

10 月 19 日 浙江大学推进涉农学科发展大会在紫金港校区剧场召开。

10 月 25 日 浙江大学特聘教授、国际著名艺术史家方闻追思会在紫金港校区举行。

10 月 25 日 由浙江大学马一浮书院和人文学院联合举办的"纪念马一浮泰和会语八十周年座谈会"在杭州举行。

10 月 25—26 日 由中国工程院主办,浙江大学、中国工程院环境与轻纺工程学部、北京师范大学、浙江省科协承办的中国工程院水污染控制国际高端论坛在浙江杭州举办。

10 月 26 日 何梁何利基金高峰论坛暨"光荣、责任与梦想"图片展在浙大紫金港校区举办。

10 月 26 日 "新时代新画卷长江学者书画展"华东分展浙大站在浙大西溪校区开幕。

10 月 27 日 数学科学前沿论坛暨浙江大学数学科学学院90周年诞辰庆祝活动在紫金港校区举行。

10 月 27 日 外国语言文化与国际交流学院90周年院庆纪念大会暨2018高层学术论坛在紫金港校区举行。

10 月 27 日 以"高校人工智能教育体系建设与科技创新"为主题的首届全国高校人工智能人才与科技莫干山论坛在浙江德清举办。本次论坛由教育部人工智能科技创新专家组等主办,浙江大学、德清县人民政府承办。

10 月 27—28 日 由中国新闻史学会主办、浙江大学联合主办、浙江大学传媒与国际文化学院承办的中国新闻史学会2018年学术年会在杭州举行。浙江大学新闻传播教育60周年纪念文集《我的大学》在开幕式上首发。

10 月 28 日 浙江大学计算机科学与技术学院建院40周年庆祝活动在玉泉校区永谦剧场举行。

10 月 28 日—11 月 1 日 第八届国际环境土工大会(8ICEG)在杭州召开,主题为"环境岩土的可持续发展"。本次会议由国际土力学及岩土工程学会环境土工专委会主办,浙江大学软弱土与环境土工教育部重点实验室、中国土木工程学会土力学与岩土工程分会（CISMFGE）和香港岩土工程学会（HKGES）承办。

10月29—30日　与龙泉市人民政府签订浙江大学—龙泉市人民政府合作共建绿色发展改革创新区协议书。

10月31日　1997年诺贝尔经济学奖获得者、哈佛大学商学院金融学教授、麻省理工学院商学院教授罗伯特·莫顿（Robert C. Merton）为浙大师生做题为"关于数字革命，金融创新和金融科技的观察"的主题演讲。

10月31日　授聘浙江恒逸集团有限公司董事长邱建林为浙江大学校董。

十一月

11月1日　举办"中巴经济走廊大学联盟"交流机制第二次会议。会上浙江大学、香港理工大学与巴基斯坦国立科技大学就联合培养土木工程博士项目签署三方协议。

11月1—3日　由共青团中央、教育部、人力资源和社会保障部、中国科协、全国学联、浙江省人民政府主办，浙江大学、共青团浙江省委承办的2018年"创青春"浙大双创杯全国大学生创业大赛决赛在浙江大学举行。浙江大学共有6个项目获得金奖，并以团体总分第一的成绩获得冠军杯。

11月4日　我国近代著名军事理论家、军事教育家蒋百里先生学术研讨会在浙江大学举办。

11月5日　美国农学会—作物学会国际学术年会在美国巴尔的摩召开。浙大环境与资源学院教授徐建明被授予美国农学

会会士（Fellow of the American Society of Agronomy）。

11月5日　中国科学院院士杨经绥受聘为浙江大学求是讲座教授，加盟地球科学学院。

11月6日　浙江大学计算机科学与技术学院的吴飞、翁恺和韩劲松3位教师入选2018年度"高校计算机专业优秀教师奖励计划"。

11月6日　教育部副部长林蕙青来浙大调研八年制临床医学教育。

11月6日　医学院附属第二医院教授王建安获"何梁何利科学与技术进步奖"，能源工程学院教授高翔获"何梁何利科学与技术创新奖"。

11月8日　全国高校考古、文博专业学科建设工作会议在浙大紫金港校区举行。

11月9日　"一带一路"背景下的工程科技人才培养暨第十三届科教发展战略国际研讨会在杭州开幕。由浙江大学牵头，北京航空航天大学、中国交通建设集团、阿里云大学等国内外10余家单位共同发起的"一带一路"工程教育国际联盟在会上宣布成立。

11月10日　香港南丰集团董事长及行政总裁、香港特别行政区前财政司司长梁锦松先生率香港访问团访问浙江大学，双方就人工智能应用、智能电机制造等方向的校企合作等问题进行了交流。

11月10日　法治与改革国际高端论坛（2018）在杭州开幕。此次论坛由中国法学会指导，浙江大学主办，国家"2011计划"·司法文明协同创新中心、浙江大学光华法学院、浙江大学社会科学研究院共同承办。

11月10日　浙江大学中华译学馆在紫金港校区正式挂牌成立。

11月10日　浙江大学土地与国家发展研究院在杭州花港海航酒店召开学术研讨会，发布"中国城市蔓延指数（China Urban Sprawl Index，CUSI）"。

11月14日　浙江大学"大数据与人文地理信息数据库建设"国际会议在浙大紫金港校区举行。

11月15日　亚太金融科技新中心—聚焦长三角研讨会暨浙江大学国际联合商学院（筹）成立活动在浙江大学国际联合学院（海宁国际校区）举行。国际联合商学院（筹）与剑桥大学嘉治商学院、艾盛集团签署合作协议。浙大、剑桥及亚洲开发银行联合发布研究报告《亚太金融科技新中心—聚焦长三角》。

11月16日　2018中国医疗数据产业高峰论坛在浙江大学紫金港校区举行。

11月17日　我国唯一一位集中国科学院院士、"两弹一星功勋奖章"、中国军人最高荣誉"八一勋章"、国家最高科学技术奖于一身的浙江大学校友程开甲将军在北京病逝，享年101岁。

11月17日　浙江大学气排球协会成立仪式暨"建行杯"首届教职工气排球比赛在紫金港校区举行。

11月17—19日　浙江大学西迁宜山办学80周年纪念活动在广西壮族自治区河池市宜州区举行。

11月19—20日　由联合国教科文组织中国创业教育联盟、浙江大学、网易联合主办的"智能科学与学习革命"国际高峰论坛在杭州举行。

11月20日　浙江大学教育学院、浙江大学计算机学院、网易教育事业部三方联合成立的智能教育研究中心揭牌成立。

11月20日　浙江大学举办金庸先生追思会，共同缅怀中国武侠小说泰斗、新浙江大学人文学院首任院长金庸先生。

11月20日　由浙大女教授联谊会、校工会和求是学院联合举办的"求是缘——讲述浙大人的故事"的访谈在紫金港校区举行。

11月21日　美国电子电气工程协会（IEEE）发布2019年度新晋选IEEE Fellow名单，浙江大学吴朝晖院士和陈积明当选。

11月22—23日　由浙江大学、中国经济信息社和大洋洲一带一路促进机制共同主办，浙江大学区域协调发展研究中心等联合承办的国际展望大会（杭州·2018）在杭州举办。大会发布了《中国—新西兰"一带一路"合作机遇报告（2018）》和《中国西部大开发发展报告（2018）》重要成果。多家单位在会上签署多项合作协议。

11月23日　著名古建筑学家、中国园林艺术大师、浙江大学杰出校友"陈从周先生百年诞辰纪念会暨中国园林文化学术研讨会"在浙江大学举行。

11月26—29日　教育部审核评估专家组在浙江大学对学校本科教学工作进行审核评估。

11月27日　由中国科协副主席、国家自然科学基金会主任李静海院士带队的中国科协学术交流专委会专家来浙江大学，就学术交流活动对引领科技创新、促进产学融合、推动科技发展的作用进行座谈。

11月27日　中国科学院院士、航空航天学院教授杨卫当选发展中国家科学院司库。

十二月

12月1日　"为'艾'行走、拥抱健康"

大学生公益毅行暨 2018 世界艾滋病日系列活动在浙江大学紫金港校区启动。

12 月 3 日 2017 年诺贝尔奖生理学或医学奖获得者、美国遗传学家迈克尔·杨（Michael M. Young）教授在浙江大学做题为"控制睡眠和昼夜节律的基因"的主题演讲，正式拉开了 2018 年诺贝尔奖创新启迪项目（Nobel Prize Inspiration Initiative，NPII）序幕。

12 月 4 日 浙江大学新国旗仪仗队成立暨退役士兵协会成立仪式在紫金港校区举行。

12 月 10—11 日 校长吴朝晖院士受邀率团访问剑桥大学和帝国理工学院。其间，与剑桥大学合作举办"生物技术研讨会"。

12 月 12 日 由浙江大学和浙江省文物局主持开展的"中国历代绘画大系"编纂工作的最新成果——《先秦汉唐画全集》《明画全集》《清画全集》阶段性成果在京首发。并向国家图书馆捐赠了《先秦汉唐画全集》《明画全集》《清画全集》部分卷册。

12 月 14 日（法国当地时间） 浙江大学巴黎学术招待会于中国驻法国大使馆教育处召开，校长吴朝晖做主旨报告，介绍中国人工智能的现状与未来以及浙江大学所做的相关工作。

12 月 13—14 日 校长吴朝晖院士率团访问巴黎萨克雷大学、巴黎综合理工学院，推动浙江大学全球开放发展战略的全面实施。其间，与巴黎萨克雷大学校长 Gilles Bloch 签署博士双学位联合培养（C)otutelle 框架协议。

12 月 16 日 由浙江大学和陕西省文物局主办的"富平银沟遗址陶瓷科学考古研究"成果学术研讨会在紫金港校区举行。

12 月 17 日 中共浙江省委书记车俊来到浙江大学宣讲习近平新时代中国特色社会主义思想和浙江省改革开放 40 年成就。

12 月 20 日 浙江大学共青团青年研究中心成立仪式暨第十二期"薪火"团干研修计划专题培训会在紫金港校区举行。

12 月 20 日 浙江大学首届生命科学大会暨西湖学术论坛第 206 次会议在紫金港校区求是大讲堂举行。

12 月 22 日 传媒与国际文化学院教授邵培仁获第六届范敬宜新闻教育奖良师奖。

12 月 24 日 2018"智汇紫金"·"浙里融"投融资对接会暨浙大紫金创业投资联盟成立仪式在浙江大学紫金港校区举行。

12 月 25 日 浙大学者领衔发明的"一种连续化稳定维生素 A 微胶囊的制备方法"获得第二十届中国专利金奖。

12 月 28 日 第二届"一带一路"国际青年论坛在浙江大学开幕。

12 月 28 日 浙江大学与衢州市签署新一轮市校战略合作协议，浙大工程师学院衢州分院、浙大衢州研究院（以下简称浙大衢州"两院"）正式揭牌。

12 月 29 日 "中国道路、中国理论和中国话语"全国学术研讨会在浙江大学紫金港校区举办。

12 月 30 日 "马斯金中国经济发展研究中心"成立仪式暨"海外名师大讲堂"诺奖得主报告会在玉泉校区举行。2007 年诺贝尔经济学奖获得者、哈佛大学教授埃里克·马斯金为浙大师生做题为"机制设计理论"的主旨演讲。

12 月 31 日 在紫金港校区举行浙江大学 2017—2018 学年优秀学生表彰大会。